全国普通高等学校优秀教材

新编21世纪社会学系列教材

社会统计分析方法

SPSS软件应用

第二版

Social Statistics with SPSS

主　编　郭志刚

中国人民大学出版社
·北京·

作 者 简 介

郭志刚 北京大学社会学系教授，博士生导师，北京大学长江学者特聘教授。国家卫计委公共政策专家咨询委员会专家委员，第六次全国人口普查专家咨询组成员，北京市人口学会会长。主要研究领域：人口学、社会学、调查与统计方法。主要代表作有：《社会调查研究的量化方法》、《当代中国人口发展与家庭户的变迁》、《Logistic 回归模型：方法与应用》、《中国的低生育水平与被忽略的人口风险》、《中国的低生育率与人口可持续发展》等。统计方法类的译著有：《应用 STATA 做统计分析》、《分层线性模型：应用与数据分析方法》和《倾向值分析：统计方法与应用》。

内 容 简 介

本书为适应计算机及其软件的普及应用，将多种多元统计分析方法与广为流行的 SPSS 软件的应用结合起来加以介绍。通过对每种方法的原理讨论和具体案例的分析示范，展示了不同统计方法的特点、应用条件与实际分析的操作步骤。

本书在其第一版基础上进行了内容修订和扩展。新增部分包括：用 SPSS 做基础统计分析的简介；在 logistic 回归部分增加了序次回归和多分类回归的介绍；在对数线性模型部分增加了对不同模型的假设检验；在事件史分析部分增加了将动态自变量纳入分析的介绍；将结构方程模型的例题示范改为 SPSS 现在套用的 AMOS 软件；另外还增加了对计数因变量进行泊松回归的全新一章。

第二版序

《社会统计分析方法：SPSS软件应用》自1999年出版以后，承蒙广大读者的厚爱和高度评价，并于2002年获教育部全国高等学校优秀教材二等奖。本书所有原作者看到本书能为提高我国社会科学研究的量化水平尽到微薄之力，庆幸我们在一穷二白条件下付出的辛劳仍然取得了丰厚回报，在此向广大读者表示由衷的感谢。

十多年来本书印刷了多次，但内容没有改动，只是做了一些勘误。随着时光流逝，本书内容日显陈旧，跟不上形势了。由于SPSS软件几乎是以半年一版的速度不断更新，因此原书按老版本示范的问题就越来越大，给读者带来了不便。另外，统计方法的发展和SPSS软件功能的扩展，也需要通过本书大规模修订才能充分反映。其间，本书原责任编辑、现任中国人民大学出版社人文分社社长的潘宇曾经多次催促我们对本书进行修订，但我近年忙于别的研究，致使本书修订工作一拖再拖，在此真诚地向读者致歉。两年前，修订工作正式启动。经修订版作者们共同苦战，今天修订稿终于可以掩卷付梓，尽了对读者的一份责任，我心甚感欣慰。

本书第二版的修订保持了原书的一些特点：第一，强调多元分析和统计控制在研究分析中的重要性。第二，深入浅出地讲解辅之以例题分析，重在普及统计方法，避免使读者感到过于深奥而望而生畏。第三，所有方法都与SPSS软件结合起来介绍，将方法原理与软件操作结合起来。第四，强调了研究方法论的指导，指出实际应用中的一些常见误解和不当做法，既要普及统计方法，又要避免盲目的应用。

本书第二版在以下几方面进行了修订。首先，本书不再特指SPSS具体版本，一般来说SPSS的13版以后各版都能大体适用。其次，各章都扩展了对SPSS相应分析功能的介绍。有些章节更换了例题，以便使例题分析更接近于实际研究。本书内容修订则主要包括以下几项：第一章新增了一部分关于SPSS基础统计的介绍；在logistic回归部分增加了序次回归和多分类回归的介绍；对数线性模型分析里则增加了对不同模型假设进行检验的介绍；在事件史分析部分专门增加了将随时间变化的自变量加入模型分析的介绍；而结构方程模型部分的例题示范已经更新为应用SPSS现在套用的AMOS软件。本书还新增了泊松回归一章，介绍用SPSS来完成对计数变量的多元回归，与此相应，我在事件史数据处理一章里还配套增加了一个建立"人年"数据的示例与相应程序命令。

本书修订能得以完成依托于一些青年学者加盟了这项工作量巨大的工作，他们尽心尽力、十分出色地完成了任务。看到一代新人学业精湛、继往开来，正是我辈当初撰写此书以求的夙愿。

在下面的撰写者列表里，仍将各章原作者排在前面，修订者放在后面。

第一章　导论与统计基础知识　郭志刚、焦开山
第二章　多元线性回归　高凌、郭志刚
第三章　因子分析　刘金塘、郭志刚
第四章　聚类分析　刘金塘、郭志刚
第五章　通径分析　郭志刚
第六章　logistic 回归　郭志刚、李丁
第七章　泊松回归　巫锡炜
第八章　对数线性模型　郭志刚、巫锡炜
第九章　多元方差分析　郭志刚
第十章　鉴别分析　郭志刚
第十一章　典型相关分析　郭志刚
第十二章　结构方程模型　王济川、赵联飞
第十三章　事件史分析　梁在、李贞
第十四章　对事件史原始数据进行预处理　郭申阳
第十五章　对应分析　杜鹏

最后，我作为本书主编，对全部修订稿进行了内容和体例的统编。经过与各章撰写者和修订者反复研讨、认真修改，终于最后定稿。

本书恐难避免仍存在一些缺点和不当之处，我和全体作者由衷地欢迎读者和同行的批评指正。

郭志刚

于北京嘉铭园

2014年8月1日

＊本书附有配套数据文件，请至中国人民大学出版社官网（http://www.crup.com.cn）下载，输入书名即可查询。

第一版序

当代计算机技术的飞跃发展，不仅影响到自然科学和人类生产、生活方式的转变，也影响到社会科学的发展。计算机及其软件的日益普及，使得过去许多束之高阁的统计分析方法成为社会科学研究得心应手的工具。我们必须跟上这一时代发展的步伐，大力推广新兴统计方法和相应计算机软件的应用，提高我国社会科学研究的水平，更好地为我国的社会经济发展和两个文明建设服务。正是在这样一个背景之下，我们将本书呈献给读者，希望能够起到铺路搭桥的作用。

早在1987年，我与郝虹生、杜亚军、曲海波开始合作写作一本社会调查研究的教科书。经过一个冬夏轮回的苦干，终于在1988年5月完成了书稿，书名定为《社会调查研究的量化方法》，1989年3月由中国人民大学出版社正式出版。该书受到了读者的欢迎，几次印刷都不能满足需要。在该书的基础上，中国人民大学人口研究所和人口学系开设了一系列本科生和研究生的社会调查研究课程。同时，该书在兄弟院校的教学中也被选作教材或参考书。在该书中，我负责撰写统计分析部分。在实际应用过程中，我深感到我所撰写的这一部分，有两个较大的不足。

首先，该书的统计分析部分没有与计算机软件的应用相联系，这个缺陷大大限制了该教材的实用性。在后来的实际教学中，我们进行了将统计原理的讲授与计算机应用相联系的探索，先是选用了SYSTAT软件，后来又转而选用SPSS软件。这些教学实践取得了很多宝贵的经验。

其次，该书的统计分析部分偏重于基础性，涵盖面相对窄一些，对有的统计分析方法没有加以系统介绍。然而，在当时由于作者水平有限，各种资料也十分缺乏，要弥补这个不足是很困难的。认识到了这一不足，就是给自己提出了新的要求。在随后的几年中，我利用几次出国进修、访问、做博士后研究的机会，选修课程、收集资料，并制订了组织力量再编写一本新的统计分析教材的计划。

这本面向21世纪的、新的社会统计教材追求以下一些特点：

1. 强调多元分析，介绍多种分析方法，以满足研究分析中的不同要求。

2. 深入浅出，不要过多的数学证明，强调实际意义说明，并辅之以例题分析，以方便数学基础不太强的读者进行学习。也就是说，本书虽然介绍的是一些多元统计分析方法，却不想使读者感到过于深奥而望而生畏。

3. 每种方法都要与相应的计算机统计软件结合起来介绍，从原理的讨论到具体案例分析示范及统计软件使用说明，成为一体化的内容。

4. 强调指出各种方法使用中常见的理解错误和使用不当的讨论。也就是说，不但要追求统计技术的普及化，而且要避免过于简单化，并且，附加一些研究方法论方面的讨论。

根据上述设想，教材写作的工作量太大，很难在短期内由一个人独自完成，于是我采取了按照上述设想邀请多位撰稿人同时参与工作的方式来编写这本新的社会统计教材。一方面是为了尽快出版以满足教学和科研方面的急需，另一方面也是为了借助各位专家的特长。本书所有撰稿人都具有深厚的统计理论基础，并且都拥有多年统计教学和统计研究的实际经验。其中有三位撰写人是我同一教研室的同事，经常一起切磋统计问题；还有三位是我的老同学，他们在美国获得博士学位，目前仍在美国从事教学和科研工作，他们虽然总是处于紧张工作之中，但对于为国内学生写作这样一本统计教材表现出了极大的热忱。编写这本教材得到了所有撰稿人的鼎力支持，因而才有可能在最短的时间内完成编写工作，并于 1998 年 5 月交付中国人民大学出版社。作为主编，我要感谢所有撰写者在百忙之中挤出时间积极参加这项颇费精力的工作，并按照进度表高质量地完成了初稿；还要感谢他们放弃了个人的偏好，按照我制定的写作大纲和体例方面的要求进行了写作和多次修改。呈献在读者面前的这一本教材便是这一精诚合作的最终结晶。

本书各章撰写人姓名如下：

第一章　导论	郭志刚
第二章　多元线性回归	高凌、郭志刚
第三章　因子分析	刘金塘
第四章　聚类分析	刘金塘
第五章　通径分析	郭志刚
第六章　logistic 回归	郭志刚
第七章　对数线性模型	郭志刚
第八章　多元方差分析	郭志刚
第九章　鉴别分析	郭志刚
第十章　典型相关分析	郭志刚
第十一章　结构方程模型	王济川
第十二章　事件史分析	梁　在
第十三章　使用 SPSS 软件对事件史原始数据进行预处理	郭申阳
第十四章　对应分析	杜　鹏

这本教材在完成过程中既有所得也有所失。在最初策划时，曾计划各种方法都应用同一套数据来进行示范，以免读者实践时在输入数据上花费太多的精力。但是，由于我事先没有做好这方面的准备，同时由于本书撰稿人很多，且天各一方，一旦开始撰写便很难再协调成所有例子都使用同一套数据，以至于最终不得不放弃了这一要求。这不能不说是本书的一个遗憾。

另外，按照原计划的体裁要求，每个例子的案例数都不超过 100，这原本也是从读者容易实验操作方面考虑的。但一些统计方法要求较大的样本规模才能取得统计显著的结果，因此撰稿人的初稿中的某些例子还是涉及了较大的数据样本。为了便利读者，主编与各撰稿人又做了多次修改，尽量压缩例题的数据量，有时不得不以牺牲统计显著为代价。尽管这样做可以减轻读者在运用这些统计方法时输入数据的负担，但仍然要花费许多精力。感谢中国人民大学出版社的支持，采取在书中附加一张数据光盘最终解决了这一问题。

本书选择了 SPSS 软件作为计算机统计软件加以应用，主要是因为这一软件比较易学且已在国内广为流行。虽然许多专业统计人员都感到这一软件有时不能满足实践中一些特殊的需要，但由于本教材的主要目的并不在于精深，而在于普及，所以我们仍然选用 SPSS 软件，这对于初学者和一般用户是相适宜的。

本教材的大部分内容都经过了教学实践的检验。特别是第二次开设课程时，不仅本所的学生踊跃参加，还有本校社会学系、工商管理学院、国际经济系的研究生以及一些其他研究部门的人员也选修了这一课程。他们对于本书的内容和形式给予了充分肯定，并提出了许多宝贵的意见和建议，相当一部分已经得到采纳，在全书最后的统编过程中得到体现。在一定程度上，也可以说本书的最终形成是教学相长的产物。人口研究所学术委员会对于这本教材的写作及相应课程的开设始终给予鼓励和支持；本所计算机室黄可尤工程师在设备方面提供了大力支持和帮助，博士研究生陈功、邓国胜、宋健等承担了校阅工作，并就本书的内容和形式提出了很多好的建议。这些支持对于本书最后统稿工作起到了十分重要的促进作用。

另外，还要特别感谢潘宇同志作为本书的责任编辑对本书的最终出版所做的努力。

由于王济川、梁在、郭申阳三位博士多年在美国进行教学科研活动，他们工作负担很重，为了能够减轻他们写作的负担，最大限度地利用已有的教学科研成果，我作为主编同意他们直接用英文写作他们所承担的各章，再由我本人和陈卫博士将这些初稿翻译成中文，然后由我完成编辑工作。王济川博士所撰写的第十一章采用原版 LISREL 软件分析结构方程模型。为了帮助读者应用视窗 SPSS 第 6 版中附带的 LISREL 软件，我为该章加了一个附录。并且，我还为郭申阳博士所撰写的第十三章中的程序命令添加了更为详细的说明。最后，中文稿全部经过撰写者本人的审阅和修订。

本书内容涉及大量统计学的新概念、新词汇，在翻译这些词汇时，曾参考了不同统计学词典中的定名，有些词汇目前没有标准译法，或译法不当，则不得不由主编与各位撰写人商量确定其翻译。为了与国际统计学界保持一致，也为了使得读者和同行明了我们所用词汇的来源和原义，我们对于关键词汇以及尚无统一翻译准则的词汇都同时给予英文原文作为参考。本书的译法和表述法只是一家之言，这些概念和词汇的标准化还需要通过我国统计学的进一步发展得到最后的确定。

由于各撰写人写作和最后统稿的时间都很仓促，本书中恐难避免存在一些缺点和不当之处，我们由衷地希望得到读者和同行的批评指正。

郭志刚

于北京塔院迎春园

1999 年 5 月 1 日

目　录

图 目 录

表 目 录

第一章

导论与统计基础知识

本书是一本集社会科学多元统计方法及相应 SPSS 统计软件应用的教材。

科学的性质要求一个完整的研究必须理论联系实际，能够比较准确地刻画事物的现状，把握它的内在规律，并力图能够预测它的发展趋势。长期以来，社会科学研究由于其研究对象的复杂性以及量化分析水平很低，总是较多地依赖于概念定义和逻辑推理，处于单纯思辨的范围中，很少具有经验（实证）研究的性质。因此，总是有很多人并不将其作为科学来对待。

社会科学研究的这种特征是由三方面影响所致。第一，从测量角度而言，社会科学的概念十分抽象，难以量化，而实际观测和数据收集所涉及范围很大，因此实际观测数据不易得到。第二，由于社会科学的变量几乎都是随机变量，描述它们之间的关系很难用一般数学方法，而必须应用概率统计方法。第三，数据规模较大和必须应用概率统计方法，导致研究分析时涉及大量复杂的计算工作。应该说，这些方面相互影响制约，使得理论联系实际本身有较大难度。

本书集中介绍了 13 种社会科学研究的高级统计方法，包括：回归分析、因子分析、聚类分析、通径分析、logistic 回归、泊松回归、对数线性模型、多元方差分析、鉴别分析、典型相关分析、结构方程模型、事件史分析、对应分析。

这些方法在近年来国际社会科学研究文献中经常得到使用，已经达到十分普及的程度。换句话说，这些方法已经相对成熟，并且已经配有计算机软件，所以能够得到迅速普及。本书作者希望能够帮助读者了解这些方法的用途、原理、条件、操作和统计结果的理解和应用，使读者不仅能够更好地理解关于这些方法的有关文献资料，而且能够自己运用这些方法来开展研究。

本书所介绍的这些统计方法并不十分神秘。只要具有一定统计基础的读者，不难通过本书的介绍了解它们的用途和基本原理。本书并没有太多的深奥烦琐的数学证明，一些公式推导的目的也并不在于证明这些方法，而主要服务于揭示统计指标之间的内在联系。即使读者在学习时忽略这些公式推导，也并不影响其对于整个方法的理解和应用。特别是由于本书中介绍的所有方法都伴以 SPSS 软件的操作应用，读者能够很容易复制例题的统计结果，按照例题背景情况理解它们的实际意义，并进一步发挥自己的主观能动性将这些方法应用于自己的研究中去。

SPSS 是发展较早、应用非常普遍的社会统计软件包。它具有十分强大的数据处理、统计分析功能，同时又具有易学、易用的特点。因此，本书所介绍的高级统计方法将以 SPSS for

Windows 第 13 版及其他更新版本作为应用软件。

本书是一本多元统计分析方法教材，主要目的是介绍和讲解各种统计方法的原理与应用。为了方便读者将这些分析方法投入使用，示范了用 SPSS 软件分析例题的操作。对一些统计知识和 SPSS 软件两方面基础均较为薄弱的读者，本章第三节和第四节分别提供了一些初级统计知识要点的复习和 SPSS 软件入门的简介。另外本书还设有一章，介绍事件史数据的预处理。

一、关于本书各章的简介

本书所介绍的 13 种高级统计方法，基本上每种方法成为独立的一章。每一章可以单独学习，但是它们之间也存在着一定的内在联系。比如，第五章通径分析实际上是第二章回归分析的扩展，而它同时又是第十二章结构方程模型的一种特例情况。对于应用来说，更重要的问题是，各种方法都是在具体条件下应用，因此如何选择适当的方法便成为正确应用这些方法的前提。

本节简介这些方法应用的具体条件，使读者在阅读各种方法介绍的内容之前，先形成对这些方法的分类框架概念。

为了建立这些方法的分类框架，需要具备一些统计学基础知识，即变量测度等级的概念。下面第一小节是对变量测度等级的简介。然后，在第二小节中对各种方法做一概括。第三小节将按照各种方法应用的变量条件列出一个框架图。

（一）变量的测度等级

在科学研究中，用变量来量化描述概念。但是不同概念能够被量化的程度有所不同，另外即使一个概念实际上具备较高的量化程度，而在实际观测时也可能因为具体情况而采用较低的量化程度。这种量化程度在统计学中称为变量的测度等级或测度水平（measurement level）（Blalock，1979：15－20；郭志刚、郝虹生、杜亚军、曲海波，1989：139－145）。

变量的测度等级直接关系到统计分析方法的选择。

变量的测度等级的划分有多种，一般常用的划分为四种，即：名义测度、序次测度、间距测度、比率测度。

名义测度（nominal measurement）是最低的一种测度等级，也称定名测度。实际上，名义测度变量的值只代表类型的编码，而这些编码的数值只是一个符号，数值之间不存在有实际意义的量的关系。比如，性别便是一个名义测度等级的变量，可以将男性编码定为 1，女性编码定为 2，但是如果反过来定义编码，或换用其他任意两个不同的数，甚至直接以文字代表类别，变量所包含的信息也没有任何损失。

序次测度（ordinal measurement）的量化水平高于名义测度，也就是说它所包含的信息量大于名义测度等级的变量。因为在序次测度等级的变量中，变量编码不仅具有分类的作用，而且也存在量的关系。比如，受教育程度这个序次测度等级的变量，采用数字编码表示不同类别，比如：文盲半文盲＝1，小学＝2，初中＝3，高中＝4，大学＝5。从中可以看出，随着受教育程度的提高，编码值越来越大。虽然可以换用 2 至 6 甚至反序 6 至 2 作为其编码不会损失信息，但是不可以随意调换各类在序列中的位置。因为，各编码的序值代表了受教育程度的高低差异。尽管不能准确描述这一差异的大小，但是可以确定这一差异的方向。换句话说，这些编码值可以应用于不等式计算。比如从受教育程度而言，如果已知高中＞初中，初中＞小学，便可以肯定有高中＞小学的数量关系。

间距测度等级（interval measurement）的量化程度更高，它的取值不再是类的编码，而是采用一定单位的实际测量值。这时不仅可以知道两个不同变量值存在差异，而且可以应用减法得到两值之间的差或应用加法得到两值之间的和，它们的差与和都有实际意义。但是，间距测度等级的变量值之间不能进行乘除计算，这是因为这一测度等级的变量所取的0值不是物理意义上的绝对0。比如，在采用摄氏温度时，不能说10度是5度的两倍。因为将这两个摄氏温度换算为K温度（开氏温度）后，这两个温度便不再是两倍关系。

比率测度（ratio measurement）是最高级的测度等级，它除了具有间距测度等级的所有性质外，而且其0值是非人为制定的，比如K温度中的0度被称为绝对0度。只有变量的0值不是人为制定的临界值，而是绝对0（即没有再比它更小的取值）时，其任意两个取值的比率才能有确定的意义。

从以上简介可以看出，测度等级关系到对变量信息的理解。测度等级越高，变量所包含的信息越多。对于同一个变量，较高测度等级不但包含较低测度等级全部信息，而且还附加其他信息。因此，较高测度等级的变量实际上可以降级使用。统计分析中经常采用降级使用。

比如，将序次测度变量作为名义测度变量使用，这时常常将这两种测度等级合称为分类变量。

另外，将比率测度变量可以降级作为间距测度变量使用。有些教材将其称为连续变量，其实这两种测度等级变量并不一定要求取值连续，即变量可以只取整数值，但取值范围极大。所以，对它们更准确的称谓是测量型变量，因为它们都可以取得精确的变量测量值。从统计分析的角度，间距测度等级便是最高等级。所以比率测度变量只好作为间距测度变量来使用。如上所述，对于间距测度变量，可以应用加法和减法计算，所以计算所有变量观测值的和是有意义的，并进而计算变量的平均值（注意计算平均值时的分母并不是变量值，而是观测频数）。而且，可以计算各变量值与平均值之间的差（离差），并进而计算变量的方差和标准差。

但是应当明确，这种降级使用意味着一部分信息没有被利用，造成了一定的信息浪费。所以，应当尽量避免这种损失，只有在迫不得已的情况下才这样做。

在制定研究方案和调查方案的时候，应该对于能够应用的统计方法了如指掌，根据实际情况尽可能在调查时将变量设置为间距测度等级，以获得较多的信息。在分析时，尽可能保留原始数据所能提供的信息，避免降低变量测度等级和数据信息的浪费。

（二）本书所介绍的分析方法的概述

本书各章介绍了13种高级统计方法，可以用最简练的语言将这些分析方法加以概括如下。

多元线性回归应用于单方程模型，其因变量必须为测量型变量，其自变量既可以为测量型变量也可以采用虚拟变量等特殊编码变量。研究目的是分析因变量值的变化与自变量值变化之间的关系。多元回归用最小二乘法求解回归系数。

如果变量之间有多层因果关系，便可以由多个具有内在联系的多元回归方程组成一套**通径分析**联立方程组。在满足特定条件的情况下，每个方程都可以通过多元回归求解系数，然后应用通径分析分解变量之间的直接作用和间接作用。

如果一套联立方程组中含有潜在变量（即不可直接观测的变量），便不能再用最小二乘法求解，这时可以应用**结构方程模型**，它主要采用最大似然估计求解。

在研究有两组各包含多个变量的变量组之间的关系时，可以采用**典型相关分析**。典型相关分析的所有变量必须为测量型变量或虚拟变量。

多元方差分析研究两个以上的类别中在多项测量型数据指标上是否存在显著差异。

当因变量为分类变量或序次变量且自变量为测量型变量和虚拟变量时，不能采用常规的多元线性回归，而应该采用**logistic回归**。当因变量为计数变量（即有限的正整数值）且自变量为测量型变量和虚拟变量时，则应该采用**泊松回归**。

鉴别分析主要应用于在已知一些案例的各种条件值及其结果类型的条件下，形成鉴别方程，然后将其应用于其他条件值已知但结果类型未知的案例，预测它们的结果类型。这种方法可以视为因变量为多分类结果、自变量为测量型或虚拟变量的因果预测。它的主要应用目的是进行鉴别分类。

在使用纵贯数据进行因果分析时，**事件史分析**是可以应用的分析技术。其中，离散时间模型实际上就是用logistic回归求解。而Cox比例风险模型是连续变量模型，它分为两种，一种包括动态变量（即随时间变化的自变量），另一种不包括动态变量。事件史分析的数据处理是一项比较复杂的工作，本章第十四章专门介绍这方面的技术。

至于因子分析、聚类分析和对应分析，它们并不是因果模型，分别用以分析变量、案例和类型（变量值）之间的结构关系。它们被称为相依模型。

因子分析经常服务于浓缩多个测量型变量，使之转换为较少数量的新变量（称为因子）后，仍然携带原变量的绝大部分信息。

聚类分析用于分析各案例在多个测量型变量值上的距离，将其按近似性原则进行案例排列。

对应分析可以用来对不同非测量型变量的类别之间的关系进行分析，以作图形式显示不同变量类别之间的近似程度。

（三）本书所介绍的统计方法的分类框架

这些分析方法应该根据实际研究的具体研究目的、分析模型及其数据资料来选用。为了便于读者对于这些方法形成较为系统的认识，可以根据研究模型类型、因变量数目、因变量和自变量的测度等级四个方面对这些方法进行分类，对这些分析方法之间的特征和差别进行框架性的概括，但这种概括只能是大致的。

以下框架首先按照观测数据的来源分为两大类：

第一类是横贯数据（cross-sectional data）。横贯数据指在同一时间不同案例的观察数据。它可以来自一次普查、抽样调查或分地区（部门）的统计资料汇总表等。本书所介绍的方法主要是应用于横贯数据的方法。

第二类是纵贯数据（longitudinal data）。纵贯数据指对同样的案例在不同时间上的多次观测所得到的数据。从方法论而言，对于研究因果关系，纵贯数据具有更高的有效性。然而，纵贯数据的取得相对于横贯数据要难得多。它可以来自追踪观测，然而追踪调查存在周期长、成本高、案例容易损耗等困难。它也可以来自回顾调查，但是回顾调查往往发生由于记忆不准所造成的偏差。实际上，本书所介绍的方法中只有事件史分析属于这一类。所以，在框架中直接以该方法名称作为标注。

该框架的第二种划分是分析模型的属性。一类是因果模型（dependence model），一类是相依模型（interdependence model）。[①] 因果模型即在变量中明确设置因变量和自变量的模型，它们的目的在于描述自变量的变化如何影响因变量的变化。严格地说，典型相关分析与通常的相关分析的性质一样，都是双向关系等价的描述，本来属于相依模型。但是由于在实际研究中，研究人员常常心目中对于典型相关分析的两个变量组有因变量组和自变量组的划分，因此这里为了方便，也划入了因果关系模型。而对数线性模型，就其本来的性质，是以数学函数的形式描述多个分类变量的交互频数表，尽管有时研究者在这些分类变量之间有因果关系假设，但在此框架中将对数线性模型列入相依模型一类。

该框架所采用的另一种划分依据是变量的测度等级。如前所述，在统计分析中，经常将序次测度变量作为名义变量使用，因此将这些变量取值只作为分类编码，其表达序次的数量信息便不再使用。这时，我们常常统称这两种测度等级的混合为分类变量。其变量值只反映分类，没有真正的测量含义。所以，又将其称为非测量型数据（nonmetric data）。统计分析中将比率变量降级使用，作为间距测度变量。由于它们相同的基本性质在于能够测量变量值，所以与非测量型相对，可以称之为测量型数据（metric data）。此外，居于这两者之间还有一种变量，其测量值是精确的，比如反映每个人在迁移、晋升、生育、犯罪次数的计数变量，但是在实际中这种计数变量只能取有限的若干正整数值或者 0 值。因此，它既不能混同于一般的测量型数据，也不能归入非测量型数据。

该框架对于因果模型分类时，还涉及模型中因变量的数量，有三种情况：一种是单因变量模型，一种是多因变量模型，一种是多层因果模型。其中单因变量模型和多因变量模型都是单一方程模型，而多层因果模型实际上是结构模型，指由联立方程组构成的模型，即某个变量在有的方程中是因变量，而在其他方程中是自变量。

以上并不是十分严格意义上的类型划分，而是为读者掌握各种方法的典型特征而建立的框架，其框架图见图 1—1。

二、在应用统计的研究中，要以研究方法论为指导

虽然本书的主要宗旨是介绍统计方法，但是作为全书导论，在此要特别强调社会科学研究的整体性，即一个好的研究不可能仅仅建立在统计分析的基础上。统计分析只是整个研究当中

---

① 有的统计词典将两者都译为相依模型，但这抹杀了它们实际上的不同。因此这里不再按英文原文直译，而是按其实际含义来称谓。

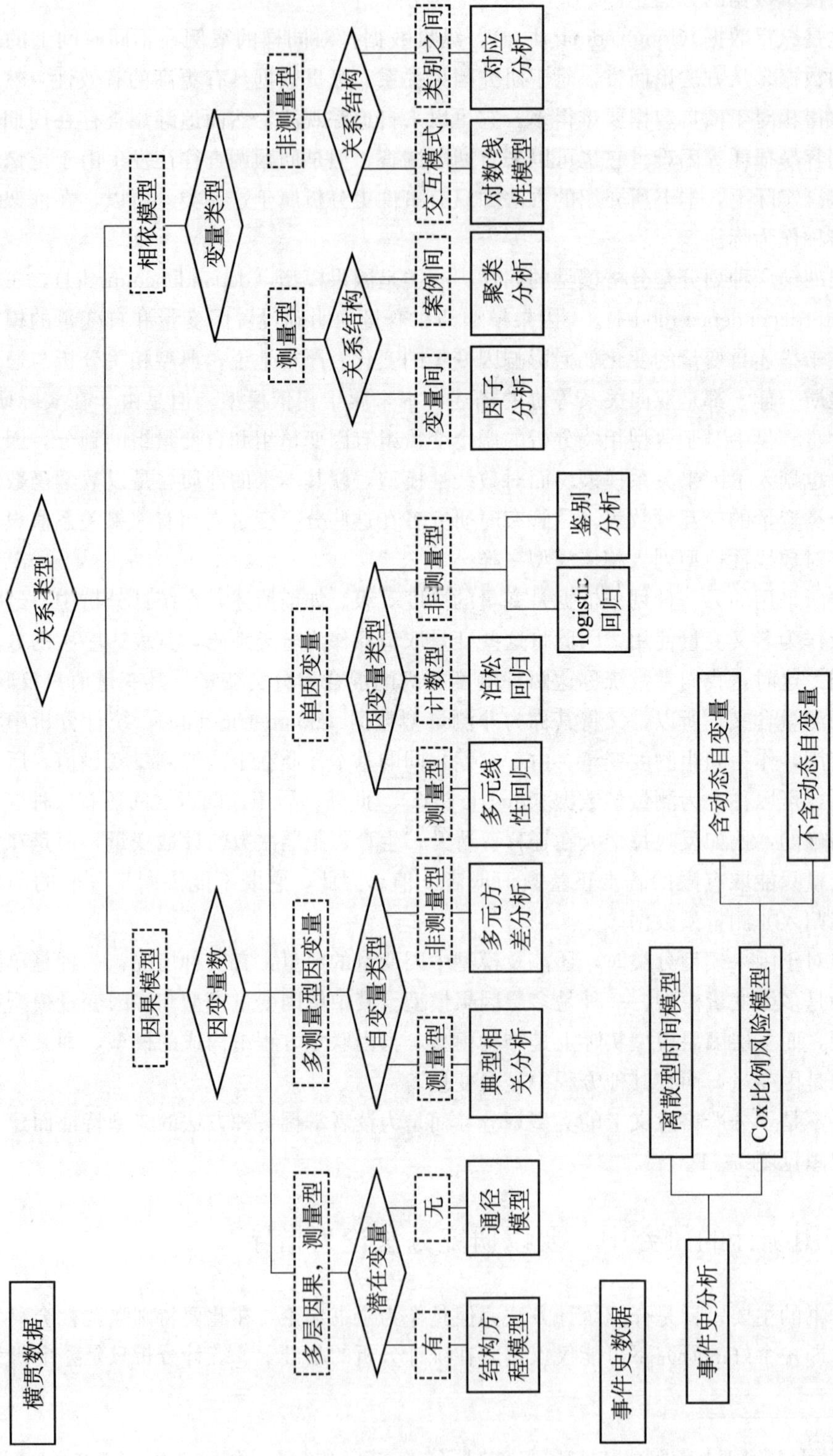

图1—1 本书所介绍的统计方法的基本特征关系框架图

的一个环节，因此在学习和应用统计分析时，必须清醒地把握统计分析的方法论意义，自觉地将其服从于整个研究。

这是因为，科学研究不仅表现为一种有明确目的的探索，而且是通过极为细致、严谨的特殊方式来进行的。因此，提高方法论素养是减少错误、少走弯路的必要训练。科学研究工作更要讲究科学的方法论。

研究中所使用的具体方法，包括统计技术方法，不等于方法论，它们在科学研究中属于不同层次。方法论（methodology）是研究过程的理论，从属于认识论，从一般意义上对研究进行指导。而方法（method）则是比较具体的研究技术或工具。研究方法的正确选择和使用，不仅需要有关研究对象的学科理论指导，也需要关于研究过程的方法论理论的指导。如果对于一般意义的研究方法论理论掌握不牢固，在使用具体的统计方法开展研究时就很容易发生问题。

（一）理论、观察、统计之间的关系

现代社会科学研究中包含三个要素：理论、观察、统计。

科学理论关系到科学的逻辑方面。在基础原理的指导下，根据已经掌握的事实，经过一系列的思维过程，对未知的社会现象的内在规律形成猜想，或称为科学假说。科学假说虽然是对事物本质联系的猜测性判断，但是它在逻辑结构和符合已知事实方面已经不存在问题。它与科学理论的不同，只是在于它所依据的原始前提能否成立。所以它只是对事物本质联系的一种可能的解释，而实际中经常存在着多种可能的解释。一种假说是否符合事实，或者各种假说中哪一种相对更好，仍然需要通过实践检验加以确定或选择。在科学发展过程中，假说是理论发展的重要途径之一。假说是理论形成的初级阶段，随着假说的预见性经受越来越多的考验，假说逐渐转化成理论。但是，假说和理论之间并没有清晰的分界线。科学史证明，许多为实践多次检验的经典理论仍然带有假说的成分，需要不断地发展、修正。提出假说除了需要充分掌握科学原理和已知事实外，还要有严谨的科学推理能力，而且还需要发挥主观能动性和创造性。目前在社会科学研究领域中，仍然存在只重理论和知识、疏于科学推理素质训练的倾向，然而这种素质并不是仅仅通过学习基础理论、专业知识和具体技术方法所能提高的。因此，应该加强方法论普及，使研究人员对研究的逻辑、程序有充分的掌握。

现代科学研究的第二个要素是观察。观察是为研究取得客观实际材料的过程，它和研究方法直接联系。这里所说的观察是广义的观察，包括应用实验方法、调查方法、实地研究方法等。这些技术方法应该在方法论理论的指导下得到正确的应用。首先，研究目的要明确，所进行的研究到底是描述型、解释型，还是探测型，要十分清楚。其次，还要明确研究总体和分析单位。然后，根据研究的目的和研究的总体选择观察的方法。此外，选择观察方法还要受到对研究对象控制水平的限制。在社会科学研究中，当研究单位是家庭、组织、社区时，是很难采用要求控制水平极高的实验方法的。即使研究单位是个人，由于实验过程会对参加实验者产生很多副效应，实验结论也存在较强的内在无效性和外在无效性。因此，社会科学研究较少采用实验方法进行观察，更多地依赖调查、实地研究方法。

第三个要素是统计。由于统计方法和计算机技术日新月异的发展，统计在现代社会科学研究中的地位大大加强了。统计在研究中的作用，除了对于观察数据进行统计描述外，还可以对

多变量之间的关系进行定量描述。然而，统计在方法论上取得的更重要的意义是，它可以把实际观察资料与理论假说的推论联系起来对假说进行检验。从这个角度来看，统计并不是一个孤立的技术方法，它还是理论联系实际的一种形式，也可以说是对理论进行实践检验的一种形式。

作为整个研究过程，三个要素是密切联系，相互制约的。将它们统一在一个完整的研究设计方案中加以实施，是推进对社会现象认识的最佳途径。如果将研究看作一个周期性循环上升的过程，这种研究方案的完成本身就构成了一个完整的周期。然而，在实际中，很多研究并不构成完整的周期。由于对社会现象的知识太少，尚不可能形成一定的理论假说，就只能将研究目的放在探测或描述上。还有的时候，由于不具备时间、费用、人力等投入条件，不可能实施一个专门设计的观察，我们便不得不借助可以得到的其他统计数据。这种数据称为二手资料，应用二手资料进行的分析称为二手分析（secondary analysis）。尽管这些数据中也可能包含我们所需要的信息，但由于当初取得这些数据时仅服务于其他目的，所以数据的变量设置、测度水平不一定能够完全达到本次研究的要求，而研究人员又只能在这种条件下开展分析。这时，研究人员必须明确，数据资料方面的限制对分析结果构成了哪些可能的损害，是表现在分析结果的有效性上，还是可靠性上。

所以，统计技术的应用绝不是孤立的事情，它不仅需要专业理论的指导，也需要研究方法论的指导。忽视这两个方面，便极易导致研究结论中的谬误。比如，经常可以见到错误理解和阐述统计结果的问题，即分析计算结果是正确的，但是对于这些结果的理解和解释却是错误的。

（二）统计研究中的常见谬误

在应用统计的研究中，经常可以见到的方法论错误包括：混淆统计联系与因果关系、事后解释谬误、生态学谬误、还原论谬误、混淆统计检验显著性与实际意义显著性等问题。

1. 混淆统计联系与因果关系

在统计研究中，对于统计联系和实际中的因果关系两者是必须加以认真区别的。因果关系是事物之间的一种本质联系，而统计联系只是观测数据中所反映的事物的数量联系。比如，相关关系（更严格地说，是偏相关关系）是判断因果关系存在的一个必要条件，但不是因果关系存在的充分条件。相关关系（或其他形式的统计关系）的存在，并不能最终证实因果关系的存在。因此，探索事物内在规律还必须考察其他条件。并且，检查和排除现象之间的虚假相关，也是科学研究的任务之一。时间先后顺序是判断因果关系的另一个准则，因此观察的时间维度是研究设计中的另一重要内容。在我国社会科学研究中，普遍以某一时点的横贯调查数据开展研究，如普查、抽样调查资料的分析等。方法论理论告诉我们，横贯研究使用的是同一时点的观察资料，它比较适合于对差异的研究，而用于因果研究时就存在很大的局限性。但是，来自于追踪调查和回顾性调查的纵贯观察资料能够提供时间变量，于是在分析中可以包含时间顺序的控制，则更有效于因果联系分析。总之，对于差异和变化的区分，是十分有助于因果关系探索的。由于在我国社会研究中应用更多的是横贯研究，所以我们更需要在得出或接受研究结果时考虑其方法论方面的有效性。

即使所采用的统计模型是因果模型，并且模型中包括了时间变量，统计分析所能揭示的仍然只是统计联系，只不过统计模型多加了几个控制条件而已。这种被实际数据所验证的统计联系，仍然不能等同于因果关系。这是因为，不论多么严密和复杂，统计模型只是一种假设模型，代表研究人员对于实际因果关系数量特征的一种设想。作为模型必然有所抽象、有所简化，绝不可能再现实际中因果关系丰富多彩的各种规定性。并且，统计模型是进行假说检验的一种手段，其检验的本质是证伪，而不是证实。

所以，统计分析无论多么高级、精细、复杂，都不可能证实实际上的因果关系。研究人员应该对此有清醒的认识。

2. 事后解释谬误

事后解释（ex post facto hypothesizing）是典型的方法论谬误之一。这一问题的产生不是统计分析的错误，而是对于正确统计结果的错误解释问题。如果事实上统计分析开始时没有理论假设，那么这一研究属于探测性或描述性研究。在得到统计结果的基础上，可以形成新的理论假设。然而，如果反过来再将同一统计分析作为假设检验看待，就是犯了事后解释错误。事后解释谬误的要害是，将一个仅仅处于刚刚建成的假设当作经过检验的假设来对待，将一个探测性或描述性分析结果当作了一个解释性分析的结果，完全混淆建立假说和假说检验的区别。在研究过程中，建立假说和假说检验是两个不同的阶段。通过探测性或描述性统计分析结果形成新的假说是可以的，但是一个数据形成的假说或假设不能用同一数据进行检验。由于这样形成的假说或假设与这一套观测数据已经具备一致性，因此用同一数据进行假设检验时根本不存在可证伪性，也就是说，这种“检验”永远不会得到拒绝该假说的结果，那么这种“检验”也就不是真正科学意义上的检验，而只是一种徒有统计检验形式的自欺欺人的东西。

尽管许多研究方法论著作都以大量篇幅指出事后解释在研究过程中的危害，但在我国统计研究中对于这种方法论谬误并没有得到普遍的重视和预防。这种问题是否存在有时并不能从论文、著作的字里行间被发现，特别是它还可以被研究人员有意识地加以粉饰。因此，要想解决这一问题，不仅需要研究方法论素质的提高，而且需要科学研究职业道德水平的提高。

3. 生态学谬误

生态学谬误（the ecological fallacy），即根据集合单位的分析结果作关于个体的断言。这一问题的要害是混淆了不同层次主体的行为模式。在研究设计中，分析单位是一个很重要的概念。从宏观到微观之间可能存在不同层次的分析单位。比如在生育研究中①，微观行为模式（如夫妇或家庭）可能与宏观行为模式（如省市区和国家的汇总资料）有重大区别。举例说明，从宏观来说，人口控制已经成为公共利益所在的情况下，个人、家庭却不一定能够自觉按照公共利益要求行动，因为宏观利益并不完全与微观利益相一致。但是将宏观汇总资料中所发现的变量关系直接用来解释微观主体的行为，便可能导致生态学谬误。比如，教育和经济越发达的地区生育水平越低这一结论，并不一定能够引申为个人受教育水平越高、收入越多，生育数量越低的结论。这是因为，以宏观汇总数据进行分析时，真正的行为主体（比如生育的行为主体是育龄妇女）的各方面特征在汇总时丧失了直接联系。这就是说，我们已经不可能知道生育多的妇女是否真的是那些受教育程度低、收入少的妇女。所以，并不能彻底排除实际上还存在着另一种可能性，即也许正是高教育程度、高收入的妇女生育较多。因此从严格

① 本例并不是为了讨论其实际情况的真伪，而是为了借此讨论在研究中可能存在的逻辑问题。

的意义上讲，宏观分析得到的统计结果只说明宏观情况，并不能将其直接引申到微观情况。如果引申，就意味着其中必须借助一个假设条件，即宏观行为与微观行为的模式相同。而这一假设在很多实际情况中并不成立，所以用宏观环境解释微观行为在方法论上要冒生态学谬误的危险。

纵观国内有关统计分析文献，反映出这一问题并没有被研究人员普遍意识到。很多研究论文完全不讨论宏观行为与微观行为是否存在差异，是否可以假设其相同，就简单从宏观汇总数据的分析结果直接推论微观行为模式了。

4. 还原论谬误

还原论（reductionism）是与生态学谬误相对的一种方法论谬误。

在科学研究史上，还原论哲学观点曾经并仍然起着很强的影响作用。比如，物理学、生物学对一般物质或生物研究所得到的规律套用在社会研究中，便产生了社会物理学、社会生物学等种种理论。这些理论的建立实际上是立足于类比法的研究逻辑，将一类研究对象的关系引申到另外的研究对象身上。尽管类比可以提供很多新的思路，有助于构想事物的内在联系，然而必须认识到，类比法具有很大的可错性。

还原论在统计研究上的具体表现形式为，根据较低层次研究单位的分析结果推断较高层次单位的运行规律。这种引申同样需要先行假设宏观行为模式与微观行为模式相同才能成立，所以必然经历与生态学谬误类似的风险。

另外，在不同的群体中可能存在着十分不同的行为模式。比如，经典理论认为，经济水平越高生育率越高。要是从全球几大洲来看，确实是这样的情况；但要是从各大洲内的情况来看却并不都是这样，比如在处于低生育水平的欧洲内部，经济水平越高的国家其生育率反而相对较高。所以，统计分析既要把握一般情况，也要注意其中的特殊情况。

生态学谬误和还原论谬误都是在研究当中由于逻辑推理不够严密，因而犯了过分简单化的错误。

5. 混淆统计检验显著性与实际意义显著性

在统计研究中还经常存在混淆统计检验显著性与实际意义显著性的问题。一些研究人员并不十分明确统计检验显著到底是什么含义，以为统计检验显著便等于实际意义显著。通常情况下，整个模型或某些模型参数的统计检验都是与采用抽样数据相联系的。由于使用抽样数据推断总体情况，因此必须考虑抽样数据所得到的各项参数估计所包含的抽样误差。也就是说，无论是研究差异还是研究作用的是否存在，根据抽样数据得到的统计量还只是总体参数的点估计，只有充分考虑统计量的随机误差之后，才能以较大把握肯定总体中这种差异或作用是否存在。统计检验结果显著与否受到三个方面的影响：一是实际差异幅度或作用强度的影响；二是所要求的把握或称置信度的大小；三是抽样样本规模的大小。统计检验的结果是有条件的结果，三个方面中只要有一个方面发生变化，结果就发生变化。所以，统计检验显著只是说明在三个方面的特定条件下，是否能够肯定差异或作用的存在。如果能够肯定，就说其统计性显著，否则就说其统计性不显著。但是，统计性是否显著只是一个相对于这三方面条件的结论，并不是用来表示实际显著意义的标志。例如，如果样本规模足够大，或者降低对结论的把握性要求，一个完全没有实际意义的差异幅度或作用强度也可以取得统计显著的结果。而这一差别或作用的实际意义是否显著，则应该完全根据统计量的实际意义来判定。比如，省际平均收入相差 0.001 元，在样本规模很大时，也可能取得统计检验十分显著的结果，但是这一差异的实际意义并不重要，因为这一差异实际上太小了，完全可以忽略不计。所以，研究人员不仅要考虑到统计分析的结果，而且最终要把这些统计结果放在整个实际研究的理论框架中去考察其实际意义。否则，将会产生纠缠于一些鸡毛蒜皮的差异或作用上夸夸其谈其显著性的笑话。

（三）社会科学的研究对象和模型

从方法论来讲，形成错误认识的很重要的一个原因是没有搞清楚社会科学的研究对象到底是什么。不少人都泛泛地认为社会科学的研究对象就是人，其实并不这样简单。社会科学的研究对象应该是人所生活于其中的社会有机体，比如客观存在着的社会制度、经济体制、家庭模式等等。构成这些社会体系的要素并不是人，而是一系列社会存在的构件和方面，包括制度、机构、规范、组织等等。这些社会构件和方面的属性、特征、意向、行为可以通过科学抽象得到概念，将它们定义为一套变量，并经过操作化得到测量。社会科学研究关注的是这些变量体系在性质、结构方面的变化，以及变量之间的数量联系。在这样的研究框架中，个人实际上只是这套变量的载体，在社会统计中称作案例。社会科学理论研究的是社会变量体系之间的联系，并不直接寻求对于单个人行为的解释。当然，在社会科学研究中变量的载体也可以不是个人，而是婚姻、家庭、组织、社区等其他研究单位。

社会科学理论一般针对群体的本质，而针对较大集合时的统计无论在水平、模式、差异和变化方面总是显现出较强的规律性。在社会统计中，一些个体不同于本群体的行为是作为随机波动对待的。即使是这些在统计中被作为随机波动的部分，也保持着一定的稳定性。有时，许多深入的统计研究还可以进一步发现这些特殊案例的背后也存在着自己特殊的特征和规律。

因此，社会科学主要采用共相模型（nomothetic model）来解释世界，它不用枚举所有的影响因素，而只选用解释总体时最重要的因素。所以，它实际上是对社会体系和社会运行的部分解释。它的目标是用尽可能少的原因变量提供尽可能多的解释力，解释社会体系中各变量之间的基本联系和因果关系形式。正因为如此，共相模型不可避免地具有或然性质（采用概率描述形式），并不能解释所有个体。共相模型的这些特征与科学研究方法论原理的简单性原则相对应（刘大椿，1985：149－153）。在统计研究中，我们并不寻求将所有可能的解释变量列入模型，而希望将最能代表本质联系的解释变量列入模型。这种模型称为简约模型（parsimonious model），因为科学研究并不企图以模型形式完美地再现客观世界，而是努力寻求和把握其最本质的特征。

（四）统计分析与理论分析

现代社会科学中越来越多应用经验研究方法（empirical studies），有时又被称为实证方法。有些人把经验方法等同于实证主义，这实在是一种误解。实证主义方法论的确十分强调经验研究方法。然而，应用经验研究方法并不等于一定要以实证主义哲学为指导。仅从方法论角度而言，实证主义学派常常表现出贬低理论研究和理论指导重要性的特征。我们今天越来越多地应用各种调查分析和实验研究手段，不是偏废理论，而是为了加强理论联系实际，加强理论的检验，也为了取得比较准确的量化分析和预测来指导实际工作。理论研究与经验研究必须结合，这既有利于反对从理论到理论的单纯演绎推理的倾向，又有利于反对忽视理论、只注重经验的倾向。实际上，统计研究不可能脱离理论指导，比如，如何判定哪些变量应该列入分析模型，便主要是理论分析的结果，而不是统计分析的结果。统计分析的功能主要是在理论分析的基础上，检查各个模型变量的作用，对其作用进行量化描述，并对有关理论假设进行检验。

对我国社会科学研究常有十分不同的评论和判断。有人认为现在缺乏理论研究而经验研究过多，有人认为现在基本还是演绎推理占上风，缺乏经验研究。按照方法论理论，一个完整的科学研究既包括理论假说的形成，也包括理论假说的检验，而在这两部分中都会涉及逻辑推理和事实材料的处理。所以，应该换个角度来看待这一问题。其实，现在社会科学研究中问题的实质，并不在于哪一种研究过多了，而在于研究中理论的逻辑推导和理论假说的实际检验两者之间的分离割裂程度太大。有的研究人员似乎是天生的假说专业户，不断通过一些片断事实提出新的理论（实际上只是假说），打一枪换一个地方，但从不检验自己的假说。有的研究人员则不需要借助任何理论，只管套用一些新颖的统计技术将所能得到数据资料变成一些统计指标急于发表，但并不做任何实际意义说明和理论解释。这两种情况都代表着学风方面的不良倾向。

就方法论而言，两种情况都是将研究停滞在某一阶段，对理论发展贡献很小，也不产生有实践指导意义的结果。这种现象反映出科研人员的方法论素养较差和对自己科研结果的不负责任。一方面，问题的产生往往是由于研究人员不具备全面的科研素质，只对科研某一环节比较熟悉；另一方面，社会科学界现在存在着的不求甚解、急于出成果的不良学风的大环境也有很大影响。这种局面十分不利于我国社会科学的发展和科研水平的提高。因为，社会科学研究不论停滞于哪一个阶段，都不是一个完整的科研工作，更谈不上向更高层次的进一步发展。

（五）真理性的检验与统计检验

实践是检验真理的唯一标准。但是，实践是一个活动过程，不能简单归结为直接经验这样的个别环节。并且，实践检验过程是借助逻辑推论的链条进行的，实际上在这一逻辑链条中，只是某些环节才可能进行直接检验（刘大椿，1985：144、149－153）。如果把直接检验绝对化，就会犯经验主义的错误，把检验知识真理性的全过程局限于主体感受中。并且，实证主义的证实性原则在方法论上是排斥理论的。

证实性原则在科学实践中是根本行不通的。现在，已经很少有人坚持绝对的证实性原则，很多人退到了后实证主义的证伪性原则。证伪性原则认为理论检验并不是确证，而只是确认（尚未证伪）或证伪。但是，证伪性原则在实践中也同样存在许多问题。科学史上很多事例与后实证主义的证伪性原则相抵触，很多伟大理论都会碰到许多反面事例，但科学家们并不认为已经证伪而放弃研究，最后终于把许多反常的事例变成能够支持这个理论的正面事例。

事实上，这两种类型的实证主义检验原则虽然都有合理的部分，但都没有认识到，人们对于世界的认识是一个不断丰富、完善的辩证的发展过程。任何实践都有自己的社会和历史的局限性。

至于统计检验，可以认为是实践检验的一种形式。一种认识是否正确，要看它是否符合客观实际。反映在统计研究中，就是看理论假设是否符合观测数据。但是统计检验也不可避免地存在其局限性，其结果会受到分析技术的成熟程度、模型变量的有效性、测量数据的可靠性、样本规模的大小等许多方面的影响。所以，统计检验不显著，并不意味着这一研究无价值。事实上，许多统计研究正是从失败的经验中不断总结、修改研究方案，而最终得到正确的结论的。而在统计检验显著时，则更要清醒地认识到，统计分析只是就事物的统计联系进行分析，从统计分析中得到肯定的事物联系到对于事物之间本质联系的认识还有很远的距离。因此，统计检验只是从一个侧面进行的实践检验，并不能替代其他形式的实践检验。

作为一本统计教材的导论，本章不仅概括了本书所介绍的方法，而且对有关统计分析的方法论进行了简要的讨论。毫无疑义，正确的方法论指导对于统计研究有着极为重要的意义。但是实事求是地说，在社会科学方法论方面并没有形成一个完备的理论，许多关键问题还有待于进一步研究和发展。本章所提出的一些方法论问题，主要服务于引起读者对这些问题的重视。此外，由于科学研究是对未知世界的探讨，就是有了正确的方法论指导也只能是尽量减少犯错误的可能性，而不可能完全避免错误。相对而言，本章介绍的具体分析技术的确定性和可靠性要高得多。然而，各种方法都存在自己的优点和缺点，特别是统计方法还涉及许多前提条件，所以读者在学习中除了需要掌握这些分析技术的操作以外，掌握各种方法的优缺点及其应用条件也是十分重要的。

三、基础统计原理与概念回顾

本书是一本多元统计教材。为了帮助读者更好地进入后面各种方法的学习，本节提供了一些必要的基础统计知识，正是因为它们是整个统计理论的基础，它们在后面各章介绍不同方法时经常会涉及。本节通过提纲挈领地对这些基础知识进行简介和归纳，作为统计基础薄弱的读者复习的预备知识。统计基础较好的读者可以直接跳过这个部分。

在社会科学研究中，经常会从一个总体中抽取一部分个体进行调查，抽样调查不仅是最普遍、最流行的数据收集方法，而且随机抽样也是大部分推断统计和显著性检验的最基本的条件。通过一定的程序从样本特征去推断总体的特征构成了推断统计学的基本内容。

（一）抽样调查的定义及其相关概念

1. 抽样调查的定义

所谓的抽样调查是指从研究对象的总体中按照科学方法和程序抽取一部分个体作为样本进行调查，据此推断有关总体的特征。在调查研究中，除非重大的调查如人口普查、资源普查等，一般都是进行抽样调查。根据抽样的方法，抽样调查又分为非随机抽样（non-random sampling）和随机抽样（random sampling）。

所谓的非随机抽样是根据主观判断或操作上的方便抽取调查单位，非随机样本经常被称作"方便样本"，因为它是根据研究者的方便性和研究对象的可获得性而抽取的样本。非随机抽样一般成本低、花时短、回答率高，被广泛应用于定性研究中的案例选择，或者定量研究的起步和探索阶段。对于非随机样本，不能进行统计的显著性检验，即没有办法评估非随机样本结果的有效性。非随机抽样一般包括方便抽样、定额抽样、判断抽样和滚雪球抽样。

所谓的随机抽样是根据随机的原则从总体中抽取调查单位。所谓的随机原则就是在抽取调查对象时，规定了一定的程序，以保证每一个单位都有同等入选的机会，从而避免了主观因素的影响。随机抽样的结果可以用于推断总体。随机抽样方法一般包括简单随机抽样、系统抽样、分层抽样、整群抽样以及多阶段抽样。随机抽样一般比非随机抽样更科学，其样本更具有代表性，但是对抽样技术的要求也更高。

2. 抽样调查的优缺点

与全面调查相比，抽样调查的优点主要包括：

第一，经济性强。抽样调查不需要对总体中的所有单位进行逐一调查，而是调查其中的一部分，因此可以大大地节约调查的人力、物力和财力。

第二，及时性强。不像普查那样每隔几年进行一次，抽样调查因为涉及较少的调查单位，可以随时进行，及时、快速地获得相关数据。

第三，信息量大。抽样调查可以包括较多方面的深度信息，提高详细程度。

第四，质量较好。与其他调查一样，抽样调查也会遇到调查的误差和偏误问题。但是，抽样调查可以通过抽样设计，通过计算并采用一系列科学的方法，把抽样误差控制在允许的范围之内；另外，由于调查单位少，代表性强，所需调查人员少，数据登记和调查方面的误差比全面调查要小。特别是在总体包括的调查单位较多的情况下，抽样调查结果的准确性一般高于全面调查。因此，抽样调查的结果是相当可靠的，对总体有较高的代表性。

不过，抽样调查的技术难度较大，尤其是随机抽样方法，需要经过专门的培训才可能掌握；此外，在抽样调查尤其是在随机抽样时，需要对总体的一些信息比如总体抽样框、总体方差等有一个了解，而这些信息有时候很难获得。另外，如果违反随机原样，抽样调查可能出现较严重的覆盖偏差，从而导致统计结果产生较大偏差，这时的抽样数据就不能简单用于推断总体。

3. 总体与样本

所谓的总体就是研究对象的全体。对于社会科学研究来说，我们可能要关注总体的某个方面的特征，比如总体的平均数、总体的标准差等等。我们把描述总体某方面特征的指标称为参数（parameter），一般而言用大写字母标注。

所谓的样本就是按照一定的方式从总体中抽取出来的一部分个体，样本中包含的个体数目 n 称为样本规模或样本量。通过对样本中的每个个体进行观测，可以获得样本中每个个体的观测值，即所谓的数据。我们把描述样本某方面特征的指标称为统计量（statistics），比如样本平均数、样本方差等都是统计量，一般用小写字母标注。统计量的数值就是根据样本的观测值计算获得的，它是个随机变量。

抽样调查的主要目的就是通过由样本计算的统计量去推论、概括总体的情况。尽管大量的统计工作是对样本本身的分析，但是研究的目的却始终是指向总体的。不过，需要注意的是，在进行抽样之前，我们必须明确地界定所要抽样的总体范围，在用样本结果进行统计推论和概括时不能超出所界定的总体。

（二）统计推断与抽样分布

当我们用样本的统计量去推论总体的参数值时，通常有两种方法：参数估计和假设检验。

所谓的参数估计就是根据样本的结果来合理地、科学地推算出总体的参数是多少。参数估计细分起来又可以分作两类：点估计和区间估计。所谓的点估计就是用样本所计算出来的一个具体统计值直接作为总体参数值的估计，尽管知道这个参数估计会有误差，但并不对误差加以描述。而区间估计则是根据样本计算出在一定的置信概率水平下一个总体参数所可能落入的范围，称为置信区间。参数估计要求的置信概率越高，置信区间也就越大。在社会科学研究中，常用的置信概率为95%。

假设检验是通过样本的结果去判断接受还是拒绝某个有关总体参数的假设。无论是参数估计还是假设检验，都要根据统计量的分布即抽样分布进行。所有这些构成了推断统计学的基本内容。在本书介绍的多元统计方法中都会涉及统计推断，并且主要是通过假设检验的方法。

统计推断，无论是参数估计还是假设检验，都建立在抽样分布的基础之上。

1. 抽样分布的概念

设想，我们对同一总体进行多次抽样，就会获得多个数据样本，而每个样本的统计量值（比如平均值）大多并不相同。总体中存在的差异越大，这些样本统计量值的差异也就越大。这些统计量是样本的函数，构成了一个随机变量。对于一个总体，所有可能样本的统计量数值的概率分布被称作抽样分布（sampling distribution）。请注意，抽样分布既不是总体分布，也不是某个样本的分布。比如，要了解中国人口的年龄（记为Y），人口普查可以提供全国人口的年龄分布（即Y的分布），由此可以计算出全国的年龄平均数，这就是总体参数。做一次抽样调查可以提供样本案例的年龄分布（即y的分布），由此可以计算出这个样本的统计量，即年龄平均数。理论上，可以在全国总体中无限反复地做同样的抽样调查，每次抽样都能提供一个样本的年龄平均数（$\overline{y}$），所有可能样本的统计量$\overline{y}$构成一个分布，这个分布就是抽样分布。总体分布、样本分布和抽样分布的方差分别用σ_Y^2、σ_y^2和$\sigma_{\overline{y}}^2$来表达。

样本虽然来自总体，但是抽样分布的形状却可以与总体分布的形状很不相同。根据中心极限定理，无论总体分布如何，只要样本规模足够大，统计量的抽样分布就接近正态分布。比如，样本平均数的抽样分布是：

$$\overline{y} \sim N(\overline{Y}, \frac{\sigma_Y^2}{n})$$

其中$\overline{Y}$为总体的平均数，也是统计量$\overline{y}$的抽样分布的平均数；σ_Y^2/n是样本平均数$\overline{y}$的方差，即抽样分布方差或称抽样方差，其中σ_Y^2是总体的方差，n为样本规模。上述表达式表明，样本统计量（平均值）服从以总体平均数为中心、方差为σ_Y^2/n的正态抽样分布。从这个表达式即可看出，样本规模越大，抽样方差越小。

将上述抽样方差开方，便得到抽样分布的标准误$\sigma_Y/\sqrt{n}$。标准误是对抽样分布的标准差的特别称谓，记为$\sigma_{\overline{y}}$。标准误与总体标准差σ_Y有关，但总体标准差不会变化，然而标准误会随着样本规模n的增大而得到有效缩减。

此外，如果样本足够大，即使总体方差或标准差未知，亦可以直接用样本方差作为总体方差的替代估计，并不会对推断统计结果产生太大影响。

需要注意的是，在小样本（通常$n \leqslant 30$）中，特别是当总体方差或标准差未知、需要用样本的修正方差（s_y^2）① 或修正标准差（s_y）作为估计值，那么这时估计的抽样分布服从于自由度为$n-1$的t分布。原因在于，计算样本方差时必须涉及样本平均值，在样本平均数已经确定的情况下，实际上只有$n-1$个y观测值可以自由赋值，而最后一个y_n则是由其他$n-1$个y观测值所确定的数。所以，在估计总体方差时，要用失去一个自由度的样本修正方差。

实际上，SPSS软件对变量所计算的方差和标准差是修正方差和修正标准差，这不是程序错误，而是为了适应从样本推断总体的大多数统计工作的需要。

随着样本规模的增大，样本方差和样本修正方差的差别会越来越小，并且t分布也会趋近

---

① 样本的修正方差公式为：$s_y^2 = \frac{1}{n-1}\sum_{i=1}^{n}(y_i - \overline{y})^2$，$i = 1, \cdots, n$。

并最终收敛于正态分布。所以，在样本非常大的情况下，这些差别便都可以忽略不计了。

2. 参数的点估计及评价标准

统计推断的核心就是用样本的数据对总体的特征做出合理的判断。对于参数的点估计来说，则是用样本所计算的统计量对总体的参数做出点估计。比如，我们用样本的平均数 $\overline{y}$ 作为总体平均数 $\overline{Y}$ 的点估计，用样本的修正方差 s^2 作为总体方差 σ^2 的点估计。在用样本所计算的统计量作为总体参数的点估计时，通常有三个评价标准，它们分别是无偏性（unbiased）、有效性（efficient）和一致性（consistent）。

所谓无偏性指的是估计值的平均数恰好等于总体的参数值。比如，如果我们用样本平均数作为总体平均数的估计值就具有无偏性。这就是说，样本平均数的抽样分布的平均数就等于总体的平均数。假设我们对一个总体进行了反复的抽样，每次的样本规模为 n，那么每个样本的平均数为：

$$\overline{y}=\frac{1}{n}\sum_{i=1}^{n}y_i \qquad i=1,\cdots,n$$

因为我们的抽样是随机的，所以每个样本的平均数是不会完全相同的，也就是说样本平均数是个随机变量，它可能比总体的平均数高，也可能比总体的平均数低。但是，各样本平均数的误差会互相抵消，所以对于所有可能样本（标志为 m 次）的平均数来说，其构成的抽样分布的平均数就等于总体的平均数，即：

$$\overline{\overline{y}}=\frac{1}{m}\sum_{j=1}^{m}\overline{y}_j \qquad j=1,\cdots,m$$

所以，样本平均数是总体平均数的无偏估计。如果估计值的平均数不等于总体的参数值，那么这个估计值将是有偏估计值。比如，样本方差（σ_y^2）是总体方差（σ_Y^2）的有偏估计。其实，样本的修正方差（s_y^2）在回置的简单随机抽样时是总体方差 σ_Y^2 的无偏估计，而在不回置的简单随机抽样时是总体修正方差（S_Y^2）的无偏估计。

有时，关于总体参数的无偏估计可能不止一个，有效性标准有助于选取其中更好的估计。所谓的有效性指的是当有两个以上无偏估计时，抽样分布方差最小的那个估计就是对总体参数最有效率的估计。抽样方差越小，标准误就越小，那么就平均水平而言，一次抽样获得的估计就会更接近于总体参数。比如，样本平均数和样本中位数都是总体平均数的无偏估计，但是样本平均数的抽样方差要小于样本中位数的抽样方差，所以样本平均数是比样本中位数更有效的估计。另一方面，随着样本规模扩大，抽样方差会减小，因此较大样本获得的估计就要比较小样本获得的估计更有效。这也就是抽样调查中样本规模一般都比较大的原因。

除了无偏性和有效性的标准外，一个好的估计还要符合一致性的标准。所谓一致性指的是，随着样本规模增大，估计的偏差随之减小，或者说估计值以更大的概率趋近总体参数值，这也是很自然的要求。

经证明，样本平均数和样本修正方差分别是总体平均数和总体方差的无偏的、有效的和一致的估计。

3. 区间估计的基本概念和方法

前面我们介绍了总体参数的点估计，但是由于总体参数未知，因此我们无法知道由样本所计算的点估计值到底距离总体参数值有多大。也就是说，我们无法知道点估计值的精确程度。因此，统计中经常用一个区间来对总体参数进行估计，即计算一个可能包含总体参数的区间，同时指出总体参数落入这个区间的概率是多少，这就是区间估计。

比如，用 $\hat{Q}$ 表示从样本对总体参数 Q 的点估计值，用下面的概率公式表示这个区间：

$$P(\hat{Q}-\Delta \leqslant Q \leqslant \hat{Q}+\Delta)=1-\alpha$$

其中区间 $[\hat{Q}-\Delta, \hat{Q}+\Delta]$ 被称作置信区间，区间的大小反映了估计的精确性。$1-\alpha$ 被称作置信水平或者置信度（confidence level），表示总体参数落入这个区间的概率，反映了区间估计的可靠性。比如，当 $1-\alpha=0.95$ 时，就表示总体参数有 95%的可能性会落入这个区间。所谓的"95%可能性"是指，假如我们做 100 次独立随机抽样，获得了 100 个样本，用每个样本计算一个置信区间，其中有 95 个样本计算的这一区间能将总体参数值包含在内。α 称作显著性水平（significance level），表示总体参数不在这个区间内的概率。

置信区间除了上面提到的双侧区间外，还可以规定为单侧区间，比如：

$$P(Q \leqslant \hat{Q})=1-\alpha$$

或

$$P(Q \geqslant \hat{Q})=1-\alpha$$

在样本规模一定的情况下，置信区间和置信水平是相互制约的。置信度越高（即估计的可靠性越大），则相应的置信区间也就越宽（估计越不精确）。比如，估计一个地区的人均年收入在 0 到 10 万之间，这样的估计当然非常可靠，但是它也没有多少实用价值，因为它的精度太差。因此，我们需要协调区间估计的精确度和置信度。

在社会科学中，一般提供 95%置信度的区间估计。因此，在计算置信区间时，$1-\alpha$ 是事先给定的。因此，计算总体参数在 $1-\alpha$ 下的置信区间，就必须知道点估计值 $\hat{Q}$ 的概率分布，即它的抽样分布。

比如，在大样本的情况下，总体平均数的点估计值——样本平均数的抽样分布服从正态分布，即 $\bar{y} \sim N(\bar{Y}, \sigma^2/n)$，而其标准分（即标准化值）$z$ 值则服从标准正态分布，表示为：

$$z=\frac{\bar{y}-\bar{Y}}{\frac{\sigma}{\sqrt{n}}} \sim N(0,1)$$

对于统计量 z 的一个双侧区间，满足：

$$P(-z_{\alpha/2}<z<z_{\alpha/2})=1-\alpha$$

然后将 z 的表达式代入上式，有：

$$P(-z_{\alpha/2}<\frac{\bar{y}-\bar{Y}}{\frac{\sigma}{\sqrt{n}}}<z_{\alpha/2})=1-\alpha$$

经整理有：

$$P(\bar{y}-z_{\alpha/2}\frac{\sigma}{\sqrt{n}}<\bar{Y}<\bar{y}+z_{\alpha/2}\frac{\sigma}{\sqrt{n}})=1-\alpha$$

其中，$-z_{\alpha/2}$ 和 $z_{\alpha/2}$ 是标准正态分布中在置信度为 $1-\alpha$ 下的两个临界值。当置信度为 0.95 时，它们就分别是 -1.96 和 1.96，这构成了社会科学中最常用的区间估计公式：

$$P(\bar{y}-1.96\frac{\sigma}{\sqrt{n}}<\bar{Y}<\bar{y}+1.96\frac{\sigma}{\sqrt{n}})=95\%$$

在大样本的情况下，如果总体的标准差 σ 未知，可以用样本的修正标准差 s 代替，即：

$$P(\bar{y}-z_{\alpha/2}\frac{s}{\sqrt{n}}<\bar{Y}<\bar{y}+z_{\alpha/2}\frac{s}{\sqrt{n}})=1-\alpha$$

不过，在小样本的情况下，如果用样本的修正标准差代替总体的标准差，那么样本平均数的标准分 t 值将服从自由度为 $n-1$ 的 t 分布，即：

$$t=\frac{\bar{y}-\bar{Y}}{\frac{s}{\sqrt{n}}}\sim t(n-1)$$

于是，总体平均数 $\bar{Y}$ 的置信区间为：

$$P(\bar{y}-t_{\alpha/2}\frac{s}{\sqrt{n}}<\bar{Y}<\bar{y}+t_{\alpha/2}\frac{s}{\sqrt{n}})=1-\alpha$$

其中 $-t_{\alpha/2}$ 和 $t_{\alpha/2}$ 是自由度为 $n-1$ 的 t 分布中在置信度为 $1-\alpha$ 时的两个临界值。当置信度为 0.95、自由度为 30 时，它们分别是 -2.04 和 2.04。自由度越小，临界值的绝对值便越大。

4. 假设检验的基本概念和方法

假设检验是现代社会科学研究的重要方法之一。在推断统计中，经常事先建立一个对变量数值或变量之间关系的假设，然后再用抽样调查所获得的数据去验证这个假设，即假设检验。

假设一般包括两个部分：原假设和替换假设。原假设又称为零假设或虚无假设，一般用 H_0 表示；替换假设是原假设的逻辑对立之面，一般用 H_1 表示。一个完整的假设应该包括两部分，即原假设 H_0 和替换假设 H_1，比如：

$$H_0:\mu=0$$
$$H_1:\mu\neq 0$$

以上假设检验被称作双尾检验（two-tailed test），我们也可以进行单尾检验（one-tailed test），比如：

$$H_0:\mu=0$$
$$H_1:\mu>0$$

或者

$$H_0:\mu=0$$
$$H_1:\mu<0$$

由于双尾检验的目的仅仅是判别原假设 H_0 是否成立，因此，我们有时会将 H_1 省略不写，仅写成 $H_0:\mu=0$。

假设检验的基本思想就是根据一个随机抽取的样本数据，首先在假定原假设 H_0 成立的条件下计算某个统计量的值，并确定它的概率分布；然后，计算由样本数据得到的统计量值所发生的概率，又称之为显著性水平，一般用 α 表示，如果统计量值发生的概率低于我们事先规定的概率标准（常用的标准有 0.10、0.05 和 0.01），就说明统计显著，于是倾向于拒绝或否定原假设，并继而接受它的对立面——替换假设。反之，在原假设成立的条件下所计算的统计量值发生的概率大于规定的概率标准，就说明统计不显著，于是就倾向于接受原假设。

在进行假设检验时，无论是接受 H_0 还是拒绝 H_0，都有可能会出现错误。一般情况下，可能出现的错误有两种：弃真的错误（又称为第一类错误：Type Ⅰ error）和纳伪的错误（又称之为第二类错误：Type Ⅱ error）。如果原假设 H_0 本身是正确的，而我们却把它拒绝了，这就犯了弃真错误，错误的概率为我们所规定的显著度（又称显著性水平）α。如果原假设 H_0 本身就是错误的，但是我们却没有拒绝反而接受了，这就犯了纳伪错误，错误的概率为 β。表 1—1 对假设检验中所犯的两种错误进行了总结。

表 1—1 **假设检验的两类错误**

事实情况＼检验决策	接受 H_0	拒绝 H_0
H_0 为真实	正确决策 概率＝$1-\alpha$	弃真错误 概率＝α
H_0 为不真实	纳伪错误 概率＝β	正确决策 概率＝$1-\beta$

当我们倾向于拒绝 H_0 时，尤其要注意弃真错误；而当我们倾向于接受 H_0 时，尤其要注意纳伪错误。这两类错误的概率是一个此消彼长的过程。当我们把显著度 α 减小时，弃真错误的概率会减小，但随之而来的是纳伪错误的概率增大，反之亦然。但是，这两种错误的概率之间并无确定的函数关系。

在社会科学统计研究中，绝大多数情况是倾向于拒绝 H_0，因此更多关注的是显著度 α。所以，在 SPSS 软件各种统计方法中总是能见到显著度的输出指标。这时，只要显著度值小于 0.05，就意味着犯弃真错误的概率很小，研究者便可以很有把握地拒绝虚无假设。所以，推断统计中的假设检验看起来要比区间估计显得更为简单。

然而，也有一些研究却是倾向于接受 H_0 的，这时就必须关注纳伪错误的概率 β。但是，SPSS 软件中却基本上见不到纳伪错误概率的输出。不过，β 的数值随着原假设与真实值之间的差异程度而变化，两者的差异越小，β 的数值就越大，即纳伪的概率就越大。在样本规模固定的条件下，同时减少这两类错误是不可能的。但是，研究者可以通过增加样本规模方法来同时减少这两类错误的概率。

5. 区间估计和假设检验的比较

从表面上看，假设检验显得比区间估计更为简单。其实，它们两者背后依据是同样的统计推断原理，甚至用的是同一个统计概率公式，只不过推导为不同形式来加以表达。以上，我们已经简单介绍了置信区间的概念。实际上，在假设检验背后也存在着类似的区间划分，将抽样分布区分为接受区间和拒绝区间两类。图 1—2 将这两种统计推断方法的区间划分画在一起比较它们的异同。

这两种统计推断的区间的相同之处是：(1) 它们都是对样本统计量的抽样分布区间的划分。(2) 区间估计的置信度与假设检验的显著度有确定的函数关系，置信度＝$1-\alpha$，因此无论是计算置信区间还是假设检验的接受区间，都是以抽样分布的标准误为尺度，再乘以对应 $\alpha/2$ 的标准分 z 得到抽样误差的范围。因此，在 α 值相同时，置信区间与假设检验中的接受区间的范围是一样宽的。

而这两种统计推断的区间的不同之处是：(1) 置信区间是在统计量数轴上以样本实测值为中心规定的误差范围，这个区间一确定下来估计任务就算完成了。而假设检验首先必须先有一个待检的假设值，接受区间则是以此假设值为中心规定的误差范围，然后再根据样本实测值是落在接受区间还是落在拒绝区间来决定接受或拒绝虚无假设。比如，图中假设检验部分提供了样本实测值的两种不同情况。第一种情况：样本平均数 $\bar{y}_A$ 落在接受区间内，那么表明假设值与实测值之间差异的统计性并不显著，因此检验决策是接受（更严格地说是不能拒绝）虚无假设。第二种情况：样本平均数 $\bar{y}_B$ 落在拒绝区间内，表明假设值与实测值之间差异的统计性显著，因此检验决策是拒绝虚无假设。所谓统计性的显著与不显著，其实是在说假设值与实测值

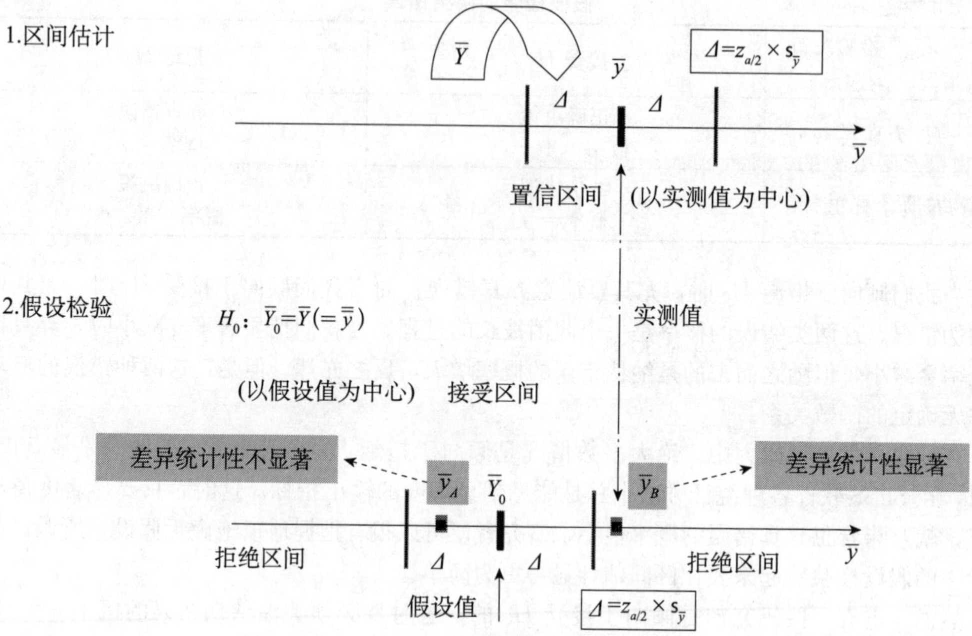

图 1—2　区间估计和假设检验的比较

之间的差异是否超过了按一定概率计算的抽样误差范围。统计性不显著就意味着可以认为该差异只是抽样的随机波动造成的，而统计性显著则表明该差异已经超出了抽样波动范围。但是，如前所述，千万不要把统计性显著的差异错误地理解为实际意义一定很大的差异。

实际上，在统计检验工作中并不需要去具体计算接受区间和拒绝区间，因为SPSS软件可以直接输出不同方法的统计检验结果，包括根据样本数据推算的 z 值或 t 值、弃真错误概率 α 值以及抽样分布的标准误。只要输出的 z 值或 t 值的绝对值大于相应的临界标准（比如对应95%的置信度，正态分布双尾检验的 $z_{\alpha/2}$ 临界值为1.96，而在自由度为60时，t 分布双尾检验的 $t_{\alpha/2}$ 临界值为2.00），就表明检验的统计性显著。更为方便的是直接检查输出的 α 值，只要其小于0.05，就说明检验的统计性显著，而不必再去管检验时的统计量到底服从什么具体类型的分布。

四、SPSS入门示范

本节是应用SPSS软件的入门知识，也是为完全不熟悉SPSS软件的读者准备的预备知识。SPSS软件对用户极为友好，而且高度菜单化。SPSS软件在各种统计功能模块中都遵从基本相似的操作套路，读者只要入了门，便可以触类旁通，很容易掌握其他统计模块的操作。

本节所使用的例题数据是根据美国人口咨询局（PRB，即 Population Reference Bureau）2013年发布的世界人口数据表整理而成。原数据表中有更多的国家或地区数据和更多的变量，但是数据中存在不少缺失。此外在艾滋病感染率这个变量中一些案例是用小于某一上限值的描述。本书为了示范和练习方便，只保留了其中一些主要变量，而且删除了这些保留变量中存在数据缺失的案例，对上述艾滋病感染率那些不确切的测量值直接取其上限值作为替代，整理后的数据文件名为WPDS2013.sav。在本节的示例分析中，我们都尽量使用这个数据，并且直接使用案例数据，并不根据各国或地区人口规模来对统计分析进行加权。并且，我们将这个数据作为全世界各国或地区的一个随机抽样数据来对待。

（一）取得基本统计指标

首先，我们应当根据变量的测量水平来进行不同类型的基本统计。我们先通过例1来示范间距测量水平变化的描述性指标，比如WPDS2013.sav数据中多数指标都是这种测量指标，它们的平均值、标准差等描述性指标是具有实际意义的。然后，再用例2示范统计一个分类变量频数表。

1. 间距变量的描述性指标

例1：在SPSS中打开WPDS2013.sav数据文件后，用光标点击SPSS窗口顶部的 Analyze ，拉下其选项菜单，选择（即点击）其中的 Descriptive Statistics ，并在下一层选项中选择 Descriptives ，便会弹出其相应设置窗口，窗口左侧是数据变量名。比如我们想计算其中间距测量等级的粗出生率（CBR）、粗死亡率（CDR）、婴儿死亡率（IMR）以及总和生育率（TFR）的描述性指标，便依次选择其变量名，再点击 ▶ 按钮将其移至右框中。选择变量完成后，点击设置窗口中的 OK 按钮，SPSS随即计算并输出所选变量的描述性统计指标（见表1—2）。

表1—2 **例1：间距变量的描述性统计**

Descriptive Statistics

	N	Minimum	Maximum	Mean	Std. Deviation
CBR	148	8.00	51.00	22.8649	11.6401
CDR	148	1.00	18.00	8.5811	3.4007
IMR	148	1.60	128.00	30.2930	28.8167
TFR	148	1.30	7.60	2.9865	1.5598
Valid N (listwise)	148				

其中左侧是变量名，并提供了各变量相应的案例数、最小值、最大值、平均值和标准差。这些指标是SPSS的默认输出，用户可以在“Descriptives”设置窗口点击 Options 按钮，在相应弹出窗口自定义输出其他备选指标后点击 Continue 返回“Descriptives”窗口。此外，“Descriptives”窗口还提供一个很实用的功能，如果点击该窗口的左下部的“Save standardized values as variables”旁的小空框，使框中出现“√”，SPSS将会计算出所选变量的标准分并暂存到工作数据表中供用户使用。

SPSS的其他统计分析的设置大体上都类似于以上步骤，基本上只需要用光标点击选择就能完成。为了精简文字描述，本书后面将采用流程方式来表达一系列的选择设置。比如，以上基本设置可以表示为： Analyze → Descriptive Statistics → Descriptives ，选择变量CBR、CDR、IMR和TFR。

2. 分类变量的频数表

例2： Analyze → Descriptive Statistics → Frequencies ，选择变量Continent。它是在原数据整理时根据案例所在洲别建立的分类编码变量。SPSS输出的该变量频数表见表1—3。这样我们就了解各大洲案例的分布情况。

表 1—3

例 2：分类变量频数表

Continent

		Frequency	Percent	Valid Percent	Cumulative Percent
Valid	0 非洲	47	31.8	31.8	31.8
	1 美洲	25	16.9	16.9	48.6
	2 亚洲	37	25.0	25.0	73.6
	3 欧洲	35	23.6	23.6	97.3
	4 大洋洲	4	2.7	2.7	100.0
	Total	148	100.0	100.0	

3. 分类别的描述性指标

如果我们想知道各大洲各自的粗死亡率、总和生育率、65 岁及以上老年人口比例、城市人口比例和人均收入等间距变量的平均水平，在 SPSS 中也很容易做到。

例 3：Analyze→Compare Means→Means，只要将 CDR、TFR、P65_W、URBAN 和 INCwan 都设为因变量，将 Continent 设为自变量。SPSS 将按各洲分类计算这五个变量的描述性指标，默认输出是平均值、类别案例数和标准差，用户也可以点击Options，并在弹出窗口里自行选择要求的其他指标。我们已经知道了各洲的案例数，所以取消这项指标，输出结果见表 1—4。

表 1—4

例 3：分类别的间距变量描述性统计

Report

Continent		CDR	TFR	P65_W	URBAN	INCwan
0 非洲	Mean	10.702	4.717	3.447	40.149	0.378
	Std. Deviation	3.3874	1.3554	1.3156	17.1679	0.4586
1 美洲	Mean	6.120	2.432	7.160	65.400	1.332
	Std. Deviation	1.6912	0.5640	3.3501	19.1224	1.1624
2 亚洲	Mean	5.946	2.551	6.405	55.703	1.514
	Std. Deviation	2.1206	0.9683	4.5732	26.2116	1.8850
3 欧洲	Mean	10.343	1.560	16.543	70.457	2.995
	Std. Deviation	2.4368	0.2278	2.5245	14.0091	1.4152
4 大洋洲	Mean	8.000	2.625	9.000	58.000	2.020
	Std. Deviation	1.8257	0.9674	5.8310	33.8329	1.9673
Total	Mean	8.581	2.986	8.061	55.953	1.487
	Std. Deviation	3.4007	1.5598	5.8696	23.1127	1.6265

实际上，不仅因变量可以选多个变量并列设置，如果还有另外的分类变量也可以与 Continent 并列在第一层（相应提示为“Layer 1 of 1”）的自变量框中，那么 SPSS 还会再输出分类计算的多变量描述性指标。如果要让两个分类变量交互划分案例，那么在第一层设一个分类变量，然后点击自变量框上的Next按钮，便可进入第二层（相应提示为“Layer 2 of 2”）设置第二个分类变量。点击Previous按钮可以返回第一层修改设置，因为这时自变量已经有两层，所以第一层的提示变成了“Layer 1 of 2”。这样分层设置自变量便可以输出多个分类变量交叉分组的描述性指标。

4. 交互表频数与相应统计指标

假如数据中除了洲别以外还有其他分类变量，那么 SPSS 也可以提供交叉分类的各组频数以及其他统计指标。但是，世界人口数据表中只有一个按洲别划分的分类变量，所以下面我们用 2000 年全国人口普查十万分之一数据样本来做示范例 4，数据文件名为：PopSample2000. sav。其中的案例为个人，每人都有性别（r3）、城乡（urban）、年龄（age）等分类变量，并且年龄还有五岁一组的划分（age5）以及按照少儿、劳动年龄和老年的常用三大类年龄组划分（age3s）。用 SPSS 打开这个示范数据，依次点击 Analyze → Descriptive Statistics → Crosstabs，在相应设置窗口将三大类年龄分组 age3s 设为行变量［Row（s）］、将性别变量 r3 设为列变量［Column（s）］。这时本可以运行并默认输出按年龄和性别划分的交互频数表，然而在实际研究中，我们往往更愿意取得样本分布比例。因此，本例将改变量默认设置，即点击打开窗口中的 Cells 选项对话框，在频数（Counts）栏目里取消默认输出的观测频数（Observed），在百分比（Percentages）栏目中依次点击选择输出行（Row）和列（Column）的百分比。运行这样的设置，SPSS 便能输出这一样本数据的行和列的交互分布比例（见表 1—5）。

表 1—5　　　　例 4：分类交互表别的变量描述性统计

age3s ＊ r3 Crosstabulation

			r3		Total
			1 男	2 女	
age3s	1　0－14	% within age3s	52.4	47.6	100.0
		% within r3	24.6	23.5	24.1
	2　15－64	% within age3s	51.2	48.8	100.0
		% within r3	68.6	68.6	68.6
	3　65＋	% within age3s	47.4	52.6	100.0
		% within r3	6.8	7.9	7.4
Total		% within age3s	51.2	48.8	100.0
		% within r3	100.0	100.0	100.0

表 1—5 中提供的“% within age3s”即为按行计算的各类百分比，它们的行合计均为 100%。这一指标反映了各大年龄段中男女各自所占的比例。可以看出，少儿人口组中明显为男多于女，而在老年人口组中则正好反过来，是女多于男。整个样本的性别分布则巧合地等于劳动年龄人口的性别分布。表中“% within r3”则是按列计算的年龄段人口百分比，比如样本整体的老年比例为 7.4%，并且女性的老年比例明显高于男性的老年比例。

实际上，在 SPSS 的交互表分析中，不仅可以将年龄段和性别定义为行和列，取得二维交互分析，而且还可以将城乡变量 urban 拖入 Layer 框中，以便进一步按市镇县分层提供交互频数或不同口径的百分比。也就是说，交互分组并不仅局限为二维，也可以扩展为更多维的分析。此外，在这一 SPSS 模块里还可以提供交互表分析的多种统计指标，如果用户需要输出这些统计指标，可以点击打开 Statistics 对话窗口，从中选择适合名义变量或序次变量的相应统计指标。读者可以自行尝试。

（二）样本平均数的 t 检验

在SPSS中提供了好几种 t 检验方法，都称为样本的 t 检验。应当指出，统计检验虽然看起来是从样本中计算出统计量并加以检验，然而待检的假设其实全都是对于总体参数做出的预期。如果仅仅就样本统计量而言，根本就用不着统计检验。但是，后面示范的SPSS应用时仍然沿用SPSS自己的统计方法称谓。

理论上，在检验关于总体平均数的假设时，如果已知总体方差可以用 z 检验，如果未知总体方差就用 t 检验。因为实际研究中总体方差一般都是未知的，又因为 t 检验方法不仅适用于小样本，也适用于大样本的统计检验，而且样本越大 t 检验就越接近 z 检验，所以用SPSS对总体平均数的检验一般都采用 t 检验方法，无论是小样本还是大样本。

1. 单样本平均数检验

例5：从例1结果中我们已经知道全世界的粗死亡率为8.58（‰）。现在我们使用例题数据WPDS2013.sav来检验一种认为全世界粗死亡率为8.0的假设。虽然我们已经知道上述全世界粗死亡率结果，也知道这种假设水平低于数据样本的计算值，但仍不知道两者的差异能否归结于数据样本的抽样波动，所以还得进行统计检验。

操作方法：Analyze→Compare Means→One-Sample T Test，选择变量CDR作为检验变量，并且在窗口下部的“Test Value”右侧空框中手工键入检验值8。然后点击OK按钮运行这一种 t 检验。SPSS会先输出一个变量CDR的描述性统计表，其他均与前面看到的相同，只是多了一项标准误（Std. Error Mean），这是反映抽样误差的量度。实际上，这个检验就是在用这个从样本推算的抽样波动的尺子来检验样本平均值与总体平均数假设值之间的差距。

表1—6是对总体平均数假设的 t 检验的结果，其中第一行表明了我们要检验的总体平均数假设值8。表格下方给出了检验统计量，其中有待检的两个平均数之差值（Mean Difference），即样本实测值减去总体假设值之差，关于这一差值的 t 检验值为2.079，自由度（df）为147，双侧检验的显著度［Sig.（2-tailed）］为0.039，所以这一差值在0.05水平下统计性显著，所以我们拒绝原假设，即这种假设值估计过低了。表中还提供了上述差值的95%置信区间。

表1—6　　例5：单样本的 t 检验

One-Sample Test

	Test Value=8					
	t	df	Sig.（2-tailed）	Mean Difference	95% Confidence Interval of the Difference	
					Lower	Upper
CDR	2.079	147	.039	.58108	.0287	1.1335

另外，请注意表1—6给出了上述差值的95%置信区间的下限和上限全都是正数。如果上、下限同号，即置信区间中不包括0，说明有95%的把握肯定这一差值为正值（即实测值显著大

于假设值），所以不能认为它还是随机波动。实际上，置信区间和假设检验是互为补充的关系，假设检验只是回答了样本平均数与所假设的总体平均数是否有差异以及在统计上确认这种差异的把握有多大，而置信区间回答了两者差异的具体范围。因此，从两者获得的结论其实完全一致。

2. 独立样本平均数检验

实际研究中最常见的是通过从两个不同总体抽出的两个样本的平均数的差异进行统计检验，来推断两个总体的平均数是否有差异。

例 6：以上样本分析结果已经揭示，在总和生育率水平上，非洲特别高（4.72），欧洲非常低（1.56），而美洲、亚洲和大洋洲的水平相对比较接近，都在 2.5 左右。于是，我们想具体检验一下美洲与亚洲的样本平均值之间的差异能否推断到总体情况。这就属于独立样本 t 检验。

操作方法：Analyze → Compare Means → Independent-Samples T Test，选择变量 TFR 作为检验变量，移入 Test Variable（s）框中。选择 Continent 作为分组变量，并将其移入 Group Variable 框中。然后，点击 Group Variable 框下方的 Define Groups 按钮，具体设置要比较哪两个类别，在 Group 1 右边的框内键入美洲的编码值 1，在 Group 2 右边的框内键入亚洲的编码值 2，就是告诉 SPSS 要比较的是大洲编码分别为 1 和 2 的两类。需要注意的是，即使分组变量一共只有两种编码值，也仍然需要在该框中进行设定。设定后点击 Continue 按钮返回主设置窗口，最后点击 OK 运行，输出有两个表。

第一个如表 1—7 所示，它提供了美洲和亚洲的样本案例在总和生育率上的描述性指标，包括样本规模、平均值、标准差和标准误，其中两个洲的平均值之差便是要进行检验的对象，而两个标准误则是检验时代表抽样波动的尺子。

表 1—7　　例 6：分组统计指标

Group Statistics

	Continent	N	Mean	Std. Deviation	Std. Error Mean
TFR	1 美洲	25	2.4320	0.56400	0.11280
	2 亚洲	37	2.5514	0.96828	0.15918

第二个表就是两大洲样本在总和生育率上差异的 t 检验结果（见表 1—8）。表中底部两行分别给出了两组所在的总体分别在假定方差相等和假定方差不相等时 t 检验的结果。当假定两总体方差相等成立时，就直接看上一行中的标准的两样本 t 检验检验结果；否则，就根据两样本的方差情况对标准差进行校正，得到的是校正 t 检验的结果。具体应该阅读这两种结果中的哪一种结果，需要根据方差是否相等检验的结果进行判断。在 SPSS 中，用 Levene 检验来看两个总体的方差是否相等，在本例中这一统计检验在 0.043 水平显著，表明不能认为总体方差相等，所以应该看下边一行的 t 检验结果。由于 t 检验的显著度为 0.543，统计性不显著，因此不能拒绝两个大洲生育水平的无差异假设。

表 1—8　　例 6：独立样本检验

Independent Samples Test

		Levene's Test for Equality of Variances		t-test for Equality of Means						
		F	Sig.	t	df	Sig. (2-tailed)	Mean Difference	Std. Error Difference	95% Confidence Interval of the Difference	
									Lower	Upper
TFR	Equal variances assumed	4.255	.043	−.555	60.000	.581	−.11935	.21502	−.54946	0.31075
	Equal variances not assumed			−.612	58.939	.543	−.11935	.19510	−.50975	0.27105

（三）方差分析

前面我们分析了单一总体平均数的检验以及两个总体平均数差异的检验。在实际中，我们还可能需要分析或检验多个独立总体的平均数是否有差异，比如我们比较三个或多个总体在某一测量上的平均数是否有显著差异，这时我们就需要做方差分析（analysis of variance，通常缩写为 ANOVA)。方差分析既是单独的分析方法，也是后面回归分析的构成部分。

1. *方差分析的数据要求和假定条件*

方差分析要求有一个间距测量水平的因变量 Y 和一个或多个分类的自变量 x 。如果只有一个分类自变量，则称为单因素方差分析（one-way ANOVA)，如果有两个或两个以上分类变量，则称为双因素方差分析（two-way ANOVA）或多因素方差分析（multi-way ANOVA)。

在进行方差分析时，数据需要满足一定的假定条件，包括各组总体的因变量服从正态分布，每个总体的因变量方差是相等的，并且各组样本是独立的随机抽样。这样，我们就可以假设这些独立总体都来自一个更大的总体。

2. *方差分析原理*

方差分析的基本目的就是分析分类自变量对间距因变量是否有显著性影响，最直接的方法就是看看由分类自变量所确定的各组在因变量上的平均数是否有显著差异。因此，方差分析的原假设或虚无假设是任意两组在因变量上的平均数相等，即：

$$H_0: \bar{Y}_1 = \bar{Y}_2 = \cdots = \bar{Y}_g$$

$$H_1: \bar{Y}_i \neq \bar{Y}_j \quad (i \neq j)$$

上面的备择假设表示在各组中至少有一对平均数不相等。

在原假设成立的条件下，加上我们的假定条件，可以认为由分类自变量确定的 g 组样本都来自一个更大的正态分布总体，每一组样本可以看作是这个“大总体”的一个子总体，因此每一组样本的平均数都应该近似于“大总体”的平均数。但是，由于抽样误差的存在，这些样本平均数一般也不会正好等于总体的平均数，但是仍应该体现出大总体的特征，比如平均数和方差都应该接近于“大总体”的平均数和方差。如果各组样本平均数之间的差别超出了抽样误差的范围，则拒绝它们所对应的子总体是来自于同一个大总体的假设，即分类自变量对间距因变量有显著影响，否则没有显著影响。

实际上，方差分析并不直接比较各组的平均数，而是根据假定条件，在样本统计基础上，用两种不同的方式去估计总体的方差。一种是每组平均数相对于总体平均数的方差，称为组间方差，反映了各组平均值之间的差异。另一种是各组组内相对于本组平均数的汇合方差（pooled variances），称为组内方差，用于反映抽样波动的幅度。然后，比较这两种不同的方差估计，得出这些样本是不是来自一个“大总体”的结论。比如，我们用组间方差和组内方差之比构成两个自由度分别为 $g-1$ 和 $n-g$ 的 F 检验统计量，即：

$$F=\frac{MSS_B}{MSS_W}\sim F(g-1,\ n-g)$$

其中，MSS_B 是组间均方差，MSS_W 是组内均方差。这里没有直呼它们为方差，是因为它们是关于“大总体”的两种方差估计，而检验之前我们并不知道这个“大总体”是否真的存在。自由度中的 g 表示分组数，n 表示样本总规模，即各组样本量之和（$n=n_1+n_2+\cdots+n_g$）。当不同分组真的（或可看作）是来自一个大总体时，各分组样本相当于对同一个大总体做了几次重复抽样。根据抽样原理，每一次抽样虽然都会有一些不同的抽样误差，但都可以近似反映母体。因为 MSS_W 是直接由各观测值直接计算出来的，能更好地反映母体的分布，所以以它作为判断标准，用以评价间接由样本平均数推算出来的总体方差估计。如果不同分组样本真的是（或可看作）来自同一母体时，由各样本平均数推算的总体方差估计应该很接近于由各观测值直接推算出来的总体方差估计，也就是说，F 值应该接近于 1。但如果 F 值过大，就表明各组平均值差别远大于抽样误差范围，不能认为各样本来自于一个总体，因此拒绝虚无假设，接受替换假设。

那么 F 值大到多少便可以拒绝原假设呢？在原假设成立的条件下，F 统计量服从自由度分别为 $g-1$ 和 $n-g$ 的 F 分布。如果从样本计算的 F 统计量对应的发生概率 α 大于事先确定的显著性水平（一般为 0.05），就不能拒绝 H_0。否则，就要拒绝 H_0，接受 H_1，即认为各组样本平均数差异显著，不太可能仅仅是出于抽样误差。

方差分析结果通常以标准格式的方差分析表（见表 1—9）来提供，我们在表中提供了方差分析中的统计量名称及计算公式。

表 1—9　　**方差分析表的形式**

方差来源	平方和	自由度	均方差	F 值	显著性水平
组间	SS_B	$g-1$	$MSS_B=SS_B/(g-1)$	$F=MSS_B/MSS_W$	α
组内	SS_W	$n-g$	$MSS_W=SS_W/(n-g)$		
总和	SS_T	$n-1$			

如果分类自变量是个二分变量，我们就既可以用前面的两总体均数的 t 检验方法，也可以用方差分析中的 F 检验方法，这两种检验结果是等效的，即它们可以得到同样的显著性水平。不过，当分类变量有多个分类，并且需要检验多组平均数是否有差异时，进行多次两两 t 检验不仅非常麻烦，而且检验结果还会产生误导。比如，我们有三个组，分别进行三次 t 检验来解决问题。t 检验只能估计出每次比较时的Ⅰ类错误（弃真）的概率 α（即显著性），而多个 t 检验的总 α 水平会随着比较次数而不断增大，即假阳性错误。比如，在用 t 检验做三组均数比较时，要做三次比较，每次设 $\alpha=0.05$，则每次不犯Ⅰ类错误的概率为 0.95，而三次 t 检验都不犯一类错误的概率应该为 $0.95^3=0.857$，因此总的 α 水平是 0.143，可见Ⅰ类错误的概率其实已经增大了近 3 倍。所以，在涉及多组平均数的比较时，我们最好还是用方差分析，因为它的综合

性更强。

在方差分析中对数据案例进行分组的分类自变量也称为因素（factor），因此方差分析也按照分类时涉及的因素数目分为单因素（one-way）和多因素（multi-way）的方差分析。下面，我们先从较为简单的单因素方差分析来做应用示范。

3. 用 SPSS 进行单因素方差分析

例 7：对世界人口数据表的各大洲的总和生育率进行方差分析，检验其中各洲之间的水平是否存在显著差异。SPSS 基本操作如下：Analyze→Compare Means→One Way ANOVA，将变量 TFR 作为因变量移入 Dependent List 框中。选择 Continent 作为分组变量，移入 Factor 框中。由于我们并不知道这一数据是否真的符合方差分析所要求的各类方差相等的假定，所以需要对此假定进行检查，方法是点击主对话框中的Options按钮，在相应打开的对话窗口的 Statistics 框中勾选“Homogeneity of variance test”一项，即关于方差是否相等的检验。然后，点击Continue返回方差分析主窗口，最后点击OK运行。

表 1—10 是关于各类别的方差是否相等的检验结果，其 Levene 检验统计量为 10.887，显著性水平为 0.000，表明各类的方差存在显著性差异，不满足具有相等方差的要求，因此不适于进行方差分析。尽管如此，我们仅出于示范目的，看一看本例的方差分析结果。

表 1—10 **例 7：关于相等方差的检验**

Test of Homogeneity of Variances

TFR

Levene Statistic	df1	df2	Sig.
10.887	4	143	.000

表 1—11 中的输出对应着表 1—9 的方差分析表标准格式，结果表明，组间均方差为 56.797，而组内均方差为 0.912，F 统计值为 62.254，其对应的显著性水平（Sig.）为 0.000。因此，就方差分析本身结果来看，总大洲的总和生育率水平存在着非常显著的差距。

表 1—11 **例 7：方差分析表**

ANOVA

TFR

	Sum of Squares	df	Mean Square	F	Sig.
Between Groups	227.188	4	56.797	62.254	.000
Within Groups	130.465	143	.912		
Total	357.653	147			

4. 多因素方差分析简介

在单因素方差分析中，我们只有一个分类自变量。如果用两个或多个分类自变量进行交叉分组，就属于多因素方差分析了。比如在例 7 中，如果除了洲别这个分类变量外，还有其他分类变量用于划分交互类别，这就属于多因素方差分析。

多因素方差分析虽然涉及多个分类自变量，但是仍然只有一个因变量。多因素方差分析的基本步骤仍然是分解这个因变量的离差平方和。所以，前面介绍的单因素方差分析和这里介绍的多因素分析统称为一元方差分析，通常简称为方差分析。①

与单因素方差分析不同，在多因素方差分析中，除了每个因素自己的主效应（main effect）以外，还存在各因素之间形成的交互效应（interaction）。两个因素之间形成的交互效应称为二阶交互效应，三个因素之间形成的交互效应则称为三阶交互效应，如此类推。在多因素方差分析中，一般可分为两种类型的模型：饱和模型和非饱和模型。饱和模型是指在待检模型中包括所有因素的主效应及各因素之间形成的所有可能的交互效应。而非饱和模型则是指模型中只包括了所有可能主效应和交互效应中的一部分效应。

下面我们以双因素模型为例介绍多因素方差分析的基本原理及应用。多因素方差分析通常都是从最复杂的饱和模型开始进行检验，逐步淘汰每次检验中最不显著的一个效应，直到模型中所有保留的效应都取得统计性显著的结果为止，或者模型中所有效应都被淘汰。前一种结果表明方差分析取得了可以推断总体的结论，而后者则表明不能拒绝各种效应均为 0 的假设。

5. 双因素饱和模型

假设有两个分类自变量 A 和 B，作为交互分组的行变量和列变量，分别有 r 类和 c 类。在双因素饱和模型中，我们不仅要分析因素 A 和因素 B 对因变量的主效应，而且要分析两者的交互效应。在双因素饱和模型中，原假设 H_0 可做如下表示：

H_0：因素 A 和 B 各自的主效应和两者之间的交互效应都等于 0。

为了检验原假设，在双因素饱和模型中，因变量的总离差平方和一般可以分解为四部分，即：

$$TSS = BSS_A + BSS_B + ISS_{AB} + USS$$

其中 TSS 是总离差平方和，其自由度为 $n-1$。BSS_A 是因素 A 的行间离差平方和，其自由度为 $r-1$，反映了按因素 A 所做的行分类对因变量的影响。BSS_B 是因素 B 的列间离差平方和，其自由度为 $c-1$，反映了按因素 B 所做的列分类对因变量的影响。ISS_{AB} 代表 A 和 B 之间交互效应的离差平方和，其自由度为 $(r-1)(c-1)$，反映了交互项对因变量的影响。最后，USS 则是残差离差平方和，其自由度为 $(n-1)-(r-1)-(c-1)-(r-1)(c-1)$，反映了因素 A 和 B 的主效应及其两者的交互效应都不能解释的因变量变化，它在这是代表随机误差。

各平方和除以相应的自由度即为各种均方差：$MBSS_A$（行因素的均方差）、$MBSS_B$（列因素的均方差）、$MISS_{AB}$（交互效应的均方差）、$MUSS$（残差的均方差）。要检验行、列分组及交互效应是否对因变量有显著影响，可以分别用各种待检验效应的均方差除以代表随机误差的残差均方差，便可以取得相应的 F 检验统计量，即：

$$F^A = \frac{MBSS_A}{MUSS}, F^B = \frac{MBSS_B}{MUSS}, F^{AB} = \frac{MBSS_{AB}}{MUSS}$$

分别计算 F^A、F^B 和 F^{AB} 对应的显著性水平 α^A、α^B 和 α^{AB}。如果 α 小于我们事先确定的概率标准（通常为 0.05），则表示统计显著，从而拒绝 H_0。如果其中有的效应显著而有的效应不显著，我们往往还需要修改模型，删去其中最不显著的一个效应项后继续进行检验。比如，如果饱和模型的检验中，变量 A 和变量 B 的交互效应最不显著，我们可以将其从模型中去掉，

① 本书第九章将介绍同时具有多个因变量的方差分析，它被称为多元方差分析。

构建出双因素非饱和模型。

6. 双因素非饱和模型

与双因素饱和模型相比，非饱和模型中不再包括因素之间的交互效应，只分析两个因素的主效应。于是，在非饱和模型中，因变量的总离差平方和可以做如下分解：

$$TSS = BSS_A + BSS_B + USS'$$

其中 TSS 、BSS_A 、BSS_B 的值都等于饱和模型中相应的数值，而新的残差离差平方和 USS' 的值实际上等于原来饱和模型的残差平方和 USS 与交互项离差平方和 ISS_{AB} 的合计。也就是说，在双因素非饱和模型中，交互项成为残差离差平方和的一部分了。

各平方和除以各自的自由度即为均方差：$MBSS_A$ 、$MBSS_B$ 和 $MUSS'$ 。然后，分别用各待检效应的均方差除以残差均方差便取得了 F 检验统计量，即：

$$F^A = \frac{MBSS_A}{MUSS'}, F^B = \frac{MBSS_B}{MUSS'}$$

检查 F^A 和 F^B 对应的显著性水平 α^A 和 α^B ，如果二者均小于我们事先确定的概率标准，则表示统计性显著，从而拒绝 H_0 ，说明因素 A 和 B 对因变量有显著影响。如果其中有不显著的效应，可以继续修改模型，继续进行检验。请注意，这时的模型中只有一个主因素效应，所以模型已经不再是双因素模型了。

7. 用 SPSS 进行多因素方差分析

例 8：借用本书第九章例题的虚构数据来示范多因素方差分析的操作，数据中有 24 个社区的数据，文件名为MANOVA24. sav。方差分析用社区中学入学率（edu）作为因变量，研究社区的民族分类（nat）和城乡分类（rur）是否影响入学率。因此，这是一个一元双因素方差分析的问题。

下面示范用 SPSS 对此问题进行分析。其实，一元多因素方差分析的基本步骤也完全相同。在 SPSS 中，点击 Analyze → General Linear Model → Univariate 便可以打开一元一般线性模型分析模块，它有许多功能，其中包括一元多因素方差分析。将变量 edu 作为因变量移入 Dependent Variable 框中。再将分类变量 nat 和 rur 作为固定因素①依次移入 Fixed Factor（s）框中。另外，要检查一下各类方差相等的假定，方法是点击主对话框中的 Options 按钮，在相应打开的对话窗口的 Display 框中勾选“Homogeneity tests”一项。然后，点击 Continue 返回 Univariate 分析主窗口。通常，这时需要点击 Model 按钮打开相应对话窗口对模型加以设置。但是，SPSS 默认的模型正是我们要拟合的饱和模型，即模型中不仅有各因素的主效应，还自动形成因素之间所有可能的交互效应，因此现在不需要改变默认设置。最后，点击 OK 运行这个一元双因素方差分析。

表 1—12 提供了这一饱和模型的同方差假定的统计检验，结果的统计性非常不显著，因此表明可以认为数据具有相等方差。

① 固定因素是指研究样本中的类别与总体推断的类别相同。换句话说，研究只想检验样本所含类别之间的差异是否可以推断到总体相应类别的情况。

表 1—12 例 8：双因素饱和模型的同方差检验

Levene's Test of Equality of Error Variances[a]

Dependent Variable：edu

F	df1	df2	Sig.
.342	5	18	.881

Tests the null hypothesis that the error variance of the dependent variable is equal across groups.

a. Design：Intercept+nat+rur+nat * rur

表 1—13 提供了这一饱和模型的方差分析结果。第一行（Corrected Model）是对模型所有各项效应的整体检验，由于整体检验在 0.271 水平不显著，表明各项效应中没有一项是显著的。与此整体结果对应，民族（nat）和城乡（rur）两个因素的主效应显著度分别为 0.158 和 0.106，都是不显著的，而两者交互效应（nat * rur）的检验结果则是极不显著。此表的下注中还提供了模型的确定系数（R Squared）等于 0.280，表明模型中两个因素的主效应及其交互效应一共解释了因变量总变异中的 28%。然而，尽管样本分析表明饱和模型各项效应对因变量有一定解释能力，但各项效应的统计检验却表明哪一种影响都未超出随机波动范围，因此并不能推断到总体去。

表 1—13 例 8：双因素饱和模型的方差分析表

Tests of Between-Subjects Effects

Dependent Variable：edu

Source	Type III Sum of Squares	df	Mean Square	F	Sig.
Corrected Model	538.708[a]	5	107.742	1.401	.271
Intercept	161540.042	1	161540.042	2100.575	.000
nat	314.583	2	157.292	2.045	.158
rur	222.042	1	222.042	2.887	.106
nat * rur	2.083	2	1.042	.014	.987
Error	1384.250	18	76.903		
Total	163463.000	24			
Corrected Total	1922.958	23			

a. R Squared=.280（Adjusted R Squared=.080）

如前所述，在这种情况下，我们应该从饱和模型中删除一项最不显著的效应，即交互效应，继续进行方差分析。① 点击 Analyze → General Linear Model → Univariate，进入一般线性模型分析主窗口。然后，在上述饱和模型原有的基础上，点击主窗口的 Model 按钮打开设置模型的对话窗口。首先，点击勾选 "Custom"，将本来默认的饱和模型（Full factorial）改为由用户设置。接下来，先从中间的 Build Term（s）框中效应类型的下拉菜单中选择 "Main effects"（即主效应），然后在左边的 Factors & Covariates 框中依次选择 nat 和 rur，通过点击中间的右箭头按钮将它们作为主效应移送到右边的 Model 框中去。于是，模型设置为只包含因素主效应但不包含交互效应的非饱和模型。点击 Continue → OK 便开始运行模型分析。

---

① 尽管多数情况下，交互效应可能因为最不显著而先被删除，然而另外的情况也有可能，即某因素的主效应先被删除，而它与其他因素之间的交互效应则反而保留在模型中。这也是非饱和模型的一种。

我们不再讨论同方差检验的结果，直接来看表 1—14 中非饱和模型的方差分析结果。整体检验仍然不显著，但是民族和城乡两个主效应的显著度值比饱和模型略有缩小，即向显著的方向接近。实际上，这时两个主因素效应的均方差与饱和模型是相同的，但是代表抽样误差的残差均方差比饱和模型变小了，导致取得的 *F* 值和显著度出现一定变化。这种情况提示我们，模型中删除一些不显著的效应项后，有可能会使保留效应项变得更为显著。

表 1—14　　例 8：双因素非饱和模型的方差分析表

Tests of Between-Subjects Effects

Dependent Variable：edu

Source	Type III Sum of Squares	df	Mean Square	F	Sig.
Corrected Model	536.625[a]	3	178.875	2.581	.082
Intercept	161540.042	1	161540.042	2330.465	.000
nat	314.583	2	157.292	2.269	.129
rur	222.042	1	222.042	3.203	.089
Error	1386.333	20	69.317		
Total	163463.000	24			
Corrected Total	1922.958	23			

a. R Squared=.279 (Adjusted R Squared=.171)

鉴于非饱和模型的两个主效应都不显著，我们还可以再删除其中最不显著的一项，即 nat。在上一模型设置的基础上，这次模型修改只需要模型设置窗口中将右边的 Model 框中选择 nat，然后通过点击中间的左箭头按钮将其移出即可。于是，模型中就只剩 rur 的主效应。点击 Continue → OK 便开始运行模型分析。由于模型最初设置有 nat 和 rur 两个因素，而现在其中的 nat 完全没有用到，因此 SPSS 运行中会特别提示这一点，但是这样做是可以的。

表 1—15 提供了上述单因素方差分析的结果，结果是 rur 仍然不显著，而且反而比上一模型检验的结果更不显著了。所以，我们发现在方差分析中某一个效应是否显著是与一定模型相联系的。当模型中还有其他不显著的效应项时，最好依次将其中最不显著的一项删除，直到模型中留下的效应全都显著。而这里所用的示范例题的分析结果是，民族和城乡两个因素的主效应及其它们之间的交互效应对入学率都没有统计性显著的影响。

表 1—15　　例 8：单因素模型的方差分析表

Tests of Between-Subjects Effects

Dependent Variable：edu

Source	Type III Sum of Squares	df	Mean Square	F	Sig.
Corrected Model	222.042[a]	1	222.042	2.872	.104
Intercept	161540.042	1	161540.042	2089.392	.000
rur	222.042	1	222.042	2.872	.104
Error	1700.917	22	77.314		
Total	163463.000	24			
Corrected Total	1922.958	23			

a. R Squared=.115 (Adjusted R Squared=.075)

实际上，最后这个单因素方差分析也可以采用Analyze→Compare Means→One-Way ANOVA的方式来做，也能得到相同结果。

8. 用命令来运行 SPSS 分析

以上示范的分析都是通过菜单进行设置而后点击OK按钮加以运行，这是应用 SPSS 分析最简单的方式。但是，有经验的研究者在实际分析中在菜单上完成了有关设置后，往往并不点击OK按钮来运行，而是会点击另一个Paste按钮，将有关设置对应的所有命令粘到命令编辑器（SPSS Syntax Editor）窗口去，然后在这里运行相应的命令，这同样可以得到所有结果。

比如，我们可用上例来试验，模型设置完毕就点击Paste按钮，会弹出命令编辑器窗口，其中便有一元方差分析的命令。虽然这一命令有多行，其实只是一条命令。SPSS 命令要以主命令开始，如本例的“UNIANOVA”，之后都是有关设置，最后命令必须以英文句号“.”结束。

在命令编辑器里运行一条命令，只要将光标置于该命令中的任何位置，然后点击该窗口上的Run→Selection或者直接点击工具条上的▶按钮即可。如果要运行一大段多句命令，就要用光标选择该段命令将其拉黑，然后点击Run→Selection或者直接点击▶按钮即可。

要永久保存这些粘到命令编辑器中的命令，可以点击该窗口上的File→Save As命令，指定一个文件名，便可以存为扩展名为“. sps”的 SPSS 命令文件供以后调用。

这样做的最大好处是可以保留每一步数据处理和统计分析的命令，并将它们保存为命令文件。这些命令文件一是可以用于复查数据处理和分析，二是可以方便地重新运行。比如，分析已经全部做完了才发现原来用的数据中有误，那么修改好数据后，便可以调用相应命令文件重新运行，迅速更新以前所有的分析结果。并且，随着读者慢慢熟悉 SPSS 命令，对这些命令稍加修改便可运行类似的分析。有时，这样操作比菜单上一步一步设置更为方便。此外，SPSS 应用中有些数据处理和分析只能通过命令方式来运行，本书中也有这样的例子。

基本概念

理论　观察　统计　研究方案　事后解释谬误　生态学谬误　还原论谬误　变量　测度等级　抽样调查　总体　样本　参数　统计量　抽样分布　统计推断　参数估计　置信区间　置信度　假设检验　弃真错误　纳伪错误　显著度　描述性统计　概要指标　频数表　t 检验　方差分析

本章要点

1. 实际研究中的变量有不同的测度等级，其变量值虽然可能都以数字形式出现，然而所表达的量的意义完全不同。

2. 各种统计分析方法对于变量测度等级有具体要求。在应用统计方法时必须满足其对于变量测度等级的要求以及其他假设条件，不合乎统计方法所要求的变量类型不能应用。

3. 不同统计方法的基础是对变量之间关系的模型假设。应该按照研究需要和数据类型选择统计方法。

4. 统计分析只是整个研究的一个组成部分。必须以科学研究方法论和具体学科理论为指导，正确理解和阐释所得到的统计结果。

参考文献

Babbie，E.（1995）. The Practice of Social Research，Seventh Edition. Wadsworth.

Blalock，H. M.（1979）. Social Statistics，Revised Second Edition. McGraw-Hill Inc.

郭志刚，郝虹生，杜亚军，曲海波．社会调查研究的量化方法．北京：中国人民大学出版社，1989.

肯尼斯·D·贝利．现代社会研究方法．许真译．上海：上海人民出版社，1986.

刘大椿．科学活动论．北京：人民出版社，1985.

第二章

多元线性回归

多元线性回归（multiple linear regression）是分析一个随机变量与多个变量之间线性关系的最常用的统计方法。实际工作中，常常希望知道所关心的事物受哪些因素的影响，比如销售量与价格和广告费的关系、农业产量与原料和气候的关系、生育水平与教育水平和经济水平的关系、物价与失业率的关系、收入与受教育程度和年龄的关系等等。多元线性回归用观察数据拟合所关注的变量和影响它变化的变量之间的线性关系式，检验影响变量的显著程度和比较它们的作用大小，进而用两个或多个变量的变化解释和预测另一个变量的变化。

回归这一名词起源于19世纪生物学家F. 高尔顿进行的遗传学研究，他在研究子女身高与父母身高之间关系时发现，下一代人身高有回归同时代人类平均身高的趋势（参见张小蒂，1991：22）；之后统计学家K. 皮尔逊又用观察数据证实了这一现象；从而产生了回归（regression）这一名称。回归分析的核心“最小二乘法”则早在18世纪就已被高斯应用于行星轨道的测定。现在多元线性回归已广泛应用于工农业生产、企业管理、商业决策、金融分析以及自然科学和社会科学等许多研究领域中。

多元回归将所研究的变量分为一个因变量（dependent variable）和一组自变量（independent variable），并要求因变量必须是间距测度等级以上的变量（也称连续变量）。回归方程中的自变量本来也要求是间距测度变量，但是如果对名义测度等级的变量（也称分类变量）加以特殊编码转换后也可以纳入回归方程用最小二乘法求解。本章的后面将介绍其中常用的两种转换编码方法，即虚拟变量编码或效应变量编码。

因变量和自变量的确定是建立回归模型的主要任务。在回归模型中，研究人员以规定因变量和自变量的方式确定研究变量之间的因果关系，加以量化描述，并根据实测数据求解这一模型的各个参数，评价回归模型是否能够很好地拟合实测数据，检验各自变量的作用是否符合预先的构想。如果模型能够很好地拟合实测数据，回归模型还可以用于预测。

但是，研究方法论告诉我们，因果关系是不可能完全根据统计分析所证明的。在回归模型中表述的变量之间的因果关系即使很好地拟合了数据，也不能完全肯定它实际上存在，因为在模型中将因变量和自变量互换，也同样可能很好地拟合数据。因此严格地说，回归分析在研究中所起的作用不是确证因果关系，而是确认因变量和自变量的统计关系是否存在。如果在变量之间有比较稳定的关系，回归分析可以加以量化描述。因此，回归模型只是整个研究方案中的一环，它必须依赖理论和经验的支撑，服从研究设计的需要，在研究方法论的指导下展开。

本章第一节简介回归分析的作用。第二节讨论简单线性回归，主要帮助读者建立有关回归分析的基本概念和应用回归的各种条件。第三节讨论多元线性回归方程的建立。第四节介绍评价多元回归方程的有关指标。第五节介绍回归分析的统计检验。第六节讲解标准化回归系数的作用。第七节说明多元统计控制对回归系数的影响。第八节内容是回归预测的区间估计。第九节讨论回归方程的诊断。第十节讨论如何选择最优的回归模型。第十一节介绍虚拟变量及效应变量在多元回归分析中的应用。

回归分析涉及大量数据计算，而今天已经可以使用计算机和现成的统计软件准确高效地完成这一工作。本章关于回归分析的统计内容将结合 SPSS 统计软件中回归程序的应用加以介绍。本章所使用的例题数据还是第一章用过的世界人口数据的整理版，文件名为WPDS2013. sav。

一、变量的关系和回归的任务

在实际工作中，常常需要根据一个或多个变量的变化来确定和解释另一个变量的变化。变量的关系可以分为两类，一类有确定的函数关系，比如销售额（M）、价格（P）和销售量（Q）的关系为 $M=P\times Q$；知道其中两个变量，就可以确定第三个变量。它们的观察值都落在表示它们关系的曲面上。由于测量误差的关系，有的观察值可能会偏离曲面，但随着测量精度的提高，这种偏离就会变得很小。

另一类变量的关系是统计相关关系。比如不同国家或地区的粗死亡率①与成人（指 15～49 岁）艾滋病感染率②的关系，成人艾滋病感染率越高的国家或地区，往往其粗死亡率水平比较高（见图 2—1），但是成人艾滋病感染率相同的国家或地区，其粗死亡率不一定相同，这是因为后者还与国家或地区的社会保障制度、人口结构特征以及不易测量的其他随机因素有关。

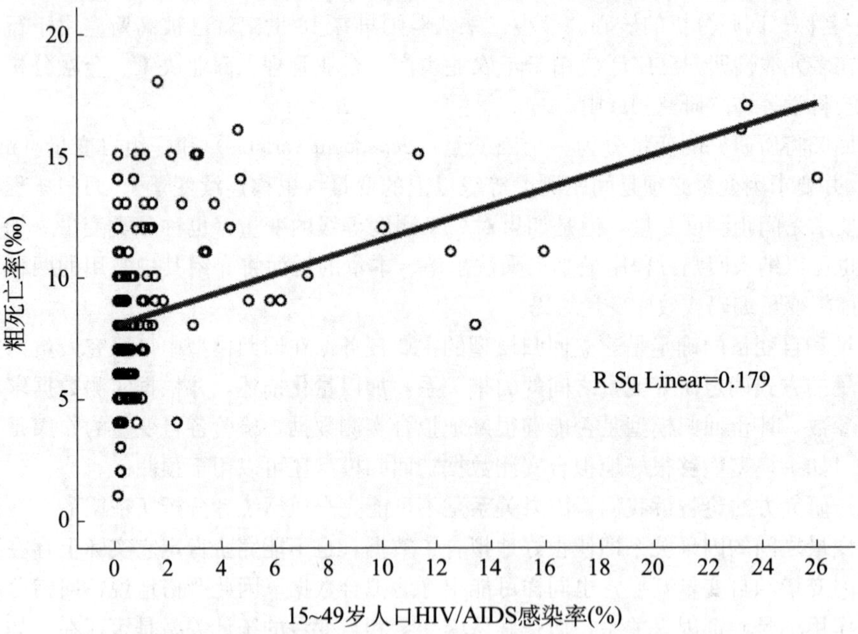

图 2—1　世界各国或地区粗死亡率和成人艾滋病感染率散点图

① 指平均每千人中的死亡人数。

② 成年人口中感染 HIV/AIDS 的人所占的百分比。

用 SPSS 画图 2—1 这样的粗死亡率和成人艾滋病感染率的简单散点图的操作步骤是：点击 Graphs → Scatter/Dot，然后在相应弹出对话窗口中选择 Simple Scatter，再单击 Define，接着，分别把变量 CDR（粗死亡率）和 AIDS（成人艾滋病感染率）分别移到“Y Axis”和“X Axis”框中，最后点击 OK 按钮即可输出这一散点图，这时默认输出的图中并不显示回归线。如果要加入一条拟合直线，就双击图形，进入 SPSS 的图形编辑器（Chart Editor）。在图形编辑器窗口中，单击任意一个散点，确保所有的点都被选中时，点击菜单上的 Elements → Fit line at total，会弹出相应的属性（Properties）对话窗口，并且原来的图形上加入了一个回归直线。因为在属性对话窗口中，可通过选择选项卡 Fit Line 选择其中的五种拟合方法选项，而默认的就是直线（Linear）。所以，我们不需要对此加以改动，仅单击属性对话窗口下面的 Close 按钮退出，即可得到图 2—1。

又比如，生育水平与经济水平的关系。经济水平高的国家或地区，往往生育水平就低。我们看到人均国民收入[①]越高的国家或地区，其总和生育率（TFR）越低（见图 2—2），但二者也没有唯一确定的关系，这是因为除了经济因素以外，生育水平还受教育水平、城市化水平以及不易测量的风俗、宗教和其他未知随机因素的影响。SPSS 回归也可以提供这种拟合曲线，有关操作将在后面介绍。

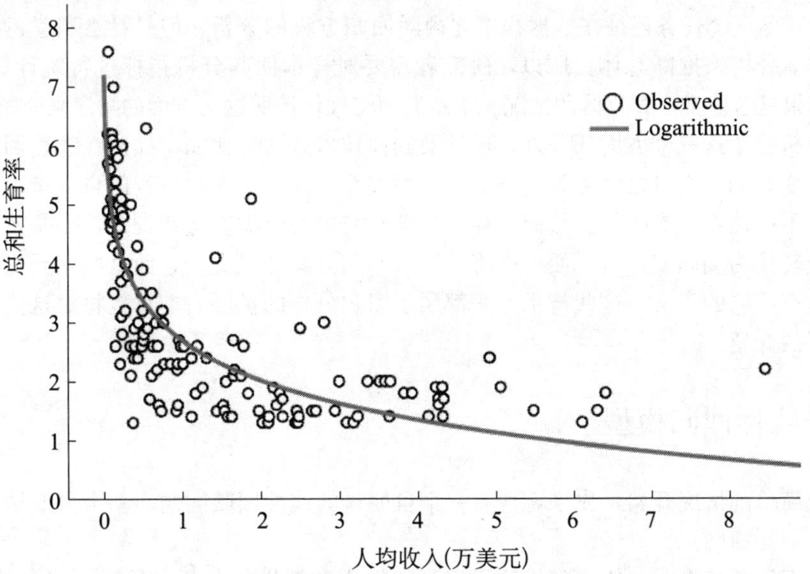

图 2—2　世界各国或地区总和生育率和人均国民收入散点图

对于统计相关的变量，我们希望能够在已知主要影响变量 x 变化的情况下，预测感兴趣变量 y 的变化。为此回归分析用一条直线或曲线拟合图 2—1 或图 2—2 的散点，来描述当 x 变化时 y 的平均值的变化情况。这条曲线就称为回归曲线，它给出了 y 在给定 x 的条件下的均值

① 这里指根据购买力平价学说（theory of purchasing power parity，简称为 PPP）所计算的人均国民收入。

$E\ (y/x)$。因此对于统计相关的变量，回归分析就是要寻找在给定 x 的条件下 y 的概率分布，从而用一种确定的函数关系近似描述 y 与 x 的不确定关系。

为了建立变量之间的关系形式，最直观的方法是观察它们的散点图。图 2—1 显示世界各国或地区的粗死亡率与成人艾滋病感染率存在着一定程度的线性关系。这时，利用回归方程可以简便地求解出较好拟合散点的直线。图 2—2 则显示经济水平提高会导致生育水平下降，然而两者之间的关系并不是简单的线性关系。实际上，回归分析也可以用于求解变量之间的非线性关系。比如，在图 2—2 中 y 与 x 为非线性关系，这时或者通过变量变换，将它们转化为线性关系；或者用多项式去拟合散点；也可以在不同阶段拟合线性或曲线关系式，用分段函数表示在整个区域内的非线性关系。从而许多情况下都可以将变量的关系转换成关于参数线性的回归关系式，多元线性回归就是讨论对于参数线性的回归问题。

概括地说，回归分析要解决三个方面的主要任务。第一，依据研究理论和经验建立关于因变量与一个或多个自变量之间关系的回归方程，并且根据数据样本拟合来求解这个回归方程的各项回归系数值。这些回归系数值便反映了各自变量对因变量影响作用的方向和幅度。应用 SPSS 的回归程序可以非常便利地求解这些回归系数，保证得出一套最佳的回归系数解。第二，评价这一回归方程对实际数据的拟合程度。回归分析保证取得“最佳”系数的意思只是说，这套系数对实际数据的拟合程度肯定比任何其他的解都要相对更好，但是我们还需要进一步了解采用这套系数的回归方程的拟合程度到底有多好。一般用回归方程对因变量变化解释的百分比来描述拟合程度，百分比越高就表示拟合程度越好。第三，在样本回归分析的基础上进行总体推断性统计。前两个任务还是在数据样本之内对回归方程的分析，但是社会科学的统计研究往往是通过样本分析来推断总体。所以，研究者需要对样本回归分析指标进行统计显著性检验，看看这些结果是否能推广到总体的情况。本章后面将大体按照这三方面的顺序来介绍回归分析。

回归分析除了这三个方面任务外，还涉及其他技术方法。比如，如何在线性回归方法的框架内分析自变量和因变量之间更为复杂的非线性关系。此外，回归方程的自变量本来应该均为间距变量，不能使用分类变量。然而，社会科学研究中的分类变量特别多，要是按照特定方法把分类变量转换为编码变量后，便可以将其纳入回归方程加以分析，而这些编码变量的回归系数也相应具有不同的意义。这些技术方法都属于回归分析的扩展，本章也将对这些扩展技术进行一些简要的介绍。

二、简单线性回归模型

我们从简单的情况开始，先来看含有一个自变量的线性回归问题。一个自变量的回归称为简单回归或一元回归。

统计分析经常是先对总体中随机抽样得到的样本数据进行分析，然后再对总体进行推断。在抽样原理统计教科书中，总体的各种指标称为参数（parameter），样本的各种指标称为统计量（statistic）。因此，在后面的统计表述中经常需要分清总体参数和样本统计量。在很多情况下，两者相互对应，所以为了简明，本章采用许多教科书的做法，在一般情况下将总体参数用大写符号标注，将样本统计量用小写符号标注。

（一）简单线性回归方程

用一个例子来示范简单线性回归方程的建立。这里主要帮助读者建立回归模型的概念。

例 1：我们使用数据WPSD2013. sav，研究一个国家或地区的粗死亡率与这个国家或地区的成人艾滋病感染率是否有关系。我们设粗死亡率 CDR 为因变量，记为 Y，成人艾滋病感染率 AIDS 为自变量，记为 X，我们假设在总体中它们满足下面的线性关系式①：

$$Y = A + BX + \varepsilon \tag{1}$$

其中 Y 为随机变量，X 为一般变量②，A、B 为待定常数，称为模型参数，ε 是随机误差项，表示未观测到的其他的随机因素。鉴于社会科学研究通常是根据随机抽样样本的观测数据来推断总体回归函数的参数，为了使例 1 回归分析取得更普遍的示范意义，我们假定所用数据是从总体通过随机抽样取得的观测数据。（请注意，实际并不是这样！）

根据样本，我们建立如下的回归模型：

$$y_i = a + b\,x_i + e_i \qquad i = 1,2,\cdots,143 \tag{2}$$

上式中 e_i 为样本随机误差项。

然后，我们希望能够得到对观测数据拟合最优的回归方程估计：

$$\hat{y} = a + b\,x \tag{3}$$

式 (3) 称为 y 对 x 的回归方程，如果用最小二乘法 (ordinary least squares，简称为 OLS) 求出系数所得到的方程表示一条直线，则这条直线被称为最小二乘直线；$\hat{y}$ 称为 y 的拟合值或预测值，它是在 x 条件下 y 的条件均值的估计。

将所有观测值与估计值之间的误差平方和

$$\sum (e_i)^2 = \sum (y_i - \hat{y})^2 = \sum [y_i - (a + bx_i)]^2$$

应用最小二乘法来求总体参数 A 和 B 的估计值 a 和 b，使误差平方和最小。为此将上式分别对 a 和 b 求导数，令其等于 0，由极值原理，求解得③：

$$a = \bar{y} - b\,\bar{x}, \quad b = \frac{\sum (x_i - \bar{x})(y_i - \bar{y})}{\sum (x_i - \bar{x})^2} \tag{4}$$

我们可以使用 SPSS 估计出 a 和 b 分别是 7.974 和 0.350。

(二) 简单回归系数的意义

在回归模型 (2) 式中，a 和 b 称为回归直线的系数。a 是直线在 y 轴上的截距，代表 y 的基础水平；b 是直线的斜率，它表示 x 变化一个单位时，y 的平均变化。

用最小二乘法得到的 A、B 的估计 a、b 又称为最小二乘估计。例 1 回归结果显示，回归直线在 y 轴上的截距为 7.97；斜率为 0.35，即成人艾滋病感染率每上升 1 个单位（即 1 个百分点），粗死亡率平均上升 0.35 个单位（即 0.35 个千分点）。

(三) 变量变换

当因变量 y 与自变量 x 是非线性关系时，可以通过变量变换使经过变换的新变量对于参数是线性的。SPSS 回归程序可以检查变量之间是不是有线性关系，如果是非线性关系，还可以

---

① 这里“线性”是指模型关于参数是线性的，或 Y 的条件期望 $E(Y) = A + BX$ 是参数 B 的线性函数。

② 一般情况下，X 也是随机变量，为了简化处理，当 X 的随机变化与 X 的值域相比很小时，则忽略 X 的随机变化 (Draper and Smith，1990：4)。

③ 证明请参见任何有关回归分析的著作。

应用 SPSS 曲线回归来探测具体是哪一种非线性关系。我们将在后面进行介绍。这里，我们仅用一个简单例子介绍如何对自变量进行非线性变换，以使线性回归能更好地拟合数据。

例 2：图 2—3 显示总和生育率 y 与人均国民收入 x 呈对数下降关系，假设它们的关系式为：

$$y=a+b\ln(x)+e$$

其中 e 为随机误差项，做变量变换，令 $x'=\ln(x)$，则上式可写为线性关系式：

$$y=a+bx'+e \tag{5}$$

SPSS 中能够轻易地将变量进行各种不同的函数变换。比如，此例需要根据人均国民收入（INC_PC）这个变量来建立一个取值为人均收入的自然对数值的新变量（LnINC）。操作方法是：点击 Transform → Compute Variable，在弹出的计算窗口右上角提示"Target Variable"的下框里键入目标变量名 LnINC。然后我们在右侧函数组（Function group）选择其中的 Arithmetic（算术类函数），于是其下方的窗口便显示了很多此类选项。从中选择 Ln 函数，通过双点击 Ln 选项或点击 ▲ 按钮均可将这个函数移入数字表达式（Numeric Expression）框，提示为"LN（?）"。我们再从左侧变量表中选择 INC_PC，通过双点击或点击 ▶ 按钮均可使这个变量替代对数函数括号的"?"。于是计算新变量的设置就完成了，只要点击计算窗口下边的 OK 按钮，SPSS 就会完成计算，并将新变量 LnINC 暂存到工作数据表中。如果想长期保留这个新变量，需要点击 File → Save 存盘，或点击 Save As 将工作数据表另存为一个新的数据文件。

这时，我们便可以用样本数据中总和生育率与新建的人均国民收入的对数进行回归分析了。具体操作方法后面再介绍。经过自变量的对数转换，图 2—3 显示出，样本数据中总和生育率（TFR）与人均国民收入的对数（LnINC）之间具有较好的线性关系。

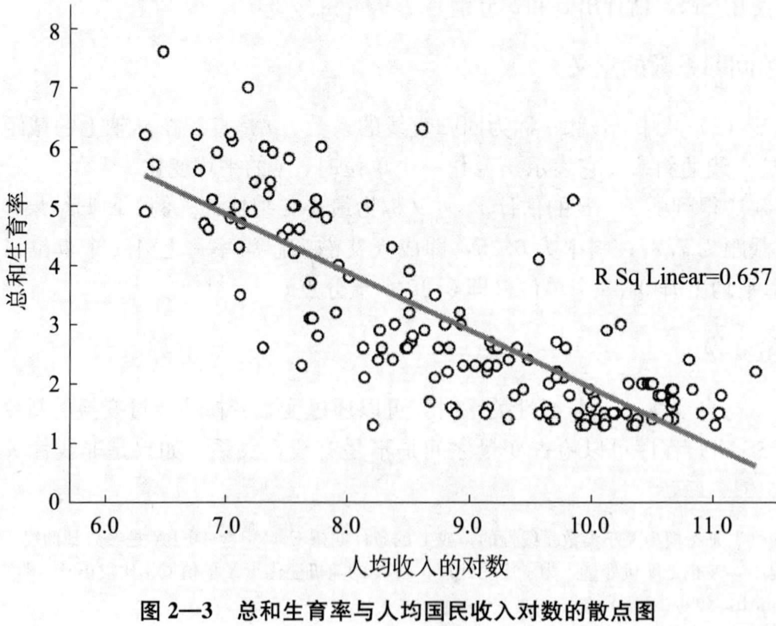

图 2—3　总和生育率与人均国民收入对数的散点图

对方程（5）的估计结果有 $a=14.480$，$b=-0.662$，得到：

$$\hat{y}=14.480-0.662x' \tag{6}$$

式（6）显示，拟合图 2—3 散点的最小二乘法回归直线在 $x'=0$ 时即 Y 轴上的截距为 14.48。因为人均国民收入的对数每上升 1 个单位相当于人均国民收入提高约 2.72 倍（即自然对数底的 e 倍），所以人均国民收入每增长 e 倍，总和生育率将平均下降 0.662 个单位。

将式（5）变换成原变量的形式，即得到拟合总和生育率和人均国民收入的最小二乘曲线（见图 2—2）。

对于呈非线性相关的变量，通常根据观察数据的分布形状，采用不同的曲线拟合散点，最后选择拟合精度最高的曲线作为拟合曲线。对于变换后的线性模型，求出未知参数后，可以再变回曲线形式。

（四）最小二乘估计的统计性质

最小二乘估计在求解回归方程模型时是最常用的估计方法。通过最小二乘法得到的回归方程估计，有以下很好的统计性质（内特、沃塞曼、库特纳，1991：47－49）：

（1）回归方程的拟合误差 $e_i=y_i-\hat{y}$ 的总和等于 0，即 $\sum e_i=0$ 。

（2）误差平方和最小，即在所有拟合散点的直线中，根据最小二乘原则得到的回归直线使 n 个散点（y_i，x_i）沿 y 轴方向到直线的距离平方和最小。

(3) $\hat{y}$ 的平均值等于 y 的平均值，即 $(1/n)\sum\hat{y}_i=\overline{y}$ 。

（4）x 与 e 相互独立，即 x 与 e 的协方差 $\mathrm{Cov}(x,e)=(1/n)\sum(x_i-\overline{x})(e_i)=0$ 。

(5) $\hat{y}$ 与 e 相互独立，即 $\mathrm{Cov}(\hat{y},e)=(1/n)\sum(\hat{y}_i-\overline{y})(e_i)=0$ 。

（6）直线通过 n 个散点的重心（$\overline{y}$，$\overline{x}$）点。

（五）模型的假定条件

在实际回归研究中，常常是对从总体随机抽样的样本数据进行回归，然而研究目的并不局限于描述样本的情况，而是通过样本推断总体的情况。上一小节所介绍的最小二乘估计的统计性质都是就回归时所用的数据资料内部关系而言的，但并不能保证样本回归所取得的最小二乘估计能够很好地推断总体情况。

统计理论已经证明，在满足一定的假定先决条件下，样本数据的最小二乘估计是总体参数的最佳线性无偏估计。这是因为在推断总体参数或进行统计检验时，必须考虑总体回归模型中的随机误差项 ε 的分布特征。因此，对随机误差项 ε 提出若干基本假定条件（assumption）。

1. 高斯假定条件

以下四项假设条件是由德国数学家高斯首先提出，所以常称之为高斯假设条件（格杰雷蒂，1988：36－40）。其假定条件如下：

对总体中各次观察的随机误差 ε_i，$i=1, 2, \cdots, N$，满足：

（1）零均值性，即在自变量取一定值 X_i 的条件下，其总体各误差项的条件平均值为 0。其数学表达式为：条件数学期望 $E(\varepsilon_i/X_i)=0$，$i=1, 2, \cdots, N$ 。

（2）等方差性，即在自变量取一定值 X_i 的条件下，其总体各误差项的条件方差为常数。其数学表达式为：条件方差 $D(\varepsilon_i/X_i)=\mathrm{Var}(\varepsilon_i/X_i)=\sigma^2$，$i=1, 2, \cdots, N$ 。

（3）误差项之间相互独立（即不相关）性，即在自变量取任意不同值 X_i 和 X_j 时，其误差项之间相互独立。其数学表达式为：协方差 Cov（ε_i，ε_j）$=0$，$i \neq j$，i，$j=1$，2，…，N。

（4）误差项与自变量之间相互独立性，即自变量的变化与误差项无关。其数学表达式为：协方差 Cov（ε，X）$=0$。

以上假定条件总称为标准古典假定条件。符合上述假定条件的回归模型称为一般线性回归模型（general linear regression model）。对于一般线性回归模型，最小二乘估计 a、b、$\hat{y}$ 分别是总体参数 A、B、$\hat{Y}$ 的无偏估计，即由多次抽样数据计算得到的不同的 a、b、$\hat{y}$ 的均值分别等于 A、B、$\hat{Y}$。注意，它们只是总体参数的点估计。

如果我们的目的只是进行点估计。符合上述假设的一般线性回归模型便足够了。但是如果不仅需要对总体参数的点估计，还需要估计总体参数的置信区间，或者需要完成假设检验，便需要考虑抽样误差问题，考虑总体误差项 ε 的概率分布。

2. 正态误差假定

在以上假定条件的基础上，如果还假定 ε 的分布形式为正态分布，则式（1）称为正态误差模型，这时对所有 X 的取值 X_i，N 个随机变量 ε_i，$i=1$，2，…，N，相互独立且服从同一正态分布 Nor（0，σ^2）①，同时 Y_i 也相互独立且服从正态分布 Nor（$\hat{Y}$，σ^2），于是样本统计量 $\bar{y}$、$\hat{y}$、a、b 均是服从正态分布的随机变量。

综上所述，在对总体回归系数 A、B 和预测值 $\hat{Y}$ 进行区间估计和回归方程的显著性检验时，需要对 ε_i 的分布函数作出假设。这里 ε 代表方程中未包括的其他因素的影响以及 Y 的随机误差，这些随机影响通常互相独立。根据中心极限定理，如果 ε 代表多种来源的误差之和，则不论那些误差各自分布如何，随着样本量的增加，其和 ε 将渐近于正态分布。因此在大多数情况下，假设 ε 服从正态分布是合理的。此外，由于模型参数的检验以 t 分布为基础，ε 如果稍微偏离正态分布，对参数检验的影响也不会很大（Draper and Smith，1990：11；内特、沃塞曼、库特纳，1990：49）。因此多元线性回归大都采用正态分布的标准假设，从而可以应用上述结论进行参数的区间估计和显著性检验。

在满足所有假定条件的情况下，样本误差 e_i 的方差的数学期望值等于总体方程的随机误差项的方差 σ^2，用公式表达为：

$$E\left[\frac{\sum (e_i)^2}{n-2}\right]=E\left[\frac{\sum (y_i-\hat{y}_i)^2}{n-2}\right]=\sigma^2$$

其中 $\sum (e_i)^2/(n-2)$ 称为样本拟合误差的均方差，用 $s_e{}^2$ 表示。通常 σ^2 是未知的，因此可以用 $s_e{}^2$ 对 σ^2 进行估计。记 s_e 为拟合误差均方差的平方根，称为样本误差的标准误，简称误差标准误或估计标准误。用 s_e 代替 σ，即能根据相应公式得到 A、B 和 $\hat{Y}$ 的标准差 σ_A、σ_B 和 $\sigma_{\hat{Y}}$ 的估计 s_a、s_b、$s_{\hat{y}}$，它们分别简称为 a、b 和 $\hat{y}$ 的标准误，通过它们可以完成对总体参数的区间估计。总体参数及其对应的样本估计在表 2—1 中提供。

可以证明，在满足所有假定条件下，最小二乘估计 a、b、$\hat{y}$ 在所有可能的无偏线性估计量中具有最小方差（高斯—马尔可夫定理证明参见陈希孺、王松佳，1984：41－42），即最小二

① 一般用 Nor（μ，σ^2）或 N（μ，σ^2）代表以 μ 为平均值、σ^2 为方差的正态分布函数。

乘估计的 a、b、$\hat{y}$ 比别的关于 Y 的线性无偏估计量更精确。我们称满足正态假定条件的一般线性回归模型的估计为最佳无偏估计（best linear unbiased estimator，简称为 BLUE）。

表 2—1　　简单回归模型估计的统计推断

未知总体参数	样本统计量	估计标准误
$\sigma=\sigma_\varepsilon$	$s_e=\sqrt{\dfrac{\sum e_i^2}{n-2}}$	—
A	a	$s_a=s_e\times\sqrt{\dfrac{1}{n}+\dfrac{\overline{x}^2}{\sum(x-\overline{x})^2}}$
B	b	$s_b=s_e\times\sqrt{\dfrac{1}{\sum(x-\overline{x})^2}}$
$\hat{Y}_0$	$\hat{y}_0$	$s_{\hat{y}_0}=s_e\times\sqrt{\dfrac{1}{n}+\dfrac{(x_0-\overline{x})^2}{\sum(x-\overline{x})^2}}$

注：估计标准误即统计量抽样分布的标准差，这一抽样分布以总体参数为平均值。

但是，必须强调表 2—1 中所列的样本统计量在用于总体推断时，必须在满足高斯假定条件和正态分布假设的情况下才成立，如果实际情况不符合这些假定条件，便不能保证总体推断的正确性。

违反假定条件时应用最小二乘法估计对总体推断可能产生不好的影响（格杰雷蒂，1988：183－266），简略概括如下：

（1）如果零均值性假设被违反，比如总体误差项的条件平均值不等于 0，而等于一个常数 C 的情况，可以证明，对抽样样本以最小二乘法所得到的 a 的条件期望不等于总体的 A，而等于 $A+C$。也就是说，高斯假定条件（1）违反的情况下，最小二乘法对于回归方程常数项的估计不再是无偏估计，由此导致样本估计值 $\hat{y}=a+bx$ 对于总体 $\hat{Y}$ 的估计也是有偏的，偏差（bias）为 C。

（2）如果等方差性假定条件被违反，最小二乘估计虽然仍是无偏的（unbiased，即所有可能样本的估计的平均值等于总体参数真值）和一致的（consistent，即随着样本规模的不断扩大，有样本统计量依概率收敛于总体参数真值），但不再是有效的（efficient，即同类估计中方差最小）。最佳无偏估计必须包含无偏、一致、有效三方面性质，违反等方差性假设将使最小二乘估计的推断损失精度（precision），因而不再是最佳估计。此外，在等方差性假设违反的情况下，估计的抽样方差将不能再根据最小二乘估计计算，即不能再用介绍统计推断的表 2—1（以及后面介绍多元回归统计推断的表 2—3）中的样本估计公式来计算。因为实际上的抽样标准误大于这些估计标准误。再用这些公式计算，便会低估标准误，夸大了样本回归推断总体的效率，导致错误的推断结论。

（3）如果误差项相互独立的假定条件被违反，即案例按 X 观察值列出的序列中，前项的误差与后项的误差之间出现序列相关。这种情况多发生于时间序列数据。在发生序列相关的情况下，其后果与等方差性假定条件被违反的后果相同，即虽然最小二乘估计仍保持无偏性和一致性，但它不再是有效的，所以按常规方法进行的统计推断会得出严重错误的结论。

（4）如果违反误差项与自变量之间相互独立的假定条件，那么对于一般单方程的回归影响不大，因为我们假设 X 不是随机变量，而是一般变量（非随机变量）。所以很多关于回归分析的教材并不提及此项假设。但是如果研究模型不是一个回归方程，而是一个联立回归方程组①，一个方程的自变量会在另一个方程中成为因变量，于是这个变量便不能再假设为一般变量。一个回归方程的误差项可能会与本方程的自变量相关，便会严重损害最小二乘估计的统计性质。在这种情况下，这一假定条件的违反会使最小二乘估计丧失无偏性和一致性。但是，如果 X 不是随机变量，同时高斯假定条件（1）成立，那么假定条件（2）也自然满足。并且即使 X 是一个随机变量，只要 X 和 ε 无关，建立在最小二乘法基础上的回归仍然有效。

（5）如果违反总体误差项为正态分布的假定条件，最小二乘估计就不再是最佳无偏线性估计，另外由正态假设所推导的一系列总体推断公式便失去了合理性。

以上我们讨论了简单回归分析的假定条件和违反假定条件时的后果。尽管有时一些假定在违反不太严重的情况下，最小二乘估计仍然可以取得可接受的结果，但是研究人员应当对此保持谨慎。

由于总体情况经常是未知的，所以如何检验上述有关总体误差项的假设呢？对 ε 的假设检验，可以通过观察样本误差 e 的散点图来进行。在变量变换中，如果对因变量 y 做了变换，则要检验变换后模型是否满足误差独立且服从 Nor（0，σ^2）的假定条件；如果仅对自变量进行变换，因为假设它们是一般变量，则与误差无关。目前，已经可以通过一些样本数据的统计指标来反映上述假设是否被违反。SPSS软件的回归程序能够提供其中的一些，对此将在第九节中进行介绍。

三、多元线性回归模型

在本节中，我们要将简单回归推广到多元回归。在具体介绍有关分析之前需要说明，以上讨论的所有简单回归的假定条件都适用于多元线性回归。

（一）多元线性回归方程

现在来看有多个自变量的线性回归问题。实际工作中，影响 Y 的因素往往不止一个。一般地，设因变量 Y 与 k 个自变量 X_1，X_2，…，X_k 呈线性相关，即：

$$Y = B_0 + B_1X_1 + B_2X_2 + \cdots + B_kX_k + \varepsilon \tag{7}$$

其中 Y 为可观察的随机变量，X_1，X_2，…，X_k 为可观察的一般变量，B_0，B_1，…，B_k 为待定模型参数，其中 B_0 为截距，相当于简单回归中的 A。式（7）中的 ε 仍然定义为不可观测的随机误差。将 n 组独立观察的样本数据（y_i，x_{i1}，…，x_{ik}），$i=1$，2，…，n，代入方程（7）中，有：

$$y_i = b_0 + b_1x_{i1} + b_2x_{i2} + \cdots + b_kx_{ik} + e_i \qquad i=1, 2, \cdots, n \tag{8}$$

其中 n 个随机变量 e_i 相互独立且服从同一正态分布 Nor（0，σ^2）。根据最小二乘原则，求 B_0，B_1，…，B_k 的估计值 b_0，b_1，…，b_k，使上式的误差平方和

$$\sum (e_i)^2 = \sum [y_i - (b_0 + b_1x_{i1} + b_2x_{i2} + \cdots + b_kx_{ik})]^2$$

最小，为此将上式分别对 b_0，b_1，…，b_k 求偏导数，令其等于0，当 x_1，x_2，…，x_k 相互独立时，

---

① 本书第五章的通径分析便是关于这种联立回归方程组模型的介绍。

由极值原理，可求出总体回归系数矩阵 $B_{总体}=[B_0\ B_1\cdots B_k]^T$ 的估计值矩阵 $B_{样本}=[b_0\ b_1\cdots b_k]^T$①：

$$B_{样本}=(X^TX)^{-1}X^TY \tag{9}$$

其中，$X=\begin{bmatrix}1 & x_{11} & x_{12} & \cdots & x_{1k}\\ 1 & x_{21} & x_{22} & \cdots & x_{2k}\\ \vdots & \vdots & \vdots & & \vdots\\ 1 & x_{n1} & x_{n2} & \cdots & x_{nk}\end{bmatrix}$ 和 $Y=\begin{bmatrix}y_1\\ y_2\\ \vdots\\ y_k\end{bmatrix}$ 为观察数据矩阵。

于是得到回归方程：

$$\hat{y}=b_0+b_1x_1+b_2x_2+\cdots+b_kx_k \tag{10}$$

（二）回归平面和回归系数的意义

回归方程（10）称为回归平面，它拟合（y，x_1，x_2，…，x_k）形成的 $k+1$ 维空间的散点（y_i，x_{i1}，x_{i2}，…，x_{ik}），$i=1$，2，…，n，使观察值沿 y 轴的方向到平面距离（即 y_i 与拟合值 $\hat{y}_i$ 之差）的平方和最小，使误差之和 $\sum e_i=\sum(y_i-\hat{y}_i)$ 等于 0，并通过（$\bar{y},\bar{x}_1,\bar{x}_2,\cdots,\bar{x}_k$）点和（$b_0,0,0,\cdots,0$）点，平面上的点 $\hat{y}$ 是在 $x_1=x_1$，$x_2=x_2$，…，$x_k=x_k$ 条件下 y 的平均值的估计。

b_0，b_1，…，b_k 称为偏回归系数（partial regression coefficient），代表了在各自变量对因变量的独立影响作用，也就是从该自变量的径向角度来看上述回归平面与回归底面的夹角的正切值。$b_0=\bar{y}-b_1\bar{x}_1-b_1\bar{x}_2-\cdots-b_k\bar{x}_k$，为平面在 y 轴上的截距。b_j，$j=1$，2，…，k，表示其他变量 x_i 在 $i=1$，2，…，k（$i\neq j$）固定时，x_j 每变化一个单位，y 的平均变化。这时 x_j 的变化对 y 的影响，无论其他变量在什么水平上，都是相等的；而 y 的取值则与各个变量的当前水平有关。

例 3：前面例 1 的简单线性回归中讨论了 WPDS2013. sav 数据中粗死亡率与成人艾滋病感染率的关系，但是粗死亡率可能还与经济水平、人口结构以及社会发展水平有关。为此，我们将成人艾滋病感染率和分别代表经济水平、人口结构以及社会发展水平的三个自变量，即人均国民收入、65 岁及以上人口比例和城市人口比例都纳入回归方程中。我们设粗死亡率与成人艾滋病感染率、人均国民收入、65 岁以上人口比例以及城市人口比例满足下面的线性关系式：

$$y=b_0+b_1x_1+b_2x_2+b_3x_3+b_4x_4+e$$

其中 y 表示粗死亡率（CDR），x_1 表示成人艾滋病感染率（AIDS），x_2 表示人均国民收入（INCwan，以万美元为单位），x_3 表示 65 岁以上老年人口比例（P65 _ W），x_4 表示城市人口比例（URBAN）。

下面来示范应用 SPSS 来进行例 3 的多元回归分析。在 SPSS 菜单上依次点击 Analyze → Regression → Linear，在弹出的线性回归对话框中，选择因变量 CDR，并通过点击相应箭头按钮 ▶ 将其移至“Dependent”框中。用类似的操作再将自变量 AIDS、INCwan、P65 _ W 和

① 证明请参见有关多元线性回归的著作。

URBAN 依次移至“Independent”框中。回归方程的因变量和自变量设置好以后，点击线性回归对话框的 OK 按钮。于是，在 SPSS 的输出窗口便可以看到输出结果中包含以下三个回归统计的报告表：模型概要表、方差分析表和回归系数表。这三个表都是 SPSS 回归分析的默认输出结果，它们分别提供了回归方程拟合程度、回归方程整体统计检验和各项回归系数值及其相应统计检验。请注意，只要还未退出 SPSS 程序，SPSS 回归（以及其他程序）会将刚刚完成的模型及有关设置暂存，下次进入该程序模块，就能再现上次的运行设置。用户可以对现有设置进行修改，也可点击回归主窗口中的 Reset 按钮消除现有设置，恢复初始默认状态。

我们先来看表 2—2 中的回归方程中各自变量的偏回归系数结果：$b_0=8.265$，$b_1=0.364$，$b_2=-0.680$，$b_3=0.363$，$b_4=-0.040$。

表 2—2　　例 3 回归系数表

Coefficients[a]

Model		Unstandardized Coefficients		Standardized Coefficients	t	Sig.
		B	Std. Error	Beta		
1	(Constant)	8.265	.679		12.176	.000
	AIDS	.364	.056	.439	6.522	.000
	INCwan	−.680	.196	−.325	−3.466	.001
	P65_W	.363	.048	.626	7.567	.000
	URBAN	−.040	.013	−.271	−3.071	.003

a. Dependent Variable：CDR

从估计结果看，回归平面在 Y 轴上的截距为 8.265，成人艾滋病感染率的回归系数估计为 0.364，表示在控制其他变量的条件下，成人艾滋病感染率每提升 1 个单位，即 1 个百分点，粗死亡率会增加 0.364 个单位，即 0.364 个千分点。与例 1 的简单回归估计结果相比，成人艾滋病感染率对粗死亡率的影响略有提高。实际上，在绝大多数情况下，多元回归的偏回归系数都与简单回归系数不同，不仅系数的数量会发生变化，甚至有时连系数的符号也会发生变化。这是因为在多元回归中，自变量系数 b_j 是去除 x_j 与其他自变量对 Y 的共同影响部分后，x_j 对 y 的边际影响，也可以理解为 x_j 对 y 的独立影响，所以称 b_j 为偏（partial）回归系数。而简单回归系数则是 x 及未包括进方程中的其他与 x 和 y 均有关的一切因素对 y 的总影响，所以简单回归系数并不是 x 对 y 的独立影响。后面我们将专门举一个例子对此加以示范说明。请注意，自变量转换测量单位会导致偏回归系数值不同，而这一性质可以服务于使偏回归系数值保留较多的有效位数。比如，例 3 没有直接使用以 1 美元为单位的原变量，而是使用了以 1 万美元为单位的转换变量，因而使人均收入的偏回归系数值除去了小数点后的四个 0。

（三）一般回归模型

一般线性回归模型可写成如下形式：

$$G=B_0+B_1U_1+B_2U_2+\cdots+B_kU_k+\varepsilon \tag{11}$$

其中 G 是 Y 的函数，即 $G=G(Y)$；U_1，U_2，…，U_k 是 X_1，X_2，…，X_k 的一般函数，即

$U_j = U_j(X_j)$，$j=1$，2，…，k。一个模型写成式（11）的形式，就可以用前述方法求解出参数估计 b_0，b_1，b_2，…，b_k（Draper and Smith，1990：88）。下面是几个变量变换的例子。

乘法模型：

$$Y = B_0 X_1^{B_1} X_2^{B_2} \cdots X_k^{B_k} \varepsilon$$

两边取自然对数，得到：

$$\ln(Y) = \ln(B_0) + B_1 \ln(X_1) + B_2 \ln(X_2) + \cdots + B_k \ln(X_k) + \ln(\varepsilon) \tag{12}$$

指数模型 1：

$$Y = e^{B_0 + B_1 X_1 + B_2 X_2 + \cdots + B_k X_k} \varepsilon$$

两边取自然对数，有：

$$\ln(Y) = B_0 + B_1 X_1 + B_2 X_2 + \cdots + B_k X_k + \ln(\varepsilon) \tag{13}$$

指数模型 2：

$$Y = \frac{1}{1 + e^{B_0 + B_1 X_1 + B_2 X_2 + \cdots + B_k X_k + \varepsilon}}$$

两边取倒数，减去 1，再取自然对数，有：

$$\ln\left(\frac{1}{Y} - 1\right) = B_0 + B_1 X_1 + B_2 X_2 + \cdots + B_k X_k + \varepsilon \tag{14}$$

多项式模型（以两个自变量为例）：

一阶模型：

$$Y = B_0 + B_1 X_1 + B_2 X_2 + \varepsilon$$

二阶模型：

$$Y = B_0 + B_1 X_1 + B_2 X_2 + B_3 X_1{}^2 + B_4 X_2{}^2 + B_5 X_1 X_2 + \varepsilon \tag{15}$$

式（12）至（15）均是式（11）的特例。在变量变换后，求解出的参数 B_0，B_1，B_2，…，B_k，作为 G 与 U_1，U_2，…，U_k 平面的斜率，意义与前面一致。而作为 Y 与 X_1，X_2，…，X_k 曲面的斜率，解释则不再与前面相同。例如，式（15）中含有 X_1、X_2 的二次项和它们的交互项 $X_1 X_2$，当 X_2 不变时，X_1 变化 1 个单位，Y 的平均变化为：

$$B_1 + B_3(2X_1 + 1) + B_5 X_2$$

这时 Y 的变化的大小不仅依赖于 B_1，还与 B_3 和 B_5 以及 X_1、X_2 的水平有关。对 X_2 而言，也是一样。因此 X_1 的变化对 Y 的影响不再是常数 B_1，而是随 X_1、X_2 的变化而变化的。

（四）多元回归模型估计的统计推断

多元回归当中，当式（7）中的 ε 满足所有最小二乘法假定条件时，最小二乘估计 b_0，b_1，…，b_k 分别是 B_0，B_1，…，B_k 的最佳无偏估计。可以证明在多元回归情形下 y、$\bar{y}$、b_0、b_j 和 $\hat{y}$ 均是服从正态分布的随机变量。且样本回归误差的期望值等于总体回归误差的方差，即：

$$E(s_e^2) = E\left(\frac{\sum e_i^2}{n-k-1}\right) = E\left[\frac{\sum (y_i - \hat{y}_i)^2}{n-k-1}\right] = \sigma^2 \tag{16}$$

这就是说，当总体方差 σ^2 未知时，可以通过样本统计量 s_e^2 对 σ^2 进行估计。其中，s_e 为样本误差的标准误，又称为估计标准误或误差标准误，用 s_e 代替 σ，可以计算 b_0、b_j 和 $\hat{y}$ 的估计标准误 s_0、s_j 和 $s_{\hat{y}}$，如表 2—3 所示。

表 2—3　多元回归模型估计的统计推断

未知总体参数	样本统计量	估计标准误
$\sigma=\sigma_\varepsilon$	$s_e=\sqrt{\dfrac{\sum e_i^2}{n-k-1}}$	—
B_0	b_0	$s_0=s_e\times\sqrt{c_{00}}$
B_j	b_j	$s_j=s_e\times\sqrt{c_{jj}}$
$\hat{Y}_0$	$\hat{y}_0$	$s_{\hat{y}_0}=s_e\times\sqrt{\dfrac{1}{n}+\sum_{i=1}^{k}\sum_{j=1}^{k}(x_i-\overline{x}_i)(x_j-\overline{x}_j)c_{ij}}$

注：c_{00}为式（9）中的矩阵 $C=(X^TX)^{-1}$中左上角第一个元素，c_{ii}为矩阵C对角线上第i个元素，c_{ij}为矩阵C中第i行第j列的元素。SPSS 回归程序不提供矩阵C，但是直接提供s_0和s_j，所以无需再讨论c_{00}和c_{ii}的取得。

四、方程的拟合程度

（一）确定系数 R^2

我们想知道，一个解释性或者预测性的方程的效率如何，也就是说，所得到的回归方程在多大程度上解释了因变量的变化，或者说方程对观察值的拟合程度如何。在评价一个回归方程的拟合程度时，我们通常使用确定系数 R^2（coefficient of determination）。

对 n 个观察值而言，我们记 $TSS=\sum(y-\overline{y})^2$ 为 y 与 $\overline{y}$ 的总平方和（total sum of squares），$RSS=\sum(\hat{y}-\overline{y})^2$ 为 $\hat{y}$ 解释 y 变化的回归平方和（regression sum of squares），$ESS=\sum(y-\hat{y})^2$ 为 $\hat{y}$ 未能解释 y 变化的残差平方和（error sum of squares）。可以证明有：

$$\sum(y-\overline{y})^2=\sum(y-\hat{y})^2+\sum(\hat{y}-\overline{y})^2$$

即总平方和可以分解为两部分，一部分是残差平方和，它是由于观察值没有落在回归线（面）而引起的，是除了 x_1，x_2，…，x_k对 y 的线性影响之外的一切因素（包括 x_1，x_2，…，x_k对 y 的非线性影响）对 y 总平方和的作用。另一部分是回归平方和，它是由于 x 的变化而引起的，反映了由于 x 与 y 的线性关系而产生的 y 的变化，是回归方程所能解释的部分。我们希望回归平方和越大越好。用一个指标来表示回归平方和占总平方和的比例，即是确定系数 R^2：

$$R^2=\frac{\sum(\hat{y}-\overline{y})^2}{\sum(y-\overline{y})^2} \tag{17}$$

R^2取值在［0，1］之间。R^2越接近 1，表明方程中的变量对 y 的解释能力越强。通常将 R^2乘以 100％表示回归方程解释 y 变化的百分比。比如，例 3 回归的模型概要表（见表 2—4）输出的 R^2 值为 0.436，表示多元回归方程中的四个自变量共解释了粗死亡率 43.6％的变化。

表 2—4　　例 3 回归模型概要表

Model Summary[b]

Model	R	R Square	Adjusted R Square	Std. Error of the Estimate
1	.660[a]	.436	.420	2.59049

a. Predictors：(Constant)，URBAN，AIDS，P65_W，INCwan

b. Dependent Variable：CDR

表 2—4 是对回归方程整体拟合情况的描述，分别是多元相关系数（R）、确定系数（R Square）、调整的确定系数（Adjusted R Square）和估计标准误（Std. Error of the Estimate）。

当采用曲线拟合数据时，R^2 可以作为选择不同模型的标准。读者自己可试做例 2 回归方程，用总和生育率 TFR 对经过对数转换的人均国民收入（变量名为 LnINC）进行回归，得到的曲线回归方程的 R^2 为 0.657，但是如果对原变量（变量名为 INC_PC）或者以万美元为计的变量（变量名为 INCwan）做回归，则 R^2 均为 0.341，因此表明经对数转换后的自变量比原自变量在回归中对数据拟合要好得多。另外，后两个回归的结果则反映出回归分析的一个重要性质，即原变量进行线性转换（加、减、乘、除一个常数）后取得的新变量其实并不改变其解释能力。

当模型中的变量是线性关系时，R^2 是方程拟合优度的度量。R^2 越大，说明回归方程拟合数据越好，或者说 x 与 y 线性关系越强，即回归方程中的自变量对 y 的解释能力越强。当 R^2 等于 1 时，所有的观察值都落在拟合平面上。R^2 越小，说明 x 与 y 的线性关系越弱，它们之间的独立性越强，或者说对 x 的了解无助于对 y 的预测。当 R^2 接近于 0 时，说明 x 与 y 几乎不存在线性关系，但并不能肯定两者之间没关系，因为它们之间可能存在很强的非线性关系。

在有多个回归的情况下，我们采用下标来具体标注某一特定回归的 R^2。比如，$R^2_{y\cdot 1234}$ 用来表示因变量 y 对自变量 x_1、x_2、x_3、x_4 回归时得到的 R^2。

图 2—4 中的四个子图显示了不同的数据分布情况①，它们的 R^2 都近似等于 66%；但是它们的线性关系是不同的。子图（a）表示了一个规范的回归。子图（b）中可以看出散点呈曲线分布，所以通过变量转换可以更好地拟合数据。子图（c）表示，一个特异案例的存在（即回归线上方的一个点）造成回归线偏离了绝大多数案例。在这种情况下，应该从数据中删除这个特异案例，然后重新回归得到的方程估计更能代表绝大多数案例。子图（d）则反映出对大多数案例的情况来说，x 对 y 并没有作用，但是由于一个特异案例的存在便求得一个 R^2 值看起来相当不错的回归线。从以上图示可以得知，R^2 大并不表示模型选择是否正确。从而在建立回归方程之前，通常应先观察散点图以确定合适的模型，这时的 R^2 才是有意义的。

（二）调整的确定系数 R^2_{adj}

随着回归方程中纳入自变量个数的增加，残差平方和逐渐减少，R^2 随之增大，尽管有的自变量与 y 线性关系不显著，但将其引入方程后，也会使 R^2 增加。所以，R^2 是一个受自变量个数与样本规模之比（$k:n$）影响的系数指标，一般的常规是 1∶10 以上为好。当这个比值小于 1∶5时，R^2 倾向于高估实际的拟合优度。为了避免这种情形，常用调整的 R^2_{adj} 代替 R^2：

① 这个例子由 Anscombe 在 1973 年构造（参见陈希孺、王松桂，1984：36）。

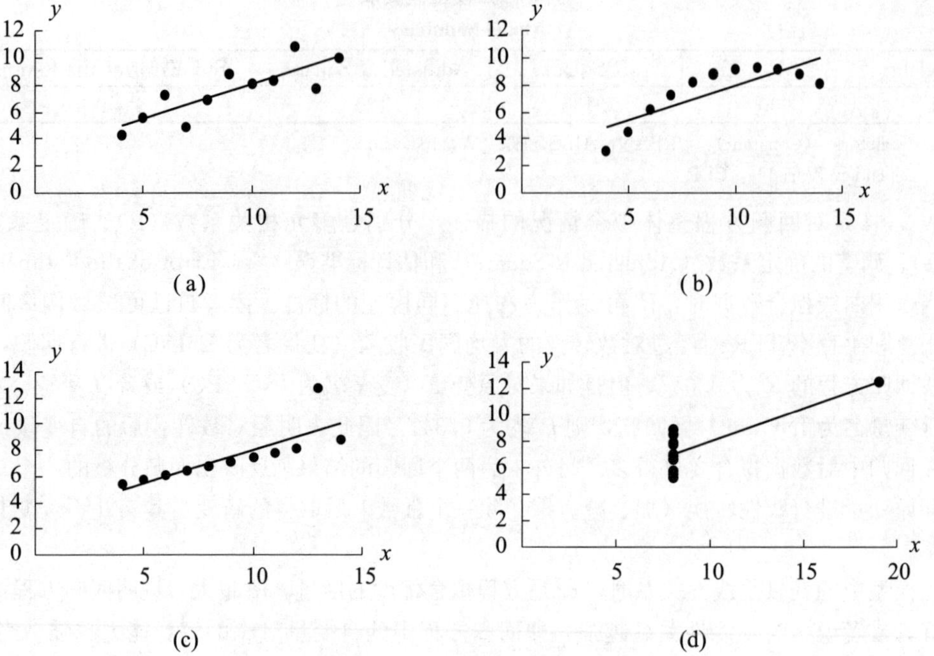

图 2—4　不同的数据分布关系

$$R^2_{adj} = R^2 - \frac{k}{n-k-1}(1-R^2) = 1 - \frac{n-1}{n-k-1}(1-R^2)$$

当 k 增加时，$(n-1)/(n-k-1)$ 的增加的影响可能会大于 $(1-R^2)=ESS/TSS$ 的减少的影响，从而使 R^2_{adj} 变得更小；因此 R^2_{adj} 可以识别自变量个数对 R^2 的影响。当 k 接近 n 时，R^2_{adj} 将比 R^2 小许多；当 n 远大于 k 时，$R^2_{adj} \approx R^2$。

对于例 3，表 2—4 中 SPSS 所输出的 R^2_{adj} 的值为 0.420，略小于 R^2 的值 0.436。

（三）多元相关系数 *R*

对 R^2 开方，就得到多元相关系数（multiple correlation）R：

$$R = R_{y \cdot 123\cdots k} = \sqrt{R^2_{y \cdot 123\cdots k}} \tag{18}$$

R 又被称为复相关系数。它的值域为 $[0, 1]$，是 y 与 x_1，x_2，…，x_k 之间的多元线性相关程度的度量。R 值越接近于 1，表明 y 与所有 x 之间的线性关系越密切。当 $R=1$ 时，所有的观察值都落在拟合平面上；当 R 等于 0 时，这时 y 的线性变化与 x_1，x_2，…，x_k 的变化无关。R 是总体多元相关系数 ρ 的估计。

在简单回归中，可以证明有 $r^2=R^2$；即 $|r| = \sqrt{R^2}$。比较简单相关系数 r 的公式和简单回归系数 b_1 的表达式，可知有：

$$r = \frac{\sum(x_i-\overline{x})(y_i-\overline{y})}{\sqrt{\sum(x_i-\overline{x})^2}\sqrt{\sum(y_i-\overline{y})^2}} = \frac{s_x}{s_y}b_1 \tag{19}$$

因为式中两个样本标准差 s_y 和 s_x 都恒定为正值，所以 r 的符号总是与 b 一致。但是在多元相关时，各个自变量与 y 的相关方向并不一定相同，因此在多元线性回归中，定义 R 只取 R^2

的正平方根。实际上，R 是 y 的观测值与 y 的预测值 $\hat{y}$ 之间的简单相关系数，即 $R=r_{y\hat{y}}$。由于 $\hat{y}$ 代表多个自变量对 y 的最佳拟合值，自然与 y 呈正相关。

对于例 3，回归模型的自变量与因变量的多元相关系数 $R=0.660$。

对于同一回归，除了 R^2 取值 0 和 1 以外，总有 R（或 r）大于 R^2，因此 R（或 r）比 R^2 给人以 y 与 x 线性关系更密切的感觉（内特、沃塞曼、库特纳，1990：101）。例如，例 1 的粗死亡率对成人艾滋病感染率的回归模型的 $R=0.423$，看起来自变量与因变量中度相关，而这时 $R^2=0.179$，说明自变量对 y 变化的解释其实还不到五分之一。R 与 R^2 是从两个角度来刻画 y 与 x 的线性关系的程度的，通常认为后者比前者更能恰当地表示自变量对因变量的解释能力。

（四）偏确定系数

方程的确定系数 R^2 表示方程中所有自变量解释 y 的变化占 y 总变化的比例，但有时我们还想知道方程中的每一个变量 x_i 对减少残差平方和的边际贡献，它表示 x_i 对 y 的边际解释能力，也就是这个自变量自己的独立贡献。比如 y 对两个自变量进行回归，在控制 x_1 的条件下，x_2 对 y 的边际解释能力为：

$$R^2_{y2\cdot1}=\frac{RSS(1,2)-RSS(1)}{ESS(1)}=\frac{R^2_{y\cdot12}-R^2_{y\cdot1}}{1-R^2_{y\cdot1}} \tag{20}$$

$R^2_{y2\cdot1}$ 称为偏确定系数（partial coefficient of determination），它的值域也在［0，1］中变化。它度量了 x_2 对 y 的边际影响，度量的手段是比较两步回归之间发生的变化。上式中 RSS（1，2）表示含有两个自变量 x_1 和 x_2 的回归平方和，RSS（1）表示只含有 x_1 的回归平方和，ESS（1）表示只含有 x_1 的残差平方和。上式中两个分式的分子都表示两个自变量的回归在一个自变量的回归基础上的解释增量，但平方和表达式反映的是解释的绝对误差增量，而 R^2 表达式则反映的是解释的相对增量，即百分比增量。两个表达式的分母则分别以绝对数和百分比形式反映了只有一个自变量的回归未能解释的部分。所以不管是用绝对数量还是用百分比的形式来表达，偏确定系数 $R^2_{y2\cdot1}$ 反映的是新加入回归的变量所解释的百分比，但是要注意，这一百分比并不是以 y 的总变化为整体，而是以前一步回归（即变量较少的回归）所未能解释的部分为整体。所以，它是 x_2（包括与 x_2 相关但未进入方程的其他变量）独立于 x_1 对 y 的边际贡献，而 x_2 与 x_1 相关部分对 y 的贡献则已包含在先进入方程的 x_1 中（见图 2—5）（郭志刚、郝虹生、杜亚军、曲海波，1989：377）。

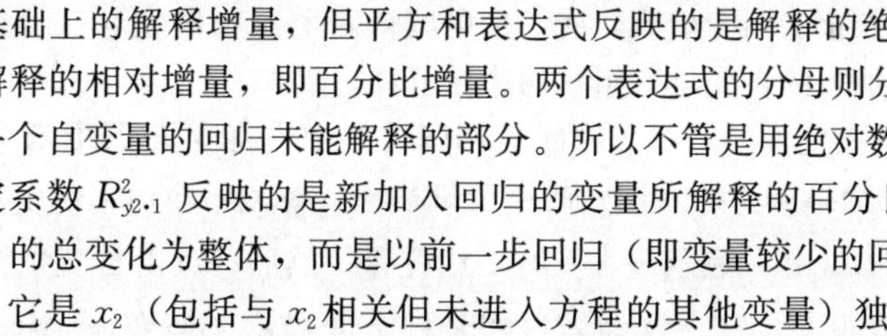

图 2—5　两个自变量对因变量解释部分的分解

偏确定系数可以用于判断自变量的重要性。如果它的分母改为总残差平方和，并将分子分母分别除以相应的自由度，即可以用于偏 F 检验，在逐步回归和向后回归中（参见本章第十节，最优回归方程的选择），它的数值用以确定保留在方程中的变量。

对于一般情况，在已含有 $k-1$ 个变量 x_1，x_2，…，x_{k-1} 的回归方程中，新增第 k 个变量 x_k 对 y 的边际贡献为：

$$
\begin{aligned}
R^2_{y_{k\cdot1,2,\cdots,k-1}} &= \frac{RSS(1,2,\cdots,k)-RSS(1,2,\cdots,k-1)}{ESS(1,2,\cdots,k-1)} \\
&= \frac{R^2_{y\cdot1,2,\cdots,k}-R^2_{y\cdot1,2,\cdots,k-1}}{1-R^2_{y\cdot1,2,\cdots,k-1}} \qquad (21)
\end{aligned}
$$

注意，偏确定系数是在原有方程的基础上增加一个新的变量时所计算出来的。根据同一原理，还可以计算偏多元确定系数（partial multiple determination coefficient）。它即为在原有方程的基础上增加多个变量时所计算出来的，表示的是新增的若干变量对 y 的边际贡献。其公式为：

$$
\begin{aligned}
R^2_{y_{(klm)\cdot1,2,\cdots,k-1}} &= \frac{RSS(1,2,\cdots,k,l,m)-RSS(1,2,\cdots,k-1)}{ESS(1,2,\cdots,k-1)} \\
&= \frac{R^2_{y\cdot1,2,\cdots,k,l,m}-R^2_{y\cdot1,2,\cdots,k-1}}{1-R^2_{y\cdot1,2,\cdots,k-1}} \qquad (22)
\end{aligned}
$$

注意上述偏多元确定系数公式表示的是在对 $k-1$ 个自变量回归的基础上，新纳入三个新的自变量 x_k、x_l、x_m 的合计新贡献在上步回归所未解释的方差中所占的比例。偏多元确定系数是对于加入一个变量组（而不是单个变量）的边际贡献的评价。它在分析一个不可分割或研究人员不愿加以分裂的变量组时是非常有用的。比如，在遇到表示多个不同类别的虚拟变量（本章后面将加以介绍）时，虽然它们是多个，但其实代表的是同一个多分类的名义测度变量，因此对它们单个计算偏确定系数其实意义不大。

SPSS 回归程序不能直接提供偏确定系数或偏多元确定系数，但是可以提供这两个系数的分子，即加入新变量后回归方程的 R^2 增量，并且可以提供对这个增量的显著性检验（F 检验）。例如，对于例 3 的回归模型，我们也可以将四个自变量分为三组逐步纳入回归，并要求 SPSS 输出每一步纳入的自变量（组）的边际解释贡献。

操作步骤为：按前面的示范，在线性回归窗口中先将变量 CDR 设置为因变量。然后，先把自变量 AIDS 作为第一步纳入回归的自变量移入"Independent"框中。注意这时自变量框上的提示是"Block 1 of 1"，表示现在只有一组变量。然后，点击自变量框右上角的 Next 按钮，第一个自变量组便设置完毕。注意，自变量框上的提示已经变成"Block 2 of 2"，并且这时"Independent"框已经清空，表示现在已经有两个自变量组，而用户正在设置第二组。在第二组，把 INCwan 和 URBAN 两个变量依次移至"Independent"框中，再次点击 Next 按钮，第二组自变量即设置完毕。这时会看到提示又变成了"Block 3 of 3"，表示可以设置第三组自变量了。按同样方法，把 P65_W 设置为第三组自变量。如果发现哪一组自变量设置得不对，可以分别通过点击"Independent"框的左上角的 Previous 按钮或右上角的 Next 按钮进入那一自变量组进行修改。当所有变量组设置完毕后，点击窗口中的 Statistics，在相应弹出界面中勾选"R squared change"一项，然后点击 Continue 退回主窗口。最后，点击窗口中的 OK，开始进行回归分析。根据以上的分组自变量的设置，SPSS 的运行结果中共包括了三个模型，所含自变量分别为：

模型（1）：成人艾滋病感染率。

模型（2）：成人艾滋病感染率、人均国民收入。

模型（3）：成人艾滋病感染率、人均国民收入、城市人口比例、65 岁以上人口比例。

表 2—5 显示了在每一步回归中加入一个或一组新的自变量后的 R^2 增量变化及这种变化的显著性检验。在第一步模型中，R^2 和 R^2 增量都是 0.179，分别表明模型（1）的解释比例以及该模型与截距模型（没有自变量，因而完全没有解释能力）相比的 R^2 增量。模型（2）新增了两个变量，R^2 变为 0.209，那么其 R^2 增量就是 0.209－0.179＝0.031（式中显示数字含四舍五入误差）。这是一个真正的变量组，但我们发现这一步新加了两个变量（注意 df1＝2），但 R^2 增量其实很小，以至于这个变量组的边际解释贡献的统计检验值 0.063 已经超过常用临界标准值 0.05。也就是说，这一个变量组的新增解释力并不显著。而模型（3）在模型（2）的基础上又加上 65 岁以上人口比例，这一个变量取得的 R^2 增量为 0.226，这么大的 R^2 增量当然统计性非常显著。

表 2—5　例 3 在分组纳入自变量回归时的 R^2 增量及其显著性检验

Model Summary

Model	R	R Square	Adjusted R Square	Std. Error of the Estimate	Change Statistics				
					R Square Change	F Change	df1	df2	Sig. F Change
1	.423[a]	.179	.173	3.09281	.179	31.725	1	146	.000
2	.458[b]	.209	.193	3.05492	.031	2.822	2	144	.063
3	.660[c]	.436	.420	2.59049	.226	57.261	1	143	.000

a. Predictors：(Constant)，AIDS

b. Predictors：(Constant)，AIDS，INCwan，URBAN

c. Predictors：(Constant)，AIDS，INCwan，URBAN，P65_W

如果我们把三个模型的 R^2 增量加总起来，其实就等于例 3 总的确定系数值 0.436。分步纳入变量进行回归有助于研究人员从因变量方差的角度了解自变量或自变量组自己独立的解释比例到底有多大，还可以了解自变量或自变量组之间重合的解释比例［比如图 2—5（a）中交叉线阴影部分］到底有多大。请注意，这种从因变量方差分解角度反映的解释比例与自变量回归系数表示的影响斜率并不是同一回事，有时某一变量的斜率可能很大，然而拟合程度非常不好，那么其独立的解释贡献也大不了。

（五）偏相关系数

对偏确定系数 $R^2_{y_{k\cdot 1,2,\cdots,k-1}}$ 开方，即得到偏相关系数（partial correlation）$r_{y_{k\cdot 1,2,\cdots,k-1}}$ 的绝对值。注意，这里所说的偏相关是控制其他变量条件下的自变量 x_k 与因变量 y 之间的相关，因此这一偏相关是有正负之分的。其符号与对应偏回归系数的符号一致。通常称控制变量的个数为阶，有一个、两个、三个控制变量的偏相关分别称为一阶、二阶、三阶（first-，second-，third-order）偏相关。由于简单相关没有控制变量，因此也称为零阶（zero-order）相关。一阶偏相关涉及三个变量，它与三者之间的简单相关系数的关系如下：

$$r_{ab\cdot c}=\frac{r_{ab}-r_{ac}r_{bc}}{\sqrt{1-r_{ac}^2}\ \sqrt{1-r_{bc}^2}} \tag{23}$$

$r_{ab\cdot c}$ 表示在控制 x_c 的条件下，x_a 与 x_b 的相关程度。

偏相关系数可以检验在控制了其他变量后，某一变量 x_i 与 y 是否确有相关关系及关系的强弱，因此是研究分析中十分重要的内容。

如果在SPSS回归时要求输出相关系数类指标，便可以在输出的回归系数表中同时提供各自变量与因变量之间的三个相关系数指标。其操作方法是：在线性回归主窗口中设置好因变量和自变量后，点击窗口中的 Statistics 按钮，并在相应对话框中勾选“Part and partial correlations”一项，然后点击 Continue 按钮返回回归主窗口运行回归，即可在回归系数表中附加相关系数类指标。

表2—6的右边便是SPSS输出的因变量与各自变量的相关系数部分，包括简单（零阶）相关系数（Zero-order）、偏相关系数（Partial）、部分相关系数（Part）。我们以例3的成人艾滋病感染率变量为例，它的零阶相关系数为0.430，表示的是它与因变量粗死亡率的简单相关系数。成人艾滋病感染率变量与因变量的偏相关系数为0.479，因为这是在控制了其他三个变量后的偏相关，亦可称作三阶偏相关系数。这个偏相关系数的平方就是相应自变量的偏确定系数，表达了该自变量在此控制条件下的边际解释能力，即在已纳入前三个自变量进行回归的基础上，纳入相应自变量所能获得的确定系数增量占此前因变量尚未被解释的变化部分的百分比。成人艾滋病感染率变量与因变量的部分相关系数为0.413，这个指标就是相应自变量在最后纳入回归时取得的确定系数增量ΔR^2的平方根，或者说它是相应偏确定系数以R^2函数作为表达式时的分子的平方根。

表2—6　　例3回归系数表中附加的相关系数输出

Coefficients[a]

Model		Unstandardized Coefficients		Standardized Coefficients	t	Sig.	Correlations		
		B	Std. Error	Beta			Zero-order	Partial	Part
1	(Constant)	8.265	.679		12.176	.000			
	AIDS	.364	.056	.439	6.522	.000	.423	.479	.410
	INCwan	−.680	.196	−.325	−3.466	.001	−.204	−.278	−.218
	P65_W	.363	.048	.626	7.567	.000	.161	.535	.475
	URBAN	−.040	.013	−.271	−3.071	.003	−.305	−.249	−.193

a. Dependent Variable：CDR

五、回归方程的统计检验和回归系数的推断统计

在一般情况下，我们是通过抽样样本观测数据来推断总体的情况。因此，样本中计算的各统计量都服从一定的抽样误差。检验样本回归方程各统计量，就是为了根据样本统计量来判断总体各参数的情况。

（一）整个回归方程的显著性检验

整个回归方程的显著性检验是通过方差分析（ANOVA）来完成的。常规的方差分析通过将所有样本案例关于总平均值的总离差平方和分解为两个部分：组间离差平方和与组内离差平方和。然后，通过组间离差平方和与组内离差平方和之间的比值（F统计量）来进行统计检验。其中，组内离差平方和代表了样本的随机波动程度。当组间差异远大于抽样波动时，统计性检验显著，证明各组平均水平的差异统计性显著，即以很大把握肯定它们之间的差异并不是

抽样波动的结果。

对整个回归方程的统计检验也是通过方差分析完成的。将因变量 y 的总的离差平方和分解为两个部分：一部分是可以由回归方程解释的部分，称之为回归平方和；另一部分则是不能由回归方程解释的部分，称之为残差平方和。然后，用残差平方和代表随机波动，来评价回归方程的解释能力是否具有统计显著性。回归的方差分析中，每一种离差平方和都有其对应的自由度，自由度表示在平方和中独立的项数。总平方和 $TSS=\sum(y-\bar{y})^2$ 中，有一个约束方程 $\sum(y-\bar{y})=0$，所以其自由度为 $n-1$；残差平方和 $ESS=\sum(y-\hat{y})^2$ 中，因为有 $k+1$ 个参数 b_0，b_1，…，b_k 要从 n 个观察值中估计，从而将失去 $k+1$ 个自由度，所以其自由度为 $n-(k+1)$；回归平方和 $RSS=\sum(\hat{y}-\bar{y})^2$ 中，有 k 个参数 b_1，…，b_k，故其自由度为 k。各平方和（Sum of Squares）除以本身的自由度（df）称为均方差（Mean Square）。当总体的确定系数 $\rho^2=0$ 时，回归均方差与残差均方差之比服从 F 分布，从而可以用于样本 R^2 的显著性检验。表 2—7 提供了回归方差分析表的格式，其表式与一般的方差分析表相同。

表 2—7　　回归的方差分析表

来源 Model	平方和 Sum of Squares	自由度 df	均方差 Mean Square	F 值 F	显著水平 Sig.
回归 Regression	RSS	k	RSS/k	$\frac{RSS/k}{ESS/(n-k-1)}$	F 的概率 α
残差 Residual	ESS	$n-k-1$	$ESS/(n-k-1)$		
总 Total	TSS	$n-1$			

注：$TSS=RSS+ESS$，且其自由度也是另外两个平方和自由度之和。SPSS 输出格式中，用 Regression 表示回归，用 Residual 表示残差。

其实，检验回归方程的解释能力就是检验样本中 y 与 x_1，…，x_k 的线性关系是否显著，即判断能否肯定总体的回归系数中至少有一个不等于 0。如果假设在总体中，X_1，…，X_k 的变化都不引起 Y 的线性变化，则所有总体回归系数就可以取值为 0。这一假设称为虚无假设（null hypothesis），标志为 H_0。

H_0：$B_1=B_2=\cdots=B_k=0$

另一与之相对的假设称之为替换假设（alternative hypothesis），标志为 H_1。

H_1：至少有一个 $B_j\neq0$　　$j=1，2，\cdots，k$

通过样本统计量的检验，如果回归方程统计性不显著，就不能拒绝 H_0，意味着 Y 与 X_1，…，X_k 的线性关系均不显著，即总体方程没有什么解释能力。也就是说，这时样本中各回归系数 b_j 即使取得了非 0 值，也不过是出于抽样波动的影响。反之，如果回归方程统计性显著，则拒绝 H_0、接受 H_1，即认为 Y 与方程中的自变量存在统计性显著的线性关系。一般而言，这意味着肯定了方程中至少有一个自变量的影响很显著。实际上回归方差分析的主要目的就是对回归方程的整体检验。

在 SPSS 回归的方差分析表中即可以提供根据样本计算的 F 检验值：

$$F_{k,n-k-1}=\frac{RSS/k}{ESS/(n-k-1)} \tag{24}$$

也可以直接提供这个 F 检验值所对应的显著水平（significance level）计算值，表示在 H_0 在事实上为真时错误拒绝 H_0 的概率，也称第Ⅰ类错误的概率。[①] 比较事先给定的显著水平标准值 α（在社会科学研究中通常取 0.05 或 0.01 作为标准），便可以做出关于检验假设的判断。为了区别显著水平的计算值和标准值，后面我们用 P 代表计算的显著水平，用 α 代表事先确定的显著水平标准。在应用 SPSS 软件进行的实际分析中，如果 $P<\alpha$，就称检验在 α 水平统计性显著，并拒绝 H_0、接受 H_1。这时拒绝 H_0 为决策错误的概率已经小于原定标准。统计性显著的含义为，相对于抽样误差而言统计量 b_1，…，b_k 显著，即以很大把握断定，它们不等于 0 不是由于抽样误差。大多数回归分析实际上都是想证明所选的自变量可以解释因变量，所以更关心的应该是弃真错误概率不能大。例如当 $P=0.02$ 时，那么由于抽样误差所导致的错误拒绝虚无假设 H_0 的可能性仅为 2%。所以，我们当然要拒绝 H_0、接受 H_1。但是，如果需要更大的把握性来拒绝 H_0，因而将 α 定为 0.01，则这时计算出的错误拒绝 H_0 的概率 P 却大于这一更严格的标准，所以便不能在 $\alpha=0.01$ 水平上拒绝 H_0，即认为样本中各 b_i 不等于 0 主要是出于抽样误差的影响。

SPSS 对例 3 的回归方差分析表结果（见表 2—8）提供了回归方程的整体检验，显示回归方程的 F 值为 27.583，在 0.000 水平统计性显著，表明方程中至少有一个自变量与因变量存在着统计性非常显著的线性关系。

表 2—8　　例 3 回归的方差分析表

ANOVA[b]

Model		Sum of Squares	df	Mean Square	F	Sig.
1	Regression	740.403	4	185.101	27.583	.000[a]
	Residual	959.624	143	6.711		
	Total	1700.027	147			

a. Predictors：(Constant)，URBAN，AIDS，P65_W，INCwan

b. Dependent Variable：CDR

实际上，上述方差分析表中对多元回归方程的整体检验也可以视为对回归方程确定系数 R^2 的统计检验，或对多元相关系数 R 的统计检验。首先，因为虚无假设 $B_1=B_2=\cdots=B_k=0$ 其实就是在假设 $R^2=0$ 或 $R=0$。其次，在简单回归中只有一个自变量，因此分别对 $B_1=0$、$r=0$ 和 $R^2=0$ 这三个虚无假设进行统计检验得到的显著性水平是完全相等的。另外，从方差分析表中可以看出，回归平方和 RSS 和残差平方和 ESS 是总平方和 TSS 的两个组成分量。如果将这两个分量都除以总平方和后再继续计算相应均方差以及计算出的 F 值不会有任何变化，并不会改变统计显著性结果，而 F 值的公式则可以改写为：

$$F_{k,n-k-1}=(R^2/k)/[(1-R^2)/(n-k-1)]。\tag{25}$$

于是，公式（25）就明明白白地显示出方差分析表的 F 检验其实就是对 R^2 的检验。并且，这个公式还可以更清楚地反映出拟合程度指标 R^2 与其统计检验之间的区别所在。拟合程度 R^2 只是表达方程解释能力的百分比（RSS/TSS），而统计检验（无论 z 检验、t 检验、卡方检验还是 F 检验）都是待检验的统计量与相应的抽样误差之比。所以，要检验 R^2 这个百分比，实际上是看它与不能解释的百分比之间的比值，而且还必须考虑这两个分量各自的自由度，以取

① 切不要将显著水平 α 与置信度（confidence level）相混淆，实际上 $\alpha=1-$置信度（郭志刚、郝虹生、杜亚军、曲海波，1989：270）。

得更有可比性的相应均方差之比。其实，这两个均方差就是从方程所能解释的变化和不能解释的变化中分别得出的对总体总方差的估计。只有回归均方差与残差均方差的比值达到足够大的水平，才能说明回归方程的解释能力已经显著地超过抽样波动的幅度。

（二）偏确定系数的统计检验

偏确定系数描述的是，在控制前一步回归中其他变量的条件下，新纳入一个或一组自变量的新增解释能力。偏确定系数也是一个百分比，只不过它只涉及前一步回归没能解释的因变量变化。我们仅以表 2—5 中对例 3 逐步回归的模型（2）这一步回归结果为例加以说明。为了使计算精度不致过差，下面的计算保留了表中有关输出更多的小数位。由于上一步回归已经解释了因变量变化中的 0.178 51，那么因变量变化中还有 0.821 49 尚未解释，这就构成模型（2）这一步边际解释的总方差 TSS'。模型（2）新纳入两个自变量使 R^2 又增加了 0.030 99 就是边际解释的 RSS'，而仍未解释的边际 $ESS'=0.821\ 49-0.030\ 99=0.790\ 50$。这两项边际平方和分别除以相应自由度 2 和 144，便取得了边际回归均方和（0.015 49）以及边际残差平方和（0.005 49），然后再计算出边际 F 检验值为 2.822。这个比值就不够大，在对应自由度下其显著度为 0.063，所以其统计性不够显著。

（三）各自变量回归系数的显著性检验

当回归方程整体检验具有统计显著性时，一般可以表明回归方程中至少有一个自变量的回归系数是显著的，但并不一定所有自变量的回归系数都是显著的。研究者当然希望了解各个自变量影响的显著性，因为显著水平越高表示该自变量越重要。研究人员可以根据各项回归系数的显著水平来斟酌在方程中保留最重要的变量，删除不显著的变量。为此必须对每个自变量的回归系数进行检验。假设：

H_0：$B_j=0$

H_1：$B_j\neq 0$

当统计性不显著，便接受 H_0，认为总体中变量 X_j 与 Y 的线性关系不显著，进而从回归方程中删除 X_j。反之，便拒绝 H_0，即认为总体回归系数 B_j 与 0 有显著差别。

在回归分析的假定条件下，可以证明：

$$t=\frac{b_j-B_j}{s_j} \tag{26}$$

其中 s_j 为 b_j 的标准误，即 s_{b_j}。服从 t_{n-k-1} 分布。当 H_0 为真实时，有 $t=(b_j-0)/s_j=b_j/s_j$。SPSS 回归分析报告中这一项统计值的标签为 t。并且能够提供 t 所对应的显著水平 P，其标签为 Sig.。将计算的 P 值与事先确定的显著水平 α 比较，便可以决策 H_0 的取舍。当 $P<\alpha$ 时拒绝 H_0，认为回归系数在 α 水平上统计显著；否则接受 H_0。

比如例 3 的回归系数表中（表 2—2 或表 2—6），成人艾滋病感染率和 65 岁以上人口比例的回归系数都在 0.000 水平显著，人均国民收入在 0.001 水平显著，城市人口比例则在 0.003 水平显著。这种结果表明，拒绝“各自变量无影响”假设的弃真错误概率极小，因而推断样本分析显示的各自变量对粗死亡率的影响在总体中同样存在。也就是说，我们可以很有把握地认为，样本各回归系数的正负号可以反映总体中各自变量影响作用的方向，即：成人艾滋病感染率和 65 岁以上人口比例的水平越高，则粗死亡率的水平越高；而人均国民收入和城市人口比例的水平越高，则粗死亡率的水平越低。

（四）回归系数的置信区间

回归系数的统计检验只能说明 B_j 与 0 之间的差别是否统计性显著，并不能说明总体回归系数 B_j 值的置信区间。根据 SPSS 提供的样本回归系数 b_j 及其标准误 s_j（SPSS 输出中的标签分别为 B 和 Std. Error），可以推断 B_j 值的置信区间。这一区间的计算与一定置信度相对应，而置信度 $=1-\alpha$。置信度是一个概率，所以置信区间的完整数学表达式为一概率公式：

$$\Pr\left(b_j-t_{\alpha/2}s_j<B_j<b_j+t_{\alpha/2}s_j\right)=1-\alpha \tag{27}$$

也就是说，在置信度为 $1-\alpha$ 时，B_j 的置信区间为 $(b_j-t_{\alpha/2}s_j,\ b_j+t_{\alpha/2}s_j)$。其中 $t_{\alpha/2}$ 的值可通过查 t 分布表中对应自由度 $df=n-k-1$ 与概率 $\Pr=\alpha/2$ 的对应交叉项得到。

实际上，当用户需要了解各回归系数的置信区间时，SPSS 可以按照用户的要求直接输出各回归系数的相应置信概率（默认为 95%）的置信区间。其操作方法与输出相关系数类指标类似，但在回归统计指标对话窗口要勾选“Confidence intervals”，即可在回归系数表中附加回归系数的置信区间估计。

（五）回归系数不显著的原因

在检验回归系数时，如果 $P>\alpha$，说明在 α 水平上认为 X_j 与 Y 的线性关系的统计性不显著。不显著的原因可能有以下几种情况：

（1）样本量太小，或者自变量个数较多，使 $n-k$ 变小，从而使 s_j 增大，t 值变小。这种情况实际上反映出因为样本案例数过少所导致其检验能力较弱。一般而言，多元回归中每一个自变量需要至少有 10 个以上的案例来对应才能保证其有足够检验能力。比如，实际研究中经常用全国 30 个省市区作为案例，那么其多元回归结果中可以取得统计性显著的自变量最多只有两个。这时，某些自变量不显著，并不一定是其没有实际影响，而是因为样本本身的检验能力不足。

（2）x_j 的变化范围太小，即 x_j 的标准差过小，由表 2—3 可知这将使 b_j 的标准误 s_j 增大。这种情况有时与样本抽取的选择性有关，使得实际中 x_j 不在此范围中的案例进入样本。这种情况往往并不是因为 x_j 的测量单位取得过大而导致 x_j 的标准差数值过小。比如，例 3 中的自变量既可以使用以 1 美元为单位的人均国民收入，也可以将其转换为以万美元为单位的人均国民收入来使用，完全不会影响对因变量的解释能力和统计检验结果，因为在转换单位时并未舍去任何小数位。但是，如果将万美元的小数位全部删去或四舍五入，就会导致该变量测量精度太粗，丢失了大量信息，不能反映它们之间的原有差别，导致自变量解释能力的损失和统计显著水平下降。

（3）x_j 与方程中的其他自变量线性相关。当自变量之间的相关系数增大时，也使 s_j 变大。这被称为回归中的共线性问题或多元共线性问题。由于社会科学统计研究的变量之间往往都存在一定相关，因而也是多元回归经常遇到的问题。

（4）y 与 x_j 虽然有关联，但却是非线性关系。那么，需要采取变量的非线性转换，以便使它们之间的关系尽可能地线性化，多元回归才能有效地反映出它们之间的关联。

（5）y 与 x_j 确实不存在显著的线性关系，至少在样本 x_j 的变化范围内如此。

由上可知，增加样本量、扩大 x_j 的变化范围以及在方程中减少与 x_j 高度相关的变量、通过变量转换使变量之间体现为线性关系等，就有可能改善 x_j 与 y 的线性关系的显著程度。本章在关于回归诊断一节中将对此做专门讨论。

六、标准化回归系数

在多元回归分析中，一个经常遇到的问题是如何判别在所考察的因素中，哪些是影响 y 的主要因素，哪些是次要因素。为了分清 k 个自变量对 y 的影响的主次关系，一个自然的想法是比较各个因素的回归系数 b_1，b_2，…，b_k绝对值的大小。但是，将这些回归系数直接进行比较是不行的，因为它们的值与各变量所取的单位有关。比如，例 3 回归时对人均收入分别采用以 1 美元或万美元为单位的测量值时，相应回归系数亦会产生数量级上的差别。所以，在各自变量的测量单位不一致时，其回归系数值之间便不存在可比性。

如果先将所有自变量 x_j和因变量进行标准化，取得标准化变量 $z_j=(x_j-\overline{x}_j)/s_j$ 和 $z_y=(y-\overline{y})/s_y$，再进行回归便可以得到标准化回归方程：

$$z_y=\beta_1 z_1+\beta_2 z_2+\cdots+\beta_k z_k \tag{28}$$

因为变量的标准化过程中都要除以该变量的标准差，这不仅会改变变量的数值，而且约分掉了原变量的实际测量单位，所以 z 变量是无量纲变量，即脱离了任何实际测量单位的纯统计量。于是，标准化变量的回归系数 β_j称为标准化回归系数（standardized regression coefficient），它表示当其他变量不变时，x_j变化 1 个标准差单位，y 的标准差的平均变化。由于标准化消除了原来自变量不同的测量单位，于是 β_j之间可以互相比较，它们绝对值的大小就代表了各自对 y 影响作用的相对大小。注意，在标准化回归方程中已经不存在常数项，这是因为所有标准化变量都以 0 作为平均值，所以回归平面正好通过多维空间的原点，也就是说回归平面在 z_y轴上的截距等于 0。另一种计算 β_j的方法是通过公式：

$$\beta_j=b_j\frac{s_j}{s_y} \tag{29}$$

其中，s_y和 s_j分别为原变量 y 和原自变量 x_j的标准差。一般统计软件都能够同时输出回归系数 b_j和标准化回归系数 β_j。在 SPSS 回归输出中，回归系数 b_j的输出标签为 B，标准化回归系数 β_j的输出标签为 Beta，它们都是默认输出。例如，在例 3 的回归系数表中（见表 2—2 或表 2—6），成人艾滋病感染率、人均国民收入、65 岁以上人口比例以及城市人口比例四个变量的标准化回归系数分别是 0.439、－0.325、0.626 和－0.271，我们看到在这四个影响粗死亡率的自变量中，65 岁以上人口比例的影响最大，其次是成人艾滋病感染率和人均国民收入，城市人口比例的影响相对最小。

标准化回归系数可以比较各自变量对因变量影响的相对重要性，是一个无量纲的纯统计量，摆脱了变量实际测量单位的影响。但是它们源于样本回归系数，在进行标准化转换时还受到实际样本数据中因变量的标准差和自变量本身标准差的数量影响，从而标准化回归系数具有很强的样本属性，它们只能用于反映特定样本的回归方程内各自变量之间的相对重要性。但是在不同样本中，即使是同样定义的变量，标准差也往往存在明显的差异，因而标准化回归系数不能用于跨样本的比较。

七、多元统计控制对回归系数的影响

由于社会发展的方方面面存在着较紧密的联系，因此应用简单回归分析时虽然只有一个自变量纳入回归模型，然而如果模型外存在的其他自变量既与该自变量高度相关，又与因变量高度相关的话，尽管那些自变量并未纳入模型，回归模型选用的自变量会作为其他自变量的“代表”，所以它取得的简单回归系数仍然会包含其他自变量的干扰影响，并不能如实反映该自变量与因变量之间的真正关系。如果这方面的问题不太严重，那么回归系数值及其统计检验显著性可能只是存在一些误差，并不影响总体结论。但是，如果这方面的问题非常严重，那么由回归系数的正负号所表示的影响方向都可能出现错误。而这种情况将会完全颠覆回归分析的结论，还会影响到整个理论研究的结论。

采用多元回归最重要的优越性就是可以将对因变量有重要影响的自变量同时纳入分析，在控制其他模型自变量的条件下一一求解对应自变量的偏回归系数。因此，偏回归系数表达了对应自变量相对“独立”的影响作用，将更为接近真实情况的反应。尽管研究者可能并不清楚还有哪些重要影响变量，但是多元回归在方法论层次更为优越，提供了研究者进行深入探索和检验的工具。下面我们举一个实例来展示和说明多元回归在这一方面的优越性。

例 4：使用与例 3 相同的数据文件 WPDS2013. sav，而且使用与例 3 相同的因变量和自变量，但是回归分析将非洲的案例全部排除。原因是，非洲国家一般有较高的死亡率，但是经济发展和城镇化水平相对较低，并且人口老龄化程度很低，艾滋病问题相对比较严重。所以，非洲的案例在例 3 回归分析中无疑会使这些自变量的影响得以强化显示。但是，现在我们想看一看要是仅仅用亚洲、欧洲、美洲以及大洋洲的案例进行回归时会有什么结果。

选择数据案例的操作是：在 SPSS 菜单上点击 Data → Select Cases，勾选 Use filter variable。然后，在案例窗口左侧的变量表中选择 Continent，再点击箭头按钮 ▶ 将其移至筛选变量框中。当案例属于非洲时，这个筛选变量取 0 值；当案例为美、亚、欧、大四大洲时，该变量分别取值 1、2、3 和 4。SPSS 会根据指定筛选变量自动选择其中数值大于等于 1 的案例来进行统计分析。设置好以后，点击选择案例窗口下部的 OK 按钮。这时，SPSS 数据窗口中可见前面 1 至 47 号的非洲案例的左侧编号提示处都被画以斜线，表示它们将被排除于随后要做的所有统计分析，并且数据窗口右下角还会出现提示“Filter on”，表示案例已经做了筛选。（如果以后要取消案例筛选，只需要点击 Data → Select Cases，勾选 All cases，最后点击 OK 即可。）

接下来，我们用逐步回归的方式来进行回归，自变量纳入模型的顺序是 INCwan、URBAN、P65_W 以及 AIDS。为了简明，以下将集中分析此例逐步回归的回归系数表输出（见表 2—9）。我们发现仅用美、亚、欧、大四大洲案例进行逐步回归时，反映出与例 3 分析十分不同的结果。

第一步的回归模型中只有人均收入一个自变量，回归系数是一个很小的正值，反映出人均收入越高，死亡率越高。这步回归反映出人均收入对死亡率的作用方向完全相反于人们的常识或理论期盼，而且其统计性极不显著。

第二步的回归模型增加自变量城市人口比例后，虽然新增变量的影响方向符合常识，但是人均收入的回归系数还是正值，而且还增大了影响幅度。并且，这两个回归系数的统计性都不显著。

第三步在回归模型再纳入反映人口老龄化的自变量后，人均收入的回归系数终于改变为负值，符合了常识。并且，人均收入和城市化两个自变量的回归系数值都比第二步回归时有很明显的幅度变化，因此其检验结果也变得十分显著。至于老年人口比例这个新加变量不仅统计性十分显著，而且从标准化回归系数上反映出它的相对影响作用排在首位。

其实，前三步回归模型的不同结果充分地反映出统计控制的重要性：第一步简单回归对人均收入这个自变量的回归由于没有控制其他重要相关自变量的影响，因此其回归系数受到了很强的干扰，甚至改变了它的影响方向。第二步回归新加了一个城市化自变量，使回归具有了一定统计控制。但是，那个最重要的自变量老年人口比例并没有纳入模型，也就没有得到统计控制。然而，社会经济的发展会推动人口转变，而人口的老龄化程度越高自然死亡率也会越高。于是，虽然老年人口比例这个变量并未纳入回归，然而由于它与回归模型的因变量和自变量都显著相关，仍然会对回归发挥强大的干扰影响。到了第三步回归时，老年人口比例也纳入模型，由于其影响得到了统计控制，回归就可以较好地揭示另外两个反映经济和社会发展水平的自变量对死亡率水平的真正影响了。

表 2—9　　例 4 逐步回归系数表及附加的相关系数输出

Coefficients[a]

Model		Unstandardized Coefficients		Standardized Coefficients	t	Sig.
		B	Std. Error	Beta		
1	(Constant)	7.5936	.453		16.779	.000
	INCwan	.0002	.172	.000	.001	.999
2	(Constant)	8.2796	.937		8.833	.000
	INCwan	.1153	.220	.067	.523	.602
	URBAN	−.0145	.017	−.108	−.836	.405
3	(Constant)	5.6468	.547		10.314	.000
	INCwan	−.6113	.131	−.357	−4.657	.000
	URBAN	−.0269	.010	−.200	−2.798	.006
	P65_W	.4775	.032	.965	14.947	.000
4	(Constant)	5.2998	.610		8.695	.000
	INCwan	−.6000	.131	−.351	−4.576	.000
	URBAN	−.0254	.010	−.189	−2.629	.010
	P65_W	.4790	.032	.968	15.033	.000
	AIDS	.5613	.439	.073	1.277	.205

a. Dependent Variable：CDR

第四步回归中又纳入了第四个自变量艾滋病感染率。结果发现这个新加变量的影响方向虽然符合常识，但其标准化回归系数值很接近于 0，因此统计性并不显著。所以，例 4 的回归分析表明，在非洲以外的世界其他各国和地区，艾滋病感染率对死亡率的影响并不显著。这种结果既可能是出于感染率水平普遍较低，也可能因为即使感染了也不一定就导致死亡。

分析到这一步，读者还能通过第三步模型与第四步模型输出指标的比较中看出，当回归模型中加入了一个或一些不太重要的自变量时，并不会导致其他自变量的回归系数等各统计结果产生较大变化。在应用回归分析的研究文献中，一种习惯是将那些统计性不显著的自变量及相应回归系数等指标保留下来让读者看（如本例第四步模型输出），那么其潜台词就是即使删除它们，其他自变量的回归系数仍大体不变。另一种习惯则是仅保留那些统计性显著的自变量结果（如本例第三步模型输出）以保持表式简洁，如有必要可以在行文中简介曾检验过的那些统计性不显著的自变量。

实际回归研究中对自变量还分为关注变量与控制变量两种，关注变量就是研究要检验的有重要理论或实际意义的自变量，而控制变量本身则不是研究的重点，然而它们的影响可能会干扰对关注变量的统计分析，因此必须将它们纳入回归以求对关注变量的分析中能够对其影响加以统计控制，即从对关注变量的分析中将它们的干扰影响排除出去。一般在研究报告中，都会较详细地报告关注变量的分析结果，比如其回归系数的方向与研究假设是否一致，还要看它的统计性是否显著，能否推断总体情况。但是，对控制变量而言，一般事先并不需要设立关于它们的检验假设，回归报告中也不需要专门讨论其回归系数及统计检验的情况。

八、回归预测的区间估计

在根据样本预测总体的回归分析中，通常有两类预测（估计）问题：一是估计总体回归方程估计值 $\hat{Y}_0$ 在一套特定 X_{0j} 值（$j=1, 2, \cdots, k$）时的条件均值及其置信区间；二是预测在同一条件下某一个别案例 Y_0 的条件均值及其置信区间。所谓条件均值就是点估计，对于两种预测的点估计方法是完全相同的，都是令 $x_{0j}=X_{0j}$，并代入样本回归方程来计算其点估计。但是，这两种预测的区间估计来说就不同了。因为，在回归理论中前者是关于所有具备同一条件的案例的平均值预测，而后者只是关于某一个具备这一条件的案例的预测。随机抽样原理告诉我们，由于多项正负误差之间相互抵消，平均值预测总是比单个值预测更为精确，即前者比后者具有更窄的置信区间。通常，我们称前者为特定条件下回归平面 $\hat{Y}_0$ 的区间估计，称后者为特定条件下单个案例 Y_0 的区间估计。

概括起来，两种回归预测都涉及两步过程：

第一步，是通过特定条件的取值 x_{01}，x_{02}，…，x_{0k}，由回归方程求出点估计：

$$\hat{y}_0 = b_0 + b_1 x_{01} + b_2 x_{02} + \cdots + b_k x_{0k}$$

它对于两种预测都是一样的，因为两者的抽样分布的平均值（即点估计）相同。

第二步，是计算相应抽样分布方差和标准误的估计，并据此计算其置信区间。这时，由于两种预测的抽样分布方差不同，所以估计公式有所不同。

（一）$\hat{Y}_0$ 的区间估计

由表 2—3 知，样本 $\hat{y}_0$ 是总体 $\hat{Y}_0$ 的无偏估计，且 $\hat{y}_0$ 服从正态分布 Nor（$\hat{Y}_0$，$\sigma^2_{\hat{Y}_0}$）。其中，$\hat{Y}_0 = B_0 + B_1 X_{01} + \cdots + B_k X_{0k}$，而 $\sigma^2_{\hat{Y}_0} = \sigma^2_\varepsilon \left[1/N + \sum_{i=1}^{k}\sum_{j=1}^{k} (X_{0i} - \overline{X}_i)(X_{0j} - \overline{X}_j) c_{ij} \right]$。

因为总体回归方程方差 $\sigma^2_{\hat{Y}_0}$ 未知，用样本方程误差的方差 s^2_e（即残差均方和）作为 σ^2_ε 的估计代入上述方差公式后，得到 $\sigma^2_{\hat{Y}_0}$ 的估计：

$$\hat{\sigma}^2_{\hat{Y}_0} = s^2_{\hat{y}_0} = s^2_e \left[\frac{1}{n} + \sum_{i=1}^{k}\sum_{j=1}^{k} (x_{0i} - \overline{x}_i)(x_{0j} - \overline{x}_j) c_{ij} \right] \tag{30}$$

然后，对此加以开方，得到总体 $\hat{y}_0$ 的标准误的估计：

$\hat{\sigma}_{\hat{Y}_0} = \sqrt{s^2_{\hat{y}_0}} = s_{\hat{y}_0}$（曾在表 2—3 中给出过此标准误公式）

可以证明，$(\hat{y}_0 - \hat{Y}_0)/s_{\hat{y}_0}$ 服从 t_{n-k-1} 分布，并且可以按照常规方法，通过这个分布推导出给定的置信水平 $1-\alpha$ 下 $\hat{Y}_0$ 的置信区间为：

$[\hat{y}_0 - t_{\alpha/2} \times s_{\hat{y}_0}, \hat{y}_0 + t_{\alpha/2} \times s_{\hat{y}_0}]$

于是说明 $\hat{Y}_0$ 以 $1-\alpha$ 的概率落入这一区间。由表 2—3 知，增加样本量 n 和自变量的方差，以及当 x_{0j} 取值接近其平均值 $\overline{x}_j$ 时，将使这一置信区间缩小，反之使之增大。

(二) Y_0 的预测

上一小节介绍了特定条件下回归方程的置信区间，现在介绍如何估计一个具有特定条件的单独案例 Y_0 的置信区间。Y_0 服从 Nor（$\hat{Y}_0$，$\sigma^2_{Y_0}$）分布。其中，

$$\sigma^2_{Y_0} = \sigma^2_\varepsilon\left[1 + \frac{1}{N} + \sum_{i=1}^{k}\sum_{j=1}^{k}(X_{0i} - \overline{X}_i)(X_{0j} - \overline{X}_j)c_{ij}\right]$$

请注意与刚才总体回归平面上某一点的区间估计不同的是，在对单独案例估计抽样方差时除了包括刚才回归方程的方差以外，还要考虑这一案例可能在回归平面上下的随机波动，这一随机误差的方差就是 σ^2_ε。于是，在回归方程方差的基础上又增加了一个 σ^2_ε。由于 $\sigma^2_{Y_0}$ 未知，用 $s^2_{y_0}$ 作为 y_0 的方差估计：

$$\hat{\sigma}^2_{y_0} = s^2_{y_0} = s^2_e\left[1 + \frac{1}{n} + \sum_{i=1}^{k}\sum_{j=1}^{k}(x_{0i} - \overline{x}_i)(x_{0j} - \overline{x}_j)c_{ij}\right] \tag{31}$$

然后对其开方，即可得到抽样分布的标准误估计：

$$\hat{\sigma}_{y_0} = s_{y_0}$$

可以证明，$(y_0 - Y_0)/s_{y_0}$ 服从 t_{n-k-1} 分布，并且可以按照常规方法估计 Y_0 的置信区间。类似地，当样本量 n 和自变量的方差增大以及 x_{0j} 接近其平均值时会提高 Y_0 的预测精度。

九、回归诊断

前面我们已经讨论过回归模型的正确估计和推断必须依赖于一定的假定条件，如果我们的数据及变量分布不满足这些假定条件，用回归方法获得的结果可能会有误导性。本节将讨论一些回归诊断的方法，以检验我们的数据是否满足线性回归的假定条件。此外，还有一些问题并不直接涉及回归的假定条件，但是对回归结果的影响也很大，因此在进行回归分析时也要多加注意，比如案例的权势影响和自变量之间的共线性问题。在回归分析中对这类问题的检查称为诊断（diagnostics）。SPSS 回归中可以给用户提供很多诊断方法，包括诊断指标、统计检验以及有关图示。

根据用户要求，SPSS 回归可以将多种案例的统计结果暂存到工作数据表上，其中包括许多诊断指标值，供用户进行回归诊断。操作方法为：在 SPSS 回归主窗口设置好因变量和自变量后，点击窗口中的 Save 按钮，用户可在弹出的相应选项窗口选择自己所要暂存的有关结果。选择完毕后，点击 Continue 返回回归主窗口去运行回归，那么用户所选指标在回归过程中将作为新变量暂存到工作数据表中。

SPSS 回归中可以保存的回归结果主要有：

（1）Predicted Values（预测值）

□Unstandardized（非标准化的预测值）

□Standardized（标准化的预测值）

□Adjusted（调整的预测值）

□S. E. of mean predictions（预测值的标准误）

（2）Residuals（残差）

□Unstandardized（非标准化残差）

□Standardized（标准化残差）

□Studentized（学生残差）

□Deleted（删除残差）

□Studentized deleted（学生化删除残差）

（3）Distances（距离测量）

□Mahalanobis（马氏距离）

□Cook's（Cook 距离）

□Leverage values（杠杆值）

（4）Influence statistics（权势统计量）

□DfBeta（s）（DfBeta 值）

□Standardized DfBeta（s）（标准化的 DfBeta 值）

□DfFit（DfFit 值）

□Standardized DfFit（标准化的 DfFit 值）

□Covariance ratio（协方差比率）

（5）Prediction Intervals（预测区间）

□Mean（均值置信区间）

□Individuals（案例置信区间）

（6）Coefficient statistics（系数统计量）

□Create coefficient statistics（创建系数统计量）

运行回归时，SPSS只是将用户所选指标暂存于工作数据表，并会自动加入默认变量名和变量标签。如果用户需要永久保存这些暂存变量，还需要在相应工作数据窗口点击File，再点击Save或Save As，将包括新变量的工作数据存盘或另存为新数据文件。否则，下次打开此数据文件时，这些暂存的新变量将不复存在。

下面，我们仅选择其中一些最重要和最常用的诊断指标和方法，结合例题加以介绍与示范。

（一）异常值和权势值

如果某一个观测值（或一小组观测值）严重影响了回归结果，我们就必须对这些观测值做进一步的了解和考察。以下几种方法可以判断一个观测值是不是异常的。

1. 异常值

在线性回归中，所谓的异常值（outliers）即拥有很大残差的因变量观测值。换句话说，它是这样一种观测值：相对于它的自变量取值，因变量值是异常的。一个异常值可能显示了样本案例的一种特殊性，或者可能显示了一种数据输入的错误，或者其他问题。

如果 y_i 是个异常值，它的残差应该也非常大。常用的残差有两种：标准化残差（standardized residuals）或学生化删除残差（studentized deleted residuals）。所谓的标准化残差即是用每个案例的残差除以残差的标准差。所谓学生化删除残差指的是在删除案例 i 后重新运行回归方程所获得的残差除以其估计标准误。一般而言，如果案例的标准化残差或学生化删除残差的绝对值超过了 2，这样的案例就需要仔细检查了。

2. 杠杆值

回归分析中，一个案例如果在自变量上拥有极端的观测值，就被称作具有很高杠杆值的数据点。杠杆值（leverage）测量了案例的自变量值与其该变量平均值的偏离程度。这些高杠杆值的案例可能对回归系数的估计产生非常大的影响。杠杆值的平均数为 $(k+1)/n$，这里，k 表示自变量数目，n 表示样本规模。一般而言，如果某一案例的杠杆值超过了杠杆值平均数的两倍，就必须仔细检查了。

但是，SPSS 回归中使用的是稍有不同的统计量，称为中心化杠杆值（centered leverage value）。这种中心化杠杆值的值域为 $[0,(n-1)/n]$，取值 0 表示该案例对回归拟合没有任何影响，取值 $(n-1)/n$ 则表示影响极大。中心化杠杆值的平均数等于 k/n，它的计算比上述杠杆值平均数更简单。SPSS 回归可以按用户要求计算出每个案例的中心化杠杆值，并将其作为新变量存到数据表中。对于例 3，中心化杠杆值的平均值为 $4/148 \approx 0.027$。用其两倍的平均值作为标准，如果某一案例的中心化杠杆值超过 $2\times 0.027 = 0.054$，就意味着其影响过大，可能会有问题，需要认真检查。

3. 权势影响

如果把一个观测案例去除后能显著性改变回归系数的估计，那么便称这个观测案例具有权势影响（influence）。权势影响可以被看作是异常值和杠杆值的产物。Cook's D 指标是对案例权势影响的一般性测量，它结合了残差和杠杆值的信息。如果一个案例的 Cook's D 值越大，就说明它的影响力越大。一般而言，如果一个案例的 Cook's D 值大于 $4/n$，就必须认真对待了。对于例 3 回归来说，如果一个案例的 Cook's D 值大于 $4/148 = 0.027$，我们就必须仔细检查这个案例了。

Cook's D 可以被看作是权势影响的一般性测量。我们也可以考虑对权势测量的更加具体的指标，以评价回归在包括和去除某个案例时每个自变量系数如何变化。比如，我们首先计算包括所有案例的回归系数，然后删除其中某个案例后再计算回归系数。通过观察和比较这两次回归中回归系数的变化情况，便反映出这个案例对于回归的权势影响。一种常用测量指标是 DfBeta，我们可以为每个案例的每个自变量计算一个 DfBeta 值，如果某一案例在某自变量上的 DfBeta 绝对值大于 $2/\sqrt{n}$，就说明这个案例对该自变量的系数有很大的权势影响，就需要我们进一步检查了。对于例 3 回归，如果一个案例在一个自变量上的 DfBeta 绝对值大于了 $2/\sqrt{148} \approx 0.164$，就需要我们进一步检查了。

SPSS 可以为我们计算每个案例的多种诊断指标，反映案例的因变量异常值、自变量杠杆影响和综合反映的权势影响。以上我们仅选择其中最常用的几个诊断指标进行了介绍，表 2—10 概括了在使用以上所讨论的指标确认异常值和权势值时的一些经验标准。

表 2—10　常用诊断指标的经验标准

测量指标	数值标准
标准化残差或学生化删除残差	绝对值>2
中心化杠杆值	$>2\times(k/n)$
Cook's D	$>4/n$
DfBeta	绝对值$>2/\sqrt{n}$

注：公式中的 k 表示的自变量数目，n 表示样本规模。

4. 相应诊断的统计图

除了以上这种数字化的测量指标外，我们也可以使用一些统计图来检查异常的和有影响的观测值。比如，在检查因变量的异常值时，我们可以使用标准化残差（或学生化删除残差）直方图。图 2—6 是例 3 多元回归模型的标准化残差直方图。用户可以在 SPSS 回归中直接要求输出这个直方图，操作方法是：在 SPSS 回归主窗口设置好例 3 的因变量和自变量后，点击该窗口的 Plots 按钮，在相应弹出的图形窗口中左下部的"Standardized Residual Plots"方框中勾选"Histogram"，然后点击 Continue 退回主窗口去运行回归，即可输出此图。

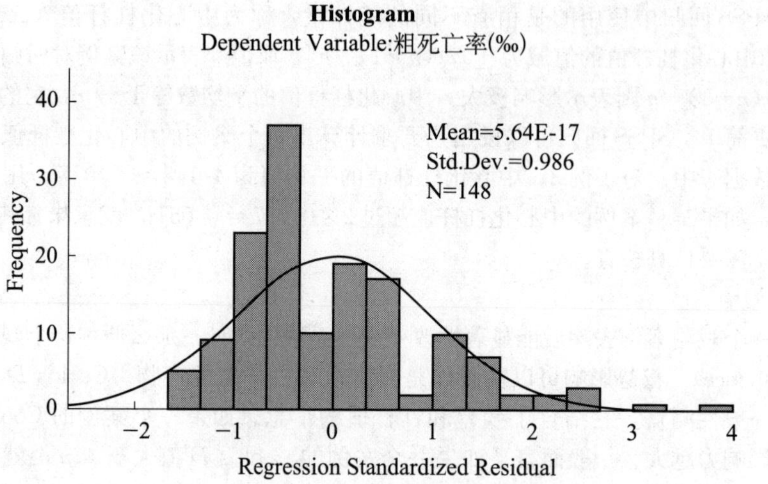

图 2—6 例 3 回归的标准化残差直方图

从图 2—6 可以看到，图中提供的平均值（Mean）是用科学计数法表示的一个非常接近于 0 的负小数，标准差也很接近于 1，就这两个指标来看标准化残差很接近标准正态分布。但是，有一些案例的标准化残差值已经大于 2 了，说明此数据有一些案例在因变量上存在偏高异常值。此外，频数最多的标准化残差并不在 0 左右，而在－0.5 左右，而且右侧尾巴拉得很远，因此从回归残差具体分布看有些偏态和不齐，因此只能看作大体近似正态分布。

我们要检查例 3 回归在自变量上是否存在强影响案例时，可以先在回归时要求将中心化杠杆值这个变量（默认变量名为 LEV _1）和学生化删除残差（默认变量名为 SDR _1）等指标先暂存于数据表中。

下面先示范用 SPSS 制图功能自行画出中心化杠杆值分布的直方图。操作方法是：Graphs→Histogram，将中心化杠杆值变量 LEV _1 移到"Variable"框中，如想在图中加入正态分布曲线便点击开启"Display normal curve"选项，然后点击 OK 运行，即可输出带正态分布曲线的直方图（见图 2—7）。实际上，SPSS 还可以对其制作的图形进行后期编辑，比如改变图形尺寸，改变标题、题注，改变刻度的字体、字号，改变直方条外廓或曲线的颜色等等，也包括加入各种参照线或拟合线。比如，如果上面操作时忘了加入正态分布曲线，也可以在后期图形编辑时补上。操作方法是：在输出窗口，双击该直方图，即能打开图形编辑器（Chart Editor）窗口编辑此图。双击其中的直方条后即弹出相应对话窗口，点击并进入"Histogram Options"

栏目，选择其中的“Display normal curve”选项，然后点击窗口下边的 Apply 即可在该图中加入正态分布曲线。

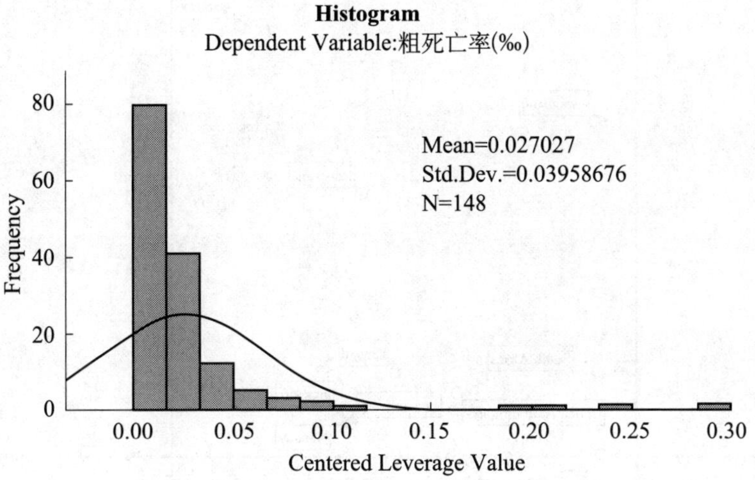

图 2—7　例 3 回归的中心化杠杆值直方图

从图 2—7 可以看到，图中自动提供了中心化杠杆值的平均数 0.027，数据中有一些案例的杠杆值超过了其平均数的两倍 0.054，因此它们是需要进一步进行检查的案例。

我们还可以将学生化删除残差和中心化杠杆值这两个暂存新变量结合起来制作一个散点图，同时检查案例的因变量的异常值和自变量的中心化杠杆值，如图 2—8 所示。制作两个变量的散点图的操作方法是：点击 Graphs → Scatter/Dot，然后在弹出对话框中选择“Simple Scatter”，单击 Define，接着在定义坐标轴变量的弹出窗口里，分别把中心化杠杆值 LEV _1 和学生化删除残差 SDR _1 分别移到“Y Axis”和“X Axis”框中，如果想从图中了解那些特殊案例是哪些国家/地区，还可以将国家/地区名称的文字变量 Country 移入“Label Cases by”框，最后点击 OK 运行。

为了使这个散点图更好读，我们用 SPSS 的图形编辑器又加入了三条参照线，并且将这两个统计量越界的一些案例显示出国家/地区名称。增加纵轴参照线的方法是点击图形编辑器上边的 Options 按钮，在下拉菜单中选择“Y Axis Reference Line”，并在弹出的属性设置窗口的空框中键入参照线对应的纵坐标值 0.054，然后点击下部的 Apply 按钮，图中出现的默认参照线即移到指定位置，然后点击 Close 按钮退出。用类似方法可依次增加横轴参照线，不同之处是在拉下 Options 各选项后选择其中的“X Axis Reference Line”，并且这两条参照线在横轴的位置分别为−2 和 2。由于以上我们定义了案例的标签变量，因此可以显示各散点的国家/地区名称。操作方法是：拉下图形编辑器的 Options 选项菜单，选择其中的“Data Label Mode”，使相应提示框中出现√，且光标进入图形中时会改变为专门的提示符，即表明启动标签开关功能。这时，点击哪个散点就会显示其相应标签，再点击同一散点则会关闭标签显示。如果再次点击 Options 选项中的“Data Label Mode”即可关闭这一功能。图形编辑器的 Options 选项中的“Show/Hide Data Labels”则是显示或隐藏所有案例标签的总开关。图 2—8 展示了经过编辑的例 3 回归的学生化删除残差与中心化杠杆值的散点图。

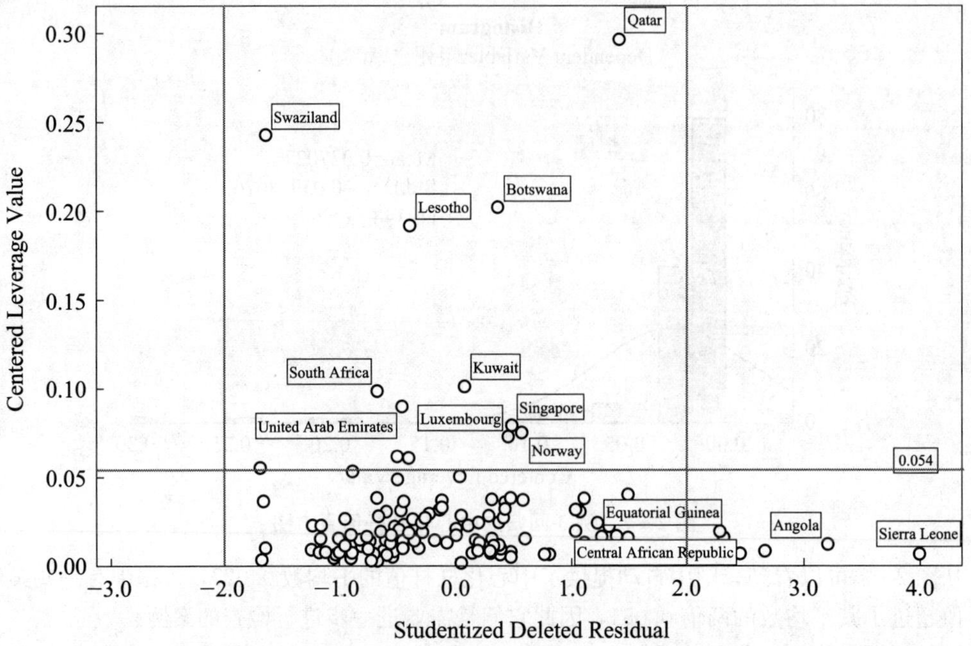

图 2—8　例 3 回归的学生化删除残差与中心化杠杆值的散点图

图 2—8 表明，例 3 回归数据中不存在既是异常值又是杠杆值的案例，即散点图由参照线分隔出的左上方格和右上方格中没有散点。该图的中上方格中的是杠杆值过高的案例，但这些案例并没有出现过大的因变量残差。该图的右下方格中是因变量的学生化删除残差过大的案例，它们主要是一些非洲国家。

（二）偏回归散点图

一个自变量的偏回归散点图（partial-regression plot）是将该自变量排除在外时以其他自变量对因变量的预测值与观测值之间的误差作为纵坐标、以该自变量对其他自变量回归时得到的预测值与其观测值之间的误差作为横坐标时做出的散点图。换句话说，就是检查该自变量与其他自变量所不重合的信息与其他自变量解释因变量后所剩下的未解释信息之间的关系。这样一来，这一自变量与其他自变量的重复信息部分就被排除掉了。我们可以更清楚地看到，在控制其他自变量的条件下，这个自变量与因变量的关系。比如，它们之间是否为线性关系，偏回归线对案例散点拟合的具体情况。并且，偏回归散点图也可以用于检查那些对此偏回归线影响重要的权势案例。

用户可以要求 SPSS 在多元回归时输出所有自变量的偏回归散点图。比如，图 2—9 就是例 3 多元回归时输出的四个偏回归散点图中自变量为艾滋病感染率的一个。操作方法是：在 SPSS 回归主菜单中设置好因变量和四个自变量后，再将 Country 这个名称变量移入“Case Labels”框中（目的是为了显示出案例所表示的国家/地区），然后点击主窗口的 Plots 按钮，在相应弹出的图形窗口中点击下部的“Produce all partial Plots”，使相应提示框中出现“√”，即表明要求输出所有偏回归散点图。然后点击 Continue 退回主窗口去运行回归，即可输出此图。

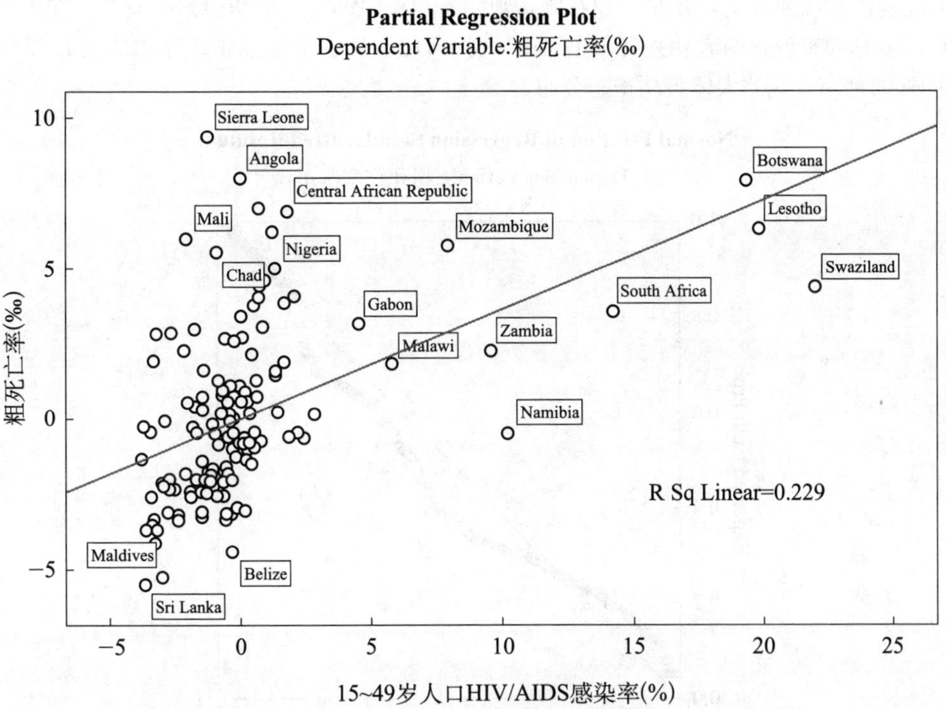

图 2—9　例 3 回归的成人艾滋病的偏回归散点图

我们看到在控制其他自变量后，成人艾滋病感染率与粗死亡率仍然存在线性关系。不过，回归线的斜率显然受到图中右上方几个案例的影响，从其标签可看出都是一些非洲国家。在控制了其他自变量影响后，这些国家/地区较高的艾滋病感染率对拟合死亡率影响很大。在图中左侧集中了大批案例散点，有一些距离回归线其实很远，表明在控制其他自变量条件下，这些国家/地区死亡率较高或较低其实与艾滋病感染率关系不太大，我们也可以检查它们到底是哪些案例。在上述 SPSS 回归操作中，还同时输出了其他自变量的偏回归散点图，这里不再一一赘述。

（三）残差正态性检验

线性回归的假定条件之一就是残差服从正态分布，符合这个假定条件对于 t 检验的有效性很重要。我们可以首先让 SPSS 计算每个案例的残差，然后通过一些统计图（如图 2—6 中的标准化残差直方图）就可以反映残差是否服从正态分布。这里再介绍在 SPSS 回归中可以选择输出的标准化残差正态概率散点图（见图 2—10）来查看残差是否服从正态分布。标准化残差的正态概率散点图是标准化残差的观测分布的累积概率（P）与正态假设的期望分布的累积概率（P）之间的比较，因此经常简称为 P-P 图。用户可以在 SPSS 回归中直接要求输出这个 P-P 图，操作方法是：在 SPSS 回归主窗口设置好例 3 的因变量和自变量后，点击该窗口的 Plots 按钮，在相应弹出的图形窗口左下部的“Standardized Residual Plots”方框中勾选“Normal probability plot”一项，然后点击 Continue 退回主窗口去运行回归，即可输出此图。如果实际情况与假定条件吻合，那么散点将完全落在由原点出发的参照线上。我们看到图 2—10 的散点并没有完全落在参照线上，在左侧和右侧，观测累积概率都略高于期望累积概率，在中部却正好相反。但总的来说，两者相差还不算是很大。因此，从这个图的情况来看，可以得出与图2—6同样的判断，残差大体服从正态分布。

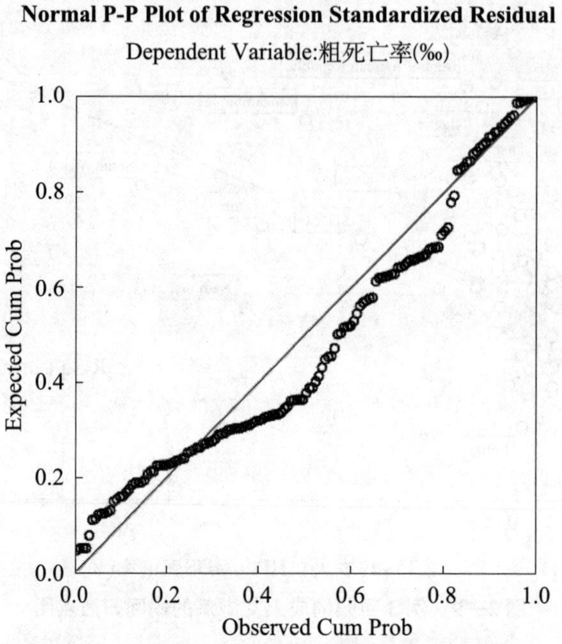

图 2—10　例 3 回归的标准化误差正态概率散点图

（四）均方差性的检验

最小二乘法回归的另外一个假定条件是在自变量取不同值时残差是相同的，即所谓的方差同质性。如果模型拟合很好的话，标准化残差对拟合值的散点图应该没有一个明显的模式。如果残差的方差不是一个常数，即所谓的方差存在异质性（heteroscedasticity）。我们可以让SPSS输出标准化残差和标准化预测值的散点图，如果标准化残差在标准化预测值各区间分布的方差大体相等，说明残差的方差在不同自变量取值的情况下大体相等，否则则说明残差方差具有异质性。

实际上，SPSS回归还能提供更多的诊断统计图，这种标准化残差和标准化预测值的散点图只是其中之一。操作方法是：在回归主窗口设置好因变量与自变量后，点击Plots按钮，在弹出窗口左上部的框中列出了可以用来创建散点图的七个变量：DEPENDENT（因变量值）、*ZPRED（标准化预测值）、*ZRESID（标准化残差）、*DRESID（删除残差）、*ADJPRED（调整后的预测值）、*SRESID（学生化残差）、*SDRESID（学生化删除残差），用户可以同时创建这七个变量中任意两个的散点图。只要分别把选择的两个变量依次移到窗口中对应“Y:”和“X:”框中即可。比如，要创建标准化预测值和标准化残差的散点图（见图2—11），就把*ZPRED拖到“X:”框中，把*ZRESID拖到“Y:”框中。如果想创建第二个散点图，就点击窗口右上角的Next按钮，然后再分别把另外两个变量拖到相应的“Y:”框和“X:”框中。用同样的方法，还可以设置第三个、第四个散点图，等等。

图 2—11 是例 3 回归模型的标准化预测值与标准化残差的散点图。需要注意的是，一般回归时预测值两侧的散点往往较少，而中部散点却很密集，既有残差很大的，也有残差很小的。所以，我们就不能只是简单比较上下最远的散点，而是应该看各段之中残差散点的平均离差。仅凭肉眼观测，我们也能大略看出图中各段标准化残差的分布方差确实存在着一定差别。

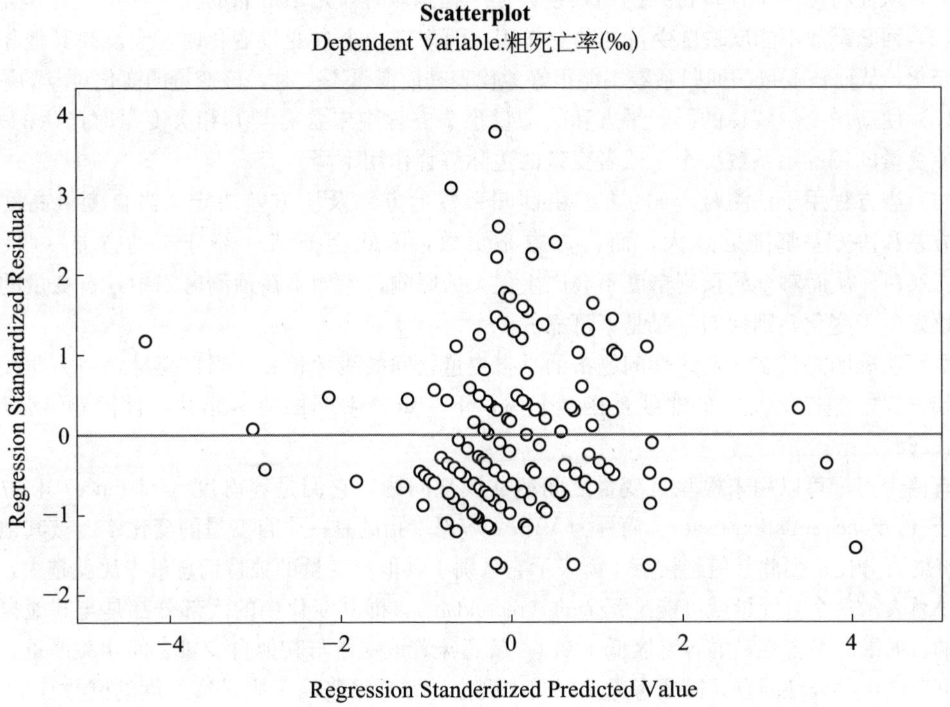

图 2—11　例 3 回归的标准化预测值与标准化残差的散点图

（五）共线性问题

当自变量之间完全线性相关时，回归模型的估计不再有唯一解，从而无法用最小二乘法求出唯一一套 b 估计值。在大多数社会经济变量中，总是或多或少有部分相关。当两个自变量之间高度相关时，回归方程中的自变量就会互相削弱各自对 y 的边际影响，使本身的回归系数的数值下降而其标准误扩大，于是就会出现回归方程整体检验显著（一般表明至少有一个自变量影响显著），但各个自变量回归系数的统计检验却都不显著的矛盾现象。多元回归中的这种现象称为共线性（collinearity）问题。有时候，共线性问题的表现更为复杂，一个自变量可能与任何其他自变量的相关程度都并不过高，然而它可能与多个自变量之间的多元相关系数很高。也就是说，当将这个自变量作为因变量对其他那些自变量进行回归时，可以被解释其绝大部分变化，即这一回归的确定系数极高，同时表明这个变量与其他自变量的多元相关系数很高。再换句话说，即这个自变量并不包含多少独立的信息。这种情况被称为多元共线性（multicollinearity）。多元共线性要比两个自变量之间的共线性更加难以发现。总之，当多元回归中存在这类严重的共线性问题时，方程的回归系数是不可靠的，最严重时可以导致回归无解。从数学上讲，当自变量之间高度相关时，经过变换，(X^TX) 矩阵对角线上的元素会变得很小，$(X^TX)^{-1}$ 对角线上的元素 c_{jj} 就会变得很大，于是 b_j 的标准误 $s_j = s_e\sqrt{c_{jj}}$ 就变得很大，使 t 值变得很小，从

而 b_j 就不显著了。

当方程中的自变量高度线性相关，即存在严重的多元共线性问题时，会对回归分析产生下列影响：

（1）回归系数的置信区间变宽，系数变得不稳定，即不同样本计算得到的回归系数将会差别很大，从而将由一个样本得到的回归系数推广到总体时，是不可靠的。

（2）回归系数不能反映自变量的独立作用，因为当一个自变量变化时，会反映其他相关变量的变化，从而该变量的回归系数不能很好地代表其他变量不变时，该变量的变化对 y 的影响。

（3）使新增变量解释的回归平方和的增量小于方程中未含有与其相关变量时产生的增量，从而使变量的偏确定系数变小，或者变量的边际解释作用下降。

（4）当方程用于预测时，$\hat{y}$ 的方差由回归系数的方差及协方差决定。当自变量高度相关时，方差和协方差都随之增大，而协方差是负数，因此会抵消一部分 $\hat{y}$ 的方差（张小蒂，1991：267），从而对 $\hat{y}$ 的预测精度不会产生很大的影响，但如果在预测区间中，自变量的多元共线性发生了变化，则回归结果是不可靠的。

需要明确的是，多元共线性问题指的是自变量之间的线性相关，当自变量之间为非线性相关（如方程中含有 x 及 x 的非线性函数）时，不一定产生严重的多元共线性问题（张小蒂，1991：268）。

有两个指标可以用来检验自变量之间的共线性问题，它们是容忍度（tolerance）和方差膨胀因子（variance inflation factor，简称为 VIF）。容忍度指的是一个自变量的变化不能被其他自变量解释的百分比，因此其值越接近 1 就表示它区别于其他自变量的独特信息量占比就越大，而其值越小就表示这个自变量就可能是冗余的（redundant），即其变化中的大部分都是与其他自变量重合的。如果一个自变量的容忍度低于 0.1，就意味着该变量与其他自变量之间相关严重，很容易使回归产生共线性问题，需要考虑从回归中删去。方差膨胀因子则是容忍度的倒数（1/容忍度），一般经验法则是，如果一个自变量的方差膨胀因子大于 10 就需要考虑从回归中将其删去。

SPSS 回归可以提供多元共线性的诊断指标及用于共线性判断的特征值和状态指标（Eigenvalues and condition indexes）。操作方法是：在设置例 3 的回归方程的变量后，点击回归主窗口下部的 Statistics 按钮，在相应弹出窗口中勾选“Collinearity diagnostics”，然后点击 Continue 返回主窗口去运行回归，SPSS 回归便会在输出回归系数表时附加每个自变量的共线性诊断指标（见表 2—11）。

表 2—11　　例 3 回归的自变量共线性诊断指标

Coefficients[a]

Model		Unstandardized Coefficients		Standardized Coefficients	t	Sig.	Collinearity Statistics	
		B	Std. Error	Beta			Tolerance	VIF
1	(Constant)	8.265	.679		12.176	.000		
	AIDS	.364	.056	.439	6.522	.000	.871	1.148
	INCwan	−.680	.196	−.325	−3.466	.001	.448	2.233
	P65_W	.363	.048	.626	7.567	.000	.576	1.736
	URBAN	−.040	.013	−.271	−3.071	.003	.508	1.968

a. Dependent Variable：CDR

在表 2—11 的右侧可见，例 3 回归每个自变量的容忍度都远大于 0.1，或者说其方差膨胀因子都远小于 10，这就表明自变量之间相关程度不大，回归不存在严重的共线性问题。

（六）误差独立性问题

误差独立性问题指的是这样一个假设：一个观测值的误差与另外一个观测值的误差应该不相关。在很多情况下，这个假设可能会遭到破坏。在一些时间序列数据中，误差可能存在周期性变化，即每一时点的状况都与前一时点的状况有关，独立性假设也经常受到破坏。另外，在一些横贯的地域数据中，属同一行政划分的案例或地理上相邻的案例之间可能更为相似，也就是说它们之间的误差并不一定独立。

Durbin-Watson 统计量，通常记为 d，是用来检验误差项之间是否存在序列相关的指标。它的公式为：

$$d=\frac{\sum_{t=2}^{n}(e_t-e_{t-1})^2}{\sum_{t=2}^{n}e_t^2} \tag{32}$$

d 值的值域为 [0，4]。在误差不存在序列相关时，d 值应该在 2 左右。d 值小于 2 时意味着相邻的误差之间存在正相关；d 值大于 2 时则意味着相邻的误差存在负相关。

SPSS 回归根据用户要求可以输出 Durbin-Watson 检验值 d，并将这一统计指标附加到模型概要表（Model Summary）的最后一列。仍以例 3 回归为例，在回归主窗口设置好回归变量后，点击底部的 Statistics 按钮，在相应弹出窗口中选择“Durbin-Watson”，然后点击 Continue 返回主窗口去运行回归，SPSS 便将 Durbin-Watson 检验值 d 附加到回归模型概要表中的最右侧，如表 2—12 所示。例 3 回归的 Durbin-Watson 检验值 d=1.129。

表 2—12　　例 3 回归模型概要表中附加 Durbin-Watson 检验值

Model Summary[b]

Model	R	R Square	Adjusted R Square	Std. Error of the Estimate	Durbin-Watson
1	.660[a]	.436	.420	2.59049	1.129

a. Predictors：(Constant)，URBAN，AIDS，P65 _W，INCwan

b. Dependent Variable：CDR

但是 SPSS 线性回归程序并不直接提供这种统计检验的最终检验结果，因此所提供这一检验值仍需要用户依据该统计量的临界值来加以判断其统计显著性。因此，我们还需要查 Durbin-Watson 检验表，取得相应的上限和下限的临界值（d_L 和 d_U）。根据这两个检验值可以计算该检验值值域 [0，4] 中的四个分界点，将该值域分为五段（见图 2—12）。

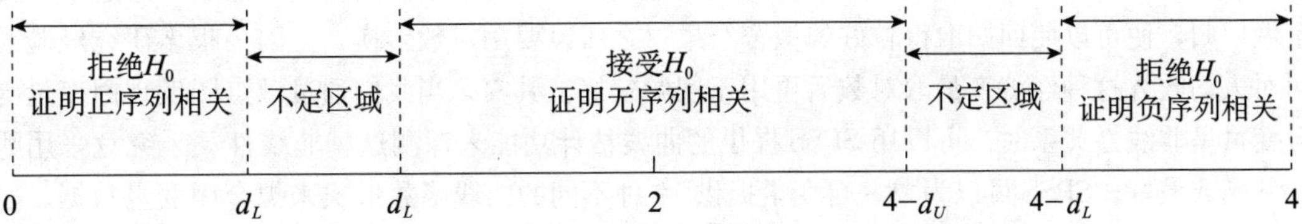

图 2—12　Durbin-Watson 检验值 d 的值域划分示意图

如果计算检验值落在中间段中，表示统计检验不显著。如果落在最外围的两段中，说明统计检验显著。如果落在夹在显著段和不显著段之间的两个区域内，则检验无结果，即既不能肯定存在序列相关，也不能否定不存在序列相关。

应该根据实际样本规模（n）、自变量个数（k）以及要求显著性水平（α）的组合条件来查 Durbin-Watson 检验表。例 3 有 $n=148$，$k=4$，我们再规定 $\alpha=0.05$。根据这些条件，下面说明如何完成 Durbin-Watson 检验。

SPSS 的“Help”中提供了 Durbin-Watson 检验的显著性统计表，可以通过点击 Help → Topics，在对话窗口的“索引”框中键入并查询“Durbin”即可找到“Durbin-Watson Statistics”。双点击这个条目，在弹出菜单里选择“Durbin-Watson Significance Tables”，右侧窗口便可见有关内容。其中，“Models with an intercept (from Savin and White)”即为常用的 Durbin-Watson 显著性表，其中包含的显著度分别为 0.01 水平和 0.05 水平两个部分。我们来查 $\alpha=0.05$ 的表，其中并无对应 $n=148$ 的检验值。这时，我们应该取最接近的较小样本规模的临界值来使用，这样做实际上使检验结论更为保险。于是，对于例 3 而言有 $d_L=1.592$ 和 $d_U=1.758$。也就是说，当 $d<1.592$ 或 $d>4-1.592$（$=2.408$）时检验显著，说明误差存在序列相关。如果 d 在 [1.758，4−1.758] 范围中，可以认为不存在序列相关。如果 d 处于 [1.592，1.758] 或 [4−1.758，4−1.592] 这两段值域时，检验无结果。由于本例的 d 值是 1.129，表明本例实际上存在显著的正序列相关。

这一检验警示我们，不能认为只有时间序列数据才会存在序列相关问题。尽管这一结论看起来有点不可思议，即：为什么各独立的国家或地区数据之间会出现序列相关？其实道理很简单。一个原因是前面提到过的，在世界各大洲内的案例会存在更强的相似性。另外还有两种可能情况。一是变量设置问题，比如某一个自变量应该与因变量是更复杂的曲线关系，比如是个二项式关系（$b_1x_1+b_2x_1^2$），但回归中只设为简单线性关系，忽略了可能存在重要影响的平方项。另一种可能情况是回归遗漏了其他重要的自变量。这两种可能都会造成误差项中实际上包含着一个系统变量，以至于形成了相关关系（详细解释参见格杰雷蒂，1988：241-242）。

（七）非线性关系的探测

当我们进行线性回归分析时，我们假设自变量和因变量的关系是线性的。如果这个假设受到了破坏，线性回归模型将尽力对一个不服从线性关系的数据拟合一条直线。在只有一个自变量的简单线性回归中，对线性假设的检查非常简单，我们只需要画出因变量和自变量之间的散点图，看看是否存在非线性问题，如图 2—1 和图 2—2。对于图 2—2 中总和生育率与人均国民收入之间的非线性关系，我们示范了先将人均国民收入取对数形成新变量，然后再用这个新变量做回归，便可以使回归取得较好的拟合结果。之所以要用对数转换，是因为很多研究经验表明对人均收入这种经济变量取对数后再用于回归较好。其实，当我们通过散点图发现因变量与自变量呈非线性关系时，可以用 SPSS 提供的曲线估计功能来探测这种非线性关系究竟采用哪一种函数最好。SPSS 可以为单一自变量提供 10 种不同的曲线函数形式来拟合因变量数据。表 2—13 中提供了这些模型的公式供参考。

表 2—13 **SPSS 曲线估计的模型公式**

模型选项	类型	回归方程式
Linear	线性函数	$Y=b_0+(b_1\times t)$
Logarithmic	对数函数	$Y=b_0+b_1\times \ln(t)$
Inverse	倒数函数	$Y=b_0+(b_1/t)$
Quadratic	平方函数	$Y=b_0+(b_1\times t)+(b_2\times t^2)$
Cubic	立方函数	$Y=b_0+(b_1\times t)+(b_2\times t^2)+(b_3\times t^3)$
Compound	复利函数	$Y=b_0\times b_1^t$ 或 $\ln(Y)=\ln(b_0)+\ln(b_1)\times t$
Power	幂函数	$Y=b_0\times t^{b_1}$ 或 $\ln(Y)=\ln(b_0)+b_1\times \ln(t)$
S	S 曲线函数	$Y=e^{b_0+(b_1/t)}$ 或 $\ln(Y)=b_0+(b_1/t)$
Growth	增长函数	$Y=e^{b_0+b_1\times t}$ 或 $\ln(Y)=b_0+b_1\times t$
Exponential	指数函数	$Y=b_0\times e^{b_1\times t}$ 或 $\ln(Y)=\ln(b_0)+b_1\times t$
Logistic	logistic 函数	$Y=1/[(1/u)+b_0\times b_1^t]$ 或 $\ln(1/Y-1/u)=\ln(b_0)+\ln(b_1)\times t$ 其中，u 为上限值。选择此函数需指定一个大于因变量最大值的正值作为 u 值。

资料来源：表中公式引自 SPSS 的 Help 中关于曲线估计模型（Curve Estimation Models）的说明。

例 5：下面将应用 SPSS 的曲线估计来探测总和生育率与人均国民收入（万美元）之间到底采用哪一种非线性函数模型为好。进行曲线估计的操作方法是：在 SPSS 菜单上依次点击 Analyze→Regression→Curve Estimation，在弹出的线性估计对话框中，选择因变量 TFR，点击相应箭头按钮▶将其移至“Dependent”框中。再将自变量 INCwan 移至“Independent”框中。注意，因为人均收入是个变量，而不是时间，因此自变量框中上边的“Variable”应该处于指定状态。窗口下部共有 11 种待选的函数模型，用光标右键点击每一种函数，SPSS 会提示该函数的回归方程公式。这些模型可以进行多选，于是我们就将所有函数都选了进行全面探测。请注意表 2—13 中 logistic 函数公式下面的注释，由于我们选择了 logistic 函数，就必须给它提供因变量 TFR 的上限值，否则此项估计结果会出错。本数据中 TFR 的最大值为 7.6，所以按要求在“Upper bound”框中键入 8。模型设置完毕后，点击 OK 运行。

我们可以根据这一曲线回归输出的模型概要与参数估计表（表 2—14）中各模型的确定系数（R Square）一栏比较其拟合情况，其中幂函数、对数函数和倒数函数的拟合优度依次排为前三名，它们的 R^2 值分别为 0.676、0.657 和 0.627。作为第二名的对数函数比第一名幂函数在拟合优度上相差无几，这表明前面我们依经验将人均国民收入取对数后回归实际上是种还不错的处理。表 2—14 中还提供各曲线模型的 F 检验，并且提供了相应表 2—13 中函数公式中各项模型系数的估计。

表 2—14　　曲线估计的模型概要与参数估计表

Model Summary and Parameter Estimates[a]

Dependent Variable：TFR

Equation	Model Summary					Parameter Estimates			
	R Square	F	df1	df2	Sig.	Constant	b1	b2	b3
Linear	.341	75.667	1	146	.000	3.820	−.560		
Logarithmic	.657	279.864	1	146	.000	2.696	−.977		
Inverse	.627	245.434	1	146	.000	2.016	.334		
Quadratic	.517	77.759	2	145	.000	4.408	−1.541	.180	
Cubic	.606	73.765	3	144	.000	4.899	−2.922	.737	−.053
Compound	.386	91.956	1	146	.000	3.492	.827		
Power	.676	304.051	1	146	.000	2.397	−.316		
S	.566	190.248	1	146	.000	.674	.101		
Growth	.386	91.956	1	146	.000	1.250	−.190		
Exponential	.386	91.956	1	146	.000	3.492	−.190		
Logistic	.340	75.049	1	146	.000	.137	1.384		

a. The independent variable is INCwan.

这个曲线估计选用函数太多，因此输出散点图中的拟合曲线太乱，不易查看。我们可以返回曲线估计设置窗口将上表中拟合不太好的直线、复利曲线、S曲线、增长曲线、指数曲线和logistic曲线都删去。从精简后的曲线估计的拟合散点图（见图2—13）中可以看出，上述拟合最好的前三种函数模型对低端人均收入案例的拟合差不多，都反映出曲线骤降，它们之间的差距主要表现在人均收入的中、高端，倒数函数这时几乎变成水平线，对数函数曲线则仍在明显的下降，而拟合最优的幂函数曲线则居于它们之间。这时，用户可以按理论、经验和实际需要在这三种拟合效果较好的函数模型选择一个来进行变量非线性变换。

另外，拟合优度位居第四的立方函数的拟合曲线特点很值得关注，它表现出"下降—上升—下降"的"∽"形曲线。实际上，直线函数、平方函数和立方函数都同属一元多项式族，而每一种多项式的最高次项的 k 次方决定其曲线有 $k-1$ 个弯，比如直线函数曲线没有弯，平方函数曲线有一个弯，而立方函数则有两个弯。用户可以利用这族曲线的性质来拟合一些较为复杂的曲线关系。

实际研究往往要用多元回归，而SPSS曲线估计却只能接受一个自变量。不过，如上所示，SPSS曲线估计至少可以作为每个自变量与因变量之间的非线性关系的探测工具。

在多元线性回归中，我们可以通过检查偏回归图（partial-regression plot）看自变量和因变量之间是否存在线性关系，如上面图2—9所示。其实，如果仔细审视该偏回归散点图，可以看出在控制其他自变量条件下，艾滋病感染率与粗死亡率之间呈现为"～"关系。如果有必要，可以试算艾滋病感染率的平方变量和立方变量，并将它们作为一个新变量组纳入原来已经有四个自变量的回归方程，看看艾滋病感染率的二次项和三次项能否提高模型拟合程度以及新增解释力是否统计显著。当然，尽管多项式各次项自变量之间并不是线性关系，但毕竟存在相关，而且需要将更多自变量纳入回归方程，所以如无必要，还是优先考虑选用其他函数转换。如果真有必要采用自变量多项式来拟合非线性关系，可以先根据原变量计算其中心化变量（中

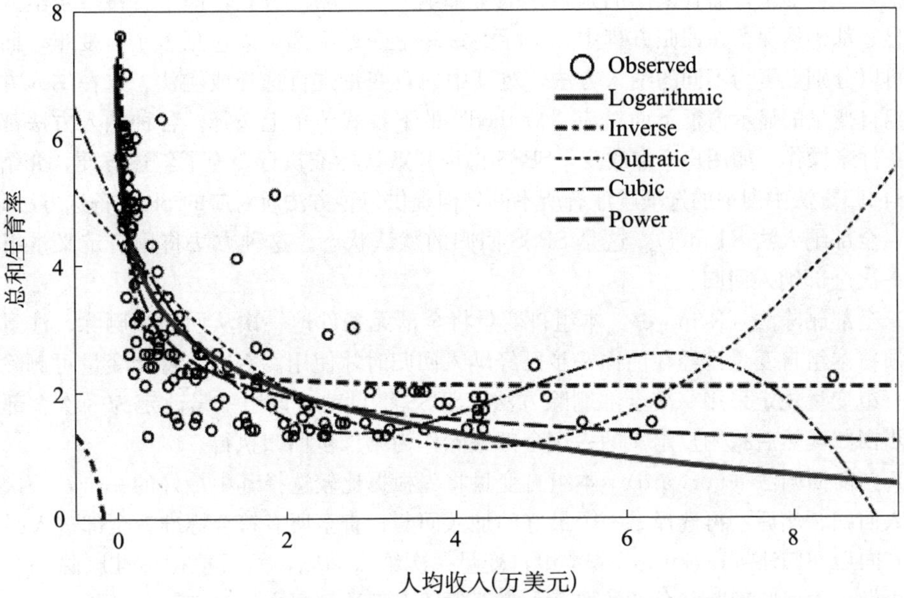

图 2—13 曲线估计的拟合散点图

心化变量=原变量值−原变量的平均值）后，然后根据中心化变量计算其二次项和三次项。用中心化变量构成多项式有助于削减自身的共线性问题，在原变量只取正值时这种效果尤其显著，但是并不会有损整体回归的拟合程度及其统计检验结果。

对变量进行数学转换以调整变量分布以求符合回归假定或者使自变量与因变量的关系呈线性化，是实际研究中的常用方法，已经积累的一些实际经验是非常有用的。以上，对人均国民收入进行对数转换可改变变量分布右偏特征。但如果变量的分布左偏，则可以尝试用平方转换加以调整。这两种转换有助于变量更趋近于正态分布。当双变量回归时发现回归残差在自变量不同取值上方差不同时，也可以通过变量的数学转换来提高残差方差的稳定性。比如，当残差的方差随方程估计值 $\hat{y}$（注意 $\hat{y}$ 与 x 可能反向变化）成比例变化时，如果因变量 y 都取正值，可尝试取 y 的平方根作转换变量。当残差的标准差随 $\hat{y}$ 成比例变化时，可尝试对 y 做对数转换。当残差的标准差随 $\hat{y}$ 的平方成比例变化时，可尝试取对 y 的倒数（即 $1/y$）。如果 y 是个百分比或是个比率指标，那么对其取反正弦（arc sine）数学转换可能有助于方差的稳定。

十、最优回归方程的选择

为了使回归方程中的自变量都变得显著，同时这个方程的 R^2 又尽可能大，人们自然想找一个“最优”的回归方程，这个方程包含了尽可能多的对 y 有较大影响的变量，同时这些变量又都是显著的。一个直观的办法，就是算出所有不同自变量组合的回归方程，从中挑选最优者。实际中可以根据经验，选择若干对 y 影响较大的变量。然后按照一定的规则，对变量进行自动选择、检验以决定取舍，使方程达到在一定条件下最优。SPSS 回归程序在将自变量纳入回归模型时能够提供五种方法，可供用户进行选用（在 Method 备选方法窗口选择）。用户可将自变量分成不同的组（Block），逐步纳入回归模型。本章例 4 示范了这种逐步回归，但是每一步只包括一个自变量，而且采用的是默认的全部纳入（enter）方式，即不管每一步纳入的自变量是否显著都仍然保留在回归方程中。实际上每一个变量组都可以包括多个自变量，而且每个变量组可以分别设置为不同的纳入方法，对其中的自变量进行选择或淘汰。选择纳入方式就在定义每组自变量的显示窗框下面对应“Method”的下拉式菜单上选择。各种纳入方法都要根据一定的条件来操作，如用户不加改变，SPSS将按其默认标准执行。为了叙述方便，介绍的顺序与SPSS回归方法中列举的选项顺序有所不同，但提供每种方法所对应的SPSS备选方法命令。

（1）全部纳入法（Enter）。这是SPSS回归的默认状态。这种方法将用户定义本组的所有自变量一次全部纳入回归。

（2）全部删除法（Remove）。本组自变量将全部无条件地一次从回归中删除。注意，这一方法必须在本组自变量已经在前面一步已经纳入回归时才使用。否则，将无变量可删除。如果误将第一组变量规定采用一次全部删除方法，SPSS将自动将该组变量改定为一次全部纳入作为第一步回归，然后将用户定义的一次全部删除作为第二步回归执行。

（3）向前回归法（Forward）。本组自变量将先根据比较选择其中最好的一个，一次只加入一个进入回归。然后，再选择另一个最好的加入回归，直至所有符合标准者全部进入回归。

（4）向后回归法（Backward）。本组自变量一次纳入回归，然后根据标准删除一个最不显著者，再做一次回归判断其余者的取舍，直至保留者都达到要求。

（5）逐步回归法（Stepwise）。逐步回归法结合了向前回归法和向后回归法，它从第一个变量开始，按向前法的原则，选择一个最好的变量进入回归模型。然后，转用向后法的原则，选择一个最不好的变量删除。因第一个纳入变量肯定符合标准，所以第一次用向后法时并无不合标准者可删除。于是再转用向前法从其余未在回归模型中的变量中选取一个最好的纳入模型。再转为向后法删除变量。通过不断变换应用向前法纳入变量和向后法删除变量，直至模型外变量中已经选不出可纳入者，模型内也选不出可删除者为止。

上述五种方法的前两种方法是无条件的，后三种方法要按照一定判断标准执行。SPSS回归所设定的默认标准是选择进入者时 F 检验值为3.84，选择删除者时的 F 检验值为2.71。换算为对应的概率分别为0.05和0.10。如果用户需要采用其他标准，可在SPSS回归主窗口中用光标点击 Options 键，打开替换窗口进行标准的修改。

上述五种方式可结合运用。

需要特别指出，实际研究中切不可脱离理论指导和以往研究经验，不分青红皂白地将样本数据中有的变量全都纳入回归，然后完全依赖于这种自动方式来获取所谓的最优方程。尽管这样取得的最优方程可以得到更高的解释能力，然而却可能对于实际研究而言毫无意义。社会科学研究应用回归分析的主要目的是为了用实际样本数据检验一些特别关注的自变量对因变量的影响作用，但是这些关注自变量并不一定影响作用最大，因而可能会在这种自动筛选中被淘汰，而一些自变量保留下来可能只是因为与其他很多自变量特别相关，然而与因变量并无直接因果关系。

这种情况尤其常见于样本采用较高级别的宏观分析单位的时候，由于样本规模不够大而导致样本检验能力受到很大限制。比如，在用全国各省市区数据研究社会经济发展的回归分析中，人口密度这个变量往往能脱颖而出，但它其实并不是各地社会经济发展水平的决定因素，在理论上也不能想象单纯提高人口密度便能促进发展，或者降低人口密度就能减缓人口老龄化。它之所以显得影响特显著是因为它同时代表了城镇化、产业结构、人口年龄结构、教育程度、经济收入、基础设施、社会保障与福利等一系列重要变量。然而，这时人口密度的影响显著不显著其实并不是真正的研究关注，回归分析还不如去检验那些更为直接的可能影响因素。不过，在研究对象不同时情况也会变化，比如在研究环境与污染时，人口密度则可能真的是具有实际解释能力的变量。

因此，应该破除回归分析中对 R^2 水平的过度追求与迷恋。其实，评价一个回归是否“最优”并不是以 R^2 水平较高为标准，而是以学术创新为标准，即该回归是否探索到以往未知的重要解释因素。其新发现的解释因素的理论意义越强，那么这个回归研究的学术贡献也就越大。

十一、标识变量在回归分析中的应用

在社会科学研究中，有许多分类变量，比如地区、时期、公司、民族、性别、婚姻状况、教育程度、职业和居住地等分类。这些分类信息对于研究同样是很重要的。虽然分类变量不能直接用于回归分析，但是通过将分类变量转换为按特定规则赋值的一套编码变量后，便可以将其作为自变量纳入多元线性回归模型，用以解释因变量的变化。并且，这种编码变量可以承载原分类变量的所有信息，将其引入回归方程后，所得到的回归结果也具有明确的意义解释。这类特殊编码变量在统计分析中通常称为标识（indicator）。

将分类信息按不同的编码规则可以建立不同类型的标识，比如虚拟编码（dummy coding）、效应编码（effect coding）、正交编码（orthogonal coding）或非正交编码（nonorthogonal coding）。这些特殊编码形成的变量都可以用于回归分析。采用何种编码只是改变回归结果的呈现形式的解读形式，并不改变回归分析的实际内容。所以，选用哪一种编码可以根据研究者的具体要求而定。在统计实践中，虚拟编码和效应编码往往用于事后比较（post hoc comparison）的研究，即用于分析来自于调查的观测数据；而正交编码和非正交编码往往用于事先设计好的比较方案（priori or planned comparison），即用于分析来自于可控的试验研究观测数据。

社会科学研究的对象具有宏观性和不可控性，较少采用试验研究，更多地采用抽样调查获取观测数据。所以，将分类变量转换为虚拟变量或效应变量在社会科学统计分析中应用比较普遍。下面，我们先介绍如何根据分类变量信息建立相应的虚拟变量，并通过例题分析来示范虚拟变量的应用方法。然后，我们再简要地介绍效应变量的建立与应用，并着重说明效应变量与虚拟变量的不同之处。

（一）虚拟变量的建立与应用分析

1. 建立虚拟变量的规则

设 v 是有 g 个分类的名义变量，在数据分析时以不同编码值代表案例所属的类型。一个分类变量代表一种特征的分类，其赋值特点是用不同编码值来一一对应该特征上的分类，因此一个分类变量就可以反映某一特征的各种分类。但是，某一类别的编码值只要不同于其他类的编码值就足以保证分类信息，所以各类别的编码值在本质上具有任意性。分类变量的类别之间根本没有定量关系，不能像间距变量 x 的情形那样，分析 x 变化 1 个单位时 y 产生的平均变化。所以，在分析分类变量 v 与间距变量 y 的关系时，实际上必须以类别为案例的上一层单位，分析各类案例之间在 y 水平上的平均差异。

但是，包含 g 个分类的名义变量 v 的分类信息可以用 g 个编码只能取值为 0 或 1 的虚拟变量 d_1，…，d_g 来代表，即每一个虚拟变量都表示案例是否属于某一特定类别，我们称之为类别专属虚拟变量，因此每个虚拟变量的名称最好既能反映出它是虚拟变量，又能反映出它对应的类别。虚拟变量的编码原则是：当案例属于该虚拟变量的专属类别时就赋值为 1，否则便赋值为 0，实际上 1 和 0 分别表示该案例是否属于这个类别。于是，每一个案例的一套虚拟变量值便可以明确表示案例的类别属性。每一个虚拟变量只能取 0 值或 1 值，而这两个值不仅仅是类别编码，而且是可计算的数量。一个虚拟变量的平均值实际上就是其专属类别（即编码为 1）的案例在样本中所占的比例 p，而且其方差等于 $p(1-p)$，也是有意义的。所以，虚拟变量可以像一般间距变量那样作为自变量纳入回归模型求解回归系数，而回归系数则反映了类别之间的水平差异。

但是，现在这套虚拟变量存在一个不符合回归条件的问题，即如果将这 g 个虚拟变量同时纳入回归时，它们之间存在的完全相关会导致回归不能求解。比如，对于某一个案例来说，其中一个虚拟变量取值 1，那么其他 $g-1$ 个虚拟变量一定会取值 0；反过来，当其他虚拟变量都取值 0 时，这一个变量便一定是 1。也就是说，每一个虚拟变量的取值其实都是其他 $g-1$ 个虚拟变量取值的函数，比如当 $g=3$ 时，$d_3=1-d_1-d_2$。实际上，这是一种完全的多元共线性。因此，虽然由 g 分类的变量建立的一整套 g 个虚拟变量之间也存在两两相关，也会使回归产生一定程度的共线性问题，但真正致命的问题是其存在的完全多元共线性。

为了克服这一问题，我们必须取消其中一个虚拟变量。这样做其实并不会损失任何分类信息，因为被取消了专属虚拟变量的那个类别属性完全可以由其他 $g-1$ 个虚拟变量所取数值来表示，即当所有保留的 $g-1$ 虚拟变量都取值 0 的时候，这个案例就一定属于不设专属虚拟变量的那一类。我们称不设专属虚拟变量的类别为参照类（reference category），并且这一类在解读回归结果时反而具有特别的参照意义。下面用一个例子来示范设置虚拟变量的规则与操作，并通过几个应用虚拟变量的回归结果来讲解其在不同模型中回归系数的不同含义。

下面我们用数据WPDS2013. sav来示范对代表五大洲的分类变量（Continent）建立一套洲籍虚拟变量，用以分析总和生育率（TFR）的洲际差别。实际上，在第一章简介应用 SPSS 计算分类别的描述性指标时（见表 1—4）已知，在生育水平上，非洲最高，欧洲最低，而美洲、亚洲和大洋洲都处于 2.5 左右。为了简明，建立的虚拟变量对原有的洲籍类别做了简化，将美洲、亚洲和大洋洲合并为一类，并且将其作为参照类。于是，只需要再为非洲和欧洲建立两个虚拟变量，变量名就是在英文洲名之前加上“D_”的前缀，表示它是一个虚拟变量。表 2—15 给出了原分类变量值对应的虚拟变量编码值。请注意，表中的美洲、亚洲和大洋洲在这两个虚拟变量上均取值为 0，这就表示现在的虚拟变量设置已经将它们视为一类，而且将作为回归分析中的参照类。

表 2—15　原分类变量值对应的虚拟变量编码值

原分类变量		虚拟变量	
Continent	编码标签	D_Africa	D_Europe
0	非洲	1	0
1	美洲	0	0
2	亚洲	0	0
3	欧洲	0	1
4	大洋洲	0	0

建立虚拟变量的 SPSS 操作方法：点击 Recode → Into Different Variables，在弹出的对话

窗口左侧变量表中选择变量 Continent 并点击 ▶ 按钮将其移入右侧的转换框中，可见提示“Continent→ ?”，其中问号是在提示 SPSS 还不知道转换要建立的新变量名。在窗口右上部的“Name”框中键入“D_Africa”，然后可在下面的“Label”框中键入“非洲=1，其他=0”作为此变量的说明标签。然后，点击 Change 按钮使新建虚拟变量名取代刚才提示中的问号，表明新变量名设置好了。然后，点击框下的 Old and New Values 按钮，在相应弹出对话窗口中设置原变量值与新变量编码之间的对应关系。在“Old Value”栏目下选择“Value”，并在相应框中键入 0。然后在“New Value”栏目下选择“Value”，并在相应框中键入 1。然后点击“Old →New”框左侧的 Add 按钮使设置好的第一种对应编码“0→1”移入该框。然后再来设置第二种对应关系。在“Old Value”栏目下选择“All other values”，然后在“New Value”栏目下选择“Value”，并在相应框中键入 0。然后点击“Old →New”框左侧的 Add 按钮使设置好的第二种对应编码“ELSE→0”移入该框。如果发现哪一项对应编码有问题，可以点击选择该项，再点击 Change 按钮或 Remove 按钮来修改或删除该项。所有对应编码设置完成后，点击 Continue 按钮返回重新编码的主对话窗口，点击 OK 按钮运行，即可建立代表非洲的虚拟变量。再用类似操作建立代表欧洲的虚拟变量，只不过其第一项对应编码应该是“3→1”，而第二项对应编码还是“ELSE→0”。两个新的虚拟变量建立好，就可以用于回归分析了。

2. 用单纯虚拟变量的回归模型来分析简单类别差异

例 6：我们先仅用刚刚建立的这两个洲籍虚拟变量来解释总和生育率 TFR，设置好回归模型并求出回归系数，得到的回归方程结果如下（回归系数下括号内为 t 检验的概率值，第三行为回归模型整体评价与统计检验水平，下同）：

$$\begin{aligned}\widehat{TFR} &= 2.511 + 2.206D\_Africa - 0.951D\_Europe \\ &\quad (0.000)(0.000) \qquad\quad (0.000) \\ &\quad R^2=0.634,\ F=125.842,\ P=0.000 \end{aligned} \tag{33}$$

从以上结果看，两个分别代表非洲和欧洲的虚拟变量均有十分显著的影响。如何理解其回归系数值的含义呢？由于虚拟变量只能取 0 值或 1 值，所以我们可以代入各类的两个虚拟变量的具体编码值将式（33）换算为对应三类情况各自的回归方程如下：

$$\begin{cases}\widehat{TFR} = 2.511 & \text{参照类} \\ \widehat{TFR} = 2.511 + 2.206 = 4.717 & \text{非洲} \\ \widehat{TFR} = 2.511 - 0.951 = 1.560 & \text{欧洲}\end{cases} \tag{34}$$

请注意，对于将美洲、亚洲和大洋洲合并起来的洲籍参照类，因为两个虚拟变量值都等于 0，所以回归方程中简化得只剩下了截距项 2.511。其实，这个值就是这三大洲所有案例的 TFR 平均值。在第一章中曾计算过美洲、亚洲和大洋洲各自的 TFR 平均值（见表 1—4），其实这里的 2.511 是这三个洲平均值按各自案例数计算的加权平均值。如果从样本中选择这三大洲的案例来计算 TFR 的描述性指标，也能得到这个平均值 2.511。再来看非洲的回归方程，除了保留代表参照类平均值的截距外，还保留了 D_Africa 的回归系数，两项的合计值 4.717 其实与表 1—4 的非洲案例的 TFR 平均值完全一样。这就说明，D_Africa 的回归系数其实就是非洲 TFR 平均值与参照类 TFR 平均值之差，因此对该回归系数的 t 检验其实就相当于前面介绍的对两类平均值差异的 t 检验。同理，欧洲的回归方程的合计值也等于前面已经计算过的欧洲 TFR 平均值，因而 D _ Europe 的回归系数代表欧洲案例平均值与参照类案例平均值的差，而该回归系数的检验就是对这个差的检验。

总之，当回归模型中只包括表示分类属性的虚拟变量时，回归截距就代表了参照类案例的因变量平均值，而各虚拟变量的回归系数则分别代表了相应各类平均值与参照类平均值之差，并且各回归系数的检验就是对这个差的检验。此外，这一回归模型整体检验的方差分析表其实与对这些类别平均值的方差分析表也完全一样，并且还能提供回归模型的确定系数，实际上反映的是回归中应用分类对因变量变化的解释百分比。所以，这种虚拟变量回归方程实际上表达了各类别平均数之间的数量关系，而且将以往学过的 t 检验和方差分析统统包括在内。

在转入下面更多的虚拟变量回归示范之前，先对虚拟变量回归中的有关问题做一些归纳和讨论。

虚拟编码方法的特点就是必须先定一个参照类，而这一参照类并不需要建立自己专属的虚拟变量，它是通过其他类别专属虚拟变量值来反映自己类别特征的。在纯粹由虚拟自变量构成的回归方程中，截距的实际意义就是参照类案例的因变量平均值，还构成了平均值上类别差异的比较参照，而各虚拟自变量的回归系数则表达了所属类别与参照类的平均值之差。回归系数本来表达的是回归线的斜率（即对边长度比邻边长度的正切值），而这时该类专属虚拟变量等于 1（即邻边长度），因此这个斜率值也就是对边长度值（即类别差异）。

虚拟变量回归结果中只提供专设虚拟变量的类别与参照类之间的差异及其统计检验，不直接提供各虚拟变量专属类别之间的差异。这些差异可以通过简单推算得出，但是其统计检验将比较麻烦，还不如更换参照类再做一次回归来直接取得。

例 6 的回归模型中只有按洲别这个分类变量建立的一套虚拟变量，相当于做了一个单因素方差分析（one-way ANOVA）。洲别这个分类变量在方差分析中被称为因素（factor）。实际上回归模型可以纳入多个因素，即纳入按多个分类变量建立的多套虚拟变量，这时回归分析也就相当于是做多因素方差分析（multi-way ANOVA）。更严格地说，它是只考虑主效应的多因素方差分析。由于它还没有纳入因素之间的交互作用（interaction），所以只能近似地再现多因素分类交互表中的组平均值。所谓交互作用，就是指多个自变量同时变化而产生的一种新作用，但是在其中一个自变量单独变化时并不存在这种作用。如果想完美再现各交互分类的组平均值，就必须建立将多个因素间所形成的交互作用全包含在内的饱和多因素方差模型。在回归分析中，自变量之间形成的交互作用可以用相应自变量值的乘积表示，建立虚拟变量之间的交互作用也用同样的方法。但是，回归分析往往并不追求完美再现实际结果，而是希望用尽量少的自变量来有效地解释因变量。而多因素情况下交互作用项会非常多，却往往没有多大的解释能力，所以在回归分析中通常会省略这些交互效应。只有出于一定理论或实际需要时，才会在回归上加入代表交互作用的变量，后面将提供一例子加以示范。

这时，纳入多套虚拟变量回归的参照类就是所有虚拟变量值均为 0 的那一交互类别，而整个回归方程的截距则表示各套虚拟变量值均为 0 的那一交互分类类别的因变量平均值。各虚拟变量的回归系数反映了所属类别与其该分类中参照类的差异。因此，在截距基础上加上各分类对应的类别差异，即可计算出相应多类交互划分的类别平均值。这种多分类回归方程可以实现各种分类之间的相互统计控制，而且可以将反映不同分类的虚拟变量形成自变量组来进行逐步回归，以便取得在控制其他分类影响的条件下最后纳入回归的分类所提供的边际解释能力（即 R^2 增量），并对这种边际解释能力进行统计检验。但是，如果分析涉及太多的分类变量或分类变量中包括太多类别，建立虚拟变量的工作量就变得很大，就不如直接应用 SPSS 中的方差分析功能更为方便了，因为它可以自动按分类变量形成所需标识，还可以按用户要求形成各类交互效应项。

由于参照类在虚拟变量回归方程的作用十分重要，在提交回归系数报告时应当提供各种分类的参照类定义，以方便读者了解回归截距和各回归系数的定义。特别要注意，对于不显著的虚拟变量不要轻易删除，因为删除一个虚拟变量就意味着将其所属类别与原来的参照类合并，形成了新的参照类。于是，相应分类中的参照类和整个回归方程的截距的意义都将随之改变。

我们同样可以根据一个序次变量的类别信息建立虚拟变量。在合并这种包含序次信息的类别时，一般只做相邻类别合并，比如初中与高中合并为中等教育。但是，要注意避免将序次差距很大的类别合并，比如将文盲和研究生合并为一类。在这种情况下，与其合并出一种实际意义不好解释的类别，不如在回归方程里保留统计性不显著的虚拟变量，因为我们通常将代表同一种分类的一套虚拟变量作为一个自变量组来对待，只要其中有一个具体类别存在显著差异，即可认为这种分类中存在显著差异。

3. 用虚拟变量和间距变量的回归模型分析经统计调整的类别差异

例 7：例 6 示范的虚拟变量回归是不加任何统计控制的类别差异分析，因为回归模型中并没有任何间距变量。实际上，洲之间在社会经济发展水平上存在着很大的差异，这些差异对生育水平的洲际差异有很大影响。这种简单比较就像是用一个高校的助教平均工资水平去比较另一个高校的教授平均工资水平，是缺乏可比性的，这种比较结果并不能告诉这两个学校的教师，如果要调到另一个学校时工资水平会有什么变化。于是，我们想知道：在控制社会经济发展水平的条件下反映出来生育水平的洲际差异将会怎样？因此，我们需要在例 6 回归模型的基础上加入一些反映社会经济发展水平的自变量。为了简单，我们只加入人均收入（INCwan）这一个间距变量来进行示范，求解的回归方程结果为：

$$\begin{gathered}\widehat{TFR}=2.820+1.976D\_Africa-0.632D\_Europe-0.210INCwan\\ (0.000)(0.000)\qquad (0.003)\qquad (0.000)\\ R^2=0.665,\ F=95.458,\ P=0.000\end{gathered}\tag{35}$$

这时如何理解其回归系数值的含义呢？我们仍可以根据三类的虚拟变量取值换算出按类别的回归方程及最后得数，如下：

$$\text{令}\ \overline{INC}wan=1.487$$

$$\begin{cases}\widehat{TFR}=2.820-0.210INCwan & \text{参照类}\quad \widehat{TFR}=2.508\\ \widehat{TFR}=2.820+1.976-0.210INCwan & \text{非洲}\quad \widehat{TFR}=4.484\\ \widehat{TFR}=2.820-0.632-0.210INCwan & \text{欧洲}\quad \widehat{TFR}=1.876\end{cases}\tag{36}$$

可以看到，这三类的回归方程都比例 6 多了一项人均收入影响。令 INCwan=0，这一项影响也可以三类方程中省略。所以，整个回归方程的截距其实是在控制了人均收入影响后参照类的调整平均值，而各虚拟变量的回归系数则是在表达了在控制了人均收入影响后的类别平均值差异。请注意，方程中存在人均收入变量，因此例 7 表现出来的参照类均值以及其他类别均值与参照类均值之差与例 6 已经不一样了。例 7 结果表明，控制了人均收入影响后，非洲和欧洲的调整 TFR 水平与参照类之间差异的方向与例 6 结果相比并没有发生变化，但是调整后的差异幅度都明显缩小了。这说明，例 6 回归时归结于类别差异中的一部分其实是由洲际人均收入水平差异造成的，而例 7 回归的类别差异中已经排除了这种“水分”，并将其作为人均收入水平的解释贡献。

值得注意的是，例 6 回归方程简化后，各洲都能取得自己的平均值估计，因此类别比较最终可表现为因变量数轴上的三个点。而例 7 回归方程按各洲简化后并不能得到具体的数值估计，因为它们仍然包含一个自变量。于是，类别比较最终表现成由因变量和间距自变量构成的直角坐标系中的三条斜率相同的平行线。其参照类方程反映的是一条随人均收入提高而下降的 TFR 估计的回归直线，其截距为 2.820，斜率为－0.210。而其他类的方程则是与参照类回归线平行但截距不同的回归直线。其实，不论人均收入取什么值，这三条回归线各自之间的高度差异并不变化，非洲的水平都比参照类水平高 1.976，而欧洲的水平都比参照类低 0.632。但是我们在讨论各类生育水平的绝对值时便出现了一些麻烦，因为它们都不再是一个点，而是由人均收入水平决定的、呈线性变化的变量。所以，我们必须在一个特定的人均收入值下才能计算出各类 TFR 的绝对值。这个特征反映的就是对人均收入水平的统计控制，这时计算 TFR 估计值是经过统计调整、更有可比性的因变量的条件估计值。比如，最简单的方法是令 INCwan＝0，这不仅能省略方程中人均收入影响这一项，而且意味着各类的 TFR 平均值的比较已经是在拉齐收入水平条件下的比较了。但是，由于实际上根本不可能出现一个洲的人均收入是 0，也很难想象这种条件下的生育水平，所以一般是选择在一个具有实际意义的收入水平值上来计算 TFR 的条件估计值加以比较，比如将样本人均收入的总平均值（本例为 1.487 万美元）代入方程，就可以计算出对应这一经济水平的各类别的调整生育率，式（36）中各类回归方程的右端提供了相应的条件估计值。要是研究分析只关心类别差异本身，而不在乎生育率的值，其实只需要比较虚拟变量回归系数所反映的经统计调整的类别差异就足够了。

例 7 的回归分析实际上做了一个协方差分析（ANCOVA，即 analysis of covariance）。SPSS 中也能做协方差分析，两者的结果相同。但是，在协方差分析中，实际上只是将人均收入当作控制变量（又称为协变量）看待和使用，并不关心控制变量对因变量的作用方向和影响幅度，因而在默认输出中只提供方差分解和统计检验以及各类别在控制变量总平均值上的因变量估计值，并不提供各虚拟变量和控制变量的回归系数或标准化回归系数，也不提供逐步回归那样的 R^2 增量。但是，例 7 这样的回归分析中，其实是将所有自变量（包括虚拟变量和间距变量）作为因变量的解释变量，因此其输出结果提供了更多的分析指标。

还需要注意的是，例 7 这种只包括虚拟变量和间距变量的回归模型分析（或称之为用回归方式进行的协方差分析）中，对间距变量影响的统计控制是基于一个很强的模型假设，即认为这个（些）间距变量对因变量的影响在各类别案例中都是一样的，如式（35）的回归方程所示，各类别共享－0.210 这一人均收入的作用斜率。正是借助这一共享的斜率，例 7 的回归分析才能做到将各类实际上并不相同的人均收入水平都调整到 0 或其他某一特定收入水平上进行比较时的类别差异不变。但是，实际情况可能并不是这样，不仅各类别的平均水平可能存在着差异，而且同一间距自变量对各类别案例的影响（即斜率）也可能有所不同。

4. 用虚拟变量、间距变量及其交互变量的回归模型分析类别的水平差异和斜率差异

例 8：我们可以对例 7 回归模型再做扩展，增加一些反映交互作用的变量，这样不仅可以检验类别回归线之间的水平差异，而且还能检验类别回归线是否存在斜率上的差异。实际上，在前面讨论用回归模型分析多因素影响时，就提到了交互作用，不过那里说的是代表不同因素的虚拟变量之间形成的交互作用，而这里则是指代表类别的虚拟变量与间距变量之间形成的交互作用。

但是，建立交互作用变量的方法都是一样的，就是将两个自变量的乘积作为代表它们之间交互作用的变量。对本例而言，我们有代表类别的两个虚拟变量和一个间距变量，便可以形成两个交互变量：DAfxINC 为 D_Africa 和 INCwan 的乘积，DEuxINC 为 D_Europe 和 INCwan 的乘积。因为 SPSS 不接受变量名中包含乘号或星号，因此这两个交互变量名中以小写字母“x”来代表乘号。

在例 7 回归模型的基础上再加入这两个交互变量，求解后例 8 回归方程如下：

$$\hat{TFR}=2.855+2.519\text{D\_Africa}-1.499\text{D\_Europe}$$
$$-0.234\text{INCwan}-1.503\text{DAfxINC}+0.302\text{DEuxINC} \qquad (37)$$

式（37）中除 DEuxINC 的回归系数的 t 检验概率值为 0.010 外，其他各项回归系数均在 0.000 水平统计性显著。两个交互变量都获得统计性显著表明，三个类别的回归线在斜率上的确存在显著差异。然后，我们将式（37）代入各类的虚拟变量值和交互变量值，将其分解成分类别的回归方程。代入虚拟变量值后的方程简化前面已经介绍过，这里说明一下交互变量值的处理。由于类别所属交互变量值为类别所属虚拟变量值与间距变量的乘积，所以，当类别所属虚拟变量值为 0 时该项交互作用影响即可省略，当类别所属虚拟变量值为 1 时该项交互作用影响即可简化为该项回归系数与 INCwan 的乘积。这样得到的各类别的回归方程如下：

$$\begin{cases}\hat{TFR}=2.855-0.234\text{INCwan} & \text{参照类}\\ \hat{TFR}=2.855+2.519-0.234\text{INCwan}-1.503\text{INCwan} & \text{非洲}\\ \hat{TFR}=2.855-1.499-0.234\text{INCwan}+0.302\text{INCwan} & \text{欧洲}\end{cases} \qquad (38)$$

将方程组（38）各式合并同类项后，各类别的回归方程取得的最简形式如下：

$$\begin{cases}\hat{TFR}=2.855-0.234\text{INCwan} & \text{参照类}\\ \hat{TFR}=5.374-1.737\text{INCwan} & \text{非洲}\\ \hat{TFR}=1.356+0.068\text{INCwan} & \text{欧洲}\end{cases} \qquad (39)$$

这样的回归结果告诉我们什么呢？首先，各类别的回归线之间并不是平行的，斜率差别很大。在参照类（美洲、亚洲和大洋洲）和非洲，尽管表示人均收入影响的斜率差别很大，但至少都是负值，表明它们都处于经济发展导致生育水平下降的常规人口转变阶段。这两类之间的斜率差异幅度则表明，非洲正处于人口转变初期，因此经济发展的作用非常大。而美洲、亚洲和大洋洲案例的平均生育率已经下降到更替水平（2.1 左右）附近，因此经济发展水平对降低生育率的作用明显变小了。然而，欧洲国家的平均生育率接近于 1.5，远低于更替水平，表明它们早已完成经典理论描述的人口转变。而例 8 回归结果表明，在已经处于低生育率阶段的欧洲国家，经济水平对生育率的影响方向不再符合经典理论的断言。相反，欧洲国家的实际情况是，经济水平较高的西欧和北欧国家的生育率相对较高，而经济水平较低的南欧和东欧国家的生育率反而特别低。因此，欧洲的情况尤其值得我们借鉴和深思。我国也早就进入了低生育率阶段，但是还有不少人依据经典理论认为，中国的人均社会经济发展程度并不算高，因此认为我国多年来一再出现的低生育率统计完全不可信。

其实，要是选择样本中的欧洲国家直接做一个总和生育率对人均收入的简单回归，便可以得出与上述欧洲方程完全相同的结果。但是，这样的简单回归只能检验人均收入的回归系数本身（即 0.068）的显著性，而不能得到欧洲回归线斜率与参照类回归线斜率之间差异（即 0.302）的定量描述及其统计检验结果。所以，例 8 回归方程是一个更大、更一般化的比较和分析模型。

同时，由于例 8 回归表明各类的回归线斜率存在极显著的差异，各类平均值的比较出现了更大的困难，因为对三条不平行的回归线，在不同人均收入水平上比较，其结果就不同。这时可以在样本人均收入总平均值上进行比较，也可以多选几个人均收入水平点进行比较，以反映调整生育率水平差异的变化趋势。

以上介绍了应用虚拟变量回归的几种不同模型设置，反映出这类回归模型从简单向复杂方向的扩展。表面上，它们都同样在研究类别差异，但是体现了不同的方法论认识，而它们之间的本质区别是模型设置背后的潜在假设，这些潜在假设不同，模型设置就不同，反映出来的类别差异也很不同。所以，读者不仅要知道各种模型怎么操作，更要准确地理解和把握不同模型的含义，才能在研究中正确地选择和应用这些回归模型。

在虚拟变量回归中，类别差异表达为与各其他类相比参照类的差异。所以，参照类的选择决定了回归分析的呈现结果。当只有一类与其他各类之间有较大差别，而其他各类之间并无较大差别时，要是选择这个特异类别作为参照类，则有利于展示其他类与特异类的差异，因为所有回归系数看起来都将很显著，但是其他各类之间差别很小却不能在回归结果中得以反映。要是选择其他近似类别中的一个作为参照类，将只有特异类的回归系数反映出差异显著，而其他类别的回归系数却都不显著，所以这种参照类选择有利于展示整体上只有一个类与其他类不同的情况。实际上，选择哪一类作为参照类并不会改变类别之间的差异，而只是在选择将哪一部分差异在回归结果中展示出来。在这一部分关于虚拟变量回归中的例子中实际上并没有用一个大洲作为参照类，而是将样本中处于中游且水平接近的美洲、亚洲和大洋洲组合成了一个参照类。这种做法可以简化分析，减少回归中的自变量个数，并凸显了高生育率的非洲和低生育率的欧洲与众不同的特点。

（二）效应变量的建立与应用分析

1. 建立效应变量的规则

效应变量也是用于反映分类信息的标识之一。顾名思义，效应变量的回归系数反映的是各类的平均值与样本总平均水平的差，以代表各类不同所产生的效应。所以，效应变量与虚拟变量在回归结果上的不同是类别差异比较的参照改变了。很多情况下，研究者往往并不知道类别水平的分布情况，便难以选择“恰当”的参照类。这时，比较简单而省事的办法是换用总平均水平作为比较的参照，并通过回归系数来反映各具体类别与总平均水平的差异。效应编码就是满足这种需要的编码方法。用效应变量做回归可以反映各类与总平均水平之间的差距，也避免了应用虚拟变量时需要事先选择参照类的问题。

与虚拟编码类似，一个原分类变量如果包括 g 类，在效应编码方法中也需要设置 $g-1$ 个效应变量。哪一类不设专属效应变量其实没有特别要求，习惯上选择第一类或最后一类。为了简明，我们沿用表 2—15 中建立虚拟变量中所做的类别合并，建立对应的效应编码变量，然后用于生育水平洲际差异的回归分析。我们用“E_”作为效应变量名的前导，最后一类，即美洲、亚洲、大洋洲，不设专属效应变量。表 2—16 给出了与表 2—15 中虚拟变量编码相对应的效应变量编码。由于建立虚拟变量时对原来的分类做过合并，为了更好地比较虚拟编码与效应编码的异同之处，这里不按原分类变量编码排序，而是按洲籍虚拟变量编码进行排序。实际上，表 2—16 中排在最后的三个大洲，虚拟变量的编码相同，洲籍效应变量的编码也相同，所以就虚拟变量和效应变量而言，它们都属于同一类。

表 2—16　原分类变量值对应的效应变量编码值

原分类变量		虚拟变量		效应变量	
Continent	编码标签	D _ Africa	D _ Europe	E _ Africa	E _ Europe
0	非洲	1	0	1	0
3	欧洲	0	1	0	1
1	美洲	0	0	−1	−1
2	亚洲	0	0	−1	−1
4	大洋洲	0	0	−1	−1

表 2—16 中的效应变量值可以清楚地反映出效应编码的规则：首先，对于不设专属效应变量的类别（即表中最后一类），案例的所有效应变量一律赋值为−1。除此以外，对其他设了专属效应变量的类别而言，效应编码规则与虚拟编码规则相同，即案例属于变量专属类别时便赋值为 1，否则便赋值为 0。对于只有两类的分类变量（比如性别或城乡），只需要建立一个效应变量，当案例为该效应变量专属类别时当然赋值为 1，否则就赋值为−1，因为它首先是不设专属类别效应变量的最后一类。换句话说，效应变量中的 0 值表明，这个案例既不属于变量的专属类别，也不属于不设效应变量的那个类别。

建立效应变量的 SPSS 操作方法类似于建立虚拟变量，只是它的对应编码中多了一种，即最后一类要赋值为−1，并且这种对应编码的设置必须要先于“ELSE=0”的设置。

2. *用单纯效应变量的回归模型来分析简单类别差异*

例 9：用刚刚建立的两个效应变量作为自变量来解释总和生育率 TFR 的洲际差，设置好回归模型并求出回归系数，得到的回归方程结果如下（回归系数下括号内为 t 检验的概率值）：

$$\widehat{TFR}=2.929+1.788E\_Africa-1.369E\_Europe$$
$$(0.000)(0.000)\qquad\qquad(0.000)$$
$$R^2=0.634，F=125.842，P=0.000 \qquad (40)$$

首先，请注意这一回归分析的方程 R^2 和整体检验的 F 及 F 检验的显著水平都与例 6 及式 (33) 中采用虚拟变量的相应回归结果完全相同。这表明，如果分类相同，无论用虚拟变量还是用效应变量都能取得同样的方程解释能力。

其次，效应变量的回归系数与虚拟变量的回归系数的实际含义类似，它反映了所属类别的水平与参照值（即回归截距 2.929）之间的差异。于是，我们可以推算出非洲的总和生育率为 2.929+1.788=4.717，用同样方法也可以计算出欧洲的总和生育率为 1.560。这两个推算结果与用虚拟变量回归的推算结果以及第一章表 1—4 中汇总的各洲描述性指标完全一样。

但是，与虚拟变量回归结果不同，在效应变量回归结果中，那个合并类别（即美洲、亚洲和大洋洲）的结果并未得到直接显示。其实，由于这一幕后类别的所有效应变量值等于−1，因此该类的总和生育率可以用参照值减去所有回归系数值推算出来，即 2.929−1.788+1.369=2.510。这里的推算结果与虚拟变量回归结果之间只有些许计算精度误差。

最后，我们来看这个参照值 2.929 到底代表什么。尽管经常说效应变量回归的截距表示案例的总平均值，其实它只是各类平均值的简单算术平均值，即（4.717+1.560+2.510）/3=2.929。严格地说，类别平均数的算术平均数应该称为大平均数（grand mean），而全部案例的平均数才是严格意义上的总平均数（total mean）。实际上，总平均数是以各类别的案例数作为权数来计算的各类平均值的加权平均数。只有当各类别的案例数完全相同时，大平均数才等于总平均数。效应变量回归的截距只是各类 TFR 平均值的大平均数，由于本例各类案例数不同，因此与表 1—4 中所有案例的 TFR 总平均数 2.986 略有不同。只是由于大平均数一般比较接近于总平均数，人们才忽略两者之间的差异，将效应变量的回归截距说成是样本的总平均水平①。

由于效应变量回归中进行比较的参照改变了，各回归系数所代表的类别差异幅度自然也与虚拟变量回归不同，相应的 t 检验结果也会有所不同。但是，这些变化都是出于回归分析揭示的是同一事物关联的不同侧面，它们在本质上则完全是相同的。

3. 用效应变量和间距变量的回归模型分析经统计调整的类别差异

例 10：用相应的效应变量替代例 7 回归模型的虚拟变量，回归模型将仍然是在控制人均收入（INCwan）影响的条件下比较生育水平的洲际差异。将 SPSS 求解的各回归数值代入，得到以下回归方程结果（回归系数下括号内为 t 检验的概率值）：

$$\hat{TFR}=3.268+1.528E\_Africa-1.080E\_Europe-0.210INCwan$$
$$(0.000)\quad(0.000)\qquad(0.000)\qquad(0.000)$$
$$R^2=0.665,\ F=95.458,\ P=0.000 \tag{41}$$

尽管用效应变量替代了虚拟变量，这里回归方程的解释能力 R^2、整体检验的 F 以及 F 检验的显著水平与例 7 结果相比并未产生任何变化。模型中的人均收入这个间距自变量的回归系数也完全相同，表明回归模型还是呈现为三条平行的随人均收入水平下降的生育水平回归线。水平最高的是非洲，水平最低的是欧洲。将所属效应变量值代入方程，再做一些简单推算，便可知非洲回归线和欧洲回归线的截距（即人均收入为 0 时的 TFR 估计）分别为 4.796 和 2.188，与虚拟变量回归结果相同。而居于中间的参照回归线则代表了所分三个类别各自回归线的平均回归线，其截距由三类各自回归截距的简单平均数所决定。与上例分析类似，幕后的那个合并类的两个效应变量值均为－1，代入方程后可计算其回归截距为 3.268－1.528＋1.080＝2.820。用三个类别平均值计算的大平均数 3.268 就是上面效应变量回归方程的截距。

同样，读者还可以按照以上介绍的方法自行建立效应变量与人均收入的交互影响变量，在例 10 回归模型中加入两个交互变量后进行回归分析，实际上其回归结果仍然是与例 8 的用虚拟变量及其交互变量回归完全等效，只不过从不同侧面来展示同一个事物而已。所以，是采用虚拟变量还是采用效应变量并没有分析方面的真正差别，只是结果呈现方式不同而已。

如何选择这两种编码实际上服从于能够更清楚和简捷地展示和解读研究的主要发现。其实，上述例题中将生育水平处于中游并比较接近的美洲、亚洲和大洋洲合并为一类，一方面是为了减少类别，另一方面是为了使非洲和欧洲的情况直接反映在回归结果中，突出它们的与众不同。并且，在虚拟变量回归时，我们选择处于中游的合并类作为参照类，在效应变量回归时让这个合并类退居幕后，也是为了使虚拟变量回归结果不致与效应变量回归结果呈现的表面差异过大。既然这种模型设置足以检验自己关注的差异和整体的情况，就完全没有必要选择非洲或欧洲这两种处于极端的类别作为参照类来凸显其他大洲与之更显著的差异，因为这样反而会模糊真正的研究关注所在。

---

① 这里，我们刻意采用模糊的“总平均水平”说法，以避免说“总平均数”的错误。并且，这个数据中所有案例直接计算的各指标总平均数其实也不是严格意义上的总平均数，因为它们是以国家或地区为单位计算的简单平均数，并没有经过各国或地区人口数的加权。

基本概念

基本假定　回归方程　截距　回归系数　最小二乘估计　确定系数　偏确定系数　整体检验　偏回归系数检验　标准化回归系数　特定样本性质　统计控制　回归诊断　异常值　杠杆值　权势影响　偏回归散点图　残差正态性　均方差性　多元共线性　误差独立性　非线性关系　虚拟编码　参照类　效应编码　大平均数　方差分析　协方差分析　自变量交互作用

本章要点

1. 多元回归分析的功能是描述和预测多个自变量对一个因变量发生影响作用的数量关系。

2. 多元回归分析的因变量必须为间距测度等级，其他自变量则必须为间距测度等级或特定的标识编码形式。

3. 在多元回归中，确定系数表示所有自变量对于因变量的解释能力。在社会科学研究中，多元回归确定系数一般不是很高，因此这一方法多用来进行分析和检验，较少用于预测。

4. 偏回归系数表示在控制其他自变量的条件下，某一自变量与因变量之间在变量实际测量单位基础上的数量关系，表示自变量每增加 1 个单位量所造成因变量的变化量。

5. 标准化偏回归系数为某一自变量对因变量的纯统计联系，不受变量实际测量单位的影响，因此可以用来比较各自变量对因变量相对作用大小。

参考文献

Hair，J. F. Jr.，Anderson，R. E.，Tatham，R. L.，and Black，W. C.（1995）. Multivariate Data Analysis with Readings，Fourth Edition. Prentice-Hall International Inc.

Snedecor，G. W.，and Cochran，W. G.（1980）. Statistical Methods，Seventh Edition. The Iowa State University Press.

Pedhazur，E. J.（1982）. Multiple Regression in Behavioral Research，Second Edition. CBS College Publishing.

Retherfor，R. D.，and Choe，M. K.（1993）. Statistical Models for Causal Analysis. John Wiley and Sons Inc.

D. 格杰雷蒂．计量经济学概论．刘宗鹤，赵明强译．北京：农业出版社，1988.

约翰·内特，威廉·沃塞曼，迈克尔·H·库特纳．应用线性回归模型．张勇，王国民，赵秀珍译．北京：中国统计出版社，1990.

N. R. Draper，H. Smith. 应用回归分析．王学仁，温忠粼编译．重庆：重庆大学出版社，1990.

陈希孺，王松桂．近代实用回归分析．南宁：广西人民出版社，1984.

张小蒂．应用回归分析．杭州：浙江大学出版社，1991.
郑德如．回归分析和相关分析．上海：上海人民出版社，1983.
郭志刚，郝虹生，杜亚军，曲海波．社会调查研究的量化方法．北京：中国人民大学出版社，1989.
周纪芗．回归分析．上海：华东师范大学出版社，1993.
周复恭，黄运成．应用线性回归分析．北京：中国人民大学出版社，1989.

第三章

因子分析

因子分析是多元统计分析技术的一个分支，其主要目的是浓缩数据。它通过研究众多变量之间的内部依赖关系，探求观测数据中的基本结构，并用少数几个假想变量来表示基本的数据结构。这些假想变量能够反映原来众多的观测变量所代表的主要信息，并解释这些观测变量之间的相互依存关系，我们把这些假想变量称为基础变量，即：因子（factors）。因子分析就是研究如何以最少的信息丢失为代价把众多的观测变量浓缩为少数几个因子。

因子分析是由心理学家发展起来的，最初心理学家借助因子分析模型来解释人类的行为和能力，1904 年查尔斯·斯皮尔曼发表了第一篇有关因子分析的文章，在以后的三四十年里，因子分析的理论和数学基础逐步得到了发展和完善，它作为一个一般的统计分析工具逐渐被人们所认识和接受。20 世纪 50 年代以来，随着计算机的普及和各种统计软件的出现，因子分析在社会学、经济学、医学、地质学、气象学和市场营销等越来越多的领域得到了应用。

因子分析的应用主要有以下两个方面：

（1）寻求基本结构（summarization）。在多元统计分析中，经常碰到观测变量很多且变量之间存在着较强的相关关系这种情形，这不仅给问题的分析和描述带来一定困难，而且在使用某些统计方法时会出现问题。例如，在多元回归分析中，当自变量之间高度相关时，会出现多重共线性现象。变量之间高度相关意味着它们所反映的信息高度重合，通过因子分析我们能找到较少的几个因子，它们代表数据的基本结构，反映了信息的本质特征。例如，某快餐店为了解其市场竞争能力进行消费者调查，通过定性研究设计了 30 个有关快餐店及其产品和服务的调查项目，这 30 个项目可能反映了快餐的质量、价格、就餐环境和服务四个基本方面，通过因子分析我们能找出反映数据本质特征的这四个因子，并分析原来 30 个观测变量和它们之间的关系。

（2）数据化简（data reduction）。通过因子分析把一组观测变量化为少数的几个因子后，可以进一步将原始观测变量的信息转换成这些因子的因子值。然后，用这些因子代替原来的观测变量进行其他的统计分析，如回归分析、路径分析、判别分析和聚类分析等。利用因子值也可以直接对样本进行分类和综合评价。

以上这些应用都需要通过因子分析，首先确定能够解释观测变量之间相关的假想因子的个数。一般来说，如果研究者事先对观测数据背后存在多少个基础变量一无所知，因子分析就用来作为探索基础变量的维数，这种类型的应用称为探测性（exploratory ）因子分析，因子分析的大部分应用都属于这种类型。有些情况下，研究者根据某些理论或其他的先验知识可能对因子的个数或因子的结构作出假设，因子分析也可以用来检验这个假设，作为证实假设的工具，这种类型的应用称为证实性（confirmatory）因子分析，在心理学领域中的应用属于这种类型，这部分内容本章不做讨论。

一、因子分析原理

（一）因子分析模型

任何一个变量，经过 $z=(x-\bar{x})/\sigma_x$ 变换（$\bar{x}$ 为 x 的均值，σ_x 为 x 的标准差）就可以成为标准化变量。很容易证明，经过这样的标准化变换不改变变量之间的相关系数，所以，不失一般性，假设我们讨论的是标准化变量。

因子分析模型在形式上和多元回归模型相似，每个观测变量由一组因子的线性组合来表示。设有 k 个观测变量，分别为 x_1，x_2，…，x_k，其中 x_i 是具有零均值、单位方差的标准化变量，则因子模型的一般表达形式为：

$$x_i=a_{i1}f_1+a_{i2}f_2+\cdots+a_{im}f_m+u_i \qquad (i=1,2,\cdots,k)$$

在该模型中：

（1）f_1，f_2，…，f_m 叫公因子（common factors），它们是各个观测变量所共有的因子，解释了变量之间的相关。

（2）u_i 称为特殊因子（unique factor），它是每个观测变量所特有的因子，相当于多元回归中的残差项，表示该变量不能被公因子所解释的部分。

（3）a_{ij} 称为因子负载（factor loadings），它是第 i 个变量在第 j 个公因子上的负载，相当于多元回归分析中的标准回归系数（$i=1$，…，k；$j=1$，…，m）。

因子分析模型也可以用路径分析图表示，如图3—1。

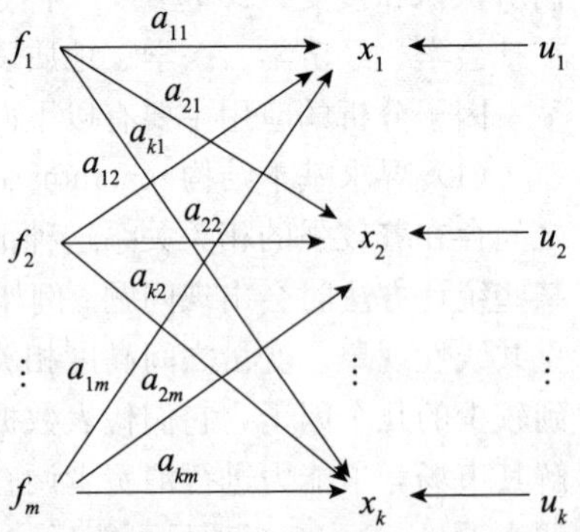

图3—1　因子分析模型

该模型假设 k 个特殊因子之间是彼此独立的，特殊因子和公因子之间也是彼此独立的。

因子分析模型中，每一个观测变量由 m 个公因子和一个特殊因子的线性组合来表示，我们感兴趣的只是这些能够代表较多信息的公因子。如果不加以说明，本章中经常用到的因子一词实际指公因子。公因子的个数最多可以等于观测变量数。因为在求因子解时，总是使第一个因子代表了所有变量中最多的信息，随后的因子代表性日益衰减，如果忽略掉最后几个因子，对原始变量的代表性也不会有什么损失，所以，因子分析模型中，公因子的个数，往往远远小于观测变量的个数。如果把特殊因子作为残差项看待，因子分析模型和多元线性回归方程在形式上很相近，他们都是用其他变量的线性组合加上一个残差项来表示一个变量。但是回归模型中的自变量是可观测的，而因子分析模型中的因子是假想变量，是不可观测的，这就使得它有别于一般的线性模型。为了进一步了解模型所表示的意义，下面我们讨论因子分析中常用的几个统计量。

（二）因子分析中的有关概念

1. 因子负载

因子负载是因子分析模型中最重要的一个统计量，它是连接观测变量和公因子之间的纽带。当公因子之间完全不相关时，很容易证明因子负载 a_{ij} 等于第 i 个变量和第 j 个因子之间的相关系数。大多数情况下，人们往往假设公因子之间是彼此正交的（orthogonal），即互不相关。因此，因子负载不仅表示了观测变量是如何由因子线性表出的，而且反映了因子和变量之间的相关程度，a_{ij} 的绝对值越大，表示公因子 f_j 与变量 x_i 关系越密切。

假设我们得到了下面五个观测变量、两个公因子的模型：

$$x_1=0.9562\ f_1+0.2012\ f_2+0.2126\ u_1$$
$$x_2=0.8735\ f_1+0.2896\ f_2+0.3913\ u_2$$
$$x_3=0.1744\ f_1+0.8972\ f_2+0.4057\ u_3$$
$$x_4=0.5675\ f_1+0.7586\ f_2+0.3202\ u_4$$
$$x_5=0.8562\ f_1+0.3315\ f_2+0.3962\ u_5$$

很容易看出，公因子 f_1 与变量 x_1、x_2、x_4、x_5 关系密切，它主要代表了这些变量的信息；公因子 f_2 与变量 x_3、x_4 关系密切，它主要代表了这两个变量的信息。

因子负载还可以用来估计观测变量之间的相关系数。当公因子之间彼此不相关时，由因子分析模型很容易推导出变量 x_i 和 x_j 之间的相关系数，即：

$$r_{ij}=a_{i1}\,a_{j1}+a_{i2}\,a_{j2}+\cdots+a_{im}\,a_{jm}$$

也就是，任何两个观测变量之间的相关系数等于对应的因子负载乘积之和。这表明因子分析模型假设观测变量之间的潜在联系通过公因子描述，如果我们把变量 x_j 和因子之间的负载理解为相关系数，变量 x_i 和因子之间的负载理解为通径系数，则变量 x_i 和变量 x_j 之间的关系可以通过图 3—2 直观地表示出来。

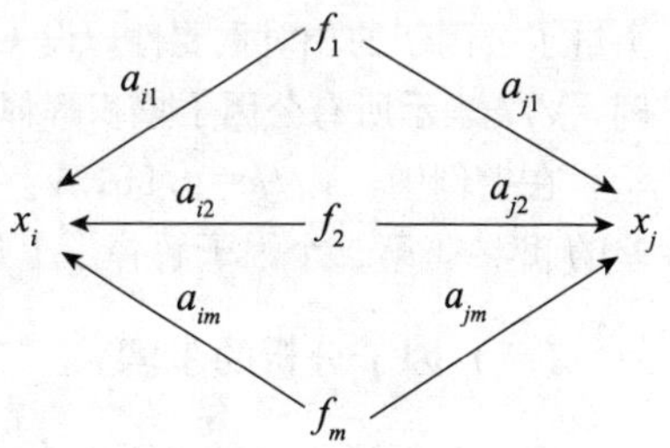

图 3—2 变量之间关系的示意图

由因子模型导出的变量之间的相关系数可以用来判断因子解是否合适，如果从观测数据计算出的相关系数和从模型导出的变量的相关系数差别很小，那么我们可以说模型很好地拟合了观测数据，因子解是合适的。公因子模型是从解释变量之间的相关关系出发的，它的解最大可能地再现了观测变量之间的相关关系。

2. 公因子方差

公因子方差（communality）也叫共同度，又称公共方差，指观测变量方差中由公因子决定的比例。变量 x_i 的公因子方差记做 h_i^2。当公因子之间彼此正交时，公因子方差等于和该变量有关的因子负载的平方和，用公式表示为：

$$h_i^2=a_{i1}^2+a_{i2}^2+\cdots+a_{im}^2$$

变量的方差由两部分组成，一部分由公因子决定，一部分由特殊因子决定。公因子方差表示了变量方差中能被公因子所解释的部分，公因子方差越大，变量能被因子说明的程度越高。对于上面所举的五个观测变量、两个公因子的例子，计算出每个变量的公因子方差见表 3—1。$h_1^2=0.9548$，表明 f_1 和 f_2 两个因子解释了 x_1 变量信息量的 95.48%。公因子方差这个指标以观测变量为中心，它的意义在于说明如果用公因子替代观测变量后，原来每个变量的信息被保留的程度。

表 3—1　　因子负载与公因子方差

	f_1	f_2	h_i^2
x_1	0.956 2	0.201 2	0.954 8
x_2	0.873 5	0.289 6	0.846 9
x_3	0.174 4	0.897 2	0.835 4
x_4	0.567 5	0.758 6	0.897 5
x_5	0.856 2	0.331 5	0.843 0

3. 因子的贡献

每个公因子对数据的解释能力，可以用该因子所解释的总方差来衡量，通常称为该因子的贡献（contributions），记为 V_p。它等于和该因子有关的因子负载的平方和，即

$$V_p = \sum_{i=1}^{k} a_{ip}^2$$

所有公因子的总贡献为：

$$V = \sum_{p=1}^{m} V_p$$

它是实际中更常用相对指标，即每个因子所解释的方差占所有变量总方差的比例。相对指标衡量了公因子的相对重要性。设 k 表示观测变量数，V_p/k 表示了第 p 个因子所解释的方差的比例，V/k 表示所有公因子累积解释的方差比例，它可以用来作为因子分析结束的判断指标。

在上例中，$V_1/k=0.55$，$V_2/k=0.32$，$V/k=0.87$，表明第一个因子解释了所有变量总方差的 55%，第二个因子解释了上述总方差的 32%，两个因子一共解释了总方差的 87%。

（三）因子分析的步骤

因子分析通常包括以下四个主要步骤：

第一步是计算所有变量的相关矩阵。相关矩阵是因子分析直接要用的数据，根据计算出的相关矩阵还应该进一步判断应用因子分析方法是否合适，这一点我们下面再讨论。

第二步是提取因子。在这一步要确定因子的个数和求因子解的方法。

第三步是进行因子旋转。这一步的目的是通过坐标变换使因子解的实际意义更容易解释。

第四步是计算因子值。因子值是各个因子在每个案例上的得分值，有了因子值可以在其他的分析中使用这些因子。

因子分析的目的是简化数据或者找出基本的数据结构，因此使用因子分析的前提条件是观测变量之间应该有较强的相关关系。如果变量之间的相关程度很小的话，它们就不可能共享公因子。所以，计算出相关矩阵后，在进行下面的步骤之前应该对相关矩阵进行检验，如果相关矩阵中的大部分相关系数都小于 0.3，则不适合做因子分析。SPSS 软件提供了三个统计量帮助判断观测数据是否适合做因子分析：（1）反映象相关矩阵（anti-image correlation matrix）。其元素等于负的偏相关系数。偏相关是控制其他变量不变，一个自变量对因变量的独特解释作用。如果数据中确实存在公因子，变量之间的偏相关系数应该很小，因为它与其他变量重叠的解释影响被扣除掉了。所以如果反映象相关矩阵中很多元素的值比较大的话，应该考虑该观测数据可能不适合做因子分析。（2）Bartlett 球形检验（Bartlett test of sphericity）。该统计量从检验整个相关矩阵出发，其零假设为相关矩阵是单位阵，如果不能拒绝该假设的话，就应该重新考虑因子分析的使用。（3）KMO（Kaiser-Meyer-Olkin measure of sampling adequacy）测度。

该测度从比较观测变量之间的简单相关系数和偏相关系数的相对大小出发，其值的变化范围从0到1。当所有变量之间的偏相关系数的平方和，远远小于简单相关系数的平方和时，KMO值接近1。KMO值较小时，表明观测变量不适合做因子分析。通常按以下标准解释该指标值的大小：0.9以上为非常好，0.8以上为好，0.7为一般，0.6为差，0.5为很差，0.5以下不能接受（Hair et al.，1995：374）。

例题：生育率的影响因素分析。生育率受社会、经济、文化、计划生育政策等很多因素影响，但是这些因素对生育率的影响并不是完全独立的，而是交织在一起的，如果直接用选定的变量对生育率进行多元回归分析，最终结果往往只能保留两三个变量，其他变量的信息就丢失了。因此，我们首先对自变量进行因子分析，找出基本的数据结构，用新生成的因子再对生育率进行分析。这样，一方面克服了自变量之间高度相关的缺陷，另一方面，又保留了这些变量的信息。

例题使用1990年中国30个省、自治区、直辖市的数据，本书所附数据光盘中的相应数据文件名为province1990. sav[①]。分析所用的变量有：人均国民收入、城镇人口比例、初中以上文化程度的人口比例、多孩率、综合节育率。本章以下各节将利用这套数据作为例题来说明因子分析的过程。

对这五个变量进行相关分析表明：多孩率和综合节育率两个计划生育变量之间存在着较强的相关关系，而另外三个社会经济变量之间也存在着较强的相关关系（见表3—2）。SPSS在因子分析中不仅可以输出变量的相关系数表，还可以要求它输出如表3—3所示的KMO测量值和Bartlett球形检验。其中KMO测量值越接近于1，表明因子分析对所用数据越有用。如果其值小于0.5，则因子分析结果就往往用处不大了。而Bartlett球形检验则是对数据变量间的相关性进行检验，反映其是否统计性显著。表3—3中的KMO测量值水平达到0.7以上，而Bartlett球形检验的显著水平非常高，这就说明可以对该数据进行因子分析。

表3—2　相关系数矩阵

Correlation Matrix

		x1	x2	x3	x4	x5
Correlation	x1	1.000	−.761	−.542	−.453	−.453
	x2	−.761	1.000	.293	.253	.245
	x3	−.542	.293	1.000	.771	.849
	x4	−.453	.253	.771	1.000	.878
	x5	−.453	.245	.849	.878	1.000

表3—3　KMO测量值与Bartlett球形检验

KMO and Bartlett's Test

Kaiser-Meyer-Olkin Measure of Sampling Adequacy.		.713
Bartlett's Test of Sphericity	Approx. Chi-Square	106.776
	df	10
	Sig.	.000

① 原数据中第三个案例的多孩率和第五个案例中的综合节育率为缺失值，用样本平均值代替。

二、求解初始因子

在探测性因子分析中，求解初始因子这一步的主要目的是确定能够解释观测变量之间相关关系的最小因子个数。根据所依据的准则不同，有很多种求因子解的方法，主要可以分为两类：一类是基于主成分分析模型的主成分分析法，另一类是基于第一节介绍的公因子模型的公因子分析法，包括主轴因子法、极大似然法、最小二乘法、α 因子提取法、映象分析法等等。主成分分析实际是独立于因子分析的一种数据化简技术。因子分析中把主成分分析的结果作为一个初始因子解，因为在确定因子个数时主要用到主成分分析产生的一个统计量——特征值。其他的求因子解的方法，如主轴因子法采用了和主成分分析类似的算法，所以，主成分分析在因子分析中占有重要的地位。下面，我们将分别介绍主成分分析法和公因子分析法。

（一）主成分分析法

主成分（principal components）分析是一种数学变换的方法，它把给定的一组（比如 k 个）相关变量通过线性变换转换成另一组不相关的变量，这些新的变量按照方差依次递减的顺序排列。在数学变换中保持变量的总方差不变，使第一个变量具有最大的方差，称为第一主成分，第二个变量的方差次大，并且和第一个变量不相关，称为第二主成分，依次类推，k 个变量就有 k 个主成分，最后一个主成分具有的方差最小，并且和前面的主成分都不相关。

1. 主成分的几何意义

下面我们在二维和三维空间中来解释一下主成分的几何意义。

假设在二维空间中一些样本点的分布近似一个椭圆（见图 3—3）。如果我们要用一维，即一个轴来表示这些点的相对位置的话，则这个轴应该选在椭圆的长轴上。因为从总体来看，样本点离这条线最近，在该方向上样本点最分散，该轴就是第一主成分，它能解释最大方差，所包含的信息是最多的。两个变量只可能有两个主成分，第一个主成分确定后，第二个也就确定了，为椭圆的短轴。

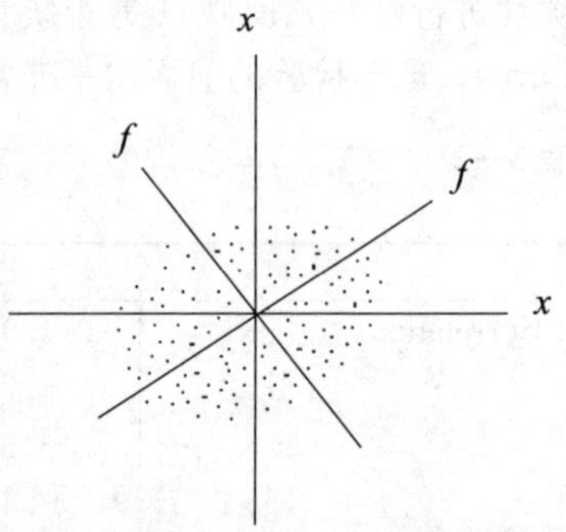

图 3—3　主成分的几何意义示意图

如果在三维空间中样本点的分布近似一个椭球，设椭球最长的方向为第一长轴，宽为第二长轴，高为短轴。则第一主成分应该取在第一长轴上，它对数据的解释能力取决于椭球的形状，如果椭球很长很细，像一根棍，第一主成分基本能反映原来变量的信息。如果椭球很长很宽，但很扁，则需要两个主成分才能比较精确地描述该椭球，第二个主成分取在第二长轴上。如果长、宽、高三维都比较大，则只能在三维空间中描述它，第三个主成分取在短轴上。

2. 主成分的求解

求解主成分的主要数学工具是特征方程。通过求解观测变量相关矩阵的特征方程，得到 k 个特征值和对应的 k 个单位特征向量，把 k 个特征值按从大到小的顺序排列，它们分别代表 k 个主成分所解释的观测变量的方差，主成分是观测变量的线性组合，线性组合的权数即为相应的单位特征向量中的元素。

对主成分求解过程感兴趣的读者可以阅读下面方框中的内容，数学基础较差者可不看，并不影响对因子分析的理解和使用。

设 R 为观测变量的相关矩阵，对于矩阵 R，存在实数 λ、非零的向量 V，使下式成立：

$$RV=\lambda V$$

λ 称为矩阵 R 的特征值，V 称为矩阵相应于 λ 的特征向量。通过求解特征方程

$$\mathrm{Det}\ (R-\lambda_I)=0$$

得到 R 的 k 个特征值，把它们从大到小排列为：$\lambda_1>\lambda_2>\cdots\lambda_k>0$（$k$ 为变量个数）。

因为相关矩阵为实对称矩阵，它的特征根都是实数，并且有 k 个线性无关的特征向量，所以，我们可以求出 R 的一组正交的单位特征向量，V_1，V_2，…，V_k。

$$V_i=(v_{1i},\ v_{2i},\ \cdots,\ v_{ki})' \qquad i=1,\ 2,\ \cdots,\ k$$

V_i 为对应于 λ_i 的单位特征向量，满足 $RV_i=\lambda_i V_i$，则 $V=(V_1,\ V_2,\ \cdots,\ V_k)$ 为正交阵，满足：

$$VV'=V'V=I$$

令 $Q=\mathrm{diag}\ (\lambda_1,\ \lambda_2,\ \cdots,\ \lambda_k)$，则：

$$RV=VQ$$

$$R=VQV'$$

令 $f=V'X$，则：

$$f\ 的协方差阵\ M=E\ [FF']=E\ [V'XX'V]=V'E\ [XX']\ V$$
$$=V'RV$$
$$=Q=\mathrm{diag}\ (\lambda_1,\ \lambda_2,\ \cdots,\ \lambda_k)$$

第 p 个主成分 $f_p=V_p{}'X$。

这样求得的主成分具有下面的性质：

(1) 主成分 f_1，f_2，…，f_k 之间是不相关的，且 f_p 的方差等于 λ_p。

(2) $\sum_p \lambda_p = k$，即特征值的和等于变量数。

因为假设变量经过标准化处理，方差等于 1，所以 k 个变量的方差之和等于 k，λ_p/k 表示了第 p 个主成分所解释的方差的比例。

(3) 变量 x_i 与主成分 f_p 之间的相关系数，即因子负载为：

$$a_{ip}=\nu_{ip}\sqrt{\lambda_p}$$

(4) 每个主成分所解释的方差等于所有变量在该主成分上负载的平方和，即：

$$\lambda_p=\sum_i a_{ip}^2$$

3. 因子个数的确定

有 k 个变量就有 k 个主成分，但是因子分析的目的是为了简化数据，所以并不想用 k 个主成分，而是取前几个主成分作为初始因子。那么需要几个因子能代表原来数据中的主要信息部分呢？目前还没有精确的定量方法来确定因子个数，实际应用中人们借助一些准则来确定因子的个数，常用的有以下两个：

(1) 特征值准则。即取特征值大于等于 1 的主成分作为初始因子，放弃特征值小于 1 的主成分。因为每个变量的方差为 1，该准则认为每个保留下来的因子至少应该能解释一个变量的方差，否则达不到精简的目的。特征值准则是实际中应用最普遍的确定因子个数的方法。

(2) 碎石检验准则。按照因子被提取的顺序，画出因子的特征值（纵轴）随因子个数（横轴）变化的散点图，根据图的形状来判断因子的个数。本例的碎石图（scree plot）参见图 3—4。

该图的形状像一座山峰，从第一个因子开始，曲线迅速下降，然后下降变得平缓，最后变成近似一条直线，曲线开始变平的前一个点被认为是提取的最大因子数。因为后面的这些散点就像山脚下的碎石，舍去这些“碎石”，并不损失很多信息，该准则因此而得名。从本例的碎石图上看，应该选取两个因子为好。

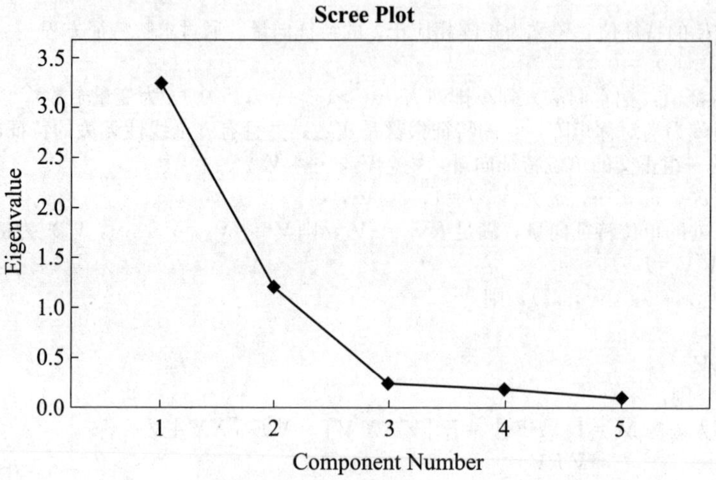

图 3—4 碎石图

根据特征值准则，对于本例的数据，也应该是选取两个因子（见表 3—4）。第一列的“Component”就是指各个因子。接下来的三列是初始特征值的情况，“Total”列即特征值，“% of Variance”为各因子的解释方差百分比，“Cumulative %”为累积解释方差百分比。比如，前两个因子分别解释了数据总方差和 65.0%和 24.4%，而这两个因子累计解释了数据总方差的绝大部分，达到 89.4%。因子累积解释方差的比例也是确定因子个数时可以参考的指标，一般选取的因子数应使累积解释的方差比例达到 70%甚至 80%以上。

表 3—4 各因子的特征值与方差解释百分比

Total Variance Explained

Component	Initial Eigenvalues			Extraction Sums of Squared Loadings			Rotation Sums of Squared Loadings		
	Total	% of Variance	Cumulative %	Total	% of Variance	Cumulative %	Total	% of Variance	Cumulative %
1	3.250	65.006	65.006	3.250	65.006	65.006	2.683	53.661	53.661
2	1.220	24.396	89.401	1.220	24.396	89.401	1.787	35.740	89.401
3	.250	4.993	94.394						
4	.181	3.620	98.014						
5	.099	1.986	100.000						

Extraction Method：Principal Component Analysis.

表 3—4 的中间三列则是 SPSS 根据特征值原则选取了前两个因子，以及它们的解释方差比例及累积比例。最后三列是因子分析中如要求因子旋转才会提供的旋转后各选取因子的方差解释情况。因子旋转后的解释方差比例往往有所变化，但是最后的累积解释比例却不会变。

有些情况下，分析人员已经事先确定了因子的个数，这时就可以在计算机中直接设定要提取的因子个数。这种方法在检验有关因子数的理论和假设或者重复做某些工作时非常方便。

实际中，人们很少仅仅依赖某一准则来确定因子个数，而是结合几个准则进行判断。保留的因子是否有意义，是否能被解释，也是在确定因子时应该考虑的一个重要方面。保留的因子太多，解释因子时可能会比较困难。

一项重要准则是看公因子方差，表 3—5 提供了这方面的信息。表中“Initial”一列为初始值，而“Extraction”一列便是各变量的公因子方差。结果表明，例题五个变量的公因子方差都很高，每个变量的信息被保留的程度都在 85%以上。

表 3—5　　**公因子方差**

Communalities

	Initial	Extraction
x1	1.000	.887
x2	1.000	.913
x3	1.000	.860
x4	1.000	.878
x5	1.000	.931

Extraction Method：Principal Component Analysis.

另外一个需要关心的问题是选取的因子与观测变量之间的关系是怎样的。表 3—6 中因子负载就是观测变量与未旋转的各因子之间的相关系数。后来的 SPSS 版本在因子分析输出中都改称因子为成分（Component）。尽管如此，后边的介绍和讨论将沿用统计学的习惯将 SPSS 在因子分析中输出的 Component 一律称为因子。因子负载从相关程度大小反映选取因子主要代表哪些观测变量，比如表 3—6 中第一个因子与三个社会经济变量 x_3、x_4 和 x_5 相关更紧密，因此第一个因子主要代表社会经济方面的信息，而第二个因子与计划生育变量 x_1 和 x_2 相对更相关，因此它较多反映计划生育方面的信息。但是，以上只是从一个因子负载的相对程度来看问题，如果同时看计划生育变量在两个因子的负载量，则相关程度都不算低，这使得对因子的解释出现一些困难。但后面将介绍的因子旋转方法可以增加因子负载的分离度，好比是图片尽量消除中间色彩，增强两极反差，以帮助对因子的解释。

表 3—6　　**因子负载**

Component Matrix[a]

	Component	
	1	2
x1	−.762	.554
x2	.568	−.768
x3	.892	.255
x4	.870	.347
x5	.891	.370

Extraction Method：Principal Component Analysis.

a. 2 components extracted.

（二）公因子分析法

公因子分析法的思想和主成分分析的不同。主成分分析从解释变量的方差出发，假设变量的方差能完全被主成分所解释。而公因子模型是从解释变量之间的相关关系出发的，假设观测变量之间的相关能完全被公因子解释，变量的方差不一定能完全被公因子解释，这样每个变量被公因子所解释的方差不再是 1，而是公因子方差。所以公因子模型在求因子解时，只考虑公因子方差。

1. 公因子方差的估计

在求因子解之前，需要对公因子方差进行估计。有很多种公因子方差的估计方法，常用的有以下几种：

（1）用主成分分析的结果作为公因子方差的初始估计值。即取特征值大于 1 的主成分，得到每个变量的公因子方差，把得到的变量的公因子方差作为公因子方差的初始估计值。

（2）取每个变量和其余变量的相关系数中绝对值最大的，作为该变量的公因子方差的初始估计值。

（3）用每个变量和剩下的其他变量的复相关系数的平方，即 R^2 作为该变量的公因子方差的初始估计值。

采用不同的公因子方差的估计方法，会使因子分析的结果有差异，变量数越少，这种差异越明显。随着变量个数的增加，相关矩阵主对角线上元素值的相对影响减小，采用哪种方法估计公因子方差也就不那么重要了。

2. 主轴因子法

主轴因子法（principal axis factoring）采用了类似求主成分的方法求因子解，所不同的是用公因子方差来代替相关矩阵主对角线上的元素 1，这个新的矩阵称为调整相关矩阵（adjusted correlation matrix），通过解调整相关矩阵的特征方程得到因子解。

3. 最小二乘法

普通最小二乘法（ordinary least squares）是通过使根据因子模型计算出的相关系数和观测到的相关系数之间的离差平方和达到最小来求得因子解。广义最小二乘法采用同样的原则，所不同的是在迭代过程中每次用特殊因子方差的倒数调整相关矩阵，给特殊因子方差大的变量的相关系数更大的权数。

4. 最大似然法

最大似然法（maximum likelihood）求因子解的方法和最小二乘法类似，希望因子解能最好地拟合观测变量之间的相关关系。假设样本来源于多维正态总体，通过构造样本的似然函数，其中因子负载为未知参数，使似然函数达到极大，求得因子解，求解过程中相关系数也是用特殊因子方差的倒数加权。最大似然估计的原理很简单，但实际求解非常复杂。

5. α 因子提取法

前面所述方法都假设观测变量是固定的条件下，样本来自某个总体，α 因子提取法（alpha factoring）有所不同，它认为因子分析中包括的变量是来自潜在变量空间中的一个样本，这些变量是通过给定的总体观测到的，因子解应该使提取的公因子和假设存在的公因子有最大的相关。

6. 映象分析法

映象分析法（image analysis）把一个变量分解为两部分，一部分为变量的公共部分，可以由除该变量之外的其他观测变量的线性组合预测，称为该变量的映象（image），另一部分为该变量的特有部分，不能被其他变量的线性组合预测，称为变量的反象（anti-image）。映象分析法同时考虑样本空间和变量空间，映象的平方相当于公因子方差，反象的平方相当于特殊因子方差，最终采用和主成分分析类似的过程求得因子解。

（三）因子求解方法对结果的影响

一般来说，各种求初始因子解的方法所产生的变量的公因子方差差别不大，表 3—7 给出了提取两个因子时，各种方法求得的因子分析结果。当公因子方差为 1 时，主成分法和公因子法的实质是一样的，当公因子方差较低时，主成分解和公因子解的差别就明显了。主成分分析中，假设每个变量的方差能够被完全解释，因此，在求因子解时，相关矩阵主对角线上的元素和其他元素同样重要，甚至更重要。在公因子模型中，并没有假设能产生原始变量的总方差，而是假设有部分方差不是公因子所能解释的，这部分方差只影响总体相关矩阵主对角线上的元素。因此，在求解公因子模型时，只要求因子解能够拟合相关矩阵主对角线以外的元素，通过调整主对角线上的元素，使得因子解能够最大可能地“再现”观测变量之间的相关关系，公因子方差不过是因子解的一个副产品。所以如果提取相同数目的因子，主成分法比公因子法能够解释更多的方差。

当变量数不多时，主成分法和公因子法的结果会有差异；当变量数较多时，主成分法和公因子解的差异不大。因为随着变量个数的增加，相关矩阵主对角线上的每个元素占元素总数的比例下降，主对角线上元素的重要程度降低，主成分法和公因子法的差异变得不那么明显了。当变量数很多时，公因子方差的估计值和求因子解的方法变得不那么重要了，只有当样本量很大时，最大似然解比其他解的精度有明显提高。

决定选择用哪一种方法时，有两点应该考虑：一是进行因子分析的目的；二是对变量方差的了解程度。如果因子分析的目的是用最少的因子最大限度地解释原始数据中的方差，或者知道特殊因子和误差带来的方差很小，则适合用主成分分析法。如果因子分析的主要目的是确定数据结构，但并不了解变量方差的情况，则适合用公因子分析法。大多数情况下，两种方法得到的解很接近。使用公因子法时，估计公因子方差的方法比求因子解的方法更重要。如果公因子方差的估计值相近，因子分析的结果也非常相近。在对因子解有疑问时，应该选择几组公因子方差进行因子分析。

表 3—7 公因子方差和两个因子累积解释方差的比例

	主成分法	主轴因子法	普通二乘法	广义二乘法	最大似然法	α 因子提取法	映象分析法
x_1	0.887 32	0.923 41	0.999 00	0.999 00	0.999 00	0.934 89	0.634 95
x_2	0.913 49	0.656 48	0.590 34	0.606 81	0.593 78	0.649 00	0.533 97
x_3	0.860 36	0.766 26	0.763 72	0.775 60	0.768 19	0.765 38	0.730 52
x_4	0.877 73	0.791 86	0.791 87	0.793 84	0.794 44	0.790 52	0.749 31
x_5	0.931 14	0.967 09	0.970 57	0.973 06	0.972 05	0.967 26	0.814 03
因子累积解释方差比例	89.4	82.1	82.4	82.6	82.5	82.1	69.3

三、解释因子

初始因子解达到了数据化简的目的。在求初始因子这一步中，我们确定了公因子数，确定了每个变量的公因子方差。但是根据初始因子解，往往很难解释因子的意义，大多数因子都和很多变量相关。例如，在我们的例子中，因子 1 和五个变量的相关系数都很高。因为求初始因子解时，是按因子的重要程度顺序提取因子的，所以，第一个因子能解释最大比例的方差，绝大多数变量在第一个因子上都有显著的负载，第二个因子和其后的因子所解释的方差的比例依次递减。因子是通过数学方法求解得到的，但研究人员往往很关心每个因子的实际意义是什么，否则就很难理解和把握因子分析的结果。因子旋转是寻求这一实际意义的有效工具，因子旋转的目的是通过改变坐标轴的位置，重新分配各个因子所解释的方差的比例，使因子结构更简单，更易于解释。因子旋转不改变模型对数据的拟合程度，不改变每个变量的公因子方差。

简单的因子结构指每个变量在尽可能少的因子上有比较高的负载。以因子为轴，因子负载为坐标作图，则每个变量是该空间中的一个点，该图称为因子负载图。图 3—5 画出了因子空间结构两个假想因子负载情况下的结构示意图。其中（A）图反映出观测变量都处于未旋转的因子 f_1 和 f_2 之间，因此未旋转的因子的意义就很难解释。然而用数学方法将坐标系正交旋转一下，虽然旋转因子 f_1'和 f_2'之间仍然保持 90 度，但两组变量很明显将由这两个正交旋转因子分开负载。而（B）图反映另一种情况，正交旋转因子 f_1'和 f_2'仍然不能很好负载两组变量。虽然余交旋转因子 f_1''和 f_2''之间不再保持正交，但可以更好地分开负载观测变量，所以这时斜交旋转可以使因子结构变得简单，使因子的意义相对更明确。

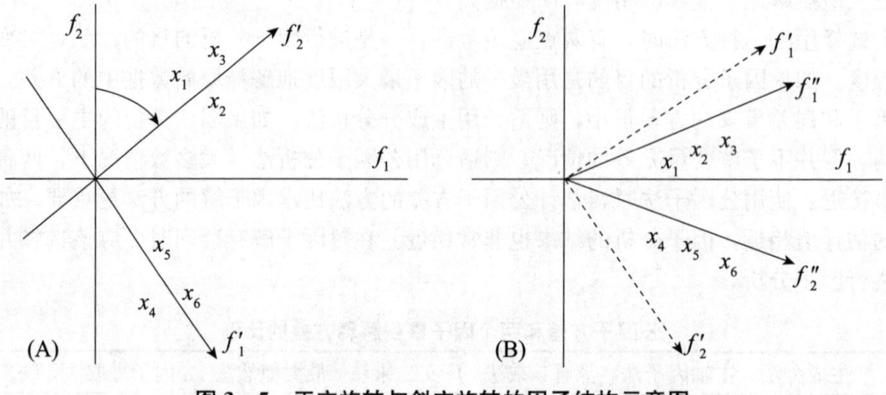

图 3—5　正交旋转与斜交旋转的因子结构示意图

所以，因子旋转方式分为两种，一种叫正交旋转，另一种叫斜交旋转。正交旋转是使因子轴之间仍然保持 90 度角，即因子之间是不相关的；斜交旋转中，因子之间的夹角可以是任意的，即因子之间不一定是正交的。下面我们分别介绍正交旋转和斜交旋转中常用的几种方法。

（一）正交旋转方法

各种因子旋转方法的目标都是简化因子负载矩阵的行和列，使因子负载向 0 和 1 两极分化。由于简化准则不同，产生了各种旋转方法，有三种主要的正交旋转方法（orthogonal rotation）：四次方最大法、方差最大法和等量最大法。

1. 四次方最大法

四次方最大法（quartimax）是从简化因子负载矩阵的行出发，通过旋转初始因子，使得每个变量只在一个因子上有较高的负载，在其他的因子上有尽可能低的负载，如果每个变量只在一个因子上有非零的负载，这时变量的因子解释就是最简单的。四次方最大法通过使因子负载矩阵中每一行因子负载平方的方差达到最大求得因子解。最终的简化准则为：

$$Q = \sum_{i=1}^{k} \sum_{j=1}^{m} b_{ij}^{4} \rightarrow \text{Max}$$

四次方最大旋转使初始负载矩阵中每个变量的大的因子负载更大，小的因子负载更小，因子负载按行向 0 与 1 两极分化。

四次方最大旋转的一个缺点是它产生的最后解中往往有一个综合因子，大部分变量在该因子上都有较高的负载，该方法强调了对变量解释的简洁性，牺牲了对因子解释的简洁性。

对于表 3—6 的初始因子结果，经过四次方最大旋转后，表 3—8 输出的旋转因子矩阵（Rotated Component Matrix）中的负载是旋转因子与观测变量的简单相关系数。计划生育变量 x_1 和 x_2 只在第二个旋转因子上有较高的负载，社会经济变量 x_3、x_4 和 x_5 只在第一个旋转因子上有较高的负载，因此，第一个旋转因子可以解释为社会经济发展水平因子，而第二个因子可以解释为计划生育因子。

表 3—8　　四次方最大旋转结果

Rotated Component Matrix[a]

	Component	
	1	2
x1	−.413	−.847
x2	.142	.945
x3	.907	.193
x4	.931	.102
x5	.961	.091

Extraction Method：Principal Component Analysis.

Rotation Method：Quartimax with Kaiser Normalization.

a. Rotation converged in 3 iterations.

2. 方差最大法

方差最大法（varimax）和四次方最大法类似，所不同的是它从简化因子负载矩阵的每一列出发，使和每个因子有关的负载平方的方差最大。当只有少数几个变量在某个因子上有较高的负载时，对因子的解释是最简单的，和某个因子有关的负载平方的方差最大时，因子具有最大的可解释性。

方差最大法通过使下式达到最大求得因子解：

$$V = \sum_{j=1}^{m} \left[k \sum_{i=1}^{k} b_{ij}^{4} - \left(\sum_{i=1}^{k} b_{ij}^{2} \right)^{2} \right] / k^{2}$$

方差最大法的直观意义是希望通过因子旋转后，使每个因子上的负载尽可能地拉开距离，一部分变量的负载趋于±1，另一部分的负载趋于 0，解释因子时，这些小的负载一般可以略去不计。对于表 3—6 的初始因子解经方差最大旋转后的结果见表 3—9。

表 3—9 方差最大旋转结果

Rotated Component Matrix[a]

	Component	
	1	2
x1	—.354	—.873
x2	.076	.953
x3	.892	.255
x4	.922	.166
x5	.952	.157

Extraction Method：Principal Component Analysis.
Rotation Method：Varimax with Kaiser Normalization.
a. Rotation converged in 3 iterations.

3. 等量最大法

等量最大法（equimax）把四次方最大法和方差最大法结合起来，取 V 和 Q 的加权平均作为简化准则，通过使下式达到最大求得最后因子解：

$$E=\sum_{j=1}^{m}\sum_{i=1}^{k}b_{ij}^{4}-\gamma\sum_{j=1}^{m}\left(\sum_{i=1}^{k}b_{ij}^{2}\right)^{2}/k$$

权数 γ 等于 $m/2$，和因子数有关，当因子数为 2 时，等量最大旋转结果等于方差最大旋转的结果。

（二）斜交旋转方法

斜交旋转（oblique rotation）比正交旋转更具有一般性，它没有因子之间是不相关的这个限制。很明显，要求正交的条件，牺牲了部分因子结构的简洁性，因为斜交旋转中，因子之间的夹角可以是任意的，所以用斜交因子描述变量会使因子结构更为简洁。

1. 因子模式和因子结构

因子分析中因子负载矩阵也称为因子模式（factor pattern）矩阵，而因子结构（factor structure）是指因子和变量之间的相关关系。在正交因子解中，因子负载既是模型中的线性权数，同时也表示了变量和因子之间的相关关系，因子结构和因子模式是等同的，所以我们没有区分这二者。在斜交旋转中，因子负载不再等于因子和变量之间的相关系数，因子结构和因子模式之间是有区别的。

令 $S=(r_{xf})\ k\times m$ 表示因子结构矩阵，B 表示旋转后的因子负载矩阵，则因子结构和因子模式之间有下面的关系：

$$S=BW$$

其中 W 表示斜交因子之间的相关系数矩阵。

2. 斜交因子解

斜交旋转类似正交旋转，所不同的是因子之间是不独立的，最常见的求斜交因子解的方法称为 Oblimin。该方法利用斜交参考轴求解，所谓斜交参考轴是斜主因子轴的垂直线，斜交因子解应该使变量尽量落在主轴附近，变量落在主轴附近和变量在参考轴上的投影近似为零这两个条件是等同的。Oblimin 方法首先求出斜交参考矩阵，斜交因子负载阵等于斜交参考阵的逆矩阵再按行进行规范化处理，使矩阵中每一行元素的平方和为 1。参数 δ 控制因子斜交的程度，

δ 的取值一般小于等于零。δ 等于零时，因子之间的斜交程度最大；δ 小于零时，因子之间的斜交程度减小。

表 3—10 给出的是表 3—6 的数据经 Oblimin 斜交旋转后的因子模式矩阵，其中负载其实是因子与观测变量之间的偏相关系数。和正交因子旋转的负载结果相比，斜交旋转因子的负载分享度显得更大。表 3—11 提供了斜交旋转因子的结构矩阵（structure matrix），其中的负载给出的是因子和变量之间的简单相关系数。

读者可能已经注意到，在正交因子旋转时只输出一个旋转因子矩阵（Rotated Component Matrix）反映负载，这是因为正交旋转因子之间完全不相关，因此因子与观测变量之间的简单相关系数与偏相关系数完全相同，只输出其中一个即可。但是，在斜交因子旋转后因子与变量之间的偏相关系数就不再等于简单相关系数了，因此要分别以模式矩阵提供偏相关系数，以结构矩阵提供简单相关系数。这时，两者间简单相关系数的构成原因反而更为复杂，所以应当用模式矩阵中的偏相关系数作为因子负载来解释因子的意义更恰当。

表 3—12 的因子相关矩阵（Component Correlation Matrix）中提供了两个斜交因子之间的相关系数，表明相关程度并不高。

表 3—10　　Oblimin 斜交旋转的因子模式矩阵

Pattern Matrix[a]

	Component	
	1	2
x1	−.198	.849
x2	−.113	−.993
x3	.894	−.080
x4	.944	.021
x5	.978	.036

Extraction Method：Principal Component Analysis.
Rotation Method：Oblimin with Kaiser Normalization.
a. Rotation converged in 4 iterations.

表 3—11　　Oblimin 斜交旋转的因子结构矩阵

Structure Matrix

	Component	
	1	2
x1	−.519	.924
x2	.262	−.950
x3	.925	−.418
x4	.937	−.336
x5	.964	−.333

Extraction Method：Principal Component Analysis.
Rotation Method：Oblimin with Kaiser Normalization.

表 3—12 Oblimin 斜交旋转的因子相关矩阵

Component Correlation Matrix

	Component	
	1	2
1	1.000	-.378
2	-.378	1.000

Extraction Method：Principal Component Analysis.
Rotation Method：Oblimin with Kaiser Normalization.

3. 旋转方法的选择

大部分的统计软件都提供多种旋转方法供使用者选择，但是目前还没有一个准则能帮助使用者选定一种特定的旋转技术，没有可以令人信服的理由能够说某种旋转方法优于其他的方法。因此，选择旋转方法主要是根据研究问题的需要。如果因子分析的目标只是要进行数据化简，把很多变量浓缩为少数几个因子，而因子的确切含义是什么并不重要，应该选用正交旋转。如果研究的目标是要得到几个理论上有意义的因子，应该选用斜交因子。因为现实中很少有完全不相关的变量，所以，理论上斜交旋转优于正交旋转。但是斜交旋转中因子之间的斜交程度受使用者定义的参数的影响，而且斜交旋转中所允许的因子之间的相关程度是很小的，因为没有人会接受两个高度相关的公因子，如果两个因子确实高度相关，大多数研究者都会选取更少的因子重新进行分析。由于以上原因，斜交旋转的优越性被大大削弱了，正交旋转应用更广泛。如果研究者不知道应该选用哪种旋转方法的话，可以不必选，直接用软件中指定的缺省方法，大多数统计软件中的缺省方法都是方差最大法。

4. 解释因子

得到最后因子解后，我们希望给每个因子一个有意义的解释。解释因子主要是借助于因子负载矩阵，首先找出在每个因子上有显著负载的变量，根据这些变量的意义给因子一个合适的名称，具有较高负载的变量对因子名称的影响更大。

实际中，一般认为绝对值大于 0.3 的因子负载就是显著的。因子负载的绝对值越大，在解释因子时越重要。因为因子负载是观测变量和因子之间的相关系数，负载的平方表示了因子所解释的变量的总方差。对于 0.3 的负载而言，变量的方差能被该因子解释的部分不足 10%，所以，实际中小于 0.3 的负载一般可以不解释。因子负载的显著性与样本规模、观测变量数及公因子的序次有关。样本规模增大或观测变量数增多，使因子负载的显著性提高，即较小的因子负载就可以认为是显著的。从第一个因子到最后一个因子，因子负载的显著性逐渐降低，即对于排在后面的因子，要求较大的因子负载才能被接受，因为对于越后面的因子，误差方差越大。

把因子负载矩阵重新排序，使得在同一个因子上有较高负载的变量排在一起，很小的负载可以忽略不计。在变量数较多的情况下，可以帮助研究者方便地识别出每个因子上重要的负载。表 3—13 显示的是表 3—9 中的数据重新排序的结果。实际上用 SPSS 进行因子分析，可以在备选设置里要求输出时自动按因子负载大小排序。

表 3—13　　方差最大旋转后重新排序的负载

Rotated Component Matrix[a]

	Component	
	1	2
x5	.952	.157
x4	.922	.166
x3	.892	.255
x2	.076	.953
x1	−.354	−.873

Extraction Method：Principal Component Analysis.

Rotation Method：Varimax with Kaiser Normalization.

a. Rotation converged in 3 iterations.

因子负载图也能帮助研究者直观地识别出因子。因子负载图以因子为轴，因子负载为坐标，表示变量。如果经过旋转，得到了一个简单的因子结构，变量应该出现在因子轴附近。图 3—6 给出的是本章例题数据经方差最大旋转后的因子负载图，可以看出在因子旋转后，计划生育变量 x_1 和 x_2 更接近于十字线中的纵轴（因子 2），而社会经济变量 x_3、x_4 和 x_5 则更接近于横轴（因子 1）。

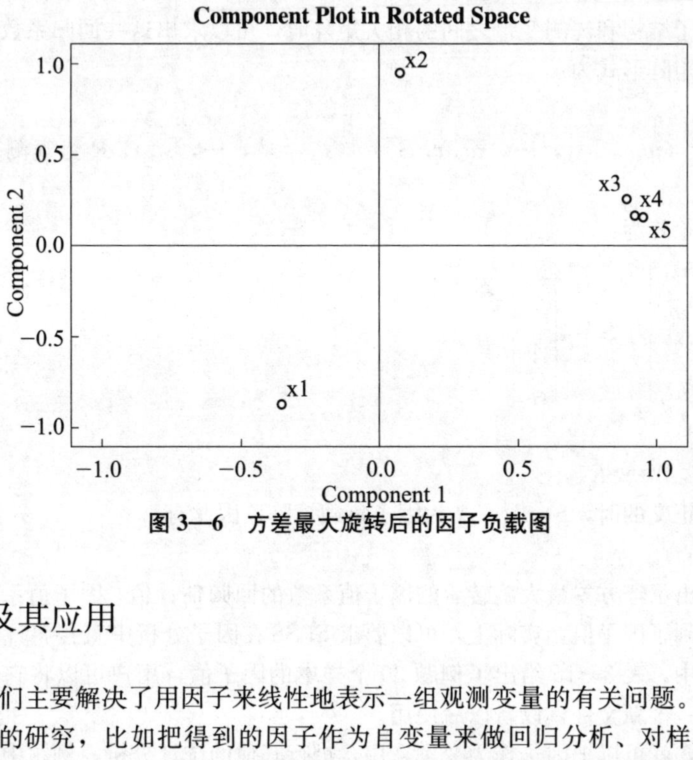

图 3—6　方差最大旋转后的因子负载图

四、因子值及其应用

前面几节我们主要解决了用因子来线性地表示一组观测变量的有关问题。如果我们要使用这些因子做其他的研究，比如把得到的因子作为自变量来做回归分析、对样本进行分类或评价，这些都需要对因子进行测度，给出因子对应每个样本案例上的值，这些值称为因子值（factor scores）。

求因子值涉及用观测变量来描述因子，第 p 个因子在第 i 个个案上的值可以表示为：

$$f_{pi}=\sum_{j=1}^{k}w_{pj}x_{ji}$$

其中，x_{ji}是第j个变量在第i个案例上的值，w_{pj}是第p个因子和第j个变量之间的因子值系数。

因子分析模型中是用因子的线性组合来表示一个观测变量，因子负载实际是该线性组合的权数。求因子值的过程正好相反，它是通过观测变量的线性组合来表示因子，因子值是观测变量的加权平均。因为各个变量在因子上的负载不同，所以不能把变量简单相加，权数的大小表示了变量对因子的重要程度。对于主成分分析法得到的因子解，可以直接得到因子值系数，对于其他方法得到的因子解，只能得到因子值系数的估计值，通常用回归方法得到因子值系数的估计值。

任何因子f_p对k个变量的线性回归方程可以表示为：

$$f_p=w_{p1}x_1+w_{p2}x_2+\cdots+w_{pk}x_k$$

回归系数的最小二乘估计，满足下列正规方程：

$$w_{p1}+r_{12}w_{p2}+\cdots+r_{1k}w_{pk}=s_{1p}$$

$$r_{21}w_{p1}+w_{p2}+\cdots+r_{2k}w_{pk}=s_{2p}$$

$$\cdots$$

$$r_{k1}w_{p1}+r_{k2}w_{p2}+\cdots+r_{kk}w_{pk}=s_{kp}$$

其中，r_{ij}为变量x_i与变量x_j之间的相关系数，s_{jp}为第j个变量与第p个因子之间的相关系数。当已知因子结构和观测变量之间的相关矩阵时，可以求出这些回归系数。

把上式写成矩阵形式为：

$$W_pR = S_p$$

其中，$W_p=(w_{p1},\ w_{p2},\ \cdots,\ w_{pk})$，$S_p=(s_{1p},\ s_{2p},\ \cdots,\ s_{kp})$，$R$为观测变量之间的相关系数矩阵。

令回归系数矩阵为：

$$W=\begin{bmatrix} w_1 \\ w_2 \\ \vdots \\ w_m \end{bmatrix},\ S=\begin{bmatrix} s_1 \\ s_2 \\ \vdots \\ s_m \end{bmatrix}$$

则有：

$$WR=S,\ W=SR^{-1}$$

当因子解是正交的时，$S=A'$，A'为因子负载矩阵，因此有：

$$W=A'R^{-1}$$

表3—14给出了经方差最大旋转后的因子值系数的回归估计值。因子值系数乘以对应变量的标准化值就得到了因子值。实际上，可以要求SPSS在因子分析中直接将计算出的因子值暂存到工作数据表中，表3—15给出了例题30个样本的因子值，用户可以将它们与观测变量一起存盘或另存为一个新文件，以备以后使用。

有了因子值，就可以把因子作为变量来用，进行其他的统计分析。例题中的五个变量经因子分析得到的两个因子，分别代表社会经济发展水平和计划生育因子，利用这两个因子和总和生育率进行通径分析可以得到社会经济发展水平和计划生育对生育水平的直接影响和间接影响。

表 3—14　　**因子值系数矩阵**

Component Score Coefficient Matrix

	Component	
	1	2
x1	.041	−.510
x2	−.185	.627
x3	.343	−.032
x4	.378	−.100
x5	.393	−.113

Extraction Method：Principal Component Analysis.

Rotation Method：Varimax with Kaiser Normalization.

表 3—15　　**因子值**

案例	f_1	f_2
1	2.594 70	.295 48
2	1.888 21	.621 12
3	−.493 41	.475 94
4	−.071 07	.371 47
5	−.012 69	.554 98
6	.982 89	.601 39
7	.372 61	.579 16
8	.637 30	.445 79
9	2.835 57	.403 24
10	−.148 17	.726 28
11	−.116 54	1.077 55
12	−.802 31	.533 52
13	−.567 79	.182 39
14	−.709 02	.268 87
15	−.269 42	.975 40
16	−.598 15	.520 48
17	−.084 35	.064 34
18	−.596 87	.437 22
19	.373 63	−.532 49
20	−.701 98	−.677 35
21	.003 08	−1.382 02
22	−.805 65	.937 80
23	−.979 55	−.388 36
24	−.836 24	−.605 43
25	−1.491 37	−.682 93
26	−.418 40	.473 42
27	−.610 51	−.030 14
28	−.153 55	−1.235 55
29	−.141 80	−1.010 07
30	.920 86	−4.001 52

五、使用SPSS软件进行因子分析

本节介绍利用SPSS软件进行因子分析的操作过程。

进行因子分析有以下基本要素是需要研究者决策的：

第一，指定参与因子分析的变量。

第二，指定提取公因子的方法和确定因子个数的方法。

第三，确定是否旋转和选定因子旋转方法。

第四，确定是否计算因子值，并把它作为新变量保存起来。

早期的SPSS软件便提供了因子分析程序模块，后来更新的版本主要是在操作界面、帮助方面有一些变化，在分析功能上变化并不大。稍早一些的版本进入因子分析模块的操作是从SPSS菜单上依次点击 Analyze → Data Reduction → Factor，更新版本则是从SPSS菜单上依次点击 Analyze → Dimension Reduction → Factor，即可打开因子分析的主对话框。在主对话框中除了要指定参与因子分析的变量外，还包括各种常用的因子分析方法供研究者选用，有对应五个子对话窗口的按钮供用户进行所需要的设置，包括 Descriptives、Extraction、Rotation、Scores 和 Options。下面对这五个子对话窗口中的设置选项及功能加以简单介绍。

（一）Extraction对话框

提供和因子提取有关的选项，有四部分：

1. Method：选择提取因子的方法

有以下七种方法可供选择：

- Principal components　　主成分分析法
- Unweighted least squares　　普通最小二乘法
- Generalized least squares　　广义最小二乘法
- Maximum likelihood　　最大似然法
- Principal Axis factoring　　主轴因子法
- Alpha factoring　　α 因子提取法
- Image factoring　　映象分析法

2. Extract：决定提取因子的个数

有两种方法可供选择：

- Eigenvalue over　　指定要提取因子的最小特征值，系统默认值为1。更新版中将该提示中的“over”改成了“greater than”
- Number of factors　　直接指定提取的因子的个数。更新版中将该提示中的“Number”改成了“Fixed number”

3. Display：指定与初始因子有关的输出项

- Unrotated factor solution　　显示未经旋转的因子解
- Scree plot　　显示碎石图

4. Maximum iterations for Convergence：指定收敛的最大迭代次数
系统默认值为 25。

（二）Rotation 对话框

提供和因子旋转有关的选项，有三部分：
1. Method：选择因子旋转方法
有以下六种选项：

- None　不进行旋转
- Varimax　方差最大法
- Equamax　等量最大法
- Quartimax　四次方最大法
- Direct Oblimin　斜交旋转
- Promax　亦是一种斜交旋转，允许因子相关，但比上一种方法计算速度快，因而更适用于大数据

2. Display：指定输出选项

- Rotated solution　显示旋转后的因子解
- Loading plots　显示因子负载图

3. Maximum iterations for Convergence：指定旋转收敛的最大迭代次数
系统默认值为 25。

（三）Scores 对话框

提供和因子值有关的选项，包括三个部分：
1. Save as variables：将因子值作为新变量保存在数据文件中
可以在其相应的"Method"栏中指定计算因子值的方法，有以下三种选项：

- Regression　回归法
- Bartlett　Bartlett 法
- Anderson-Rubin　Anderson-Rubin 法

2. Display factor score coefficient matrix：显示因子值系数矩阵和因子值的均方差矩阵

（四）Descriptives 对话框

提供描述性统计量和与相关矩阵有关的统计量，包括两个部分：
1. Statistics
有两种选项：

- Univariate descriptives　显示各观测变量的均值和标准差
- Initial solution　显示公因子方差、特征值、各因子解释的方差比例和累积比例

2. Correlation Matrix
有七种选项：

- Coefficients　观测变量的相关系数矩阵

- Significance levels 每个相关系数的显著水平
- Determinant 相关系数矩阵的行列式值
- Inverse 相关系数矩阵的逆矩阵
- Reproduced 由因子模型估计出的相关系数及残差
- Anti-image 反映象相关矩阵
- KMO and Bartlett's test of sphericity KMO 测度值和 Bartlett 球形检验

（五）Options 对话框

提供有关缺失值处理及数据显示格式的选项。

1. Missing Values：缺失值处理方式选项。
   - Exclude cases listwise 列表删除
   - Exclude cases pairwise 成对删除
   - Replace with mean 用平均数代替
2. Coefficient Display Format：因子负载的显示方式
   - Sorted by size 按绝对值的大小排列
   - Suppress absolute values less than 不显示绝对值小于指定值的因子负载

研究者根据需要可以从以上五个对话框中选择需要的选项。指定变量后如果不做任何选择，直接运行因子分析过程，即完全使用系统默认值，得到的是提取特征值大于等于 1 的因子、采用主成分分析法提取因子、不进行因子旋转的结果。

基本概念

基本结构　数据化简　公因子　特殊因子　因子负载　公因子方差　因子贡献　主成分分析法　公因子分析法　提取因子　特征值准则　碎石检验准则　碎石图　因子的解释　正交旋转　斜交旋转　因子值系数矩阵　因子值

本章要点

1. 因子分析的主要目的是浓缩数据。它用较少数的几个假想因子来反映原来众多观测变量所代表的信息。

2. 因子分析主要用于两个方面：一是寻求数据的基本结构，二是进行数据化简。

3. 因子分析用于分析间距测度及以上等级的变量，变量之间应该有较强的相关关系。

4. 求解初始因子这一步骤确定因子的个数和求因子解的方法。当变量数较多时，主成分法和公因子法的结果差异不大。

5. 因子旋转的目的是通过坐标变换使因子解的实际意义更容易解释。因子旋转不改变模型对数据的拟合程度，也不改变每个变量的公因子方差。

参考文献

Dillon，W. R.，and Goldstein，M. （1984）. Multivariate Analysis：Methods and Applications. New York：Wiley.

Gorsuch，R. L. （1990）. Common Factor Analysis Versus Component Analysis：Some Well and Little Known Facts. Multivariate Behavioral Research，25：33－39.

Harman，H. H. （1976）. Modern Factor Analysis. Chicago：University of Chicago Press.

Kim，J-O and Mueller，C. W. （1978）. Factor Analysis. Sage University Paper series on Quantitative Applications in the Social Sciences，series no 07－014. Beverly Hills. London：Sage Publications.

Hair，J. F. Jr.，Anderson. R. E.，Tatham，R. L.，and Black，W. C. （1995）. Multivariate Data Analysis with Readings，Fourth Edition. Prentice-Hall International Inc.

Mulaik，S. A. （1972）. The Foundations of Factor Analysis. New York：McGraw-Hill.

Mulaik，S. A. （1990）. Blurring the Distinction Between Component Analysis and Common Factor Analysis. Multivariate Behavioral Research，25：53－59.

SAS Institute Inc. （1990）. SAS User's Guide：Statistics，Version 6. Cary，N. C.

SPSS Inc. （1988）. SPSS/PC＋Advanced Statistics V2. 0. Chicago.

Velicer，W. F.，and Jackson，D. N. （1990）. Component Analysis Versus Common Factor Analysis：Some Issues in Selecting an Appropriate Procedures. Multivariate Behavioral Research，25：1－15.

罗积玉，邢瑛．经济统计分析方法及预测．北京：清华大学出版社，1987.

卢纹岱，朱一力，沙捷，朱红兵．SPSS for Windows 从入门到精通．北京：电子工业出版社，1997.

第四章

聚类分析

聚类分析（cluster analysis）是根据研究对象的特征对研究对象进行分类的多元分析技术的总称。分类问题是各个学科领域都普遍存在的问题，例如人口学中研究人口生育分类模式、人口死亡分类模式，医学中对各种精神病特征的分析，市场营销学中进行市场分层、确定目标市场等等，这些都需要对研究对象进行分类。聚类分析是应用最广泛的分类技术，它把性质相近的个体归为一类，使得同一类中的个体具有高度的同质性，不同类之间的个体具有高度的异质性。

聚类分析的大部分应用都属于探测性研究，最终结果是产生研究对象的分类，通过对数据的分类研究还能产生假设。聚类分析也能用于证实性目的，对于通过其他方法确定的数据分类，可以应用聚类分析进行检验。

本章将介绍聚类分析的原理和各种聚类方法的选择和使用。聚类分析可以用来对案例进行分类，也可以用来对变量进行分类。对案例的分类常称为Q型聚类，对变量的分类称为R型聚类。实际应用中，聚类分析更多地用来对案例进行分类，所以，本章以案例聚类为例介绍聚类分析。对变量的聚类方法和对案例的聚类方法相同，这里不再赘述。

一、聚类分析的主要步骤

一般来说，聚类分析至少都应该包括以下四个步骤：第一步，根据研究的目的选择合适的聚类变量；第二步，计算相似性测度；第三步，选定聚类方法进行聚类；第四步，对结果进行解释和验证。下面我们对每一步骤进行简单介绍。

（一）选择变量

因为聚类分析是根据所选定的变量对研究对象进行分类，聚类的结果仅仅反映了所选定变量所定义的数据结构，所以变量的选择在聚类分析中非常重要。一般来说，选择哪些变量应该具有一定的理论支持，但实践中往往缺乏这样强有力的理论基础，研究者一般是根据实际工作经验和所研究问题的特征人为地选择一些变量。那么，这些变量应该具有以下特点：

（1）和聚类分析的目标密切相关。

（2）反映了要分类对象的特征。

（3）在不同研究对象上的值具有明显差异。

（4）变量之间不应该高度相关。

选择变量时要注意克服“加入尽可能多的变量”这种错误倾向。并不是加入的变量越多，得到的结果越客观。有时，加入一两个不合适的变量就会使得分类结果大相径庭。所以，聚类分析应该只根据在研究对象上有显著差别的那些变量进行分类。因此，研究者需要对聚类结果不断进行检验，剔除在不同类之间没有显著差别的变量。

另一点应该注意的是，所选择的变量之间不应该高度相关，不加鉴别地使用高度相关的变量相当于给这些变量进行了加权。如果我们所选择的变量中有三个高度相关的变量，这相当于使用了这三个高度相关变量中的一个，并对其给予了三倍的权数。对于高度相关的变量有两种处理办法，一是在聚类之前，首先对变量进行聚类分析，从聚得的各类中分别挑选出一个有代表性的变量作为聚类变量。二是做主成分分析或因子分析，主成分分析和因子分析都可以用来降低数据的维数，产生新的不相关变量，然后把这些变量作为聚类变量。

（二）计算相似性

选定了聚类变量，下一步就是计算研究对象之间的相似性（similarity）。相似性是聚类分析中的一个基本概念，它反映了研究对象之间的亲疏程度，聚类分析就是根据研究对象之间的相似性来进行分类的。有很多种相似性测度，关于它们的计算和使用，我们将在后面详述。

（三）聚类

选定了聚类变量、计算出相似性矩阵之后，下一步就是要对研究对象进行分类。这时主要涉及两个问题：一是选定聚类方法，二是确定形成的类数。我们将在第三节介绍常用的聚类方法和如何确定形成的类数。

（四）聚类结果的解释和证实

得到聚类结果后，还应该对结果进行验证和解释，以保证聚类解是可信的。

二、相似性测度

在聚类分析技术的发展过程中，形成了很多种测度相似性的方法。每一种方法都从不同的角度测度了研究对象的相似性，主要分为以下三类：（1）相关测度；（2）距离测度；（3）关联测度。其中相关测度和距离测度适用于间距测度等级及以上的数据，关联测度适用于名义测度和序次测度的数据。

（一）相关测度

应用最广泛的相关测度是皮尔逊相关系数（Pearson correlation），即简单相关系数。它最初用来测度变量之间的相关程度，聚类分析中用它来测度案例之间的相似程度。

（以下框中的内容可跳过不读）

皮尔逊相关系数计算公式为：

$$r_{ij}=\frac{\sum_{k=1}^{m}(x_{ik}-\overline{x}_i)(x_{jk}-\overline{x}_j)}{\sqrt{\sum_{k=1}^{m}(x_{ik}-\overline{x}_i)^2}\sqrt{\sum_{k=1}^{m}(x_{jk}-\overline{x}_j)^2}}$$

其中，x_{ik}表示案例i在变量k上的值，$\overline{x}_i$表示所有变量在案例i上的均值，m表示变量个数。

相关系数的变化范围为[−1，+1]，0表示两个案例之间没关系。该系数对各变量值的大小不敏感，因为在r_{ij}公式中每个变量值先减去平均值，又除以了标准差，它相当于先把每个案例在所有的变量上进行了标准化。相关系数测度了研究对象在聚类变量模式变化上的相似性，这一点我们将通过表4—1中的假想数据加以进一步说明。表4—1给出了五个案例在五个变量上的假想数据，从五个变量的相关测度结果可以看出，五个案例被分成了两组，案例1、3、5之间具有较高的相关，应该归为一组，案例2、4之间有较高的相关，应该归为另一组（见表4—2）。如果我们画出每个案例在聚类变量上的变化曲线（见图4—1），就可以看出，聚为一组的案例在聚类变量上有相似的变化模式。因为相关测度在更大程度上反映了案例在聚类变量上变化模式的相似性，而变量值大小的差异对其影响不大，所以，它也常被称为形状测度。

表4—1　　原始数据一

案例	变量				
	x_1	x_2	x_3	x_4	x_5
1	2	5	3	6	4
2	8	7	7	8	8
3	6	8	6	9	7
4	3	2	3	4	4
5	2	3	2	3	2

表4—2　　相似性测度：相关系数

案例	1	2	3	4
2	0.00			
3	0.97	0.14		
4	0.19	0.76	0.18	
5	0.87	−0.17	0.91	−0.22

相关测度的一个主要缺点也就是它忽视了变量值大小之间的差异。高度相关的两个样本所提供的信息可能并不等同，有时甚至相差甚远。如本例中的案例1和案例3之间的相关系数高达0.97，但两个案例的变量值相差很大。实际上，在聚类分析的大部分应用中都更重视变量值大小的差异，而不是值的变化模式，所以相关测度在聚类分析中应用并不普遍，应用最普遍的是我们下面要介绍的距离测度。

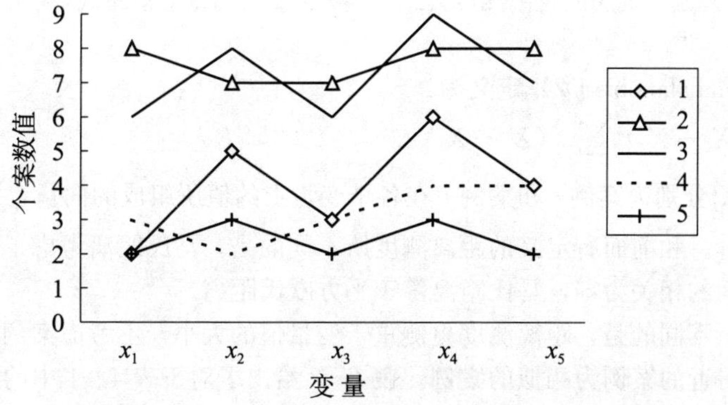

图 4—1 五个案例在聚类变量上的变化曲线

(二) 距离测度

距离测度的出发点是把每个案例看作 m 维空间（m 为变量个数）中的一个点，在 m 维空间中定义点与点之间的距离。距离越近的点，相似程度越高，聚类时更可能归为一类。如果两个案例在所有的变量上的值都相同，这两个点在 m 维空间中应该重合，两个点之间的距离为 0。

距离测度应该满足下列条件：

(1) $d_{ij}=d_{ji}\geqslant 0$，即距离具有对称性，从案例 i 至案例 j 的距离与案例 j 至案例 i 的距离相等。

(2) $d_{ij}\leqslant d_{ik}+d_{jk}$，即三角不等式，任意一边小于其他两边之和。

(3) 如果 $d_{ij}\neq 0$，则 $i\neq j$，即案例 i 和案例 j 不等同。

以下是常见的距离测度。

1. 欧氏距离

欧氏距离（Euclidean distance）定义为：

$$d_{ij}=\sqrt{\sum_{k=1}^{m}(x_{ik}-x_{jk})^2}$$

其中，d_{ij} 表示案例 i 和案例 j 之间的距离，x_{ik} 表示第 i 个案例在第 k 个变量上的值。欧氏距离是聚类分析中用得最广泛的距离，上式也称为简单欧氏距离。另一种常用的形式是平方欧氏距离，即：取上式的平方，记为 d_{ij}^2。平方欧氏距离的优点是，因为不再计算平方根，所以大大提高了计算机的运算速度。

2. 绝对值距离

绝对值距离（Manhattan distance 或 city-block metric）定义为：

$$d_{ij}=\sum_{k=1}^{m}|x_{ik}-x_{jk}|$$

绝对值距离是另一个应用很广泛的距离。使用时要注意的一个问题是，它假设变量之间是不相关的，如果变量之间相关，则聚类结果不可信。

3. 明科夫斯基距离

明科夫斯基距离（Minkowski metrics）定义为：

$$d_{ij}=(\sum_{k=1}^{m}|x_{ik}-x_{jk}|^r)^{1/r}$$

明科夫斯基距离是个通用的距离测度公式，当 r 为 1 时为绝对值距离，r 等于 2 时为欧氏距离。

4. 马氏距离

马氏距离（Mahalanobis D2）定义为：

$$d_{ij}=(X_i-X_j)^n\sum^{-1}(X_i-X_j)$$

其中，X_i、X_j 分别为案例 i 和案例 j 在各个变量上的值所组成的向量，$\sum^{-1}$ 为聚类变量的协方差阵的逆矩阵。和前面所定义的距离测度所不同的是，马氏距离考虑了聚类变量之间的相关。如果变量之间的相关为零，马氏距离等于平方欧氏距离。

和相关测度所不同的是，距离测度更侧重于变量值的大小，不考虑案例在聚类变量上的变化模式，认为靠得近的案例为相似的案例。表 4—3 给出了对于表 4—1 中的数据计算出的简单欧氏距离。按照距离越近，相似程度越高的原则，案例 2、3 应该归为一类，案例 1、4、5 归为另一类，这和用相关测度的聚类结果差异很大，参照图 4—1 我们可以更清楚地看出相关测度和距离测度的差异。

表 4—3　　相似性测度：欧氏距离

案例	1	2	3	4
2	8.72			
3	7.21	2.83		
4	3.74	9.90	9.38	
5	4.24	11.75	10.86	2.83

（三）关联测度

关联测度用来度量聚类变量为分类变量的研究对象的相似性。有很多种关联测度系数，其中只有三种得到了广泛的应用，它们分别是简单匹配系数（the simple matching coefficient）、Jaccard 系数（Jaccard's coefficient）和 Gower 系数（Gower's coefficient）。其中，简单匹配系数和 Jaccard 系数只适用于二分类变量，Gower 系数可以用于各种测度的变量。

1. 简单匹配系数

对于二分类变量，关联测度的出发点是要估计研究对象在回答这些问题时的一致程度，所以最简单的关联测度是两个案例在所有的聚类变量上答案相同的情况出现的频率，它被定义为简单匹配系数。

如果我们用 1 代表“是”，0 代表“否”，任意两个案例的回答结果表示如下：

		案例 2: 1	案例 2: 0
案例 1	1	a	b
案例 1	0	c	d

则简单匹配系数可以表示为：

$$S=\frac{a+d}{a+b+c+d}$$

S 为两个案例之间的相似性，变化范围从 0 到 1。

其中，a 表示两个案例都回答是“1”的频数；b 表示案例 1 回答是“1”、案例 2 回答是

“0”的频数；c 表示案例 1 回答是“0”、案例 2 回答是“1”的频数；d 表示两个案例都回答是“0”的频数。

2. Jaccard 系数

简单匹配系数的缺点是，两个案例相似可能是因为它们都共同拥有某些特征，也可能是因为它们都缺乏某些特征。Jaccard 系数在简单匹配系数的基础上，做了一些改进，它把两个案例都回答“否”的部分从公式中去掉，只考虑回答“是”的部分，计算公式为：

$$S=\frac{a}{a+b+c}$$

3. Gower 系数

Gower 系数优于前两个关联测度之处在于，它允许聚类变量可以是名义变量、序次变量和间距测度变量。定义为：

$$S=\frac{\sum_{k=1}^{m}S_{ijk}}{\sum_{k=1}^{m}W_{ijk}}$$

其中，S_{ijk} 为案例 i 和案例 j 在变量 k 上的相似性得分，W_{ijk} 为加权变量。S_{ijk} 和 W_{ijk} 的计算规则如下：

对于二分类变量（见表 4—4）：

表 4—4　在变量 k 上的值

案例 i	1	1	0	0
案例 j	1	0	1	0
S_{ijk}	1	0	0	0
W_{ijk}	1	1	1	0

即只有当两个案例在某个变量上都取值为 1 时，S_{ijk} 取值 1，其他情况都取值为 0。对于二分类变量，Gower 系数等于 Jaccard 系数。

对于序次变量：

两个案例在变量上的取值相同时，$S_{ijk}=1$；取值不同时，$S_{ijk}=0$。

对于间距测度或以上的变量：

$$S_{ijk}=1-|x_{ik}-x_{jk}|/R_k$$

其中，x_{ik} 和 x_{jk} 分别是案例 i 和案例 j 在变量 k 上的值，R_k 是变量 k 的全距（range），即变量 k 的最大值与最小值之间的差。

（四）数据的标准化问题

前面介绍的大部分相似测度，特别是距离测度，受聚类变量测量单位的影响很大。其中数量级单位大的变量往往其变差也大，它对相似测度的贡献占主导地位，这样就可能掩盖了其他变差小的变量的影响。另外，当变量的测量单位变化时，相似测度的值也随之改变，有可能改变最终的聚类结果。下面我们通过一个具体例子加以说明。

假设 A、B、C 三个案例在受教育年限和年收入两个变量上的值见表 4—5。年收入可以分别用万元和元两种单位测量，表 4—6 给出了分别用这两种单位的简单欧氏距离。当以万元为单位时，A 和 C 之间的相似性最高，其次是 A 和 B 与 B 和 C 之间的相似性最低，受教育年限变量在距离测度中起了主导作用。当年收入以元为单位测量时，A和C之间的相似性变成了最低，A和B与B和C之间的相似性相同，年收入的差异在相似性测度中占了绝对主导作用。

表4—5　　原始数据二

案例	受教育年限（年）	年收入（万元）	年收入（元）
A	10	2	20 000
B	16	1.5	15 000
C	6	1	10 000

表4—6　　变量取不同单位时的距离测度比较

	距离	
	（万元）	（元）
A—B	6.02	5 000
A—C	4.12	10 000
B—C	10.01	5 000

为了克服变量测量单位的影响，在计算相似测度之前，一般对变量要做标准化处理。通常是把变量变成均值为0、方差为1的标准化变量。常用的聚类分析软件中都有这项功能，可以自动完成。

三、聚类方法

有很多种聚类方法，应用最广泛的有两类：层次聚类法（hierarchical cluster procedures）和迭代聚类法（iterative partitioning procedures）。下面我们对每一类方法分别加以介绍。

（一）层次聚类法

有两种层次聚类法：聚集法（agglomerative method）和分解法（divisive method）。聚集法是首先把每个案例各自看成一类，先把距离最近的两类合并，然后重新计算类与类之间的距离，再把距离最近的两类合并，每一步减少一类，这个过程一直持续到所有的案例归为一类为止。分解法和聚集法的过程相反，首先把所有的案例归为一类，然后把最不相似的案例分为两类，每一步增加一类，直到每个案例都自成一类为止。分解法和聚集法相似，只是过程相反。所以，这里我们只介绍常用的层次聚集算法。层次聚集法是聚类分析中应用最广泛的聚类方法，层次聚集法的聚类过程可以用一个树状图（dendrogram）表示出来，根据该树状结构图可进行不同的分类处理。

层次聚集法中的一个核心问题是计算类与类之间的距离，有五种最常用的方法：（1）最短距离法（single linkage）；（2）最长距离法（complete linkage）；（3）平均联结法（average linkage）；（4）矩心法（centroid）；（5）离差平方和法（ward's method）。下面我们逐一加以介绍。

1. 最短距离法

最短距离法把两个类之间的距离定义为一个类中的所有案例与另一类中的所有案例之间的距离最小者。

设 x_i 为类 G_p 中的任一案例，x_j 为类 G_q 中的任一案例，d_{ij} 表示案例 x_i 与案例 x_j 之间的距离，D_{pq} 表示类 G_p 与 G_q 之间的距离，则最短距离法把 D_{pq} 定义为：

$$D_{pq} = \min_{x_i \in G_p, x_j \in G_q} d_{ij}$$

图 4—2 给出了最短距离法的示意图。

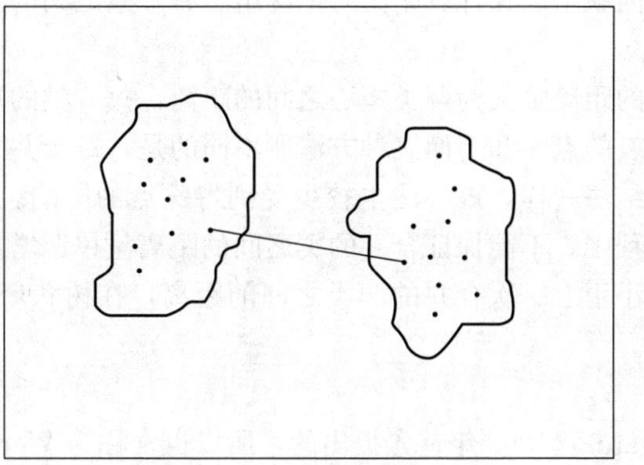

图 4—2　最短距离法示意图

最短距离法的主要缺点是它有链接聚合的趋势。因为类与类之间的距离为所有距离中的最短者，两类合并以后，它与其他类之间的距离缩小了，这样容易形成一个比较大的类，大部分案例都被聚在一类中，在树状聚类图中，会看到一个延伸的链状结构，所以最短距离法的聚类效果并不好，实际中不提倡用。

2. 最长距离法

和最短距离法相反，最长距离法把类与类之间的距离定义为两类中离得最远的两个案例之间的距离，用公式表示为：

$$D_{pq} = \max_{x_i \in G_p, x_j \in G_q} d_{ij}$$

最长距离法克服了最短距离法链接聚合的缺陷，两类合并后与其他类的距离是原来两个类中的距离最大者，加大了合并后的类与其他类的距离，图 4—3 给出了最长距离法示意图。

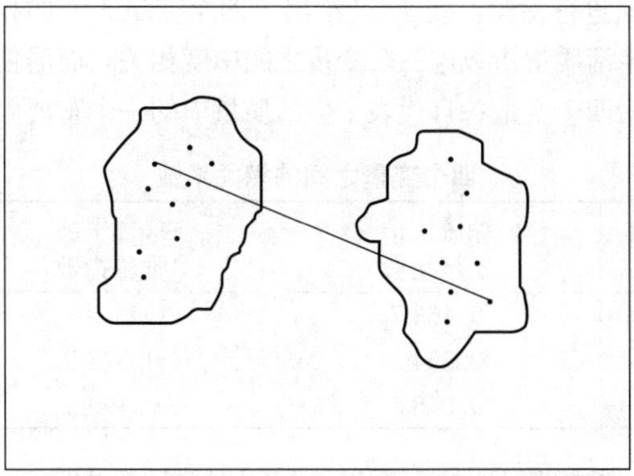

图 4—3　最长距离法示意图

3. 平均联结法

最短距离法和最长距离法都只用两个案例之间的距离来确定两类之间的距离，没有充分利用所有案例的信息，平均联结法把两类之间的距离定义为两类中所有案例之间距离的平均值，不再依赖于特殊点之间的距离，有把方差小的类聚到一起的趋势。平均联结法是聚类效果较好、应用广泛的一种聚类方法。它有两种形式，一种是组间联结法（between-groups linkage），另一种是组内联结法（within-groups linkage）。组间联结法在计算距离时只考虑两类之间个案之间的距离的平均，组内联结法在计算距离时把两组所有个案之间的距离都考虑在内。

4. 矩心法

矩心法把两类之间的距离定义为两类矩心之间的距离，每一类的矩心是该类中所有案例在各个变量上的均值所代表的点。和上面三种方法所不同的是，每合并一次类，都需要重新计算新类的矩心。和平均联结法一样，矩心法也较少受到特殊点的影响。矩心法要求用欧氏距离，其主要缺点是在聚类过程中，不能保证合并的类之间的距离呈单调增加的趋势，也即本次合并的两类之间的距离可能小于上一次合并的两类之间的距离，在树状聚类图上会出现图形逆转，这一点限制了它的应用。

5. 离差平方和法

离差平方和法是 Ward 于 1963 年首先提出的，所以也常称为 Ward 法。其基本思想是同一类内案例的离差平方和应该较小，不同类之间案例的离差平方和应该较大。求解过程是，首先使每个案例自成一类，每一步使离差平方和增加最小的两类合并为一类，直到所有的案例都归为一类为止。离差平方和法要求案例之间的距离必须采用平方欧氏距离，它倾向于把案例数少的类聚到一起，发现规模和形状大致相同的类。离差平方和法和平均联结法一样，是分类效果较好、在社会科学领域应用较广泛的聚类方法。

下面我们通过具体数据利用上面所介绍的方法进行聚类分析。

例 1：我国经济发展的总目标是到 2000 年使人民生活达到小康标准，因此，了解各地区目前对小康生活质量的实现程度，对各地区实现小康生活质量的状况进行综合评价，对各级政府部门具有重要意义。有关研究提供了 1990 年全国 30 个省市区在经济、教育、健康和居住环境四个方面对小康标准已经实现的指数（冯立天、戴星翼，1996：88），其中取值 1 表示已经达到或超过小康标准，取值 0 则表示低于或刚达到温饱水平。本章用这套指数作为例题数据来进行聚类分析示范，本书附盘中的相应数据文件名为index1990. sav。

首先，我们对聚类变量进行检验，表 4—7 给出了四个变量之间的相关系数。经济生活质量指数、教育生活指数和健康生活质量指数这三个变量之间中度相关，而居住生活质量指数与其他三种指数的相关水平较低。因为四个变量各自代表了生活质量中的一个重要侧面，所以我们都保留。

表 4—7　　四个变量之间的相关系数

	经济生活质量指数	教育生活质量指数	健康生活质量指数
教育生活质量指数	0.663 7		
健康生活质量指数	0.554 3	0.576 5	
居住生活质量指数	−0.048 5	−0.190 3	0.073 1

因为要对各种聚集聚类法进行比较，所以相似测度采用平方欧氏距离。四个变量有相同的量纲，计算距离矩阵之前不必再对数据做标准化处理。图 4—4 至图 4—8 分别给出了最短距离法、最长距离法、矩心法、平均联结法和离差平方和法的树状聚类图。从图 4—4 知最短距离法的树状结构图成链状连接，分类效果较差。最长距离法、矩心法、平均联结法和离差平方和法都把样本分成了 2～4 类，其中离差平方和法的分类效果最好。取三类的离差平方和法的分类结果见表 4—8 。

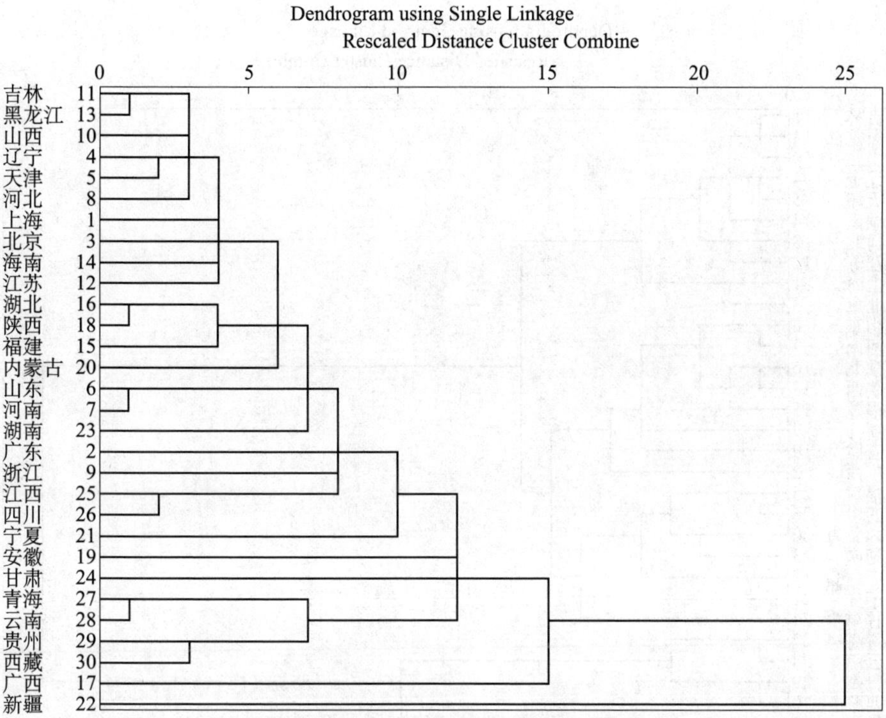

图 4—4　树状聚类图：最短距离法

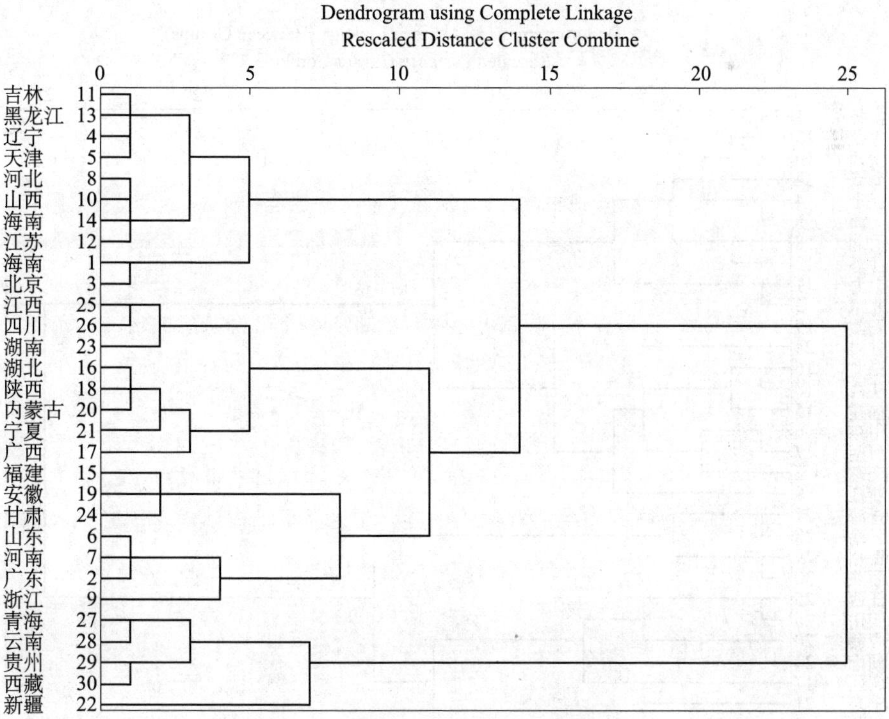

图 4—5　树状聚类图：最长距离法

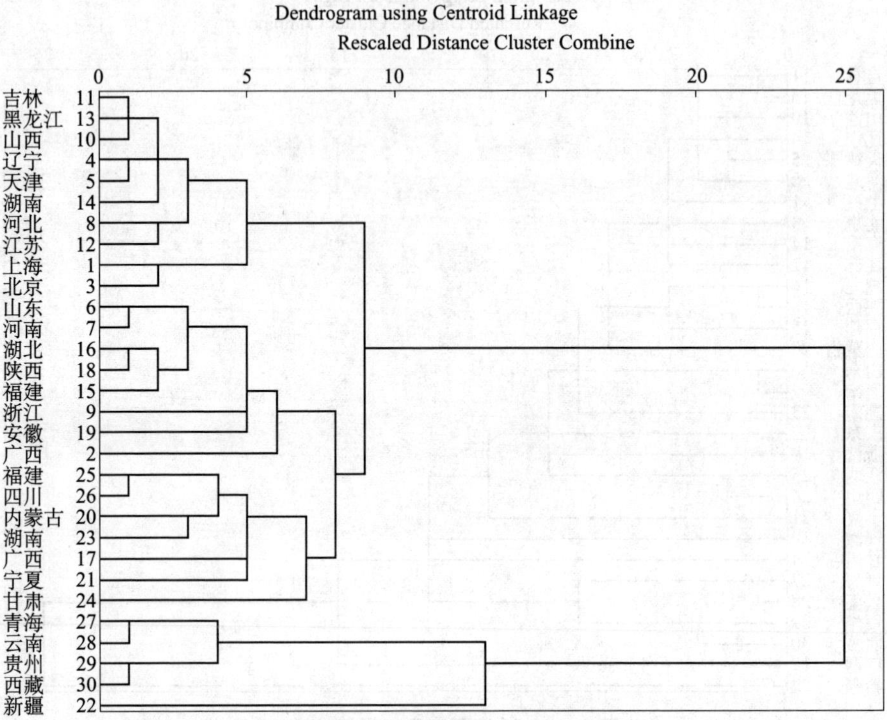

图 4—6　树状聚类图：矩心法

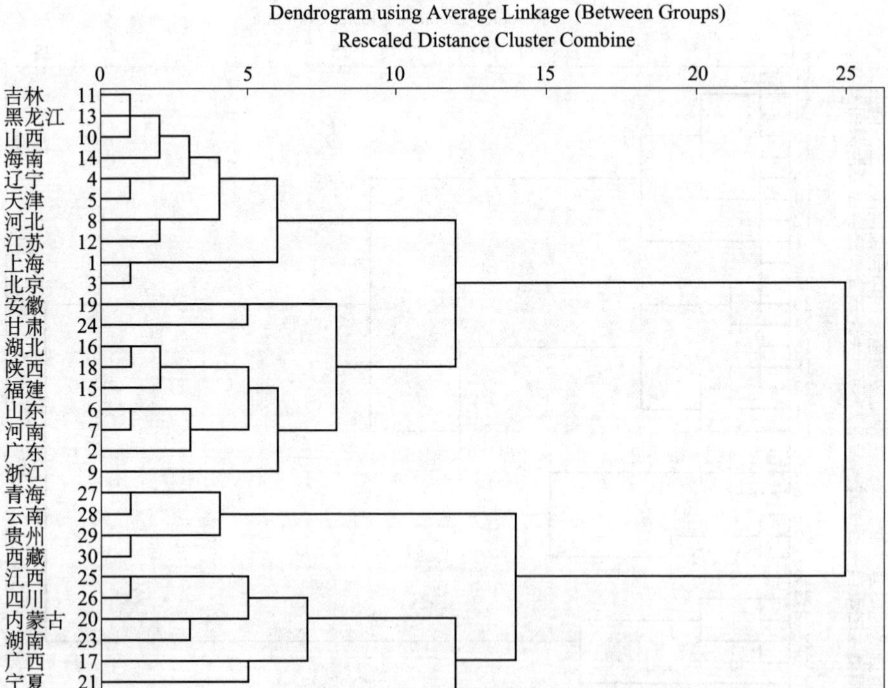

图 4—7　树状聚类图：平均联结法

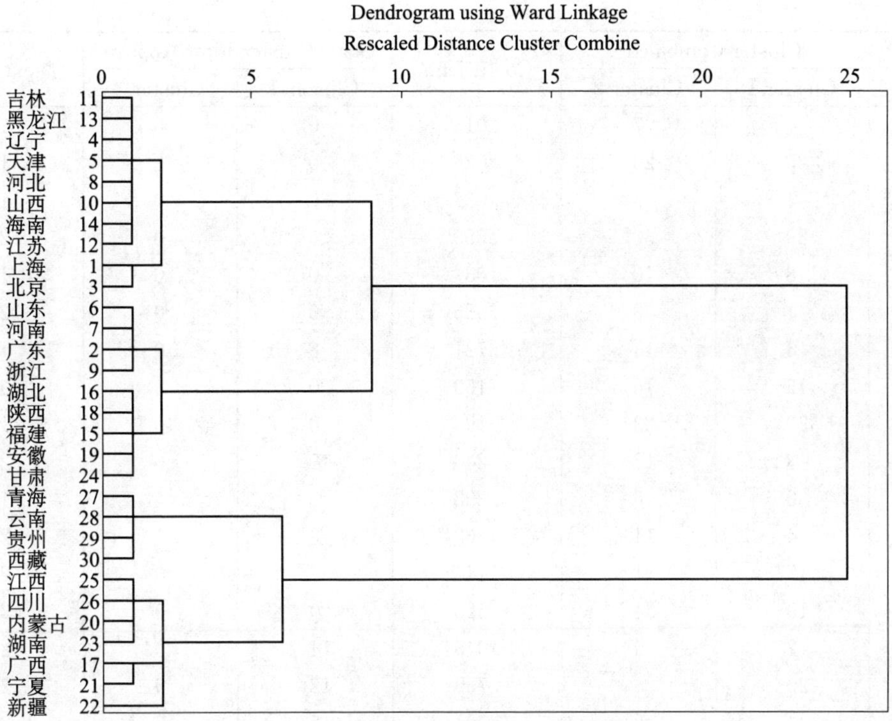

图 4—8 树状聚类图：离差平方和法

表 4—8 离差平方和的分类结果

类别	地区	类规模
1	上海 北京 辽宁 天津 河北 山西 吉林 江苏 黑龙江 海南	10
2	广东 山东 河南 浙江 福建 湖北 陕西 安徽 甘肃	9
3	广西 内蒙古 宁夏 新疆 湖南 江西 四川 青海 云南 贵州 西藏	11

层次聚集法的聚类过程也可以用聚类进度表（agglomeration schedule）表示。表 4—9 给出了使用离差平方和法的聚类进度表。其中，第一列表示聚类的顺序，第二、三列表示每一步将哪两类合并，新合并成的类的序号取两类中最小的，第四列表示被合并的两类之间的距离，该系数也称为聚合系数（fusion coefficient），第五、六列表示被合并的两类上一次合并分别是在哪一步形成的，0 表示被合并的类为单个案例，最后一列表示每一步形成的新类将在哪一步参与下一次合并。例如，表 4—9 中，第一步将 11 和 13 两个案例合并为一类，在第 15 步该类和第 4 类合并为一类。

表 4—9 使用离差平方和法的聚类进度表

Agglomeration Schedule

Stage	Cluster Combined		Coefficients	Stage Cluster First Appears		Next Stage
	Cluster 1	Cluster 2		Cluster 1	Cluster 2	
1	11	13	.002	0	0	15
2	27	28	.004	0	0	21
3	16	18	.009	0	0	11

续前表

Stage	Cluster Combined		Coefficients	Stage Cluster First Appears		Next Stage
	Cluster 1	Cluster 2		Cluster 1	Cluster 2	
4	6	7	.016	0	0	14
5	25	26	.026	0	0	19
6	4	5	.037	0	0	15
7	29	30	.050	0	0	21
8	8	10	.067	0	0	10
9	1	3	.086	0	0	24
10	8	14	.121	8	0	13
11	15	16	.159	0	3	22
12	20	23	.198	0	0	19
13	8	12	.240	10	0	20
14	2	6	.298	0	4	18
15	4	11	.362	6	1	20
16	17	21	.444	0	0	23
17	19	24	.528	0	0	22
18	2	9	.646	14	0	26
19	20	25	.769	12	5	25
20	4	8	.901	15	13	24
21	27	29	1.036	2	7	27
22	15	19	1.187	11	17	26
23	17	22	1.377	16	0	25
24	1	4	1.621	9	20	28
25	17	20	1.919	23	19	27
26	2	15	2.231	18	22	28
27	17	27	3.114	25	21	29
28	1	2	4.447	24	26	29
29	1	17	8.532	28	27	0

冰柱图（icicle plot）是表示聚类结果的另一种常见形式。它有两种，一种是纵向（vertical）冰柱图，另一种是横向（horizontal）冰柱图。纵向冰柱图中，水平方向表示案例，纵向方向表示类数。横向冰柱图相反，水平方向表示类数，纵向方向表示案例。图 4—9 给出了离差平方和聚类的纵向冰柱图。图中纵坐标值表示所分类别数。比如，最高的冰柱只到 1，表示水平 1 以下为所有的案例聚为一类；而在水平 2 以下，此唯一的冰柱把案例分为两类，冰柱左面的为一类，右面的为另一类。在水平 3 上则有两个冰柱，以它们为界把案例分为 3 类，这时比水平 2 又多了两个冰柱之间的一类。以此类推，可以从图上查看聚为任何类的分类结果。从图的底部往上看，反映了聚类过程。例如，第一步，案例 11 和案例 13 聚为一类，对应的分类数为 29。第二步，案例 27 和案例 28 聚为一类，对应的分类数为 28，每一步减少一类，直到最后所有的案例聚为一类。

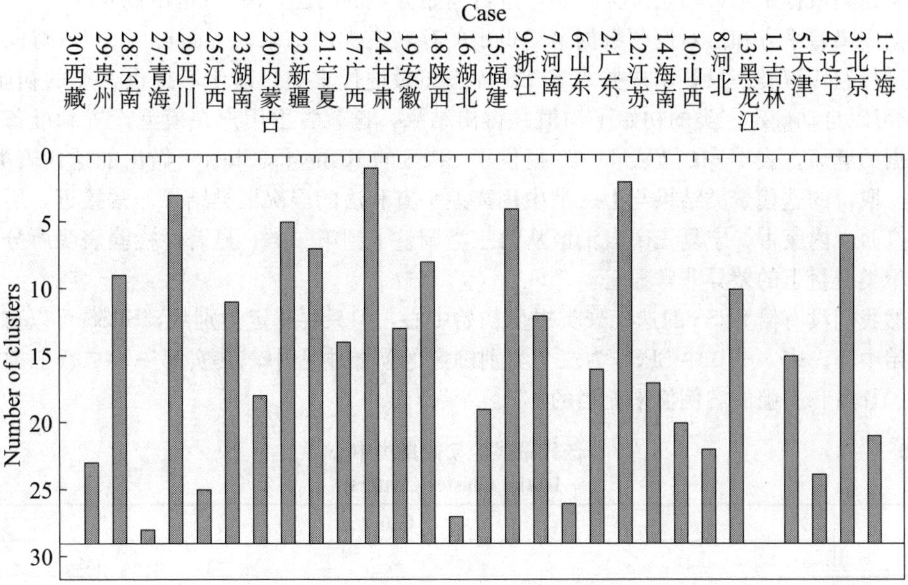

图 4—9 离差平方和聚类的纵向冰柱图

(二) 迭代聚类法

层次聚类法在聚类过程中需要存储距离矩阵，并且在每一步的并类过程中都需要做很多计算。这样，当样本量很大时会需要较大的计算机内存空间和较长的计算时间。迭代聚类法克服了层次聚类法的这两个缺点，具有占计算机内存空间小、速度快的优点，适用于大样本的聚类分析。由于确定类别数及相应各类中心（即平均数）在迭代聚类法最重要，因此在 SPSS 聚类分析选取不同模块时将迭代聚类方法称之为"K-means Cluster"，即对 K 个分类求平均数的聚类方法，而在输出结果时又将其称之为"Quick Cluster"。

迭代聚类法的聚类过程分为以下四步：

（1）指定要形成的聚类数，对样本进行初始分类并计算每一类的中心。

（2）调整分类。计算每个样本点到各类中心的距离，把每个样本点归入距中心最近的那一类。

（3）重新计算每一类的中心。

（4）重复步骤（2）～（3），直到没有样本点可以再调整为止。

迭代聚类法的关键是选择初始分类，不同的初始分类用于同一数据往往也会得出不同的结果。

进行初始分类的方法分两种情况：一是已知初始聚类中心，二是未知初始聚类中心。

在已知初始聚类中心的情况下，按照距离最近的原则，把离初始聚类中心最近的样本点归入一类，形成初始分类，然后计算每一类的中心。初始聚类中心通常是根据经验人为地进行选择，例如，根据以往的研究经验，选择每一类中有代表性的样本点作为初始聚类中心，或者将样本先用其他方法分类，将每一类的平均值作为迭代的初始聚类中心。也可以使用数据文件中的前 k 个无缺失值的样本点作为初始聚类中心。

在未知初始聚类中心的情况下，指定某种聚类方法对样本点进行初始分类，一般的统计软件都有从原始数据中估计初始聚类中心，进行初始分类的功能，SPSS也不例外。

根据用离差平方和法对例题数据聚类得出的存在三类的结果，下面再用SPSS对同一数据按三类进行迭代聚类。只要用户要求SPSS按三类做迭代聚类，即使不提供三类的初始中心，SPSS也可以自动确定三类的初始平均值并得出结果，这就省去用户在模型设置和准备初始平均值数据的麻烦。表4—10至表4—13提供了SPSS的K-means Cluster做出的迭代聚类结果。实际上，取得的迭代聚类结果与上一节中用离差平方和法的层次聚类结果非常接近，所不同的只是把广西、内蒙古、宁夏三个自治区从第三类调整了到第二类，显著性检验表明所分的三类在四个聚类变量上的差异非常显著。

虽然我们没有给SPSS的迭代聚类提供初始中心，但只要确定类别数，SPSS可以自动为其确定初始中心。表4—10中SPSS为三个类别确定的初始中心中，其实第一、二、三类分别是以上海、甘肃和新疆的案例值来充当的。

表4—10　　　　迭代聚类的初始聚类中心

Initial Cluster Centers

	Cluster		
	1	2	3
economy	.7258	.0324	.3615
education	.9413	.1027	.5624
health	1.0000	.7605	.0000
house	.5000	.6326	.8887

表4—11中是迭代计算最终取得的聚类中心。它与初始聚类中心变化很大。检查SPSS提供的迭代记录，只是前几次迭代时聚类中心变化显著，后来的迭代中则几乎没有什么变化。

表4—11　　　　迭代聚类的最终聚类中心

Final Cluster Centers

	Cluster		
	1	2	3
economy	.3784	.1915	.1045
education	.7819	.3973	.1754
health	.9574	.7825	.1138
house	.5909	.8095	.6398

表4—12是迭代最终结果的聚类中心差异的方差分析表。请特别注意SPSS对此表所加的注！由于类别选择就是为了使类别中心之间的差别最大化，因此这个方差分析表中的F值和显著水平并不能作为各聚类平均值是否相等的常规假设检验概率来理解，而只能用于反映各变量信息是否对聚类有用。表4—12的F值表明各变量与聚类有关的信息与聚类无关的信息相比要大得多，表明这四个变量对聚类都有所贡献。

表 4—12 聚类中心差异的方差分析表

ANOVA

	Cluster		Error		F	Sig.
	Mean Square	df	Mean Square	df		
economy	.184	2	.018	27	10.189	.001
education	.867	2	.033	27	26.533	.000
health	1.607	2	.030	27	54.182	.000
house	.148	2	.028	27	5.334	.011

The F tests should be used only for descriptive purposes because the clusters have been chosen to maximize the differences among cases in different clusters. The observed significance levels are not corrected for this and thus cannot be interpreted as tests of the hypothesis that the cluster means are equal.

SPSS 的迭代聚类可以输出每个案例的最终分到哪一类（Cluster Membership）及各案例与所属类别中心之间的距离，并且可以应用户要求将它们作为变量暂存入工作数据表。这些信息可以用来概括各类案例的特点，尤其是那些与类别平均值距离很小的案例，可以反映该类别的一些基本特征。此外，SPSS 还输出每一类别的最终案例数（Number of Cases in each Cluster）。表 4—13 将本例迭代聚类的分类结果及各类案例数整理为一个简单的列表。

表 4—13 迭代聚类的分类结果

类别	地区	类规模
1	上海 广东 北京 辽宁 天津 河北 山西 吉林 江苏 黑龙江 海南	11
2	山东 河南 浙江 福建 湖北 广西 陕西 安徽 内蒙古 宁夏 湖南 甘肃	12
3	新疆 江西 四川 青海 云南 贵州 西藏	7

（三）分类数的确定

到目前为止，我们还没有讨论过如何确定分类数，聚类分析的目的是要对研究对象进行分类，因此如何选择分类数成为各种聚类方法中的主要问题之一。在迭代聚类法中，聚类之前需要指定分类数，层次聚类法中我们最终得到的只是一个树状结构图，从图中可以看出存在很多不同的类，但问题是如何确定类的最佳个数。

确定分类数的问题是聚类分析中迄今为止尚未完全解决的问题之一，主要的障碍是对类的结构和内容很难给出一个统一的定义，这样就给不出从理论上和实践中都可行的虚无假设。实际应用中主要根据人们研究的目的，从实用的角度出发，选择合适的分类数。Demirmen 在 1972 年曾提出了根据树状结构图来分类的准则（参见罗积玉、邢瑛，1987：177）：

准则 1：任何类都必须在邻近各类中是突出的，即各类中心之间距离必须大。

准则 2：各类所包含的元素都不要过多。

准则 3：分类的数目应该符合使用的目的。

准则 4：若采用几种不同的聚类方法处理，则在各自的聚类图上应发现相同的类。

层次聚类中每次合并的类与类之间的距离也可以作为确定类数的一个辅助工具。在层次聚类过程中，首先把离得近的类合并，所以在并类过程中聚合系数呈增加趋势，聚合系数小，表示合并的两类的相似程度大，两个差异很大的类合到一起，会使该系数增大。对表 4—9 中的聚合系数进行分析发现，从四类合并为三类、三类合并为两类、两类合并为一类时，聚合系数增加都较大（见表 4—14），又一次表明，合理的分类数在 2～4 类之间。如果以 x 轴表示聚合系数，y 轴表示分类数，画出聚合系数随分类数的变化曲线，会得到类似于因子分析中的碎石检验图，在曲线开始变得平缓的点表示分类数（见图 4—10）。

表 4—14　　层次聚类法的聚合系数分析

类数	聚合系数	变化（%）
7	1.377	17.720
6	1.621	18.384
5	1.919	16.258
4	2.231	39.579
3	3.114	42.807
2	4.447	91.860
1	8.532	—

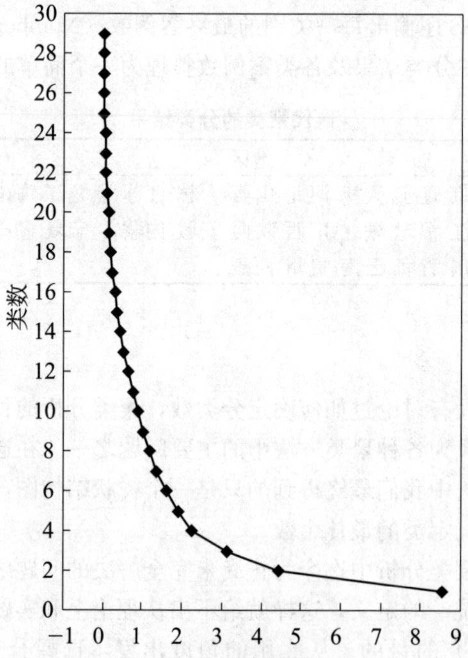

图 4—10　聚合系数随分类数的变化曲线

（四）聚类方法的选择

因为不同的聚类方法对于同一数据会得出不同的聚类结果，那么如何从众多的聚类方法中进行选择呢？遗憾的是对这一问题并没有明确的答案，因为并不存在一种总是最优的聚类方法。很多对聚类方法的比较研究表明，某种聚类方法是否能发现真实的数据结构，受很多因素的影响，至少以下四个因素会大大影响聚类方法的使用效果（Aldenderfer and Blashfield，1987：59）：

（1）类的结构（主要指类的形状、规模和个数）。

(2) 异常值（outliers）的存在。

(3) 类与类之间重叠的程度。

(4) 相似测度的选择。

异常值是指和样本中其他的案例非常不同的案例，它哪一类也不属，远离其他案例，自成一类。层次聚类法的聚类结果受数据中异常值的影响非常大，特别是最长距离法。为了减轻异常值的影响，研究者可能要反复做几次的聚类分析，每一次对结果进行分析看是否能除去可能的异常值。另外，层次聚类法的聚类过程是单方向的，一旦某个案例进入某一类，就不可能从该类出来，再归入其他的类。与层次聚类法相比，迭代聚类法受异常值、相似测度和不合适的聚类变量的影响较小，对于不合适的初始分类可以进行反复调整，其缺点是聚类结果对初始分类非常敏感，而且它也只能得到局部最优解。

在聚类分析发展的早期，层次聚类法应用较普及，其中尤以平均联结法和离差平方和法应用最广泛。后来，迭代聚类法逐步被人们所接受，应用日益增多。现在的趋势是把两种方法结合起来使用，取长补短。首先使用层次聚类法确定分类数，检查是否有异常值，去除异常值后，对剩下的案例重新进行分类，把用层次聚类法得到的各个类的中心，作为迭代聚类法的初始分类中心，这样就克服了层次聚类法只能单方向进行聚类的缺点，对样本点可以进行重新调整。

四、聚类结果的解释和证实

对聚类结果进行解释是希望对各个类的特征进行准确的描述，给每类起一个合适的名称。这一步可以借助于各种描述性统计量进行分析，通常做法是计算各个类在各聚类变量上的均值，对均值进行比较分析，还可以使用聚类变量之外的其他变量，帮助描述各个类的特征，解释各个类差别的原因。

对于全国 30 个省市区小康水平实现程度的聚类分析，我们把 30 个省市区分成了三类，方差分析表明，这三类地区在四个聚类变量上的均值有显著差异（见表 4—10）。更进一步地可以具体分析哪两类之间均值的差异是显著的，表 4—15 给出了三类地区在四个聚类变量上的均值和用 Duncan 范围检验[①]的结果，结果表明，一类地区在经济、教育和健康方面的小康标准实现程度都是最高的，二类地区在居住方面的小康标准实现程度最高，三类地区除了在居住方面小康标准的实现程度较高外，在其他三方面都大大低于一类和二类地区。

表 4—15　　迭代聚类结果的各类样本的均值和显著性差异类

	类别			
变量	1	2	3	有显著差异类
经济生活指数	.378 4	.191 5	.104 5	(1, 2) (1, 3)
教育生活指数	.781 9	.397 3	.175 4	(1, 2) (1, 3) (2, 3)
健康生活指数	.957 4	.782 5	.113 8	(1, 2) (1, 3) (2, 3)
居住生活指数	.590 9	.809 5	.639 8	(1, 2) (2, 3)

注：均为在 0.05 水平下显著。

对聚类结果进行证实是要保证聚类解是可信的，具有一般性，可以进行推广。如果一个聚

① Duncan 范围检验是一种成对比较。这种检验在 SPSS 的单因素方差分析（One-Way ANOVA）中，只要在其中的“Post Hoc Tests”子窗口中勾选 Duncan 即可进行这种成对比较。

类解对于从同一总体抽出的不同样本重复出现，那么，我们可以说该聚类解具有一般性。因此，对聚类结果进行证实的最直接的方法是从同一总体中选择不同的样本进行聚类分析，对结果进行比较和评估。但是由于时间、经费、样本的获得性等各方面的限制，这种方法在实践中往往行不通。通常的做法是把样本分成两组，分别做聚类分析，对结果进行比较，或者对同一数据采用不同的方法重复聚类。

对于本章的例题，前面我们已经采用了不同的层次聚类方法进行聚类。实际上，用户也可以要求 SPSS 按指定聚类数来分类，我们便可以看到这些方法在案例聚为 3 类时的结果存在较大差异（见表 4—16）。其中最长距离法和离差平均和法的结果相对接近一些，差别仅限于有若干案例在第二类和第三类之间换位。这表明不同聚类方法的结果并不稳定。在上面不指定初始中心时用迭代聚类法分成的 3 类结果介乎于最长距离法和离差平方和法的结果之间。而当我们指定 SPSS 用表 4—17 中所列的用离差平方和法的层次聚类结果计算的各类平均值作为聚类初始值再重复用迭代聚类法将案例聚为 3 类时，其结果与不指定初始值的迭代聚类结果又发生了很大变化，其分类结果更接近于平均联结法。总之，这些聚类结果表明此例的聚类解十分不稳定。

表 4—16　　各类方法对例题案例聚为 3 类时的结果

案例	层次聚类法					迭代聚类法	
	平均联结法	最短距离法	最长距离法	矩心法	离差平方和法	不设初始值	预设初始值
1. 上海	1	1	1	1	1	1	1
2. 广东	1	1	2	1	2	1	1
3. 北京	1	1	1	1	1	1	1
4. 辽宁	1	1	1	1	1	1	1
5. 天津	1	1	1	1	1	1	1
6. 山东	1	1	2	1	2	2	1
7. 河南	1	1	2	1	2	2	1
8. 河北	1	1	1	1	1	1	1
9. 浙江	1	1	2	1	2	2	1
10. 山西	1	1	1	1	1	1	1
11. 吉林	1	1	1	1	1	1	1
12. 江苏	1	1	1	1	1	1	1
13. 黑龙江	1	1	1	1	1	1	1
14. 海南	1	1	1	1	1	1	1
15. 福建	1	1	2	1	2	2	1
16. 湖北	1	1	2	1	2	2	1
17. 广西	2	2	2	1	3	2	2
18. 陕西	1	1	2	1	2	2	1
19. 安徽	1	1	2	1	2	2	1
20. 内蒙古	2	1	2	1	3	2	2
21. 宁夏	2	1	2	1	3	2	2
22. 新疆	2	3	3	2	3	3	2

续前表

案例	层次聚类法					迭代聚类法	
	平均联结法	最短距离法	最长距离法	矩心法	离差平方和法	不设初始值	预设初始值
23. 湖南	2	1	2	1	3	2	2
24. 甘肃	1	1	2	1	2	2	2
25. 江西	2	1	2	1	3	3	2
26. 四川	2	1	2	1	3	3	2
27. 青海	3	1	3	3	3	3	3
28. 云南	3	1	3	3	3	3	3
29. 贵州	3	1	3	3	3	3	3
30. 西藏	3	1	3	3	3	3	3

表 4—17　　初始聚类平均值设定

来源	初始聚类均值				
	类别	经济生活指数	教育生活指数	健康生活指数	居住生活指数
离差平方和法的层次分类结果	1	0.305 7	0.592 7	0.942 0	0.692 3
	2	0.159 3	0.458 8	0.394 5	0.723 5
	3	0.066 7	0.030 8	0.014 8	0.618 6

注：本书附盘中提供离差平方和法结果初始聚类均值的相应数据文件，名为Clu3-Mean.sav。

五、使用 SPSS 软件进行聚类分析

SPSS 软件中进行聚类分析的过程有三种基本方法。Hierarchical Cluster 过程进行层次聚类分析，K-Means Cluster 过程进行迭代聚类分析，TwoStep Cluster 进行二阶段聚类分析。从主菜单中选择 Analyze → Classify，然后从以上三种聚类方法中选择一种进入其主菜单。下面对本章所介绍的层次聚类和迭代聚类这两种方法的聚类的步骤和主要选项加以介绍。

(一) Hierarchical Cluster

进行层次聚类有以下步骤。

1. 指定参与聚类的变量

将选定的变量放到“Variables”栏下的矩形框中。如果各案例有标签变量（如本例题的地名变量 area），则将其移入“Label Cases by”的栏内，输出案例结果时将以标签代替案例号。然后，在“Display”栏目勾选 Statistics，即要求输出聚类统计指标，勾选 Plots，即要求输出聚类统计图。

2. 指定聚类对象

进行变量聚类，在 Cluster 选项中选择“Variables”；对案例进行聚类，选择“Cases”。

3. 指定聚类方法、相似测度的方法和标准化数据的方法

在“Cluster Method”对话框中选择聚类方法，SPSS 软件提供了本章前面介绍的几种聚类方法可供选择。

为了通俗化，SPSS 对可选方法的提示与我们前面介绍的方法名称有所不同。Between-groups linkage 其实就是指称平均联结法，并且是 SPSS 的默认方法。对其他方法，SPSS 用 Nearest neighbor 提示最短距离法，用 Furthest neighbor 提示最长距离法，用 Centroid clustering 提示矩心法，用 Ward's method 提示离差平方和法。此外，Within-groups linkage 则是本章前面曾提到的另一种组内平均联结法，而 Median clustering 本章并未介绍。

在“Measure”栏目里中选择相似性测度。对于间距测度变量，在“Interval”相应的下拉菜单中选择，分类变量在“Counts”相应菜单中选择，二分类变量在“Binary”相应菜单中选择。在“Transform Value”对话框中可以选择标准化数据的方法。

4. 选择要输出的统计量

在“Statistics”对话框中可以选择输出聚类进度表（Agglomeration schedule）、距离矩阵（Proximity matrix）以及聚类结果（Cluster Membership），即每个案例属于哪一类。“Single solutions”输出指定类数的聚类结果；“Range of solutions”输出指定类数范围的聚类结果，比如指定类数范围从 2 到 4，则分别输出聚为 2、3、4 类时的聚类结果。

5. 选择要输出的统计图表

在“Plots”对话框中可以选择输出树状结构图和冰柱图。输出冰柱图时，选择“All clusters”显示整个聚类过程，选择“Specified range of clusters”显示指定范围的聚类过程。

6. 生成新变量

在“Save”对话框中可以选择把聚类结果作为变量暂存到工作数据表中。如果需要永久保存下来，最好取一个数据文件名另存。

（二）K-Means Cluster

进行迭代聚类有以下步骤。

1. 指定聚类变量

在变量表中选定要聚类的变量，并将其移到“Variables”下面的方框中。

2. 确定分类数

在“Number of Clusters”旁边的矩形框中指定分类数。

做完以上两步后，就可以执行该命令，SPSS 对其他用户未设置的参数一律按系统默认值对待。如果用户对输出的计算结果不满意，可以再进行以下的选择。

3. 引用和存放聚类平均值

在主对话框中的“Cluster Centers”栏目中有两个选项：

勾选“Read initial from”，可激活旁边相应的 File 按钮，点击该按钮打开数据文件窗口，通过指定文件夹和打开含有初始聚类中心的数据文件，便可以将其中数据作为迭代计算的初始聚类中心。本章例题迭代聚类可以引用表 4—17 中离差平均和法的层次聚类平均值作为初始中心，文件名为Clu3-Mean. sav，用户可以参照该初始数据文件格式，并根据实际分析需要制作自己的相应初始中心数据文件。

选择“Write final as”，可激活旁边相应的 File 按钮，可以把迭代结果的最终聚类中心保存到用户指定的文件夹及指定文件名的 SPSS 系统数据文件中。

4. 迭代设置

在主窗口中点击 Iterate 按钮打开迭代设置对话窗口，可指定最大迭代次数（Maximum Iterations)，其默认值为 10 次，用户亦可视情况增大迭代次数限制。收敛标准（Convergence Criterion）的默认值为 0，这一项一般不需改动。

另外，亦可选择是否采用滑动平均数（Use running means），采用这种方式意味着案例在数据的排序会影响聚类的中心，一般情况下并不采用。

5. 备选项目

在“Options”对话窗口，可以在“Statistics”栏目中选择输出初始类中心（Initial cluster centers）、方差分析表（ANOVA table）和每个案例的分类信息（Cluster information for each case），即每个案例属于哪一类和到所属类中心的距离。

此外，在“Missing Values”栏目中可以选择工作数据缺失值的处理方式，包括列表删除法（Exclude cases listwise）和成对删除法（Exclude cases pairwise）两种方法。

6. 将聚类结果暂存到工作数据表

在“Save”对话窗口，可以选择将聚类结果暂存到工作数据表中，其中包括有两项：其一是每个案例的类别归属（Cluster membership），暂存变量名为 qc＃_1。其二是每个案例距所属类中心的距离（Distance from cluster center），暂存变量名为 qc＃_2。由于可以将多次聚类结果存入工作数据表，以上两个暂存变量名中的＃代表实际存入序号。

基本概念

聚类对象　聚类变量　对案例聚类　相似性　相关测度　距离测度　关联测度　数据标准化　层次聚类法　聚集法　分解法　树状图　类别距离测量法　聚类进度表　冰柱图　迭代聚类法　初始聚类中心　最终聚类中心　聚合系数　类别归属　距所属类中心的距离

本章要点

1. 聚类分析是应用最广泛的分类技术。它根据研究对象之间的相似性对研究对象进行分类。聚类分析可以用来对案例进行分类，也可以用来对变量进行分类。

2. 选择合适的聚类变量在分析中至关重要。选择这些变量的要求是：各聚类分析的目标密切相关，反映要分类对象的特征，在不同研究对象上的值具有明显差异，变量之间不存在高度相关。

3. 应该根据变量的测度等级选择合适的相似性测度。相关测度和距离测度适用于间距测度及以上的数据，关联测度适用于名义测度和序次测度的数据。

4. 每一种聚类方法各有特点。层次聚类法只能单方向进行聚类，聚类结果受数据中异常值的影响很大。迭代聚类法初始分类非常敏感，通常也只能得到局部最优解。把这两种方法结合起来使用，可以取长补短。

参考文献

Baily，K. D. （1974）. Cluster Analysis，in David R. Heise（ed.），Sociological Methodology，San Francisco，CA：Jossey-Bass Publishers.

Dillon，W. R.，and Goldstein，M. （1984）. Multivariate Analysis：Methods and Applications. New York：Wiley.

Lorr，M. （1983）. Cluster Analysis for Social Scientists. San Francisco，CA：Jossey-Bass Publishers.

Hair，J. F. Jr.，Anderson，R. E.，Tatham，R. L.，and Black，W. C. （1995）. Multivariate Data Analysis with Readings，Fourth Edition. Prentice-Hall International Inc.

Aldenderfer，M. S.，and Blashfield，R. K. （1984）. Cluster Analysis. Sage University Paper series on Quantitative Applications in the Social Sciences，series no 07-044. Beverly Hills. London：Sage Publications.

SAS Institute Inc. （1990）. SAS User's Guide：Statistics，Version 6. Cary，N. C.

SPSS Inc. （1988）. SPSS/PC+Advanced Statistics V2. 0. Chicago.

冯立天，戴星翼. 中国人口生活质量再研究. 北京：高等教育出版社，1996.

罗积玉，邢瑛. 经济统计分析方法及预测. 北京：清华大学出版社，1987.

卢纹岱，朱一力，沙捷，朱红兵. SPSS for Windows 从入门到精通. 北京：电子工业出版社，1997.

张风雨，楚军红等译. SPSS BASE 系统用户指南. 北京：北京大学人口研究所，1995.

第五章

通径分析

一、引言

科学的最终目的在于揭示事物变化的内在规律，因果关系是事物内在规律的一种基本形式。然而，事物的内在联系并不能被直接观察到，所以需要在科学研究中应用各种方法来加以探索和分析。通径分析便是一种探索系统因果关系的统计方法。

因果关系模型中明确设置自变量和因变量，通过模型分析，检查自变量对于因变量的作用方向、作用强度和解释能力。并且，因果关系模型还可以用来进行预测。本书第二章多元回归分析便是因果关系模型的一种。但是，多元回归模型是一种比较简单的因果关系模型，它所假设的因果关系不存在多环节的因果结构。尽管多元回归模型中可以包含多个自变量，然而各个自变量对因变量的作用却是假设为并列存在的。多元回归模型可以用图 5—1 示意。

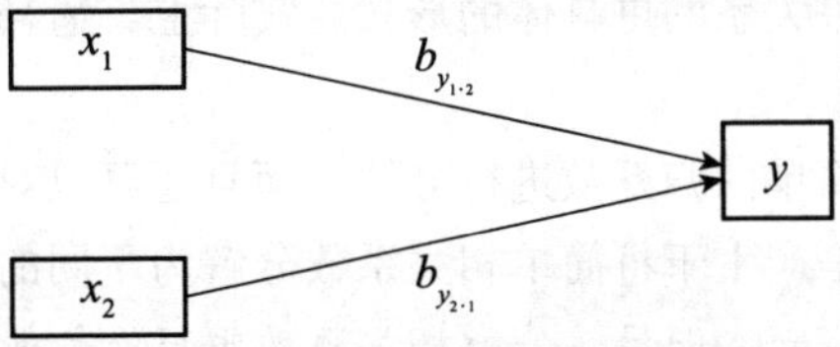

图 5—1　多元回归模型因果关系示意图

在多元回归模型中，各个自变量被假设处于相同的地位，多元回归分析得到的回归系数（或标准化的回归系数）表示在控制其他自变量的条件下每个自变量对于因变量单独的净作用。然而对于有些实际研究而言，这种假设显得过于简单，未必能够达到充分、有效的要求。另外，多元回归可以允许自变量之间存在相关关系，比如图 5—1 还可以在两个自变量之间加上代表 r_{12} 的双箭头曲线来表示这一相关关系。但是由于回归分析一般并不关心 r_{12}，所以对这一相关关系的代表线省略。

但是，有时研究人员从经验和理论两方面都有理由认为，变量之间的因果作用是更复杂的传递过程，一个变量对于某些变量可能是原因变量（cause/predictor variable），而对于另外一些变量则可能是结果变量（response variable）。这时，对整个因果结构模型便不能简单地以因变量或自变量的概念来划分变量类型。对于这样的模型，可以用结构方程组或相应的通径图来表示（见图 5—2）。

通径分析的主要功能是研究变量之间关系的不同形式。通过多元回归的学习，读者已经了

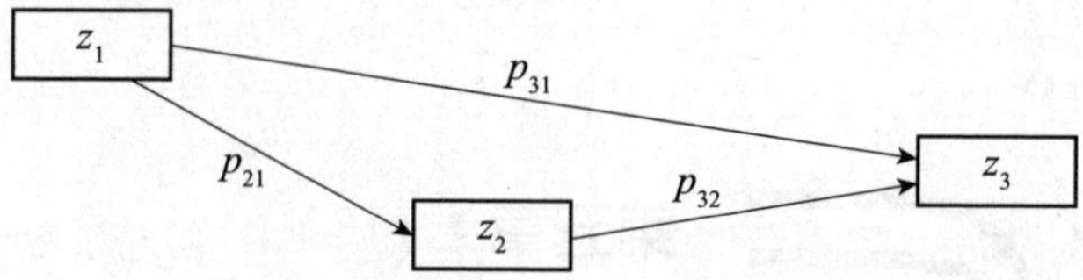

图 5—2　通径模型的因果结构示意图

解多元回归在分析上优越于简单回归。由于多元回归的统计控制，其偏回归系数的数值往往不同于简单回归系数，有时甚至连系数的符号也不相同。与回归分析相比，通径分析是一种统计分析能力更强大的工具，它还可以进一步揭示多元回归系数与简单回归系数之间的数量联系。总的来说，简单回归系数是一个自变量对因变量作用的“毛”测量（gross measure），而多元分析的偏回归系数则是自变量作用的一种“净”测量（net measure）。类似于通常所说的毛重中不仅包括净重而且还要加上其他包装填料的附加重量，自变量作用毛测量也是由净作用加上其他作用所构成的。与净重和毛重之间关系所不同的是，影响作用有正负之分，所以自变量的毛作用并不一定大于其净作用，两者之间的数量关系可以千变万化。回归分析本身无法对此做出分析和评价，然而通径分析的主要功能之一便是将毛作用分解为直接作用（相当于上述的净作用）和各种形式的间接作用，使我们对整个模型系统中变量的因果关系有更为具体的深入理解。

通径分析的着眼点主要在变量之间作用系数的分解上。比如，进行两个变量之间的简单回归可以得到一个简单回归系数。如果我们可以根据理论，在这两个变量之间加上许多中介变量，形成复杂的因果结构，以通径模型来表示，就有可能将这个简单回归系数分解为不同因果链条上的作用，得到这一因果关系的更具体的形式。实际上，通径分析只是结构方程模型这一类十分广泛的模型中的一种。

通径分析不仅能够对于简单回归系数进行分解，而且还可以对简单相关系数进行分解。通径分析发展的最初动机，便是产生于将简单相关系数分解为不同的影响部分。分解相关系数实际上与分解回归系数交织在一起。但是，分解相关系数更具有一般方法论的意义。在研究方法论上，变量之间是否存在相关和偏相关常常被作为检验因果关系的必要条件之一。因此，尽管有的统计教科书由于分解相关系数的通径分析技术比较繁琐（但并不算深奥难懂）而略去不谈，本章仍然将其作为介绍内容。相信读者学习之后，不仅可以将其作为一种分析技术应用于实际研究，而且对于提高统计理论和方法论方面的基本素质有所收益。

有的统计教科书在介绍回归分析时，也涉及自变量之间存在着因果关系上的层次差别，采用层次回归法（郭志刚、郝虹生、杜亚军、曲海波，1989：389－392）。它与通径分析的不同之处在于，其分析着眼点是因变量被解释的方差部分是如何分解并归属于各自变量名下的，但是并不涉及关于因果作用（即回归系数）本身的分解。

二、通径模型的设置

通径模型既可以用结构方程组的形式来表示，也可以用通径图来表示。为了表达和分析上的简明，一般在通径分析中采用标准化的变量，并按照因果序列给出相应的下标。

比如，通径模型的结构方程组

$$\begin{cases} z_2 = p_{21} z_1 \\ z_3 = p_{31} z_1 + p_{32} z_2 \end{cases}$$

对应着一个十分简单的通径图，各变量之间的关系可以从图中一目了然。图 5—2 便是对应上述结构方程组的通径图。在通径图中以通径（即图 5—2 中那些带有箭头的直线）表达因果关系。比如图 5—2 中 z_1 与 z_2 之间的通径箭头指向 z_2，说明 z_1 作用于 z_2。这一因果关系对应着上述结构方程组中的第一个方程。对于这一因果关系（即 z_1 对 z_2 的作用）的强度，是用通径系数来表达的，即 p_{21}。如前所述，对于整个通径模型，很难用因变量或自变量来划分，因为这两个概念只有在一个方程中才能确定。而对于拥有多个联立方程的整个通径模型则很难应用。比如，就第一个方程而言，z_2 是因变量。然而，就第二个方程而言，z_2 又成了 z_3 的两个自变量之一了。因此，通常在通径分析中不采用 y 来作为变量名，而是根据因果链条以序号将变量定名。第二个方程对应着通径图的另一部分，即从 z_3 来看，有两条通径指向它，分别代表了来自 z_1 和 z_2 的作用。为了区别不同通径系数，一般用该通径箭头所指的结果变量的下标作为通径系数的第一下标，而用该通径的原因变量下标作为通径系数的第二下标。比如，p_{21} 代表 z_1 对于 z_2 的影响作用强度，p_{31} 和 p_{32} 分别代表 z_1 和 z_2 对 z_3 的影响作用。

通径分析模型中的变量分为两类：

（1）一类是外生变量（exogenous variable），即模型中没有注明它的变化是由什么因素造成的，也不准备讨论这一问题。可以是一个，也可以是多个。比如，图 5—2 中只有一个外生变量 z_1。但是如果删除通径 p_{21}，变量 z_2 就变成了外生变量。外生变量之间可以用双箭头直线或曲线（$\overset{\frown}{r_{12}}$）表示其相关关系。如果设置外生变量之间无关，即 $r_{12}=0$，则表示相关的双箭头连线可以省略。外生变量的变化是完全由模型之外的因素决定的，因此不是模型研究的对象。

（2）另一类是内生变量（endogenous variable），即由模型中另外一些变量所影响的那些变量。图 5—2 的通径模型中有两个内生变量（z_2 和 z_3）。内生变量的变化是由同一模型中的外生变量或其他内生变量所决定的，但是也可能有一部分是由模型之外的因素所决定的，通常用相同下标的 e 来标志，作为该变量的误差（error）。

此外，我们可以将通径模型内不影响其他变量的内生变量称为最终反应变量（ultimate response variable）。图 5—2 中 z_3 便是最终反应变量。最终反应变量可以有多个，比如将图 5—2 中的通径 p_{32} 删除后，变量 z_2 就变成了最终反应变量。

三、递归通径模型与非递归通径模型

通径模型有两种基本类型：递归模型与非递归模型。两种模型在分析时有所不同。递归模型可以直接通过常规最小二乘法回归（OLS）来取得通径系数估计值，而对于非递归模型则不能这样做。尽管本章主要介绍递归模型的通径分析，但是要求读者能够预先正确判断一个模型的类型属性，才能保证应用这些分析技术时不会发生搞错研究对象的问题。

（一）递归通径模型

因果关系结构中全部为单向链条关系、无反馈作用的模型称为递归模型（recursive model）。并且这意味着在这种模型中，各内生变量与其原因变量的误差之间、各两个内生变量的误差之间必须相互独立，即相关系数为 0。图 5—2 中便是一个递归模型。

上述简单定义在实际判断是否递归模型时，可能仍然不够明确。对此，我们可以采取排除法，即如果一个模型不包含非递归模型的特征，即可作为递归模型处理。因此，我们将用一些篇幅简单介绍非递归模型的特征。

（二）非递归通径模型

与递归模型相对的另一类模型称作非递归模型（nonrecursive model）。如果一个通径模型中包括以下四种情况，便是非递归模型。

先讨论前三种情况。第一种情况是，模型中任何两个变量之间存在双向因果关系，即有直接反馈作用（见图 5—3—a）。第二种情况是某个变量存在自身反馈作用，即该变量存在自相关，就是说该变量的每一个值都影响作用于同一变量的下一个值（见图 5—3—b）。第三种情况是，变量之间虽然没有直接反馈，但是存在间接反馈作用，即顺着某一变量及随后变量的通径方向循序渐进，经过若干变量后，又能返回这一起始变量的情况（见图 5—3—c）。请注意非递归作用关系与相关关系在通径分析中的标注方法是不同的，不要将其混淆。

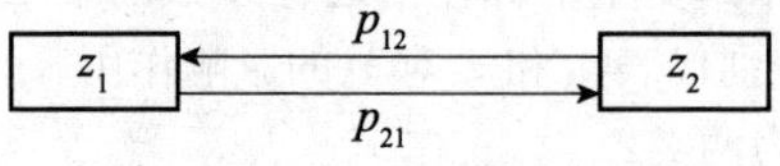

a.两个变量之间存在直接反馈作用

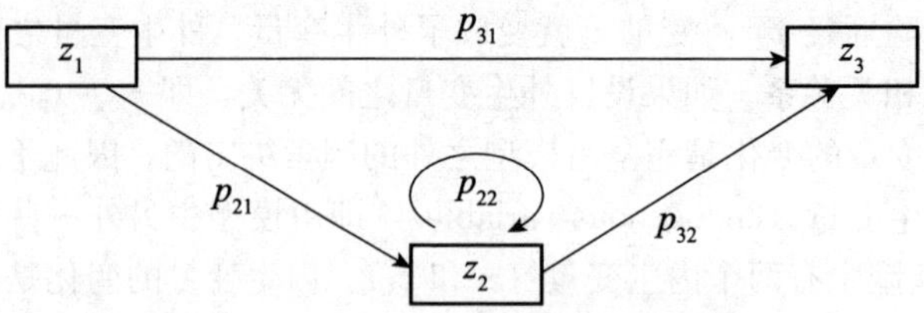

b.某些变量（上图中为z_2）存在自反馈

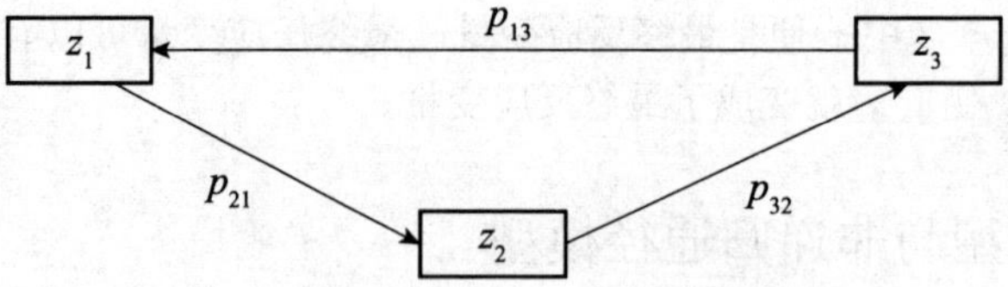

c.某些变量之间构成间接循环圈

图 5—3　非递归通径模型的三种反馈作用类型

判断是否非递归模型时，除了要看是否存在上述三种反馈情况以外，还要看是否存在第四种情况，即每一个内生变量的误差项是否与其他有关项目相关。第四种情况还可以具体表现为两种情形：（1）一个结果变量的误差项与其原因变量相关；（2）不同变量之间的误差项之间存在相关（见图 5—4）（Heise，1975：153 - 160）。如果一个模型中有这种情况发生，就是一个非递归模型，不能用常规回归方法来求解通径系数。

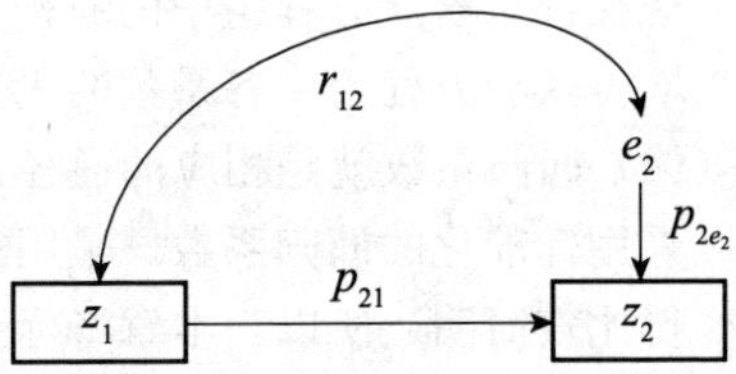

(1) 一个内生变量的误差项与其原因变量相关

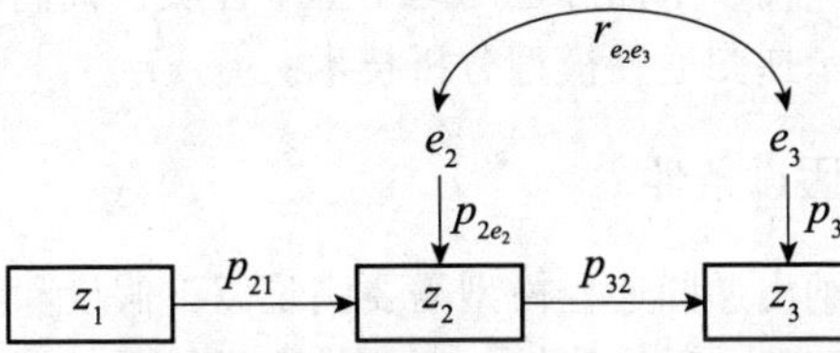

(2)一个内生变量的误差项与另一内生变量的误差项相关

图 5—4 因误差项相关造成的非递归模型

图 5—4 中的第一种情况有可能是产生于没有将两个变量的共同原因变量明确纳入模型，要是能够找到一个变量 z_3 同时影响 z_1 与 z_2，并明确将其设置于模型之中，便能够将内生变量误差项 e_2 与外生变量 z_1 的相关部分从原有的 e_2 中剥离出去，使新得到的 e_2' 不再与 z_1 相关。重新设置的模型便成为递归模型，如图 5—5 所示。

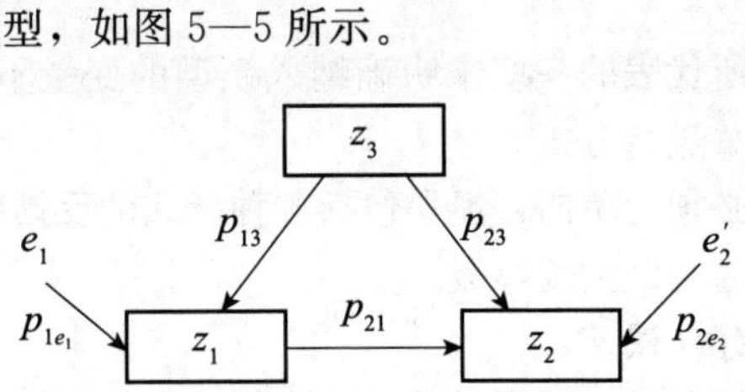

图 5—5 通过明确设置共同的原因变量使模型递归化

在图 5—4 的第二种情形中，虽然 p_{21} 可以通过常规最小二乘法对方程 $z_2=p_{21}z_1$ 回归求出，但是模型中的另一个内生变量 z_3 对 z_2 回归时却遇到与图 5—4 中第一种情况同样的非递归问题（因为 e_2 与 e_3 和 z_2 分别相关，所以可以视为 e_3 与 z_2 相关）。图 5—4 中的两个非递归部分都不能直接采用最小二乘法回归求解通径系数，因为在非递归的情况下用常规回归方法所计算的回归系数（或标准化回归系数）并不等于所要求的通径系数。正如模型中如果发生图 5—3 中的三种反馈作用，就不能简单应用最小二乘法回归来求解通径系数。

总之，非递归模型的参数估计过程非常复杂，有时可能无解。并且，整个模型也很难得到检验。一些非递归模型可以应用通径分析的变换规则将非递归模型转换后求解，但是这些规则比较复杂，应用时还需要一定的技巧，所以本章不讨论非递归模型的分析，有兴趣的读者可以参考有关书目（例如，Berry，1984；Heise，1975）。以上关于非递归模型的介绍主要服务于辨别递归模型和非递归模型，以免发生将非递归模型按照递归模型分析处理的错误。

本章所介绍的递归模型实际上只是通径模型分析技术中的一部分。作为本章内容范围内应牢记的递归通径分析基本性质有（Berry，1984：8）：第一，所有递归模型都是可识别的，只有可识别的模型才可能确定有意义的通径模型联立方程组中的通径系数解。第二，递归模型的假设条件允许采用最小二乘法回归来取得联立方程组中各系数的无偏估计，即对于模型中每个方程进行（多元）回归，所得到的（偏）回归系数就是相应的通径系数。另外，通径系数既可以采用非标准化的回归系数，也可以采用标准化的回归系数。采用标准化回归系数作为通径系数，将使得通径分析的表达和分析变得比较简明。所以，本章将标准化变量作为研究对象。

通径分析在分解相关系数时以模型中所有变量之间的相关系数矩阵作为基础数据，分析也比较繁琐，我们将放到后面来介绍。而利用通径分析技术分解简单回归系数时可以直接依赖计算机统计软件所输出的回归系数。借助上面陈述的两个基本性质，我们将直接以计算输出的标准化回归系数作为基础数据，展示递归通径模型分析技术。

（三）递归通径模型分析的假设条件

总结本节以上讨论，可以归纳出递归通径模型需要满足以下假设和限制条件：

第一，通径模型中各变量之间的关系为线性、可加的因果关系。

模型变量之间的关系必须为线性关系，意味着在设立因果关系时，原因变量的每一单位变化引起结果变量的变化量不变。由于变量之间的关系是线性的，进而达到一个结果变量在受多个原因变量作用时，各原因变量的作用可以迭加。

尽管通径分析本来可以处理交互作用，但不作为本章介绍的内容。

第二，每一内生变量的误差项与其前置变量不得相关，同时也不得与其他内生变量的误差项相关。

这就是说，假设误差项所代表的一些未明确纳入模型的变量不能与前置变量相关。同时，模型不对外生变量之间的相关进行分析。

第三，模型中因果关系必须为单向，不得包括各种形式的反馈作用。

第四，模型中各变量均为间距测度等级。

第五，各变量的测量不存在误差。

在满足上述假设条件的情况下，便同时满足了一般回归的假设条件，因此通径分析可以通过对每个内生变量进行简单或多元常规回归求解模型中各通径的系数。

四、分解简单回归系数的通径分析

在递归模型中，通过回归分析得到模型的所有通径系数以后，可以在此基础上对于变量之间简单回归系数进行分解。与下一节将要介绍的对相关系数分解的方法有所不同，在对回归系数分解的通径分析中，我们将忽略各个回归方程的误差项。实际上，每个内生变量的误差项都作为模型的外部影响单列处理。分解简单回归系数的通径分析的主要功能如下：

第一，计算一个变量对最终反应变量的直接影响和间接影响，以及作为两者之和的总影响。

第二，在间接影响中，还可以分解出以不同通径传递的间接影响。

第三，在控制某些变量的条件下，完成上面两项工作。

第四，对于通径模型进行检验，包括对各通径的检验，以及对过度识别模型（over-identified model）进行检验。

（一）外生变量对最终反应变量的各种影响

对于上面的简单的联立方程组通径模型，分析 z_1 对于 z_3 的影响。按照回归分析的理解，我们知道 p_{31} 就是在控制 z_2 的条件下 z_1 对于 z_3 的净影响。那么就此模型而言，这就是直接影响。通径分析可以使我们计算出 z_1 对于 z_3 的间接影响。只要对上述联立方程组做一些简单的数学变换，即可完成这一任务。

比如，对于通径模型的结构方程组

$$\begin{cases} \hat{z}_2 = p_{21}z_1 & (1a) \\ \hat{z}_3 = p_{31}z_1 + p_{32}z_2 & (1b) \end{cases}$$

用式 1a 代入式 1b 以后，我们有：

$$\begin{aligned} \hat{z}_3 &= p_{31}z_1 + p_{32}(p_{21}z_1) \\ &= (p_{31} + p_{32}p_{21})z_1 \end{aligned} \quad (1b')$$

于是，我们看到在式（1b′）中最终反应变量 z_3 被表达为 z_1 的函数，在括号中即为 z_1 对 z_3 的总影响系数，它是由两项组成的。第一项就是 z_1 对 z_3 的直接影响，那么当然第二项就是间接影响。并且我们可以从间接影响的两个通径系数下标看出这是由 z_1 通过 z_2 再传递到 z_3 的间接影响。其实，所谓 z_1 对 z_3 的总影响（即括号内各项的代数和）实际上就是以 z_3 为因变量对 z_1 做简单回归时得到的标准化回归系数值。当最终反应变量完全作为一个外生变量的函数时，我们就称这个表达式为简化型模型（reduced form of the model）。在简化型模型中最终反应变量与这一外生变量之间的关系就通过括号中的部分表示，它就是总影响。而括号中可以包括一项直接影响和若干项间接影响。因为本例中的模型过于简单，所以只有两项。

（二）以不同通径传递的间接影响

如果模型比较复杂，则简化型模型便会呈现较为复杂的情况。由于中间变量（intermediate variables）较多，一个原因变量对于结果变量的总间接影响是通过各种通径传递影响的总和。而这些不同的间接影响可以应用通径分析来进行分解。让我们再用一个较复杂的模型作为例子（见图 5—6）对此来加以示范：

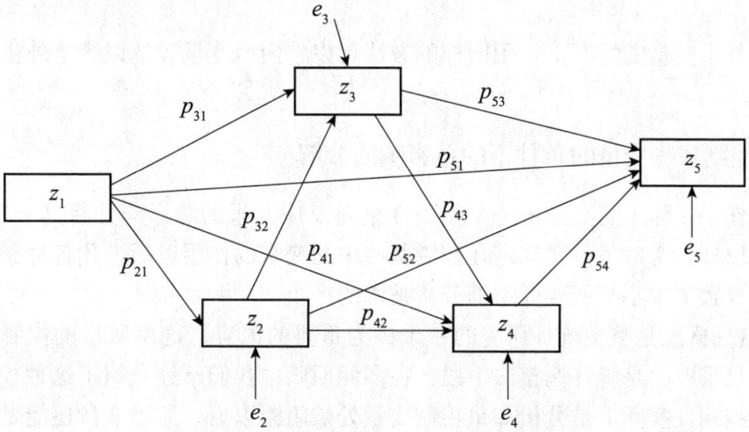

图 5—6 通径模型的因果关系示意图

相应图 5—6 模型的结构方程组为：

$$\hat{z}_2 = p_{21} z_1 \tag{2a}$$

$$\hat{z}_3 = p_{31} z_1 + p_{32} z_2 \tag{2b}$$

$$\hat{z}_4 = p_{41} z_1 + p_{42} z_2 + p_{43} z_3 \tag{2c}$$

$$\hat{z}_5 = p_{51} z_1 + p_{52} z_2 + p_{53} z_3 + p_{54} z_4 \tag{2d}$$

这一模型比上一模型多两个内生变量，因而多两个回归方程。并且，这是一个饱和模型（saturate model），即凡是可能有通径连接的地方都设立了通径。因为前两个方程与上例相同，所以得到的简化形式（2b′）与上例中的式（1b′）相同。再将其代入式（2c）中的 z_3，并将式（2a）代入式（2c）中的 z_2。于是，我们有本例 z_4 用 z_1 表示的简化型：

$$\begin{aligned}\hat{z}_4 &= p_{41} z_1 + p_{42} p_{21} z_1 + p_{43}(p_{31} + p_{32} p_{21}) z_1 \\ &= (p_{41} + p_{42} p_{21} + p_{43} p_{31} + p_{43} p_{32} p_{21}) z_1 \end{aligned} \tag{2c'}$$

再将以上所有 z_2、z_3、z_4 作为 z_1 的函数表达式代入式（2d），就能够得到 z_5 以 z_1 表示的简化型：

$$\begin{aligned}\hat{z}_5 &= p_{51} z_1 + p_{52} z_2 + p_{53} z_3 + p_{54} z_4 \\ &= [p_{51} + p_{52} p_{21} + p_{53}(p_{31} + p_{32} p_{21}) + p_{54}(p_{41} + p_{42} p_{21} + p_{43} p_{31} + p_{43} p_{32} p_{21})] z_1 \\ &= (p_{51} + p_{52} p_{21} + p_{53} p_{31} + p_{53} p_{32} p_{21} + p_{54} p_{41} + p_{54} p_{42} p_{21} + p_{54} p_{43} p_{31} + p_{54} p_{43} p_{32} p_{21}) z_1 \end{aligned} \tag{2d'}$$

在这一简化型中，我们可以看出括号内第一项仍然表示 z_1 对 z_5 的直接影响，其他各项均表示 z_1 通过某种途径传递到 z_5 上的间接影响。比如，第三项间接影响是 z_1 通过 z_2，再通过 z_3 传递至 z_5 的间接影响。七项间接影响的代数和即为总间接影响。而直接影响与总间接影响的代数和就是总影响。这个总影响实际上就是 z_5 对 z_1 简单回归的标准化系数。

根据通径分析，可以知道在从一个简单回归模型（实际上是一个最简单的通径分析模型）到一个有较多中间变量的通径分析模型，外生变量对最终反应变量之间的总影响是不变的。可见，通过通径分析的分解，我们能够对于简单回归结果有了更进一步的理解，并且我们可以将其标准化回归系数分解为直接作用与各项间接作用，进一步了解这些作用部分的相对大小和作用方向。毫无疑问，这种分解可以大大加深我们对事物的理解，十分有助于实际决策的制定。

在有多个外生变量的情况下，用同样的方法可以将内生变量表达以多个外生变量表达的简化型。

（三）在控制某些变量的条件下的总影响的分解

在研究工作中，除了需要分析一个原因变量对反应变量的总影响并将其分解为直接作用、各种间接作用以外，常常还需要知道在控制某些中间变量的作用以后上述各种影响的强度和方向。这一需要导致了本小节所要介绍的分析技术的产生。

“控制”这一概念是整个统计研究的一个极为重要的内容。这里所说的控制的目的是为获得净作用，并且采取的是统计调整法手段。在多元回归中我们已经介绍了这种控制的概念。在通径分析中的控制，实际上是分析如果控制变量处被阻断以后，原因变量还能发挥哪些作用。

有了这个原则，我们再用前一个例子来示范在控制某些变量的条件下的总影响的分解工作。比如，当上例中的 z_2 为控制变量时，那么凡是经 z_2 发出或传递的影响全要表达为 z_2 的函数，其他的影响则表达为 z_1 的函数。

先将式（2b）代入式（2c）中，将 z_4 转换为 z_1 或 z_2 的函数表达式：

$$\begin{aligned}\hat{z}_4 &= p_{41}z_1 + p_{42}z_2 + p_{43}(p_{31}z_1 + p_{32}z_2) \\ &= (p_{41} + p_{43}p_{31})z_1 + (p_{42} + p_{43}p_{32})z_2 \end{aligned} \tag{2c''}$$

再将式（2b）和式（2c″）代入式（2d）中分别取代 z_3 和 z_4，于是将 z_5 转换为 z_1 或 z_2 的函数表达式：

$$\begin{aligned}\hat{z}_5 &= p_{51}z_1 + p_{52}z_2 + p_{53}(p_{31}z_1 + p_{32}z_2) + p_{54}[(p_{41} + p_{43}p_{31})z_1 + (p_{42} + p_{43}p_{32})z_2] \\ &= (p_{51} + p_{53}p_{31} + p_{54}p_{41} + p_{54}p_{43}p_{31})z_1 + (p_{52} + p_{53}p_{32} + p_{54}p_{42} + p_{54}p_{43}p_{32})z_2 \end{aligned} \tag{2d''}$$

这时我们就得到了最终反应变量以 z_1 和 z_2 表达的函数式。这个表达式在通径分析中称为偏简化式（partial reduced form）。如果我们将两个括号中的内容只看作一个系数，可以将其理解是 z_5 对 z_1 和 z_2 的回归方程，即在控制条件下，z_1 和 z_2 各自对 z_5 的净影响。那么，两个括号里的内容可以理解为标准化的偏回归系数。但是偏简化式又与一般的多元回归不同，因为它对这两个标准化的偏回归系数进行了进一步的分解，明确表示了一个变量在控制另一个变量的条件下对于结果变量的种种不同影响部分。当然我们可以得到每一通径上的影响作用、总的间接影响和总影响。

（四）标准化与非标准化的通径系数

前面所介绍的通径分析中，全都采用了标准化的变量，各联立方程回归时截距都等于 0，因此这一项被省略了。这种方式在公式表达时显得十分简明。然而，通径分析也完全可以采用非标准化的变量。我们仅举一简单例子加以说明。

对应本节第一小节的联立方程组通径模型，如果采用原始变量 x_1、x_2 和 x_3，那么有联立方程组：

$$\hat{x}_2 = a_2 + p_{21}x_1 \tag{3a}$$

$$\hat{x}_3 = a_3 + p_{31}x_1 + p_{32}x_2 \tag{3b}$$

用式（3a）代入式（3b）以后，我们有：

$$\begin{aligned}\hat{x}_3 &= a_3 + p_{31}x_1 + p_{32}(a_2 + p_{21}x_1) \\ &= a_3 + p_{31}x_1 + p_{32}a_2 + p_{32}p_{21}x_1 \\ &= (a_3 + p_{32}a_2) + (p_{31} + p_{32}p_{21})x_1 \end{aligned} \tag{3b'}$$

于是，我们看到在式（3b′）中最终反应变量 x_3 被表达为 x_1 的函数时，除了将非标准化的简单回归系数分解为直接影响和间接影响以外，还表示出 x_3 对 x_1 进行简单回归时所得到的截距也可以分解为两部分：一部分是 x_3 对 x_1、x_2 进行多元回归时产生的截距 a_3，另一部分是中间变量 x_2 对 x_1 进行回归时产生的截距 a_2 并加以 x_3 多元回归时偏回归系数 p_{32} 为倍数的变化。

在统计文献中，对于通径分析以及回归分析中采用标准化系数还是采用非标准化系数一直有所争论。实际上，两种方式各有其优缺点。标准化系数的优点在于，它没有测量单位，因而在同一层次中的通径系数（即同一回归中不同的偏回归系数）之间具有可比性。同时，标准化系数的采用在通径分析中能使分解和表达变得更简单。但是标准化系数所反映的不仅是自变量对因变量的影响强度，而且还反映了模型中各变量的方差以及它们之间的协方差，甚至还反映了寓于误差项之内的未包括在模型中的那些变量的方差。因此，标准化系数有特定样本（sample specific）的性质，不能用于不同情况或不同总体之间的比较。而未标准化的系数有实际意义明确的测量单位，并且系数值在不同情况下或不同总体中能够保持相对稳定，因此可以用来进行比较。但是，正是由于不同变量有不同的单位，在同一回归中，各变量的非标准化系数之间不能相互比较。另外，采用非标准化系数时，通径分析分解工作量将变得比较大。鉴于标准化系数和非标准化系数各有所长，因此在实际分析中，往往同时分别报告采用两者的分析结果。

（五）用列表法报告各种影响作用分解

通常在进行了通径系数估计之后，都以通径结构方程组或通径图的形式提供报告。然后对于一些简化型方程所得到的各种影响的分解结果以列表的形式给出，这不但能够以简明的格式表达多种分解情况，而且还同时对于分解结果进行了验算。下面对一包括两个外生变量的通径模型的分解报告形式作一示范（见图 5—7）。

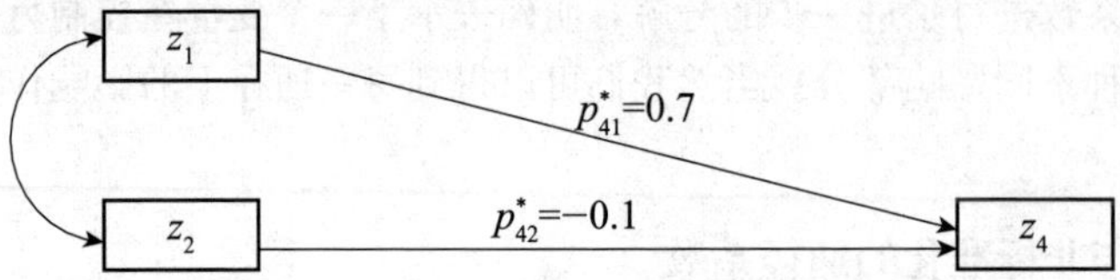

(1) 简化模型

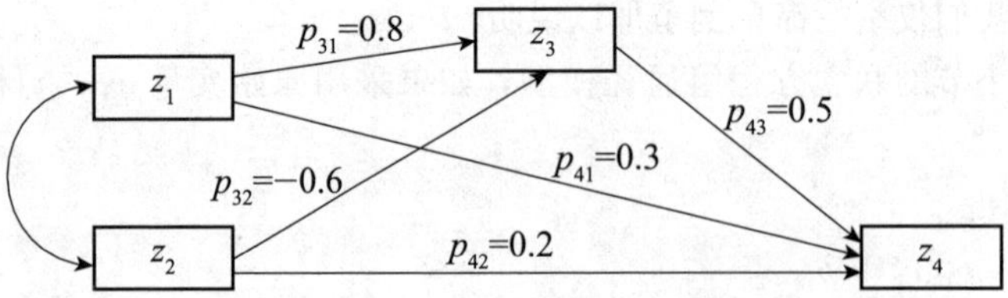

(2) 原模型

图 5—7　两个外生变量的简化型和原模型

图 5—7 中的两个模型所使用的都是标准化变量。模型变量没有实际含义，只是以虚构的通径系数值来示范通径系数分解和报告形式。图 5—7—（1）是两个外生变量、一个内生变量的模型。实际上它是图 5—7—（2）模型的简化型，它的两个通径代表两个外生变量对最终反应变量 z_4 的总作用。图 5—7—（2）模型中又加入了一个新的中间变量 z_3，使两个外生变量对最终反应变量的作用表现得更为具体和复杂。为了区别，将简化模型中的通径系数加一星号（*）上标，以示其为总作用。图 5—7—（1）中两个外生变量对于最终反应变量都处于同一层次原因，先用 z_4 对 z_1 和 z_2 进行多元回归，以偏回归系数作为通径系数。图 5—7—（2）模型中要做两个回归，先用 z_3 对 z_1 和 z_2 进行多元回归，再用 z_4 对 z_1、z_2 和 z_3 进行多元回归，并用偏回归系数作为相应通径系数的估计值。在实际研究中可将图中所有通径系数值加入，以提供估计结果。然后，用以上介绍的方法分解总作用，将分解的计算结果可以列在表中提供。表的格式可参见以下表 5—1。

表 5—1 **因果关系分解表格式**

变量	作用类型	模型（1）		模型（2）	
		符号	系数值	符号	系数值
x_1	直接作用	p_{41}^*	0.7	p_{41}	0.3
	间接作用	—	—	$p_{43}p_{31}$	0.4
	总作用	p_{41}^*	0.7	p_{41}^*	0.7
x_2	直接作用	p_{42}^*	−0.1	p_{42}	0.2
	间接作用	—	—	$p_{43}p_{32}$	−0.3
	总作用	p_{42}^*	−0.1	p_{42}^*	−0.1
x_3	直接作用	—	—	p_{43}	0.5

以上介绍的是在利用常规最小二乘法回归结果（可以应用 SPSS 软件取得相应统计指标，见本书第二章）来分解简单回归系数。在本节中，我们讨论了分解回归系数的分析作用和操作方法，分解简单回归系数是通径分析经常应用的部分。但是，对于这些操作并没有从原理上给予证明。实际上，不仅两个变量之间存在的因果关系（简单回归系数）可以作为一系列通径系数的关系结构来理解，而且两个变量之间存在的相关关系（简单相关系数）也可以作为一系列通径系数的关系结构来理解。

五、分解简单相关系数的通径分析

实际上，通径分析技术是从分解相关系数发展起来的，因此分解相关系数的通径分析更带有一般性意义，并且可以更清楚地揭示出通径分析的原理。此外，分解相关系数的通径分析还与通径模型的统计检验的理解相联系。

让我们通过最简单的几种通径结构模型介绍相关系数 r 的分解（见图 5—8）。与分解简单回归系数不同，在分解相关系数时，不仅要考虑内生变量的误差项，而且还要考虑外生变量的误差项。外生变量误差项代表模型外所有因素的集合作用，也用 e 加上相应变量下标来表示。

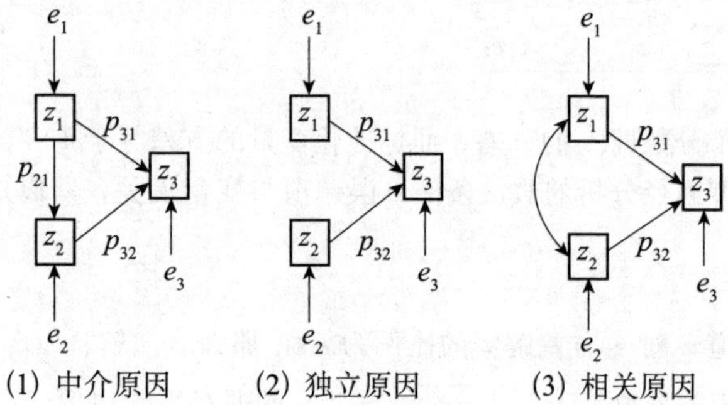

图 5—8　三种因果结构情况

以上三种模型都是根据三个已经标准化的变量所构成。根据统计原理，两个标准化的变量之间的相关系数等于其未标准化之前的原变量之间的相关系数，同时也等于标准化的回归系数（郭志刚、郝虹生、杜亚军、曲海波，1989：282）。在上一节中，我们将标准化的回归系数理所当然地作为通径系数，并没有证明它的合理性。读者可以在后面的分解计算过程中稍稍注意，便可以得到它的证明。

三个模型中都有三个变量，两两交互能够计算三个相关系数，即 r_{12}、r_{13} 和 r_{23}。注意，相关系数所涉及的两个变量处于相等地位，因此相关系数的两个下标可以自由交换位置。并且，图 5—8—（2）和图 5—8—（3）实际上是等价的通径图，只不过在图 5—8—（2）中相关系数 $r_{12}=0$，因此相应表示相关关系的双箭头曲线被省略掉了。

如果将外生变量与其误差项之间的关系也加以考虑，那么图 5—8—（1）模型对应的联立方程组为：

$$z_1=e_1 \tag{4a}$$

$$z_2=p_{21}z_1+e_2 \tag{4b}$$

$$z_3=p_{31}z_1+p_{32}z_2+e_3 \tag{4c}$$

在上述方程组中，各方程都加上的对应的误差项 e_i，它实际上代表着未列入模型的各个变量的影响。z_1 是模型中唯一的外生变量，因此它完全是由模型外部因素决定的。与分解回归系数不同的是，分解相关系数的通径分析结构方程组中包含外生变量为因变量的方程。从形式上便可以看出，分解相关系数的分析包含着分解回归系数的分析。应该特别加以提示的是，在上述结构方程组中虽然包含了通径系数，但是并未定义通径系数是什么。这一点与分解回归系数时是不同的。

我们的计算从式（4b）中的 p_{21} 开始，它代表 z_1 对于 z_2 的作用。根据相关系数标准公式可以推导出如果直接以标准化变量计算的相关系数公式。比如，用 x 和 y 分别代表两个一般变量，用 σ_x 和 σ_y 代表其标准差，用 σ_{xy} 代表两个变量之间的协方差，再用 z_x 和 z_y 代表其标准化变量，于是 x 和 y 之间的相关系数 r_{xy} 可以推导为以相应标准化变量所表达的公式：

$$r_{xy}=\frac{s_{xy}}{s_xs_y}=\frac{\sum(x-\overline{x})(y-\overline{y})}{ns_xs_y}=\frac{1}{n}\sum\left(\frac{x-\overline{x}}{s_x}\right)\left(\frac{y-\overline{y}}{s_y}\right)=\frac{1}{n}\sum z_xz_y$$

于是，可知上述结构方程组可以推出相关关系 $r_{12}=(1/n)\sum z_1z_2$。

将式（4b）代入上式，有：

$$\begin{aligned}r_{12}&=\frac{1}{n}\sum z_1(p_{21}z_1+e_2)\\&=p_{21}\frac{\sum z_1z_1}{n}+\frac{\sum z_1e_2}{n}\end{aligned}$$

因为上式中第一个分数即 z_1 的方差，而标准化变量的方差等于1；第二个分数即 z_1 与 e_2 的协方差，根据递归模型通径分析的假设条件，误差项与变量无关，所以这一协方差等于 0。因此，上式可化简为：

$$r_{12}=p_{21} \tag{5a}$$

同时，我们还知道 z_1 对 z_2 方差解释的比例为 r_{12}^2，那么 e_2 “解释” z_2 方差的比例为 $1-r_{12}^2$。并且，e_2 与 z_2 之间的相关系数等于 $\sqrt{1-r_{12}^2}$，e_2 至 z_2 的通径系数也等于 $\sqrt{1-r_{12}^2}$。同理，标准化的外生变量 z_1 的误差项 $e_1=\sqrt{1-0^2}=1$，且 $p_{z_1e_1}=\sqrt{1-0^2}=1$。这代表了标准化模型中外生变量与其误差项的一般规律。

现在再来分析 z_1 与 z_3 之间的相关。同理可知：

$$r_{13}=\frac{1}{n}\sum z_1z_3$$

将式（4c）代入上式，有：

$$r_{13}=\frac{1}{n}\sum z_1(p_{31}z_1+p_{32}z_2+e_3)$$

$$=p_{31}\frac{\sum z_1z_1}{n}+p_{32}\frac{\sum z_1z_2}{n}+\frac{\sum z_1e_2}{n}$$

同样，可知：

$$r_{13}=p_{31}+p_{32}r_{12}$$

$$=p_{31}+p_{32}p_{21} \tag{5b}$$

最后，我们来分析 z_2 与 z_3 之间的相关。

$$r_{23}=\frac{1}{n}\sum z_2z_3$$

仍将式（4c）代入上式，有：

$$r_{23}=\frac{1}{n}\sum z_2(p_{31}z_1+p_{32}z_2+e_3)$$

$$=p_{31}\frac{\sum z_2z_1}{n}+p_{32}\frac{\sum z_2z_2}{n}+\frac{\sum z_2e_3}{n}$$

同样，可知：

$$r_{23}=p_{31}r_{12}+p_{32}$$

$$=p_{31}p_{21}+p_{32} \tag{5c}$$

通过上述计算过程，实际上证明了为什么在通径分析中可以将标准化系数直接用作通径系数，这是因为对于两个标准化的变量来说，其回归系数、标准化回归系数、相关系数完全相等。并且回归系数可以双向使用，即 $b_{xy}=b_{yx}$。由于通径分析描述的是在两两变量之间的关系，没有任何省略，因此可以完整地表达整个模型系统的内在联系。

将上面所得到的分解相关系数的结果列在一起加以讨论：

$$r_{12}=p_{21} \tag{5a}$$

$$r_{13}=p_{31}+p_{32}p_{21} \tag{5b}$$

$$r_{23}=p_{31}p_{21}+p_{32} \tag{5c}$$

$r_{12}=p_{21}$ 即反映出上述特征，并且 $r_{12}=\beta_{21}=\beta_{12}$。至于现在得到 $r_{12}=p_{21}=\beta_{21}$ 的结果完全是因为通径模型对于变量因果顺序设置的结果。要是我们在模型假设 z_1 与 z_2 之间的因果作用方向正好相反，便会有 $r_{12}=p_{12}=\beta_{12}$。

变量 z_1 是这一模型中唯一的外生变量，变量 z_3 是这一模型的最终反应变量，因此它们之间的相关系数值得特别注意。当我们将 r_{13} 完全表达为通径系数的函数以后，便能够看到它是由两项作用组成的，p_{31} 反映 z_1 对 z_3 的直接作用，$p_{32}p_{21}$ 反映 z_1 经过中介变量 z_2 对 z_3 的间接作用。相关系数 r_{13} 也能分解为直接作用和间接作用并不值得奇怪，因为它实际上等于简单回归系数 β_{31}。所以，它的分解与上一节所介绍的分解是一回事。注意间接作用项中两个通径系数的下标排列，从右向左有由 1 至 2，然后由 2 至 3。它们既体现了阶段性，又体现了传递性。这一特征在分解相关系数中十分重要，在模型所有变量以其因果序号作为自己下标时，便可以提供判断若干连乘通径系数项性质的简明依据。在这种情况下，凡是下标序号可以连接起来的都是间接作用。

相关系数 r_{23} 的分解是分解回归系数时不曾涉及的新内容。由于 z_2 与 z_3 紧密相邻，中间不存在中介变量，因此 $r_{23}=\beta_{32}$ 似乎不存在分解问题。其实不然。按照本节的分解结果，r_{23} 也包括两项构成，一项是可以从通径图上直接看到的直接作用 p_{32}，另一连乘项 $p_{31}p_{21}$ 则是我们尚未涉及的内容。注意这两个连乘的通径系数的下标是无法连接起来的，并且在对应的通径模型上也找不到其他间接作用的通径链条。所以，我们称相关系数 r_{23} 中的这一部分为伪相关（spurious correlation）。它的产生是由于这一相关系数涉及的两个变量 z_2 与 z_3 有一个共同的原因变量 z_1。由于 z_1 变化而引起 z_2 与 z_3 同时变化，而产生伪相关。在方法论和统计理论中一个重要的题目就是检验和排除伪相关。有时，一些风马牛不相及的变量之间也会出现很高的相关。一个的伪相关的例子是，人们发现当阳伞销量大时，溺水死亡者就多。其实两者的相关来自于受到同一变量气温变化的影响，它们之间并无真的内在联系。当理论上认为实在的因果关系与伪相关混在一起时，常常采用偏相关分析在控制其他变量的情况下检验两者是否相关，因此偏相关已经作为研究方法论中判断因果关系的必要条件之一（Babbie，1995：69 - 71）。但是，偏相关只能通过控制伪相关的办法得到净相关，而通径分析对于相关系数的分解却能够进一步直接将相关系数分解为因果关系和伪相关两部分，得以对这两部分的大小进行比较。所以很多时候将简单相关或简单回归直接称为伪相关并不确切，伪相关实际上只是其中的一部分而已。

同样三个变量构成的通径模型，由于因果结构设置不同，在相关系数分解上会有什么结果呢？下面我们对图 5—8—（2）中的相关系数进行分析。它对应的结构方程组如下：

$$z_1 = e_1 \tag{6a}$$

$$z_2 = e_2 \tag{6b}$$

$$z_3 = p_{31}z_1 + p_{32}z_2 + e_3 \tag{6c}$$

由于 z_1 和 z_2 在模型中设置为相互独立的两个外生变量，因此

$$r_{12} = 0 \tag{7a}$$

而

$$r_{13} = \frac{1}{n}\sum z_1 z_3$$

将式（6c）代入上式，有：

$$\begin{aligned} r_{13} &= \frac{1}{n}\sum z_1(p_{31}z_1 + p_{32}z_2 + e_3) \\ &= p_{31}\frac{\sum z_1 z_1}{n} + p_{32}\frac{\sum z_1 z_2}{n} + \frac{\sum z_1 e_2}{n} \\ &= p_{31} + p_{32}r_{12} \end{aligned}$$

因为模型定义 $r_{12}=0$，所以上式可化简为：

$$r_{13} = p_{31} \tag{7b}$$

同理，

$$r_{23} = p_{32} \tag{7c}$$

由于模型结构设置简单，r_{13} 和 r_{23} 分别只由一项直接作用构成。可见，同样的变量但结构不同，分析结果也不同。

最后我们再来分析图 5—8—（3）模型。这个模型与图 5—8—（2）模型的不同仅仅在于两个外生变量 z_1 和 z_2 之间存在非 0 值的相关。但是，这个相关无法表达在结构方程组中，因此该模型的方程组与上个模型完全相同。但是我们在分析中必须考虑这一相关的存在。

由于 r_{12} 是两个外生变量之间的相关系数，因此这一相关将作为给定条件存在，不能得到分解。

对于 r_{13} 的分析仍然按照与前面同样的方法展开。有：

$$r_{13}=\frac{1}{n}\sum z_1(p_{31}z_1+p_{32}z_2+e_3)$$

$$=p_{31}\frac{\sum z_1z_1}{n}+p_{32}\frac{\sum z_1z_2}{n}+\frac{\sum z_1e_2}{n}$$

$$=p_{31}+p_{32}r_{12}$$

注意由于这一模型中设置 r_{12} 存在，所以不能认为其等于 0 而将上述结果中与其有关的一项删去。所以 r_{13} 由两项作用构成。第一项是 z_1 对 z_3 的直接作用 p_{31}，第二项即是 $p_{32}r_{12}$。在 r_{13} 中，r_{12} 是 z_3 的原因变量 z_1 与其另外一个原因变量 z_2 之间的相关，由于它的存在，将 z_3 所受到另外一个直接作用也被牵涉进来。这一项（$p_{32}r_{12}$）在 r_{13} 中能够存在是由于其两个原因变量相关。然而，从因果分析的角度而言，$p_{32}r_{12}$ 并未得到分析。它既不是直接作用，也不是间接作用。由于模型中 z_3 与 z_1 之间不存在中间变量，所以在分解回归系数的通径分析中，根本不涉及这一部分。除非通过修改模型，明确设置 z_1 和 z_2 之间的关系［如图 5—8—（1）和图 5—8—(2)］，否则没有办法解释这一项的意义。因此，在对相关系数分解中，由于原因变量之间存在给定相关而产生的作用项称作未析部分（unanalyzed part）。这一部分实际上揭示了多元回归时偏回归系数 $\beta_{31\cdot2}$ 与简单回归时 β_{31} 之间的差别（注意该模型中 $\beta_{31\cdot2}=p_{31}$，$\beta_{31}=r_{13}$）。

至于另一个相关系数 r_{23} 则与此对称，也可分解出直接作用和未析部分两项。

$$r_{23}=p_{31}r_{12}+p_{32}$$

尽管对于相关系数中的未析部分不能做出有意义的解释，但是它的数值却可以计算出来，比如：

$$p_{32}r_{12}=r_{13}-p_{31}$$

$$p_{31}r_{12}=r_{23}-p_{32}$$

通过对于图 5—8 中的三个简单模型的分析可以总结出，相关系数的分解可能产生四种类型的组成部分：（1）直接作用；（2）间接作用；（3）由于原因变量相关而产生的未析部分；（4）由于共同原因的存在而产生的伪相关部分。现在可以知道，对于简单相关系数的分解实际上包含了对于简单回归系数的分解，而且还包括了更多的内容。由于鉴别伪相关在科学研究中的重要性，通径分析对于相关系数的分解技术便成为研究中十分有用的工具。

回过头来再看图 5—8 中的模型（2）和模型（3），实际上就是回归模型（同图 5—1）。因此，回归模型是通径模型的一种特例。回归模型在设定时是不考虑也不分析自变量之间的相关的，除非遇到了严重多元共线性问题，才采取一些手段，加以处理。然而，事实上很难避免自变量之间存在相关，在社会科学研究中的变量更是这样。所以，事实上模型（3）才更接近实际情况。多元回归的偏回归系数一般不等于简单回归系数，或者说偏相关系数一般不等于相关系数（注意，相关系数的分子与回归系数的分子是相同的）。如果自变量之间真的相互独立，简单系数（无论是相关系数还是回归系数）便等于对应多元分析的偏系数。我们经常说，多元分析的优越性在于能够控制。所谓的控制实际上就是将未析部分作为水分排除出分析之外，只对直接作用加以测量和分析。而图 5—8 模型（3）的通径分析，并没有将未析部分排除出分析视野之外，尽管对此部分未加解释，但是仍然加以反映与测量，并以未析部分填充了简单系数与偏系数之间的差距。此外，还对未析部分的构成进行了描述，如上述例子中 r_{13} 和 r_{23} 中的未析部分都是一项由两个因素（即别的外生变量的直接影响及其与本外生变量相关系数）形成的连乘积。未析部分不一定只表现为一项连乘积，在 k 个外生变量相关的情况下，它将表现为 $k-1$ 项两因素连乘积。未析部分的产生实际上反映了研究人员对于外生变量之间的内在联系知之甚少或根本不感兴趣，因此以相关关系加以敷衍性的描述。如果能够对于它们之间的因果关系进行确定，那么模型（2）和模型（3）就将成为模型（1），于是成为一个完全的因果模型，所有的相关系数都能够由直接作用或间接作用所表达。

如果仔细比较上述三个例子中相关系数的分解，可以发现实际上它们各对应相关系数的一般表达式完全相同，只是由于具体模型中关于变量之间关系的不同设置［如对于 z_1 和 z_2 之间的关系有：（1）设置为因果关系；（2）设置为无关；（3）设置为相关］而进行化简时产生了差别。这就说明，模型设置在通径分析中起着极重要的作用。这一事实告诉我们，因果模型的设置不是来自于数据本身，而是基于有关变量之间因果关系的理论假设。而相关系数的分解又是根据特定的模型设置而定的，这就是说，如果没有一个模型作为依据，就不可能确定一个相关系数的组成部分及其各部分的性质。

由于鉴别伪相关在科学研究中的重要性，通径分析对于相关系数的分解技术便成为研究中十分有用的工具。此外，相关系数的分解对于通径模型的可识别性及通径模型的检验也有着重要的意义。

六、通径模型的调试与检验

通径模型建立以后，除了估计通径系数、分解各种不同作用组成部分以外，通常还需要进行模型的调试与模型的统计检验。

（一）通径模型的调试

本节所说的模型调试只限于递归模型。

在很多情况下，通径模型的调试及分析往往是先从饱和模型的建立开始的。但是饱和模型往往并不是我们实际上想要的最终模型，饱和模型经常只是作为一个起点或基准，并且下一小节将说明，真正能够检验的是非饱和模型，而饱和模型无法进行整个模型的统计检验。

饱和模型的因果关系结构必须建立在实际经验的总结和一定的理论假设之上。比如，可以通过变量之间的逻辑关系、时间关系来设置因果结构。但是，饱和模型通常都需要进一步调试。有时，调试是出于初步统计分析的需要，有时是出于理论分析的需要。

在对观察变量进行回归分析时一些回归系数统计性不显著，因此就要考虑将其对应的通径从模型中删除。与一般多元回归分析的操作类似，一般不要将一步回归中所有不显著的自变量一次删除，而应该只将最不显著的一个自变量删除后再做回归，以视下一步的结果再决定是否需要删除其他自变量。

这时，应特别注意区别观察数据是来自试验研究还是非试验研究。由于试验研究中实际因果关系比较明确，并且有可能对于模型外部的各种因素采取某种直接控制或随机化（randomization），因此回归系数能够较好地反映出自变量对因变量的作用。但是社会科学的观察数据往往来自横贯调查数据，所以变量之间的因果关系并不明确，同时也不可能对外部因素采取与试验研究类似的预处理措施，于是回归系数的解释变得较为复杂。首先，由于社会科学研究中的变量很难精确测量或根本无法测量，经常采用替代变量或标识（indicator）作为近似，如何将这些操作变量的回归系数的意义引申到本来的研究变量上存在很多困难。同时，还需要考虑变量本身的测量误差问题。其次，社会科学研究中的变量之间往往存在较高程度的相关，经常使回归出现多元共线性问题（详细讨论参见 Pedhazur，1982：222－225）。这两种情况都使得我们在通径分析时不能仅仅根据统计检验去删除变量，特别是那些作为研究焦点的变量。

这两个问题要结合起来考虑其解决方案，一方面要依赖理论根据，一方面要根据统计结果的实际意义，最后还可以借助一些统计方法。作为研究焦点的假设因果联系必须要有足够的理论根据，如果其统计不显著，仍然应当加以仔细考察。比如，检查回归系数的符号是否符合原来的假设。如果符合，就更值得进一步考虑自变量或因变量是否因采用了替代指标而缺乏可靠性和有效性，还要考虑是否存在多元共线性问题，并考虑是否可以对变量进行某种加工或换用其他指标解决这两方面的问题。为了判断是否存在多元共线性问题，不仅需要检查回归系数的 t 检验结果，还要看本步回归的整体检验（F 检验）结果。如果整体检验显著，而单个系数的 t 检验都不显著，即是出现了多元共线性问题。这时删除哪一个自变量（即哪一条通径）不一定仅仅依据它们的 t 检验统计显著程度来决定。此外，有时一个显著的系数也不一定要保留在模型中。这是因为，在分析中不仅要考虑统计性是否显著，还要考虑回归系数实际意义是否显著。比如，一个非研究焦点的系数，统计性虽然显著，但非标准化的回归系数值相对很小，没有什么实际意义，为了模型的简约性也可以考虑先删去。其结果可能会减少多元共线性，而使得作为研究焦点的通径变得显著。判断实际意义是否显著依不同研究的情况而定，在没有特定参考标准时，可以将标准化偏回归系数 $\beta<0.05$ 作为判别实际意义不显著的常规标准。

最后还有两点需要说明。

第一，必须正确认识通径模型检验的意义。

统计分析是研究工作中的一个环节，必须在研究方法论的指导下进行，并服从实际研究的需要。就研究方法论而言，模型检验应该是对事先根据理论构想的通径模型进行检验。而在实际研究中，通径模型的整体统计检验的意义在不同情况下有所不同，应该明确加以区别。

第一种情况为，事先没有明确的理论假设，而是完全依赖统计得到一个较高拟合程度的模型。那么，对这一模型的检验至多反映这个模型对于数据拟合优度的好坏，不属于真正意义上的理论检验。这种检验实质上属于探测性研究，其研究目的只是形成一个比较符合事实的统计模型。如果将这种根据数据统计结果形成的模型的检验当成理论假设的检验，实际上就犯了“事后假设”的方法论谬误（fallacy of ex post facto hypothesizing）。这在统计工作中是一种常见的错误，其关键是混淆了根据观察形成理论和理论通过实际数据检验两者之间的本质差别。尽管这两者在研究过程中都是必要的、合理的，但是属于研究过程的不同阶段，前者属于研究的初始阶段，研究的性质是探测。这个阶段的目的是形成关于事物联系的假设。但是任何假设必须经过实际的检验才能够上升为理论（并且要不断接受新的检验）。以为通过选择数据拟合最优的模型便算是经过了检验，违反了假设必须在检验之前存在的研究方法论规律，因为实际上不能检验一个根本不存在的假设。并且，形成假设时所使用过的数据不能用于检验同一假设，因为这一假设对于这套数据已不存在可证伪性。所以事后假设谬误的问题不在于根据数据形成假设模型，而在于将一个未通过检验的假设模型当成了一个已经通过实际检验的理论模型。它的危害是导致研究停滞于初级阶段，并可能将未经过检验的理论作为决策的依据。

第二种情况为，事先已经有根据理论假设所设置的模型，检验经过调试得到的模型与原假设模型是否有所不同，其统计检验将说明现在这个检验模型与假设模型拟合状况的评价。检验的模型如果完全与原假设模型相同，那么并不需要检验。如果有所不同，其统计检验的意义是通过检验模型与实际观察数据的拟合情况来反映这两个模型之间的差别是否只反映了数据的抽样误差。要是统计检验不显著，说明调试中对原模型的修改，并不妨碍“接受”原假设模型。更准确的说法是，统计检验不能拒绝①原模型假设。如果统计检验显著，即说明所得到的调试模型已经与原模型假设十分不同了。这说明，模型调试中所做的修改已经脱离了原模型假设。所以，通径分析的模型检验不是在检验原模型假设是否符合观测数据，而是在检验调试以后的模型是否与原模型一致。

因此，关于模型调试的主要目的是尽量保持原先根据理论构想形成的模型，使得模型检验取得理论假设检验的方法论意义。

第二，对每个方程所进行的回归分析检验并不是对整个模型的检验。

每个回归方程检验（包括方程整体的 F 检验和单个自变量系数的 t 检验）与整个通径模型的检验虽然有所联系，但毕竟是两码事。这是因为，一个通径模型往往是由多个方程组成的结构方程组。根据系统论原理，整个系统并不是各个部分的简单迭加。实际上，即使在各回归方程中所有变量都显著的情况下，整个通径模型的检验也可能得到通径模型拟合数据不好的结果，而拒绝这一关于因果结构的模型假设。

通径模型有专门的方法进行整体检验。但是并不是所有通径模型都能够检验，只有具备一定性质的通径模型才能得到检验。一个模型能否检验取决于这个模型属于哪一种识别类型。

（二）通径模型的识别

本章第五节中讨论了通径模型中所有变量之间的相关系数可能以通径系数函数的形式来表达，那么反过来还有通径系数能否用相关系数表达的问题。模型中所有变量之间的通径系数是否能够完全以相关系数表达是这一模型的基本性质，这一性质在评价和检验一个具体模型的有效性（validity）时具有十分重要意义。对这一性质的判断在通径分析中称为模型的识别（identification）。所谓识别，就是判断模型参数是否可以被估计出来。

模型识别的结果可以按以下情形分类：

- 模型的识别
  - 不可识别（under-identified）
  - 可以识别（identifiable）
    - 恰好识别（just-identified）
    - 过度识别（over-identified）

不可识别的模型就是那些所包含的信息不足因此不能取得确定解的模型。比如一个三个变量的模型只能产生三个相关系数，如果除了在两两变量之间都有通径存在以外，有一对变量之间还设置了反馈通径，这时就需要估计四个通径系数，在这种情况下通径系数是无法确定的，这个模型就是不可识别的模型。

与不可识别模型相对的是可以识别的模型。可以识别的模型意味着模型中信息可以对所有参数做出唯一性的估计。比如递归模型都是可以识别的。可以识别的模型又分为两种：恰好识别的和过度识别的。饱和的递归模型（即所有变量之间都有单向通径或表示相关的带双向箭头

---

① 在方法论中，“接受”更接近于证实或确证，而“不能拒绝”则表示确认或不能证伪。这两者之间在逻辑上十分不同（刘大椿，1985：167－179）。

的弧线所连接）都是恰好识别的模型，因为通径是在两两变量之间形成的，相关系数也是在两两变量之间形成的，通径的数目与相关系数的数目相等。

比如，图 5—8—（1）模型就是一个饱和递归模型，它由三个变量构成，因此可以产生三个相关系数，而模型中设置了三条通径，所以通过三个相关系数可以估计三个通径系数。根据前面的已经得到的结果，在相关系数与通径系数之间的关系可以通过三个方程来表示：

$$r_{12} = p_{21}$$

$$r_{13} = p_{31} + p_{32}p_{21}$$

$$r_{23} = p_{31}p_{21} + p_{32}$$

请读者注意，以上结果是通过通径模型方程组推导出来的。在上述每个方程中，相关系数可以通过实际数据计算出来，所以能够作为已知数对待。而通径系数作为未知参数对待，因为实际上在此之前我们还并未证明通径系数到底是什么，只是规定通径系数等于对应的偏回归系数。现在则可以证明，上述三个方程联立起来，便可以通过已知的相关系数求解未知的通径系数为：

$$p_{21} = r_{12}$$

$$p_{31} = \frac{r_{13} - r_{12}r_{23}}{1 - r_{12}^2}$$

$$p_{32} = \frac{r_{23} - r_{12}r_{13}}{1 - r_{12}^2}$$

作为结果，这三个相关系数的函数实际上分别就是标准化回归系数和标准化偏回归系数与相关系数的关系式（证明可参见 Pedhazur，1982：54；Heise，1975：106）。因此，我们证明了 $p_{21}=\beta_{21}$，$p_{31}=\beta_{31\cdot 2}$，$p_{32}=\beta_{32\cdot 1}$。并且，在递归模型中，通径系数等于对应的标准化偏回归系数是一个普遍规律。但是，这个规律并不适用于非递归模型中通径系数。

如果从饱和递归模型中删除若干通径，换句话说就是假设这些通径系数等于 0，所形成的新模型便成了过度识别的模型，因为这时相关系数的数目大于待定通径系数的数目（模型中变量之间所能形成的相关系数并不减少）①。然而通径系数仍然等于标准化偏回归系数，不过由于某些通径系数已经定为 0（不再是未知数），这将会导致其他涉及同一因变量（就通径分析而言是内生变量）的其他自变量（原因变量）的回归系数发生变化，并导致其统计检验结果的变化。比如，将图 5—8—（1）模型中的通径 p_{21} 删去，即是令上述通径系数结果中的第一个方程 $p_{21}=r_{12}=0$，并将此结果分别代入第二和第三个方程，便有 $p_{31}=r_{13}$ 和 $p_{32}=r_{23}$。这与上一节对图 5—8—（2）的分析结果完全相同，说明上述规律对于非饱和递归模型同样适用。

检验一个通径模型是否有效（valid）实际上是通过考察该模型的通径系数能否反求出十分近似于实际相关系数值的估计来完成的。由于恰好识别的模型能够完全再现实际相关系数值，所以不存在模型检验问题。但是需要注意的是，恰好识别的模型能够完全再现实际相关系数值并不说明这一模型设置完美无缺地反映了实际因果关系结构，而是说明它没有受检验的余地，即不存在可证伪性。也就是说，即使将因果关系完全颠倒的恰好识别模型也能通过相关系数准确无误地反求出所有相关系数。

真正能够检验的是过度识别模型。正是由于过度识别模型是从恰好识别模型中删除某些通

① 只要存在不能确定的参数，整个模型就是不可识别的。但是，不可识别模型不意味着所有参数都不能确定。此外还有可能存在更复杂的情况，即同一模型中某些参数是过度识别的，而另一些参数是不可识别的。

径所形成的，所以反映了研究人员关于某些变量对于其他变量没有直接作用的假设。模型检验的正是这些假设。假设检验也是通过显著性检验来完成的。如果这些假设符合实际，那么模型能够比较近似地反求出这些相关系数。如果这些假设不符合实际，反求出的相关系数将与实际相关系数有很大出入。正是这种可证伪性给过度识别的模型留出了统计检验的余地。所以，检验的目的并不在于寻找一种在统计上最能拟合数据的模型，而是检验模型背后的理论。否则，只要将模型设置为恰好识别模型，便能够完全拟合数据了。

（三）对过度识别的通径模型的整体检验方法

对于递归模型来说，过度识别模型是饱和模型中删除若干通径后所形成的模型。因为不论如何具体设置，饱和递归模型能够完全拟合数据，即通过其通径系数能够完美地反求出模型变量之间的所有实测相关系数，因此饱和模型就是完美拟合的代表，可以作为评价非饱和模型（即过度识别模型）的基准。所以，对于非饱和模型的评价，就是通过其对于相关系数的估计与饱和模型估计的相关系数进行比较所进行的。注意要检验的非饱和模型实际上是作为标准的饱和模型中的一部分，它除了删掉了某些通径（也可以说是将这些通径系数值设置为 0）以外，其余部分与作为标准的饱和模型完全相同。这种关系在统计上称为嵌套（nested）。

1. 在用饱和模型作为基准模型时的检验

对非饱和模型检验的无差异假设是：该模型从饱和模型中删除的那些通径的系数等于 0。为了简明，现在我们按小写英文字母的顺序分别代表不同通径的下标，要进行检验的非饱和模型所缺少的是 p_a、p_c 和 p_f，那么以数学形式表达的无差异假设为：

$$H_0: p_a = p_c = p_f = 0$$

为了能够简明表达一般的模型整体检验公式，还需要定义一些专门的符号。我们知道，在通径模型中有多少个内生变量就会有多少个以观测变量及其相应参数所构成的线性方程，让我们沿用前面对每个方程的标志符号，即加括号的序数，如（1）、（2）、（3）等，最后一个方程用（p）表示。于是以每个内生变量作为因变量的回归方程产生的确定系数（determination coefficient，通常标志为 R^2）就可以具体地表示为 $R^2_{(1)}$，$R^2_{(2)}$，…，$R^2_{(p)}$。每个 R^2 都代表相应内生变量的方差中由回归方程所解释的比例（以小数所表示，后同）。那么，$1-R^2$ 就是回归方程未能解释的残差比例。根据对应所有内生变量的残差比例能够计算出饱和模型的一个指数 R^2_c：

$$R^2_c = 1-[1-R^2_{(1)}][1-R^2_{(2)}]\cdots[1-R^2_{(p)}]$$

这个指数的意义是，由因果模型已经解释的广义方差（generalized variance）占需要得到解释的广义方差的比例。这一定义的形式十分类似于回归分析中的确定系数，需要得到解释的广义方差可以对应于总方差，已经解释的广义方差可以对应于回归方程所解释的方差。因此，它是一个值域为［0，1］的指数，也可以理解成是一个百分比。注意这个公式中每个括号中表示的是所有内生变量方差中未能被其原因变量所解释的残差比例，将它们连乘便得到广义的（即整个饱和模型的）残差比例，它代表没有包括在模型之内的各种因素的影响。最后，用 1 减去广义的残差比例以后便得到饱和因果模型内部对广义的总方差所解释的比例 R^2_c。对饱和模型计算这个指数是为了给检验与其嵌套的其他模型提供评价基准（c 表示比较基准，即 criterion），所以我们为了方便，可以按照其本来的意义，将 R^2_c 简称为基准解释指数。那么，$1-R^2_c$ 便是基准残差指数。

同理，我们还可以计算出与此饱和模型嵌套的非饱和模型的相应指数 R^2_t：

$$R_t^2 = 1-[1-R_{(1)}^2][1-R_{(2)}^2]\cdots[1-R_{(p)}^2]$$

它的意义与R_c^2类似，只不过是针对非饱和模型计算的。因为对非饱和模型计算该指数是为了检验该模型，所以也可称R_t^2为待检解释指数（其中t表示检验，即 test）。由于非饱和模型比饱和模型少了一些通径，就使得所涉及的内生变量的方差中能被解释的比例下降，而残差比例增加，因此R_t^2中的广义残差比例值（即公式中的连乘项的积）要比R_c^2的相应值大。所以，所计算出的两个指数之间的关系为：$R_t^2 \leqslant R_c^2$。并且，R_t^2的值域为$[0, R_c^2]$。同样，$1-R_t^2$便是待验残差指数。它与基准残差指数之间的关系为$1-R_t^2 \geqslant 1-R_c^2$。将基准残差指数与待验残差指数相比，便能得到一个关于检验模型拟合优度的测量值Q。即：

$$Q=\frac{1-R_c^2}{1-R_t^2}$$

并且还可以根据Q计算出一个可以直接进行统计检验的指标W来。计算公式为：

$$W=-(n-d)\ln Q=-(n-d)\ln\left(\frac{1-R_c^2}{1-R_t^2}\right)$$

其中，n为样本规模；d为检验模型与饱和模型的通径数目之差，即形成检验模型时从饱和模型中删除通径的数目。

W具有渐近χ^2分布的性质，即随着样本规模的扩大，W分布趋近于自由度为d的χ^2分布。所以在大样本时（比如$n>100$），W值可以进行χ^2检验，其自由度等于d。在社会科学研究的统计检验中，一般选定检验显著性的临界标准为$\alpha=0.05$，对通径模型的检验也不例外。当$\alpha<0.05$时，统计检验显著，说明检验模型与基准模型有显著差别，因此我们拒绝无差异假设。因为对于通径分析而言，饱和模型可以完美拟合数据（即所有相关系数可以根据通径系数准确地求解），所检验的模型是在与饱和模型进行比较，那么统计检验显著也可以理解为检验模型对数据的拟合效果很差（即根据通径系数求解的相关系数与实测相关系数差别很大）。如果统计检验不显著，则不能拒绝无差异假设，说明两个模型之间没有显著差异，或者说检验模型能够较好地拟合数据。α值越大，表明那些被删除的通径等于0的概率越大，检验模型的数据拟合优度越好。

应该注意的是，χ^2检验的一个特点是受样本规模影响较大。这可以从Q值的计算公式中看出来，W不仅受两个模型之间差异的影响，也受到样本规模与删除通径数目之差的影响，即式中的$(n-d)$。一般来说，d值不会很大，而n则很大。所以在χ^2检验中，样本规模的作用像个放大镜，样本规模越大，两个模型之间的差异被放大的倍数越大。那么当分析的是特大样本时，就成了用显微镜来检查差异了，即使两个模型之间的实际差异微不足道，但是在χ^2检验中也会得到统计性十分显著的结果。结果，可能导致本来很好的一个检验模型被放弃。反过来，如果样本规模很小（姑且不提Q分布对χ^2分布的近似程度问题），拟合程度很差的检验模型也可能通过统计检验得到接受。

为了尽量避免上述情况，我们可以通过检查Q值来判断两个模型的实际差异。Q是两个模型的比值，代表了实际拟合优度，其值域为$[0, 1]$。Q值越接近1，说明拟合优度越好。当Q值很接近1时，统计检验却显著，说明检验受样本规模影响过大。如果Q值很小，然而统计却不显著，说明样本规模太小不足以检验实际拟合水平。

另外，对应相关系数实测值与相关系数估计值之间的比较，可以检查通径被删除以后的影响所在。如果两者差别很大，一定是因为检验模型的设置中忽略了某种重要的关系。

2. 两个嵌套的非饱和模型之间差异的比较

实际研究中的理论模型假设常常并不是饱和模型，如果模型调试中删除了某些通径，所得到的调试模型也可以原假设模型为基准进行检验。这是因为，两个模型之间也存在着嵌套关系，仍然符合模型检验的要求。我们将通径较多的一个称为模型 1，作为检验的基准；将通径较少的一个称为模型 2，作为待检对象。检验的目的是比较模型 2 在较少通径的情况下能否较好地拟合数据（即拟合模型 1 推计的相关系数），或者说能否将两个模型在反求相关系数时产生的差别归因于抽样误差。如果两个模型的检验结果显著，说明模型 2 对模型 1 的拟合不好，应该拒绝模型的修改。如果检验不显著，则表示两个模型之间的差别很小，模型 2 能够很好地拟合模型 1，可以作为模型 1 的简约化的代表。

检验公式与上一小节所介绍的完全相同：

$$W=-(n-d)\ln Q=-(n-d)\ln\left(\frac{1-R_c^2}{1-R_t^2}\right)$$

只不过现在是用模型 1 作为基准模型，模型 2 作为检验模型。其公式中的 n 仍然代表样本规模，而 d 现在则代表两个非饱和模型通径数目之间的差。其他检验步骤与前所述完全一样。

本章通径分析的操作并不是完全用 SPSS 软件完成的，通径分解与通径模型整体检验系采用手工计算方法完成。模型检验时，在计算出统计检验值以后，需要取得相应的统计量的临界值进行比较。传统的方法是采取查统计检验表来取得临界值，然而由于目前 Excel 电子表格软件已经十分流行，我们可以利用该软件来直接计算出待检统计量的 α 值（参见本书后附录：关于用 Excel 软件取得统计检验临界值的方法）。一般常用的 α 临界值为 0.05 和 0.01，分别相对于以 95%和 99%的置信概率来拒绝虚无假设。如果待检统计量计算出的对应 α 值小于这些临界标准，便可以认为统计检验显著。

七、示范例题

下面我们用第二章例 3 回归方程所用的五个变量建立一个通径模型，然后分解回归系数，并根据有关回归结果进行该通径模型的调试，最后示范调试模型的统计检验。这个例题并不是一个具有严格理论意义上的研究，其主要目的是示范通径分析的操作步骤，并通过其具体的统计结果帮助读者深入了解通径分析的原理以及它与回归分析的不同之处。

（一）初始通径模型

第二章例 3 的回归方程的因变量为粗死亡率（CDR），本例将它作为通径模型的最终反应变量。原回归方程的四个自变量分别为人均收入（INCwan）、城市人口比例（URBAN）、老年人口比例（P65_W）和成人艾滋病感染率（AIDS）。依据理论猜想，将人均收入作为通径模型的唯一外生变量，并将其他变量作为中介内生变量，形成一个饱和通径模型，其因果次序如图 5—9 中的通径图所示。其中我们对艾滋病感染率的理论准备不足，假设经济社会发展水平对其有影响，并且假设人口结构也对其有影响。

这个通径图对应着由四个回归方程构成的联立方程组，这里不再列出。下面我们按各回归方程中的自变量个数作为方程的标号，比如方程（4）即为死亡率对其他四个自变量的回归。

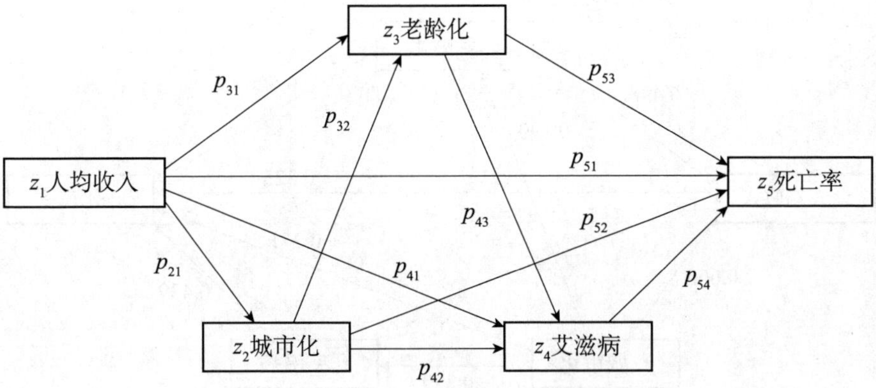

图 5—9 示范例题的初始通径图

（二）初始模型的模拟结果

按初始通径模型完成四个回归，用取得的标准化回归系数作为通径系数，那么初始通径模型的数值结果如图 5—10 所示。其中，凡在回归中在 0.05 水平统计性不显著的通径系数，图中用虚线来表示相应的通径。可以看到，与最初的因果关系猜想不同，人均收入和老年人口比例对艾滋病感染率的直接影响并不显著，但是城市人口比例对它的直接影响是显著的。关于这个结果有两点值得一提。第一，人均收入虽然对艾滋病感染率的直接影响统计性不显著，但通过城市人口比例对它的间接影响却取得了统计显著。第二，如果连城市人口比例对艾滋病感染率的影响也不显著，就意味着通径模型调整后艾滋病感染率将成为一个独立的外生变量。

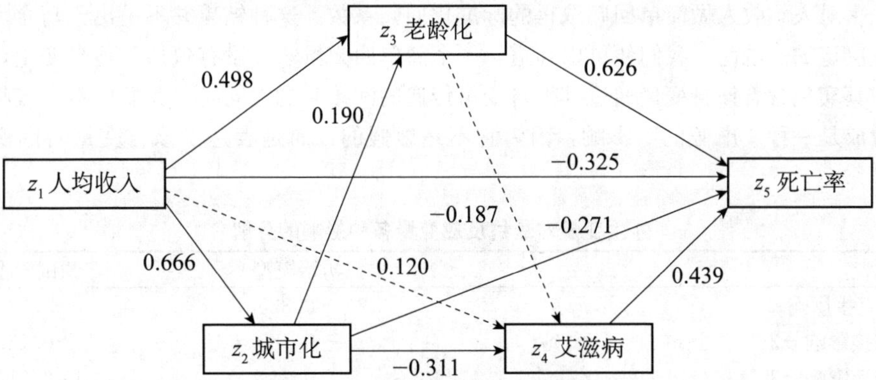

图 5—10 初始模型的通径系数估计

（三）调试模型的模拟结果

将图 5—10 中两条统计不显著的通径删去，便得到了新的调试模型。其中还是有四个内生变量，表明它仍是一个四个回归方程的联立方程组。其实，这时其他的方程都没有任何变化，只有初始模型中的回归（3）发生了变化，由三个自变量的多元回归变成了一个简单回归，我们将这个方程称为回归（3′）。将其取得的标准化回归系数替代初始估计，于是我们就可以将调试模型的估计结果画为一个新的通径图（见图 5—11）。

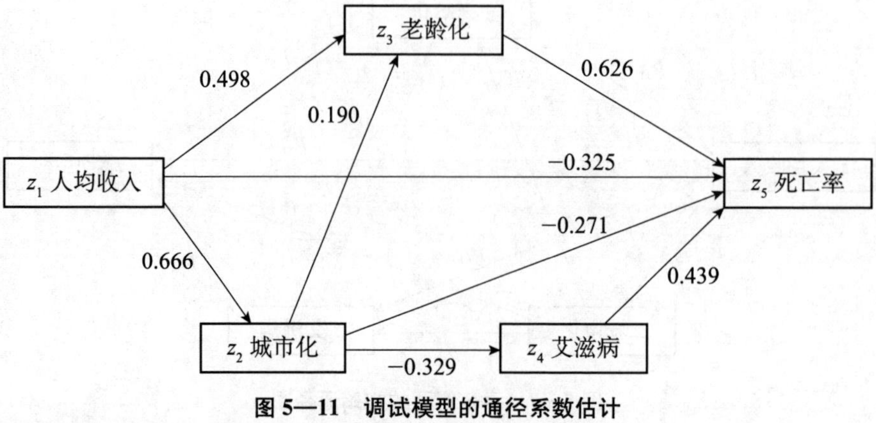

图 5—11　调试模型的通径系数估计

（四）外生变量对最终反应变量的影响分解表

我们将主要关注以上两个模型中的唯一外生变量人均收入对最终反应变量死亡率的各种影响，将它们计算出来，并列在表 5—2 中。

在初始模型中，如果不考虑各通径系数的统计显著性，人均收入对死亡率的因果影响链条是非常复杂的。它的直接影响为－0.325，表明经济水平提高可以降低死亡水平。但是它还存在很多的间接影响，其中既有正作用的，也有反作用的，合计的间接总影响为正的 0.122。所以，负的直接影响与正的间接总影响发生部分抵消，导致人均收入的总影响为－0.204，小于其直接影响幅度。实际上，由于初始模型是一个饱和模型，因此这个总影响的方向与幅度就等于用死亡率对人均收入做简单回归取得的标准化回归系数。这种结果并不是出于巧合，而是由统计原理决定的。就此，我们便可以知道，一个简单回归虽然并没有包括其他自变量，但其回归系数中其实包含着该自变量通过其他自变量传递的间接影响。同时，我们也不应该将简单回归系数看成是一种“虚假的”影响，因为它不是虚假的，而是表达了该自变量对因变量的总影响。

表 5—2　　外生变量对最终反应变量各种影响的分解

		初始模型	调试模型
直接影响	p_{51}	－0.325	－0.325
间接影响－2	$p_{52}p_{21}$	－0.180	－0.180
间接影响－3	$p_{53}p_{31}$	0.312	0.312
间接影响－3－2	$p_{53}p_{32}p_{21}$	0.079	0.079
间接影响－4	$p_{54}p_{41}$	0.053	
间接影响－4－2	$p_{54}p_{42}p_{21}$	－0.091	－0.096
间接影响－4－3	$p_{54}p_{43}p_{31}$	－0.041	
间接影响－4－3－2	$p_{54}p_{43}p_{32}p_{21}$	－0.010	
间接总影响	0.122	0.115	
总影响	－0.204	－0.210	

调试模型删去了统计不显著的通径，外生变量对最终反应变量的间接影响因果链条被简化了。但是，由于删去的都是影响不大的通径，所以外生变量对最终反应变量的总影响和间接总

影响并没有太大的变化。

总而言之，简单回归揭示了一个自变量对因变量的总影响，多元回归则揭示了各自变量对因变量（在一定控制条件下）的直接影响，而通径分析除提供直接影响外还可以分解出各外生变量通过其他中介变量对最终反应变量产生的间接影响，并且反映出直接影响、间接影响的方向与幅度，以及它们与简化型中的总影响之间的关系。

总之，这个例题的两个模型结果中都反映出，人均收入直接影响与间接影响方向不同，因此总影响幅度有所抵消，但是因为直接影响绝对值较大，所以总影响的方向与直接影响一致。并且，人均收入的直接影响和总影响的方向都与经济发展导致死亡率下降的理论期盼保持一致。实际上，这里看到的只是通径分析的一种情况，在不同的研究场合，可能会出现其他不同情况。

第二种可能出现的情况是，因为直接影响和间接影响方向相同，因此两者迭加出幅度更大的总影响。这种情况会使得简单回归更容易取得统计显著，也容易使人误解为该自变量对因变量的直接影响就有这么大。但是，直接影响、间接影响和总影响方向相同时，一般不易出现统计结果与理论期盼的作用方向相悖的情况。

第三种可能出现的情况是，因为直接影响和间接影响方向相反而幅度接近，因而导致总影响几乎为 0。所以，只做一个简单回归就很容易使人误解该自变量对因变量完全没有影响。实际上，第二章第七节中的例 4 就是这样一种情况。该例排除了所有非洲案例后，人均收入对死亡率的简单回归系数接近于 0，好像出现了经济发展对人口死亡水平毫无影响的结果。其实，这是因为回归遗漏了一个非常重要的变量老年人口比例，一旦将这个自变量纳入模型，人均收入的影响方向就转正为负，而且影响幅度也会显著增大。

另外还有第四种可能出现的情况，即直接影响与间接影响方向相反但间接影响绝对值较大，因此总影响就会取间接影响的方向符号。实际研究中存在着忽视间接影响的倾向，或者存在认为直接影响一定大于间接影响的误解，所以面对总影响方向出现与理论期盼相反的情况时，很容易使研究者陷入迷茫和不知所措的境地。

从通径分析的框架概念来看，外生变量对最终反应变量的总影响是直接影响和间接影响的合计，并且间接影响还可以具体加以分解，各种影响成分组合成的总影响反映了事物联系的复杂性。通径分析为探索事物联系的复杂性提供了一种研究途径。

上述通径分析结果其实受一些非洲案例的影响很大，因为那里的艾滋病问题很严重，影响很显著。有兴趣的读者不妨用排除非洲案例后的数据重做上述通径分析模型，便可以发现艾滋病这个变量并无显著解释力，需要从模型中完全删除。

（五）调试模型的统计检验

上述拟合的调试模型是通过从初始模型中删除了两条通径后得到的，于是我们就很关心：这两条通径的删除应该理解为出于数据样本的抽样误差，而两个模型之间差异不大，还是应该将这种改变理解为两个模型存在统计性显著的差异，因此需要拒绝初始模型的理论假设？这就需要以初始模型作为标准对调试模型进行统计检验。

表 5—3 提供了统计检验所需的两个模型中各项回归的 R^2 信息以及统计检验的具体计算过程。其中，初始模型各回归方程的标号数即为方程中的自变量数。而在待检的调试模型中，因为只有初始回归（3）中删除了两个自变量，我们将此方程标注为回归（$3'$），其他方程沿用原

来标号，相应 $R_{(i)}^2$ 也没有变化。

根据我们先定义各回归的 $E_{(i)}^2=1-R_{(i)}^2$，再计算出它们的相应值。在分别计算出两个模型各项 $E_{(i)}^2$ 的连乘积 Π 后，就能进一步计算出两个模型各自的残差指数 1－Π。

表 5—3 调试模型的统计检验计算表

基准模型			待检模型		
	$R_{(i)}^2$	$E_{(i)}^2=1-R_{(i)}^2$		$R_{(i)}^2$	$E_{(i)}^2=1-R_{(i)}^2$
回归（1）	0.443 12	0.556 88	回归（1）	0.443 12	0.556 88
回归（2）	0.410 34	0.589 66	回归（2）	0.410 34	0.589 66
回归（3）	0.129 06	0.870 94	回归（3′）	0.107 99	0.892 01
回归（4）	0.435 52	0.564 48	回归（4）	0.435 52	0.564 48
	$E_c^2=\Pi_c\ [E_{(i)}^2]=$	0.161 4		$E_t^2=\Pi_t\ [E_{(i)}^2]=$	0.165 3
	$R_c^2=1-E_c^2=$	0.838 6		$R_t^2=1-E_t^2=$	0.834 7

其实，表 5—3 中的 E_c^2 就是上述检验公式中的 $1-R_c^2$，而 E_t^2 就是上述检验公式中的 $1-R_t^2$。本例的样本规模 $n=148$，删除通径数 $d=2$，因此根据检验公式有：

$$W=-(n-d)\ln\frac{1-R_c^2}{1-R_t^2}=-(n-d)\ln\frac{E_c^2}{E_t^2}$$

$$=-(148-2)\ln\frac{0.161\ 4}{0.165\ 3}=3.490:\chi_{d=2}^2$$

根据计算[①]，$W=3.490$ 在自由度等于 2 的卡方分布中的对应概率为 0.175。这个结果表明，就样本案例数据的检验能力而言，上述两个模型之间差异的统计性并不显著。因此，我们虽然修改了初始模型，但是并不能因此拒绝初始模型的理论假设。这实际上表明，我们的样本规模不算很大，所以并不存在上述过强的放大镜或显微镜效应。如果我们来看反映两个模型实际差异的 Q 值，$Q=0.161\ 4/0.165\ 3=0.976\ 4$，已经十分接近 1，这说明本例统计性不显著的检验结果也并不属于由于样本规模太小而不足以检验两个模型间差异的情况。

基本概念

通径模型　通径方程组　通径图　通径系数　外生变量　内生变量　误差　最终反应变量　递归模型　非递归模型　直接影响　间接影响　总间接影响　总影响　简化型模型　中间变量　饱和模型　控制变量　偏简化式　标准化系数　非标准化系数　作用分解表　伪相关　未析部分　模型调试　模型识别　过度识别模型　模型检验　放大镜效应　显微镜效应

本章要点

1. 通径分析探索变量系统的因果关系结构，描述变量之间作用的链条传递形式。

2. 通径模型有两种类型：递归模型与非递归模型。本章介绍了这两种模型的辨别，但是

① 在 Excel 电子表格中键入“＝CHIDIST（3.455，2）”后按 Enter，即可得到相应概率。

只讨论了递归模型的建立和分析。

3. 通径分析可以用来分解简单回归系数，其主要功能是将一个变量对最终反应变量的总影响划分为直接影响和间接影响，并且可以将间接影响进一步划分为以不同通径传递的部分。

4. 通径分析还可以用来分解简单相关系数。对简单相关系数的分解包含了对于简单回归系数的分解，它不仅提供一个变量与最终反应变量之间简单相关系数之中所包含的直接影响和间接影响，还提供了其中的未析部分和伪相关部分。

5. 由于通径分析是建立在回归分析和相关分析基础上的分析，因此属于更高层次的分析方法。这一分析技术不仅具有巨大的实际应用价值，而且对于深刻理解回归分析和相关分析具有重要的方法论指导意义。

参考文献

Heise，D. R. （1975）. Causal Analysis. John Wiley & Sons Inc.

Berry，W. D. （1984）. Nonrecursive Causal Models. Sage Publications Inc.

Pedhazur，E. J. （1982）. Multiple Regression in Behavioral Research，Second Edition. CBS College Publishing.

Retherford，R. D.，and Choe，M. K. （1993）. Statistical Models for Causal Analysis. John Wiley & Sons，Inc.

Blalock，H. M. Jr. （ed.，1971）. Causal Models in the Social Sciences. Aldine Atherton Inc.

Babbie，E. （1995）. The Practice of Social Research，Seventh Edition. Wadsworth Publishing Company.

郭志刚，郝虹生，杜亚军，曲海波．社会调查研究的量化方法．北京：中国人民大学出版社，1989.

刘大椿．科学活动论．北京：人民出版社，1985.

第六章

logistic 回归

一、引言

线性回归分析在社会科学中已经得到广泛应用，成为标准的统计工具。作为多元分析，它能够纳入多个自变量，对社会现象提供较深入的解释力。同时，它的计算机软件现在已广为可得，它的统计结果又可以比较直观地得到解释。线性回归的确具有许多良好的统计性质，甚至在应用中的一些必要的假设条件不能完全满足时，它也仍然可以得到不失为合理的结果。

但是，线性回归中的某些统计假设非常关键，违反它们将导致相当不合理的估计。比如线性回归分析的一个基本要求是，因变量必须是具有间距测度等级的连续变量。但是，在实际研究中这个要求经常不能得到很好的满足。比如，我们想研究社会中家庭规模是由哪些因素决定的，然而当代社会中绝大多数家庭都已经在五人以下，也就是说因变量的取值只有少数几个整数值。同样的问题在研究妇女生育子女数量时也会发生。[①] 在这样的情况下，不管自变量如何变化，因变量也不可能有太大变化，这就会损伤线性回归的效力。尽管如此，家庭规模或生育子女数仍然是一个真正的定量变量，也有使用多元线性回归来进行分析的，但这时采用其他类型的多元回归模型（比如本书第七章介绍的泊松回归）则更为恰当。在更为极端的情况下，因变量值为仅仅表达事件是否发生的时候，就成为纯粹定性的二分类变量，赋值只是分类编码，完全没有数量含义。

在社会科学研究中，因变量是定性变量或序次变量的情况并不是少数，许多要研究的行为以及它们背后的态度和偏好是定性的，或至少是作为定性或序次观测的，也就是说变量不能提供十分确切的数量信息。比如，社会生活中人们会涉及大量的决策，如政治选举、是否加入某个社会团体、是否签订一个合同、是否迁移、是否再生育一个孩子，等等。所有这些行为、决策和意愿都是定性的，有时是在少数类别或序次之间选择，有时甚至只有是否或正反两种类型。然而，社会科学研究十分需要探索这些决策或行动有哪些重要影响因素。这些研究除了模型的因变量是定性或序次的变量以外，其他方面都与多元线性回归类似。但是在这种情况下，使用多元线性回归便不可避免地违反其许多重要假设条件，导致回归估计及其统计推断存在严重误差，失去了合理性，因此线性回归不宜在这种情况下使用。本章要介绍的就是适用于这种情况的一类分析方法，即 logistic 回归。

---

① 在统计分析中，这种变量称为计数变量（count variable）。

本章的第二节将简要讨论线性回归模型在上述情况下为什么会产生问题和产生哪些问题，以便为介绍 logistic 回归方法作一铺垫。第三节介绍在因变量为二分定性变量的条件下如何建立 logistic 回归模型，它是如何克服线性回归的局限性的。第四节讨论 logistic 回归的回归系数的意义。第五节和第六节分别介绍 logistic 回归的模型评价和统计推断。第七节以一个例题的数据来示范使用 SPSS 软件进行 logistic 回归的几种主要方式。第八节和第九节则介绍了另外两种 logistic 回归的扩展应用，即多分类 logistic 回归和序次 logistic 回归。

二、从线性回归到 logistic 回归

根据实际研究的需要而不断对线性回归进行改造和发展促使了 logistic 回归的产生。线性回归不适用于因变量为定性变量的场合，本节通过这一发展过程来介绍 logistic 回归克服了线性回归的缺陷，以服务于对定性因变量的多元分析。同时，也就介绍了 logistic 回归的一般原理及其具有的性质。

多元线性回归不能应用于定性因变量分析主要是由于以下两个主要方面。

(一) 线性回归使用定性因变量严重违反本身假定

首先，线性回归属于一般最小二乘法（ordinary least square）一族的统计分析。这种方法通常要求变量，尤其是因变量，在间距测度等级以上，也就是平常所说的连续变量。它还要求自变量之间不能完全相关，这是 OLS 回归能够求解的前提。此外，它还需要一系列其他假定条件，其中特别是关于误差项 e 的假定，主要有以下几条[①]：

(1) e 与任何一个自变量 x 都不相关，并且它的平均数为 0。

(2) 对应不同自变量值 x_i 的各 e_i 有不变的方差，$\sigma_{e_i}^2=\sigma_e^2$。

(3) 在各个观测自变量点 x_i 上的误差 e_i 之间无关。

(4) e_i 是正态分布的。

以上的前三个假定经常被称为高斯—马尔可夫假定，因为它们就是高斯—马尔可夫定理的条件。这个定理说明，在这一套假定条件下，OLS 估计即为对 y_i 的最佳估计，不仅具有无偏性，而且最有效率（efficient），即误差最小。它被简称为 BLUE，意思就是最佳线性无偏估计（the best linear unbiased estimator）（Ardrich and Nelson，1984）。其中，假定（2）和假定（3）通常分别被称为“相同分布”（homoscedasticity）和“序列独立”（series independent）。

加上第四个假定条件，那么回归系数估计 b_k 就是正态分布的。并且，可以计算出 b_k 的抽样方差和标准误。由此，可以完成一系列统计推断。

当以虚拟编码的二分类定性变量（即变量只能取值为 0 和 1）作为因变量做常规回归时，OLS 估计就开始产生问题了。

OLS 回归模型不限制自变量的取值，只限制它们之间不能是其他自变量的线性组合。它

① 本章中，小写英文字母代表样本统计量（sample statistic），大写英文字母代表总体参数（population parameter）（Moser and Kalton，1979）。参见这两个概念是与抽样调查相联系的，而我们一般则是通过抽样统计来推断总体参数。

们可以为连续的间距等级（如一个公司的净利润），也可以只取正值或零值（如一个党所得到的选票比例），也可以是整数（如一个家庭的子女数），也可以是虚拟变量（如男性赋值1，女性赋值0）。既然对 x 和 b 以及 e 都没有限制，那么当然对因变量 y 便不存在限制。y 可以是从负无穷至正无穷中的任何值。但是如果在实际观察中，y 只能取两个不同值（如0和1），那么便十分严重地违反了关于因变量是连续变量的基本假定。这应该引起我们特别的注意。

如果因变量 y 只能取两个观测值，那么在其他不变的情况下，对于任何给定的 x_0 值，e_0 本身只能取得两个值。为了简明，仅以简单OLS回归为例。令 $\hat{y}=a+bx$，那么对于任一 x_0，在 $y=0$ 时有 $e_0=0-\hat{y}$；在 $y=1$ 时有 $e_0=1-\hat{y}$。这就是说，虽然上述第一个关于 e 的关键假定（即 e 的期望值为0）仍然保持着，因而OLS对 b 的估计是无偏的，然而关于 e_i 有不变方差的假定已不再能维持。实际上，e_i 的方差是随自变量的取值产生系统性变化。这是因为，对于不同的自变量值 x_i，由于因变量估计值 $\hat{y}_i=a+bx_i$ 也不同，那么其误差能取的两项值也相应变化，最后导致 e_i 的方差发生系统变动。

作为结果，OLS的估计 b_k 虽然是无偏的但不是最好的，就是说它们不具有尽可能小的抽样方差。随之而来的是，对抽样方差及标准误的估计将是错误的，于是在此基础上所做的假设检验或置信区间估计都是无理的，并且即使对于非常大的样本也是如此。因此，OLS对二分因变量的回归估计尽管是无偏的，但存在其他严重问题，不能令人满意。

曾有人提出了一种两步的加权估计来改正对线性概率模型的OLS回归，并命名为WLS方法（weighted least squares）。这种方法计算的回归估计不仅是无偏的，而且具有尽可能小的抽样方差，参数估计的标准误对建立假设检验及其他来说也是正确的。但是，由于 e_i 只能取两个值便不能是正态分布的。但是，只有在样本较大时，抽样误差才近似于正态分布，WLS估计的 b_k 才可以作为近似正态分布，假设检验及其他工作才可以照常进行，所以这种方法只适用于较大样本。

但是，WLS还是线性回归，只是估计方法有所变化，所以它同样不能避免以二分定性变量作为因变量时常规回归所遇到的另一个问题：由于以虚拟变量作为因变量，其因变量估计值不仅可以处于0和1之间，而且还可以大大超出和远离这个值域，于是因变量估计值作为概率来理解就产生困难。

（二）线性概率模型及其问题

当因变量只能取值0和1，并作为事件发生与不发生两种情况来理解时，OLS和WLS都是线性概率模型（linear probability model，简称为LPM）。“线性”指模型中假设自变量对因变量的作用是线性的；“概率”则是指将模型的因变量估计值理解为发生概率，根据观测数据中事件发生和不发生的案例数量来估计。这样一来，回归模型就是在分析当自变量变化时概率 p（$y_i=1$）是如何变化的。这时，解释不同自变量值所产生的因变量估计却存在很大问题。

首先，概率当然要限制于0至1的区间之中，然而线性回归方程却不能做到这一点。结果，线性概率模型就必须生硬规定，凡大于1的 y 估计值都作为1来理解，而小于0的 y 估计值都要作为0来理解。

其次，线性概率假定，即概率随自变量变化而发生线性变化，这往往与实际情况不相吻合。这就涉及现实当中普遍存在的收益递减（增）规律，即事物变化经常在初期阶段缓慢发展，然后逐渐加速，至发展速度到达极限后，又会逐渐减速。而在线性概率模型中，自变量的边际作用 b 却只是一个常数。这样的模型就好比是说，对于年薪分别为 5 000 元、5 万元和 50 万元的三个人，当他们的年收入再提高 5 000 元时，他们各自购买汽车的概率会以同样幅度增加。事实上，多增加 5 000 元收入对于这三个人的意义及其在购买汽车问题上的作用是大不一样的。一个特别有钱的人当然比钱数少的人更可能拥有汽车，但是再给他增加 5 000 元收入对他购买汽车的概率不会有什么影响。对于收入很低的人来说，增加 5 000 元的年薪也不会增加其多少购车概率。所以，对于很低或很高收入者，增加 5 000 元年薪对于其购车概率的提高幅度都接近 0。但是，5 000 元年薪的增加对于已经有 5 万元年收入的人就很不一样了。这一点是我们的常识。

另外，如果 y 与 x 之间的真实关系，或更准确地说，y 的期望值与 x 之间的关系是非线性的，但由于我们对这一真实关系的无知而采用了线性概率模型作为近似，结果将是对于 x 在不同取值范围中的作用出现过于简单化的错误估计。

总而言之，在 y 变量为虚拟变量时，线性概率模型并不太合适。

三、logistic 回归模型的建立

上一节说明，如果我们错误地认定模型是线性的，那么在线性假设下导出的统计性质一般来说不能成立。其次，还有许多原因导致假设概率与自变量为线性关系在很多场合并不实用。以非线性概率模型来代替线性概率模型能够解决这些问题。

如果在制定模型时将收益递减规律纳入其中，考虑某一自变量在变化范围之间所起的作用可以有变化，确切地说，就是在其变化范围的两端作用较小，而在其变化的中间部分作用较强，那就是假设这一自变量对因变量的作用并不是线性的，从而就转向了非线性的模型。

同时，还要考虑到我们要设定的是一个概率模型，也就是说，模型的因变量的变化范围必须处于 0 和 1 之间。随着自变量的变化，这一概率总是在变化，但是概率的值永远不会小于 0 和大于 1。

当然，这种假设与线性假设一样是硬性规定的。但是这种假设并不一定就比线性假设更差，在许多实际情况下，它还似乎比线性假设更为合理。

那么是否有这样一种曲线能够满足我们的要求呢？实际上，这样的曲线的确是有的，而且不止一种。最常用的曲线是 logistic 曲线，此外还有一种被经常使用的是对正态分布曲线进行积分的概率曲线。当然还有一些其他类似的曲线，但是由于使用起来不太方便，它们的应用就不太普遍。在本章中，我们主要介绍应用 logistic 曲线进行的回归分析。由于其在实际求解时有很多优越性，所以 logistic 回归的应用最为普遍。

（一）logistic 函数及其性质

logistic 函数（罗吉斯蒂函数）又称增长函数。此函数曾于 1838 年由比利时学者 P. F. Verhulst 第一次提出，后湮没失传。1920 年，美国学者 Robert B. Pearl 和 Lowell J. Reed 在研究果蝇繁殖的数量增长时，重新发现这个函数。后来，这一函数又在人口估计和预测中

得到推广应用，并引起广泛注意（Shryock and Siegel，1967：215－216；刘铮，1986：239－241）。

logistic 函数的原型为[①]：

$$P=L/\{1+\exp[-(a+bt)]\}$$

其中，t 为时间，P 为时间 t 上的人口数，L 为 P 的最大极限值，a 和 b 分别是模型参数。作为人口预测函数，P 永远取正值（>0）。根据我们非线性概率模型的要求，需将 P 换成概率 $p=p(y=1)$，还要将上限 L 改为 1。于是，概率的值域就被限制在 $[0，1]$ 之间的合理范围内。上限 $p=1$ 和下限 $p=0$ 都是水平渐近线，实际上无论参数和自变量值如何变化，函数值都不会达到上限或下限。此外，由于我们未必一定要用时间作为自变量，因此我们将 t 改为 x 以泛指任意一个自变量，其值域也没有任何限制。于是，就得到了 logistic 概率函数。下面我们通过几个 logistic 函数的曲线（见图 6—1），来熟悉一下这一函数的性质和有关参数的作用。

logistic 的概率函数定义为：

$$p=1/\{1+\exp[-(a+bx)]\} \quad (1)$$

它也可以改写成如下形式：

$$p=1/\{1+\exp[b(-a/b-x)]\} \quad (2)$$

这样一来，式（2）就突出了两个有用的参数。第一个是 b，第二个是 $-a/b$。图 6—1 中均用 z 来代表 $(a+bx)$，以求表达的简化，那么从其中几个不同的 logistic 曲线中的比较可以看出：

第一，当 b 是正数时，logistic 函数随 x 值的增加而单调增加［图 6—1 的子图（2）和（4）］；当 b 是负数时，logistic 函数随 x 值的增加而单调减小［图 6—1 的子图（1）和（3）］。因此 b 反映了自变量 x 与概率函数之间的对应关系。类似于在多元线性回归分析中通过回归系数的符号来判断自变量的作用方向，在 logistic 概率函数中 b 也表示自变量的作用方向。

第二，$-a/b$ 实际上是曲线的中心，在这一点上概率函数整好取值 0.5，达到概率函数值区间的一半。函数以拐点 $(-a/b，0.5)$ 为中心对称，在这一点上曲线的变化率最大，而距离这一点越远，曲线的变化率越小，在趋近函数的上限或下限时，曲线的变化率接近于 0。

第三，b 的绝对值越大，曲线在中段上升或下降的速度越快。这意味着主要变化部分被压缩在 x 轴上对应拐点的附近范围里。比如图 6—1 的子图（1）和（3）中 x 轴的标度相同，两条曲线的拐点也相同，但是图 6—1 子图（3）中参数 b 的绝对值比子图（2）中参数 b 的绝对值大（0.2∶0.1），于是主要的变化部分显然拥挤得多。而图 6—1 的子图（4）中 b 的绝对值小于子图（2）中 b 的绝对值（0.02∶0.1），于是整个曲线的主要变化在 x 轴上中心点周围很大的范围中缓慢完成，曲线拉得很开［请注意图 6—1 的子图（4）中 x 轴的标度与子图（2）不同，因此其图示横轴区间要大得多］。

---

① 下面式中 exp（u）表示自然对数底的指数函数，即 e^u。后同。

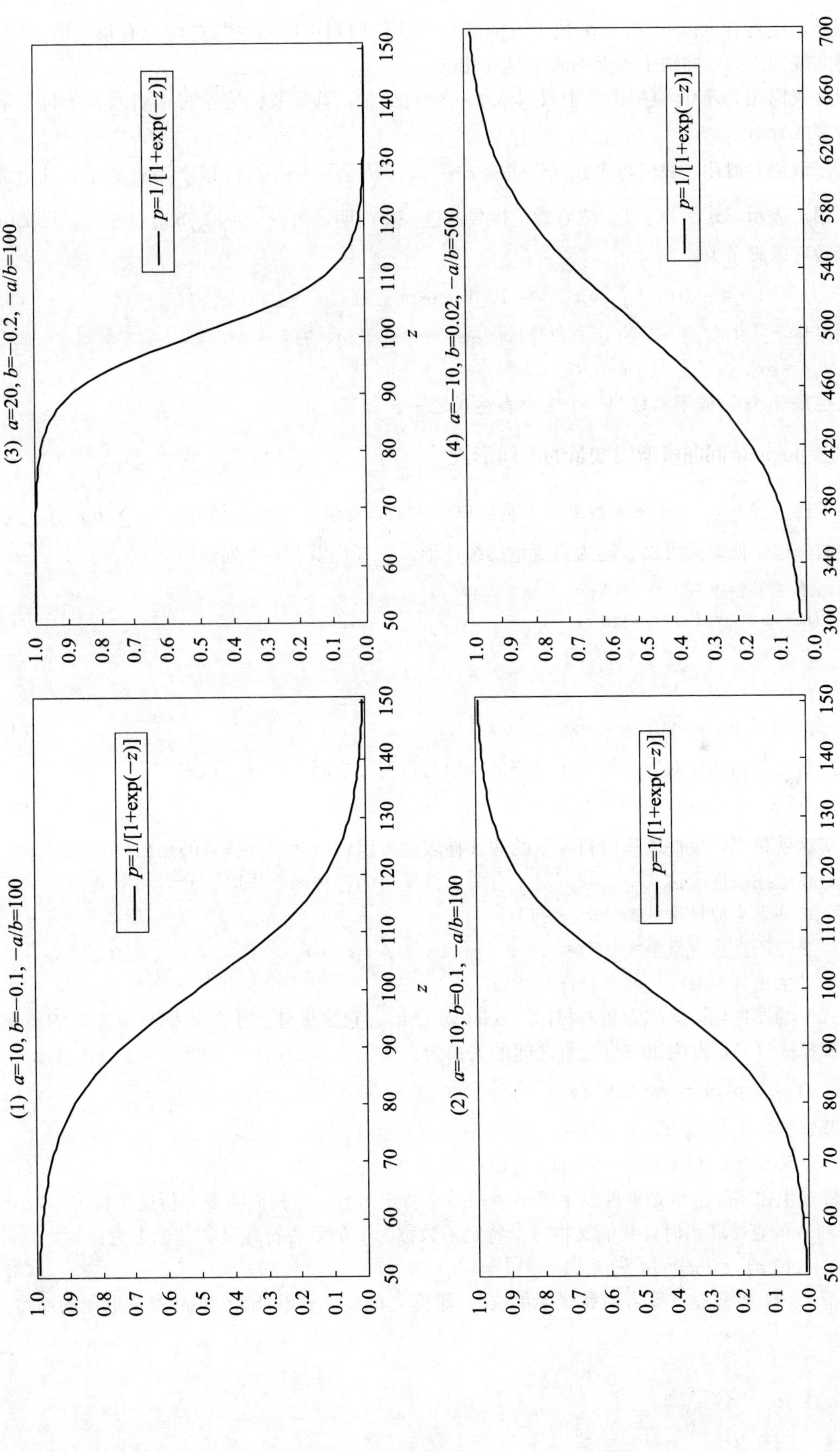

图6—1 logistic概率函数曲线及各参数的性质

但是，注意在 logistic 概率函数中 b 的解释与线性回归中回归系数的解释有很大的不同。由于是非线性函数，曲线上各点的斜率是变化的。

以上我们在 logistic 概率函数中只引入了一个自变量，其实我们完全可以引入多个自变量以完成多元分析。

为了取得一般化，我们将多元线性组合 $a+b_1x_1+b_2x_2+\cdots+b_kx_k$ 以 $\sum b_ix_i$ 表示，其中常数项 a 用 b_0 表示，x_0 恒等于 1。然后为了推导的进一步简明，再令 $z=\sum b_ix_i$ 。于是，logistic 概率函数可以表示为：

$$p=1/[1+\exp(-\sum b_ix_i)]=1/[1+\exp(-z)] \tag{3}$$

如果将上式中右侧一项的分子和分母同乘一个 exp（z），有：

$$p=\exp(z)/[1+\exp(z)]$$

这也是 logistic 概率函数的一个常用表达式之一。

（二）logistic 回归模型因变量的不同形式

为了在上述 logistic 概率函数基础上将回归方程的自变量线性组合部分 $z=\sum b_ix_i$ 单独挪到等式的一边，使等式可以表达为自变量的线性形式，进行以下一系列转换：

$$p[1+\exp(z)]=\exp(z)$$

$$p+p\times\exp(z)=\exp(z)$$

$$p=\exp(z)-p\times\exp(z)$$

$$p=(1-p)\exp(z)$$

$$p/(1-p)=\exp(z)=\exp(\sum b_ix_i) \tag{4}$$

最后对等式两边取对数，得到了概率的函数与自变量之间的线性表达式

$$\ln[p/(1-p)]=z=\sum b_ix_i \tag{5}$$

其实这就是说，事件概率以自变量的非线性表达可以转换为事件概率的函数用自变量来线性表达。在上述线性表达式中，我们对于有关事件概率的各种函数作以下命名和定义。

事件发生的概率$=p=p(y=1)$

事件不发生的概率$=1-p=1-p(y=1)=p(y=0)$

发生比（odds）$=p/(1-p)=\Omega$

上式中的发生比，又称为相对风险（relative risk），它是事件发生的概率与不发生的概率之比。根据式（4），发生比与自变量之间的关系为：

$$\Omega=\exp(z)=\exp(\sum b_ix_i) \tag{6}$$

还要定义：

$$\text{对数发生比 (log odds)}=\ln[p/(1-p)]=\ln\Omega \tag{7}$$

对数发生比实际上也是事件发生概率 p 的一个特定函数，当我们需要分析这个特定函数分别与 Ω 和 p 的直接联系时，我们又将这个特定函数称为 p 的罗吉特变换，并标志为：

$$\text{logit}(p)=\ln\Omega=\ln[p/(1-p)] \tag{8}$$

所谓 logit，意思是“罗吉斯蒂概率单位”，即英文 logistic probability unit 存头取尾的缩写，

$\text{logit}(p)$ 可以称为“p 的罗吉斯蒂概率单位”或简称为“罗吉特 p”①。并且，任意一个变量 q 的罗吉特转换函数 $\ln[q/(1-q)]$ 都称为 $\text{logit}(q)$。

这个 $\text{logit}(p)$ 一方面表达出它是事件发生概率 p 的一种转换单位，由式（8）表达；另一方面它作为回归的因变量可以使自己与自变量之间的依存关系保持传统回归中的模式。将式（8）与式（5）组合起来，我们有：

$$\text{logit}(p) = \sum b_i x_i \tag{9}$$

以上证明，我们可以用 logistic 函数形式 $p = 1/[1 + \exp(-\sum b_i x_i)]$ 先根据实际观测案例的事件发生情况及各自变量的观测值求解各偏回归系数 b，再利用 logistic 函数的已知数学性质对 logistic 回归的参数估计进行统计推断。然后，对事件发生概率 p 进行罗吉特变换，就能将 $\text{logit}(p)$ 的值以自变量和回归系数进行线性表达。因此，统计学中又将 logistic 回归的这种线性化转换方程别称为 logit 模型，或对数发生比模型。

在 logistic 回归中，由于我们假设事件发生的概率与自变量之间的关系服从 logistic 函数分布。这样一来，就有效地将回归因变量的值域限制在 0 至 1 之间，并随自变量组合值 z 的变化而连续变化。

大体来说，从 p 到 $\text{logit}(p)$ 经历了两步变换过程，我们来分析一下这两步变换的意义何在。

第一步：p 转换成 $\Omega = p/(1-p)$。

用传统回归解概率模型时，直接用 $\sum b_k x_{ik}$ 来近似表示概率 p。由于 p 的值应该限于 0 至 1 之间，而 $z = \sum b_k x_{ik}$ 在值域方面却没有这种限制，就产生了矛盾。解决这一问题的方法是改造 p，将其转换成发生比 Ω。p 与 Ω 之间的函数关系曲线图（见图 6—2）表现出：（1）虽然进行了一次非线性转换，但是 p 与 Ω 仍然存在一致性变化对应关系，即 Ω 是 p 的单调增函数。换句话说就是，p 值的任何一点增加都导致 Ω 值的增加。当然它们之间并不是正比关系，我们且称之为正向关系。这种关系十分便利于理解和分析 logistic 回归结果。（2）对应 p 的实际值域，发生比作为其函数，它的值肯定是正的，但它没有上限。当 p 接近于 1 时，比值趋向无穷。也就是说，我们如果停留在这一步便意味着因变量在正数部分自由取值已无问题，但负数部分仍然是禁区。因此，还要设法改变负数部分的限制。

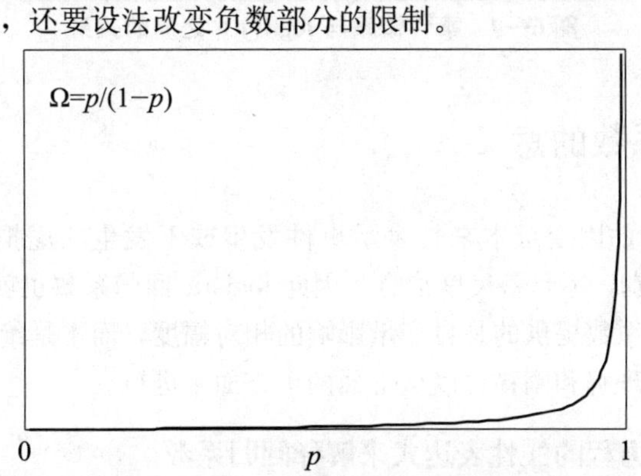

图 6—2　事件概率与发生比之间的关系

---

① 前面曾提到正态分布的累积概率曲线也是一种较为常用的非线性概率函数，它被称为 probit 模型。probit 即代表“概率单位”（probablity unit），SPSS 软件也可以进行 probit 回归分析。

第二步：将 Ω 转换成 lnΩ。

解决非负的限制可以采用自然对数，对应 Ω 的正数值域，lnΩ 的取值可以是正负无穷之间的任何实数（见图 6—3）。并且，这一步转换中，Ω 与 lnΩ 之间也保持着正向对应变化关系。

通过上面两步转换，将 p 改造成 logit(p)，再将其作为回归因变量来理解就不再有任何值域方面的限制。图 6—4 表示了 p 与 logit(p) 之间的数量关系。p 在 0 至 1 之间取值时，对应的 logit(p) 值则是从负无穷到正无穷变化，并且两者之间有正向关系。

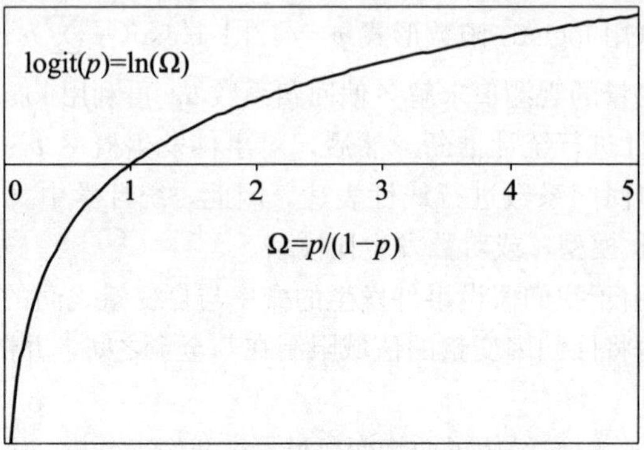

图 6—3　发生比与 logit(p) 之间的关系

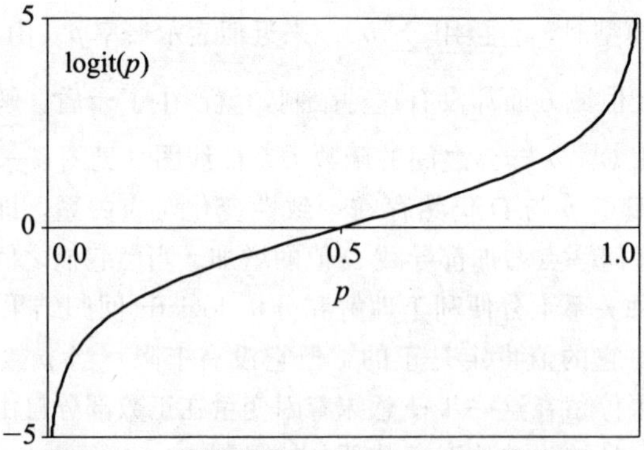

图 6—4　事件概率与 logit(p) 之间的关系

四、logistic 回归系数的意义

由于 logistic 回归中的因变量本来是表示事件发生或不发生的虚拟变量（即 0、1 编码），只代表结果上的不同类别，不具备尺度信息，因此 logistic 回归系数也就不具有确定尺度信息。也就是说，logistic 回归系数提供的是自变量影响的相对幅度，而不是绝对幅度。

logistic 回归系数的理解和阐释可以从下面两个方面来进行。

（一）以 logit(p) 方程的线性表达式来解释回归系数

方程 logit(p) $= \sum b_i x_i$ 与一般的多元线性回归方程在形式上相同，是线性表达式。方程右侧各项自变量的作用体现在回归系数 b_i 上。各自变量的总影响是由常数项与各项自变量及相应偏回归系数之积的迭加形成的。这种形式使得我们能够以类似常规多元线性回归方程的形式来理解和阐释它。

但是应该注意，logistic 回归方程的系数 b_i 测量的是自变量 x_i 的变化对连续变量 logit(p) 的作用，而不是对离散的观测变量 y 的期望值 $\hat{y}=p$ 的作用。此外，logit(p) 不能直接观察，而且它的测量单位也无法确定。于是 logit(p) 应用了统计规范来确定其测量标准，以 logistic 随机变量的分布函数的标准差 1.813 8（即 $\pi/\sqrt{3}$）作为测量单位。

在多元线性回归中，回归系数 b_i 测量了自变量 x_i 对因变量估计值的作用。因为是线性模型，b_i 可以表示 x_i 每一个单位的变化对因变量估计值的影响。但是在 logistic 回归中，尽管 logit(p) 与每个 x_i 之间是线性关系，而我们真正的兴趣所在 p 与每个 x_i 却不是线性关系，这意味着 x_i 变化对 p 的作用就不太容易直接地得到确切的解释。比如有一个 logistic 回归方程：

$$\text{logit}(p)=a+b_1x_1+b_2x_2+b_3x_3$$

各个自变量 x_i 对 logit(p) 的作用方向可以通过其偏回归系数 b_i 值的正负符号得以体现。当 b_i 为正值，说明 x_i 值增加一个单位的变化可使 logit(p) 值产生变化量为 b_i 的提高。当 b_i 为负值，x_i 值增加一个单位的变化会导致 logit(p) 值产生变化量为 b_i 的降低。

然而，当我们想进一步了解 x_i 一个单位的变化会对事件发生概率有什么作用时，就需要从上述 logistic 回归方程的转换方程来分析，有：

$$p=1/\{1+\exp[-(a+b_1x_1+b_2x_2+b_3x_3)]\}=1/[1+\exp(-z)]$$

上式中，当 b_i 值越大（就整个数轴而言，包括所有正负数），z 值就越大，且 $\exp(-z)$ 越小，且 p 值越接近 1。因为在这个 logistic 函数中，1 是最大值。所以 b_i 值越大，概率 p 越大。反之，当所有 b_i 都很小（指很大负值），z 趋近于负无穷，$-z$ 趋近于正无穷，有 p 趋近于 0。当所有 b_i 都等于 0（表示自变量与因变量无关）且 a 也等于 0（a 可以视为决定概率 p 的先决倾向），有 z 等于 0 时，p 等于 1/2，概率处于不偏不倚的位置。

这说明，通过 logistic 回归系数我们可以得出各自变量对事件概率作用的笼统的认识。但是与线性回归完全不同的是，logistic 回归系数无法一般性地表示 x_i 一个单位的变化会导致 p 发生多大的变化，因为在沿 z 轴不同的区域中，z 值一定单位的变化导致 p 变化的幅度是有差别的。在 z 轴原点附近，z 值变化导致 p 较大的变化；在 z 轴两端，z 值变化只产生很小的 p 的变化。这种情况正是我们关于收益递减的假设的体现，即一个自变量在偏离平均水平时，一开始对因变量产生的作用较大，但随着偏离扩大，其影响作用不断衰减。正是由于这个假设的存在，我们避免了线性回归中计算的概率会大于 1 或小于 0 的不合理现象。

总而言之，在对 p 的 logistic 简单回归分析中，b 的正负决定了自变量作用的方向。而作用的幅度还取决于 z 值自身的幅度，且 z 值又依赖于自变量所取的值。在多元 logistic 回归中，问题还会进一步复杂。因为当多个自变量同时存在时，z 值是由多个自变量及其系数共同决定的，这就意味着某一个自变量回归系数 b_i 的影响幅度还要受到其他自变量的回归系数及自变量具体值的影响。

鉴于上述情况，在 logistic 回归的实际研究中，通常不是报告自变量对 p 的作用，而是报告自变量对 logit(p) 的作用，这主要是为了取得线性表达的形式。那么，在需要表示某个自变量对于 p 本身的影响时，由于其作用幅度受其他变量值影响，可以考虑将所有其他自变量的平均值代入回归方程，再计算这个自变量在不同取值时的作用幅度。

（二）以发生比 Ω 的指数表达式来解释回归系数

与 logit(p) 不同，发生比 Ω 具有一定的实际意义，它代表一种相对风险。这一概念在博弈时使用较多。因此，对 logistic 回归系数的解释通常是从以发生比的指数表达式出发的。

在取得了 logistic 回归系数各 b_i 的解以后，将其代入 Ω 函数：

$$\Omega=\exp[a+b_1x_1+b_2x_2+b_3x_3]$$

如果我们要分析 x_2 变化一个单位对于 Ω 的影响幅度，可以用（x_2+1）表示，并将其代入上式表示新的发生比值 Ω^*：

$$\begin{aligned}\Omega^*&=\exp[a+b_1x_1+b_2(x_2+1)+b_3x_3]\\&=\exp[a+b_1x_1+b_2x_2+b_3x_3+b_2]\\&=\Omega\exp[b_2]\end{aligned}$$

将两个发生比集中在一起相比，有：

$$\Omega^*/\Omega=\exp[b_2]$$

我们称这一变化前后的两个发生比之比 Ω^*/Ω 为优势比（odds ratio；或称相对风险比，relative risk ratio）。它可以测量自变量一个单位的增加给原来的发生比所带来的变化倍数，一般的表达式为：

$$\Omega^*/\Omega=\exp[b_i] \tag{10}$$

那么，上例中 $i=2$，说明在其他情况不变的条件下，x_2 一个单位的变化使原来的发生比变化了 $\exp[b_2]$ 倍，或者说使原来的发生比扩大了 $\exp[b_2]-1$ 倍。

在更为一般的情况下，优势比还可以表达一个自变量取某一特定数量变化或多个自变量值同时变化情况下前后发生比之间的关系。

请注意，在原来 logistic 回归中，x_i 变化一个单位给 logit(p) 带来的是加数（或增量）影响，即 logit(p) 值要加上一个 b_i。在用优势比这个指标时，x_i 变化一个单位给发生比带来的却是乘数（或倍数）影响。因为发生比这个指标比 logit(p)（即对数发生比）有更强的实际含义，所以乘数效应 $\exp[b_i]$ 要比加数效应 b_i 更容易理解。

比如，原来的 Ω 为 6∶4（比值为 1.5），如果一个自变量变化一个单位导致的优势比为 $\exp[0.693]=2$，即表示这一变化将会导致新发生比值 Ω^* 为原来的 2 倍，即新的发生比将是 12∶4（比值为 3）。我们也可以用优势比减 1 的差来表示发生比的增长率，比如当优势比为 2.3 时，可以说自变量一个单位的变化会使原发生比增加 1.3 倍（2.3－1＝1.3）。

当 logistic 回归系数为负数时，优势比小于 1。这时对乘数效应的表达要特别小心。比如优势比为 0.8 时，表示新发生比只有原来发生比的 80％，那么增长倍数则是（0.8－1）＝－0.2，因为是负增长，所以其实是下降了 0.2 倍。

因此，在表达、理解和阐释 logistic 回归系数时，既可以从加法模型出发，也可以从乘法模型出发。主要的问题是如何理解因变量。把 logit(p) 看作因变量，模型是加法模型，就像线性回归那样；把 Ω 看作因变量，那么模型就是乘法模型。一般而言，不同统计软件在提供 logistic 回归系数时均是像线性回归那样按加法模型方式提供的，然而用户在理解和阐释 logistic 回归系数的影响时，则多是按乘法模型来解释发生比的变化的。

（三）几种特殊情况的讨论

1. 自变量为虚拟变量

当自变量为虚拟变量时，有两种情况。

一种是只有两种分类，例如性别、城乡或其他以某种属性或决策的划分为两类的结果。因为虚拟变量只有 0 和 1 两个可能的变量值，所以 x_i 一个单位的变化就代表着两种类型之间的差异在因变量上形成的变化。对于这种情况的分析方法与一般自变量相同。

在自变量有 m 种多分类的情况下，与线性回归方法一样，只需要设立 $m-1$ 个虚拟变量，以表达这些类型与参照类（$m-1$ 个虚拟变量的编码都为 0）的差异。例如，对一个有三种类型的变量，需要在回归时设立两个虚拟变量，logit(p) 方程为：

$$\text{logit}(p)=\ln\Omega=a+b_1d_1+b_2d_2+b_3x_3$$

其中 d_i 代表虚拟变量，x_i 代表一般自变量。将虚拟变量对应不同类型的编码代入基本方程，就可以推导出与每一类型对应的回归方程。如对上述三分类的变量，用第三种类型作为参照类，可推导出下列各种类型的回归方程（见表 6—1）。

表 6—1　　虚拟变量编码与不同类型的回归方程

类别	虚拟变量编码		代入 d_1 和 d_2 值后化简的类别回归方程
	d_1	d_2	
第一类	1	0	$\text{logit}(p_1)=\ln\Omega_1=a+b_1+b_3x_3$
第二类	0	1	$\text{logit}(p_2)=\ln\Omega_2=a+b_2+b_3x_3$
第三类	0	0	$\text{logit}(p_3)=\ln\Omega_3=a+b_3x_3$

于是，将 logit(p) 作为因变量时有：

第一类与参照类的差别：$\text{logit}(p_1)-\text{logit}(p_3)=b_1$。

第二类与参照类的差别：$\text{logit}(p_2)-\text{logit}(p_3)=b_2$。

如果还要进行第一类与第二类之间差异的比较，有：

$$\begin{aligned}\text{logit}(p_1)-\text{logit}(p_2)&=(a+b_1+b_3x_3)-(a+b_2+b_3x_3)\\&=b_1-b_2\end{aligned}$$

当我们将 Ω 作为因变量时，上面这些差异可以表示为下列优势比：

$$\Omega_1/\Omega_3=\exp(b_1)$$

$$\Omega_2/\Omega_3=\exp(b_2)$$

$$\Omega_1/\Omega_2=\exp(b_1-b_2)$$

可以看出，这些数量关系并不会因为选择不同类型作为参照类而有所变化。

2. 交互效应的分析

在 logistic 回归中，也可以分析交互作用的影响。比如，在有两个自变量 x_1 和 x_2 时，我们用 $x_3=x_1x_2$ 表示交互作用，那么含有交互作用项的 logistic 回归方程为：

$$\begin{aligned}\ln\Omega&=a+b_1x_1+b_2x_2+b_3x_3\\&=a+b_1x_1+b_2x_2+b_3(x_1x_2)\end{aligned}$$

交互作用的优势比的计算有以下三种情况。

一个是在 x_1 增加一个单位的情况下，有：

$$\begin{aligned}\ln\Omega_1&=a+b_1(x_1+1)+b_2x_2+b_3[(x_1+1)x_2]\\&=a+b_1x_1+b_1+b_2x_2+b_3x_1x_2+b_3x_2\end{aligned}$$

那么其优势比为：

$$\Omega_1/\Omega=\exp[\ln\Omega_1-\ln\Omega]=\exp[b_1+b_3x_2]$$

同理，在 x_2 增加一个单位的情况下，其优势比为：

$$\Omega_2/\Omega=\exp[\ln\Omega_2-\ln\Omega]=\exp[b_2+b_3x_1]$$

那么，在 x_1、x_2同时增加一个单位的情况下，其优势比为：

$$\Omega_{12}/\Omega=\exp[b_1+b_2+b_3(x_1+x_2+1)]$$

可以看到在logistic回归中，由于是设定了非线性关系，关于交互项作用的分析变得十分复杂。即使是一个自变量变动一个单位，其交互作用不仅涉及这个自变量的回归系数，而且也要涉及与其有交互联系的另外的自变量值及其回归系数的影响。

3. 非线性关系的分析

有时，在logistic回归中需要设置某个自变量为多项式，即假设这个自变量对于因变量lnΩ的作用是非线性的。比如：

$$\ln\Omega=a+b_1x_1+(b_2x_2+b_3x_2{}^2)$$

注意括号内实际上是 x_2的多项式。那么，只要我们将 $x_2{}^2$视为 x_2x_2，就可以用计算交互作用的方法来计算 x_2增加一个单位对于logit(p)的作用。

$$\begin{aligned}\ln\Omega^*&=a+b_1x_1+[b_2(x_2+1)+b_3(x_2+1)^2]\\&=a+b_1x_1+b_2x_2+b_2+b_3x_2{}^2+2b_3x_2+b_3\end{aligned}$$

那么，x_2增加一个单位导致logit(p)上的变化就是：

$$\ln\Omega^*-\ln\Omega=b_2+2b_3x_2+b_3$$

于是，优势比便是：

$$\Omega^*/\Omega=\exp[b_2+2b_3x_2+b_3]$$

这里值得注意的是，多项式自变量增加一个单位对于优势比的影响不仅与多项式各项的回归系数有关，而且与自变量的值也有关。

(四) 标准化的logistic回归系数

与常规回归类似，由于自变量所取单位不同，非标准化的logistic回归系数不能用于比较各自变量相对作用，只有经过标准化后的logistic回归系数才能用来进行自变量之间的比较。但是，标准化的logistic回归系数的计算方法与常规回归中标准化系数的计算方法不同，并且存在几种不同口径。

令人遗憾的是SPSS软件在进行logistic回归时不能提供这一重要指标。然而，通过SPSS作logistic回归，取得一些必要信息后，通过简单手工计算仍然可以得到标准化的logistic回归系数。作为补救方法的手工计算公式①如下：

$$\beta_i=\frac{b_i\times s_i}{\pi/\sqrt{3}}\approx\frac{b_i\times s_i}{1.8138}$$

其中，β_i为第 i 个自变量的标准化回归系数；b_i为第 i 个自变量的非标准化回归系数；s_i为第 i 个自变量的标准差；$\pi/\sqrt{3}$实际上是标准logistic分布的标准差，近似等于1.8138。与多元线性回归类似，我们将根据各自变量的标准化回归系数绝对值的大小来判断其相对作用大小。具体操作方法还将在第七节例题示范中加以介绍。

① SAS软件便是采用这一公式计算标准化logistic回归系数的。

五、logistic 模型的整体评价和检验

（一）对于整体模型的评价

在线性回归中，确定系数 R^2 表示在因变量的变化中能够由外生变量所解释的比例。但是在 logistic 回归中没有对应的统计指标。在回归模型中，因变量的平均数及其方差是分离的参数，因此有可能将拟合的平均数（它是由系数决定的）来匹配样本数据中观测的平均数，以取得能使拟合后误差方差最小的一套估计系数。于是拟合优度的合理测量就是测量这一误差方差被减小的程度。然而，在 logistic 回归模型中，平均数和方差是不可分割的参数。比如，贝努里随机变量有平均值 p 和方差 $p(1-p)$，同一个参数 p 出现在两者之中，所以方差缩小就不是个有意义的标准。类似地，当 p 值处于概率区间中段时越是使预测的平均数更好地拟合数据就越加大 p 的方差 [比如 $0.5(1-0.5)>0.1(1-0.1)$]，这又说明缩小误差方差没有用处。

人们希望了解 logistic 回归模型的拟合情况或解释能力，统计学家也提出了许多伪确定系数（pseudo-R^2）指标作为近似量度。这些伪确定系数的建构思路基本一致，都是根据模型拟合的似然函数值（likelihood）来反映拟合情况。

logistic 回归方程求解参数时采用最大似然估计方法。所谓似然函数值（简称似然值）表达的是一种概率，即在假设拟合模型为真实情况时能够观察到这一特定样本数据的概率。因此，似然函数值处于 [0，1] 之间。由于这个函数值取自然对数后在数学处理上更为方便，而且又因为似然值往往是个极小的小数，其对数值就是负数，所以通常对似然值先取自然对数再乘以－2 以后应用。SPSS 中就是报告这个－2 倍的对数似然值指标，标志为“－2 log likelihood”（可缩写为－2LL）。这个指标值越大，意味着回归方程的似然值越小，表示模型的拟合程度越差。这个指标值越小，意味着回归方程的似然值越接近 1，标志模型的拟合程度越好。在模型完全拟合观察值的情况下，有似然值等于 1，那么似然值的对数等于 0，这一指标值就是 0。

logistic 回归的种种伪确定系数都建立在似然值的基础上，但是关于这些伪确定系数的量度其实仍然存在较大的争议。不同伪确定系数指标的计算结果存在着差异，使人难于判断取舍。最重要的是，这些量度本身都不能做统计检验。因此，使用哪一种伪确定系数作为拟合情况的近似量度，实际上是研究人员的个人偏好（Cohen，1977：140-142；Retherford and Choe，1993：140－142）。

SPSS 的 logistic 回归除了提供模型的－2LL 值外，默认输出中也提供了两种以创建者命名的“伪确定系数”（Cox & Snell R Square 和 Nagelkerke R Square）。它们都是参照线性回归中的确定系数 R^2 人为定义得到的，用以反映 logistic 回归中因变量被自变量解释的比例。前一种伪确定系数定义为：

$$\text{Cox \& Snell } R^2 = 1-\left(\frac{L_0}{L_F}\right)^{2/n}$$

其中 L_0、L_F 分别表示截距模型（即仅含常数项、不含自变量的模型）和纳入所有自变量后的完全模型各自对应的似然值，n 为样本规模。它根据纳入自变量后的完全模型与截距模型在似然值之间的比值来表示因变量变差中被自变量解释的比例关系。在统计学中，这类模型似

然值之比通常简称为似然比（likelihood ratio）。Cox & Snell 伪确定系数取值越大，表明模型解释能力越强。但是它有一个缺陷，即使完全模型能够完美预测因变量，其指标值为 $1-L_0^{2/n}$，仍然无法取到 1 值（即 100%）。于是，Cox & Snell 伪确定系数值的上限不确定，使其测量结果的理解和阐释难于把握。为了解决这个问题，Nagelkerke 对 Cox & Snell 伪确定系数公式进行了修正，提出了自己的伪确定系数：

$$\text{Nagelkerke } R^2=\frac{1-\left(\frac{L_0}{L_F}\right)^{2/n}}{1-L_0^{\ 2/n}}$$

这实际上是加入了一个可能上限作为这一量度的规定。这样一来，当完全模型能够完美预测因变量时，Nagelkerke 伪确定系数便能取得 1 值。

但是，这些伪确定系数其实都是从似然比演化出来的，不是真正的百分比，更不是模型对因变量方差解释的百分比。它们从似然比角度测量了模型拟合情况，为我们大致把握模型的解释能力提供了一定的信息，但是其量度的实际意义却并不真正明确。[①]

测度模型解释能力的另一种方法是通过回归模型对样本案例因变量值进行估计，然后检查有多少案例能够以此模型得到正确估计。SPSS 的 logistic 回归报告提供了这些信息，包括案例中事件发生和不发生的观察结果与估计结果的交互表，以及在这两种观察结果下估计正确的百分比和整体的估计正确的百分比。

（二）对于整体模型的检验

我们在评价或检验一个含有自变量的 logistic 回归模型时，通常是将其与截距模型相比较，两者构成嵌套模型（nested model）。所谓截距模型，就是将所有自变量删除后只剩一个截距系数的模型 [$\text{logit}(p)=a$]。以截距模型作为标准，检查加入其他自变量后的模型在数据拟合水平上是否显著提高。换句话说，就是检查解释变量是否像模型假设的那样真的能解释因变量。

具体操作方法是，先定义截距模型为 L_0，将其作为参照模型；再定义假设模型为 L_x，然后检验两者之比（L_0/L_x）是否显著区别于 1。当似然比等于 1 时，意味着这些自变量完全没有解释效果，而似然比显著小于 1 时，则说明模型自变量对于因变量有显著的解释贡献。为了在统计上检验显著性，就需要知道上述似然比的抽样分布。尽管我们不知道（L_0/L_F）服从什么分布，但幸运的是，可以证明似然比的一个函数 $-\ln(L_0/L_F)^2$ 近似地服从于卡方分布，而它是以 −2LL 形式表达的两个模型的似然比，并且亦可以表达为两个模型的 −2LL 之差：

$$\begin{aligned}-\ln(L_0/L_F)^2&=-2\ln(L_0/L_F)\\&=[-2\ln(L_0)]-[-2\ln(L_F)]\end{aligned}$$

在 SPSS 中进行 logistic 回归时，其输出的模型系数综合检验输出表（Omnibus Tests of Model Coefficients）中“Chi-square”列提供了三种模型检验卡方值。在提示为“Model”一行，提供的卡方值是到本步回归中所有自变量的模型与截距模型相比的 $-2L(L_0/L_F)$ 值。这是用户肯定会用到的。如果用户设置模型时对自变量采用分组（block）、分步（step）纳入，该表还提供对新纳入自变量组（在提示为“Block”的一行中）以及对各步加入自变量（在提示为“Step”的一行中）的卡方统计量及其检验结果，其实它们就是检验相应两个模型时的

① SPSS 的 logistic 回归的备选输出中还提供另一种拟合优度性指标 Hosmer-Lemeshow goodness-of-fit statistic，关于其定义和解释可以参见有关文献（例如，王济川、郭志刚，2001：65-67）。

−2倍的对数似然比。L_1和L_2分别表示前一模型与自变量更多的后一模型的似然值，它们之间也构成嵌套关系。并且，它们之间的$-2L$（L_1/L_2）也都服从卡方分布，SPSS自动报告相应卡方值的自由度和检验的显著度“Sig.”，即错误地拒绝真实的虚无假设的概率。它的值越小，表示模型中新增自变量的作用越显著。在社会科学研究中，通常要求它小于0.05。

六、logistic 模型回归系数的统计检验

（一）回归系数的检验

SPSS软件在执行logistic回归时除报告回归系数b_i（标为B）的估计值以外，还自动报告相关统计检验量，如标准误（S. E.）、Wald统计量、自由度（df）、显著度（Sig.）和回归系数的幂值［EXP（B）］。

Wald统计量是用来检验偏回归系数显著程度的，它是偏回归系数与其标准误之比的平方，服从于卡方分布。其计算公式为：

$$\text{Wald}=(\text{B/S. E.})^2=(b_i/s_{b_i})^2$$

与大多数统计检验一样，Wald检验值越大表明该自变量的作用越显著。同一行的Sig.就是Wald检验的显著度。Wald检验值有一个不太好的性质，即当回归系数很大时，标准误估计值就会很大，导致Wald检验值变得很小，很难拒绝虚无假设H_o：$b_i=0$。所以在回归系数值很大（通常大于5.0）或者标准误大于2.0（不含截距的标准误）时，最好比较一下包括这个变量的模型与不包括这个变量的模型，用嵌套模型对数似然值的变化来进行检验。

在实际应用中，我们还可以利用SPSS分步回归输出结果通过比较嵌套模型的方式对个别系数进行检验。SPSS中的logistic回归窗口的Method栏目中，默认方式Enter将所选变量强制纳入模型，前向逐步回归（Forward stepwise regression）可以根据指定标准按每个变量的解释效果依次纳入模型，每新加一个自变量，不仅输出此模型的卡方检验值和对应的显著程度（在Omnibus Tests of Model Coefficients输出表格的Block和Model一行），还提供加入此自变量后相对于上一步的卡方增加量（在表格的Step一行），以检验相关变量的作用。

实际上，在logistic回归时，自变量之间相关程度较高也会产生多元共线性问题。但是SPSS的logistic回归不提供共线性问题检验。其实，自变量共线性问题的诊断并不涉及因变量，所以用户如果想检查自变量共线性，可以用SPSS对模型变量做一个线性回归，并要求其输出共线性诊断指标，就可以了解自变量相关的情况了。

SPSS在系数表里提供的EXP（B）就是前面介绍的优势比exp（b_i），它反映各自变量变化一个单位导致事件发生比的变化倍数，为研究人员理解和阐释各自变量的影响作用提供了很大方便。

（二）系数子集的联合假设检验

在很多情况下，研究兴趣旨在由多个变量组成的自变量组而又不是全体系数的重要性和显著性。比如，在logistic回归方程中有5个自变量，其中变量x_1、x_2是调查对象的人口学特征，而变量x_3、x_4、x_5为调查对象的各种社会经济特征。Wald检验可以用来检验各种社会经济特

征对 y 的作用差别。然而，这种检验是个别方面的检验，没能提供对于社会经济方面联合作用的适当检验。此外，也许这三个系数单独并不与 y 有显著联系，但是这并不意味着三个变量一起对 y 也没有显著作用。实际上，前面我们已经提到过这种变量组（Block）的联合检验。下面介绍一下自变量组检验的统计原理与SPSS具体操作方法。

这种方法是前述对模型拟合度的似然比检验方法的推广。在上述检验中我们将设置模型与截距模型进行比较，而现在我们则是用完全模型（full model）与简化模型（reduced model）相比较。完全模型指纳入所有选择自变量的模型，简化模型则是指删除掉某些自变量的模型。因此简化模型实际上是包含在完全模型之内的“局部”，它们之间也存在着嵌套关系。

操作方法是，先定义简化模型为 L_r，并将其作为参照模型；再定义完全模型为 L_f，然后检验两个模型之间的似然比（L_r/L_f）是否显著区别于1。当似然比等于1时，意味着这一自变量组完全没有解释效果；而似然比显著小于1时，则说明这一自变量组对于因变量变化的解释有显著的贡献。这一似然比的函数 $-2\ln(L_r/L_f)$ 同样近似地服从于卡方分布，于是我们便可以完成对这一自变量组的作用是否显著的统计检验。

实际操作中，利用logistic的分步回归功能即可实现这一检验。进行logistic回归时先强制输入简化模型中的自变量，再通过logistic回归窗口中的“Next”命令将待检自变量组强制纳入模型的“Block 2”中。Block 2模型系数综合检验表格中会提供模型在加入新的自变量组以后相对于第一步模型的卡方变化量，并根据新加入变量的数目（df）报告这一卡方变化量的显著度，从而完成对后加自变量组作用的统计检验。如前所述，这一检验结果也在综合检验输出表（Omnibus Tests of Model Coefficients）中在提示为“Block”的一行中提供。

七、logistic回归示范例题

本章例题所用数据来自于1992年中国老龄人口支持体系调查，数据文件在本书所附光盘中提供，文件名为OLD_1992. sav。表6—2提供了本章例题所用变量的简要说明。

表6—2　　　　例题所用变量的说明

变量名	变量含义	变量类型	说明
UPFLOW2	子女是否在经济上供养老人。根据过去一年中子女给老人的金额减去老人给子女的金额之差是否大于0创建。	二分变量	1＝子女供养老人（净供养金额大于0） 0＝子女未供养老人（净供养金额小于等于0）
income	老人个人年收入（包括老人及其配偶的各项劳动及利息收入等，但未包括子女、国家、社区及亲属帮助的金额）	间距测量	单位：千元
medcost	去年老人的医疗支出	间距测量	单位：千元
urban	老人居住地的城乡类型	虚拟变量	0＝农村，1＝城市
age	老人的年龄	间距测量	单位：岁
numchild	老人的现有子女数	间距测量	单位：个

研究目的是分析在控制老人年龄、地区类型及收入和医疗支出等因素后，子女数量对于老人是否得到子女供养的作用。于是，变量 UPFLOW2 将作为因变量，其他变量作为自变量。由于这里因变量是二分类变量，因此采用 logistic 回归模型来进行分析。用 SPSS 进行 logistic 回归的方式可以如下。

（一）自变量同时纳入模型进行回归

在 SPSS 中将上述数据准备好以后，点击 Analyze → Regression → Binary Logistic ，即可打开 logistic 回归窗口。在窗口左侧的变量表中选择 UPFLOW2，并通过点击向右箭头将其送入因变量（Dependent）框中。再从变量表中分别选择 income、medcost、urban、age、numchild，将它们一一移到自变量（Covariates）[①] 栏目中。

这样，因变量为 UPFLOW2，自变量为 income、medcost、urban、age、numchild 的 logistic 回归模型就定义好了。一般情况下，不需要改变 SPSS 中的其他默认选项，只要点击 logistic 回归主窗口中的 OK 键，就开始执行分析。得到的输出结果如表 6—3 所示。

表 6—3　　例题的 logistic 回归的输出结果

Logistic Regression

Case Processing Summary

Unweighted Cases[a]		N	Percent
Selected Cases	Included in Analysis	1998	100.0
	Missing Cases	0	.0
	Total	1998	100.0
Unselected Cases		0	.0
Total		1998	100.0

a. If weight is in effect, see classification table for the total number of cases.

Dependent Variable Encoding

Original Value	Internal Value
不供养	0
供养	1

Block 0: Beginning Block

Classification Table[a,b]

Observed			Predicted		
			是否供养		Percentage Correct
			不供养	供养	
Step 0	是否供养	不供养	0	779	.0
		供养	0	1219	100.0
	Overall Percentage				61.0

a. Constant is included in the model.

b. The cut value is.500

① 在 SPSS 中，协变量（Covariates）一般是指间距测量水平的自变量（含虚拟变量）。

续前表

Variables in the Equation

		B	S. E.	Wald	df	Sig.	Exp (B)
Step 0	Constant	.448	.046	95.294	1	.000	1.565

Variables not in the Equation

			Score	df	Sig.
Step 0	Variables	income	281.524	1	.000
		medcost	.647	1	.421
		urban	161.310	1	.000
		age	58.576	1	.000
		numchild	111.062	1	.000
	Overall Statistics		426.318	5	.000

Block 1：Method=Enter

Omnibus Tests of Model Coefficients

		Chi-square	df	Sig.
Step 1	Step	472.410	5	.000
	Block	472.410	5	.000
	Model	472.410	5	.000

Model Summary

Step	−2 Log likelihood	Cox & Snell R Square	Nagelkerke R Square
1	2199.711[a]	.211	.286

a. Estimation terminated at iteration number 5 because parameter estimates changed by less than .001.

Classification Table[a]

Observed			Predicted		
			是否供养		Percentage Correct
			不供养	供养	
Step 0	是否供养	不供养	384	395	49.3
		供养	168	1051	86.2
	Overall Percentage				71.8

a. The cut value is. 500

Variables in the Equation

		B	S. E.	Wald	df	Sig.	Exp (B)
Step 1[a]	income	−.539	.052	107.986	1	.000	.583
	medcost	−.032	.041	.586	1	.444	.969
	urban	−.620	.133	21.689	1	.000	.538
	age	.041	.009	22.078	1	.000	1.042
	numchild	.318	.029	119.775	1	.000	1.374
	Constant	−2.851	.636	20.064	1	.000	.058

a. Variable (s) entered on step 1：income，medcost，urban，age，numchild.

上述输出结果的第一个表（Case Processing Summary）描述了数据中被选入模型的案例数

量，是否存在缺失案例或者未被选用案例等，查看后续输出结果前，应该先检查这一部分以确保案例选择、加权、缺失值等方面的处理是否适当。

第二个表（Dependent Variable Encoding）呈现了因变量的编码处理方式。在 logistic 回归中，因变量必须转换为虚拟变量内码才能进行分析，而我们的因变量已经是虚拟变量了，所以外码与内码相同。如果因变量中“不供养”的情况不用 0 而用 2 表示，也可以直接纳入模型进行 logistic 回归分析。但是，SPSS 将按顺序将外码 1 和 2 分别转换为 0 和 1 进行分析。这时尽管所有统计检验结果仍然相同，但是回归系数（B）的符号全将反过来，并且所计算的Exp(B)就完全不同了。这是因为此时内码 1 将对应“不供养”，回归系数所描述的是自变量变化作用于因变量中这一类型的概率，所以模型定义就与实际的事件发生正好相反。研究中，SPSS 的 logistic 回归这种对因变量重新自动编码本来是为了将一般的二分类变量编码（包括文字串变量）转换成虚拟变量，但如果用户没有注意这个转换，很容易出现模型实际定义的事件搞反了而全然不知的情况，结果对回归系数的理解将完全错误。本例中因变量已经是定义明确的虚拟编码，所以转换的内码与因变量编码含义并无变化。

下面一行输出的“Block 0：Beginning Block”是随后三个输出表的标题。表示分析处理起始状态，其实就是对截距模型的分析，以便为后面正式研究提供一个评价基准。

第三个表（Classification Table）是 SPSS 根据截距模型所获预测值与实际观测结果制作的交互表。在截距模型中，SPSS 在没有包括任何自变量的情况下，根据因变量取值中的众数（这里是“供养”）将所有的因变量值都估计为“供养”。从交互表中可以看到，观察结果为“不供养”的案例全部估计错误，估计正确率为 0，而观察结果为“供养”的全部估计正确，整体的正确率为 61.0%。这一比例实际就是因变量中取值为 1（即“供养”）的比例。

第四个表（Variables in the Equation）提供了截距模型中的常数项（即截距系数）及其统计检验情况。实际上，截距的系数 B 等于因变量的对数发生比，即 ln（供养案例数/不供养案例数）。这里，常数项的统计检验显著表示两类的发生频率显著不同。

第五个表（Variables not in the Equation）给出的是对尚未纳入但即将纳入模型的几个变量的影响力分数及其统计检验结果。SPSS 对各个变量纳入回归模型后的回归系数是否等于 0 进行了单独的和整体的统计评价与检验。自变量的评价分值（Score）越大表明影响越大，其卡方检验如果显著则表明该变量纳入模型后的回归系数显著区别于 0。在本例中，medcost 对应的显著性水平为 0.421，很不显著，表示医疗支出将没有什么解释力。但这并不意味着不该将此类变量纳入模型。如果我们的研究目的是为了检验如下理论假设，那么纳入该变量就是非常正常的：老人和子女之间的经济关系存在“填补”特征，即当老人存在较大的经济困难和需求时，更有可能获得子女额外的经济支持（夏传玲、麻凤利，1995）。医疗支出对老人来说是弹性小而至关重要的支出，容易形成“窟窿”。将其纳入模型但不显著，说明上述理论假设没有得到本例数据的支持。

再下面一行输出的“Block 1：Method＝Enter”是后面所有输出的标题，实际上是对本例研究模型的正式分析结果。由于本例研究模型设置非常简单，将五个自变量一步直接纳入，所以该部分成为最后一部分结果。如果模型设置很复杂，那么还会形成更多的部分的输出，“Block”的编号为顺序变化。

接下来，分析报告提供了模型系数综合检验（Omnibus Tests of Model Coefficients）。因为研究模型设置既未分步也未分组，所以分步检验（Step）、分组检验（Block）都与研究模型的整体检验（Model）结果相同。输出表中，卡方值（Chi-square）表示纳入自变量后的研究模型相对于截距模型在－2LL 值上的减少量，也可以理解为这两个模型的－2 倍对数似然比。本例的这一卡方值为 472.410，自由度为 5，显著度为 0.000，说明研究模型整体检验非常显著，自变量中至少有一个回归系数显著区别于 0。这一结果还说明，这一包含五个自变量的研究模型比截距模型的解释能力有非常显著的改进。

第七个表（Model Summary）提供的是关于模型拟合水平（解释力）的概要指标。其中包括这一研究模型的－2LL 值和伪确定系数。前者表示纳入自变量后模型的拟合“劣度”，该值越大，模型拟合越差。这一值加上第六个表中的模型卡方值即等于截距模型的－2LL 值。从研究模型本身的－2LL 值来看，模型还有很大改进空间。从 SPSS 提供了两个伪确定系数也可看出模型解释能力一般，远不能用于实际预测。

第八个表（Classification Table）是 SPSS 根据模型所获预测结果与案例观测值所做的交叉分类表。实际上，模型预测了每个老人案例受子女供养的概率，并以其是否大于 0.5 为界限进一步区分为是否受到供养的两类。交叉分类结果表明，模型对于未受子女供养的老人预测正确率为 49.3%，而对受到子女供养的老人的预测正确率为 86.2%。从总的情况看，预测正确率为 71.8%。相对于截距模型的 61.0%，预测准确率提高了 10.8 个百分点。

报告的最后一个表（Variables in the Equation）提供了研究模型中各自变量的回归系数及检验情况。从显著水平（Sig.）一栏来看，除了医疗支出（medcost）外，其他四个自变量都是显著的（Sig.＜0.05），因此肯定了除医疗支出外其他各自变量的影响作用可以推断到总体。回归系数（B）一栏中，收入（income）和地区（urban）的系数都是负值，说明老人收入越高，子女对其进行供养的可能性越小；而城市老人与农村老人相比，被子女供养的概率要小。年龄（age）与子女数（numchild）的系数是正值，说明老人年龄越大，被子女供养的概率越大；而子女越多，老人被供养的可能性越大。在具体解释自变量作用时，使用优势比来解释供养发生比要更为方便，它测量自变量一个单位的增加给原来的供养发生比所带来的变化。SPSS 报告在 Exp（B）一栏提供了优势比。例如，老人年收入每增加 1 000 元，其子女供养发生比将是原来的 0.583 倍，即比原来降低了 41.7%。地区类型 urban 对应的优势比表示城市老人被子女供养的发生比只相当于农村老人的 53.8%，即城市老人被子女供养的比例远低于农村老人。老人的年龄每长一岁，子女对其进行供养的发生比将是原来的 1.042 倍，即提高 0.042 倍。而老人每多一个子女，其被子女供养的发生比，则是原来的 1.374 倍，提高了 0.374 倍。注意这里提供的其实都是偏回归系数，即一个自变量在控制其他自变量情况下单独的作用。所以，城市老人受供养的优势比低，并不是出于城市老人收入普遍比农村老人高的原因，而是因为，即使收入水平相同，农村老人仍更有可能受到子女供养。实际研究中，我们并不需要将所有的回归系数的大小和方向一一进行说明，因为有一些自变量只是作为控制变量而纳入模型，特别需要关注的是用户自己研究的变量。例如本题中，我们最关心的是，在控制了其他变量的情况下，子女数对老人是否得到供养有影响。回归结果表明，子女数越多，老人得到供养的可能性确实越大。从这个意义上讲，在 20 世纪 90 年代初，老年人的子女数对养老仍然具有很强的现实意义。并且，这个自变量的作用如此显著还说明，子女供养并未反映出达到“填补”老人正常需求就自动停止的现象。这实际上表明，或者当时子女供养并不存在一个所谓的老人正常需求的界限，或者表明虽然可能存在这样一个界限，而当时的子女供养水平还远远达不到这个水平。

如前所述，SPSS 进行 logistic 回归时不提供标准化的回归系数，但可按照前面提供的标准化回归系数的公式进行手工计算，公式如下：

$$\beta_i = \frac{b_i \times s_i}{\pi/\sqrt{3}} \approx \frac{b_i \times s_i}{1.813\,8}$$

可见，计算各项标准化回归系数需要先知道各自变量的 logistic 回归系数和标准差。SPSS 在进行 logistic 回归时已经提供了 b_i。本书第一章示范了用 SPSS 取得变量的描述性统计，可以用同样方法计算出本例各自变量（income、medcost、urban、age、numchild）的标准差。然后，将各个自变量的回归系数和标准差代入上述公式，就可以得到表 6—4 所示的各自变量的标准化回归系数。

表 6—4　　例题标准化回归系数计算表

自变量	标准差	回归系数	标准化 logistic 回归系数
income	1.423 367 5	−0.539	−0.423
medcost	1.205 033 4	−0.032	−0.021
urban	0.432 104 7	−0.620	−0.148
age	6.677 945 6	0.041	0.151
numchild	1.949 853 9	0.318	0.342

通过比较各个自变量的标准化回归系数的绝对值，可以发现，对于老人是否得到子女供养来说，子女数的作用大小仅次于老人的个人收入，排在第二位。排在第三位的是老人的年龄，随后是居住地区，而老人医疗支出的相对作用很小。

（二）含交互作用的回归

上述示例模型只含有五个自变量的主效应，这假定这些变量在不同群体中有着相同的作用。现在示范将某些自变量交互效应也同时纳入模型进行分析，探讨是否存在这种交互效应。比方说，我们想检验一下子女数是否在城市和农村对老年供养存在不同的作用。

SPSS 的 logistic 回归可以自动创建相关的交互项。交互项模型的设定操作与上例步骤基本相同，只是在定义了因变量与五个自变量以后，还需要再向自变量中添加交互项。添加交互项的操作方法为：按住 Ctrl 键后，在变量列表中依次点击选择需要交互的变量，如 numchild 和 urban，使之背景同时变暗，然后点击自变量框左侧的 >a*b> 按钮，即可见到自变量框中添加了一项 numchild * urban，它就是所建立的交互项。只要需要，用同样的方法可以定义其他交互项，甚至是多个自变量之间的交互项。模型设置完毕后，点击窗口的 OK 键，SPSS 即开始执行带有交互项的 logistic 回归分析。表 6—5 提供了这一模型的部分输出结果。

表 6—5　　加入交互项的 logistic 回归分析报告（节选）

Case Processing Summary（略）
Dependent Variable Encoding（略）
Block 0：Beginning Block

续前表

Classification Table（略）

Variables in the Equation（略）

Variables not in the Equation

			Score	df	Sig.
Step 0	Variables	income	281.524	1	.000
		medcost	.647	1	.421
		urban	161.310	1	.000
		age	58.576	1	.000
		numchild	111.062	1	.000
		numchild by urban	79.156	1	.000
	Overall Statistics		428.131	6	.000

Block 1：Method＝Enter

Omnibus Tests of Model Coefficients

		Chi-square	df	Sig.
Step 1	Step	475.518	6	.000
	Block	475.518	6	.000
	Model	475.518	6	.000

Model Summary

Step	−2 Log likelihood	Cox & Snell R Square	Nagelkerke R Square
1	2196.602[a]	.212	.287

a. Estimation terminated at iteration number 5 because parameter estimates changed by less than.001.

Variables in the Equation

		B	S.E.	Wald	df	Sig.	Exp (B)
Step 1[a]	income	−.540	.052	109.392	1	.000	.583
	medcost	−.031	.042	.562	1	.453	.969
	urban	−.185	.279	.440	1	.507	.831
	age	.041	.009	22.587	1	.000	1.042
	numchild	.346	.034	106.699	1	.000	1.414
	numchild by urban	−.115	.064	3.152	1	.076	.892
	Constant	−2.988	.641	21.722	1	.000	.050

a. Variable (s) entered on step 1：income，medcost，urban，age，numchild，numchild * urban.

加上子女数与城乡交互项的输出结果除基本处理外同样包括两部分：第一部分是截距模型情况，包括即将纳入模型的各个变量作用的单独检验结果（在 Variables not in the Equation 表中）。可以看到，除医疗费用外，其他各个变量（包括子女数与城乡的交互作用）的效应单独检验都是高度显著的。但在“Block 1”中研究模型输入中，除医疗费用不显著，我们还看到城乡类型以及城乡与子女数交互效应也不显著（Sig. 分别为 0.507 和 0.076）。首先，这种情况提示我们，前一个表只是各自变量单独纳入模型的测试结果，而后一个表则是在控制其他自变量条件下的实际结果，两者可能会不一致，而后者对于研究更为重要。其次，至于新加交互项与城乡变量都不显著则可能是这两个变量之间相关度太高。毕竟对农村老人而言，这两个变量的值都为 0，完全相同，以至于相互控制对方影响后各自独立解释便很小。

如对这一模型通过线性回归输出自变量共线性诊断指标（需要先专门建立该交互变量），可以看到医疗费用的容忍度高达 0.996，表明它在 logistic 回归中不显著不是因为其独立信息太少，而是因为其对老年供养的影响确实不大。至于城乡类型和子女数与城乡交互项，两者的容忍度都比较低，分别为 0.180 和 0.193，远低于其他自变量的容忍度（均在 0.68 以上）。

从加入交互项的 logistic 回归来看，我们应该依次将城乡类型和医疗删去，才能取得所有自变量都显著，结果是我们用子女数与城乡的交互项取代了前一模型中的城乡类型。这一取代表明，城乡之间老年供养的水平（即老人供养比例）差异不如子女数影响的城乡差异（即子女数影响的斜率）的影响大。其实，这是一个很有意义的发现，留给感兴趣的读者自己去继续探讨。

（三）自变量组分步纳入的回归

前两个例子关注的都是单个自变量或交互项的作用，但有时，我们还会对一组自变量的整体作用感兴趣，甚至我们并不在乎单个自变量是否显著，只关心自变量组整体的作用是否显著。[①] 比如，由一个多分类变量衍生而来的虚拟变量组。这时，我们可以使用分步纳入自变量组的模型设置来进行分析。例如，可将例题的自变量及交互项分为两组，分别置于两个组（block）中，第一组为 income、medcost、age、urban 等控制变量，第二组包括 numchild 和 numchild * urban 两项。于是，第二组自变量的联合检验就是对两个 block 之间卡方增量的检验。如果第二变量组检验显著，就说明该组自变量中至少有一个有显著影响。值得注意的是，有时会出现分组检验显著，但该变量组中的各回归系数单独检验都不显著，这种情况表明我们遇到了样本规模过小或自变量之间的多元共线性问题。

按变量组分步回归的第一步模型的设定与前述常规模型的操作类似。这里，我们设定因变量为 UPFLOW2，选入自变量 income、medcost、age、urban。接下来开始定义第二步模型。点击 logistic 回归主窗口自变量框右上角的 Next 键。随后，可见自变量框的提示由“Block 1 of 1”变为“Block 2 of 2”，而第二组自变量框中还是空的。接下来，定义第二组自变量，用同样方法将 numchild 以及 numchild * urban 置入第二组自变量框，便完成了两步模型的设置。在实际研究中，用类似的方式可以形成更多步的嵌套模型，SPSS 最多可以支持分为九步的嵌套模型。通过点击自变量框左上角的 Previous 键或右上角的 Next 键可以查看和修改不同“Block”内的变量及其纳入模型的方式。当一切设置工作完成以后，点击 logistic 回归主窗口中的 OK 键，即开始运行分析。表 6—6 中展示了本例分步模型分析结果。

表 6—6　分步模型的 logistic 回归分析报告（节选）

Block 0：Beginning Block（略）

Block 1：Method＝Enter

Omnibus Tests of Model Coefficients

		Chi-square	df	Sig.
Step 1	Step	339.468	4	.000
	Block	339.468	4	.000
	Model	339.468	4	.000

① 比如，由于样本规模很小，不可能每个自变量都显著，我们可以只关心这个自变量组（由反映同一类型不同方面的变量构成）是否显著，如在控制代表其他方面的变量组以后，某一方面变量组是否有单独作用。

续前表

Model Summary

Step	－2 Log likelihood	Cox & Snell R Square	Nagelkerke R Square
1	2332.652[a]	.156	.212

a. Estimation terminated at iteration number 4 because parameter estimates changed by less than .001.

Variables in the Equation

		B	S.E.	Wald	df	Sig.	Exp (B)
Step 1[a]	income	－.497	.049	101.981	1	.000	.608
	medcost	－.007	.041	.027	1	.870	.993
	urban	－.701	.128	29.882	1	.000	.496
	age	.028	.008	11.293	1	.001	1.028
	Constant	－.741	.582	1.620	1	.203	.477

a. Variable (s) entered on step 1: income, medcost, urban, age.

Block 2：Method＝Enter

Omnibus Tests of Model Coefficients

		Chi-square	df	Sig.
Step 1	Step	136.050	2	.000
	Block	136.050	2	.000
	Model	475.518	6	.000

Model Summary

Step	－2 Log likelihood	Cox & Snell R Square	Nagelkerke R Square
1	2196.602[a]	.212	.287

a. Estimation terminated at iteration number 5 because parameter estimates changed by less than .001.

Variables in the Equation

		B	S.E.	Wald	df	Sig.	Exp (B)
Step 1[a]	income	－.540	.052	109.392	1	.000	.583
	medcost	－.031	.042	.562	1	.453	.969
	urban	－.185	.279	.440	1	.507	.831
	age	.041	.009	22.587	1	.000	1.042
	numchild	.346	.034	106.699	1	.000	1.414
	numchild by urban	－.115	.064	3.152	1	.076	.892
	Constant	－2.988	.641	21.722	1	.000	.050

a. Variable (s) entered on step 1: numchild, numchild * urban.

第一步模型结果报告从“Block 1：Method＝Enter”提示开始，并注明了采用的是变量强制纳入法。第一步模型的卡方检验值为339.468，它等于截距模型－2LL值与本步模型－2LL值之间的差（2 672.121－2 332.652）。统计检验结果表明，两个模型的差异在0.000水平统计性显著。

第二步模型结果报告从“Block 2：Method＝Enter”开始。本步新加入的自变量是numchild和交互项numchild＊urban。该模型的－2LL值为2 196.602。由于第二组自变量一步纳入，因此Step和Block的卡方增量同为136.050，等于上步模型－2LL值与本步模型－2LL值之差（＝2 332.652－2 196.602）。从该步模型系数综合检验来看，第二步纳入的两个变量整体检验结果在0.000水平显著，表明该组变量有解释作用。这是本例最为关心的结果。

而本步模型与截距模型之间差异及其检验以及最终模型的系数表，均与上例结果完全相同。这里不再赘述。

(四) 自动筛选显著自变量的回归

有时研究者想从多个自变量中筛选出解释能力最强的部分。SPSS 的 logistic 回归提供了多种自动筛选最佳自变量的功能。不过，除了探索性分析，我们并不提倡此类数据驱动的分析(data driven analysis)。决定是否纳入某些变量，研究者应该有一定的理论和经验依据。当样本规模无力检验更多自变量时，可以考虑仅将最显著的控制变量留下，而研究变量在自动筛选中无论显著与否都应该留下。这时我们可以将研究变量作为强制纳入模型的一个组（Block），而其他控制变量则放在另一个组中，允许程序进行自动筛选。

SPSS 中提供六种自动筛选方法，有三种是逐步纳入法，另外三种是逐步剔除法。并且可以对不同的变量组中采用不同的筛选规则。其中，基于条件参数的逐步纳入法（Forward: Conditional）逐步将备选自变量纳入模型进行回归，并根据某种条件统计量是否满足纳入或剔除的标准而保留或删除某些变量。这样不断加入和删除，直至所有备择变量都经过试验，仅仅那些显著度满足标准的自变量存在于最终模型中。条件统计量是默认的筛选标准，因为它计算比较简便，效率更高。其他筛选标准则包括 Wald 统计量和似然比统计量。从准确性上看，似然比标准更好，但运算更复杂耗时，不过在计算机性能已经高度发展的今天值得尝试。逐步删除法则是首先将所有备择变量都纳入模型，然后依照显著性标准依次删除最不显著者，直到所有保留的变量都满足相关的显著性标准。有关自动筛选自变量方法的其他内容请参看 SPSS 手册或帮助文件。

下面仍以例题示范这一功能。将子女数量、子女数量与城乡的交互项、城乡类型作为研究变量的第一组强制纳入模型，其他变量则作为控制变量的第二组，交由 SPSS 自动筛选，从中删除控制效果较差者。具体操作方法是：在 logistic 回归窗口定义好因变量后，将研究变量 numchild、numchild * urban、urban 选入 Block 1 的自变量框，纳入方法（Method）用默认的强制纳入（Enter）。然后，再打开 Block 2 的自变量框，将其他变量 income、medcost、age 选入，并从 Block 2 的“Method”选项中选择按似然比标准的逐步纳入法（Forward: LR），然后点击 logistic 回归主窗口的 OK 键运行分析。表 6—7 提供了分析结果。

表 6—7　　自动筛选自变量的 logistic 回归结果（节选）

Case Processing Summary（略）

Dependent Variable Encoding（略）

Block 0: Beginning Block

Classification Table（略）

Variables in the Equation（略）

Variables not in the Equation

			Score	df	Sig.
Step 0	Variables	urban	161.310	1	.000
		numchild	111.062	1	.000
		numchild by urban	79.156	1	.000
	Overall Statistics		249.952	3	.000

续前表

Block 1：Method=Enter

Omnibus Tests of Model Coefficients

		Chi-square	df	Sig.
Step 1	Step	258.037	3	.000
	Block	258.037	3	.000
	Model	258.037	3	.000

Model Summary

Step	−2 Log likelihood	Cox & Snell R Square	Nagelkerke R Square
1	2414.084[a]	.121	.164

a. Estimation terminated at iteration number 4 because parameter estimates changed by less than.001.

Classification Table[a]

Observed			Predicted		
			是否供养		Percentage Correct
			不供养	供养	
Step 1	是否供养	不供养	347	432	44.5
		供养	158	1061	87.0
	Overall Percentage				70.5

a. The cut value is.500

Variables in the Equation

		B	S.E.	Wald	df	Sig.	Exp (B)
Step 1[a]	urban	−1.104	.258	18.340	1	.000	.332
	numchild	.267	.031	75.643	1	.000	1.306
	numchild by urban	−.051	.060	.722	1	.396	.950
	Constant	−.250	.129	3.776	1	.052	.778

a. Variable (s) entered on step 1：urban，numchild，numchild * urban.

Block 2：Method=Forward Stepwise (Likelihood Ratio)

Omnibus Tests of Model Coefficients

		Chi-square	df	Sig.
Step 1	Step	193.392	1	.000
	Block	193.392	1	.000
	Model	451.429	4	.000
Step 2	Step	23.559	1	.000
	Block	216.951	2	.000
	Model	474.988	5	.000

Model Summary

Step	−2 Log likelihood	Cox & Snell R Square	Nagelkerke R Square
1	2220.691[a]	.202	.274
2	2197.132[b]	.212	.287

a. Estimation terminated at iteration number 4 because parameter estimates changed by less than.001.

b. Estimation terminated at iteration number 5 because parameter estimates changed by less than.001.

续前表

Classification Table[a]

Observed			Predicted		
			是否供养		Percentage Correct
			不供养	供养	
Step 1	是否供养	不供养	396	383	50.8
		供养	148	1071	87.9
	Overall Percentage				73.4
Step 2	是否供养	不供养	391	388	50.2
		供养	173	1046	85.8
	Overall Percentage				71.9

a. The cut value is .500

Variables in the Equation

		B	S.E.	Wald	df	Sig.	Exp (B)
Step 1[a]	urban	−.125	.276	.206	1	.650	.882
	numchild	.324	.033	97.791	1	.000	1.382
	numchild by urban	−.104	.064	2.637	1	.104	.901
	income	−.619	.050	152.729	1	.000	.538
	Constant	−.005	.135	.002	1	.967	.995
Step 2[b]	urban	−.186	.278	.448	1	.503	.830
	numchild	.345	.033	106.341	1	.000	1.412
	numchild by urban	−.115	.064	3.174	1	.075	.891
	income	−.540	.052	109.431	1	.000	.583
	age	.041	.009	22.680	1	.000	1.042
	Constant	−2.994	.641	21.828	1	.000	.050

a. Variable (s) entered on step 1：income.

b. Variable (s) entered on step 2：age.

Model if Term Removed

Variable		Model Log Likelihood	Change in −2 Log Likelihood	df	Sig. of the Change
Step 1	income	−1207.042	193.392	1	.000
Step 2	income	−1164.878	132.623	1	.000
	age	−1110.346	23.559	1	.000

Variables not in the Equation

			Score	df	Sig.
Step 1	Variables	medcost	.698	1	.404
		age	22.951	1	.000
	Overall Statistics		23.526	2	.000
Step 2	Variables	medcost	.582	1	.446
	Overall Statistics		.582	1	.446

上述输出结果开始部分与此前的输出是一致的，故从略。Block 0 部分输出的最后给出了 Block 1 中即将纳入的三个变量的单独检验情况，无论是单独来看还是整体来看，都有显著

作用。

在 Block 1 部分输出中，给出了 numchild、urban 以及两者的交互项纳入后的模型检验结果、拟合度指标（包括观察—预测分类表）以及模型中各个变量的系数及其检验结果。可以看到两个主效应是显著的，但两者的交互项并不显著。

而在 Block 2 输出中，给出了对应步骤模型。这里除了我们已经熟悉的输出，还出现了一种新的输出表，它提供了自动筛选中每一步将相应备择变量删除后模型拟合度变化的检验（Model if Term Removed）。最后给出了在自动筛选中相应各步尚未纳入的变量各自及其整体的解释力的检验（Variables not in the Equation）。这些结果中，Step 2 即为最后一步，对应的便是最终模型结果。结合这两个表可以看到，医疗支出的控制效果差，始终未能进入模型。从统计上讲，这个控制变量可以不再考虑。当然，这只是从本例数据统计的结论。

SPSS 在进行本题分析时，大体经历了如下过程：程序首先如上述各例一样拟合了截距模型和纳入了第一组自变量的模型。然后在第一组自变量模型基础上开始按第二组备选各变量的解释力的大小（即对模型拟合度的提高）依次将其纳入模型。按其标准，income 第一步就被纳入模型。然后，程序自动检验了第一步模型中的变量若被删除的影响，如果不合要求，它还会在随后筛选中再被删除。同时，程序对尚未进入模型另外两个备择变量 medcost 和 age 进行了测试检验，结果发现 age 合乎纳入模型的条件。于是，筛选第二步便将 age 纳入模型。然后，再对已经在第二步模型中的两个变量和模型外的备择变量 medcost 分别进行检验。结果发现，已经在模型中的变量解释力都显著，不能删除；而模型外备择的 medcost 不具备足够解释力，因而也不能纳入模型。于是，自动筛选就此结束。

实际上，这一筛选中纳入变量的默认标准是显著度小于 0.05，而删除变量的默认标准是显著度大于 0.1。当然，我们可以在 logistic 回归主窗口打开 Option 对话框对上述这两个默认标准进行修改。

SPSS 自动筛选变量的功能可以轻松完成对多个自变量按解释力的探测，但完全数据驱动的筛选经常会将一些具有理论意义的重要变量剔除，而留下一些难于解释的变量。所以，建议大家仅将这一功能作为辅助工具，切不可过分依赖。

SPSS 的 logistic 回归程序中还有许多有用的功能。例如，如果事先未将分类变量处理为虚拟变量组，其实就会直接通过分类变量（categorical）二级对话框将分类自变量自动转变为编码标识，其中包括虚拟编码和效应编码，SPSS 还可将模型对各案例的因变量事件发生概率估计值等作为变量暂存到工作数据表上，等等。这里不再一一介绍，有兴趣的读者请参阅 SPSS 手册或帮助文档。

八、logistic 回归的扩展之一：多分类 logistic 回归

上面我们介绍了因变量为二分类（binary）名义变量的 logistic 回归的原理和方法。实际研究中还会经常遇到多分类的名义变量或序次变量，它们的取值类数大于 2，各个分类之间没有大小关系，或者即使有大小关系，确切差距也不能确定。前者如通勤方式选择（坐公交、坐地铁、自驾车），工作单位类型（政府部门及事业单位、国有集体企业、外资企业、私营企业）；后者如生活满意度评价（很满意、比较满意、一般、比较不满意、非常不满意），或者老年人对自身自理能力的评估（完全能自理、部分能自理、不能自理）等等。这些分类因变量也不能

采用常规线性回归来分析。但是对 logistic 回归进行适当扩展后，便可以用于对它们的分析。当因变量为多分类但类别间没有序次关系时，可以采用多分类 logistic 回归（multinomial logistic regression）。当因变量的各个取值之间存在一定的序次关系时，还可尝试使用序次 logistic 回归（ordinal logistic regression）以得到更为简洁的估计结果。本节先介绍多分类 logistic 回归。

（一）多分类 logistic 回归原理

多分类 logistic 回归是二分类 logistic 回归的自然扩展。在前面的公式（5）中，我们将事件发生的概率 p 与事件不发生的概率（$1-p$）的比率取对数，称其为对数发生比或者 logit（p），并建立起它与自变量之间的线性关系。当事件的结果不止两个分类，而是有多种可能类别，比如当因变量共有 J 种可能结果时，可以用类似的方式建立起一组方程，并同时对其进行估计：

$$
\begin{aligned}
&\ln(p_1/p_J) = \sum b_{i1} x_i \\
&\ln(p_2/p_J) = \sum b_{i2} x_i \\
&\cdots \\
&\ln(p_{J-1}/p_J) = \sum b_{i(J-1)} x_i
\end{aligned} \tag{11}
$$

其中，p_j 为第 j 种结果出现的概率，$j=1$，…，$J-1$。将其他类别的概率均转换为以第 J 种结果概率为参照（其实用哪一类作为参照类都无碍）的对数发生比，于是共有 $J-1$ 个线性可加方程用以来估计这些类别的对数发生比。因为所有类别的概率合计为 $p_1+p_2+\cdots+p_{J-1}+p_J=1$，因而确定了所有其他类别的发生比 p_j/p_J 后，p_J 值也就相应确定，并且其他 p_j 也随之确定。实际上，这组模型参数估计的解释方式与二分类 logistic 回归类似。可以看到，如果每个子方程有 k 个自变量，加上截距项后，整套模型将有（$k+1$）×（$J-1$）个参数需要估计。通过估计出来的对数发生比，可反求出任一结果的发生概率 p_j（王济川、郭志刚，2001：252），亦可推导出任意两个类别之间的对数发生比，如第 1 种与第 j 种结果的对数发生比为：

$$\ln(p_1/p_j) = \ln(p_1/p_J) - \ln(p_j/p_J) = \sum b_{i1} x_i - \sum b_{ij} x_i$$

可以发现，进入上述公式的只包括与两个类别相关的系数。换句话说，任意两种类别结果之间的相对关系不受其他类别结果的影响（Treiman，2009：第 14 章）。这隐含着多分类 logistic 回归得以建立的一个重要假定——无关选项独立（IIA 假定，independence of irrelevant Alternatives）。关于这一假定，更具体的说明可以参考 McFadden 在 1974 年对条件 logit 模型（conditional logit）的介绍文章。关于这一假定，人们常用 McFadden 关于交通方式选择的例子进行说明（鲍威斯、谢宇，2009：252）。假定最初可供人们选择的通勤方式包括坐公交车和自己开车两种，且一半人选择自己开车。后来，公交公司安排了另一班公交车，线路、票价、运行间隔和速度等等都相同，只是原公交车是蓝色的，而新公交车是红色的。直觉上讲，在人们选择出行方案的偏好不变的情况下，选择自己开车的人并不会因此而改变自己的选择。但对于选择乘坐公交车的人来说，却有了两种选择。假设他们在蓝色公交车和红色公交车之间并没有特别的偏好，50%坐红色公交车，50%的人坐蓝色公交车。此时，人们选择自己开车相对于乘坐蓝色公交车的发生比发生了变化，由原来的 1∶1 变为 2∶1。红色公交车的出现只对选择蓝色公交车的人产生影响，对自驾车的人没有影响。红色公交车与蓝色公交车的区别如此之小，以至于人们将两种颜色的公交车合并起来当作“公交车”再与“自己开车”放在一起进行选择。其实，红色公交车并不是与自驾车“并列”的选项。这就违背了IIA假定。与此相对，如果新开通的是一条地铁线路，使原来乘坐公交和自驾车的人中分别有20%改乘地铁了，这时IIA假定就是成立的。因为地铁出现后，开车的人占40%，坐公交的人占40%，所以开车和坐公交的相对比率在地铁开通前后并没有受到影响（50/50=40/40）。换句话说，地铁的出现并没有改变人们在坐公交和开车两者之间的相对选择和偏好。作为一种备选的通勤方式，地铁与公交、开车两者之间的差异足够大，因而被人们当作并列的选项来对待（Treiman，2009：第14章的例子与此类似）。

实际上，IIA假定要求各替换类别的差异足够大。如果某些选项之间的差异大，而另一些选项之间的差异很小，人们面对这些选项的决策就不再是平行决策，而变成“树形”决策。此时，一个选项的出现或消失会对各类结果的相对发生比产生不对等的影响，就会违背IIA假定，因而会损伤应用多分类logistic回归的合理性。此时，可以尝试换用嵌套logit模型，先将差异较小的类别合并，再进行分析。如果仍有必要对合并起来的各类型之间的差异进行分析，可以在控制第一步选择的基础上，针对这些次类型进行条件logit分析。关于IIA假定不成立时的其他处理方法，可以参看鲍威斯和谢宇（2009：254－255）提供的索引文献。

关于IIA假定是否成立，已有一些辅助检验可用。检验的基本逻辑就是看删除某些结果类型前后的模型参数估计是否保持一致。在IIA假定满足的情况下，删除了某些结果选项后，有关模型参数估计结果应该不受影响（Long，1997：183－184）。尽管SPSS并未提供现成的检验菜单，但根据这一检验原理，我们可以手工限定进入模型分析的因变量取值类别，比较限定某一类别前后对应回归系数的差异，如果差异较大则说明其结果的类别并不满足IIA假定。

需要指出的是，以上介绍的情况并不意味着在IIA假定成立的情况下，多分类的logistic回归模型可以分解为多个带有相同参照类的二分类logistic回归来间接实现。即使在满足IIA假定的情况下，采用多个二分类的logistic模型来拼凑估计多分类logistic回归的做法也不值得提倡。首先，这样做效率很低。此外，分解多个二分类logistic回归完成估计，无法对一个自变量的整体作用进行联合检验。而在多分类logistic回归中，可以通过比较纳入该自变量前后的嵌套模型似然比是否显著区别于1进行检验。就像在二分类logistic模型的嵌套检验一样，当似然比等于1时，新增自变量对提高模型拟合能力完全没有效果，似然比显著小于1则说明新增自变量有显著影响。

除了对单个自变量整体影响进行检验外，多分类logistic回归还提供对模型的整体检验（或拟合优度检验）和单个回归参数的统计检验。模型整体检验及具体参数检验的方式与二分类logistic回归中原理是一致的，此处不再重复。

（二）多分类logistic回归示例

下面我们通过一个例子来示范多分类logistic回归的操作和解释，所用数据仍然是1992年老年人供养体系调查数据。根据老人和子女之间的经济流动数据，我们计算了老人与子女之间的经济净流量，并将其转换为含有三种类别的净流量分类变量——UPFLOW3，各类编码及含意为：－1=被啃型（老人给子女的经济帮助大于子女对老人的经济帮助）；0=独立型（双方均不给对方经济帮助或者所给与所得相等）；1=被养型（子女给老人的经济帮助大于老人对子女的帮助)。实际上，这个三分类变量反映了代际经济净流量的方向：向下流动、无流动以及向上流动（划分这些类型的理论意义参见夏传玲、麻凤利，1995)。研究的兴趣仍在于检验控制老人自身经济收入（income)、年龄（age)、城乡类型（urban）等因素后，子女数量（numchild）对代际经济关系类型的影响。

根据多分类 logistic 回归的定义可以知道，本例将会产生两个对数发生比：

$$\ln(p_1/p_0) = \sum b_{i1}x_i$$

$$\ln(p_2/p_0) = \sum b_{i2}x_i$$

其中，p_0、p_1、p_2分别表示被啃型、独立型和被养型关系的发生概率，程序将同时分析后两种类型相对于参照类的对数发生比，并给出两组回归系数。一组表示各自变量一个单位的变化对独立型关系相对于被啃型关系的对数发生比的净影响，另一组表示这些自变量对被养型关系相对于被啃型关系的对数发生比的净影响。选择的参照类不同，输出的回归系数会有差异，但不过是反映代际经济流向的角度不同，其实并无本质差别，而且系数估计的解释方式与二分类 logistic 回归中类似。

在 SPSS 中将上述数据准备好以后，点击[Analyze]→[Regression]→[Multinomial Logistic]，便可进入多分类 logistic 的主窗口。先设定 UPFLOW3 为因变量（Dependent)，然后可点击因变量框下方的[Reference Category]按钮进入二级对话框设定因变量的参照类。SPSS 对此项的默认设置为按因变量值升序排列（Ascending)，并以最后一类作为参照类（Last category)。本例分析将保持默认的升序排列不变，但是将第一类（First category）作为参照类。

不设定自变量就直接点击[OK]钮即可得到截距模型估计的结果，包括各类结果的比例、截距模型拟合情况、因变量结果中独立型关系和被养型关系分别相对于被啃型关系的对数发生比（对应的 Intercept）以及各对数发生比区别于 1 的显著性检验。

这里我们不关心截距模型，需要接着设定自变量。在多分类 logistic 回归窗口中，根据自变量类型可以放入两个不同位置。对分类自变量应放入因素［Factor (s)］框中，SPSS 将会自动将放入其中的自变量处理成虚拟变量组，并将最大编码值作为参照类。但是，对连续自变量则必须放入协变量［Covariate (s)］框中，才会在分析中被当作连续变量处理。对于用户已经建立的虚拟变量应该放入协变量框中。如果虚拟变量被误放到在因素框中，那么自动编码将导致用户定义的参照类变化，因而导致一系列出乎用户意料的变化，所以要避免发生这种情况。本例中的自变量 urban 已经是虚拟变量，其他自变量 income、medcost、age、numchild 都可作为连续变量，因此可以将它们全部放入协变量框。

接下来，点击对话框中的[Model]按钮进入二级对话框进行模型设置。有三种选择，默认为主效应模型（Main effects)，第二种是全因素模型（Full factorial)，那么除主效应外还包括所有因素变量形成的各阶交互效应，第三种是自定义/分步模型（Custom/Stepwise)。本例希望在主效应外再设置 urban 与 numchild 之间交互项，所以选择[Custom/Stepwise]后，选中自变量列表（Factors & Covariates）中所有各项，点击“Build terms”下的下拉菜单，选择“Main effects”，然后再点击“Build terms”下的右向箭头，将全部自变量的主效应放到强制纳入列表框（Forced Entry Terms)。接下来创建交互项，按住键盘[Ctrl]键，复选 urban 和 numchild 变量，点选“Build terms”下拉菜单中的交互作用（Interaction)，再点击右向箭头，即在强制纳入列表框中创建一个交互项。“Build terms”下拉菜单还可以方便地创建多个变量不同阶次的交互效应。以上已经为本例模型设置了自变量及其相应效应项，它们都是作为强制纳入项。

如果希望 SPSS 对备选的自变量进行自动筛选或逐步纳入，可以选择将对应的自变量各种效应放入逐步分析列表框（Stepwise Terms）。一个效应项或者设置为强制纳入，或者设置为分步分析。逐步分析的方式可在“Stepwise Method”的下拉菜单中进行选择。其中包括四种：向前逐个纳入备择变量中最为显著的变量，直到剩下的备择变量都不再显著；向后逐个剔除——首先将备择变量全部纳入，然后逐个剔除最不显著的变量，直到所有不显著的变量被剔除；向前逐步筛选——在向前逐个纳入法选出的模型基础上，将模型中的变量剔除，然后尝试纳入，直到没有变量满足纳入或剔除的要求；向后逐步筛选——在向后逐步剔除法选定的模型基础上，逐个纳入模型外的备择变量，又尝试将其剔除，直到没有变量满足纳入或剔除的标准。关于逐步筛选的标准可在另一个 Options 二级对话窗口中加以设置。

在本例中，我们暂不关心交互项，也不进行逐步筛选回归，直接选用主效应模型。请注意，不要更改模型对话窗口左下侧保留截距项的默认选项。所有设置完成后，点击 Continue 返回多分类 logistic 回归主窗口，点击 OK 启动模型分析。本例的多分类 logistic 回归输出结果列在表 6—8 中。

表 6—8　　多分类 logistic 回归的结果

Case Processing Summary

		N	Marginal Percentage
代际关系类型	被啃型	190	9.5%
	独立型	589	29.5%
	被养型	1219	61.0%
Valid		1998	100.0%
Missing		0	
Total		1998	
Subpopulation		1635[a]	

a. The dependent variable has only one value observed in 1580 (96.6%) subpopulations.

Model Fitting Information

Model	Model Fitting Criteria	Likelihood Ratio Tests		
	−2 Log Likelihood	Chi-Square	df	Sig.
Intercept Only	3399.089			
Final	2837.864	561.225	8	.000

Pseudo R-Square

Cox and Snell	.245
Nagelkerke	.295
McFadden	.159

续前表

Likelihood Ratio Tests

Effect	Model Fitting Criteria	Likelihood Ratio Tests		
	−2 Log Likelihood of Reduced Model	Chi-Square	df	Sig.
Intercept	2857.791	19.927	2	.000
urban	2860.866	23.002	2	.000
income	3023.224	185.361	2	.000
age	2862.264	24.401	2	.000
numchild	2974.755	136.891	2	.000

The chi-square statistic is the difference in -2 log-likelihoods between the final model and a reduced model. The reduced model is formed by omitting an effect from the final model. The null hypothesis is that all parameters of that effect are 0.

Parameter Estimates

代际关系类型[a]		B	Std. Error	Wald	df	Sig.	Exp (B)	95% Confidence Interval for Exp (B)	
								Lower Bound	Upper Bound
独立型	Intercept	2.369	1.182	4.014	1	.045			
	urban	−.121	.201	.364	1	.547	.886	.598	1.313
	income	−.401	.058	48.653	1	.000	.670	.598	.749
	age	.001	.017	.001	1	.972	1.001	.969	1.034
	numchild	−.114	.050	5.146	1	.023	.892	.808	.985
被养型	Intercept	−.532	1.166	.208	1	.648			
	urban	−.733	.205	12.805	1	.000	.481	.322	.718
	income	−.833	.068	150.576	1	.000	.435	.381	.497
	age	.043	.016	6.875	1	.009	1.044	1.011	1.078
	numchild	.222	.050	19.603	1	.000	1.249	1.132	1.378

a. The reference category is：被啃型．

输出结果首先给出因变量和 Factor（s）列表框中设定的分类自变量的取值分布及数据缺失情况。本例所有案例都进入分析中，因变量没有缺失值，61%的老人与子女的经济关系属于被养型。

接着给出了截距模型和最终模型的拟合信息。截距模型的−2LL 为 3 399.089，最终模型的−2LL 为 2 837.864，两者的差值即为 Chi-Square 值 561.225。在自由度 8（放入 4 个自变量，2 个方程同时估计）的情况下，统计检验显著，说明模型具有显著的解释能力，回归系数中至少有一个显著不等于 0。

第三个表格给出了三个伪确定系数用来描述模型的解释力。前两个在二分类 logistic 回归中已有提及，新增 McFadden 伪确定系数的定义如下：

$$\text{McFadden } R^2 = 1 - \frac{\ln L_F}{\ln L_0}$$

其中 $\ln L_0$ 和 $\ln L_F$ 分别表示截距模型和纳入自变量后模型对应的对数似然值，这相当于将截距模型对应的对数似然值看成总变化，而纳入自变量后的模型的对数似然值看作残差变化，然后用1减去残差比例取得模型解释比例（更为具体的说明参见 Long，1997：104）。三个伪确定系数都表明，模型具有一定的解释能力。

在接下来的表格中，SPSS给出了各自变量解释力的似然比综合检验情况。其检验方式是，分别将这些变量从最终模型中删除，得到简化模型的－2LL值，再将其与最终模型的－2LL值进行比较，这一差值近似服从卡方分布，因此将其作为卡方值，相应的自由度为2。可以看到，四个变量都具有显著的解释力。在控制其他三个变量的情况下，子女数量对老人与子女之间的经济关系类型具有显著的解释能力。

最后一个输出表中，SPSS给出了自变量的两套系数及其检验。第一套系数对应的是各自变量对独立型关系相对于被啃型关系的对数发生比的作用；第二套结果对应的是被养型关系相对于被啃型关系的结果。这些系数的解释与二分类 logistic 回归相似。比方说，子女个数的作用可以这样解释：在控制其他变量的情况下，子女数较多的老人更难与子女形成独立型经济关系；子女数每增加一个，老人与子女的经济关系属于独立型和属于被啃型的对数发生比减小0.114。也就是说，两种结果的优势比变为原来的89.2%。子女数越多，老人与子女的经济关系属于被养型的可能性越大，在控制模型中其他变量的情况下，子女数每增加1人，老人与子女的关系属于被养型相对于属于被啃型的优势比提高24.9%。总的来说，子女数增加会使得老人和子女之间的经济关系更不可能是独立型，老人可能更好地被养，也可能更多地被啃。

因此，上述多分类的 logistic 回归结果同样说明，子女数对老人与子女之间的经济关系类型有显著的影响。子女越多，老人得到供养的可能性越大，但有些老人也会因此而需要给子女更多帮助而被啃。就这一关系而言，三种经济关系类型之间并不存在被啃－独立－被养的次序关系，经济独立与被养之间的距离比被啃与被养之间的距离更远。显然，没有子女的老人不可能被子女啃老但也得不到子女的供养，子女数为0可以完全准确地预测因变量结果类型。这种完全区分（complete separation）情况的出现不利于模型估计，甚至不便采用模型分析。这也提示我们在建立模型前应该进行更细致的研究设计。首先需要思考将没有子女的老人纳入分析是否合适，其次仅仅考虑子女规模，并将其处理为连续变量是否足够和合适等等。这里我们只是借此例示范多分类模型的操作和使用，如何改进子女数量、结构与老年赡养之间关系的研究模型及相应数据处理均留给有兴趣的读者自己去探讨。

SPSS多分类 logistic 回归中还可以通过对话窗口中的 Statistics 按钮进入二级对话框，选择其他可以输出的拟合指标和相关参数估计，如拟合优度指标（Goodness-of-fit）、信息标准（Information criteria）、自变量渐近相关矩阵（Asymptotic correlations）、渐近协方差矩阵（Asymptotic covariances）等。如有必要，还可以通过 Criteria 按钮及下级对话框设置最大似然估计迭代次数及收敛标准等。此外，可以通过 Options 按钮及下级窗口设置离散尺度（Dispersion Scale）及逐步回归时纳入或剔除变量的显著性标准（Likelihood ratio 值或 Score 值）。有需要的读者可以参考 SPSS 的帮助文件及手册。

九、logistic 回归的扩展之二：序次 logistic 回归

多分类 logistic 回归作为 logistic 回归的扩展，适用于包含多个分类且各类别之间不存在序次

关系的因变量。本节将介绍 logistic 模型的第二种扩展——序次 logistic 回归（ordinal logistic regression），它能为因变量存在多个类别且各类别之间存在序次关系的情况提供更为简洁的估计结果。

（一）序次 logistic 回归原理

在社会科学中经常会遇到一些序次变量，这些变量的取值不仅表达类别不同，而且表达了类别之间存在序次关系，然而类别间的差距又并不确知。调查中关于态度及满意度的 Likert 量表通常就是这种序次类型。当我们问人们生活满意程度如何时，答案选项通常包括"非常满意"、"比较满意"、"一般"、"不太满意"，等等。显然，"非常满意"同"比较满意"相比，满意的程度更高；同样，"比较满意"比"一般"和"不太满意"的满意程度要高。但是"非常满意"与"比较满意"之间的距离到底多大，这一差距与"一般"和"不太满意"之间的差距哪个更大、相差多少是不明确的。其他像划分为"初等"、"中等"、"高等"的受教育程度，划分为"高"、"中"、"低"的收入水平等等，很多变量都具有类似的特征。

人们曾经尝试使用一般线性回归处理这种因变量，这需要给不同强度的各个类别选项进行赋值。其中，最简单的是整数赋值，如分别赋值为 1、2、3、4。这样做即假定了各个类别选项之间的差距是相等的（Winship and Mare，1984）。其他的赋值方法还有中点赋值法、标准分赋值法、利用辅助信息进行尺度化等（鲍威斯、谢宇，2009：214－216）。这些赋值方式都带有预设假定或者需要额外的信息。即使赋值后，也存在因变量的取值范围过窄，不服从正态分布等违背 OLS 回归假定的情况，极易出现估计有偏和统计检验失效。

另一种处理方式则是把序次变量当作分类变量，使用多分类 logistic 回归进行分析，不再考虑各选项之间的等级序次。这当然是可行的，但它不仅浪费了数据中的信息，而且建立模型时还违背了简洁性原则。从上一节介绍可知，当多分类 logistic 回归的因变量有 J 个类别时，就需要估计 $J-1$ 套回归系数。然而，要是能充分利用因变量各类型间的序次关系信息，将可以得到更为简洁有效的模型。于是，利用类型间的序次信息来做模型估计就非常值得在研究中加以应用。

序次 logistic 回归，简称序次回归，又称为累积 logit 模型（cumulative logit model）和比例发生比模型（proportional odds model），正是处理这类序次因变量的。它可以充分利用序次因变量各类之间的大小秩序信息，而又可以避免多分类 logistic 回归那样的模型复杂性，也可以避免常规线性回归对于因变量测量上的过强假定。当然，序次回归也有一些假定。下面介绍序次回归的基本思路和原理①：

从上节讲解可知，多分类 logistic 回归方程中，因变量各类别概率都相对于某一固定参照类概率建构起相应的发生比。但是在序次回归中，发生比的建构方式不同，它是通过将因变量中取值小于等于某一序次的各类型的累积概率与取值大于该序次的各类型的累积概率进行比较后得到的。正因如此，这一模型又称为累积 logit 模型。对包含 J 个类别的序次变量回归中，假定各相邻类别序次值之间都有一个潜在分界值，通常称为门槛（threshold），那么共有 $J-1$ 个门槛值 m_j，$j=1, 2, \cdots, J-1$。于是，将各个门槛两侧的累积发生比定义为：

$$\Omega_{m_j}(x)=\frac{\Pr(y\leqslant m_j \mid x)}{\Pr(y>m_j \mid x)} \qquad j=1,2,\cdots,J-1 \tag{12}$$

并且，序次回归规定这些发生比的对数形式与自变量之间存在如下关系：

---

① 序次回归的基本原理还可以从潜变量的角度进行理解，可以参见鲍威斯、谢宇（2009），以及 Long（1997）。

$$\ln\frac{\Pr(y\leqslant m_j\mid x)}{\Pr(y>m_j\mid x)}=t_j-\sum b_i x_i \qquad j=1,\ 2,\ \cdots,\ J-1 \tag{13}$$

公式（13）中的 t_j 是各个序次门槛与回归截距的组合物，可以将其理解为混合截距。[①] 模型在进行估计时，第一个分界值 t_1 通常被定义为 0（Long，1997：122 - 124）。因此，对于一个包括四个等级的因变量，可以构建三个对数发生比：

$$\ln\frac{\Pr(y\leqslant m_1\mid x)}{\Pr(y>m_1\mid x)}=t_1-\sum b_i x_i$$

$$\ln\frac{\Pr(y\leqslant m_2\mid x)}{\Pr(y>m_2\mid x)}=t_2-\sum b_i x_i$$

$$\ln\frac{\Pr(y\leqslant m_3\mid x)}{\Pr(y>m_3\mid x)}=t_3-\sum b_i x_i \tag{14}$$

对上述方程组采取最大似然估计求解，并假定误差项的分布为 logistic 分布，便是序次回归。与多分类 logistic 回归方程组［公式（11）］相比，序次回归方程组同样有 J－1 个方程，但各个方程对数发生比中的参照类是移动变化的，且方程右边同一自变量在各个方程中的系数相同。不过，各个方程的截距仍然不同，且各回归系数与其自变量乘积的合计结果带有负号[②]。上述规定和假定大大减少了序次回归需要估计的参数，使整个模型大为简化。同一自变量在各个方程中系数相同正是序次回归区别于多分类回归的关键之处。这实际上相当于假定自变量的作用独立于具体序次等级。在这一假定下，就连续自变量 x 而言，上述不同序次的 logit 值或对数发生比的回归线是相互平行的，只是截距有所差别。因此，上述假定又被称为平行回归假定（parallel regression assumption）。相应于发生比表达式，这一假定又被称为比例发生比假定（proportional odds assumption）。正因如此，序次回归模型又称为比例发生比模型。

进行序次回归时，可以先对上述“平行线假定”进行检验。检验的原理是将这一限定相应回归系数在各个方程中相等的模型与允许回归系数在各方程中自由变动的多个二分类 logistic 模型进行比较。如果假定成立的话，那么多个二分类 logistic 模型对应自变量的系数应该和序次回归结果非常接近，否则假定便不成立（Long，1997：140 - 142）。在 SPSS 的序次回归中可以通过菜单选择要求这一检验并输出结果。这一检验采用似然比卡方检验。如果假设检验显著（General 模型对应的 Sig.＜0.05），表明限定为平行线的模型拟合显著更差，平行线假设并不成立，因此不能采用序次回归，应该选择更为复杂的模型，比如多分类回归。如果检验结果并不显著，则表明平行线假定成立，可以采用序次回归。在实际研究中，如果发现多分类回归各套系数中对应自变量的系数非常相近，而且从理论看，因变量各分类之间存在某种序次关系，就可以尝试运用序次回归进行平行线假定检验，以验证是否可以用序次回归来简化多分类回归结果。

实际上，序次 logistic 回归只是 SPSS 中多分类一般模型 PLUM（Polytomous Universal Model）的一种，是序次变量广义线性模型的一种形式。它假定误差项的分布为 logistic 分布，采用 logit 连接函数建立上述解释方程。SPSS 共提供五种可供选择的连接函数，它们的定义和

---

① 如果需要估计原来的回归截距，可以参见 http：//www.stata.com/support/faqs/statistics/ordered-logistic-and-probit-models/中的方法

② 这是因为在建构累积 logit 时，用的是小于等于某一序次的概率与大于某一序次的概率进行比较，与我们习惯于用高序次与低序次进行比较恰好相反，加上负号之后可以使得估计得到的正系数表示较高序次更有可能发生，负系数表示较低的序次更有可能发生，从而与通常的模型解读一致。实际上，二分类 logistic 回归可以看作是序次回归的因变量只有两个分类的特殊情况，其结果和序次回归拟合得到的结果基本一致，只是二分类 logistic 回归对应的截距变成了序次回归中的序次门槛，且回归系数符号相反（Long and Freese，2001：140）。

适用情况如表 6—9 所示。

表 6—9　　SPSS 广义线性模型的连接函数

连接函数	公式	主要的适用情况
Logit	log [p/ (1−p)]	各类别均匀分布
Complementary Log-log	log [−log (1−p)]	较高的类别更具可能性
Negative Log-log	−log [−log (p)]	较低的类别更具可能性
Probit	Φ^{-1} (p)	序次因变量背后的潜变量服从正态分布
Cauchit (inverse Cauchy)	tan [π (p−0.5)]	序次因变量背后的潜变量有很多极端值

注：这里将原公式中的 ξ 全都换写为 p，以便与前文所用符号相对应。
资料来源：Norusis，2005：84。

这些连接函数适用于不同的分布形态，设置合适的连接函数可以更好地拟合实际分布，简化模型，使结果更容易被解释，有时还可以化解异方差问题（DeCarlo，1998）。用户可以在序次 logistic 回归的 Options 二级对话中 Link 下拉菜单中选设不同连接函数类型。在因变量的累积频次分布相对连续时一般建议设定 Logit 或 Probit 连接函数比较合适（Norusis，2005：84）。连接函数不同，估计结果的具体解释也有所差异，将相应系数进行反向代数转换后就变为对优势比或概率的影响作用估计。

另外，需要注意的是，SPSS 中序次 logistic 回归模型和前面的二分类和多分类 logistic 回归一样也分为截距模型和带有解释变量的待检模型，但是这两种模型在序次 logistic 回归里还统称为位置模型（location only model）。这是因为，序次 logistic 回归中还可以设置残差方差的解释项，以求对异方差问题进行修正，这一部分模型叫做尺度模型（Scale model）。广义序次模型的一般形式为：

$$\text{link}(p_j) = \frac{t_j - [b_1 x_1 + b_2 x_2 + \cdots + b_k x_k]}{\exp(d_1 z_1 + d_2 z_2 + \cdots + d_h z_h)}$$

其中 link（ ）表示连接函数，要连接的 p_j 就是累计到第 j 个类别时的累积概率，t_j 则是第 j 个序类的混合截距。公式右侧分式的分子即为位置分量，而分母则为尺度分量。如果一个模型中这两者都包括，就叫作位置—尺度模型（location-scale model）。当数据不存在异方差问题时，上述方程的分母为常数，于是就构成了仅含位置分量的模型。然而，当数据存在异方差问题时，只含位置分量的模型对数据的拟合较差且参数估计有偏，即使样本规模很大也无法解决此类偏差问题（Norusis，2005）。通过设置尺度分量，允许因变量的变异性（即方差）随某些自变量的取值不同而存在差异，可以提高模型拟合水平、降低估计偏差。用以解释异方差的尺度分量的变量 z 可以是从模型自变量 x 中选出的部分自变量。尺度分量中各自变量的估计系数 d 的自然底幂表示相应自变量每增加一个单位，因变量条件取值的标准差变为原来的多少倍。设置了尺度模型的待检模型的解释需要结合位置分量和尺度分量估计结果展开，这里不展开介绍，感兴趣的读者可以参考相关文献①。需要提醒的是，设置了尺度分量的模型便意味着模型不满足同方差假定，这直接违背平行线模型的假定，因此无法输出平行线检验结果。

（二）序次 logistic 回归示例

下面我们通过老年人供养调查数据OLD_1992.sav，介绍在 SPSS 中进行序次 logistic 回归

① 如何利用 SPSS 拟合异方差序次回归可参见 DeCarlo（2003）。

的操作。原调查的问项 D21 的提问是“和其他老人相比，您觉得幸福吗”，答案选项为：幸福、不幸福、说不好。为了序次回归结果便于解释，我们根据此变量值重新编码为一个幸福感变量 happy，编码改为：不幸福、说不清、幸福。从字面上看，三个选项之间可能存在一定的序次关系，将其作为序次 logistic 回归的因变量，而模型的自变量与上例多分类 logistic 回归例题中使用的变量相同。

在 SPSS 打开上述数据后，点击 Analyze → Regression → Ordinal 进入序次回归主窗口。先将因变量 happy 选入因变量（Dependent）框中。选择分类自变量［Factor（s）］和协变量［Covariate（s）］的方法和规则与多分类 logistic 回归中相同，即需要靠程序自动制作虚拟编码的分类自变量要放 Factor（s）框中，而连续自变量或用户已经编码的虚拟变量要放在 Covariate（s）框中。本例所用的四个自变量 age、numchild、urban、income 是间距变量或事先处理好的虚拟变量，因此都放入协变量框中。这时如果点击 OK 便已经可以在默认设置下进行模型估计，输出分析结果。但是如上所述，我们还需要点击 Output 打开二级对话窗口，勾选在“Display”栏目下的“Test of parallel lines”一项，要求输出平行线假设的检验结果。然后，再点击 Continue 返回主对话窗口，点击 OK 进行模型估计。

在讨论本例结果前，先简要介绍一下 SPSS 序次回归中各二级对话窗口的主要设置选项。

在序次回归的 Options 二级菜单可以设置最大似然估计的迭代指标、收敛标准等。

在 Output 菜单里面，可以选择输出内容，包括迭代过程、参数估计的相关矩阵、协方差矩阵等，并可将案例因变量估计概率、预测类型等作为新变量暂存到工作数据表中。序次回归默认输出结果包括模型变量的描述性统计、模型拟合度和参数估计。该二级对话框右下角的“Print Log-likelihood”框中可选设估计模型似然值时是否包括各分类的截距。这一选项不会对回归系数产生影响，但会影响模型拟合信息中的－2LL，为了与通常的－2LL 值保持一致，建议不修改。如上所示，勾选其中的“Test of parallel lines”一项便是要求进行平行线假设检验。

序次回归对话窗口中的位置分量 Location 的二级对话框中设定模型交互效应等复杂形式，设置方法与上述二分类 logistic 回归和多分类 logistic 回归的 Model 二级对话框中的设置方法大致相同。本例中我们只关心四个自变量的主效应估计，不讨论交互效应问题，因此不设置这部分选项。

最后，序次回归还可以在尺度分量（Scale）选项中设定误差方差的解释模型，这里我们假定同方差假设成立，也不做专门设置。

下面我们来讨论本例的序次回归模型的分析结果，有关模型输出如表 6—10 所示。为了叙述方便，以下讨论没有完全依照 SPSS 输出各表的输出顺序。

表 6—10　　序次回归结果

Warnings

There are 3168 (64.6%) cells (i. e., dependent variable levels by combinations of predictor variable values) with zero frequencies.

续前表

Case Processing Summary

		N	Marginal Percentage
幸福感	不幸福	137	6.9%
	说不清	344	17.2%
	幸福	1517	75.9%
Valid		1998	100.0%
Missing		0	
Total		1998	

Model Fitting Information

Model	−2 Log Likelihood	Chi−Square	df	Sig.
Intercept Only	2495.808			
Final	2405.988	89.819	4	.000

Link function：Logit.

Goodness-of-Fit

	Chi-Square	df	Sig.
Pearson	3416.119	3264	.031
Deviance	2232.320	3264	1.000

Link function：Logit.

Pseudo R-Square

Cox and Snell	.044
Nagelkerke	.059
McFadden	.032

Link function：Logit.

Parameter Estimates

		Estimate	Std. Error	Wald	df	Sig.	95% Confidence Interval	
							Lower Bound	Upper Bound
Threshold	[happy=1.00]	−.167	.623	.071	1	.789	−1.387	1.054
	[happy=2.00]	1.332	.621	4.604	1	.032	.115	2.550
Location	age	.024	.008	8.164	1	.004	.008	.041
	numchild	.112	.027	16.741	1	.000	.058	.165
	urban	−.093	.149	.390	1	.532	−.385	.199
	income	.438	.062	49.346	1	.000	.316	.561

Link function：Logit.

Test of Parallel Lines[a]

Model	−2 Log Likelihood	Chi-Square	df	Sig.
Null Hypothesis	2405.988			
General	2401.260	4.728	4	.316

The null hypothesis states that the location parameters (slope coefficients) are the same across response categories.

a. Link function：Logit.

上述输出结果首先警告（Warnings），自变量交互产生的子集中有相当比例没有案例，这与模型中存在 age、income 等连续变量有关。在多分类 logistic 模型的 Statistics 选项中设置输出模型拟合指标（Goodness-of-fit）时，这一提示也经常出现。它提醒我们注意可能存在的数据问题，并且有关模型拟合的指标需要谨慎对待。

在拟合优度表（Goodness-of-Fit）中，SPSS 输出两个模型拟合优度指标：皮尔逊卡方值和偏差度（Deviance）。两者都是基于模型中自变量交互分类形成的单元格（或子集）中的期望频次和观察频次计算得到的结果。前者根据交互单元的观测频数和期望频数之差来计算常规卡方值，后者则根据另一种方式计算的偏差度卡方。这两种卡方的值越大，说明模型拟合程度越差。在相应的自由度下（交互单元数减去模型参数个数），统计性越显著说明模型与观察数据差异越大。但是，这两种检验只适用于自变量为类别较少的分类变量的情况。在本例结果中，我们发现这两种卡方提示了极为不同的结果，皮尔逊卡方检验结果表明模型拟合不好，而偏差度卡方检验极不显著则表明模型拟合完美。

这种不一致实际上是由于这两种卡方统计量都对自变量交互分类形成的单元格内的样本数有一定的要求，期望频次为 0 将导致计算出现问题。当模型含有连续变量时，自变量交互分类单元数非常多，部分小类甚至不会有观察案例，而期望案例也会非常小，但为了不出现 0，程序会给期望频次加上一个很小的数，从而使得上述两种拟合指标值偏离常规，其分布与卡方分布近似程度变得很差，相应统计检验便不能很好地评价模型拟合程度（王济川、郭志刚，2001：58 - 65；Norusis，2005）。一旦出现这种情况，SPSS 会在输出结果最开始给出警告。这时，上述两种拟合优度的卡方检验结果都不可靠。这种情况在模型中含有连续变量时十分常见。

一种解决办法是将连续变量处理成分组，降格为分类变量使用，但这种处理将损失一些信息。如果确认不是数据出了问题，截距模型与最终模型这两个嵌套模型的－2LL 相对差值仍服从卡方分布，能为评价嵌套模型的相对优劣提供非常重要的信息（McCullagh and Nelder，1989）。

从本例的模型拟合信息（Model Fitting Information）可以看出，截距模型和最终模型的－2LL值的相对差值（卡方值）为 89.819，对应的卡方检验很显著，表明最终模型提高的解释力很显著，4 个自变量中应至少有一个存在显著效应。

类确定系数表（Pseudo R-Square）的结果表明，三种模型解释能力评价的百分比都很低。

本例输出的平行线假设检验（Test of Parallel Lines）结果表明，统计检验不显著（Sig. = 0.316 > 0.05），因此可以认为自变量的效应在因变量各序次类别间大致相同。也就是说，即使放弃平行线假定，采用多类别回归也并不能显著提高模型拟合度。所以，本例采用序次回归是恰当的。

最后来看序次回归的参数估计表（Parameter Estimates）。其中，Threshold 表示门槛参数。它反映了序次变量 happy 在其背后潜在变量上的分界值，表中提供的两个分界点将其分成三个序类。在第一个分界值（－0.167）以下的，属于幸福感的第一类（即表示不幸福）；超过这一点并低于第二个分界值（1.332）的，属于幸福感的第二类（即表示说不清）；如果高过第二个分界点，则属于第三类（即表示幸福）。除了用于预测和测量序次之间的潜在距离，门槛参数并不是关注重点，位置分量（回归系数）更为重要。

位置分量（Location）相当于常规回归中的斜率系数，衡量自变量变化一个单位对于各类别的对数发生比的影响。这些回归系数的解释与二分类及多分类 logistic 回归相似，它的符号代表了相应自变量的对较高序次的影响方向。比如，正的系数表明该自变量值增大可以提高较高序次结果的概率，减少较低序次结果的概率；负的系数表明自变量增大可以提高较低序次结果的概率，减少较高序次结果的概率。这些回归系数还可以转化为对于优势比（即发生比变化的倍数）的表述。不过，SPSS 序次回归模块并不提供 Exp（B）系数，用户需要自己手工计算。

本例中 numchild 的系数是 0.112，Wald 统计检验显著。这表明，在控制其他自变量的情况下，子女数对老人幸福感有着显著的影响。该系数为正值，表示子女数的增加会增加较高序次类别的概率。从效应大小上看，子女数每增加一个，老人的幸福发生比是原来的（$e^{0.112}=$）1.119 倍。即老人感到“幸福”相对于“说不清”和“不幸福”的发生比，或“幸福”和“说不清”两类一起相对于“不幸福”的发生比都会比原来子女少一个时提高 0.119 倍。这就是说，在控制模型中其他变量的情况下，子女数量可以显著影响老人幸福感程度。

与此类似，本例中年龄和收入这两个自变量也统计性显著，因此我们可以推断，在总体中，年龄增大和收入提高都能使老年人的幸福感获得不同程度的提高。但是，城乡这个虚拟变量的系数为负值，表明样本中的城镇老年人的幸福感比农村老年人还低，但是其统计性不显著，所以这种结果很可能只是出于抽样波动，并不能推断到总体。

本章对 logistic 回归的三种主要方法进行了介绍。其中，二分类 logistic 回归可被看作是多分类 logistic 模型和序次 logistic 模型的特殊情况，而且它确实可以通过后两个模型估计出来。其实，序次回归模型又是多分类回归模型的一种特殊情况。当序次回归中的平行假定可以满足时，研究者便可以使用序次回归，它不但比使用多分类回归的计算大大简化，而且在阐释自变量作用时也相对容易。而多分类回归在建构发生比时与序次回归不同，因而它比序次回归的限制条件更少，适应范围更广。

此外，其他广义序次回归模型（generalize ordered logit model）以及模式化序次回归（stereotype ordinal regression）模型等（Long and Freese，2001：168－170）对因变量分布或自变量在各个序次等级间的作用有不同假设，感兴趣的读者亦可以研究、尝试。但是这些模型已经超出了 SPSS 软件分析方法的范围。

基本概念

二分变量　线性概率模型　logistic 函数　发生比　对数发生比　优势比　相对风险比　似然函数值　似然比　嵌套模型　截距模型　完全模型　简化模型　模型系数综合检验　交互作用　多分类 logistic 回归　关于无关选项独立假定　主效应模型　全因素模型　序次 logistic 回归　累积 logit 模型　比例发生比模型　门槛　平行回归假定　比例发生比假定　多分类一般模型　连接函数　位置模型　尺度模型　位置—尺度模型

本章要点

1. 对 logistic 模型作为广义线性模型的基本原理进行了介绍。logit 转换是 logistic 模型突破因变量为分类变量限制的关键，而经过对数化的发生比与自变量之间形成了线性可加关系。logit 转换使得模型系数的解释比一般线性回归中更为复杂。对于发生概率、发生比、优势比等概念的掌握有利于对本章介绍模型的理解。

2. 给出了二分类 logistic 模型的整体检验与拟合优度评价标准，介绍了模型中检验单个自变量影响及自变量组影响的原理和方法。嵌套模型的概念和嵌套比较在 logistic 模型评价上得到进一步的发挥。

3. 对多分类 logistic 回归的原理进行了介绍，演示了如何在该模型中进行整体检验、整体拟合优度评估，并对模型具体回归参数的解读进行了说明。着重介绍了独立于无关选项假定及其检验。

4. 对序次 logistic 回归模型及其他广义序次模型的原理和操作进行了介绍，对这一模型背后的平行线假定进行了说明。简要介绍了本章各类模型之间的嵌套关系和其他后续拓展。

参考文献

Ardrich，J. H.，and Nelson，F. D. （1984）. Linear Probability，Logit and Probit Models. Sage Publication.

Cohen，J. （1977）. Statistical Power Analysis for the Behavioral Sciences，Revised Edition. Academic Press.

Decarlo L. T. （1998）. Signal Detection Theory and Generalized Linear Model. Psychological Methods，3：186－205.

DeCarlo，L. T. （2003）. Using the PLUM Procedure of SPSS to Fit Unequal Variance and Generalized Signal Detection Models. Behavior Research Methods，Instruments，& Computers，35 (1)：49－56.

Retherford，R. D.，and Choe，M. K. （1993）. Statistical Models for Causal Analysis. John Wiley & Sons Inc.

Williams，W. （2010）. Fitting Heterogeneous Choice Models with Oglm. The Stata Journal，10 (4)：540－567.

Williams，R. （2006）. Generalized Ordered Logit/Partial Proportional Odds Models for Ordinal Dependent Variables. The Stata Journal，6 (1)：58－82.

Jobson，J. D. (1992）. Applied Multivariate Data Analysis. Springer-Verlag Inc.

Hair，J. F. Jr.，Anderson，R. E.，Tatham，R. L.，and Black，W. C. （1995). Multivariate Data Analysis with Readings，Fourth Edition. Prentice-Hall Internationa Inc.

Moser，C. A.，and Kalton，G. （1979）. Survey Methods in Social Investigation，Second Edition. London：Heimemann Educational Books.

Neter，J.，Wasserman，W.，and Kutner，M. H. （1989）. Applied Linear Regression Models，Second Edition. Richard D. Irwin Inc.

Norusis，M. J. （1992）. SPSS for Windows：Advanced Statistics. SPSS Inc.

Norusis，M. J. （2005）. SPSS 13. 0 Advanced Statistical Procedures Companion. Upper Saddle River，New Jersey：Prentice Hall.

Long，J. S. （1997）. Regression Models for Categorical and Limited Dependent Variables. Sage Publication.

Long，J. S，and Freese，J. （2001）. Regression Models for Categorical Variables Using Stata. Stata Corporation.

Shryock，H. S.，and Siegel，J. S. （1976）. The Methods and Materials of Demography. Academic Press.

Treiman，D. J. （2009）. Quantitative Data Analysis：Doing Social Research To Test Ideas. John Wiley & Sons Inc.

Winship，C.，and Mare，R. D. （1984）. Regression Models with Ordinal Variables. American Sociological Review，49 (4)：515 - 525.

McCullagh，P.，and Nelder，J. A. （1989）. Generalized Linear Models，Second Edition. London：Chapman & Hall.

王济川，郭志刚 . Logistic 回归模型——方法与应用，北京：高等教育出版社，2001.

丹尼尔·A·鲍威斯，谢宇 . 分类数据分析的统计方法 . 任强等译 . 北京：社会科学文献出版社，2009.

刘铮 . 人口学辞典 . 北京：人民出版社，1986.

夏传玲，麻凤利 . 子女数对家庭养老功能的影响 . 人口研究，1995 (1).

第七章

泊松回归

社会和行为科学研究中，经常会遇到一类特殊的变量。比如，成年人一生中结婚的次数、大学本科生就读期间谈恋爱的次数、育龄妇女生育的孩子数、过去半年上医院看病的次数、一个社区过去一年发生的盗窃案件数、城市道路十字路口在过去一周内出现的交通事故数、一个国家出现大规模工人罢工的次数。此类变量还有很多，统计学上将其称作计数变量（count variable）。它们有一个共同的特征：所测量的是一定时间或空间内某个事件出现的次数。① 因此，计数变量只能取离散的非负数值，即 0，1，2，…，而且实际情形中，取值的个数往往是有限的。

显然，计数变量虽然取值是离散的，但仍属于间距变量。因此，很长一段时间内，计数变量在社会科学研究中都被视若连续取值的间距变量，从而采用前面介绍的常规最小二乘回归对其进行统计分析。但是，当计数变量作为模型的因变量时，因为计数变量的分布特征会导致常规最小二乘回归所要求的一些关键假定无法得以满足，得到的模型参数估计值将不再满足无偏性、有效性和一致性（Long，1997：217）。因此，需要有专门针对计数结果所呈现分布特征的统计方法。幸运的是，针对计数变量的不同分布特征，统计学中已经发展出各种各样的模型，而泊松回归是其中最基础的模型之一。

泊松回归中，计数因变量取某个值的概率由一个泊松分布所决定，该分布的均值是一组自变量的函数。需要特别注意的是，此模型有一个特征或内在假定，计数变量取值的条件均值（conditional mean）等于条件方差（conditional variance），即等离散（equidispersion）②。不过，实际研究中，条件方差往往大于条件均值，即出现过离散（overdispersion）的情况，这时需要采用负二项回归（negative binomial regression）③。另一种情形是样本数据中 0 值出现的次数常常超过泊松回归或负二项回归的预测结果，这种 0 值出现频数过多的情形称为零膨胀（zero-inflation）。针对这种情况，需采用零膨胀计数回归模型（zero-inflated count regression model）。还有一种常见情形，比如通过 2013 年发表在某一人口学期刊上的论文及作者来分析研究人员发表的论文数，但如此一来，凡没有在此期刊上发文的作者就被排除在外，结果数据中根本没有发表论文数为 0 的情形，取值只能为 1，2，3，…。由于这种计数因变量只能是正整数，即

---

① 因此，一些文献将计数变量称为事件计数数据（event count data）。

② 泊松回归中，违背等离散假定所造成的影响相当于线性回归中等方差性假定不满足所造成的影响，即会影响回归系数估计值的标准误，从而得到误导性的统计推断结果。

③ 这个模型其实是在泊松回归模型设定的基础上增加了一个用于估计条件方差的尺度参数，该参数的值可以大于、等于或小于 1，从而放宽了泊松回归中的等离散假定。另外，尺度参数小于 1 的情形意味着条件方差小于条件均值，这被称作欠离散（underdispersion），这种情形比较少见。

只能得到该变量的删截分布（truncated distribution），这就需要采用删截计数模型（truncated count model）进行统计分析。

本章只介绍作为分析计数因变量基础的泊松回归，有关其他更多的计数变量统计方法，读者可以参阅 Long（1997）、Cameron and Trivedi（1998）、Long and Freese（2006）和 Winkelmann（2008）等。SPSS 软件从第 15 版后提供了泊松回归分析，本章将通过例题分析来示范用 SPSS 进行泊松回归的主要操作。

一、常规回归不适用于计数因变量

对于计数因变量，通常的做法是将其作为取值连续的间距变量对待，采用常规最小二乘法进行模型估计。但是，任何统计方法都有其内在假定和所要求的数据条件。这些假定和数据要求主要是针对因变量而言的，而针对自变量的假定和要求往往很少。常规最小二乘回归亦是如此。所以，将计数自变量视为间距变量直接纳入线性回归几乎不会有任何太大的问题。但有一点值得提醒。计数变量的取值往往限于若干非负的整数值，取值范围很窄，计数自变量本身的变异很小，这意味着其方差可能会很小，那么将其纳入线性回归用常规最小二乘法估计的系数将会很不稳定和具有较大的标准误。[①] 但是，当计数变量作为因变量时，采用常规最小二乘回归进行分析就可能会出现更为严重的问题。

（一）导致有偏且无效的统计检验

第二章提到，若满足线性回归的假定条件，则样本数据的最小二乘估计将是总体参数的最佳线性无偏估计。而这些假定条件都与模型的误差项 ε 有关，其中每项观测 i 的误差 ε_i 被定义为个体 i 在因变量上的观测值 Y_i 与其未被观测到的期望值 $\hat{Y}_i$ 之差，即 $\varepsilon_i = Y_i - \hat{Y}_i$ 。因此，误差 ε_i 也是未观测到的，不过可以用基于样本数据得到的回归残差 $e_i = y_i - \hat{y}_i$ 作为其估计值。为了准确地进行统计推断，涉及三个与回归模型的误差项有关的主要假定：条件正态性、等方差性和独立性。误差的条件正态性意味着，对于自变量 X 的任一取值，误差的条件分布为正态分布。误差的等方差性意味着，在 X 所有取值处，误差条件分布的方差都相等，均为 σ^2。独立性指的是不同观测的误差之间是相互独立的，即数据中并不存在某些个体聚集成群的情形。可见，这三个假定条件描述或界定了常规最小二乘回归的误差结构。

当因变量为计数变量时，会导致上述条件正态性和等方差性两个假定不再得以满足，具体表现为以下几个方面。

首先，计数变量的分布往往呈现明显的异方差性，即其条件方差会随着自变量取值的增大而增大。比如，对于妇女曾生子女数这个变量，对于发达国家而言，普遍面临低生育率，每位妇女生育的孩子数平均不到两个，因此，妇女曾生子女数在这些国家中就会变异很小；但是，对于那些不发达国家，尤其是那些仍依赖自给自足农业经济的不发达国家，妇女倾向于多生，

① 这一点不是计数自变量特有的，任何变异很小的自变量的回归系数都将会是不稳定的。

因而导致个体相互之间在曾生子女数上的差别更大。① 因此，随着一国自给自足农业经济的程度的增加，妇女曾生子女数上的变异可以预期将随之增大。这是因变量的条件分布呈现出异方差性的典型表现。

其次，计数变量的条件分布倾向于呈正偏态而并非对称的正态分布，因为低端取值的案例往往更多且没有取值小于 0 的案例。这就导致常规最小二乘法估计所要求的误差分布正态性假定得不到满足。

不论是异方差性还是条件分布非正态性，都会使得计数因变量的常规最小二乘法估计的回归系数标准误是有偏的，那么在此基础上所做的统计显著性检验结果也将是有偏且无效的（Gardner et al.，1995）。

（二）线性函数的不合理性

常规回归假定因变量与自变量之间存在一种线性关系，用公式可表达为 $Y = B_0 + B_1X_1 + B_2X_2 + \cdots + B_kX_k + \varepsilon$。但是，对于计数因变量而言，这样设定的关系形式可能是不合理的。

首先，因为并没有对自变量 X 的取值范围加以限定，对回归系数 B_k 和误差项 ε 同样也没有加以限定，那么，基于回归得到的因变量预测值理论上就可以是任意值，包括负数。但是，计数变量的取值只能为非负的整数。可见，若采用常规最小二乘回归来分析计数因变量，由于设定的是一种线性函数关系，那么，随着自变量取值的变化，可能会得到没有意义的回归预测值。

其次，因为所设定的关系是线性函数，故意味着在一定时间或空间范围内事件发生次数为 0 和 1 之间的差别与 10 和 11 次之间的差别是一样的，也就意味着自变量 X 的边际影响是固定不变的。但是，对于计数因变量而言，这个内在隐含的假定往往并不符合实际。真实的关系往往是非线性的，而线性关系在大多数情况下甚至都不能作为一个合理的工作假定。

到这里，读者也许会想：既然计数变量的分布往往是偏态的、异方差性的，而其与自变量的关系又是非线性的，那么，先对计数变量取对数，然后以其对数形式作为因变量进行常规最小二乘回归，这样问题不就解决了吗？但是，以计数变量的对数作为因变量进行回归会增加其他的复杂性。首先，0 值的对数是不存在的。这是取对数转换会遇到的第一个问题。其次，虽然可以通过将计数变量加上一个很小的常数 c 的方式解决 0 的对数不存在的问题，但是，这样得到的常规最小二乘回归系数的估计是有偏的，不管加上一个多小的常数 c（King，1988）②。

总之，对计数因变量进行常规最小二乘回归的做法是不恰当的③。为了得到可靠且合理的分析结果，需要适合于计数变量分布特征的统计方法。统计学中，这类方法被统称为计数回归模型（count regression models），在 SPSS 中属于一般化线性模型族（family of generalized linear models）中的一种，而泊松回归是计数回归模型中最为基本的。

---

① 比如，根据美国人口咨询局 2013 年出版的《世界人口数据表》，前者如德国、意大利、西班牙、日本和韩国等，其总和生育率分别为 1.4、1.4、1.3、1.4 和 1.3；后者如老挝、尼日利亚、乌干达、尼日尔等，其总和生育分别为 3.2、6.0、6.2 和 7.6。

② King（1988）甚至还指出，对计数因变量开平方然后进行常规最小二乘回归也不能解决问题。尽管这种方式也比较常见，但这种转换所得到的因变量仍然是有偏的，因此得到的回归系数也是无效的；而且，回归结果的实质涵义难以解释。

③ 此外，将计数因变量简化为序次因变量使用序次 logistic 回归模型来处理也可能是数据分析中的一个选择。但是，这种降低变量测量的处理方法会削弱统计效力，同时取值分界点的设定也具有主观随意性。

二、泊松分布

单变量泊松分布是理解计数回归模型的基础。因此，有必要先认识一下泊松分布。泊松分布的发现者是法国数学家泊松（1781－1840）。泊松最初从贝努里提出的二项分布基础上近似推导出这种分布，因此该分布以他的名字命名为泊松分布（Poisson distribution）。设 μ 为一定时间或空间 t 内某事件的期望发生次数（expected number of times）。同时，设 Y 是一个随机变量，其取值 y 表明观测到的事件发生次数。有时候，事件发生的观测次数 y 会小于期望发生次数，或者甚至根本没有发生，而其他时候其观测发生次数往往会大于期望次数。那么，期望发生次数 μ 与观测到发生次数 y 的概率之间的关系可由泊松分布来设定，该分布的概率密度函数为（参见 Long，1997：218）：

$$\Pr(Y=y \mid \mu)=\frac{e^{-\mu}(\mu)^{y}}{y!} \qquad y=0,1,2,\cdots \tag{1}$$

这里，$\mu>0$，是确定该分布的唯一参数。只要 μ 的值确定，根据式（1）即可相应地计算出泊松随机变量 Y 取不同值 y 的概率。比如，图 7—1 据此画出了 $\mu=0.8$、2.5、5 和 10 时所对应的概率分布。这一套分布图清楚地呈现出泊松分布的若干重要特征：

（1）μ 是分布的平均值。随着 μ 的增大，分布向右移动。

（2）μ 同时也是分布的方差。因此 $\mathrm{Var}(y)=\mu$，这被称作等离散，是泊松分布的一个重要特性或假定。然而，实际应用中可能出现对等离散的偏离，有过离散（即方差大于均值）和欠离散（即方差小于均值）两种情形。但是，社会科学研究中，更常见的是过离散。需要指出的是，与其他需要多参数定义的分布①不同，对方差假定的违背就足以造成对泊松假定的违背（Winkelmann，2008：8）。

（3）随着均值 μ 的增大，0 次出现的概率变小。图中，随着 μ 逐渐从 0.8、2.5、5 增大到 10，取 0 值的概率则从 0.449、0.082、0.007 逐渐减小到 0.000。然而，对于不少计数变量，会出现观测到的 0 值多于泊松分布所预测的情形，这就是上述的零膨胀现象。

（4）随着均值 μ 的增大，泊松分布愈发近似正态分布。作为一个经验法则，当均值 μ 大于 10 时，该泊松分布在形状和对称性上都接近于正态分布。正是基于这一点，当计数因变量的均值大于 10 时，通常认为可以采用常规最小二乘法对其进行统计分析（Coxe et al.，2009）。但是，此时变量的取值仍然是离散的。

泊松分布也可以从一个被称作泊松过程（Poisson process）的简单随机过程推导得到，这个过程的结果是某种关注事件的发生次数。泊松过程的一个关键假定就是事件的发生是独立的，即一个事件的发生并不影响该事件将来的发生概率。

三、泊松回归

当观测案例很多时，通过允许每一观测案例具有不同期望事件发生次数 μ，便可将泊松分布扩展成泊松回归。具体而言，泊松回归假定，对于案例 i，观测到的事件发生次数 y_i 取自一

---

① 比如，定义正态分布需要两个参数，均值 μ 和方差 σ^2。

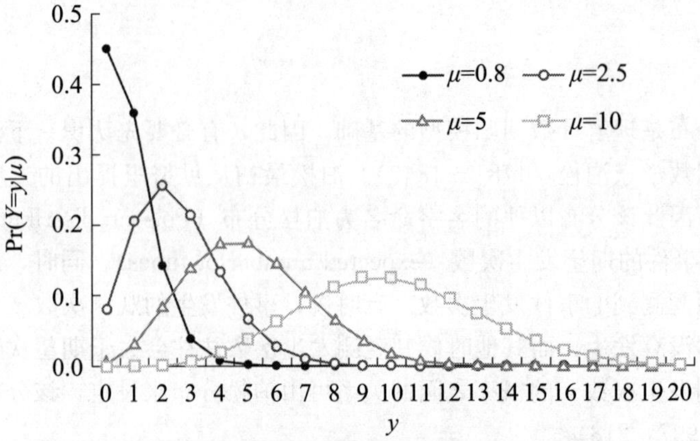

图 7—1　具有不同均值 μ 参数的泊松概率分布

个均值为 μ_i 的泊松分布，这里 μ_i 的个体间差异为一组观测到的个体特征 X_i（即自变量）所解释，即：

$$\mu_i = E(y_i \mid X_i) = \exp(B_0 + B_1X_{i1} + B_2X_{i2} + \cdots + B_kX_{ik}) = \exp(B_0 + \sum_{j=1}^{k} B_jX_{ij}) \quad (2)$$

由此得到了泊松回归的结构方程（structural equation）。细心的读者也许已经发现，式（2）中等号右边部分并不陌生，前面介绍的 logistic 回归一章曾将发生比与自变量之间的关系表达成类似的形式。等式右侧表达成指数形式的目的在于限定均值 μ_i 为非负。既然它表示事件发生次数的均值，就只能是 0 或正数，因此，取指数是必要的，也是常用的处理方式。

式（2）被称作泊松回归结构方程的乘法形式（multiplicative form）。与 logistic 回归的情形一样，若对式（2）两端取以 e 为底的对数，那么，就得到泊松回归结构方程的加法形式（additive form）：

$$\ln(\mu_i) = B_0 + B_1X_{i1} + B_2X_{i2} + \cdots + B_kX_{ik} = B_0 + \sum_{j=1}^{k} B_jX_{ij} \quad (3)$$

显然，加法形式将事件平均发生次数的自然对数表达成一组个体特征 X_j 的加和效应，意味着自变量与事件平均发生次数之间是一种线性关系。这与常规最小二乘回归非常像。不同之处在于，式（3）中的回归预测值并非事件发生次数本身，而是其自然对数。因此，泊松回归是对数线性的，故 SPSS 中直接将其命名为 Poisson loglinear。这类似于 logistic 回归是 logit 线性的。但是，需要特别提醒的是，自变量与事件发生次数之间的关系是非线性的。对于泊松回归模型，有几点需要说明。

第一，式（2）或式（3）本身只是泊松回归的结构方程，仅有它们并非完整地表达了泊松回归模型，还需要与式（1）联系起来。原因在于，结构方程只能估计出泊松分布的均值，但要想知道泊松分布还需要知道计数随机变量 Y 取每个值的概率，这需要通过式（1）来得到。后面会讲到，计算给定自变量 X 取值处的事件发生次数的概率 Pr（$Y=y \mid x$）是解释回归结果的一种重要方式。

第二，假定计数变量服从给定 μ 值的条件泊松分布，就意味着泊松回归模型的误差被假定为服从条件泊松分布而非正态分布。这一点通过式（2）和式（3）无法直接体现，而是隐含于其中。

第三，等离散是泊松回归模型的一个关键假定，如果所关注事件的发生不相互独立，或者观测案例不同质（即 μ_i上的变异没有都被自变量 x_i所解释），那么，此假定就遭到违背。这时就需要考虑其他的更一般的计数回归模型（比如负二项回归等）。

第四，泊松回归模型属于一般化线性模型族的成员。这类模型涉及以一组自变量的线性函数来预测因变量的条件均值或条件均值的某种函数。由式（3）不难看出，泊松回归模型要预测的是计数因变量的条件均值 μ_i的函数，即 μ_i的自然对数 ln（μ_i）。这里，ln（μ_i）被称作连接函数（link function）。当然，一个完整的一般化线性模型除了连接函数之外，另一个重要的构成部分就是误差项的分布[①]。对泊松回归模型而言，当然是假定误差项服从泊松分布。不同的连接函数设定与相应的误差分布假定联合起来定义了一个具体的一般化线性模型。如泊松回归模型，其连接函数为 ln（μ_i），误差服从泊松分布。[②] SPSS 中泊松回归被命名为 Poisson loglinear 正是体现了其误差服从 Poisson 分布，而连接函数的形式为以 e 为底的 log 连接。

第五，计数变量的取值为给定时间或空间 t 内所关注事件的发生次数，这里的时间长度或空间范围有时被称作“风险期”（risk-period）或“暴露量”（exposure）[③]。不过，作为一个标准模型，式（2）和式（3）似乎并没有考虑到风险期 t，因为式中它似乎并未出现。实际上，这并非因为没有考虑到，而是因为假定风险期 t 对于所有观测案例 i 都是一样的，因此可被标准化为 1 而又不失一般性。正因为此，μ_i可被理解为单位时间长度或空间范围内事件发生次数 y_i的期望值。但是，这又确实忽略了不同的案例 i 实际上暴露量并不一样的情形。比如，研究者可能对妇女的曾生孩子数感兴趣，但样本中的妇女具有不同的年龄，同样是曾经生育过两个孩子的妇女，一位 25 岁而另一位 35 岁[④]，显然两人所经历育龄期长度并不相同。处理风险期 t 随案例 i 而异的一个基本做法是引入成比例假定（proportionality assumption）[⑤]。若记观测案例 i 的风险期或暴露量为 t_i，那么，可以有（Winkelmann，2008：74）：

$$\frac{\mu_i}{t_i}=\frac{E(y_i \mid X_i)}{t_i}=\exp\left(B_0+\sum_{j=1}^{k} B_j X_{ij}\right) \tag{4}$$

或者

$$\mu_i=t_i\exp\left(B_0+\sum_{j=1}^{k} B_j X_{ij}\right)=\exp\left(B_0+\sum_{j=1}^{k} B_j X_{ij}+\ln t_i\right) \tag{5}$$

其加法形式为：

$$\ln(\mu_i)=B_0+\sum_{j=1}^{k} B_j X_{ij}+\ln(t_i) \tag{6}$$

可见，成比例条件下，暴露量的倍增会使期望发生次数也倍增。式中，ln（t_i）是暴露量的对数，具有固定的回归系数 1，被称作偏移量（offset）。非常有意思的是，通过对式（6）做简单的变换，可得到：

$$\ln(\lambda_i)=\ln\left(\frac{\mu_i}{t_i}\right)=B_0+\sum_{j=1}^{k} B_j X_{ij} \tag{7}$$

---

① 一般化线性模型采用最大似然估计而不是常规最小二乘估计方法求解回归系数，而要想写出最大似然函数，必须知道误差项的具体分布，所以，对于具体的模型，需要指明其误差项服从何种概率分布。

② 前面讲到的多元回归模型和 logistic 回归模型也是一般化线性模型族的成员。只不过，多元回归模型的预测变量为条件均值 μ_i本身，故被称作相等连接（identity link），其误差被假定服从正态分布；而 logistic 回归模型的预测变量为条件概率 p（一种特殊的均值）的函数，logit（p），故被称作 logit 连接，其误差被假定服从 logistic 分布。

③ 与人口学中的生存人年数概念相对应。

④ Winkelmann（2008：74）还提到了其他的情形，以及风险期或暴露量不是时间的情形。

⑤ 意味着，假定处于风险期内的所有观察案例 i 具有同质性，所有的个体特征对事件发生的强度没有影响，而与风险期长短有关系，风险期越长，事件发生次数亦同比例增加。

这里，$\lambda_i=\mu_i/t_i$ 为事件发生数除以暴露量，故它实际上是案例 i 在单位时间或空间内的事件发生率（rate of occurrence），反映着事件发生的强度。式（7）也被称作对数率模型（log-rate model）（Powers and Xie，2000：148－160）。这意味着，通过对泊松回归模型做出适当的设定，主要是考虑不同观测案例 i 的风险期或暴露量 t_i 的影响①，泊松回归可用来对人口学、流行病学中关注的生育率、死亡率、患病率等便利地进行统计分析（郭志刚、巫锡炜，2006；巫锡炜，2012）。

四、模型的参数估计

与 logistic 回归一样，泊松回归模型的参数求解也采用最大似然估计方法，对于 n 个相互独立的观测案例 i，其似然函数（likelihood function）可表达为（Long，1997：223）：

$$L(B\mid y,x)=\prod_{i=1}^{n}\Pr(y_i\mid\mu_i)=\prod_{i=1}^{n}\frac{\exp(-\mu_i)\mu_i^{\ y_i}}{y_i\,!} \tag{8}$$

可见，它实际上是将观测到的一组数据的概率表示为未知的模型参数的一个函数②。将式（3）代入，得到：

$$L(B\mid y,x)=\exp\Big[-\sum_{i=1}^{n}\mu_i+B_0\sum_{i=1}^{n}y_i+\sum_{j=1}^{k}\big(B_j\sum_{i=1}^{n}x_{ij}y_i\big)\Big]\Big(\prod_{i=1}^{n}y_i\,!\Big)^{-1} \tag{9}$$

出于数学处理上方便的考虑，对式（9）等号两边取自然对数，得到对数似然函数③：

$$\ln L(B\mid y,x)=-\sum_{i=1}^{n}\mu_i+B_0\sum_{i=1}^{n}y_i+\sum_{j=1}^{k}\big(B_j\sum_{i=1}^{n}x_{ij}y_i\big)-\prod_{i=1}^{n}\ln(y_i\,!) \tag{10}$$

当有一个观测案例 i 之间相互独立的随机样本数据时，应用公式（9）即得到样本的似然函数值，它表达的是拟合模型为真情况下能够观测到该样本数据的概率。而回归系数 B 的最大似然估计值是使得该概率达到最大时 B 的取值 $\hat{B}$ 。换言之，这套参数估计值 $\hat{B}$ 能够通过设定的模型以最大概率再现样本数据。可见，最大似然估计实际上也就是基于所设定模型找到能观测到样本数据的最大可能性的未知参数估计值 $\hat{B}$ 的过程。不过，为了数学上的方便，实际上是基于式（10）得到的样本对数似然函数分别求 $\ln L$ 关于 $\hat{B}$ 的偏导数，然后令所得到的每个方程都等于 0 并求解之④，所得到的 $\hat{B}$ 即为回归系数的最大似然估计值。

在具体的参数求解过程中，需要用到牛顿—拉弗森算法（Newton-Raphson method）、费舍尔得分算法（Fisher scoring method）或上述两者的混合算法（hybrid method）通过迭代来实现。因此，实际应用中，通常都借助于计算机来完成参数估计，因为统计软件已经将迭代过程程序化并内置于之中。SPSS 也提供这三种算法对泊松回归模型以最大似然估计方法求解参数估计，默认的选择是混合算法，即先采用费舍尔得分迭代，如果达到了该方法最大的迭代次数

---

① 这里提到的成比例假定只是考虑 t_i 最为简便和常用的设定之一，Winkelmann（2008：75）提到了一些更具一般性的设定方式，且给出了如何对不同设定进行统计检验的方法。

② 英文中，likelihood 就是 probability 的同义词。

③ 取对数后，化积为和，使求导更为简便。同时，因为取对数属于单调转换，似然函数和对数似然函数具有相同的极值点，故对数似然函数取得最大值时似然函数亦取得最大值。

④ 这是对数似然函数取得最大值的条件。

而仍未收敛，则转为采用牛顿—拉弗森算法继续迭代过程。

五、模型拟合评价与模型比较

所谓模型拟合评价指的是评估回归模型对观测数据的拟合优度（goodness of fit）如何，也就是观测值与拟合值之间的差别如何。完整的拟合评价实际上应包括两个方面的内容：一方面是针对单个观测案例 i 的拟合程度的分析，属于案例别拟合度考察；另一方面则是将回归模型作为一个整体来进行数据拟合程度的分析，属于模型整体拟合度考察。

案例别拟合度考察主要以残差分析（residual analysis）的形式来进行。对残差的考察是评估回归拟合度的一种重要方式。一般地，所谓残差就是样本每一案例的回归预测值与观测值之间的差值。若某个案例具有较大的残差[①]，则意味着模型对它的拟合欠佳。Cameron 和 Trivedi（1998：140－151）对适用于计数回归模型的残差指标有详细的介绍。不过，残差分析还有其他的用途，比如评估回归模型所包含的有关假定，考察模型设定是否正确，找出权势案例（influential observation）[②] 等。因此，残差分析往往被归入回归诊断（regression diagnostics）的范畴。相比而言，模型整体拟合度则是通过考察一些统计量来综合地反映回归模型的整体拟合度。因为此类统计量表现为一个单一数值，故它非常有助于对多个竞争性模型的优劣加以比较，并从中挑选出最佳的模型[③]。由于其便利性，研究者往往更多地通过模型整体拟合度考察来进行拟合评价。因此，下面将扼要介绍适用于泊松回归的模型整体拟合度评价统计量。

（一）以残差为基础的指标

对于泊松回归，案例 i 的原始残差（raw residual）被定义为 $y_i-\hat{\mu}_i$ 。若将所有案例的残差平方并求和，然后除以方差 $\hat{\mu}_i$ ，即得到评价泊松回归模型拟合度的皮尔逊卡方统计量（Pearson Chi-square statistic）：

$$\chi^2=\sum_{i=1}^{n}\frac{(y_i-\hat{\mu}_i)^2}{\hat{\mu}_i} \tag{11}$$

对于大样本，该统计量渐近地服从自由度为 $n-k$ 的卡方分布，其中，n 为观测案例数、k 为纳入回归模型中的自变量数目。

皮尔逊卡方值实际上反映的是计数因变量的观测值与回归模型的预测值之间的平均离差。该值越大，表明观测值与预测值之间差别越大，故模型对观测数据拟合越差；反之，该值就越小，表明观测值与预测值之间差别越小，故模型对观测数据拟合越好。但是，这只对每个单元格均包含多个观测案例的分组数据成立（Cameron and Trivedi，1998：152）。因此，尽管 SPSS 提供皮尔逊卡方统计量，但是，对于使用个体数据的研究，并不推荐使用该统计量进行模型拟合度评价，尤其是当模型中还纳入了连续取值的间距变量时。

---

① 也就是多元回归中提到的异常值（outlier）。

② 即对拟合的回归方程具有较大影响的案例。

③ 特别需要说明的是，这里的最佳只是统计学意义上的。但是，模型的好坏还需要考虑其实质意涵。在这个意义上，模型拟合评价和比较只能提供模型选择的部分信息，而且这部分信息需要结合研究所依据的相关理论、已有的经验研究结果等加以权衡。

（二）以似然函数值为基础的指标

泊松回归参数求解采用最大似然估计方法。求解最大似然估计值的过程有一个重要的副产品是似然函数值，记为 L。如前所述，似然函数值，或简称为似然值，是一种概率，只能在［0，1］区间内取值，其值就很小。于是，对数似然函数值就只能小于等于0。几乎所有能够拟合泊松回归模型的统计软件都会报告这一指标，并记为 log likelihood。由于对数似然值与样本规模密切相关，因此它本身并没有任何实质含义。但是，当我们对同一样本数据拟合多个存在竞争关系的模型时，就会得到不同的似然函数值，这时它可以作为构建模型整体拟合度测量指标的基础信息，而构建的拟合度指标则可用于对多个模型进行拟合评价，以反映哪个模型对同一数据的拟合更佳。

进行模型拟合评价时，以下三个模型很重要：不包含任何自变量的截距模型（intercept-only model）（也称作零模型）、包含若干自变量的当前模型（current model）以及能精确再现观测数据的饱和模型（saturated model）①。分别将这三个模型的似然函数值记为 L_0、L_C和 L_S。因为当前模型包含的参数数目介于截距模型与饱和模型之间，故有 $L_0 < L_C < L_S = 1$。所以，当前模型的拟合优度可通过将 L_C与 L_S的加以比较来判断。当 L_C远小于 L_S时，表明当前模型对观测数据的拟合欠佳；当 L_C相对接近于 L_S时，表明当前模型拟合对观测数据拟合较好。基于这种比较，可得到如下拟合度统计量：

$$D = -2\ln\left(\frac{L_C}{L_S}\right) = -2(\ln L_C - \ln L_S) \tag{12}$$

其中，D 被称作偏差度（deviance）。因为有 $\ln L_S = 0$，故上式可简写为：

$$D = -2\ln L_C \tag{13}$$

即-2倍的当前模型对数似然值。不过，对于泊松回归，偏差度常用以下公式计算得到（McCullagh and Nelder，1989：34）：

$$D = 2\sum_{i=1}^{n}\left[y_i \ln\left(\frac{y_i}{\hat{\mu}_i}\right) - (y_i - \hat{\mu}_i)\right] \tag{14}$$

对于大样本，该统计量也渐近地服从自由度为 $n-k$ 的卡方分布，其中，n 为观测案例数，k 为纳入回归模型中的自变量数目。

实际应用中，以式（13）得到的偏差度通常会大于以式（14）得到的结果。SPSS 基于式（14）计算泊松回归的偏差度，并在拟合优度输出结果中将其记为 Deviance。需要提醒一点，偏差度的大小同样与样本规模有关，因此，这个统计量只能用于对存在嵌套关系的模型进行拟合度比较②。

（三）以信息标准为基础的指标

还有一类评估泊松回归模型拟合度的指标是以信息标准为基础建构的。这类指标可用来比较不同模型对观测数据拟合的优劣。而且，与上面提到的偏差度统计量只能用于对存在嵌套关系的模型进行比较不同，以信息标准为基础的指标可对任意一对模型之间的拟合优度进行比

① 这意味着每个观测案例 i 都有一个参数。

② 所谓存在嵌套关系的模型应当满足三个条件：第一，因变量相同；第二，一个模型中所纳入的自变量是另一个模型中所纳入自变量的子集；第三，拟合两个模型时采用的样本完全一样，因此它们的样本规模相同。

较，只要是针对同一因变量进行分析，而并不要求模型之间存在嵌套关系。

其中一种常见的以信息测量为基础的指标是由日本统计学家赤池弘次于 1973 年提出的，因此被称作赤池信息标准（Akaike's information criterion），简称为 AIC。一般地，它被定义为：

$$\mathrm{AIC}=\frac{-2\ln L_C+2m}{n} \tag{15a}$$

这里，$\ln L_C$为当前模型的对数似然值，m 为模型中待估参数的数目[①]，n 为观测案例数。其他条件不变的情况下，AIC 值越小表明该模型拟合越好。

随着模型中参数数目 m 的增加，似然值也增大，而$-2\ln L$ 则减小。可见，式（15a）分子中的 $2m$ 实际上体现了对追求更复杂模型的一种惩罚。另外，对数似然值与样本规模密切相关，式（15a）通过除以 n 体现了每一观测案例对调整的对数似然值的贡献。

值得注意的是，SPSS 的泊松回归输出并不是以式（15a）的定义计算 AIC 指标的，而采用如下定义：

$$\mathrm{AIC}=-2\ln L_c+2m \tag{15b}$$

可见，相比于式（15a），SPSS 提供的 AIC 指标并未体现每一观测案例对调整的对数似然值的贡献。因此，只能用于比较针对同一数据的不同模型的拟合度。

除了提供 AIC 指标之外，SPSS 提供有限样本修正的 AIC（finite sample corrected AIC），记为 AICC，其定义为：

$$\mathrm{AICC}=\mathrm{AIC}+\frac{2m(m+1)}{n-m-1}=-2\ln L_C+\frac{2m\times n}{n-m-1} \tag{15c}$$

同样地，在其他条件不变的情况下，越小的 AICC 值表明该模型拟合越好。可见，相比于 AIC，AICC 对增加模型参数惩罚得更多。因此，当样本规模 n 较小或待估参数数目 m 较大时，强烈建议使用 AICC 而不是 AIC。另外，SPSS 还提供一致性 AIC（Consistent AIC），记为 CAIC，其定义为：

$$\mathrm{CAIC}=-2\ln L_C+m\times[\ln(n)+1] \tag{15d}$$

同样地，CAIC 的值越小，表明模型对数据的拟合越好。

还有一种使用得越来越多的基于信息标准的拟合评价指标，那就是贝叶斯信息标准（Bayesian information criterion），记为 BIC。BIC 有三种不同形式的定义（Long and Freese，2006：112)。第一种 BIC 定义将当前模型与饱和模型相比较：

$$\mathrm{BIC}=-2(\ln L_C-\ln L_S)-df\times\ln(n)=D-df\times\ln(n) \tag{16a}$$

这里，df 为模型的自由度，等于样本规模 n 与模型待估参数数目 m 之差，即 $df=n-m=n-k-1$。因为式（16a）是以与饱和模型的对数似然值进行比较为基础的，而饱和模型的对数似然值等于 0，故饱和模型的 BIC 也等于 0。所以，BIC$>$0 表明当前模型比饱和模型差，而 BIC$<$0 则表明饱和模型包含了过多的自变量，故当前模型更好，且 BIC 越小，表明模型拟合得越好。

第二种 BIC 的定义基于当前模型与截距模型（零模型）的比较：

$$\mathrm{BIC}'=-2(\ln L_0-\ln L_C)+k\times\ln(n) \tag{16b}$$

这里，k 为纳入当前模型中的自变量数目。对于截距模型而言，BIC′的值为 0，因为$k=0$

① 对于泊松回归，待估参数的数目 $m=k+1$，其中 k 为纳入模型的自变量数目 k，1 则代表截距项系数。

且 $\ln L_0 - \ln L_0 = 0$。因此，$BIC' > 0$ 表明当前模型比截距模型差，而 $BIC' < 0$ 表示当前模型比截距模型好，且 BIC′越小，表明模型拟合得越好。

但是，SPSS 提供的 BIC 指标则采用以下第三种定义：

$$BIC'' = -2\ln L_C + m \times \ln(n) \tag{16c}$$

这种形式的 BIC 与上面介绍的 AIC 很相似，很明显 BIC 的改进之处在于进一步对样本规模做了调整。

总之，就模型比较而言，不管采用何种形式的 AIC、BIC 统计量，我们都需要找出其中数值最小的那一个，因为它就是所有模型中对数据拟合最好的。当涉及若干个模型时，不管它们之间是否存在嵌套关系，都可以就上述不同形式的 AIC、BIC 指标值进行排序，这样一来，哪个模型拟合最优便一目了然。

六、模型回归系数的解释

解释和理解泊松回归系数有多种不同的方式。采用何种方式取决于研究者究竟是对计数变量的期望值还是对计数取值的分布感兴趣（Long，1997：223）。如果对期望值感兴趣的话，有多种方法可以用于计算某个自变量一定程度的变化量所带来的计数变量期望值的变化。这种变化既可以用期望值的倍数变化来表达，也可以用百分比变化来表达，甚至还可以用期望值的边际变化来表达。其中，最常用的解释方法是计算倍数变化。因为这一解释方法非常直观，也容易理解。如果对计数的分布或者某个具体计数值的概率感兴趣，则可以计算出给定某个自变量取值水平处某个计数的概率。下面分别对此进行介绍。

（一）关注条件均值的解释

假设得到的泊松回归模型为：

$$\hat{\mu} = E(y \mid x_1, x_2) = \exp(b_0 + b_1 x_1 + b_2 x_2)$$

那么，和多元线性回归一样，回归系数 b_1 和 b_2 可理解为自变量 x_1 和 x_2 对条件均值的净效应。自变量取值变动所带来的条件均值 $\hat{\mu}$ 的变化可以用不同的方式加以说明。

第一种，倍数变化（factor change）。这是最常见的泊松回归参数解释方法。假设我们关注 x_2 的影响，将其取值增加 1 个单位，那么有：

$$\frac{E(y \mid x_1, x_2 + 1)}{E(y \mid x_1, x_2)} = \frac{\exp[b_0 + b_1 x_1 + b_2(x_2 + 1)]}{\exp(b_0 + b_1 x_1 + b_2 x_2)} = \exp(b_2) \tag{17}$$

可见，回归系数 b_2 可解释为，其他情况不变的条件下，自变量 x_2 一个单位的变化使期望计数发生变化的倍数，即 exp（b_2）倍。当 exp（b_2）大于 1 时，表明该自变量的影响是促进期望计数增加（即促进效应）；当 exp（b_2）小于 1 时，表明该自变量的影响是抑制期望计数增加（即抑制效应）；当 exp（b_2）等于 1 时，则表明该自变量的变化对期望计数没有影响。若自变量 x_2 增加了 δ 个单位，则将使期望计数变化 exp（$b_2 \times \delta$）倍。

一般地，将泊松回归系数取指数得到 exp（b_k）值，可理解为，在其他情况不变的条件下，自变量 x_k 一个单位的变化导致期望计数的变化比。值得注意的是，有些应用中，μ 被定义为发生率（incidence rate），那么，exp（b_k）就表现为发生率之比（incidence-rate ratio，简称为 IRR）。

第二种，百分比变化（percent change）。所谓百分比变化，实际上是由自变量变化引起的条件均值的百分比增量。假设 x_2 增加 δ 个单位，那么，其他情况不变的条件下，期望的计数上的百分比变化量为：

$$100 \times \frac{E(y \mid x_1, x_2+1) - E(y \mid x_1, x_2)}{E(y \mid x_1, x_2)} = 100 \times [\exp(b_2 \times \delta) - 1] \tag{18}$$

一般地，$100 \times [\exp(b_k \times \delta) - 1]$ 可理解为，其他情况不变的条件下，自变量 x_k 增加 δ 个单位将导致期望计数增加的百分比。

注意，不论倍数变化还是百分比变化，自变量 x_k 变化所带来的影响既不取决于它自己的取值水平，也与任何其他自变量的取值无关，而只与其回归系数 b_k 和该自变量的变化幅度 δ 有关。但是，下面将要提到的方式与此不同。

第三种，边际变化（marginal change）。若仍关注自变量 x_2，所谓期望的计数 $E(y \mid x)$ 的边际变化实际上就是 $E(y \mid x)$ 关于 x_2 的偏导数：

$$\frac{\partial E(y \mid x)}{\partial x_2} = E(y \mid x) \times b_2 \tag{19a}$$

可见，x_2 的变化所带的 $E(y \mid x)$ 的边际变化不但取决于其回归 b_2，而且还取决于自变量 x_1 和 x_2 各自的取值水平，即 $E(y \mid x)$ 的值。换言之，对于 x_1 和 x_2 的不同取值，x_2 的变化所带来的边际效应是不同的。

式（19a）可直接扩展至包含 k 个自变量的情形，此时，x_j，$j=1$，…，k，变化带来的边际效应可表达为：

$$\frac{\partial E(y \mid x)}{\partial x_j} = E(y \mid x) \times b_j \tag{19b}$$

对于边际效应，有几点提醒。第一，出于方便的考虑，不少研究经常会给出所有自变量都取均值时某个自变量的边际效应（marginal effect at mean）。但这只是一种特殊的情形，请特别注意，自变量在不同取值处的边际效应并不一样①。第二，既然涉及偏导数，故自变量 x_j 应是取值连续的间距变量。换言之，对于虚拟变量，不适合以边际效应来描述其对期望计数的影响，而应该采用前面提到的倍数变化或百分比变化进行解释和说明。第三，与倍数变化或百分比变化的解释不同，边际效应不能理解为 x_j 变化一个单位所导致的期望计数的变化。

通过勾选相应的输出设定，SPSS 可以直接给出取指数的泊松回归系数 $\exp(b_j)$，因此可方便地采用倍数变化的方式来解释自变量 x_j 变化一个单位对期望计数的影响。同时，根据公式 $100 \times [\exp(b_j \times \delta) - 1]$，只要略加计算即可得到 x_j 变化 δ 个单位所带来的百分比变化。但是，SPSS 无法方便地得到自变量 x_j 的边际效应。

（二）关注预测概率的解释

泊松回归参数也可用来计算给定自变量取值处计数变量 y 取值为 q 的概率，具体如下：

$$\hat{\Pr}(y = q \mid x) = \frac{e^{-\hat{\mu}} \hat{\mu}^q}{q!} \tag{20a}$$

这里，$\hat{\mu} = E(y \mid x) = \exp(b_0 + \sum_{j=1}^{k} b_j x_j)$。实际上，对每一观测案例 i，都可以计算出其在计数变量 y 上取每一 q 值的预测概率。然后，通过求平均预测概率，可以得到数据中 n 个观测案例取每一 q 值的预测概率：

① 这是非线性模型相比于线性模型的一个明显区别。

$$\overline{\Pr}(y=q)=\frac{1}{n}\sum_{i=1}^{n}\hat{\Pr}(y_i=q\mid x_i)=\frac{1}{n}\sum_{i=1}^{n}\frac{e^{-\hat{\mu}_i}\hat{\mu}_i^q}{q!} \tag{20b}$$

此平均预测概率可与数据中观测到的计数变量 y 取每一 q 值的案例所占的比例进行比较。若以 q 值为横坐标，以平均预测概率（或观测比例）为纵坐标，将它们一起呈现，便可清楚地反映出两者的一致性程度。这被视为是对泊松回归模型进行拟合度评价的图示方式（Long，1997：226－230）。

更重要的是，对于式（20b），若反映的是其他自变量取值固定在某一水平而只有 x_j 的取值发生变动情况下的预测概率，这时比较相同 q 值处 $\overline{\Pr}(y=q)$ 的差异可对自变量 x_j 的效应做出评价。然后，以计数变量取值 q 为横坐标，预测概率作为纵坐标，将 x_j 取值处的 $\overline{\Pr}(y=q)$ 画出来。如此一来，所关注自变量的效应就能够直观地呈现出来。这可以作为前述边际变化解释的一种替代。注意，有多少个 x_j 取值就有多少条线，所以 x_j 取值个数不能太多，否则画出来的图就没法看。若 x_j 为包含 G 个取值的分类变量，因为 G 的取值往往不会太多且是离散的，故此时通常不会有什么问题。若 x_j 为取值连续的间距变量，这时可以取其少数几个有代表性的值，比如，均值减一个标准差、均值、均值加一个标准差，或者四分位值，或者五分位值，得到相同 q 值处的少数几个有代表性的 $\overline{\Pr}(y=q)$。

遗憾的是，SPSS并不提供计数变量取值为 q 的预测概率。

七、统计检验与推断

前面已经介绍过有关参数解释的内容，我们已经知道如何解释和说明回归参数估计值所代表的具体含义，即自变量与计数因变量之间的关系。不过，到现在为止，仍然是就样本说样本，对于随机样本所对应的总体而言，仍然无法判断参数估计值所反映的自变量与因变量之间的关系在相应总体中是否存在。而社会和行为科学研究的目的往往是通过考察抽样样本来推知研究总体，或者，基于小规模样本得到针对更大规模总体的一般性结论。为了实现此目的，常用的方式是对参数估计值进行正规的统计检验，用以考察样本数据中发现的自变量与因变量之间的关系应该是源于抽样误差还是总体中也确实存在，从而完成以样本结果推断总体的任务。

与多元回归和logistic回归中一样，泊松回归中的统计检验也涉及针对模型整体的检验与针对各回归系数的检验两种情形。

（一）对模型整体的检验

泊松回归模型整体检验关注的是基于样本数据所确立的自变量与因变量之间的关系在总体中是否真实存在，或者说所设定的模型在总体中是否也对计数因变量的变异具有解释力。换言之，模型整体检验的虚无假设为 H_0：$B_1=B_2=\cdots=B_k=0$，即所有的回归系数都等于0，备择假设为 H_1：并非所有的回归系数都等于0，或至少有一个回归系数不等于0。由于并不存在一个诸如多元线性回归中的 R^2 那样的模型整体拟合指标，故与logistic回归中一样，泊松回归中也是通过对数似然函数值的比较来进行模型整体检验的。

前面介绍模型拟合评价时，提到过三个很重要的模型：截距模型、当前模型以及饱和模型，并分别将它们的似然函数值记为 L_0、L_C 和 L_S。我们知道，截距模型是不包含任何自变量的模型，而当前模型是包含若干个自变量的模型。因此，想要检验一个含有自变量的泊松回归模型，可以将其似然函数值 L_C 与截距模型的似然函数值 L_0 进行比较。换言之，以截距模型作为参照，比较加入其他自变量后新的模型与样本数据的拟合水平是否有显著提高。所纳入的自变量中只要有一个回归系数显著，就意味着当前模型提供了对因变量变异的解释。具体操作上，得到以下渐近服从卡方分布的统计量 LR：

$$\mathrm{LR} = -2\ln\left(\frac{L_0}{L_C}\right) = -2(\ln L_0 - \ln L_C) \sim \chi^2(k) \tag{21}$$

其中，k 为当前模型中包含的自变量数目。LR 统计量称作似然比（likelihood ratio），有时也被标为 G^2。因此，泊松回归中模型整体检验也被称作似然比检验。因为它渐近服从自由度为 k 的卡方分布，故有些文献中也将其称作似然比卡方检验（likelihood ratio χ^2 test）。

SPSS 会在输出的 Omnibus Test 部分提供泊松回归模型整体检验的结果，直接给出 Likelihood Ratio Chi-Square 的值以及对应的自由度（记为 df）和显著性水平（记为 Sig.）①。

（二）对回归系数的检验

对回归系数的检验可区分为两种情形，一种是针对单个回归系数的检验，另一种是对回归系数子集的联合假设检验。前面 logistic 回归中也曾介绍过这两种情形的回归系数检验。

对于单个回归系数的检验，泊松回归中也采用 Wald 统计量来检验其偏回归系数效应是否统计显著。Wald 统计量是偏回归系数估计值 b_j 与其标准误 s_{b_j} 之比的平方，它服从自由度为 1 的卡方分布：

$$\mathrm{Wald} = \left(\frac{b_j}{s_{b_j}}\right)^2 \sim \chi^2(1) \tag{22}$$

可见，Wald 统计量在形式上其实相当于多元线性回归中单个回归系数检验统计量 t 的平方，所以它总是为正值。Wald 值越大，表明相应自变量的作用越显著。SPSS 软件在执行泊松回归时会在参数估计值（Parameter Estimates）表格中报告每个自变量的回归系数估计值 b_j（记为 B）、标准误 s_{b_j}（记为 Std. Error）、Wald 统计量（记为 Wald Chi-Square）、自由度（df）和显著性水平（记为 Sig.）。

比如，对曾生子女数进行的泊松回归中，自变量 x_1、x_2 为人口学特征，而 x_3、x_4、x_5 为社会经济特征。采用上述的 Wald 检验便可以知道各个自变量对曾生子女数的个体间差异是否具有解释力。单个回归系数检验的零假设为 H_0：$B_j = 0$，备择假设为 H_1：$B_j \neq 0$。只需要将 Sig. 与设定的显著性水平 α（通常为 0.05 或 0.01）进行比较，即可判断对应的自变量是否统计显著，以及在何种水平处统计显著。

有时，研究者所关注的可能是多个变量构成的自变量组，而不是单个自变量的重要性和显著性。但是，研究者若想知道三个社会经济特征变量的联合作用是否存在，此时 Wald 检验无法胜任，而应采用系数子集的联合假设检验。而三个社会经济特征变量的联合作用检验的零假设为 H_0：$B_3 = B_4 = B_5 = 0$，备择假设为 H_1：B_3、B_4 和 B_5 中至少有一个不等于 0。

在泊松回归中，对于涉及系数子集的联合作用检验，可以仿照前述模型整体的似然比检验来进行。似然比检验中，涉及截距模型和当前模型两者似然值的比较。类似地，我们现在定义两种模型：完全模型（full model）和简化模型（reduced model），前者包含所有拟纳入的自变

① 若 SPSS 拟合的当前模型为截距模型，那么 Omnibus Test 中报告的 Likelihood Ratio Chi-Square 值为 0，对应的自由度和显著性则无法给出。

量，后者只纳入了拟纳入自变量中的一部分。换言之，简化模型中的自变量只是完全模型中自变量的子集。显然，就包含的自变量数目而言，简化模型嵌套于完全模型。如此一来，若将完全模型和简化模型的似然值分别记为 L_F 和 L_R，对应的自由度分别为 df_F 和 df_R，那么可以构造以下似然比统计量：

$$-2\ln\left(\frac{L_R}{L_F}\right)=-2(\ln L_R-\ln L_F) \tag{23}$$

该统计量也服从卡方分布，自由度为完全模型自由度 df_F 与简化模型自由度 df_R 之差，亦即两个模型的待估参数个数之差。可见，式（21）是式（23）的特例。再次强调，式（23）要求两个模型之间存在嵌套关系。

就上述曾生子女数的例子而言，完全模型包含人口学特征和社会经济特征变量（即纳入了 x_1 到 x_5 五个自变量），而简化模型只包含人口学特征变量（即只纳入了 x_1 和 x_2），若基于式（23）的检验结果统计显著（如所得卡方值对应的显著性水平为 0.001，自由度为 6－3＝3），即意味着应当拒绝虚无假设 H_0：$B_3=B_4=B_5=0$，而认为至少有一个社会经济特征变量的作用是统计显著的。遗憾的是，SPSS 软件无法直接设定系数子集的联合作用检验，而需要通过运行相应的模型，将输出的相应对数似然值代入式（23）进行手工计算来完成。

八、示范例题

本章例题所用数据取自 2001 年“全国计划生育/生殖健康调查”。该调查由原国家计划生育委员会于 2001 年 7 月实施，旨在回顾 2001 年之前若干年全国育龄妇女（即调查时 15～49 岁的妇女）的生育水平，掌握当时育龄人口的避孕情况和生殖健康现状及需求，了解基层计划生育技术服务机构的情况。调查内容涉及社区及人口的基本情况（出生年月、民族、受教育程度、婚姻状况、初婚年月等）、育龄妇女的生育、避孕、生殖保健情况等。但这里只涉及育龄妇女个体数据，以示范以 SPSS 进行泊松回归中的有关操作①。

（一）例 1：居住地区与年龄对育龄妇女曾生子女数的影响

前面讲过，可以用泊松回归的形式来拟合对数率模型，这在人口学、公共卫生、流行病学等研究领域中非常有用。作为基础，首先来看最基本的泊松回归 SPSS 操作。这里所用的因变量为妇女的曾生子女数 CEB，通过加总妇女提供的每次怀孕的活产婴儿数得到②。自变量为居住地所在地区 region（1＝东部，2＝中部，3＝西部）和调查育龄妇女的年龄 age③。

在 SPSS 中打开数据 rh2001. sav，在菜单上依次点击 Analyze → Generalized Linear Models → Generalized Linear Models，即弹出一般化线性回归模型的设定窗口。这个模块可以用于拟合多种回归模型，即因变量可以是连续的间距变量，也可以是序次变量、多类别的分类变量、二分类变量、计数变量等等。因此，首先需要设定模型类型（Type of Model）。本例的因变量

① 这里的 SPSS 版本为 18.0。

② 调查对育龄妇女的怀孕史进行了详细的回顾性调查。后面的例子中将会示例如何基于这部分信息以泊松回归进行生育率分析。

③ 地区变量根据样本所在省份重新编码得到，调查时育龄妇女的年龄根据其回答的出生年份计算。

CEB属于计数变量，故点选“Counts”栏目中的Poisson loglinear[①]。

然后点击窗口上端的Response转入因变量设置，在窗口左侧的变量列表中将CEB变量选中，并通过点击向右箭头将其送入因变量（Dependent Variable）栏内[②]。

接着点击Predictors，进入设定自变量的窗口。这里，SPSS将自变量分成了三类：分类变量（Factors）、间距变量（Covariates）以及前面曾提到的偏移量（Offset Variable）。本例的自变量region属于分类变量，故将它选中并将其送入Factors栏内。而另一个自变量age则属于间距变量，故将它选中并将其送入Covariates栏内。多元线性回归的Regression模块中，需要先将分类变量转换成虚拟变量，但在一般化线性模型模块中则无需这样做，因为它会自动将分类变量的最后一个类作为参照并得到相应类别的虚拟变量，而且可以通过指定分类变量取值的排序方式（升序Ascending或降序Descending）来改变参照类。此处采用默认的设定，即升序排列且以最后一类作为参照类[③]。对于偏移量Offset，暂不考虑。

下一步点击Model可进入模型效应项设定窗口，默认为截距模型。同时选中Factors and Covariates列表中的region和age，并在中部Build Term（s）栏内设定效应的类型（Type），在下拉选项里选择Main effects（即主效应），再点击右向箭头，将两个自变量送入最右侧的Model栏内。这样，本例要做的泊松回归模型设置完毕。而对于Estimation、Statistics、EM Means、Save和Export等方面的设置，一般无需改变SPSS的默认设定。不过，若想得到回归系数的指数exp（b_j），可在Statistics窗口中将“Print”栏目中“Parameter estimates”下方勾选“Include exponential parameter estimates”一项。如前所述，为了便于解释回归系数，通常需要回归系数的指数。因此建议，总是要求SPSS给出回归系数的指数。

最后，点击窗口下方的OK，SPSS即开始拟合以上设定的泊松回归模型。通常迭代次数不会超过5次，因此很快就会输出回归结果，其中主要包括三部分的信息。第一部分给出模型信息（包括因变量、概率分布和连接函数）、案例数量（纳入分析的案例数、被删除的案例数以及总案例数），以及模型涉及的分类变量和间距变量的描述性统计（包括自

---

① 换言之，这里是将泊松回归作为一般化线性模型来进行拟合。当数据为个体数据时，这是通行的做法。若数据为分组数据，也可以通过点击SPSS的Analyze→Loglinear→General，以一般对数线性模型（General Loglinear Analysis）的方式来拟合泊松回归模型。不过，这时应同时选择单元格中的计数（Distribution of Cell Counts）服从泊松分布。

② 该窗口还有一项被称作尺度权重（Scale Weight）的设定，它可以选用一个尺度权重变量来反映观测案例i的不同权重，其具体取值必须为已知的且被保存成一个单独的变量。如果设定了尺度权重变量，那么回归结果中会得到一个与因变量方差相联系的尺度参数（scale parameter），而且估计尺度参数时会除以案例i在尺度权重变量上的具体取值。注意，那些尺度权重变量值小于等于0或缺失的观测案例在分析中会被删掉。简单地讲，尺度权重有点类似于抽样权重。如果有这类信息，可在此设定，否则可以忽略此项设定，如本例。

③ 如果事先得到了分类变量的相应虚拟变量组，则将它们选中并送入Covariates栏内。我们建议总是事先分类变量进行虚拟编码，然后纳入回归模型，因为这样能够明确地选择参照类，从而为回归结果的解释提供便利。但是，直接纳入分类自变量由SPSS在分析中自动得到虚拟变量的形式会在提供模型效应检验时直接给出分类自变量作为整体是否对因变量存在显著影响的检验结果。

变量和因变量）。通过这部分信息可以查看模型选择、案例选取、缺失值处理等方面处理是否得当。

第二部分给出模型拟合与检验的相关信息。首先呈现的是一系列反映模型拟合的统计量，如表 7—1 所示。

表 7—1　模型拟合指标

Goodness of Fit[b]

	Value	df	Value/df
Deviance	23688.883	39582	.598
Scaled Deviance	23688.883	39582	
Pearson Chi-Square	21090.345	39582	.533
Scaled Pearson Chi-Square	21090.345	39582	
Log Likelihood[a]	−50050.293		
Akaike's Information Criterion (AIC)	100108.585		
Finite Sample Corrected AIC (AICC)	100108.586		
Bayesian Information Criterion (BIC)	100142.930		
Consistent AIC (CAIC)	100146.930		

Dependent Variable：曾生子女数
Model：(Intercept)，region，age
a. The full log likelihood function is displayed and used in computing information criteria.
b. Information criteria are in small-is-better form.

给出的拟合指标包括偏差度、皮尔逊卡方、对数似然值、AIC、AICC、BIC 和 CAIC 等。其中大部分在前面都已介绍过。只有两个指标前面尚未提及，即标化偏差度（Scaled Deviance）和标化皮尔逊卡方（Scaled Pearson Chi-Square）。因为我们在“Response”窗口中并没有设定尺度权重，故这两个尺度标化指标分别等于未做标化的偏差度和皮尔逊卡方。同时，这些指标只有对多个存在竞争关系的模型进行优劣比较时才有价值。

其次呈现的是模型整体检验结果 Omnibus Test。从表 7—2 下方的注释可见，表中的似然比卡方值 15 656.125 是将当前模型与截距模型进行比较的结果，具体计算公式可见式（19）。SPSS 一并给出了其对应的自由度①和显著性水平，有 Sig. =0.000 < 0.001。这表明，育龄妇女的居住地区 region 和年龄 age 两个变量中至少有一个对曾生子女数具有显著影响。换言之，本例所设定的泊松回归模型具有显著解释力。

表 7—2　模型整体检验

Omnibus Test[a]

Likelihood Ratio Chi-Square	df	Sig.
15656.125	3	.000

Dependent Variable：曾生子女数
Model：(Intercept)，region，age
a. Compares the fitted model against the intercept-only model.

这一部分还给出了模型中每一具体效应项的 Wald 卡方检验结果，记为 Tests of Model

① 自由度为 3 为当前模型的自由度 4 减去截距模型的自由度 1 之差。

Effects（见表 7—3）。这个表反映了截距项系数和各项效应的偏回归系数对因变量是否存在显著影响。从表中可以看到，地区变量 region 和年龄变量 age 都统计性显著。注意，对于分类变量，如这里的居住地区 region，给出的检验结果反映的是该分类变量作为整体对因变量是否存在显著影响，因为它实际上是以两个虚拟变量的形式进入回归模型的，故其自由度为 2。所以，这里检验得到 region 的显著结果表明，上述两个虚拟变量中至少有一个是显著的，即这两个虚拟变量所代表的类别至少有一个与参照类存在显著差异。至于这两个类别的具体情况，我们还需要查询参数估计表中给出的单个回归系数的显著性检验结果。虽然这两种检验都采用的是 Wald 统计量，但是它们检验的对象口径并不相同。注意，表 7—3 中的检验结果虽然是按变量逐行列出的，但每个变量效应的显著性检验都是在控制模型中其他变量情况下的结果，即 age 变量效应是否显著是控制了 region 变量情况下的结果，即每一行的 Sig. 反映的是偏效应是否统计性显著。

表 7—3　模型效应检验

Tests of Model Effects

Source	Type III		
	Wald Chi-Square	df	Sig.
(Intercept)	8053.433	1	.000
region	421.934	2	.000
age	14140.305	1	.000

Dependent Variable：曾生子女数

Model：(Intercept)，region，age

第三部分给出回归参数估计值、标准误及对应的显著性检验结果等（见表 7—4），这是泊松回归最重要的输出。

表 7—4　模型参数估计结果

Parameter Estimates

Parameter	B	Std. Error	95% Wald Confidence Interval		Hypothesis Test			Exp (B)	95% Wald Confidence Interval for Exp (B)	
			Lower	Upper	Wald Chi-Square	df	Sig.		Lower	Upper
(Intercept)	−1.630	.0199	−1.669	−1.591	6689.512	1	.000	.196	.189	.204
[region=1]	−.205	.0103	−.226	−.185	397.192	1	.000	.814	.798	.831
[region=2]	−.068	.0105	−.088	−.047	41.180	1	.000	.935	.916	.954
[region=3]	0[a]							1		
age	.059	.0005	.058	.060	14140.305	1	.000	1.061	1.060	1.062
(Scale)	1[b]									

Dependent Variable：曾生子女数

Model：(Intercept)，region，age

a. Set to zero because this parameter is redundant.

b. Fixed at the displayed value.

从显著性水平（Sig.）一列看，所有自变量的回归系数都是显著的（$\alpha < 0.01$），故肯定了各自变量对曾生子女数的影响。其中，东部地区和中部地区与参照类西部地区之间的差异都非常显著。根据表中结果，可以将 CEB 的泊松回归方程表达为：

$$\hat{CEB} == \exp(-1.630 - 0.205 \times region1 - 0.068 \times region2 + 0.059 \times age)$$

或者

$$\ln(\hat{CEB}) = -1.630 - 0.205 \times region1 - 0.068 \times region2 + 0.059 \times age$$

那么，各个回归系数分别表示什么含义呢？前面提到，若对回归系数取指数，可以采用倍数变化和百分比变化两种形式来解释和说明自变量对因变量的影响。先来看年龄变量 age。其回归系数为 0.059，将其取自然指数后为 1.061。这意味着，居住地区相同的情况下，平均而言，育龄妇女的年龄每增加一岁，其曾生子女数将是原来的 1.061 倍，或者将增加 6.1%。接着来看地区变量 region。因为它是分类变量（1=东部，2=中部，3=西部），SPSS 在默认状态下以最后一类作为参照类，故我们看到表中 region=3 的回归系数被限定为等于 0，即西部地区育龄妇女作为参照类。因此，region=1 的回归系数为−0.205，取自然指数后为 0.814，意味着在年龄相同的情况下，东部地区育龄妇女的曾生孩子数平均而言是西部地区育龄妇女的 0.814 倍，或者，东部地区育龄妇女的曾生孩子数比西部地区育龄妇女少约 19.6%。同样地，region=2 的回归系数为−0.068，取自然指数后为 0.935，意味着在年龄相同的情况下，中部地区育龄妇女的曾生孩子数平均而言是西部地区育龄妇女的 0.935 倍，或者，中部地区育龄妇女的曾生孩子数比西部地区育龄妇女少约 6.5%。

（二）例 2：检查纳入地区与年龄交互项的必要性

上面的例子中，只考虑了地区和年龄变量的主效应。但是，考虑到不同地区的育龄妇女在年龄结构上可能不一样，那么探究是否需要纳入地区与年龄变量的交互项就变得有意义。

为了检验是否有必要纳入地区与年龄的交互项，可以有几种方式。第一种方式是通过模型拟合指标的比较进行判断。第二种方式基于式（21）进行嵌套模型的对数似然比卡方检验。不管采用哪种方式，都需要首先设定包含 region 和 age 交互效应的模型。为了拟合包含此交互效应的泊松回归模型，SPSS 中所需的绝大部分设定都相同，不同之处在于，在模型设定的 [Model] 窗口中，除了要设定 region 和 age 变量的主效应之外，还需将左侧 Factors and Covariates 栏内同时选中 region 和 age 变量，并在中间的 Build Term（s）中选择 Interaction，然后通过点击右向箭头将其送入右侧的 Model 栏内，这样即定义好了 region 与 age 的交互项（栏中提示为"region * age"）。其他设定无需改动，点击窗口下方的 [OK]，SPSS 即开始进行模型拟合。

表 7—5 给出了包含与不包含 region 和 age 交互效应的泊松回归模型拟合指标的比较。首先，根据前面的介绍，因为本例采用的妇女个体数据，故不采用 Pearson Chi-Square 指标来进行两个模型之间的拟合比较。采用信息标准类指标，数值越小表明模型拟合越好。两个模型的 AIC 和 AICC 很接近，而对样本规模和待估参数惩罚更厉害的 BIC 和 CAIC 则支持不含 region 与 age 交互相应的模型。据此，有理由不加入 region 和 age 的交互项。

表 7—5　　包含与不含 region 与 age 交互项模型的拟合指标比较

拟合统计量	含交互效应	不含交互效应
Deviance	23 684.581	23 688.883
Scaled Deviance	23 684.581	23 688.883
Pearson Chi-Square	21 081.682	21 090.345

续前表

拟合统计量	含交互效应	不含交互效应
Scaled Pearson Chi-Square	21 081.682	21 090.345
Log Likelihood	−50 048.141	−50 050.293
Akaike's Information Criterion (AIC)	100 108.283	100 108.585
Finite Sample Corrected AIC (AICC)	100 108.285	100 108.586
Bayesian Information Criterion (BIC)	100 159.800	100 142.930
Consistent AIC (CAIC)	100 165.800	100 146.930

表 7—5 中还给出了两个模型的对数似然值，故也可以基于式（21）对是否纳入 region 与 age 的交互项进行似然比检验：

$$-2\ln\left(\frac{L_R}{L_F}\right)=-2(\ln L_R-\ln L_F)=-2\times[-50\ 050.293-(-50\ 048.141)]=4.034$$

该值服从自由度为 2 的卡方分布①。显著性水平 $\alpha=0.05$、自由度为 2 时，通过查卡方分布表，临界值为 $\chi^2_{0.05}(2)=5.991$，大于计算值 4.034，故统计不显著。换言之，纳入 region 与 age 的交互项对模型拟合的改善并不显著，因此这一检验结果同样不支持将交互项纳入模型。

（三）例 3：偏移量 offset 的设定

以上两例分析中均忽略了不同年龄育龄妇女的暴露期不同的事实，即同样是曾生过 2 个子女的妇女，如果从 15 岁算起，有的经历 10 年的育龄期，有的则经历了 15 年的育龄期。为了考虑这种差别，我们将每个妇女育龄期的自然对数作为偏移量对曾生子女数进行泊松回归②。

首先利用 SPSS 的 Transform → Compute Variable 模块新建育龄期的自然对数这一变量，即 lnoffset＝ln（age－15＋1）。然后，在 Generalized Linear Models 模块的 Predictors 窗口中将 lnoffset 变量设定为“Offset Variable”。其他设定与只考虑 region 和 age 主效应的例 1 相同，只是不再要求 SPSS 给出回归系数的指数。

表 7—6 呈现了例 3 模型拟合指标的结果。通过与表 7—1 中例 1 模型结果进行比较，可以看到，考虑到妇女个体在暴露期上的差别后，因为例 3 模型的 AIC、AICC、BIC 和 CAIC 等信息标准指标都明显变小了，表明例 3 模型的拟合优度得到改善。

表 7—6　设定偏移量情况下的模型拟合指标

Goodness of Fit[b]

	Value	df	Value/df
Deviance	19504.689	39582	.493
Scaled Deviance	19504.689	39582	
Pearson Chi-Square	17473.200	39582	.441

① 不含 region 与 age 交互相应模型的自由度为 3，而含两者交互效应模型的自由度为 5。

② 这是一种粗略到年的简单算法。

续前表

	Value	df	Value/df
Scaled Pearson Chi-Square	17473.200	39582	
Log Likelihood[a]	−47958.195		
Akaike's Information Criterion (AIC)	95924.391		
Finite Sample Corrected AIC (AICC)	95924.392		
Bayesian Information Criterion (BIC)	95958.736		
Consistent AIC (CAIC)	95962.736		

Dependent Variable：曾生子女数
Model：(Intercept)，region，age，offset=lnoffset
a. The full log likelihood function is displayed and used in computing information criteria.
b. Information criteria are in small-is-better form.

表 7—7 和表 7—8 呈现了模型整体检验与模型效应检验的结果。从表 7—7 中可以看到，尽管进行模型整体检验的似然比卡方统计量的值由例 1 模型的 15 656.125 变为 420.225，不过模型整体检验的统计性仍非常显著。这意味着地区和年龄两个变量中至少有一个对曾生子女数存在影响。表 7—8 模型效应项检验所得结论也与前面表 7—3 中一致，最明显的变化在于 age 变量的 Wald 卡方值大大减小，截距项的 Wald 卡方值明显增大，而 region 变量的 Wald 卡方值则变化很小。其中的原因在于，这里以经历育龄期的长短作为暴露量，与 age 变量高度相关，因此，一旦将其作为 offset 变量纳入模型后，自然会削弱 age 变量的贡献，但 lnoffset 的回归系数被设定为 1，故这部分贡献其实为截距项所吸收。

表 7—7　设定偏移量情况下的模型整体检验

Omnibus Test[a]

Likelihood Ratio Chi-Square	df	Sig.
420.225	3	.000

Dependent Variable：曾生子女数
Model：(Intercept)，region，age，offset=lnoffset
a. Compares the fitted model against the intercept-only model.

表 7—8　设定偏移量情况下的模型效应检验

Tests of Model Effects

Source	Type III		
	Wald Chi-Square	df	Sig.
(Intercept)	16340.589	1	.000
region	402.890	2	.000
age	22.819	1	.000

Dependent Variable：曾生子女数
Model：(intercept)，region，age，offset=lnoffset

表 7—9 呈现了设定偏移量情况下的模型参数估计结果。从显著性 Sig. 一栏来看，所得结果与表 7—4 中例 1 结果完全一致。但是，应当注意到，年龄变量的回归系数由例 1 时的 0.059 下降为 0.003，而截距项的系数由例 1 时的－1.630 变为－2.578，可是［region=1］和［region=2］的回归系数则几乎没有变化。原因在上面已经解释过。

表 7—9　　设定偏移量情况下的模型参数估计结果

Parameter Estimates

Parameter	B	Std. Error	95% Wald Confidence Interval		Hypothesis Test		
			Lower	Upper	Wald Chi-Square	df	Sig.
(Intercept)	−2.578	.021 5	−2.620	−2.535	14338.907	1	.000
[region=1]	−.201	.010 3	−.221	−.181	379.029	1	.000
[region=2]	−.066	.010 5	−.086	−.045	39.023	1	.000
[region=3]	0[a]						
age	.003	.0005	.002	.004	22.819	1	.000
(Scale)	1[b]						

Dependent Variable：曾生子女数

Model：(intercept)，region，age，offset=lnoffset

a. Set to zero because this parameter is redundant.

b. Fixed at the displayed value.

可见，泊松回归中是否考虑观测案例暴露量差异的影响还是很大的，实际研究中应当注意到这一点。

（四）例 4：以泊松回归估计生育率

前面讲到，通过对模型进行适当设定，主要是考虑不同观测案例 i 的风险期或暴露量 t_i 的影响，泊松回归还可用来对人口学、流行病学中关注的生育率、死亡率、迁移率、患病率等便利地进行统计分析。郭志刚和巫锡炜（2006）曾介绍过如何基于人年数据应用泊松回归来拟合估计年龄别生育率。

下面采用同一数据进行示范说明。不过，接下来的分析将直接使用改造好的人年格式数据，文件名为bcount. sav，因变量为每一人年的生育数 bcount，自变量为每一人年的年龄，重新编码为五岁年龄组 d5age（1=15～19，2=20～24，3=25～29，4=30～34，5=35～39，6=40～44，7=45～49），另一个自变量为城乡居住地 rural（0=城镇，1=乡村）。这一人年格式数据根据调查中育龄妇女提供的以往生育史转换为表 7—10 所示的类似格式。从表中可见，这名编号（code）为 1 妇女出生于 1980 年（birthyr 变量），调查时（2001 年）的年龄为 21 岁（age 变量），居住在中部（region=2）农村（rural=1），贡献了 7 个人年（fertyear 取值从 1995 年到 2001 年），每一人年的年龄和生育数以 fertage 和 bcount 变量的取值反映，很明显，到调查时为止，她从未生育过，因为她在调查时的曾生子女数 ceb 仍是 0。这名妇女因为年轻，所以她经历的生育期仅有 7 年。要是在调查时已经 49 岁的妇女，则几乎完成了整个生育期，因此形成 35 个人年。在每个人年记录里都保留着她的基本信息，如案例号、出生年、调查时的年龄、曾生子女数、居住地区与类型，同时也包括她在各人年时的年龄及该年的生育数①。

① 除了双胞胎、三胞胎生育外，现实中也有一年两次生育的情况。

表 7—10　　人年格式数据示意

	code	fertyear	fertage	bcount	rural	d5age	age	region	ceb	birthyr
1	1	1995	15	0	1	1	21	2	0	1980
2	1	1996	16	0	1	1	21	2	0	1980
3	1	1997	17	0	1	1	21	2	0	1980
4	1	1998	18	0	1	1	21	2	0	1980
5	1	1999	19	0	1	1	21	2	0	1980
6	1	2000	20	0	1	2	21	2	0	1980
7	1	2001	21	0	1	2	21	2	0	1980

可见，人年数据是事件史的一种格式，详细地记录每位育龄妇女从进入育龄期开始（15岁那年）到调查年份（2001 年）为止每一年的生育数量、年龄等信息，其所贡献的人年记录数取决于其调查时的年龄，从中可以计算出她所经历的生育风险期或暴露量。通过改造成人年数据，会给我们拟合调查前各年份的年龄别生育率提供便利①。因为这时数据以人年为分析单位，而妇女们在每一人年中的生育风险期或暴露量是大体相同的，那么，进行泊松回归时可忽略偏移量的设定，亦即采用其默认设定（等于 1）。由于调查在 2001 年 7 月举行，实际上所有 2001 年的人年反映的并不是一整年时间。出于举例说明的目的，这里选择以泊松回归对 2000 年育龄妇女的生育率进行分析，即选择人年数据中 fertyear＝2000 的那些人年记录，一共有 39 075条记录。

下面，首先介绍如何以泊松回归得到年龄别生育率。基本的 SPSS 操作和设定与前述例子基本相同，除了有三点变化。第一，因变量改为人年的生育数 bcount。第二，自变量改为五岁年龄组 d5age，并且它必须作为分类变量（Factors）加入模型。第三，还需要在 Model 窗口中将“Include intercept in model”前面方框中的“√”去掉。这样做的目的就是为了直接得到 7 个年龄组对应的回归系数，同时其指数形式则直接对应着一套年龄别生育率。

表 7—11 呈现了泊松模型的参数估计结果。由于在模型设定过程中要求将虚拟变量饱和纳入并排除截距项，故表中直接给出了 7 个回归系数，从［d5age＝1］到［d5age＝7］分别对应着 15～19 岁、20～24 岁、25～29 岁、30～34 岁、35～39 岁、40～44 岁和 45～49 岁。表中 Exp（B）一列中的各个数字可理解为发生率，也就是年龄别生育率，因为它们是生育数除以人年数的结果。所以，我们看到，就全国而言，2000 年各五岁组年龄别生育率依次为：0.005、0.136、0.107、0.035、0.006、0.002 和 0.000。由此可以得到当年的总和生育率为 TFR＝5 ×（0.005＋0.136＋0.107＋0.035＋0.006＋0.002＋0.000）＝1.455。这与本次调查当时公布的 2000 年全国总和生育率 1.448 极为接近。换言之，采用泊松回归这一统计方法得到的年龄别生育率与采用常规人口统计学方法得到的结果几乎完全一致。但是，人口统计学在计算年龄别生育率时会在年龄组间对数据进行一定的修匀，故会导致年龄别生育率曲线相比于泊松回归估计结果出现一定的幅度的右移（郭志刚、巫锡炜，2006）。实际上，根据表 7—11 对 Exp（B）的 95%置信区间上下限值计算出相应 TFR 的上下限分别为 1.616 和 1.321，这种

① 本书第十四章最后将提供将生育史调查数据转换为人年的程序与说明。

考虑抽样波动影响的估计则是常规人口统计学所不能做到的。

表 7—11　　泊松回归参数估计结果一

Parameter Estimates

Parameter	B	Std. Error	95% Wald Confidence Interval		Hypothesis Test			Exp (B)	95% Wald Confidence Interval for Exp (B)	
			Lower	Upper	Wald Chi-Square	df	Sig.		Lower	Upper
[d5age=1]	−5.340	.2294	−5.789	−4.890	541.707	1	.000	.005	.003	.008
[d5age=2]	−1.995	.0417	−2.077	−1.914	2285.530	1	.000	.136	.125	.148
[d5age=3]	−2.232	.0391	−2.308	−2.155	3261.846	1	.000	.107	.099	.116
[d5age=4]	−3.349	.0607	−3.468	−3.230	3038.889	1	.000	.035	.031	.040
[d5age=5]	−5.165	.1581	−5.475	−4.855	1067.119	1	.000	.006	.004	.008
[d5age=6]	−6.341	.3333	−6.994	−5.688	361.891	1	.000	.002	.001	.003
[d5age=7]	−8.511	1.0000	−10.471	−6.551	72.437	1	.000	.000	2.835E−5	.001
(Scale)	1[a]									

Dependent Variable：本次怀孕生育数

Model：d5age

a. Fixed at the displayed value.

如果想要得到单岁组的年龄别生育率估计值，只需在 Predictors 设定中直接将人年年龄 fertage 作为 Factors 纳入即可，并要求模型中不包含截距项。这样得到的 Exp（*B*）即为每一单岁年龄组的生育率，直接加总它们就得到总和生育率。

因为人年数据中还包括了 2000 年以前每一年妇女的人年生育数和人年年龄信息，所以可以通过将人年年份虚拟变量作为虚拟变量纳入模型方便地得到反映生育水平时期变动的信息，因为人年年份每个虚拟变量系数的自然指数表明了当年生育水平与参照年份（比如，2000 年）生育水平之间的倍数关系。这与后面将要提到的以泊松回归估计城乡生育率的操作思路类似，但一个是空间维度上的，另一个是时间维度上的。不过，因为是基于回顾性调查信息，故时间维度方面的处理有几点需要注意。第一，针对调查时点前 10 年内历年生育水平的估计通常是可接受的，再前些年份的估计结果可能有偏，因为距离调查年份越远，调查到的育龄妇女年龄就越小，结果造成这些年份高龄段年龄组信息删截的影响越大；第二，距离调查时点更远年份的数据包含的记忆误差可能更大，妇女死亡的影响也越是不可忽略；第三，前推的年份越长，生育模式发生变化的可能性越大，考虑这种可能性，就需要设定人年年份变量与年龄组变量的交互项，此时模型的参数估计可能会变得困难。

（五）例 5：以泊松回归估计城乡生育率

上面的举例只是针对 2000 年全国的情况。但是，因为政策和社会经济发展水平上的差异，导致城乡育龄妇女之间在生育水平上存在明显的差别。那么，我们如何以泊松回归估计出城镇和乡村的年龄别生育率呢？为此，我们只需在例 4 估计 2000 年全国年龄别生育率的模型设定基础上，再将城乡变量 rural 纳入模型即可，即拟合一个包含 d5age 和 rural 两个自变量的泊松回归模型。SPSS 操作上，Response 窗口的设定不变，将 bcount 选入 Dependent Variable 栏内。

在Predictors窗口中，除了将 d5age 选入 Factors 栏内外，还要将 rural 作为另一个自变量，因为 rural 变量已经是个虚拟变量，故应该将其选入 Covariates 栏内，这样做可以避免 SPSS 再去形成新的虚拟变量并有可能改变我们已经确定的参照类。在Model窗口中，将 d5age 和 rural 以主效应形式选入 Model 栏内，同时将“Include intercept in model”前面方框中的“√”去掉。在Statistics窗口中将“Include exponential parameter estimates”勾选上。其他均采用默认设定不变，便可以运行这一模型估计了。

与表 7—11 中例 4 的全国模型参数估计结果相比，表 7—12 中例 5 的城乡模型参数估计中只是多了 rural 变量的回归系数这一行结果。因为 rural 是虚拟变量，0 表示城镇，1 表示农村，即城镇是参照类，故 7 个年龄别变量回归系数的指数分别对应着城镇育龄妇女的年龄别生育率，依次为：0.003、0.098、0.077、0.025、0.004、0.001 和 0.000，由此得到 2000 年城镇育龄妇女的总和生育率为 TFR＝1.051。而农村育龄妇女的生育率需要根据 7 个年龄别系数和 rural 变量的系数得到。表中显示，rural 变量的优势比为 1.512，这意味着相同年龄情况下，农村育龄妇女的生育率是城镇妇女的 1.512 倍，据此得到农村育龄妇女 2000 年时的总和生育率为 TFR＝1.051 × 1.512＝1.589。例 5 模型的泊松回归得到的城乡总和生育率结果实际上与该调查所公布城乡总和生育率（分别为 0.974 和 1.610）也很接近。

表 7—12　　泊松回归参数估计结果二

Parameter Estimates

Parameter	B	Std. Error	95% Wald Confidence Interval		Hypothesis Test			Exp (B)	95% Wald Confidence Interval for Exp (B)	
			Lower	Upper	Wald Chi-Square	df	Sig.		Lower	Upper
[d5age=1]	−5.669	.2358	−6.131	−5.207	578.065	1	.000	.003	.002	.005
[d5age=2]	−2.319	.0679	−2.452	−2.185	1165.837	1	.000	.098	.086	.112
[d5age=3]	−2.558	.0667	−2.689	−2.428	1470.084	1	.000	.077	.068	.088
[d5age=4]	−3.674	.0812	−3.833	−3.515	2047.434	1	.000	.025	.022	.030
[d5age=5]	−5.483	.1667	−5.810	−5.157	1081.708	1	.000	.004	.003	.006
[d5age=6]	−6.650	.3373	−7.312	−5.989	388.737	1	.000	.001	.001	.003
[d5age=7]	−8.840	1.0015	−10.803	−6.877	77.920	1	.000	.000	2.034E−5	.001
rural	.413	.0657	.285	.542	39.610	1	.000	1.512	1.329	1.719
(Scale)	1[a]									

Dependent Variable：本次怀孕生育数
Model：d5age，rural
a. Fixed at the displayed value.

注意，农村总和生育率 1.589 其实是将城镇妇女每个年龄别生育率同比例放大后加总的结果。表现在统计图形上，农村和城镇两群育龄妇女的年龄别曲线的形状是一样的，只是高低不同而言（可见下文图 7—2）。用统计学术语讲，这里存在一个等比例的限制。换用人口学的说法就是城乡的生育模式相同，只是生育水平不同而已。这其实是主效应模型背后所隐含的假定。然而，实际情况却是，相比于城镇，农村育龄妇女不但生育水平更高，而且在生育率的年龄别模式方面也有很显著的差异。

（六）例 6：以含交互项的泊松回归估计城乡生育率

为了放宽例 5 模型中的等比例限定，统计学中的做法就是纳入相应变量的交互项。具体到我们这里的例 6 模型，只需在 Model 窗口中，在例 5 模型 d5age 和 rural 主效应模型的基础上，删去 rural 效应，再纳入 d5age 与 rural 的交互项，并拟合这个新的交互效应模型即可。

为了验证城乡育龄妇女不但生育水平不同而且生育模式亦不同的预期，表 7—13 将包含与不包含 d5age 与 rural 交互项的两个模型的拟合指标进行了比较。因为两个模型是基于同一样本估计得到的，而且存在嵌套关系，因此可以采用嵌套模型似然比卡方加以检验：

$$-2\ln\left(\frac{L_R}{L_F}\right)=-2(\ln L_R-\ln L_F)=-2\times[-5\,449.481-(-5\,416.988)]=64.986$$

该值服从自由度为 6 的卡方分布①。显著性水平 $\alpha=0.05$、自由度为 6 时，通过查卡方分布表，临界值为 $\chi^2_{0.05}(6)=12.592$ 小于 64.986，故统计性非常显著。实际上，表中绝大部分的其他拟合指标均显示应当接受交互效应模型。因此，有足够的统计学证据支持纳入 d5age 与 rural 的交互项。换言之，与城镇育龄妇女相比，农村育龄妇女的生育水平和生育模式均存在显著差异。

表 7—13　包含与不包含交互项的泊松回归模型拟合指标比较

Goodness of fit	主效应模型			交互效应模型		
	Value	df	Value/df	Value	df	Value/df
Deviance	7 788.689	39 067	.199	7 723.703	39 061	.198
Pearson Chi-Square	37 622.513	39 067	.963	36 866.777	39 061	.944
Log Likelihood	−5 449.481			−5 416.988		
AIC	10 914.963			10 861.977		
AICC	10 914.966			10 861.988		
BIC	10 983.549			10 982.002		
CAIC	10 991.549			10 996.002		

基于两个模型估计得到年龄别生育率，图 7—2 呈现了两组生育率曲线。很明显，这是两幅完全不同的图景。主效应模型中农村各年龄组生育率都是城镇相应年龄组生育率的 1.512 倍，但两个地区的年龄别生育率模式则是相同的。在交互效应模型下，2000 年城镇妇女的总和生育率为（0.003＋0.052＋0.115＋0.022＋0.004＋0.001＋0.000）×5＝0.991，而农村妇女的年龄别生育率则等于城镇相应年龄别生育率与相应交互项优势比的乘积，因此其总和生育率为（0.005＋0.165＋0.105＋0.039＋0.006＋0.002＋0.000）×5＝1.613。所以，相比例 5 而言，例 6 基于交互效应模型得到的 2000 年城乡总和生育率估计结果实际上与该调查所公布城乡总和生育率（分别为 0.974 和 1.610）更为吻合与一致。个中的道理也不难理解。调查公布结果是分别基于城镇和农村妇女两个样本计算出来的，这种操作方式在效果上恰恰等价于例 6 所设定的交互效应模型，所得结果自然应该是几乎完全一致的。不过，统计学上处理交互效应的效率显然要比人口统计分样本计算高得多。

① 不含 d5age 与 rural 交互效应模型的自由度为 8，而含两者交互相应模型的自由度为 14。

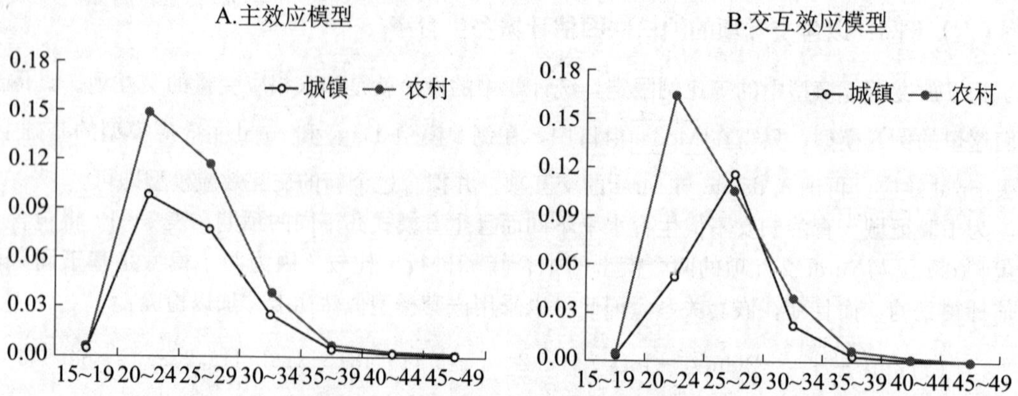

图 7—2　主效应模型与交互效应模型所得年龄别生育率曲线比较

（七）例 7：以泊松回归估计队列生育率

由于生育史信息被改造成了人年数据，其中又包含妇女出生年份变量（即图 7—1 中的 birthyr），所以，这份数据就包含了出生队列、时期和年龄三方面的信息。因此，除了方便地估计上述时期生育率之外，基于泊松回归还可以非常方便地估计队列的累积生育率。对于 15 岁至 49 岁生育率均完整的队列，就得到了终身生育率。与前面估计城乡生育率的情形类似，估计队列生育率也就是将生育率表达成年龄（fertage）与队列（birthyr）两个变量的函数。下面将以估计 1955 年、1965 年和 1975 年三个出生队列育龄妇女的队列生育率做示例。

就本例而言，其实也可以设定不同的泊松回归模型估计三个不同年份出生的妇女队列的生育率：年龄与队列的主效应模型（假定队列之间的生育模式相同）和交互效应模型（假定队列之间生育模式不同）。显然，考虑到社会变迁的影响，交互效应模型更为合理。出于直接得到各队列年龄别生育率的考虑，在拟合模型时，做如下操作：

（1）Data→Select Cases，在弹出窗口中点击“If condition is satisfied”，接着单击下方的 If，在弹出窗口右上方空白栏内键入“birthyr＝1965 ｜ birthyr＝1970 ｜ birthyr＝1975”，设定筛选条件，然后点击窗口下方的 Continue，并在返回的窗口下方点击 OK，选取出生年份为 1965 年、1970 年和 1975 年的观测记录。

（2）Data→Split File，在弹出窗口中点击勾选“Organize output by groups”，接着从左侧栏内选取 birthyr 变量，并通过右向箭头将其送入“Groups Based on”栏内，然后点窗口下方的 OK，设定后续操作按不同出生队列重复进行和排列结果输出。

（3）Analyze → Generalized Linear Models → Generalized Linear Models，然后依次在 Type of Model 窗口中点击 Poisson loglinear，在 Response 窗口中选取 bcount 作为 Dependent Variable，在 Predictors 窗口中将选取 fertage 作为 Factors，在 Model 窗口中将 fertage 从 Factors and Covariates 栏内选中并送入 Model 栏内，同时将下方“Include intercept in model”方框内的“√”取消掉，在 Statistics 窗口将“Print”栏目中“Parameter estimates”下方的“Include exponential parameter estimates”勾选上，其他采用默认设定。点击窗口下方的 OK，即

开始模型拟合。

基于 SPSS 输出结果得到的各队列年龄别生育率，绘出了三个队列的年龄别生育率曲线（见图 7—3）。这些曲线记录了 1965 年、1970 年和 1975 年三个出生队列妇女真实的生育行为。由于不同队列的生育历程所处社会环境不同，我们看到，这些队列的生育水平和模式存在明显差异，在相同年龄上比较，较晚出生队列生育水平明显降低，而且生育推迟的迹象也较为明显。

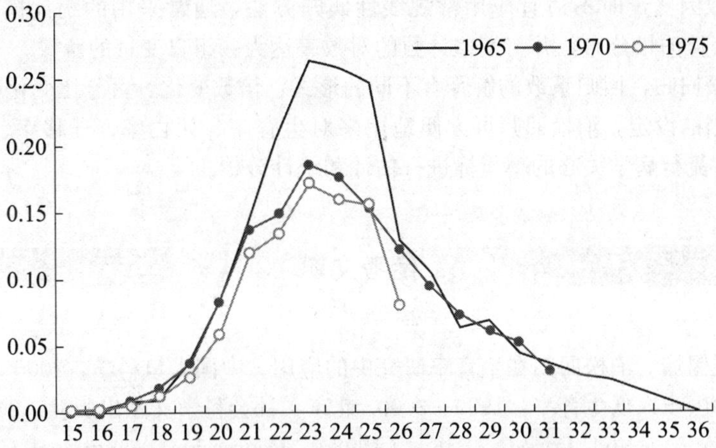

图 7—3 基于泊松回归估计的队列生育率曲线

所以，基于泊松回归和人年数据，不但可以方便地得到常规人口统计学关注的各种年龄别生育率，而且有分孩次出生信息的情况下，还可以直接纳入该变量，得到分孩次的生育率估计结果。当然，这种方法也可以方便地纳入更多反映社会经济特征的协变量，比如收入与受教育年数等等，得到条件年龄别生育率，从而更利于对不同群体的生育行为进行比较和对更多的生育率影响因素开展更为深入的研究分析。

当然，这种方法并不局限于对生育的分析，对死亡、迁移、患病等方面的分析也同样适用。鉴于篇幅，本章仅对泊松回归的基本原理以及主要的 SPSS 操作进行了扼要介绍，其中还有一些更细的设定，包括与参数估计、统计信息输出、结果保存、残差分析等相关的内容，并未一一介绍，感兴趣的读者可参考 SPSS 手册或通过查询 SPSS 程序窗口的 Help 加以了解。

本章概念

计数变量 等离散 计数回归模型 泊松分布 风险期 暴露量 成比例假定 偏移量 对数率模型 拟合优度 残差分析 皮尔逊卡方统计量 截距模型 当前模型 饱和模型 偏差度 赤池信息标准 贝叶斯信息标准 倍数变化 发生率之比 百分比变化 边际变化 似然比 完全模型 简化模型 标化偏差度 标化皮尔逊卡方

本章要点

1. 计数变量是社会和行为科学研究中经常会遇到的一类变量，它的取值往往为有限个非负整数值，表示所关注事件在特定时间或空间范围内的发生次数。

2. 分析计数因变量时不适宜应用常规线性回归方法，通常采用的统计模型是泊松回归，它假定因变量服从泊松分布，并将期望计数的对数表达为一组自变量的函数。

3. 对于泊松回归，回归系数的解释有不同的形式：倍数变化、百分比变化和边际变化。

4. 通过恰当的设定，泊松回归可方便地用来对生育率、死亡率、迁移率、患病率等人口学、公共卫生、流行病学关心的率指标进行估计和统计分析。

参考文献

郭志刚，巫锡炜．泊松回归在生育率研究中的应用．中国人口科学，2006（4）.

巫锡炜．中国步入低生育率：1980—2000. 北京：社会科学文献出版社，2012.

Cameron，A. C.，and Trivedi，P. K.（1998）. Regression Analysis of Count Data. New York：Cambridge University Press.

Coxe，S.，et al.（2009）. The Analysis of Count Data：A Gentle Introduction to Poisson Regression and Its Alternatives. Journal of Personality Assessment，91（2）：121 - 136.

Gardner，W.，et al.（1995）. Regression Analyses of Counts and Rates：Poisson，Overdispersed Poisson，and Negative Binomial Models. Psychological Bulletin，118（3）：392 - 404.

King，G.（1988）. Statistical Models for Political Science Event Counts：Bias in Conventional Procedures and Evidence for the Exponential Poisson Regression Model. Journal of Political Science，32（3）：838 - 863.

Long，J. S.（1997）. Regression Models for Categorical and Limited Dependent Variables. Thousand Oaks，CA：Sage.

Long，J. S.，and Freese，J.（2006）. Regression Models for Categorical Dependent Variables using Stata，Second Edition. College Station，Texas：Stata Press Publications.

McCullagh，P.，and Nelder，J. A.（1989）. Generalized Linear Models，Second Edition. London：Chapman & Hall.

Powers，D. A.，and Xie，Y.（2000）. Statistical Methods for Categorical Data Analysis. San Diego，California：Academic Press.

Winkelmann，R.（2008）. Econometric Analysis of Count Data，Fifth Edition. Heidelberg，New York：Springer.

第八章

对数线性模型

社会科学研究经常要涉及名义测度等级的变量。比如，我国人口普查中的民族、婚姻状况、地区类型等都属于分类选择答案的问题，也就是说这些问项形成的变量就是名义测度等级的分类变量。我国人口普查中受教育程度是按等级分类的。要是严格按照统计学的定义，这一项的答案所形成的变量属于序次测度等级。因为这一变量除了具有分类的意义以外，各类之间还有水平高低的明确含义。比如，初中程度高于小学程度，高中程度又高于初中程度。但是，如果对这种级差信息忽略不计，那么这一变量在统计分析中也可以当作名义测度变量来对待。[①] 在其他社会调查中，对于个人意愿、事件原因、经济来源及很多社会情况都是按照分类选择答案的方式提问的。有人曾经做过统计（Dillon and Goldstein，1984：490），美国 1975 年进行的综合社会调查（General Social Survey）中一共有 310 个变量，其中有 107 个二分类变量和 148 个多分类变量，分类变量数占了所有变量的 82%。因此，对分类变量的分析构成了社会研究中的一个重要部分。

本书所介绍的其他多元分析方法大多都要求全部变量或一部分变量为间距测度等级，然而本章所介绍的对数线性模型（log-linear model）技术则是应用于纯粹分类变量的多元统计方法。[②] 第一节通过对常规交互表（crosstabulation）分析方法缺点的讨论，来概括对数线性模型对于分类变量分析的重要发展。第二节借助一个简单的交互表数据介绍对数线性模型的基本原理，以及如何在广义线性模型框架下以 SPSS 进行对数线性模型分析。第三节以实际调查数据为例简要示范了如何应用 SPSS 软件进行对数线性模型分析。第四节讨论对数线性模型与 logistic 回归之间的关系。

一、从常规交互表分析到对数线性模型分析

（一）传统交互表分析的缺点

传统的分类变量统计方法是采用简单的频数或频率的交互表分析，也有一些测量相关的指标以及相应的统计检验方法。

---

① 在统计分析中，测度等级高的变量可以降级使用，但会损失一部分信息（郭志刚、郝虹生、杜亚军、曲海波，1989）。

② 本书第一版包括对数线性模型的介绍，后来 SPSS 版本更新过程中这一模块变化很大，同时对数线性模型分析的技术也在不断发展。与第一版侧重于应用对数线性模型拟合交互表中的单元格频数不同，本章修订版更为侧重依据理论假设对交互表中的关联结构进行对数线性建模，即突出了它的分析用途。

当我们只对一个分类变量列出其各类频数的时候，这还不是交互表。它只反映单变量频数的分布，而单变量的频率就是每类频数所占的比例。只有对两个或多个分类变量之间的频数交互列表，才形成交互表。所以，交互表所要反映的是变量之间的关联。

那么交互表是如何反映变量之间关联的呢？实际上，无论是简单的交互表还是复杂的交互表，其中分布的所有频数之间的关联都可以分解为两种不同性质的效应（effect）基本类型。一种反映了变量自身的频数分布影响，称为主效应（main effect）；另一种反映变量之间关联所产生的效应，称为交互效应（interaction effect）。所谓简单的交互表，即变量很少，且变量中的分类很少，比如两个二分类变量构成的频数交互表是一张二维交互表，那么其主效应只有两个，而交互效应只有一个。当变量数增加时，交互表的维数就会增加，相当于多张二维交互表。当变量中的分类数增加时，每一张二维交互表就会变大。但是不管变量数怎么增加或变量中的分类数怎么增加，仍然可以将整个频数分布分解为主效应和交互效应，只不过两类效应各自的项数有所增加而已，尤其是交互效应的项数会增加很快。

常规频数表统计方法通常只分析两个变量之间的联系，这样的交互表即使是直接审阅也可以看出频数在交互单元中变化的大体趋势。但是当进行分类变量的多元分析时，常规统计方法就无法把握变量之间的关系了。多维交互表其实是以多个有内在联系的二维表构成的，由于将整个频数分布切割为多张表，使得本来就很庞杂的信息处于系统性很差的状况，因此很难把握。

在实际研究中，经常可以见到研究人员采用另外的替代方法，即一次只分析两个变量之间的交互表，经过多个两两交互分析，企图再拼接形成对于多个分类变量之间复杂联系的整体理解。尽管这种做法也能得到一些发现，然而根据方法论的原则，正如多个简单回归并不能替代多元回归一样，这种缺乏综合性的分析方式很难以多个个别分析真正叠加出整体的多元联系。

这种分析方式存在着很多内在局限性。

1. 失去了对多变量之间的交互联系的分析

由于整个频数分布被分成多张二维交互表，因此只能大致分析每一张二维交互表的主效应和交互效应，而更多变量之间的联合交互效应（称为多因素交互效应）将无法分析。然而，正是交互效应才真正反映变量之间的关联，不能充分分析多因素交互效应，便不能有效分析多变量之间的关联。

2. 在进行两个变量之间的关联分析时缺乏必要的统计控制

多元统计的优越性之一是其对于任何两个变量之间关系的分析是在控制模型中其他变量作用的条件下进行的，所以它对于变量之间的关系的定量描述都是以“偏系数”的形式提出的。或者说，多元分析反映一个变量对另一个变量的“净效应”（net effect），而简单分析只反映一种“毛效应”（gross effect），因为它无法将其他变量的作用排除在外。两两交互表分析就是简单分析，由于其分析模型中不包含其他变量，因而也不能对其他变量进行控制。特别值得注意的是，这种简单的两两交互表分析的并不是以有内在联系的多张二维交互表构成的多元频数交互表，而是互相割裂的简单交互表。

3. 不能准确定量描述一个变量对另一个变量的作用幅度

这个问题涉及的不是简单交互表分析方法论上的缺陷，而是指其所利用的常规交互表分析技术的缺点。比如，常常存在对于交互频数的卡方检验的错误理解，以为它是描述作用幅度的指标。实际上它只相当于相关分析中对 r 的检验，即对发现的相关进行总体推断。统计检验的显著水平高并不完全由相关程度决定，还会受到样本规模的影响。常规统计中因此提出一些其他指标，使其排除样本规模影响，以期能像相关系数那样描述相关强度，如 Q 指标、φ^2 指标等。但是，即使是相关强度也并不是作用幅度。比如在对间距测度变量统计分析中，不但要以相关系数描述相关强度，而且要以回归系数描述作用幅度，即自变量一个单位的变化导致因变量变化的期望值。而常规交互表分析中根本不存在这样的作用幅度指标。当然，交互表分析涉及的是分类变量，关于变量之间的作用的描述会有很大不同。但是，如果分类变量之间相关，就意味着一个变量的某个类别与另一个变量的类别之间有紧密联系，表现为这个交互组的频数会明显不同于其他交互组。所以变量的作用体现于对频数分布的影响上。如果能够找到一种方法，直接或间接以因变量频数分布变化幅度来定量描述自变量的作用，便能够大大提高交互表分析的技术水平。

（二）对数线性模型的发展

本章介绍的对数线性模型正是在上述三个方面取得了显著进展的技术方法。① 它通过数学方法来描述多元频数表（multivariate frequency table），同时囊括多个分类变量于一个模型之中，因而具有了多元统计分析的综合性。这一重大进展使得对数线性模型既可以在控制其他分类变量的条件下研究两个分类变量之间的关联，又可以将多元联合分布分解成具体的各项主效应和各项交互效应，即使是多因素交互效应也不会被遗漏。这种方法还能够以发生比的形式来表示自变量的类型不同反映在因变量频数分布上的差异，因此具有了定量测量自变量作用幅度的能力。最后，它还具有强大的统计检验能力，不仅能够对所有参数估计进行检验，使得抽样数据的分析结果得以推断总体，而且能够通过不同模型的统计检验结果，对备选模型进行筛选和评价，以确定不但具有最大解释能力而且又相对简单的模型。

二、对数线性模型基础

本节主要以二维交互表为例来介绍对数线性模型的基本原理，包括交互表的类型和结构、交互表的独立性检验和关联关系测量、交互表的对数线性模型化以及对数线性模型的建模策略等内容。这里的介绍可以直接扩展到三维及更多维交互表的情况。

（一）交互表的类型

简单地讲，交互表就是两个或多个分类变量交叉得到的频数联合分布（joint distribution）。因此，任何一个交互表都可以看成是两个或多个分类变量可能取值（即类别）得到的交互分类（cross-classification），并且在每一交互分类对应的单元格中给出了相应的观测频数。根据所涉及变量的数目，交互表可区分为二维（two-way）交互表、三维（three-way）交互表等等。习惯上，三维或更高维交互表被称为多维（multi-way）表。由于社会科学研究中涉及的变量多为分类变量，因此，交互表是社会科学领域中历史最为久远的统计分析工具之一。其优势就在于它的简洁性和弱参数甚至非参数假定（Powers and Xie，2008：67），即对其进行参数估计时并不需要特别的假定。

① “对数线性模型”这个术语最早是由 Bishop 和 Fienberg 于 1969 年提出的（参见 David，1995）。

尽管交互表在表现形式上完全相同，但研究者的研究目的和焦点却可能很不同。Goodman（1981）给出了二维交互表的三种理想型（ideal types）：

（1）描述两个变量的联合分布。

（2）评价结果变量和解释变量之间的依赖关系（dependence）。

（3）研究两个结果变量之间的关联（association）[①]。

不过，这种区分只是概念上的。和相关关系一样，交互表本质上也是对称的，即交互表所揭示的变量之间的关联并没有因果关系方向。

尽管交互表在概念上可以被区分成上述三种类型，但可以采用相同的统计模型对它们进行建模，该模型就是对数线性模型。在给出该模型的定义前，我们首先来了解一下交互表的结构，并对有关的设定和标示符号加以说明。

（二）交互表的结构

我们以表 8—1 所示的一个简单的 2×2 交互频数表作为例 1 来说明交互表的结构及其一般性的标示符号。例 1 的数据是虚构的，只服务于示例说明。对于说明交互表的基本结构而言，一个简单的交互表就够了。

例 1 涉及两个分类变量，一个变量是已经生育了一个孩子的父母是否领取独生子女证。我们将领取独生子女证（编码为 1）作为夫妇已经决定不再生育的标志，而未领取独生子女证（编码为 2）则标志着夫妇尚未决定停止生育或已经决定继续生育。它测量了对独生子女政策的遵从情况。另一个变量是夫妇初育孩子的性别，男孩编码为 1，女孩编码为 2。

表 8—1　　例 1：是否领取独生子女证与初育孩子性别的观测频数表

		B. 初育孩子性别		
		1. 男孩	2. 女孩	行合计
A.	1. 领　证	212	153	365
是否领取独生子女证	2. 未领证	186	214	400
	列合计	398	367	765

一般而言，对于由任意两个分类变量 A 和 B 交互分类得到的二维交互表，如果行变量 A 包含 I 个类别（即 $i=1,2,\cdots,I$），列变量 B 包含 J 个类别（即 $j=1,2,\cdots,J$），那么，得到的交互表就包含了 $I\times J$ 个单元格，这些单元格位于一个 I 行 J 列的长方形表格中，它们分别对应着行变量 R 和列变量 C 的 $I\times J$ 种可能交互分类结果。一个 I 行 J 列的二维交互表也被称作 $I\times J$ 表。因此，表 8—1 也称作 2×2 表。

请注意，如果两个分类变量之间存在因果关系，统计中的习惯是将结果变量设为行变量，而将解释变量设为列变量。比如在例 1 中，我们其实是将是否领取独生子女证作为结果变量，而将初育孩子的性别作为解释变量。

任何一个交互表都包含四个部分的信息：观测频数（observed frequency）、行边缘合计（row marginal total）、列边缘合计（column marginal total）以及总计（grand total）。我们用 f

---

① 请注意关联与相关的区别，英文文献中对前者表达为 association，后者则表达为 correlation，且后者要求变量具有定距测度。因此，在使用上，关联是比相关更具有一般性的概念。

表示观测频数，并且在其交互单元下标中以“+”表示合计，那么，行边缘合计、列边缘合计和总计可分别表示为：

$$f_{i+}=\sum_{j=1}^{J}f_{ij}\text{ , }f_{+j}=\sum_{i=1}^{I}f_{ij}\text{ , }f_{++}=\sum_{i=1}^{I}\sum_{j=1}^{J}f_{ij}$$

很明显，频数的总计也就是样本规模，即 $f_{++}=n$ 。另外，交互表可以视为是对两个分类变量之间潜在关系在一定程度上的实现。那么，对于任意一个交互表而言，每一单元格观测频数 f_{ij} 背后其实对应着一个理论频数，我们将该频数称作期望频数（expected frequency），用 F 表示，各交互单元期望频数记为 F_{ij} 。对于期望频数，也有行边缘合计、列边缘合计和总计，可分别表示为：

$$F_{i+}=\sum_{j=1}^{J}F_{ij}\text{ , }F_{+j}=\sum_{i=1}^{I}F_{ij}\text{ , }F_{++}=\sum_{i=1}^{I}\sum_{j=1}^{J}F_{ij}$$

用上述这一套标示符号，我们可以将表 8—1 的观测频数和期望频数表示成表 8—2 所示的一般形式。

表 8—2　　是否领证与孩子性别的观测和期望频数交互表

		B. 初育孩子性别		
		1. 男孩	2. 女孩	行合计
A. 是否领取独生子女证	1. 领　证	f_{11} （F_{11}）	f_{12} （F_{12}）	f_{1+} （F_{1+}）
	2. 未领证	f_{21} （F_{21}）	f_{22} （F_{22}）	f_{2+} （F_{2+}）
	列合计	f_{+1} （F_{+1}）	f_{+2} （F_{+2}）	总计：f_{++}（F_{++}）

对于包括所有效应的饱和模型而言，各单元格的观测 f_{ij} 和期望频数 F_{ij} 完全相等。对数线性模型分析的目的当然不是要让模型再现观测频数，它的主要功能在于对各项具体效应进行分析，尤其是那些反映变量关联的效应。实际上，在对数线性模型的应用中，大多数情况下都会保持期望频数的边缘合计与观测频数的边缘合计之间相等，然后对变量之间的关联结构进行建模（Powers and Xie，2008：66），从而得到一个更为简约的模型。

对于单个分类变量的情况，我们除了可以统计不同类别的频数之外，还可以通过计算不同类别所占的比例，从而得到该分类变量的频率或概率分布。类似地，对于交互表，除了上述从频数角度进行的考察之外，也可以计算出每一单元格的比例。不过，对于交互表而言，可以区分出三种不同类型的比例：联合比例、边缘比例和条件比例。令 p_{ij} 表示交互表中第 i 行第 j 列所对应单元格的比例①，称为联合比例，且它们满足 $\sum_{i=1}^{I}\sum_{j=1}^{J}p_{ij}=1$ 。将联合比例 p_{ij} 按照行号 i 或列号 j 进行合计，相应地就分别得到了行边缘比例 p_{i+} 和列边缘比例 p_{+j} 。观测频数和各种比例之间具有如下关系：

$$p_{ij}=\frac{f_{ij}}{f_{++}}\text{ , }p_{i+}=\frac{f_{i+}}{f_{++}}\text{ , }p_{+j}=\frac{f_{+j}}{f_{++}}$$

根据这些关系式，可以得到表 8—1 的比例形式，如表 8—3 所示。相对于频数形式的交互表，比例形式有个优势，就是联合比例之间、行边缘比例之间和列边缘比例之间是可比的。

---

① 实际上，这个比例也就是由样本得到的经验概率，因此记为 p。另外，对总体中的概率，则以 π 表示。由于总体中的每一单元格的概率往往是未知的，因此 π 也被称作期望概率。

表 8—3　　是否领证与初育孩子性别的比例交互表

		B. 初育孩子性别		
		1. 男孩	2. 女孩	行合计
A.	1. 领　证	0.277	0.200	0.477
是否领取独生子女证	2. 未领证	0.243	0.280	0.523
	列合计	0.520	0.480	1.000

交互表并非原始数据的简单罗列，而是原始数据经过初步汇总得到的结果。但是它同样包含了原始数据中的全部信息，而且可以让下述并不能轻易地从原始数据中看到的信息变得更清晰：

（1）行变量的整体分布（overall distribution）。

（2）列变量的整体分布。

（3）行变量和列变量共同作用形成的联合分布。

（4）行变量每一类别内，列变量不同类别的分布差异。

（5）列变量每一类别内，行变量不同类别的分布差异。

其中，（1）项由行边缘合计 p_{i+} 来反映，它们构成了交互表的行边缘分布；（2）项由列边缘合计 p_{+j} 来反映，它们则构成了列边缘分布；（3）项由观测比例（或经验概率）p_{ij} 来反映，它们构成了交互表的联合分布；（4）项和（5）项则分别由 $p_{j|i}$ 和 $p_{i|j}$ 来反映，它们分别构成行条件分布和列条件分布。显然，行或列边缘分布其实就是我们在初级社会统计学中非常熟悉的单个分类变量的分布，它代表着一种“结构”。比如，表 8—3 中“列合计”中的比例 0.52 和 0.48 即为样本中父母初育孩子的性别结构，而“行合计”中的比例 0.477 和 0.523 则反映出父母对独生子女政策的遵从结构。联合分布是行变量和列变量交互作用的结果，它反映着“结构”之间的联合分布，并且它实际上反映的是行变量和列变量无关联时构成的“天然”联合分布。而条件分布则反映了控制行变量（或列变量）的情况下列变量（或行变量）的条件分布，其实反映了对上述变量无关联时“天然”联合分布的偏离情况，因此对条件分布的考察可揭示两个变量之间是否存在关系。

因此，在一些情况下，研究者很可能将交互表的一个分类变量（通常是列变量 B）作为解释变量而将另一个变量（通常是行变量 A）作为结果变量，那么，对于列变量 B 的每一个类别，计算出行变量 A 不同类别的比例是有意义的。这实际上是给定列变量 B 取值水平 j 下行变量 A 的条件比例 $p_{i|j}$。对于表 8—1，如果将初育孩子性别作为解释变量、是否领取独生子女证作为结果变量，那么一个有意义的条件分布如表 8—4 所示。[①] 从中我们看到，在初育孩子为男孩的情况下，领取独生子女证的比例（0.533）要高于未领取的比例（0.467）；但是，在初育孩子为女孩的情况下，领取独生子女证的比例（0.417）则要低于未领取的比例（0.583）。这表明，初育为男孩的父母更可能遵从独生子女政策。

---

① 这也叫做列条件分布，其特征是同一列中不同单元格的比例之和等于 1。若以行变量为结果变量、列变量为解释变量，则行条件分布是有意义的，即同一行中不同单元格的比例之和等于 1。

表 8—4　　是否领证与孩子性别的条件分布表

		B. 初育孩子性别	
		1. 男孩	2. 女孩
A.	1. 领　证	0.533	0.417
是否领取独生子女证	2. 未领证	0.467	0.583
	列合计	1.000	1.000

(三) 独立性的卡方检验

前面提到，交互表中的联合分布是对分类变量间关联的一种呈现。因此，交互表分析中，研究者往往首先关注行变量与列变量之间是否存在关联。如果不存在关联，就称行变量和列变量之间独立。虽然交互表是对样本数据进行汇总得到的结果，但是，和其他形式的样本观测数据一样，交互表中频数的联合分布也会受到抽样误差的影响。那么，观测频数可能会表现得比潜在模式下的期望频数更为不规律。因此，需要在排除抽样误差的情况下，对交互表行变量与列变量之间的独立性进行评价。这就是交互表的独立性检验。行变量与列变量之间不存在关联的独立性假设往往是对数线性建模的起点。对于表 8—1 而言，独立性假设意味着父母是否领取独生子女证与初育孩子的性别无关。

令 π_{ij} 表示第 i 行第 j 列的期望概率，那么，某一假定统计模型下观测频数 f_{ij} 的期望频数 F_{ij} 可以表达成：

$$F_{ij} = n\pi_{ij} \tag{1}$$

这里，$n = f_{++}$，即样本规模。根据前面的介绍，我们可以将行变量和列变量的期望边缘概率分别记为 π_{i+} 和 π_{+j}。如果将独立性假设视为一个特殊的统计模型，这里称其为独立模型，那么，该模型意味着联合概率 π_{ij} 是相应的行边缘概率和列边缘概率的乘积，即：

$$\pi_{ij} = \pi_{i+} \times \pi_{+j} \tag{2}$$

边缘期望概率 π_{i+} 和 π_{+j} 往往是未知的，但我们可以用观测边缘比例 p_{i+} 和 p_{+j} 作为其估计值。因此，期望边缘概率可以表达为：

$$\pi_{i+} = p_{i+} = \frac{f_{i+}}{f_{++}} \tag{3}$$

$$\pi_{+j} = p_{+j} = \frac{f_{+j}}{f_{++}} \tag{4}$$

将式 (3) 和式 (4) 代入到式 (2)，然后再代入式 (1)，可整理得到：

$$F_{ij} = \frac{f_{i+} \times f_{+j}}{f_{++}} \tag{5}$$

这意味着第 i 行第 j 列对应单元格的期望频数是由与其有关的边缘合计决定的。根据式 (5)，我们可以很容易地计算得到表 8—1 满足独立模型假设情况下的期望频数，如表 8—5 所示。

表 8—5　　是否领证与孩子性别之间独立情形下的期望频数

		B. 初育孩子性别		
		1. 男孩	2. 女孩	行合计
A.	1. 领　证	189.90	175.10	365.00
是否领取独生子女证	2. 未领证	208.10	191.90	400.00
	列合计	398.00	367.00	总计：765.00

既然这套期望频数 F_{ij} 是根据独立模型假设得到的，那么它与观测频数 f_{ij} 之间的差异程度就用来反映变量之间对独立性的偏离。如果差异小得微不足道，那就可以认为这种差异是由于抽样误差引起的，从而接受变量之间独立的假设。如果差异比较大，以至于不能认为仅是源于抽样误差，那就应当拒绝变量之间独立的假设，即认为变量之间存在关联。常规统计中的皮尔逊 χ^2 正是基于这一思路建立的常用于交互表独立性检验的统计量，它的计算公式如下：

$$\chi^2 = \sum_{i=1}^{I}\sum_{j=1}^{J}\frac{(f_{ij}-F_{ij})^2}{F_{ij}} \tag{6}$$

该统计量服从自由度为 $(I-1)(J-1)$ 的 χ^2 分布。对于表 8—1，皮尔逊 χ^2 值为 10.26，自由度为 1，该值在 0.001 的水平统计显著。这意味着，可以推断在总体中初育孩子性别与是否领取独生子女证之间是存在关联的，即它们之间并不独立。

期望频数与观测频数之间的差 $f_{ij}-F_{ij}$ 也被称作残差，因此，诸如式（6）这类用来测量拟合劣度（badness-of-fit）的 χ^2 统计量也常常被称为基于残差的 χ^2 统计量。另外，虽然我们这里将式（6）与独立模型联系在一起，但它实际上是一个计算以残差为基础的皮尔逊 χ^2 统计量的一般公式。几乎所有针对交互表进行统计分析的软件都能给出独立性假设下的这一统计量。但是，对于 χ^2 检验，需要特别注意以下两点：

（1）为了确保检验结果的精确，χ^2 检验一般要求每一单元格的期望频数起码要大于 10，或者，期望频数小于 5 的单元格数目不超过总单元格数目的 20%。对于不能满足此要求的情形，可以通过恰当地对分类变量的某些类别加以合并，来增加单元格内的期望频数。在实际研究中对于出现零频数单元格的情形，也可以考虑将所有的频数增加一个很小的常数，比如 0.5。

（2）卡方检验只能解决两个分类变量之间是否存在关联的问题，其统计显著性只说明两者关联的存在，但并不能说明两者之间关联的强弱。千万别混淆这两者。因为，统计显著性一方面受关联的强弱影响，但另一方面也受到样本规模的影响（郭志刚、郝虹生、杜亚军、曲海波，1989：328－329）。

（四）交互表的对数线性模型化

将交互表对数线性模型化有几个好处。首先，这可以将交互表分析纳入广义线性模型（generalized linear models）方法中来进行。其次，它具有与多元回归模型类似的形式，即包含截距、主效应、交互效应，甚至包括协变量。再次，不同效应之间是加和形式，这易于分析结果的理解和说明。最后，还可以很容易地看到对数线性模型与优势比或比数比之间的关系。

1. 一般性设定

除了通过前述的皮尔逊 χ^2 检验来对交互表的关联结构进行分析之外，一种更具一般性的方法就是对数线性模型。相比于 χ^2 检验，对数线性模型的优势在于能够对关联结构的具体模式或高维交互表进行分析。

对数线性模型是广义线性模型的一种，它使用边缘合计的不同组合来对单元格频数进行估计。对于二维表而言，边缘合计也就是行合计和列合计。假定观测频数 f_{ij} 服从期望为 F_{ij} 的泊松分布①，令 A 和 B 分别表示行变量和列变量，那么我们可以将满足某一关联关系假设的各单元格期望频数表达为如下的乘积形式公式：

$$F_{ij} = \tau \cdot \tau_i^A \cdot \tau_j^B \cdot \tau_{ij}^{AB} \tag{7}$$

这里，参数 τ 受到随后将要介绍的规范化限定的影响。若采用效应编码方法进行规范化，那么 τ 就是 $I \times J$ 个单元格频数的总均值（grand mean）；τ^A 和 τ^B 分别为行变量 A 和列变量 B 的主效应或边缘效应，分别反映着行变量分布和列变量分布的作用，因此有时也被分别称作行效应和列效应；τ^{AB} 为行变量 A 和列变量 B 的交互效应，后面将会看到，它实际上测量的是 A 和 B 之间的发生比之比（odds ratio），又称为优势比或比数比。

考虑到频数总是正的，就需要限定各个参数都为正的。显然，如果 τ 大于 1，就会导致相应单元格期望频数的增加；如果 τ 小于 1，就会导致相应单元格期望频数的减少；而如果 τ 等于 1，则对相应单元格期望频数没有影响。另外，考虑到处理上的便利性，我们可以对式（7）两边同时取自然对数，得到以下加和形式的表达式②：

$$\begin{aligned} \log F_{ij} &= \log\tau + \log\tau_i^A + \log\tau_j^B + \log\tau_{ij}^{AB} \\ &= \mu + \mu_i^A + \mu_j^B + \mu_{ij}^{AB} \end{aligned} \tag{8}$$

这一表达式的意义是，对数期望频数 $\log F_{ij}$ 是由代表若干效应项的参数 μ 所决定。注意，式（8）中，左侧是频数所取的对数，而右侧则是各项效应参数的线性表达式，所以称其为对数线性模型。③ 但形式上，对数线性模型与前面我们讲到的多元回归模型很相似，只不过，模型的因变量此时变成了期望频数 F_{ij} 的对数。

2. 若干特殊模型

我们已经知道，对于二维的 $I \times J$ 交互表，式（8）包含了所有的效应，因此，它是一个最一般的二维交互表对数线性模型。从中，我们可以将其分解为以下更为简单但实际意义不同的模型。

（1）零模型。

零模型也被称作截距模型或总均值模型，因为它只包含表示总均值的参数，而未涉及行变量或列变量的效应，即：

$$\log F_{ij} = \mu \tag{9}$$

该模型意味着，如果各主效应和交互效应都为 0，相当于回归分析中没有纳入任何自变量，仅含截距项。那么，交互表中各单元格频数是常数，即样本案例是完全均匀分布于各交互单元中的。所以，零模型刻画的就是交互单元频数平均值效应，只受样本规模 n 和交互单元数 IJ 的影响，即 $F_{ij} = n/IJ = \exp(\mu)$ 。表 8—6 给出了以零模型对表 8—1 进行拟合所得到参数估计结果。

---

① 注意，对于交互表，通常会提到的抽样模型有三个：泊松分布（Poisson distribution）、多项分布（multinomial distribution）和乘积—多项分布（product-multinomial distribution）。但是，三个模型下的最大似然估计是等价的，差别主要在于对总计和边缘总计的处理。因此若边缘总计被拟合，就不必在三种之中做选择。而实际研究中通常会纳入参数来准确地拟合总计和边缘总计。

② 严格意义上，式中的对数符号应该记为 ln 而不是 log。下文中，如未做特殊说明，log 均为取自然对数。

③ 对数线性分析中，如果模型中包含高阶项，那么其相应的所有低阶项一般也都要纳入模型，如式（8），纳入了 A 与 B 的交互项，故 A 和 B 的主效应项也一并纳入。纳入 A 和 B 的主效应，也被称作拟合边缘（fitted marginals）。

表 8—6　　是否领证与孩子性别的零模型估计结果

Parameter	B	Std. Error	95% Wald Confidence Interval		Hypothesis Test		
			Lower	Upper	Wald Chi-Square	df	Sig.
(Intercept)	5.2536	.0362	5.1827	5.3244	21114.091	1	.000
(Scale)	1[a]						

Dependent Variable：COUNT
Model：(Intercept)
a. Fixed at the displayed value.

我们看到，单元格期望频数其实就是将样本量除以单元格总数 4 的结果，如表 8—7 所示，其中 $F_{ij}=\exp$（5.253 6）=191.25。因此，零模型其实是假定单元格频数的分布既不受行变量的影响，也不受列变量的影响，而是均匀地分布于各单元格。这意味着，零模型完全忽略行边缘分布和列边缘分布的影响。

表 8—7　　是否领证与孩子性别的期望频数表：零模型

		B. 初育孩子性别		
		1. 男孩	2. 女孩	行合计
A.	1. 领　证	191.25	191.25	382.5
是否领取独生子女证	2. 未领证	191.25	191.25	382.5
	列合计	382.5	382.5	765

（2）行效应模型。

行效应模型只包含总均值参数和行效应参数，即：

$$\log F_{ij}=\mu+\mu_i^A \tag{10}$$

这意味着频数的分布只是随着行不同但同一行中不同列的单元格期望频数相同。也就是假定，单元格频数的分布只受到行变量边缘分布的影响而与列变量无关，因此同一行中不同列单元格的列条件概率相等，故也被称作列等概率模型。相比于零模型，行效应模型增加了对行变量分布效应的考虑，故零模型嵌套于行效应模型。

表 8—8 给出了以行效应模型对表 8—1 进行拟合所得到的单元格期望频数。我们看到，同一行单元格的频数是相同的，但不同行单元格的频数不同。注意，这一模型对行边缘分布进行了饱和拟合①，但忽略了列边缘分布的影响。换句话说，行主效应 μ_i^A 是行变量内部类别频数分布特征的反映，它在平均数 $\exp(\mu)$ 的基础上对不同类别的频数进行“调整”，调整的幅度取决于 $\exp(\mu_i^A)$ 的大小，以反映行变量自身不同类别的差异。

① 所谓饱和拟合指的是模型可以精确再现观测到的行边缘分布。表现为，表 8—8 中行边缘分布的预测值与表 8—1 中的观测值完全一样。

表 8—8　　是否领证与孩子性别的期望频数表：行效应模型

		B. 初育孩子性别		
		1. 男孩	2. 女孩	行合计
A.	1. 领　证	182.50	182.50	365
是否领取独生子女证	2. 未领证	200.00	200.00	400
	列合计	382.50	382.50	765

（3）列效应模型。

类似地，列效应模型则只包含总均值参数和列效应参数，即：

$$\log F_{ij} = \mu + \mu_j^B \tag{11}$$

这意味着频数的分布只随着列不同但同一列中不同行的单元格期望频数相同。也就是假定，单元格频数的分布只受到列变量边缘分布的影响而与行变量无关，因此同一列中不同行单元格的行条件概率相等，故也被称作行等概率模型。相比于零模型，列效应模型增加了对列变量分布效应的考虑，故零模型嵌套于列效应模型。但是，列效应模型和行效应模型之间并不存在嵌套关系，而是属于同一个层级。

表 8—9 给出了以列效应模型对表 8—1 进行拟合所得到的单元格期望频数，我们看到，同一列单元格的频数是相同的，但不同列单元格的频数不同。与行效应模型不同，此模型对列边缘分布进行饱和拟合，而忽略行边缘分布的影响。与行效应模型类似，列主效应 μ_j^B 是列变量内部类别频数分布特征的反映，它在平均数 $\exp(\mu)$ 的基础上对不同类别的频数进行“调整”，调整的幅度取决于 $\exp(\mu_j^B)$ 的大小，以反映列变量自身不同类别频数差异。

表 8—9　　是否领证与孩子性别的期望频数表：列效应模型

		B. 初育孩子性别		
		1. 男孩	2. 女孩	行合计
A.	1. 领　证	199.00	183.50	382.50
是否领取独生子女证	2. 未领证	199.00	183.50	382.50
	列合计	398.00	367.00	765

（4）行和列效应模型。

行效应模型和列效应模型只考虑到行边缘分布的影响或列边缘分布对频数分布的影响，如果同时考虑行和列边缘分布的影响，即：

$$\log F_{ij} = \mu + \mu_i^A + \mu_j^B \tag{12}$$

这一模型又称主效应模型。此模型意味着频数的分布既会随着行不同也会随着列不同，即既有行效应也有列效应。但是，行效应不会随着列不同而有所不同，列效应也不会随着行不同而不同。换句话讲，此假定只存在行变量和列变量的主效应，但不存在两者之间的交互效应。故此模型也称为独立模型，它其实体现了行变量与列变量相互独立的假设。显然，相对于行效应模型和列效应模型，独立模型属于高一个层级的模型，前两者均嵌套于后者。

表 8—10 给出了以独立模型对表 8—1 进行拟合所得到的单元格期望频数。首先，我们看到，表 8—10 与表 8—5 完全相同，因此，对数线性模型的主效应模型其实与常规的交互表独

立性卡方检验是等价的。其次，虽然每行（列）频数不同，但行（列）频数分布比例却是相同的，都等于行变量和列变量的类别分布比例。这意味着，主效应模型实际上是对行边缘分布和列边缘分布同时进行饱和拟合的结果，而且假定只存在行变量和列变量的主效应。所以，若独立模型对列联表中各单元格的观测频数拟合得很好，则可认为行变量和列变量之间是独立的。相反，若模型必须被拒绝，则意味着行变量和列变量之间存在关联。

表 8—10　　是否领证与孩子性别的期望频数表：独立模型

		B. 初育孩子性别		
		1. 男孩	2. 女孩	行合计
A.	1. 领　证	189.90	175.10	365.00
是否领取独生子女证	2. 未领证	208.10	191.90	400.00
	列合计	398.00	367.00	总计：765.00

（5）饱和模型。

读者也许已经注意到，在上述二维表对数线性模型的一般设定中，式（8）包含了全部可能的效应，故也被称作饱和模型（saturated model)，也称作完全交互模型（full interaction model)。相比于独立模型，饱和模型多了反映行变量和列变量交互效应的项 τ_{ij}^{AB}，正是这些交互效应项的存在使交互表独立性不再满足，而使变量之间的关联得以反映。如果交互效应项 τ_{ij}^{AB} 不等于 0，则表明行和列都不能仅仅分别按各自类别分布，还要受到分类变量之间的关联程度的影响，τ_{ij}^{AB} 其实反映了实际分布对独立性的背离程度。此时，交互表内部各单元频数在所在行（列）频数中的比例是由各种联合条件决定的，不一定要正好等于行（列）的边缘分布。

饱和模型可以精确复原交互表的观测频数，是对交互表的完美拟合。反映模型拟合优度的皮尔逊 χ^2 值为 0 表明了这一点。但是，从简约性的角度讲，饱和模型并不是最好的，因为饱和模型的自由度为 0。[①] 这一事实使得饱和模型的检验不具有任何可证伪性。因此，研究者通常对饱和模型并不感兴趣。稍后将会看到，在研究中，基于有关的理论或者经验观察形成的研究假设，可以对关联参数 τ_{ij}^{AB} 增加一定约束条件，来拟合限定性的关联关系，即从完全交互模型变成限定性交互模型。如此一来，一方面可以节省自由度，另一方面保持对数线性模型具有解释力，同时使得不同关联假设得以检验。

对于一个 $I \times J$ 交互表而言，包含着不同的效应，与多元回归中的情形类似，它们分别体现为：截距、主效应和交互效应。这些效应揭示着一个交互表"发生了什么"，而采用对数线性模型可以便利地对表中"发生了什么"进行统计建模。同时，还可以清楚地看到，零模型、行效应或列效应模型、行与列效应模型、主效应模型与饱和模型之间构成了一个逐渐复杂的层级体系，模型之间存在明显的嵌套关系。因此，一些统计学文献中将它们称为层级对数线性模型（hierarchical log-linear models)。当对模型拟合数据的能力进行比较时，明确不同模型是否存在层级嵌套关系非常重要。

3. 参数的规范化约束

对于式（7）或式（8）中的所有参数，并不都能得到唯一解，因为它们是过度参数化的。比如就式（8）而言，对于一个 2×2 交互表，一共有 4 个单元格，则其实际上对应着 4 个方

① 对于饱和模型，待估参数的数目等于单元格数目。

程，即 $\log F_{11}=\mu+\mu_1^A+\mu_1^B+\mu_{11}^{AB}$，$\log F_{12}=\mu+\mu_1^A+\mu_2^B+\mu_{12}^{AB}$，$\log F_{21}=\mu+\mu_2^A+\mu_1^B+\mu_{21}^{AB}$ 和 $\log F_{22}=\mu+\mu_2^A+\mu_2^B+\mu_{22}^{AB}$，但是却有 9 个参数，即 μ、μ_1^A、μ_2^A、μ_1^B、μ_2^B、μ_{11}^{AB}、μ_{12}^{AB}、μ_{21}^{AB} 和 μ_{22}^{AB}，其中有 4 个反映交互项的参数。显然，这里的待估参数数目多于方程个数，因此存在不可识别的问题。为了确保对式（7）和式（8）中的所有参数都能求得唯一解，就需要对参数 τ 或 μ 加以规范化（normalization）。常用的规范化方法主要有两种。

一种是效应编码（effect coding）[①]，该编码方式对参数做以下限定：

$$\prod_{i=1}^{I}\tau_i^A=\prod_{j=1}^{J}\tau_j^B=\prod_{i=1}^{I}\tau_{ij}^{AB}=\prod_{j=1}^{J}\tau_{ij}^{AB}=1$$

或者

$$\sum_{i=1}^{I}\mu_i^A=\sum_{j=1}^{J}\mu_j^B=\sum_{i=1}^{I}\mu_{ij}^{AB}=\sum_{j=1}^{J}\mu_{ij}^{AB}=0$$

这个限制条件的含义是，模型中每一项效应的各类（以下标 i 或 j 标示）τ 参数之积等于 1 或其对应的 μ 参数之和等于 0。由这一限制条件引申的意思是，如果每项效应中只有一类的参数未知，那么它可以根据已知的其他各类参数推算出来。

另一种是虚拟编码（dummy coding），需要将行变量和列变量中的其中一个类别加以排除。假设排除掉 A 和 B 的第一个类别，即把第一类作为参照类，这一编码方式对参数所做的限定即为：

$$\tau_1^A=\tau_1^B=\tau_{1j}^{AB}=\tau_{i1}^{AB}=1$$

或者

$$\mu_1^A=\mu_1^B=\mu_{1j}^{AB}=\mu_{i1}^{AB}=0$$

不同的规范化方法所得参数的含义不同。比如，式（7）的第一项 τ 在效应编码情况下表示所有单元格频数的总平均值，但它在虚拟编码情况下则表示同时作为行变量和列变量参照类那一单元格的期望频数。不过，最终的实质性结论并不会因规范化方法的不同而存在差异，而且这两种规范化方法之间可以相互进行转换。目前，除了少数统计软件之外[②]，诸如 SPSS 等绝大多数统计软件都采用虚拟编码方法[③]，而且 SPSS 默认以分类变量的最后一个类别作为参照类。表 8—11 给出了一个 $I\times J$ 交互表的可识别参数数目的上限。

表 8—11　$I\times J$ 交互表对数线性模型的可识别参数

参数类别	τ 参数	μ 参数	参数个数
合　计	τ	μ	1
行边缘	τ_i^A	μ_i^A	$I-1$
列边缘	τ_i^B	μ_j^B	$J-1$
交互项	τ_{ij}^{AB}	μ_{ij}^{AB}	$(I-1)(J-1)$
参数总数目			$I\times J$

资料来源：Powers and Xie，2008：84。

4. 优势比与对数线性模型

(1) 发生比与优势比。

可以通过 χ^2 检验的结果来判断行变量与列变量之间是否关联。但是，行变量和列变量是如

① 一些教材上也称作 ANOVA 编码，比如 Powers and Xie（2008）。

② 比如 ECTA 采用的是效应编码，感兴趣的读者可参见 http：//faculty. ucr. edu/～hanneman/cdas/ecta. htm。

③ 早期版本的 SPSS 也采用效应编码，SPSS 7.0 及以后版本改用虚拟编码。

何关联的呢？为了回答这个问题，直观的方式是考察交互表中的条件比例。可是这一方法并不精确。通过计算优势比可以更为精确地考察和测量交互表中变量之间的关联。

logistic 回归一章已经介绍过，优势比是两个发生比之比。而发生比指的是事件发生的概率与不发生的概率之比。比如，对于本章例 1 而言，基于行变量，可以计算领证和未领证两个类别下初育为男孩的发生比：

领证夫妇初育为男孩的发生比，$\omega_1=p_{11}/p_{12}=0.277/0.200=1.385$

未领证夫妇初育为男孩的发生比，$\omega_2=p_{21}/p_{22}=0.243/0.280=0.868$

而基于列变量，可以计算初育为男孩和初育为女孩两个类别下领取独生子女证的发生比：

初育为男孩夫妇领证的发生比，$\omega_3=p_{11}/p_{21}=1.40$

初育为女孩夫妇领证的发生比，$\omega_4=p_{12}/p_{22}=0.714$

显然，计算发生比要考虑参照类，这一点从定义中也可以看到。

发生比具有简单明了的含义，它测量了事件发生的相对可能性。如果发生比小于 1，表明事件发生要比其不发生的可能性更小；如果等于 1，表明事件发生与不发生的可能性相同；如果大于 1，则表明事件发生要比不发生的可能性更大。比如，上面我们计算出 $\omega_1=1.385$，表明领证夫妇中，初育为男孩的可能性比初育为女孩的可能性更大，前者是后者的 1.385 倍，或者说前者比后者大 38.5%；类似地，$\omega_4=0.714$，表明初育为女孩夫妇领证的可能性要比未领证的可能性小，前者只相当于后者的 71.4%，也可以说前者比后者小 28.6%。可见，发生比测量的是各自类别上的偏好强度。

行变量和列变量都包含不同的类别，因此，可进一步将基于它们得到的不同类别的发生比求比值，以反映不同类别之间发生比的相对大小，即对偏好强度的相对大小进行度量。发生比之比（被称作优势比）正是这样的指标。比如，基于上述对例 1 得到的发生比结果，可以进一步求得初育孩子性别为男孩和女孩两个类别间发生比之比，即得到优势比，记为 θ，以衡量初育孩子性别不同情况下领证可能性的相对大小：

$$\theta=\frac{p_{11}/p_{21}}{p_{12}/p_{22}}=\frac{p_{11}\times p_{22}}{p_{12}\times p_{21}}=\frac{f_{11}\times f_{22}}{f_{12}\times f_{21}} \tag{13}$$

可见，优势比可由正对角线上 2 个单元格中频数乘积作为分子、反对角上 2 个单元格中频数乘积为分母求比值得到，故其也被称作交叉乘积比①。实际上，对于一个如例 1 所示的 2×2 交互表，可以构建不止一个优势比。式（13）是沿着列变量方向构建的，其实也可以沿着行变量方向构建。但是，仔细观察式（13），不难发现，不管如何构建优势比，所用的信息完全相同。换言之，若对交互表做行列转置②，优势比不会变；若同时改变行变量和列变量的类别顺序，优势比也不会变③。这意味着，和相关系数一样，优势比测量也是对称的。故优势比也只是一种关联测量，而并未区分因变量和自变量。

但是，优势比的解释取决于参照类的选择。式（13）中，$\theta=\omega_3/\omega_4=(f_{11}\times f_{22})/(f_{12}\times f_{21})=(212\times 214)/(186\times 153)=1.594$，它以行变量和列变量的第二类别（分别为未领证、初育为女孩）作为参照类，故可被解释为：相比于初育为女孩的夫妇，初育为男孩夫妇领证相对于未领证的发生比大 59.4%。即初育为男孩的夫妇（比初育为女孩夫妇）更可能领取

① 若基于观测频数，所得到的优势比被称作观测优势比。

② 即行变量变成列变量，而列变量变成行变量。

③ 实际上，优势比具有不随总样本量、行边缘分布和列边缘分布的改变而改变的属性（Powers and Xie，2008）。

独生子女证。但是，若换成以行变量和列变量的第一类（即领证、初育为男孩）作为参照类，那么，优势比 $\theta=(f_{22}\times f_{11})/(f_{21}\times f_{12})=(214\times 212)/(153\times 186)=1.594$，虽然数值与前面一样，但它表示的却是：相比于初育为男孩的夫妇，初育为女孩夫妇未领证相对于领证的发生比大 59.4%，即该优势比表明初育为女孩的夫妇（比初育为男孩夫妇）更可能未领取独生子女证。虽然优势比结果的解释上不同，但都表明夫妇是否领取独生子女证与其初育孩子性别之间有关联。虽然 2×2 交互表可以构建出不止一个优势比，不过实际上只有一个有意义的优势比，其他都是冗余的，即都是同义反复的表达。通过选择不同的参照类，可得到相同的优势比，或者得到的该优势比的倒数（Powers and Xie，2008：74）。但是，不管怎么样，优势比是对不同类别之间偏好强度的一个比较，测量的是相对偏好强度，从而反映出行变量和列变量之间的关联。

一般地，对于一个 $I\times J$ 交互表，行变量 A 有 I 个类别，列变量 B 有 J 个类别。令 i、i' 和 j、j' 分别表示行变量和列变量的两个不同类别。那么，交互表中的关联可用以下一组优势比加以描述：

$$\theta_{iji'j'}=\frac{p_{ij}\times p_{i'j'}}{p_{i'j}\times p_{ij'}}=\frac{f_{ij}\times f_{i'j'}}{f_{i'j}\times f_{ij'}}\qquad 1\leqslant i<i'\leqslant I,\ 1\leqslant j<j'\leqslant J \tag{14}$$

该式定义了一组完整的优势比，一共包括 $[I\times(I-1)]/2\times[J\times(J-1)]/2$ 个不同的优势比。但是，其中包含了一些冗余的信息。其实只需要 $(I-1)(J-1)$ 个优势比即可包含反映变量间关联的全部信息，它们被称作基本优势比。其他优势比可通过 $(I-1)(J-1)$ 个基本优势比推算得到。

可以用不同的方法得到基本优势比（Rudas，1998：20－25）。一种被称作局部优势比（local odds ratio）方法，一种被称作间隔单元格方法（spanning cell approach）。两种方法的差别在于构建优势比时如何选择参照类。

局部优势比方法基于相邻行和列的 $(I-1)(J-1)$ 个 2×2 子交互表构建基本的非冗余优势比。因为每个优势比基于整个交互表局部区域内相邻两行和两列构成 2×2 子交互表得到，故将其称作局部优势比。若以 $\theta_{ij}^{(l)}$ 表示局部优势比，则①：

$$\theta_{ij}^{(l)}=\frac{p_{ij}\times p_{(i+1)(j+1)}}{p_{i(j+1)}\times p_{(i+1)j}}=\frac{f_{ij}\times f_{(i+1)(j+1)}}{f_{i(j+1)}\times f_{(i+1)j}}\qquad i=1,\ \cdots,\ I,\ j=1,\ \cdots,\ J \tag{15}$$

显然，每一局部优势比会涉及行变量的两个类别和列变量的两个类别，且类别之间要相邻。因此，当研究者对相邻类别之间的关联感兴趣时，采用局部优势比方法得到基本优势比是一个非常好的选择。表 8—12 是一个 4×4 交互表，表 8—13 则呈现了以相邻行和列得到的局部优势比。其他涉及非相邻两行和两列的优势比都可以通过这些局部优势比推算得到。比如，表 8—12 中涉及第 2、3 行与第 2、4 列的优势比可表达为：

$$\frac{f_{22}\times f_{34}}{f_{24}\times f_{32}}=\frac{f_{22}\times f_{34}\times f_{23}\times f_{33}}{f_{24}\times f_{32}\times f_{23}\times f_{33}}=\frac{f_{22}\times f_{33}}{f_{23}\times f_{32}}\times\frac{f_{23}\times f_{34}}{f_{24}\times f_{33}}=\theta_{22}\theta_{23}$$

一般地，局部优势比之外的所有其他优势比可根据下式推算得到：

$$\frac{p_{ij}\times p_{i'j'}}{p_{ij'}\times p_{i'j}}=\frac{f_{ij}\times f_{i'j'}}{f_{ij'}\times f_{i'j}}=\prod_{i\leqslant k<i'}\prod_{j\leqslant l<j'}\theta_{kl}^{(l)} \tag{16}$$

① 式中，$\theta_{ij}^{(l)}$ 的上标中 l 表示该优势比是采用局部优势比方法得到的。

表 8—12　　一个 4 × 4 交互表

行变量 A	列变量 B			
	1	2	3	4
1	f_{11}	f_{12}	f_{13}	f_{14}
2	f_{21}	f_{22}	f_{23}	f_{24}
3	f_{31}	f_{32}	f_{33}	f_{34}
4	f_{41}	f_{42}	f_{43}	f_{44}

表 8—13　　基于 4 × 4 交互表得到的非冗余优势比：局部优势比方法

列变量 A	行变量 B		
	2 相对于 1	3 相对于 2	4 相对于 3
2 相对于 1	$\theta_{11}=\frac{f_{11}\times f_{22}}{f_{12}\times f_{21}}$	$\theta_{12}=\frac{f_{12}\times f_{23}}{f_{13}\times f_{22}}$	$\theta_{13}=\frac{f_{13}\times f_{24}}{f_{14}\times f_{23}}$
3 相对于 2	$\theta_{21}=\frac{f_{21}\times f_{32}}{f_{22}\times f_{31}}$	$\theta_{22}=\frac{f_{22}\times f_{33}}{f_{23}\times f_{32}}$	$\theta_{23}=\frac{f_{23}\times f_{34}}{f_{24}\times f_{33}}$
4 相对于 3	$\theta_{31}=\frac{f_{31}\times f_{42}}{f_{32}\times f_{41}}$	$\theta_{32}=\frac{f_{32}\times f_{43}}{f_{33}\times f_{42}}$	$\theta_{33}=\frac{f_{33}\times f_{44}}{f_{34}\times f_{43}}$

与局部优势比方法不同，间隔单元格方法构建基本优势比是通过与相同参照类进行比较的方式来进行。所以，以间隔单元格方法计算 $I\times J$ 交互表的优势比需要先指定参照类，然后其他类别均与其做对比来构建优势比。这类似于前面章节介绍的将分类变量的虚拟编码纳入回归模型的情形①。与局部优势比方法一样，也可以得到（$I-1$）（$J-1$）个基本优势比。这里将其称作间隔单元格优势比，记为 $\theta_{ij}^{(s)}$，以便与局部优势比相区别②。若以最后一个类别作为参照类，则：

$$\theta_{ij}^{(s)}=\frac{p_{ij}\times p_{IJ}}{p_{iJ}\times p_{Ij}}=\frac{f_{ij}\times f_{IJ}}{f_{iJ}\times f_{Ij}}\qquad i=1,\cdots,I-1,\ j=1,\cdots,J-1 \tag{17}$$

许多统计软件都默认以最后一类作为参照类，SPSS 亦如此。当然，采用任一类别作为参照类都是可以的，且选择不同的参照类只会影响参数估计值的解释，但并不会对结论有任何影响。故，当研究有明确的参照类时，以间隔单元格方法构建基本优势比是很好的选择。基于式(17)，对表 8—12，以第四个类别作为参照类，可以构建如表 8—14 所示的 9 个基本优势比。

表 8—14　　基于 4 × 4 交互表得到的非冗余优势比：间隔单元格方法

列变量 A	行变量 B		
	1 相对于 4	2 相对于 4	3 相对于 4
1 相对于 4	$\theta_{11}=\frac{f_{11}\times f_{44}}{f_{14}\times f_{41}}$	$\theta_{12}=\frac{f_{12}\times f_{44}}{f_{14}\times f_{42}}$	$\theta_{13}=\frac{f_{13}\times f_{44}}{f_{14}\times f_{43}}$
2 相对于 4	$\theta_{21}=\frac{f_{21}\times f_{44}}{f_{24}\times f_{41}}$	$\theta_{22}=\frac{f_{22}\times f_{44}}{f_{24}\times f_{42}}$	$\theta_{23}=\frac{f_{23}\times f_{44}}{f_{24}\times f_{43}}$
3 相对于 4	$\theta_{31}=\frac{f_{31}\times f_{44}}{f_{34}\times f_{41}}$	$\theta_{32}=\frac{f_{32}\times f_{44}}{f_{34}\times f_{42}}$	$\theta_{33}=\frac{f_{33}\times f_{44}}{f_{34}\times f_{43}}$

① 不一样的是，交互表的参照类实际上同时涉及行变量和列变量，是二维的。所以，严格地讲，应该是设定参照单元格（reference cell）。相应地，那些与之进行比较的由其他行和列所确定的单元格被称作间隔单元格（spanning cell）。

② $\theta_{ij}^{(s)}$ 中的上标 s 表示该优势比是采用间隔单元格方法得到的。

类似地，根据间隔单元格优势比 $\theta_{ij}^{(s)}$ 可以推导出其他所有可能的优势比，具体计算式为：

$$\frac{p_{ij}\times p_{i'j'}}{p_{ij'}\times p_{i'j}}=\frac{f_{ij}\times f_{i'j'}}{f_{ij'}\times f_{i'j}}=\frac{\theta_{ij}^{(s)}\theta_{i'j'}^{(s)}}{\theta_{ij'}^{(s)}\theta_{i'j}^{(s)}},1\leqslant i<i'\leqslant I,1\leqslant j<j'\leqslant J \tag{18}$$

比如，表 8—12 中涉及第 2、3 行与第 2、3 列的优势比可表达为：

$$\begin{aligned}\theta_{2233}&=\frac{p_{22}\times p_{33}}{p_{23}\times p_{32}}\\&=\frac{f_{22}\times f_{33}}{f_{23}\times f_{32}}\\&=\frac{\dfrac{f_{22}\times f_{44}}{f_{24}\times f_{42}}\times\dfrac{f_{33}\times f_{44}}{f_{34}\times f_{43}}}{\dfrac{f_{23}\times f_{44}}{f_{24}\times f_{43}}\times\dfrac{f_{32}\times f_{44}}{f_{34}\times f_{42}}}\\&=\frac{\theta_{22}^{(s)}\theta_{33}^{(s)}}{\theta_{23}^{(s)}\theta_{32}^{(s)}}\end{aligned}$$

显然，优势比的取值范围为［0，+∞］。优势比等于 1 表明两个变量之间不存在关联，即两者在统计上是独立的。如果将优势比取自然对数，即得到对数优势比 log（θ）。它的取值范围为［−∞，+∞］，而且 0 值表示统计独立或不存在关联。同时，log（θ）的符号还表明了关联的方向，正号表明行变量和列变量之间存在正向关联，负号则表明存在负向关联。可见，对数优势比在使用上比优势比更方便。而且，可以与我们熟悉的回归系数 B 等于 0 意味着自变量无影响及其符号和大小分别表明了影响方向和强度的认识统一起来了。

不管采用哪种方法构建基本优势比，对于独立模型，都有 $\theta_{iji'j'}=1$，或 $\log\theta_{iji'j'}=0$ 。

（2）对数优势比与对数线性模型参数之间的联系

若采用期望频数 F_{ij}，那么基于公式（14）得到的就是期望优势比，即：

$$\theta_{iji'j'}=\frac{F_{ij}\times F_{i'j'}}{F_{i'j}\times F_{ij'}},1\leqslant i<i'\leqslant I,1\leqslant j<j'\leqslant J$$

将其取对数，得到对数期望优势比：

$$\begin{aligned}\log\theta&=\log\Big(\frac{F_{ij}/F_{ij'}}{F_{i'j}/F_{i'j'}}\Big)=\log\Big(\frac{F_{ij}F_{i'j'}}{F_{i'j}F_{ij'}}\Big)\\&=(\mu+\mu_i^A+\mu_j^B+\mu_{ij}^{AB})+(\mu+\mu_{i'}^{A'}+\mu_{j'}^{B'}+\mu_{i'j'}^{AB})\\&\quad-(\mu+\mu_{i'}^{A'}+\mu_j^B+\mu_{i'j}^{AB})-(\mu+\mu_i^A+\mu_{j'}^{B'}+\mu_{ij'}^{AB})\\&=\mu_{ij}^{AB}+\mu_{i'j'}^{AB}-\mu_{i'j}^{AB}-\mu_{ij'}^{AB}\end{aligned} \tag{19}$$

若采用以类别 i' 和 j' 为参照类的虚拟编码方式对参数进行规范化，那么，此式可简化为 $\log\theta_{iji'j'}=\mu_{ij}^{AB}$ 。可见，对数优势比对应着对数线性模型中的交互项参数[①]。因此，和 logistic 回归中一样，可以采用优势比的形式来解释对数线性模型交互项参数估计值的含义。当 $\mu_{ij}^{AB}=0$ 时，意味着不存在关联；当 $\mu_{ij}^{AB}\neq0$ 时，意味着存在关联，其为正值表示存在正向关联，为负值则表示存在负向关联。

那么，又该如何解释行变量或列变量的主效应参数呢？一个方法就是考虑对数条件发生比。假定行变量 A 为解释变量，类别为 i=1，2，…，I，列变量 B 为结果变量，类别为 j=1，

① 对于更高维交互表，采用虚拟编码还能使模型筛除那些自变量之间形成的交互项。这可以起到使模型简化和突出研究焦点的作用。

2，…，J，并且令 j 和 j' 代表变量 B 的任意两个类别，那么：

$$\begin{aligned}\log\left(\frac{\pi_{j|i}}{\pi_{j'|i}}\right)&=\log\left(\frac{F_{ij}/F_{i+}}{F_{ij'}/F_{i+}}\right)=\ln\left(\frac{F_{ij}}{F_{ij'}}\right)\\&=\ln F_{ij}-\ln F_{ij'}\\&=\mu+\mu_i^A+\mu_j^B+\mu_{ij}^{AB}-(\mu+\mu_i^A+\mu_j^{B'}+\mu_{ij'}^{AB})\\&=\mu_j^B-\mu_j^{B'}+\mu_{ij}^{AB}-\mu_{ij'}^{AB}\end{aligned}\tag{20}$$

同样地，若规范化时采用虚拟编码，并且将第 j' 类设定为参照类，那么，此式可简化成 $\mu_j^B+\mu_{ij}^{AB}$ 。对于独立模型，有 $\mu_{ij}^{AB}=0$ ，即优势比 $\theta_{ij i'j'}=1$ ，因此，若对表示列变量主效应的参数 μ_j^B 取自然指数，得到 $\pi_{j|i}/\pi_{j'|i}=\exp(\mu_j^B)$ 。显然，它就是前面提到的基于行变量计算的列变量为第 j 类相对于参照类第 j' 类的发生比。因为是基于行变量的第 i 个类别计算的，故准确地讲是条件发生比。因此，列变量的边缘参数 μ_j^B 是条件对数发生比。类似地，行变量的边缘参数 μ_i^A 所表达的也是条件对数发生比。

如果独立模型不成立，那么，条件对数发生比 μ_j^B 就会随着行变量类别 i 的变动而变动，变动的量为交互项参数 μ_{ij}^{AB} ，也就是式（19）的情形。

5. 采用 SPSS 拟合对数线性模型

（1）模块选择说明。

用 SPSS 进行对数线性模型分析，有两个模块可选择：传统的对数线性模型（Loglinear）模块和新近的广义线性模型模块①。其中，对数线性模型模块既可以针对汇总的交互表数据，也可以针对原始的个体案例数据。若采用如表 8—1 所示的交互表数据，其数据录入格式如表 8—15 所示。很明显，每个单元格作为一条数据记录，该条记录包含了行变量和列变量的编码值以及相应单元格中的观测频数。使用这种数据时，分析过程中需要以观测频数变量（即表中的 COUNT 变量）为权重变量进行加权处理。而广义线性模型模块只能使用交互表数据，此时要将观测频数变量设定为因变量（Dependent Variable），并假定其服从泊松分布，而行变量和列变量则设定为因素（Factors）。显然，以广义线性模型模块进行对数线性模型分析在形式上与式（8）相一致，即形式类似于以观测频数的对数为因变量，以行变量和列变量作为自变量。

表 8—15　　将例 1 数据输入 SPSS 中的格式示意

SEX	TAKE	COUNT
1	1	212
1	2	186
2	1	153
2	2	214

注：数据中共有 4 条记录，但实际包含 $n=765$ 个案例。

考虑到广义线性模型模块应用得越来越广泛且能给出更多的拟合优度统计量，同时交互表数据获得的便利性，这里不介绍如何以传统 Loglinear 模块拟合对数线性模型的 SPSS 操作，对此感兴趣的读者，可参考本书的第一版及 2003 年后重新印刷版所附光盘中的补充说明。

（2）以广义线性模型模块拟合对数线性模型的操作简介。

虽然前面我们已经给出了有关模型下例 1 的参数估计结果，但并未说明如何通过 SPSS 得

① 请不要将其与 SPSS 原来的一般线性模型（General Linear Model）搞混。广义线性模型是 SPSS 在第 15 版起新增加的分析模块。

到这些参数估计结果。这里我们做一简明扼要的介绍。若采用广义线性模型，实际上可理解为是以泊松回归对列联表进行统计分析。

打开 SPSS 数据sex-take. sav，在菜单上依次点击 Analyze → Generalized Linear Models → Generalized Linear Models，即弹出广义线性回归模型的设定窗口。本书前面的 logistic 回归和泊松回归两章中均曾提到，这个模块可以拟合多种回归模型，包括因变量为定距变量、定序变量、多分类定类变量、二分变量和计数变量的情形。因此，首先需要设定模型类型（Type of Model）。以交互表数据进行对数线性模型分析时，因变量为观测频数，故这里须选“Counts”栏目中的 Poisson loglinear①。

然后，点击窗口上端的 Response 选项卡设置因变量，在窗口左侧的变量列表中将 COUNT 变量选中，并通过点击向右箭头将其送入因变量（Dependent Variable）栏内。在此基础上，可设定前面提到的不同模型。

若拟合总均值模型，只需点击 Model 选项卡以确认该界面下方的“Include intercept in model”被勾选上即可，无须再做其他设定，直接点击窗口下方的 OK，即进行模型拟合。换言之，SPSS 默认的截距模型即为这里的总均值模型。得到的模型估计结果如表 8—6 所示。

若拟合行效应模型，先点击 Predictors 选项卡进入自变量设定窗口，将变量列表（Variables）中的 TAKE 选入“Factors”栏内。接着，点击 Model 选项卡进入模型效应项设定窗口，这里选中自变量（Factors and Covariates）列表中的 TAKE，并在中部 Build Term（s）栏内设定效应的类型（Type），在下拉选项里选择“Main effects”（即主效应），再点击右向箭头，将 TAKE 变量送入右侧的“Model”栏内。另外，如果需要的话，可在 Save 选项卡中，勾选“Predicted value of mean of response”，要求给出每一单元格频数的估计值，以便后续分析中使用。其他均采用 SPSS 的默认设定，即行效应模型设定完成。点击窗口下方的 OK，开始模型拟合，表 8—16 呈现了模型拟合结果。前面提到，参数规范化时，SPSS 采用虚拟编码方式且默认以最后一类作为参照类，故表中［TAKE=2］的系数被限定为等于 0。

表 8—16　　例 1 的行效应模型拟合结果

Parameter Estimates

Parameter	B	Std. Error	95% Wald Confidence Interval		Hypothesis Test		
			Lower	Upper	Wald Chi-Square	df	Sig.
Parameter	5.2983	.0500	5.2033	5.3963	11228.867	1	.000
［TAKE=1］	−.0916	.0724	−.2334	.0503	1.600	1	.206

① 对交互表数据也可以通过点击 SPSS 的 Analyze → Loglinear → General，以一般对数线性模型（General Loglinear Analysis）的方式进行分析。不过，这时应同时选择单元格中的计数（Distribution of Cell Counts）服从泊松分布，且以单元格观测频数为权重进行加权处理。

续前表

Parameter	B	Std. Error	95% Wald Confidence Interval		Hypothesis Test		
			Lower	Upper	Wald Chi-Square	df	Sig.
[TAKE=2]	0[a]						
(Scale)	1[b]						

Dependent Variable：COUNT

Model：(Intercept)，TAKE

a. Set to zero because this parameter is redundant.

b. Fixed at the displayed value.

基于表 8—13 中的结果，可得到每一单元格的期望频数：

$$F_{11}=\exp(\mu+\mu_1^A+\mu_1^B)=\exp(5.2983-0.0916+0)=182.50$$

$$F_{12}=\exp(\mu+\mu_1^A+\mu_2^B)=\exp(5.2983-0.0916+0)=182.50$$

$$F_{21}=\exp(\mu+\mu_1^A+\mu_2^B)=\exp(5.2983+0+0)=200.00$$

$$F_{22}=\exp(\mu+\mu_2^A+\mu_2^B)=\exp(5.2983+0+0)=200.00$$

这与表 8—8 中的结果一致。不难发现，同一行中不同列的频数相同，但会随着行的不同而不同。换言之，单元格频数的差异是因行变量取值类别的不同而引起的。若将［TAKE=1］的回归系数−0.091 6 取自然指数得到，exp(−0.091 6)＝0.912 5，它实际上就是行效应模型下领证的期望发生比。注意，这一结果本身并没有意义，因为行效应模型对数据的拟合并不好。这一点从后面有关模型比较的讨论中会看到。

若拟合列效应模型，先点击 Predictors 选项卡进入自变量设定窗口，将定类变量 SEX 也选入“Factors”栏内。接着，点击 Model 选项卡进入模型效应项设定窗口。如果是刚刚做完行效应模型，那么“Model”栏内还是 TAKE，需要选择它后通过左向箭头将其移除。这一步后，选中自变量列表中的 SEX，并在中部 Build Term（s）栏内设定效应的类型为“Main effects”（即主效应），再点击右向箭头，将 SEX 变量送入右侧的“Model”栏内。其他均采用 SPSS 的默认设定，即完成列效应模型的设定。点击窗口下方的 OK，开始模型拟合。表 8—17 呈现了模型拟合结果。因为以最后一类作为参照类，故表中［SEX=2］的系数被限定为等于 0。前面表 8—9 中给出的单元格期望频数是基于此表中相应参数估计结果得到：

$$F_{11}=\exp(5.2122+0.0811)=199.00,\ F_{12}=\exp(5.2122)=183.50$$

$$F_{21}=\exp(5.2122+0.0811)=199.00,\ F_{22}=\exp(5.2122)=183.50$$

很明显，因为行变量 TAKE 没有纳入模型，故单元格频数只随着列的不同而不同，即只与列变量的效应有关。类似地，若将［SEX=1］的回归系数取自然指数，exp（0.081 1）＝1.084 5，它表达的是列效应模型下初育为男孩的期望发生比。同样地，这一结果本身并没有意义，因为列效应模型对数据的拟合并不好。后面也会看到这一点。

表 8—17　　例 1 的列效应模型拟合结果

Parameter Estimates

Parameter	B	Std. Error	95% Wald Confidence Interval		Hypothesis Test		
			Lower	Upper	Wald Chi-Square	df	Sig.
(Intercept)	5.2122	.0522	5.1099	5.3145	9970.356	1	.000

续前表

Parameter	B	Std. Error	95% Wald Confidence Interval		Hypothesis Test		
			Lower	Upper	Wald Chi-Square	df	Sig.
[SEX=1]	.0811	.0724	−.0608	.2229	1.256	1	.263
[SEX=2]	0[a]						
(Scale)	1[b]						

Dependent Variable：COUNT
Model：(Intercept)，SEX
a. Set to zero because this parameter is redundant.
b. Fixed at the displayed value.

若拟合独立模型，在自变量设定窗口将定类变量 SEX 和 TAKE 同时选入“Factors”栏内。接着，点击 Model 选项卡进入模型效应项设定窗口，这里选中 Factors and Covariates 列表中的 SEX 和 TAKE，并在中部 Build Term（s）栏内设定效应的类型为“Main effects”（即主效应），再点击右向箭头，将它们送入右侧的“Model”栏内。其他均采用 SPSS 的默认设定，即完成独立模型的设定。点击窗口下方的 OK，开始模型拟合，表 8—18 呈现了模型拟合结果。因为以最后一类作为参照类，故表中［SEX=2］和［TAKE=2］的系数均被限定为等于 0。

表 8—18　　例 1 的独立模型拟合结果

Parameter Estimates

Parameter	B	Std. Error	95% Wald Confidence Interval		Hypothesis Test		
			Lower	Upper	Wald Chi-Square	df	Sig.
(Intercept)	5.2570	.0626	5.1343	5.3796	7054.188	1	.000
[SEX=1]	.0811	.0724	−.0608	.2229	1.256	1	.263
[SEX=2]	0[a]						
[TAKE=1]	−.0916	.0724	−.2334	.0503	1.600	1	.206
[TAKE=2]	0[a]						
(Scale)	1[b]						

Dependent Variable：COUNT
Model：(Intercept)，SEX，TAKE
a. Set to zero because this parameter is redundant.
b. Fixed at the displayed value.

因为 SPSS 采用虚拟编码且默认将变量的最后一个取值类别作为参照类，基于上表中结果会有：

$$F_{11} = \exp(\mu + \mu_1^A + \mu_1^B) = \exp(5.2570 - 0.0916 + 0.0811) = 189.90$$
$$F_{12} = \exp(\mu + \mu_1^A + \mu_2^B) = \exp(5.2570 - 0.916 + 0) = 175.11$$
$$F_{21} = \exp(\mu + \mu_2^A + \mu_1^B) = \exp(5.2570 + 0 + 0.0811) = 208.12$$
$$F_{22} = \exp(\mu + \mu_2^A + \mu_2^B) = \exp(5.2570 + 0 + 0) = 191.90$$

单元格的频数取值会随着行效应或列效应参数估计值而变，但是不会同时受到行效应和列效应的交互影响。前面提到，对于独立模型，参数 μ_i^A 和 μ_j^B 刻画的是条件对数发生比，它们的自然指数对应着条件发生比。故，[SEX=1] 回归系数的自然指数 exp(0.081 1) = 1.084 5，表示，对于领取独生子女证的夫妇，初育为男孩的发生比为 1.084 5。类似地，[TAKE=1] 回归系数的自然指数 exp(−0.091 6) = 0.912 5 表示，对于初育为男孩的夫妇，领取独生子女证的发生比为 0.912 5。同样地，这些结果本身并没有意义，因为后面会提到独立模型对数据的拟合并不好。

若拟合饱和模型，先点击 Predictors 选项卡进入自变量设定窗口，将定类变量 SEX 和 TAKE 同时选入 Factors 栏内。接着，点击 Model 选项卡进入模型效应项设定窗口，除了选中 Factors and Covariates 列表中的 SEX 和 TAKE，并将它们的主效应送入右侧 "Model" 栏内之外，还需借助中部 Build Term (s) 栏内设定效应的类型为 Interaction effects（即交互效应），再点击右向箭头，将它们的交互乘积送入右侧的 "Model" 栏内。其他均采用 SPSS 的默认设定，即完成饱和模型的设定。点击窗口下方的 OK，开始模型拟合，表 8—19 呈现了模型拟合结果。

表 8—19　　例 1 的饱和模型拟合结果

Parameter Estimates

Parameter	B	Std. Error	95% Wald Confidence Interval		Hypothesis Test		
			Lower	Upper	Wald Chi-Square	df	Sig.
(Intercept)	5.3660	.0684	5.2320	5.5000	6161.851	1	.000
[SEX=1]	−.1402	.1002	−.3367	.0562	1.957	1	.162
[SEX=2]	0[a]						
[TAKE=1]	−.3355	.1059	−.5430	−.1280	10.0444	1	.002
[TAKE=2]	0[a]						
[SEX=1] * [TAKE=1]	.4664	.1460	.1803	.7524	10.2106	1	.001
[SEX=1] * [TAKE=2]	0[a]						
[SEX=2] * [TAKE=1]	0[a]						
[SEX=2] * [TAKE=2]	0[a]						
(Scale)	1[b]						

Dependent Variable：COUNT

Model：(Intercept)，SEX，TAKE，SEX * TAKE

a. Set to zero because this parameter is redundant.

b. Fixed at the displayed value.

饱和模型是对交互表数据的完美拟合，故基于表中参数估计结果，可以复原出所对应交互表中每个单元格的观测频数：

$$F_{11} = \exp(\mu + \mu_1^A + \mu_1^B + \mu_{11}^{AB}) = \exp(5.366\,0 - 0.140\,2 - 0.335\,5 + 0.466\,4) = 212$$

$$F_{12} = \exp(\mu + \mu_1^A + \mu_2^B + \mu_{12}^{AB}) = \exp(5.366\,0 - 0.335\,5 + 0 + 0) = 153$$

$$F_{21} = \exp(\mu + \mu_2^A + \mu_1^B + \mu_{21}^{AB}) = \exp(5.2983 + 0 - 0.1402 + 0) = 186$$

$$F_{22} = \exp(\mu + \mu_2^A + \mu_2^B + \mu_{22}^{AB}) = \exp(5.3660 + 0 + 0 + 0) = 214$$

很明显，这与前面表8—1中呈现的观测数据完全一致。不同于前面，这里因为考虑了是否领取独生子女证与初育孩子性别之间的交互效应，故单元格中频数的分布会同时受到两者的影响，影响的大小体现在交互项参数 μ_{ij}^{AB} 上。它们其实就是当前行和列类别与其参照类之间的对数发生比，其指数形式可用于反映行变量和列变量之间关联的强度。因为我们这里是一个2×2交互表，由于规范化的缘故，只有一个非零的交互效应，即 μ_{11}^{AB} 。对其取自然指数，有 $\theta = \exp(\mu_{11}^{AB}) = \exp(0.4664) = 1.5942$ ，这意味着，在已经生育过一个孩子的夫妇中，初育为男孩情况下领证的发生比是初育为女孩情况下的1.594倍，即高59.4%。这与前面计算的结果相一致。同时，Sig. 一列中的结果，显著性水平 $p = 0.001 < 0.05$，对数优势比显著地区别于0，亦即优势比显著地区别于1。这意味着，是否领取独生子女证与初育孩子性别之间的关联统计上显著。这与前面的 χ^2 检验结果相一致。

6. 模型拟合评价与比较

与其他统计方法相比，模型拟合评价与比较在应用对数线性模型时往往更为重要。因为以对数线性模型分析交互表往往可以拟合出一系列的模型，这些模型分别对应着不同的关联结构。

基于式（7）或式（8）所示的饱和模型，可以做到单元格期望频数 F_{ij} 与其对应的观测频数 f_{ij} 完全相等，做到对观测频数的完美拟合，因为该模型包含了所有可能的效应参数。这也是其被称作饱和模型的原因。但是，由于饱和模型缺乏简约性，故拟合饱和模型通常并不是实际研究的兴趣所在。相反，基于理论或已有研究，验证某些效应项参数尤其是反映变量间关联的交互项参数 τ_{ij} 等于1（或者，对应的 $\mu_{ij}=0$）才是真正的研究目的，并且研究者往往希望找到更简洁的模型。换言之，尽管所有其他非饱和模型都没有精确拟合交互表，但它们有可能已经很好地反映了其中的基本关联结构。另一方面，几乎任一模型都优于零模型，但是最有意义的是比较独立模型与可以反映基本关联结构的非饱和模型。一方面，反映基本关联结构是研究目的所在，另一方面是为了尽量使模型保持简洁。正因为如此，几乎所有的对数线性建模实践都以拟合独立模型作为起点，并将其作为模型比较的基准。因此，找到一个在拟合优度上比较接近于饱和模型但又更加简洁的模型是对数线性建模的一个基本任务。

前面讲到，在广义线性模型框架下，对数线性模型分析实际上就是以观测频数为因变量、以行变量和列变量为自变量进行泊松回归。因此，模型拟合评价与比较的方法和指标与泊松回归中完全一致。以下对有关统计量做一简要说明，详细的内容可参考泊松回归一章的有关内容。

如果是就两个存在嵌套关系的模型进行比较，比如行效应模型与零模型、独立模型与列效应模型，可以采用以下统计量：

$$G^2 = 2\sum f_{ij}\ln\left(\frac{f_{ij}}{F_{ij}}\right) = -2(\ln L_R - \ln L_F) \tag{21}$$

其中 f_{ij} 为观测频数，F_{ij} 为期望频数，L_R 和 L_F 分别为简化模型和完全模型的似然函数值。因为 G^2 服从卡方分布，自由度为两个模型的自由度之差。需要注意两种特殊情形下 G^2 统计量的值。第一种情形下，以饱和模型为参照①，得到偏差统计量 D，SPSS 输出中记为 Deviance，

① 饱和模型的自由度 $df=0$，$G^2=0$。

在拟合优度（Goodness of Fit）指标表格中给出。第二种情形下，以零模型（即总均值模型或截距模型）为参照，得到似然比卡方统计量，SPSS 输出中记为 Likelihood Ratio Chi-Square，在模型整体检验（Omnibus Test）表格中呈现。其他情形下的 G^2 值无法直接得到。不过，SPSS 虽然不能直接报告针对某两个嵌套模型进行比较的 G^2，但会报告每个模型的对数似然值，故可以很容易地根据模型输出结果基于式（21）计算得到。如果 G^2 统计量统计显著，意味着简化模型对数据的拟合统计上显著地劣于完全模型，故此时完全模型更优。反之，则表明简化模型更优①。

G^2 作为比较模型拟合的统计量有一个明显的不足，当样本规模较大时，往往导致倾向于接受更为复杂模型的检验结果。换言之，因为样本量的缘故，似然比卡方检验会倾向于拒绝原本可以接受的模型。另外，某些需要比较的模型之间可能并不存在嵌套关系，那么，G^2 统计量就不能胜任模型比较的任务。为此，统计学家们提出了基于信息标准的统计量，其中常用是 AIC 和 BIC。SPSS 会在输出结果中给出 AIC 和 BIC 两个拟合统计量的值，还会提供有限样本修正的 AIC（记为 AICC）和一致性 AIC（记为 CAIC）。通常，AIC 和 BIC 的值越小意味着模型对数据拟合越好。因此，就多个模型进行比较时，应当选择 AIC 和 BIC 值最小的模型②。

基于表 8—1，表 8—20 呈现了以 SPSS 拟合各种模型时输出的模型整体检验结果（在 Omnibus Test 中给出）。表中汇总了所拟合的各模型与零模型的似然比卡方（Likelihood Ratio Chi-Square）的比较结果，即 $-2(\ln L_C - \ln L_0)$，其中，$\ln L_C$ 为当前拟合模型的对数似然值，$\ln L_0$ 为零模型的对数似然值。所以，表中零模型的似然比卡方值等于 0，因为这时为 $-2(\ln L_0 - \ln L_0) = -2 \times [-20.738 - (-20.738)] = 0$③。类似地，可以得到其他各模型的似然比卡方值。重要的是，表中信息表明，只有饱和模型的拟合优度才比零模型有统计性显著的改善（Sig. ＝0.004）。

表 8—20　对例 1 拟合的各模型的似然比卡方检验结果

模型	Likelihood Ratio Chi-Square	df	Sig.
零模型	0.000		
行效应模型	1.602	1	.206
列效应模型	1.257	1	.262
独立模型	2.858	2	.239
饱和模型	13.142	3	.004

表 8—21 汇总了各模型的拟合优度统计量。其中饱和模型的 Deviance 和 Pearson Chi-Square 都等于 0，这是因为这两个统计量都是以饱和模型作为参照进行比较的结果。另外，表中 Log Likelihood 一行给出了各模型的对数似然值，这个量本身没有实际含义，但它是得到 Deviance、AIC、BIC、似然比卡方等统计量的基础信息。

倘若想要在列效应模型和行效应模型两者之间进行选择，就需要借助 AIC 和 BIC 统计量，

① 这里其实隐含着一个统计建模中经常遵循的简约原则，即在拟合优度不存在显著差别的情况下，应选择模型待估参数更少的模型。

② 泊松回归一章中曾提到，相比于 AIC 统计量，BIC 统计量对大样本惩罚得更厉害。

③ 当前拟合模型的对数似然值见表 8—21 中的 Log Likelihood 一行。

因为它们之间并不存在嵌套关系，故无法通过构建 G^2 统计量来完成。很明显，行效应模型的 AIC 和 BIC 均更小，故行效应模型要优于列效应模型。当然，实际上表 8—20 中的模型整体检验信息表明这两个模型对数据的拟合都很不理想。倘若想要在行效应模型和独立模型两者之间进行选择，因为两者存在嵌套关系，故既可以借助 AIC 和 BIC 统计量，也可以通过构建 G^2 统计量来做出判断。显然，行效应模型要优于独立模型。因为行效应模型的 AIC 和 BIC 都更小。同时，$G^2=-2\times[-19.937-(-19.309)]=1.257$。在显著性水平 $\alpha=0.05$、自由度为 1 时①，通过查卡方分布表，临界值为 $\chi^2_{0.05}(1)=3.841$ 大于 1.257，故统计上不显著，即没有足够的统计学证据支持独立模型。就所拟合的五个模型来看，毫无疑问饱和模型是最好的，因为它具有最小的 AIC 和 BIC 值。就例 1 分析而言，这意味着可以肯定行变量与列变量并不独立。换句话说，夫妇是否领取独生子女证与其初育子女的性别有显著的关联。

表 8—21　　对例 1 拟合的各模型的拟合优度统计量

Goodness of Fit[b]

统计量	零模型	行效应模型	列效应模型	独立模型	饱和模型
Deviance	13.142	11.541	11.886	10.284	.000
Pearson Chi-Square	12.752	11.497	11.837	10.258	.000
Log Likelihood[a]	−20.738	−19.937	−20.110	−19.309	−14.167
Akaike's Information Criterion (AIC)	43.476	43.874	44.220	44.618	36.334
Finite Sample Corrected AIC (AICC)	45.476	55.874	56.220		
Bayesian Information Criterion (BIC)	42.863	42.647	42.992	42.777	33.879
Consistent AIC (CAIC)	43.863	44.647	44.992	45.777	37.879

a. The full log likelihood function is displayed and used in computing information criteria.

b. Information criteria are in small-is-better form.

三、例 2：夫妇的教育程度匹配分析

大多数情况下，研究者针对交互表进行分析往往都对行变量和列变量间的关联感兴趣，即关注交互项参数 μ_{ij}^{AB} 或 τ_{ij}^{AB}，当然，同时会纳入主效应参数以对行变量和列变量的边缘分布进行饱和或精确拟合（Powers and Xie，2008：82）。对于一个 $I\times J$ 交互表的饱和模型而言，会有 $(I-1)(J-1)$ 项非冗余的交互项参数 μ_{ij}^{AB}，即完全交互。虽然它包含了所有可能与关联有关的信息，但出于简约性原则的考虑，几乎所有的研究者都对饱和模型不感兴趣。相反，研究者经常会基于理论或者已有的经验研究结论对变量间关联的模式提出具体的研究假设，并通过设定恰当的对数线性模型加以检验。实际上，对数线性模型的优势就在于能够方便地对与理论假设有关的交互项参数进行限定，从而使交互表分析并不局限于只是检验变量是否关联或者对观测频数进行拟合。基于前述的原理及有关的 SPSS 操作说明，本节将以实际调查数据中夫妇双方的教育程度匹配状况作为例 2 来扼要地加以示范与说明。

（一）数据说明

举例所用数据文件名为couples. sav，取自于 2001 年“全国计划生育/生殖健康调查”所收

① 行效应模型的自由度为 1，独立模型的自由度为 2，故 G^2 的自由度为 2−1=1。

集数据中有关丈夫和妻子受教育程度的信息。泊松回归一章对该数据有更为详细的介绍。对于本节的对数线性模型分析示范而言，无需原始数据信息，只需要如表8—22所示的基于丈夫和妻子受教育程度变量形成的交互表数据便足以。

婚配的模式反映着一个社会的结构化程度或者开放程度，像“门当户对”的婚姻匹配模式还会可能加重一个社会的收入不平等及其代际传递，对社会分层产生深远影响。例2分析仅限于婚姻中夫妇的教育程度匹配状况，这个问题一直是婚姻家庭研究中的热门话题。如果数据中再加入结婚年代的信息，表8—22就会变成一个三维的交互表，于是就可以分析婚姻的教育匹配模式随结婚队列而呈现出的变迁。比如，美国社会学家 Robert Mare（1991）曾基于1940年、1960年、1970年和1980年美国人口普查以及1985—1987年的当前人口调查（Current Population Survey，简称为CPS）对长达50年的教育同质婚配模式变迁趋势进行过分析。但是，本节主要是为了示范如何应用对数线性模型分析，因此不涉及婚姻中教育匹配的模式变迁。

表8—22　例2：夫妇双方受教育程度的观测频数表

妻子受教育程度	丈夫受教育程度				合计
	文盲	小学	初中	高中及以上	
文盲	1 229	2 511	1 789	530	6 059
小学	279	4 103	4 578	980	9 940
初中	69	1 389	7 052	2 179	10 689
高中及以上	18	152	1 166	3 492	4 828
合计	1 595	8 155	14 585	7 181	31 516

注：根据原始调查数据汇总得到。

需要说明的是，表8—22是一个二维表，且行变量和列变量具有相同的取值类别。这种形式的表格被称作方表（square table）。此类表格数据在婚配（妻子的受教育程度相对于丈夫的受教育程度）、社会流动（子代职业相对于父代职业，初职相对于现职）等研究领域很普遍。而其方形特性经常会赋予这些表格一些特殊的结构，比如，频数在主对角线处聚集，或者沿着对角线呈对称分布，研究者可以利用这些结构信息建立一些专门的模型，从而确立变量之间的关系模式。这些模型被称作水平模型（levels model）或拓扑模型（topological model）（Powers and Xie，2008：83-89）①。

（二）独立模型

前面提到，作为对数线性模型分析的基础或起点，总是从拟合独立模型开始的。拟合这个模型有两个方面的用途。一方面可以进行独立性检验，另一方面可以作为模型比较的基准。

独立模型只考虑边缘分布上的差异。对于本例而言，行变量 A 为妻子受教育程度，列变量 B 为丈夫受教育程度，故独立模型可表达为：

$$\log F_{ij} = \mu + \mu_i^A + \mu_j^B$$

这意味着假定表8—22中各单元格的频数只是由妻子和丈夫受教育程度的边缘分布决定的，

① 因为在寻找简约模型的过程中，研究者会将具有相似优势比（odds-ratio）的单元格归为一个类型或水平，从而将交互参数简化为一个拓扑模式或不同的水平。

但两者之间并不存在任何关联。换言之，妻子和丈夫之间在受教育程度上完全随机地婚配。

打开数据文件couples. sav，在菜单上依次点击 Analyze → Generalized Linear Models → Generalized Linear Models，即弹出一般化线性回归模型的设定窗口。接下来，依次：在 Type of Model 选项卡中，点选“Counts”栏目下的 Poisson loglinear；在 Response 选项卡中，从左侧栏内选中 freq 变量，并将其送入“Dependent Variable”栏内；在 Predictors 选项卡中，从左侧“Variables”栏内选取 wedu、hedu 两个变量并送入“Factors”栏内，并点击栏下方的 Options，在相应界面中将类别排序规则（Category Order for Factors）改为降序（Descending），把第一类“文盲”设定为参照类①，并点击 Continue 返回 Predictors 选项卡界面；在 Model 选项卡中，依次选中左侧自变量（Factors and Covariates）列表内的 wedu、hedu 并双击它们作为主效应送入右侧的“Model”栏内。至此，点击界面下端的 OK，完成模型估计设定，并开始进行拟合。

SPSS输出结果中，首先呈现模型信息、案例处理概述、分类变量和连续变量的描述性统计，接着给出 Deviance、AIC、BIC 等拟合优度统计量，如表 8—23 所示。然后是模型整体检验结果，如表 8—24 所示。最后是模型参数估计结果，如表 8—25 所示。

表 8—23　　例 2：独立模型的拟合优度统计量

Goodness of Fit[b]

	Value	df	Value/df
Deviance	13107.543	9	1456.394
Scaled Deviance	13107.543	9	
Pearson Chi-Square	14878.643	9	1653.183
Scaled Pearson Chi-Square	14878.643	9	
Log Likelihood[a]	−6623.044		
Akaike's Information Criterion (AIC)	13260.087		
Finite Sample Corrected AIC (AICC)	13274.087		
Bayesian Information Criterion (BIC)	13265.495		
Consistent AIC (CAIC)	13272.495		

Dependent Variable：freq
Model：(Intercept)，wedu，hedu
a. The full log likelihood function is displayed and used in computing information criteria.
b. Information criteria are in small-is-better form.

表 8—24　　例 2：独立模型的整体检验结果

Omnibus Test[a]

Likelihood Ratio Chi-Square	df	Sig.
15324.456	6	.000

Dependent Variable：freq
Model：(Intercept)，wedu，hedu
a. Compares the fitted model against the intercept-only model.

① 对本例而言，SPSS 默认设定下的参照单元格为（4，4），即第 4 行、第 4 列。这里，我们将参照单元格改为（1，1）是为了后面能采用人们习惯的方式解释参数估计结果。

表 8—25 例 2：独立模型的参数估计结果

Parameter Estimates

Parameter	B	Std. Error	95% Wald Confidence Interval		Hypothesis Test		
			Lower	Upper	Wald Chi-Square	df	Sig.
(Intercept)	5.726	.0276	5.672	5.780	43120.551	1	.000
[wedu=4]	−.227	.0193	−.265	−.189	138.593	1	.000
[wedu=3]	.568	.0161	.536	.599	1246.142	1	.000
[wedu=2]	.495	.0163	.463	.527	922.452	1	.000
[wedu=1]	0[a]						
[hedu=4]	1.505	.0277	1.450	1.559	2954.411	1	.000
[hedu=3]	2.213	.0264	2.161	2.265	7042.040	1	.000
[hedu=2]	1.632	.0274	1.578	1.685	3552.150	1	.000
[hedu=1]	0[a]						
(Scale)	1[b]						

Dependent Variable：freq
Model：(intercept)，wedu，hedu
a. Set to zero because this parameter is redundant.
b. Fixed at the displayed value.

由于参数估计结果是基于丈夫与妻子受教育程度不存在关联的假设，而研究者往往期望两者之间存在关联，故一般并不关注独立模型的具体参数估计结果，而先看其对数据的拟合优度如何。表 8—24 的结果表明，模型的似然比卡方为 15 324.456、自由度为 6，对应的显著性水平为 Sig. $=0.000<0.001$，于是清楚地表明丈夫和妻子的受教育程度之间存在关联。

（三）饱和模型

前面提到，在精确拟合边缘分布的情况下，研究者对交互表进行分析所感兴趣的也往往是行变量和列变量之间的关联，体现为对式（7）中 τ_{ij}^{AB} 和式（8）中 μ_{ij}^{AB} 的关注。

既然对独立模型的统计检验表明丈夫和妻子受教育程度之间存在关联，那么拟合饱和模型便可以估计出所有非冗余的交互项参数，将两者之间的关联"完美地"刻画出来。本例的饱和模型可表达如下：

$$\log F_{ij}=\mu+\mu_i^A+\mu_j^B+\mu_{ij}^{AB}$$

尽管我们已经知道，此模型可以完美再现交互表的单元格频数，但它极其不简约。为了更好地理解后面的内容，这里仍对其进行拟合。

拟合饱和模型的 SPSS 操作与前面拟合独立模型的操作几乎完全一样。其他设定可不用更改，除了以下内容：保留前面设定的 wedu 和 hedu 主效应，在 Factors and Covariates 列表中同时选中 wedu 和 hedu，并借助中部的 Build Term（s）设定效应的类型为 Interaction effects（即交互效应），再点击右向箭头，将它们的交互乘积也送入右侧的 Model 栏内。然后点击窗口下方的 OK，即开始模型拟合。

表 8—26 呈现了模型参数估计结果①。表中妻子和丈夫受教育程度的主效应参数只是给出了各自边缘分布的信息，故并没有什么令人感兴趣的。但交互项参数反映着妻子和丈夫受教育程度之间的关联，故它们对研究有特殊意义。那么，该如何来解释它们呢？

表 8—26 **例 2：饱和模型的参数估计结果**

Parameter Estimates

Parameter	B	Std. Error	95% Wald Confidence Interval		Hypothesis Test		
			Lower	Upper	Wald Chi-Square	df	Sig.
(Intercept)	7.114	.0285	7.058	7.170	62197.689	1	.000
[wedu=4]	−4.224	.2374	−4.689	−3.758	316.461	1	.000
[wedu=3]	−2.880	.1237	−3.122	−2.637	541.834	1	.000
[wedu=2]	−1.483	.0663	−1.613	−1.353	499.905	1	.000
[wedu=1]	0[a]						
[hedu=4]	−.841	.0520	−.943	−.739	261.960	1	.000
[hedu=3]	.375	.0370	.303	.448	102.698	1	.000
[hedu=2]	.714	.0348	.646	.783	421.219	1	.000
[hedu=1]	0[a]						
[wedu=4] * [hedu=4]	6.109	.2420	5.635	6.583	637.472	1	.000
[wedu=4] * [hedu=3]	3.796	.2404	3.324	4.267	249.298	1	.000
[wedu=4] * [hedu=2]	1.419	.2517	.926	1.912	31.788	1	.000
[wedu=4] * [hedu=1]	0[a]						
[wedu=3] * [hedu=4]	4.294	.1329	4.033	4.554	1044.346	1	.000
[wedu=3] * [hedu=3]	4.252	.1265	4.004	4.499	1129.197	1	.000
[wedu=3] * [hedu=2]	2.288	.1282	2.037	2.539	318.657	1	.000
[wedu=3] * [hedu=1]	0[a]						
[wedu=2] * [hedu=4]	2.097	.0855	1.930	2.265	602.205	1	.000
[wedu=2] * [hedu=3]	2.422	.0719	2.281	2.563	1133.803	1	.000

① 饱和模型的拟合评价指标意义不大，故这里未给出有关输出。仅提示读者注意其中 Deviance（即 G^2）的值为 0，对应自由度 df 为 0，同时 Pearson Chi-Square 及其自由度也为 0。这都是饱和模型的特性。

续前表

Parameter	B	Std. Error	95% Wald Confidence Interval		Hypothesis Test		
			Lower	Upper	Wald Chi-Square	df	Sig.
[wedu=2] * [hedu=2]	1.974	.0710	1.835	2.113	772.999	1	.000
[wedu=2] * [hedu=1]	0[a]						
[wedu=1] * [hedu=4]	0[a]						
[wedu=1] * [hedu=3]	0[a]						
[wedu=1] * [hedu=2]	0[a]						
[wedu=1] * [hedu=1]	0[a]						
(Scale)	1[b]						

Dependent Variable：freq
Model：(intercept)，wedu，hedu，wedu * hedu
a. Set to zero because this parameter is redundant.
b. Fixed at the displayed value.

注意，上表中的交互项系数是对数优势比，将它们取自然指数即得到优势比。由于这一拟合模型采用虚拟编码方式进行参数规范化，并且以第一类（即文盲）作为参照类，故它们并非局部优势比，而是间隔单元格优势比。因此，如表8—27所示，表中每一单元格中的数字表示的是：对于具有该类受教育程度相对于文盲程度的两类妻子而言，她们分别嫁给具有该类受教育程度的丈夫与嫁给文盲程度的丈夫的发生比之比的对数。比如，其中交互分类单元格（3，3）表示夫妇均为初中，要比较的是初中妻子分别嫁给初中丈夫与文盲丈夫的发生比，参照则是文盲妻子分别嫁给初中丈夫与文盲丈夫的发生比，而统计结果 $\mu_{33}^{AB}=4.252$ 则是这两个发生比之比的对数。因此，通过对它们取自然指数，便可以用优势比的方式对交互项参数 μ_{ij}^{AB} 的具体含义做出简单直接的解释。比如，$\exp(\mu_{33}^{AB})=\exp(4.252)=70.211$，意味着初中妻子嫁给初中丈夫相对于嫁给文盲丈夫的发生比是文盲妻子相应发生比的70.211倍。此结果与基于交互表数据采用式（14）直接计算得到的结果完全一致，即：

$$\theta_{1133}=\frac{f_{11}\times f_{33}}{f_{13}\times f_{31}}=\frac{1\ 229\times 7\ 052}{1\ 789\times 69}=70.211$$

表8—27　　例2：饱和模型的交互项参数 μ_{ij}^{AB}

妻子受教育程度 wedu	丈夫受教育程度 hedu			
	1：文盲	2：小学	3：初中	4：高中及以上
1：文盲	0	0	0	0
2：小学	0	1.974 (0.071 0)	2.422 (0.071 9)	2.097 (0.085 5)
3：初中	0	2.288 (0.128 2)	4.252 (0.126 5)	4.294 (0.132 9)
4：高中及以上	0	1.419 (0.251 7)	3.796 (0.240 4)	6.109 (0.242 0)

注：参照类为文盲；括号中的数字为标准误。

一般地，$I \times J$ 交互表的饱和模型可以得到（$I-1$）×（$1-J$）个非冗余的对数优势比，它们直接反映着交互表中行变量与列变量之间的关联结构（包括方向和强度），因此非常有助于理解关联模式。不过，如前所述，研究者往往热衷于得到一个更为简约的模型。为此，就需要基于有关理论或经验研究结果，将（$I-1$）×（$1-J$）个交互项参数 μ_{ij}^{AB} 中的一些限定为等于 0 或相等，从而以更加简约的模型去拟合数据。在探求简约模型的研究实践中，往往将具有相似优势比的那些单元格合并为一个水平或类型，从而将交互项参数设计成不同的水平，或者某一拓扑模式（Powers and Xie，2008：88）。饱和模型也可以采用类似的思路来理解。

对于饱和模型，若采用虚拟编码方式规范化参数且以第一类作为参照类的话，那么，除了处于第一行或第一列的单元格之外，表中每一单元格都有一个唯一的系数。换言之，饱和模型视每一单元格为一个不同的水平或类型。故前面针对例 2 拟合的饱和模型可表示成以下设计矩阵（design matrix）：

1	1	1	1
1	2	3	4
1	5	6	7
1	8	9	10

其中，每个数字代表一个水平或类型，反映着不同的交互项参数。其实，设计矩阵可被简单地视为一个变量，每个单元格对应设计矩阵中的一个值。因此，例 2 在采用虚拟编码的前提条件下，基于此矩阵可得到 9 个非冗余的参数。数据文件couples. sav中的变量 full 就是上述设计矩阵转换的变量。下面以此设计矩阵再次拟合妻子与丈夫受教育程度的交互表 8—22。

拟合此模型的 SPSS 操作与前面的示范大体一样，差别只有两个地方：第一，在 Predictors 选项卡中，从左侧“Variables”栏内选取 wedu、hedu、full 三个变量并送入“Factors”栏内，并点击栏下方的 Options ，在相应界面中将类别排序规则（Category Order for Factors）改为降序（Descending），把第一类设定为参照类，并点击 Continue 返回 Predictors 选项卡界面；第二，在 Model 选项卡中，依次选中左侧自变量（Factors and Covariates）列表内的 wedu、hedu、full 并双击它们作为主效应送入右侧的“Model”栏内①。其他均采用默认设定即可，至此已完成模型估计设定，点击界面下方的 OK ，并开始进行模型拟合。表 8—28 呈现了模型参数估计结果，这些结果与上面表 8—26 完全一致。实际上，除了模型整体检验和模型效应检验的卡方值有所不同之外，两种方式下 SPSS 给出的输出结果完全一样。这意味着两种方式是等价的。

表 8—28　　例 2：饱和模型的参数估计结果，设计矩阵方式

Parameter Estimates

Parameter	B	Std. Error	95% Wald Confidence Interval		Hypothesis Test		
			Lower	Upper	Wald Chi-Square	df	Sig.
(Intercept)	7.114	.0285	7.058	7.170	62197.689	1	.000

① 注意，这里不用再像前面那样需要设定 wedu 和 hedu 的交互。若先前设定的交互项 wedu * hedu 仍在 Model 选项卡中的 Model 栏内，则务必将其移除出去。

续前表

Parameter	B	Std. Error	95% Wald Confidence Interval		Hypothesis Test		
			Lower	Upper	Wald Chi-Square	df	Sig.
[wedu=4]	−4.224	.2374	−4.689	−3.758	316.461	1	.000
[wedu=3]	−2.880	.1237	−3.122	−2.637	541.834	1	.000
[wedu=2]	−1.483	.0663	−1.613	−1.353	499.905	1	.000
[wedu=1]	0[a]						
[hedu=4]	−.841	.0520	−.943	−.739	261.960	1	.000
[hedu=3]	.375	.0370	.303	.448	102.698	1	.000
[hedu=2]	.714	.0348	.646	.783	421.219	1	.000
[hedu=1]	0[a]						
[full=10]	6.109	.2420	5.635	6.583	637.472	1	.000
[full=9]	3.796	.2404	3.324	4.267	249.298	1	.000
[full=8]	1.419	.2517	.926	1.912	31.788	1	.000
[full=7]	4.294	.1329	4.033	4.554	1044.346	1	.000
[full=6]	4.252	.1265	4.004	4.499	1129.197	1	.000
[full=5]	2.288	.1282	2.037	2.539	318.657	1	.000
[full=4]	2.097	.0855	1.930	2.265	602.205	1	.000
[full=3]	2.422	.0719	2.281	2.563	1133.803	1	.000
[full=2]	1.974	.0710	1.835	2.113	772.999	1	.000
[full=1]	0[a]						
(Scale)	1						

Dependent Variable：freq

Model：(intercept)，wedu，hedu，wedu * hedu

a. Set to zero because this parameter is redundant.

b. Fixed at the displayed value.

显然，与设计矩阵中数字相联系的 9 个参数估计值恰好与对数线性模型中的 9 个交互项参数一一对应。可见，以设计矩阵方式进行对数线性建模非常便捷。在饱和拟合行与列边缘分布的情况下，针对反映二维交互的不同水平的设计矩阵进行拟合的模型被称作水平模型（levels model）或拓扑模型（topological model）。实际上，许多特殊的模型都可被方便地参数化为拓扑模型，包括饱和模型其实也是它的一个特例。

不过，请特别留心：第一，设计矩阵通常将不同的水平（即数字）分配到一个交互表的所有单元格中；第二，设计矩阵中每个数字代表着不同的交互项参数，而那些具有相同数字的单元格的交互项参数被限定或假定为相等，换言之，一个数字代表一种水平或类型的关联，相同的数字意味着那些单元格具有相同水平或类型的关联；第三，一般地，通过判断交互表中某些单元格是否具有相同的系数，即它们形成的不同类型或水平，可以广泛地对一系列模型加以探索（Hauser，1978，1980）。因此，采用设计矩阵方式，研究者通过假定一些单元格具有相同水平的关联来拟合增加了更多约束的模型。如果这些约束是建立在某个理论或已有经验研究基础上的，那么约束模型和有关效应项的检验其实就是对理论或已有认识的检验。作为示例说明，下面继续尝试采用一些包含更多的参数约束条件的模型来对例 2 数据进行拟合，以探究其中包含的妻子和丈夫教育婚配的模式。

（四）准独立模型

考察表 8—22，一个很明显的现象是，主对角线上单元格往往在同一行中具有最大的频数，表中主对角线上聚集了超过一半的案例。可见，该表中的观测频数呈现出沿主对角线聚集的倾向。因对角线单元格意味着妻子和丈夫的受教育程度相同，故婚配研究领域的研究者将这种沿对角线单元格聚集的倾向称为同质婚。显然，这些具有较大频数的对角线单元格会对独立模型的拟合优度产生很大影响。因此，一个有趣的猜想就是：在控制了主对角线单元格之后，其他单元格频数是否满足独立性。这种情形下的模型被称作准独立模型（quasi-independence model），也被称作对角线效应模型。

准确地讲，准独立模型意味着，相对于表中其他部分，对角线单元格反映了最强的关联，而对角线单元格之外不存在关联。而统计学上，一个方表的准独立性可表达为：

$$\pi_{ij} = \pi_{i+} \times \pi_{+j}\,,\ i \neq j$$

准独立模型可视为在独立模型的基础上，需要进一步控制对角线单元格的效应。控制的方式就是增加 I 个参数来精确地拟合表中的对角线单元格频数。因此，准独立模型相比于独立模型将需要多消耗 I 个额外的自由度。所以该模型的自由度为 $(I-1)(J-1)-I$。损失的这 I 个自由度可以有两种理解。一种是理解为将主对角线上 I 个单元格的频数去掉了。这个在进行模型估计时可通过设定一个加权矩阵来实现[①]。另一种是理解为额外增加了 I 个与对角线单元格有关的独特参数。这个需要通过指定恰当的设计矩阵来实现。对于表 8—22 的例 2 交互表而言，设计矩阵如下所示：

2	1	1	1
1	3	1	1
1	1	4	1
1	1	1	5

上述设计矩阵将每一对角线单元格处理成具有不同的类型或水平，体现为对角线上数字 2、3、4、5 不等，而非对角线单元格中的频数完全由边缘分布确定，即非对角线单元格之间是相互独立的，体现为非对角线上的数字都等于 1。数据文件couples. sav中的变量 quasind 对应着该设计矩阵。只需在独立模型拟合的基础上将变量 quasind 以主效应形式纳入即可拟合准独立模型。

所以，拟合准独立模型的 SPSS 操作与前面拟合独立模型的情形几乎完全相同。细微的不同在于：在 Predictors 选项卡中，从左侧 Variables 栏内选取 wedu、hedu、quasind 三个变量并送入“Factors”栏内，然后点选 quasind，并单击栏下方的 Options，在弹出的对话框中将 Category Order for Factors 的规则改为 Descending，点击下方的 Continue 返回。在 Model 选项卡中，逐次选中左侧 Factors and Covariates 栏内的 wedu、hedu、quasind 并双击将它们作为主效应送入右侧的“Model”栏内。其他采用 SPSS 的默认认定，点击界面下方的 OK，开始进行

---

① 即设定一个权重变量 w，对于主对角线单元格（即 $i=j$），有 $w=0$；而对于主对角线外单元格（即 $i \neq j$），有 $w=1$。然后采用 w 作为权重变量对数据进行加权处理。

模型拟合。

表 8—29 呈现了准独立模型的拟合优度统计量。相比于独立模型，反映模型拟合优度的 AIC 指标值分别从 13 260.087 减小到 2 751.635，BIC 指标值也从 13 265.495 减小到 2 760.134。两个指标均表明，对于例 2，准独立模型相比于独立模型在模型拟合优度上具有显著改善。另外，由于独立模型和准独立模型之间存在嵌套关系，故还可以根据式（21）来检验控制对角线效应是否显著地提高了模型对数据的拟合优度。简单考察两个模型的对数似然值，独立模型的对数似然值为－6 623.044，准独立模型的对数似然值为－1 364.818，对数似然值明显不同，而两个模型的自由度仅相差 4。由此，得到 G^2＝10 516.45。在自由度为 4、显著性水平为 0.05 的情况下，此嵌套模型检验的结果一定统计显著。感兴趣的读者可自行尝试此检验过程。显然，有足够的统计学证据支持准独立模型在拟合优度上相比于独立模型有大幅度的改善。

表 8—29　　例 2：准独立模型的拟合优度统计量

Goodness of Fit[b]

	Value	df	Value/df
Deviance	2591.091	5	518.218
ScaledDeviance	2591.091	5	
Pearson Chi-Square	2654.728	5	530.946
Scaled Pearson Chi-Square	2654.728	5	
Log Likelihood[a]	－1364.818		
Akaike's Information Criterion (AIC)	2751.635		
Finite Sample Corrected AIC (AICC)	2817.635		
Bayesian Information Criterion (BIC)	2760.134		
Consistent AIC (CAIC)	2771.134		

Dependent Variable：freq

Model：(Intercept)，wedu，hedu，quasind

a. The full log likelihood function is displayed and used in computing information criteria.

b. Information criteria are in small-is-better form.

比较准独立模型和前面独立模型的参数估计结果（见表 8—30 和表 8—25），很明显，表 8—30 多了 4 个非冗余的参数，它们均与主对角线单元格有关，具体地，[quasind＝2]、[quasind＝3]、[quasind＝4]、[quasind＝5] 分别与单元格（1，1）、（2，2）、（3，3）、（4，4）对应。纳入它们是为了精确地拟合这些对角线单元格的观测频数①，分别将它们的回归系数与截距系数及相应的行变量主效应系数、列变量主效应系数求和并取自然指数即为每一对角线单元格的期望频数估计值：

$$F_{11}=\exp(4.650+0+0+2.464)=1\,229=f_{11}$$

$$F_{22}=\exp(4.650+0.510+2.615+2.464)=4\,103=f_{22}$$

$$F_{33}=\exp(4.650+0.407+3.180+0.624)=7\,052=f_{33}$$

① 设计矩阵方式是通过精确拟合观测频数来控制对角线单元格的影响。若采用加权矩阵方式，因为对角线单元格的权重被设定为 0，从而对角线单元格的影响也被加权掉了。

$F_{44}=\exp(4.650-1.109+2.135+2.482)=3\,492=f_{44}$

它们分别与表 8—22 中相应对角线单元格的观测频数完全一致，即精确地拟合了它们。

表 8—30　　例 2：准独立模型的参数估计结果

Parameter Estimates

Parameter	B	Std. Error	95% Wald Confidence Interval		Hypothesis Test		
			Lower	Upper	Wald Chi-Square	df	Sig.
(Intercept)	4.650	.0552	4.542	4.758	7103.552	1	.000
[wedu=4]	−1.109	.0311	−1.170	−1.048	1268.902	1	.000
[wedu=3]	.407	.0243	.360	.455	281.822	1	.000
[wedu=2]	.510	.0205	.470	.550	618.200	1	.000
[wedu=1]	0[a]						
[hedu=4]	2.135	.0550	2.027	2.243	1507.482	1	.000
[hedu=3]	3.180	.0544	3.073	3.286	3411.414	1	.000
[hedu=2]	2.615	.0553	2.507	2.724	2233.749	1	.000
[hedu=1]	0[a]						
[quasind=5]	2.482	.0376	2.408	2.555	4364.001	1	.000
[quasind=4]	.624	.0285	.568	.680	479.796	1	.000
[quasind=3]	.544	.0300	.485	.602	328.855	1	.000
[quasind=2]	2.464	.0621	2.342	2.585	1573.286	1	.000
[quasind=1]	0[a]						
(Scale)	1[b]						

Dependent Variable：freq

Model：(intercept)，wedu，hedu，quasind

a. Set to zero because this parameter is redundant.

b. Fixed at the displayed value.

但是，准独立模型还限定了非对角线单元格之间相互独立，因此，这些单元格的频数将完全由妻子和丈夫受教育程度的边缘分布来确定。这又是如何做到的呢？问题的答案在于表中 [quasind=1] 的回归系数限定为等于 0。因为它与所有的非对角线单元格有关，那么，非对角线单元格的期望频数就只与相应的行效应和列效应项系数有关系。为了说明这一点，表 8—31 特意呈现了拟合的准独立模型得到的单元格期望频数 F_{ij}。其中对角线单元格的期望频数如何得到上面已经介绍过了，这里主要关注非对角线单元格的频数估计值如何得到的。如前所述，这些非对角线单元格的期望频数可表达为：$F_{ij}=\exp(\mu+\mu_i^A+\mu_j^B+\mu_{ij}^{AB})$，其中，$i\neq j$。但是，准独立模型限定了 μ_{ij}^{AB} 对于所有非对角线单元格均为 0，即相互独立。这些非对角线单元格在设计矩阵中被赋予相同的数字 1，而 SPSS 拟合模型时采用以第一类（即 quasind=1）作为参照类的虚拟变量方式进行参数规范化，那么，必定有 quasind=1 的回归系数等于 0。换言之，表 8—30 中 [quasind=1] 回归系数恰好对应着或体现了非对角线单元格交互系数 $\mu_{ij}^{AB}=0$。因此，准独立模型下，非对角线单元格的期望频数可简化为：$F_{ij}=\exp(\mu+\mu_i^A+\mu_j^B)$。比如，$F_{21}=\exp(\mu+\mu_2^A+\mu_1^B)=\exp(4.650+0.510+0)=174.26$，$F_{34}=\exp(\mu+\mu_3^A+\mu_4^B)=\exp(4.650+0.407+2.135)=1\,330.02$，它们也就是基于式（5）对表 8—22 计算得到的同一单元格的期望频数。另外，从下表还可清楚地看到，基于所有单元格的预测频数得到的边缘分布与表 8—22 中观测到的边缘分布完全一致。换言之，准独立模型对边缘分布进行了精确拟合。其实前面曾提到，拓扑模型通常都会对交互表中行变量和列变量的边缘分布进行饱和拟合。由此，总是会有 F_{++} 与 f_{++} 相等。

表 8—31　　例 2：基于准独立模型得到的单元格期望频数 F_{ij}

妻子受教育程度	丈夫受教育程度				行合计
	文盲	小学	初中	高中及以上	
文盲	1 229	1 430.37	2 514.69	884.94	6 059
小学	174.26	4 103	4 188.70	1 474.04	9 940
初中	157.23	2 149.75	7 052	1 330.02	10 689
高中及以上	34.51	471.88	829.61	3 492	4 828
列合计	1 595	8 155	14 585	7 181	31 516

一般地，在针对诸如流动表、婚配表等方表进行分析时，准独立模型在拟合优度总是大大优于独立模型。可是，准独立模型本身往往又还不充分。因为那些非对角线单元格之间的关联还需要考虑，而准独立模型只是简单地将它们限定为相互独立。所以，本例中，虽然前面我们发现准独立模型对数据的拟合显著优于独立模型，但仍然可能有其他模型比它更好地拟合了此数据。后面将会提到这样的模型。

（五）梯度婚配模型

若仔细考察表 8—22，会发现，妻子文化程度低于丈夫的向上婚共 12 567 对（约占 40%），而妻子文化程度高于丈夫的向下婚仅有 3 037 对（约占 10%）。进一步细致考察，不难看到，向上婚中，丈夫比妻子教育程度只高一级的婚姻（即梯度婚配）为 9 268 对，约占 30%。考虑到数据中体现出的梯度婚配特征，那么可以用以下设计矩阵来拟合数据：

$$
\begin{matrix}
1 & 2 & 1 & 1 \\
1 & 1 & 2 & 1 \\
1 & 1 & 1 & 2 \\
1 & 1 & 1 & 1
\end{matrix}
$$

借助这个矩阵，我们设想的是女性可以上嫁，但只能与受教育程度比自己高一级的男性结婚，而无法做到越级上向婚配。数据文件 couples. sav 中，此设计矩阵对应着变量 ladder。

拟合梯度婚配模型的 SPSS 操作与前面拟合独立模型的情形也大同小异。细微的差别在于：在 Predictors 选项卡中，从左侧“Variables”栏内选取 wedu、hedu、ladder 三个变量一并送入“Factors”栏内，然后点选 ladder，并单击栏下方的 Options，在弹出的对话框中将 Category Order for Factors 的规则改为 Descending，将第一类设定为参照类，点击下方的 Continue 返回；在 Model 选项卡中，逐次选中左侧“Factors and Covariates”栏内的 wedu、hedu、ladder 并双击将它们作为主效应送入右侧的“Model”栏内。其他均采用 SPSS 的默认设定。完成模型设定，点击界面下方的 OK，开始进行模型拟合。

表 8—32 呈现了梯度婚配模型的拟合优度结果。从 AIC、BIC 指标看，梯度婚配模型对数据的拟合要优于独立模型，但劣于准独立模型，因为它们均比独立模型的 AIC、BIC 指标值小，而都比准独立模型的 AIC、BIC 指标值大。注意，梯度婚配模型与准独立模型之间并不存在嵌套关系，不能采用式（21）对两者孰优孰劣做出判断，这时基于 AIC、BIC 信息指标是恰当且方便的做法。这一结果可理解为，同类教育的婚配模式实际上比梯度婚配模式对数据的解释力更强。

表 8—32　　例 2：梯度婚配模型的拟合优度统计量

Goodness of Fit[b]

	Value	df	Value/df
Deviance	13024.930	8	1628.116
Scaled Deviance	13024.930	8	
Pearson Chi-Square	14952.619	8	1869.077
Scaled Pearson Chi-Square	14952.619	8	
Log Likelihood[a]	−6581.737		
Akaike's Information Criterion (AIC)	13179.474		
Finite Sample Corrected AIC (AICC)	13200.046		
Bayesian Information Criterion (BIC)	13185.655		
Consistent AIC (CAIC)	13193.655		

Dependent Variable：freq

Model：(Intercept)，wedu，hedu，ladder

a. The full log likelihood function is displayed and used in computing information criteria.

b. Information criteria are in small-is-better form.

（六）跨层婚配模型

若更加细致地考察表 8—22 中频数的分布模式，可以看到，女性倾向于与比自己受教育程度更高的男性婚配；但是，每跨越一层进行婚配的难度似乎越来越大。对于男性，同样有这样的问题。更形象的说法是，婚配的过程类似空间上的移动，为了与受教育程度不相邻的群体结婚需要跨越中间各相邻受教育群体之间的障碍，显然，要想移动到更远的地方，就需要克服更大的阻力。类似地，要想与自己受教育程度差别越大的对象结婚，需要克服的障碍或跨越的社会距离也越大。这种婚配模式的结果就是导致社会上的同质婚更多。换言之，不同受教育群体之间的界限阻碍了两性之间的随机婚配，导致一个社会中同类婚配更为普遍。

对于上述特征，对应到对数线性模型中就表现为，行变量的两个类别间隔越远，列变量两个类别间的交互项参数值越小。这个被称作跨越模型（crossing model）或社会距离模型（social distance model）（Hout，1983）。本例将其称为跨层婚配模型。

令 $cross_k$（$k=2，3，4$）分别为跨到与小学、初中、高中及以上三个教育类别进行婚姻的虚拟变量①，这里可认为每个教育类别 k 就构成了一级障碍，那么，会有：

① 因本例只有 4 个受教育程度类别，故需要跨越的障碍最多为三层。

若 $j \geqslant 2$ 且 $i < 2$，或者 $i \geqslant 2$ 且 $j < 2$，则 $cross_2 = 1$，否则 $cross_2 = 0$

若 $j \geqslant 3$ 且 $i < 3$，或者 $i \geqslant 3$ 且 $j < 3$，则 $cross_3 = 1$，否则 $cross_3 = 0$

若 $j \geqslant 4$ 且 $i < 4$，或者 $i \geqslant 4$ 且 $j < 4$，则 $cross_4 = 1$，否则 $cross_4 = 0$

如果表达成设计矩阵的形式，即如下所示：

$cross_2$				$cross_3$				$cross_4$			
0	1	1	1	0	0	1	1	0	0	0	1
1	0	0	0	0	0	1	1	0	0	0	1
1	0	0	0	1	1	0	0	0	0	0	1
1	0	0	0	1	1	0	0	1	1	1	0

那么，跨层婚配模型可表达为：

$$\log F_{ij} = \mu + \mu_i^A + \mu_j^B + \sum_{k=2}^{4} \beta_k \mathrm{cross}_k$$

据此，具有不同受教育程度的男性和女性之间跨若干类别进行婚配的发生比为参数 β_k 的函数。具体地，控制行和列边缘分布贡献的情况下，跨至与相邻受教育程度类别 k 结婚的发生比为 $\nu_k = \exp(\beta_k)$，它衡量了跨越某一特定障碍 k 进行婚配的困难程度，故也被称作跨越参数。如果跨越多个层级障碍进行婚配，所涉及相邻层的跨越参数 ν_k 的乘积即衡量了此种情形实现婚配的难度。比如文盲丈夫与初中妻子实现婚配的困难程度为 $\nu_2\nu_3 = \exp(\beta_2 + \beta_3)$。这些跨层婚配发生比中的每一个对单元格频数的影响如表 8—33 所示。

表 8—33　　例 2：各单元格的婚配困难程度

妻子受教育程度	丈夫受教育程度			
	文盲	小学	初中	高中及以上
文盲	1	ν_2	$\nu_2\nu_3$	$\nu_2\nu_3\nu_4$
小学	ν_2	1	ν_3	$\nu_3\nu_4$
初中	$\nu_2\nu_3$	ν_3	1	ν_4
高中及以上	$\nu_2\nu_3\nu_4$	$\nu_3\nu_4$	ν_4	1

上述三个设计矩阵分别对应着估计三个反映跨越相邻类别进行婚配的难度参数 ν_k 的变量信息，在数据文件couples. sav中以此为变量 cross2、cross3、cross4。拟合跨层婚配模型的 SPSS 操作也非常简单，只需要在前面拟合独立模型的基础上稍作一些变动即可。具体为：在 Predictors 选项卡中，从左侧“Variables”栏内选取 wedu、hedu、cross2、cross3、cross4 五个变量并送入 Factors 栏内，并单击栏下方的 Options，在弹出的对话框中将 Category Order for Factors 的规则改为 Descending，确认将第一类设定为参照类，点击下方的 Continue 返回；在 Model 选项卡中，逐次选中左侧“Factors and Covariates”栏内的 wedu、hedu、cross2、cross3、cross4 并双击将它们作为主效应送入右侧的“Model”栏内。这样模型就设定完成，点击界面下方的 OK，开始进行模型拟合。

很明显，从 AIC、BIC 指标来看（见表 8—34），跨层婚配模型对数据的拟合度要大大优于独立模型、准独立模型以及择偶梯度模型。具体表现为，相对于准独立模型，AIC 和 BIC 分别从 2 751.635 和 2 760.134 变成这里的 377.640 和 385.366，减少得极其明显。可见，跨层婚配模型比前面提到的任何其他模型对例 2 交互表中的数据拟合得都要好。

表 8—34　　例 2：跨层婚配模型的拟合优度统计量

Goodness of Fit[b]

	Value	df	Value/df
Deviance	219.095	6	36.516
Scaled Deviance	219.095	6	
Pearson Chi-Square	218.810	6	36.468
Scaled Pearson Chi-Square	218.810	6	
Log Likelihood[a]	−178.820		
Akaike's Information Criterion (AIC)	377.640		
Finite Sample Corrected AIC (AICC)	421.640		
Bayesian Information Criterion (BIC)	385.366		
Consistent AIC (CAIC)	395.366		

Dependent Variable：freq

Model：(Intercept)，wedu，hedu，cross2，cross3，cross4

a. The full log likelihood function is displayed and used in computing information criteria.

b. Information criteria are in small-is-better form.

跨越模型的优势之一是得到的参数估计值容易解释。表 8—35 呈现了本例中模型拟合的参数估计结果。对于这个简单的跨层婚配模型，其跨越参数的估计值分别为 $\nu_2=\exp(-1.102)=0.332$，$\nu_3=\exp(-0.885)=0.413$，$\nu_4=\exp(-1.216)=0.296$。这意味着，文盲丈夫（或妻子）与小学妻子（或丈夫）婚配的发生比为 0.332，小学丈夫（或妻子）与初中妻子（或丈夫）婚配的发生比为 0.413，而初中丈夫（或妻子）与高中及以上妻子（或丈夫）婚配的发生比为 0.296。可见，就教育程度而言，发生婚配最难的是在初中受教育程度与高中及以上受教育程度的两性之间，而最容易发生婚配的是小学受教育程度和初中受教育程度的两性之间。

表 8—35　　例 2：跨层婚配模型的参数估计值

Parameter Estimates

Parameter	B	Std. Error	95% Wald Confidence Interval		Hypothesis Test		
			Lower	Upper	Wald Chi-Square	df	Sig.
(Intercept)	7.114	.0285	7.058	7.170	62197.689	1	.000
[wedu=4]	−1.380	.0361	−1.451	−1.309	1463.660	1	.000
[wedu=3]	−.724	.0328	−.788	−.659	487.509	1	.000
[wedu=2]	−.408	.0315	−.469	−.346	167.972	1	.000
[wedu=1]	0[a]						
[hedu=4]	2.424	.0361	2.354	2.495	4516.711	1	.000
[hedu=3]	2.503	.0328	2.439	2.567	5824.039	1	.000
[hedu=2]	1.687	.0320	1.624	1.749	2773.926	1	.000
[hedu=1]	0[a]						

续前表

Parameter	B	Std. Error	95% Wald Confidence Interval		Hypothesis Test		
			Lower	Upper	Wald Chi-Square	df	Sig.
[cross2=1]	−1.102	.0311	−1.163	−1.041	1258.527	1	.000
[cross2=0]	0[a]						
[cross3=1]	−.885	.0157	−.915	−.854	3180.112	1	.000
[cross3=0]	0[a]						
[cross4=1]	−1.216	.0186	−1.253	−1.180	4296.404	1	.000
[cross4=0]	0[a]						
(Scale)	1[b]						

Dependent Variable：freq

Model：(intercept)，wedu，hedu，cross2，cross3，cross4

a. Set to zero because this parameter is redundant.

b. Fixed at the displayed value.

以上用例 2 中妻子和丈夫受教育程度形成的交互表，扼要介绍了如何基于拓扑模型的概念使用设计矩阵的方式来进行对数线性建模。这里提到的模型类型还非常有限，其实社会学家在进行社会分层与流动方面的研究中已经发展出很多不同形式的拓扑模型，比如边角模型（corner model）、对称与准对称模型、同一关联、Goodman RC 模型等，用以考察社会分层与流动的结构型特征，从而方便对不同社会之间或同一社会不同时间在社会分层与流动上的特征差异与变化趋势进行考察。这就涉及对多维交互表的分析。有关对数线性模型的比较系统且深入的教材，读者可以参考 Hout（1983）、Clogg and Shihadeh（1994）、Powers and Xie（2008）、Wong（2010）及 von Eye and Mun（2013）。

四、对数线性模型与 logistic 类回归模型之间的联系

对数线性模型以及前面章节所介绍的 logistic 回归、序次 logistic 回归及多项 logistic 回归模型都是专门针对关注的结果变量属于分类变量的情形，而且它们都同属于广义线性模型一族。事实上，它们之间存在着密切的联系，甚至可以说它们之间是相互等价的。下面，我们来简要说明对数线性模型与 logisitic 回归、多项 logistic 回归和序次 logistic 回归模型之间的联系。

（一）对数线性模型与 logistic 回归之间的联系

为了说明对数线性模型与 logistic 回归之间的关系，我们来重新考虑本章的例 1，即夫妇是否领取独生子女证与初育孩子性别的 2 × 2 交互表。设想用初育孩子的性别来预测夫妇领取独生子女证的概率。

基于数据文件sex-take.sav，表 8—36 呈现了此 logistic 回归模型参数估计结果①。结果非常简单，只有两个回归系数，一个为截距项系数，一个反映初育孩子性别的效应。从表中给出

① 注意，拟合 logistic 回归之前需要首先将各交互类别频数变量 COUNT 设定为权重变量。然而，logistic 回归的因变量则应该设置为变量 TAKE。

的结果可以看出，SPSS 以初育为女孩这一类作为参照类，故［SEX=2］的回归系数被限定为0。因此，若将截距项系数取自然指数，得到 exp（−0.335 5）=0.715，它对应着初育孩子为女孩的夫妇领取独生子女证的发生比。［SEX=1］回归系数的自然指数为 exp（0.466 4）=1.594，它的含义则是优势比，说明初育孩子为男孩的夫妇领取独生子女证的发生比是初育孩子为女孩的夫妇的发生比的1.594倍，或者说前者的发生比要比后者高59.4%。

表 8—36　　例 1：初育孩子性别与领取独生子女证数据的 logistic 回归估计

Parameter Estimates

Parameter	B	Std. Error	95% Wald Confidence Interval		Hypothesis Test		
			Lower	Upper	Wald Chi-Square	df	Sig.
(Intercept)	−.3355	.1059	−.543	−.128	10.044	1	.002
[SEX=1]	.4664	.1460	.180	.752	10.211	1	.001
[SEX=2]	0[a]						
(Scale)	1[b]						

Dependent Variable：TAKE
Model：(intercept)，SEX
a. Set to zero because this parameter is redundant.
b. Fixed at the displayed value.

前面我们已基于数据文件sex-take.sav对例 1 拟合过对数线性模型。其中，饱和模型为：

$$\log F_{ij}=\mu+\mu_i^A+\mu_j^B+\mu_{ij}^{AB}$$

为了方便比较，将其参数估计结果列在表 8—37 中。显然，表中的交互项系数 0.466 4 与上面 logistic 回归中体现初育孩子性别影响的回归系数一样，而行变量的主效应系数−0.335 5 则恰好与上面 logistic 回归中的截距项系数一样。

表 8—37　　例 1：饱和模型参数估计结果

Parameter Estimates

Parameter	B	Std. Error	95% Wald Confidence Interval		Hypothesis Test		
			Lower	Upper	Wald Chi-Square	df	Sig.
(Intercept)	5.3660	.0684	5.2320	5.5000	6161.851	1	.000
[SEX=1]	−.1402	.1002	−.3367	.0562	1.957	1	.162
[SEX=2]	0[a]						
[TAKE=1]	−.3355	.1059	−.5430	−.1280	10.0444	1	.002
[TAKE=2]	0[a]						
[SEX=1] * [TAKE=1]	.4664	.1460	.1803	.7524	10.2106	1	.001
[SEX=1] * [TAKE=2]	0[a]						
[SEX=2] * [TAKE=1]	0[a]						

续前表

Parameter	B	Std. Error	95% Wald Confidence Interval		Hypothesis Test		
			Lower	Upper	Wald Chi-Square	df	Sig.
[SEX=2] * [TAKE=2]	0[a]						
(Scale)	1[b]						

Dependent Variable：COUNT

Model：(Intercept)，SEX，TAKE，SEX * TAKE

a. Set to zero because this parameter is redundant.

b. Fixed at the displayed value.

为了充分揭示对数线性模型与 logistic 回归模型之间的内在联系。对于上述 logistic 回归，令 p_1 和 p_2 分别为领取和未领取独生子女证的概率，并记初育孩子性别的虚拟变量为 x，那么，此模型可表达为：

$$\log\left(\frac{p_1}{p_2}\right)=b_0+b_1x$$

而另一方面，基于对数线性模型，对于领取独生子女证的夫妇，有：

$$\log F_{1j}=\mu+\mu_1^A+\mu_j^B+\mu_{1j}^{AB}$$

对于未领取独生子女证的夫妇，有：

$$\log F_{2j}=\mu+\mu_2^A+\mu_j^B+\mu_{2j}^{AB}$$

由此，便可以由对数线性模型来对领证相对于未领证的发生比进行建模，即：

$$\begin{aligned}\log\left(\frac{F_{1j}}{F_{2j}}\right)&=\log F_{1j}-\log F_{2j}\\&=\mu+\mu_1^A+\mu_j^B+\mu_{1j}^{AB}-(\mu+\mu_2^A+\mu_j^B+\mu_{2j}^{AB})\\&=(\mu_1^A-\mu_2^A)+(\mu_{1j}^{AB}-\mu_{2j}^{AB})\end{aligned}$$

由于以第 2 类为参照类，于是有 μ_2^A 和 μ_{2j}^{AB} 都等于 0，故有：

$$\log\left(\frac{p_1}{p_2}\right)=\log\left(\frac{F_{1j}}{F_{2j}}\right)=\mu_1^A+\mu_{1j}^{AB}$$

因此，对数线性模型和 logistic 回归其实是以不同的方式做相同的事情。差别在于对数线性模型并未明确将是否领取独生子女证这一行变量设为因变量，但通过重新组织其参数估计结果也可以明确反映此关系。

（二）对数线性模型与多项 logistic 回归模型之间的联系

对于一个二维的 $I\times J$ 交互表，其饱和模型可表达为：

$$\log F_{ij}=\mu+\mu_i+\mu_j+\mu_{ij}$$

对此，设想行变量为因变量，若以其最后一类 I 作为参照类的话，那么，可以用多项 logistic 回归模型的形式将上式改写为：

$$\begin{aligned}\log\left(\frac{p_i}{p_I}\right)&=\log\left(\frac{F_{ij}}{F_{Ij}}\right)\\&=\log F_{ij}-\log F_{Ij}\\&=\mu+\mu_i+\mu_j+\mu_{ij}-(\mu+\mu_I+\mu_j+\mu_{Ij})\\&=\mu_i+\mu_{ij}\end{aligned}$$

可见，这是上面有关对数线性模型与 logistic 回归模型内在联系的一般化。具体而言，若以行变量作为结果变量，那么，对数线性模型表达行变量边缘效应的系数就是多项 logit 模型各结果类别的截距项系数，而表达交互效应的系数则分别对应着列变量在多项 logit 模型中相应结果类别下的回归系数。

作为示例说明，基于本章例 2 数据，以妻子受教育程度作为因变量且以最后一类“高中及以上”作为参照类估计多项 logistic 回归模型，再采用 SPSS 的默认设定重新估计饱和对数线性模型①。相应结果分别见表 8—38 和表 8—39。稍加观察便不难发现其中的规律之处。第一，表 8—39 中的行变量 wedu 的边缘效应系数其实就是相应基准 logit 模型的截距项系数。比如，表 8—38 中，文盲妇女这一组的基准 logit 的截距项系数为－1.885 4，它恰好就是表 8—39 中 [wedu=1] 的系数。类似地，表 8—38 中，小学和初中妇女这两组的基准 logit 的截距项系数分别为－1.270 7 和－0.471 6，它们恰好分别为表 8—39 中 [wedu=2] 和 [wedu=3] 的系数。第二，表 8—39 中的各组交互参数其实就是相应基准 logit 模型的丈夫受教育程度变量相应类别虚拟变量的回归系数。比如，表 8—38 中，文盲妇女这一组的 [hedu=1]、[hedu=2] 和 [hedu=3] 的回归系数分别为 6.108 9、4.689 9 和 2.313 4，这些数值分别对应表 8—39 中 [wedu=1] * [hedu=1]、[wedu=1] * [hedu=2] 和 [wedu=1] * [hedu=3] 的系数。类似地，小学妇女这一组的 [hedu=1]、 [hedu=2] 和 [hedu=3] 的回归系数分别为 4.011 5、4.566 3 和 2.638 4，这些数值分别对应表 8—39 中 [wedu=2] * [hedu=1]、[wedu=2] * [hedu=2] 和 [wedu=2] * [hedu=3] 的系数；初中妇女这一组的 [hedu=1]、[hedu=2] 和 [hedu=3] 的回归系数分别为 1.815 3、2.684 1 和 2.271 3，这些数值分别对应表 8—39 中 [wedu=3] * [hedu=1]、 [wedu=3] * [hedu=2] 和 [wedu=3] * [hedu=3] 的系数。可见，基于包含对数线性模型中的交互参数 μ_{ij} 和行变量的边缘效应系数 μ_i 可复制出以行变量为因变量的多项 logit 模型参数估计结果。因此，以对数线性模型来表达相应的多项 logit 模型，或者以多项 logit 模型来表达相应的对数线性模型，这两者都是可行的。

表 8—38　　例 2：妻子受教育程度的多项 logistic 回归估计

Parameter Estimates

妻子教育程度[a]		B	Std. Error	Wald	df	Sig.
文盲	Intercept	－1.8854	.0466	1635.661	1	.000
	[hedu=1]	6.1089	.2420	637.472	1	.000
	[hedu=2]	4.6899	.0957	2403.758	1	.000
	[hedu=3]	2.3134	.0599	1490.894	1	.000
	[hedu=4]	0[b]			0	
小学	Intercept	－1.2707	.0361	1235.575	1	.000
	[hedu=1]	4.0115	.2459	266.223	1	.000
	[hedu=2]	4.5663	.0902	2564.851	1	.000
	[hedu=3]	2.6384	.0488	2921.274	1	.000
	[hedu=4]	0[b]			0	

① 关键是需要保持两个模型采用相同的规则设定参照类，这里均采用 SPSS 默认设定，以最后一类（即取值最大的那个类别）作为参照类。

续前表

妻子教育程度[a]		B	Std. Error	Wald	df	Sig.
初中	Intercept	-.4716	.0273	298.425	1	.000
	[hedu=1]	1.8153	.2661	46.550	1	.000
	[hedu=2]	2.6841	.0897	895.581	1	.000
	[hedu=3]	2.2713	.0418	2956.895	1	.000
	[hedu=4]	0[b]			0	

a. The reference category is：高中及以上.

b. This parameter is set to zero because it is redundant.

表 8—39　例 2：饱和模型参数估计结果，以最后一类作为参照

Parameter Estimates

Parameter	B	Std. Error	95% Wald Confidence Interval		Hypothesis Test		
			Lower	Upper	Wald Chi-Square	df	Sig.
(Intercept)	8.1582	.0169	8.125	8.191	232416.050	1	.000
[wedu=1]	-1.8854	.0466	-1.977	-1.794	1635.661	1	.000
[wedu=2]	-1.2707	.0361	-1.342	-1.200	1235.575	1	.000
[wedu=3]	-0.4716	.0273	-.525	-.418	298.425	1	.000
[wedu=4]	0[a]						
[hedu=1]	-5.2679	.2363	-5.731	-4.805	496.944	1	.000
[hedu=2]	-3.1343	.0829	-3.297	-2.972	1430.982	1	.000
[hedu=3]	-1.0969	.0338	-1.163	-1.031	1051.729	1	.000
[hedu=4]	0[a]						
[wedu=1] * [hedu=1]	6.1089	.2420	5.635	6.583	637.472	1	.000
[wedu=1] * [hedu=2]	4.6899	.0957	4.502	4.877	2403.758	1	.000
[wedu=1] * [hedu=3]	2.3134	.0599	2.196	2.431	1490.894	1	.000
[wedu=1] * [hedu=4]	0[a]						
[wedu=2] * [hedu=1]	4.0115	.2459	3.530	4.493	266.223	1	.000
[wedu=2] * [hedu=2]	4.5663	.0902	4.390	4.743	2564.851	1	.000
[wedu=2] * [hedu=3]	2.6384	.0488	2.543	2.734	2921.274	1	.000
[wedu=2] * [hedu=4]	0[a]						
[wedu=3] * [hedu=1]	1.8153	.2661	1.294	2.337	46.550	1	.000

续前表

Parameter	B	Std. Error	95% Wald Confidence Interval		Hypothesis Test		
			Lower	Upper	Wald Chi-Square	df	Sig.
[wedu=3] * [hedu=2]	2.6841	.0897	2.508	2.860	895.581	1	.000
[wedu=3] * [hedu=3]	2.2713	.0418	2.189	2.353	2956.895	1	.000
[wedu=3] * [hedu=4]	0[a]						
[wedu=4] * [hedu=1]	0[a]						
[wedu=4] * [hedu=2]	0[a]						
[wedu=4] * [hedu=3]	0[a]						
[wedu=4] * [hedu=4]	0[a]						
(Scale)	1[b]						

Dependent Variable：freq

Model：(intercept)，wedu，hedu，wedu * hedu

a. Set to zero because this parameter is redundant.

b. Fixed at the displayed value.

虽然对数线性模型和多项 logistic 回归模型之间存在内在的联系，而且可以相互转化，但是，多项 logistic 回归模型能够纳入连续变量作为解释变量的优势，而对数线性模型只对分类自变量有用。不过，对数线性模型能够便利地对饱和模型设定各种约束条件，得到非完全交互的饱和模型，而多项 logistic 回归模型虽然也可以使用包含特定约束条件的设定，但这种设定要更为烦琐。

(三) 对数线性模型与序次 logistic 回归模型之间的联系

多项 logistic 回归模型其实是对序次 logistic 回归模型的扩展。因此，上述推导模型之间内在关联的逻辑同样适用。这里不再继续推导。

需要说明一点，由于序次 logistic 回归模型的因变量属于定序变量，因此它实际上可以比多项 logistic 回归模型和对数线性模型更精细。比如，当自变量为分类变量时，序次 logistic 回归模型可在使用行效应、列效应、统一关联等的对数线性建模框架内加以设定。

本章只是非常简单、扼要地介绍了对数线性模型分析，所涉及的内容并不全面，所提及的应用实例也很有限。对数线性模型分析往往需要采用专门的统计软件，比如 LEM、Latent Gold 等，SPSS 虽在这方面显得有点捉襟见肘，但简单的应用还是能够应付的。不过，对数线性模型分析已经被广泛应用于社会流动、婚姻匹配、人口迁移等诸多研究领域。而且，它不仅可以用定类变量形成的交互表，也常常应用于定序变量所形成的交互表的分析。有关对数线性模型分析的更详尽内容，建议读者参考专门的统计学教材。

基本概念

交互表　主效应　交互效应　联合分布　关联　观测频数　边缘合计　总计　期望频数　联合比例　边缘比例　条件比例　卡方检验　独立模型　皮尔逊卡方　广义线性模型　规范化零模型　饱和模型　发生比　优势比　基本优势比　局部优势比　期望优势比　设计矩阵　准独立模型　梯度婚配模型　跨层婚配模型　跨越模型　社会距离模型

本章要点

1. 本章所介绍的对数线性模型（log-linear model）技术是应用于纯粹分类变量的多元统计方法，虽然本章主要基于二维交互表，但这些内容可扩展至对三维乃至更高维交互表的分析。

2. 优势比测量了交互表行变量与列变量之间的关联，一个 $I\times J$ 交互表中的全部关联信息可以由（$I-1$）（$J-1$）个优势比来非冗余地表达，为了建构这些基本优势比，可以采用局部优势比和间隔单元格优势比两种不同方法，而其他冗余优势比均可以用基本优势比推导得到。

3. 优势比与对数线性模型参数之间存在对应关系，表现为，对数优势比对应着交互项参数，而条件发生比则对应着边缘分布效应。因此，这种对应关系为对数线性模型各效应项参数的解释提供了便利。

4. 对数线性模型分析中，重点是对关联的分析。但研究者对包含所有关联信息的饱和模型或完全交互模型并不感兴趣，而往往会基于理论或经验，对变量的关联模式提出更为简约的设定。为此，一项研究中可能对关联模式提出多种不同的假设，并相应设定多种模型，因此往往更重视不同模型拟合优度的比较与评价。对于存在嵌套关系的模型，可以采用似然比卡方的检验；对于不存在嵌套关系的模型，可以使用 AIC、BIC 指标来检验。

5. 对数线性模型属于广义线性模型族的成员，可以利用 SPSS 的广义线性模型模块方便地进行拟合。同时，对关联模式的设定可以表达为一定的设计矩阵，并可形成一个或多个相应变量。在 SPSS 的广义线性建模中可以方便地应用设计矩阵变量来检验不同关联假设。

6. 对数线性模型与 logistic 类模型之间存在内在联系，两者很多情况下是以不同方式做同样的分析。但对数线性模型没有明确设定变量因果关系，而且多用于探讨交互表变量之间的关联结构假设。

参考文献

郭志刚，郝虹生，杜亚军，曲海波．社会调查研究的量化方法．北京：中国人民大学出版社，1989.

Clogg，C. C.，and Shihadeh，E. S.（1994）. Statistical Models for Ordinal Variables. Thousand Oak，CA：Sage.

David，H. A. （1995）. First （?） Occurrence of Common Terms in Mathematical Statistics. The American Statistician，49 （2）：121－133.

Dillon，W. R.，and Goldstein，M. （1984）. Multivariate Analysis：Methods and Applications. John Wiley & Sons.

Goodman，L. A. （1981）. Three Elementary Views of Log-Linear Models for the Analysis of Cross-Classifications Having Ordered Categories. Sociological Methodology，12：193－239.

Hauser，R. M. （1978）. A Structural Model of the Mobility Table. Social Forces，56 （3）：919－953.

Hauser，R. M. （1980）. Some Exploratory Methods for Modeling Mobility Tables and Other Cross-Classified Data. Sociological Methodology，11：413－458.

Hout，M. （1983）. Mobility Tables. Beverly Hill，CA：Sage.

Mare，R. D. （1991）. Five Decades of Educational Assortative Mating. American Sociological Review，56 （1）：15－32.

Powers，D. A.，and Xie，Y. （2008）. Statistical Methods for Categorical Data Analysis，Second Edition. Emerald Group Publishing Limited.

Rudas，T. （1998）. Odds Ratios in the Analysis of Contingency Tales. Thousand Oak，CA：Sage.

Treiman，D. （2009）. Quantitative Data Analysis：Doing Social Research to Test Ideas. San Francisco：Jossey-Bass/Wiley.

von Eye，A.，and Mun，E-Y. （2013）. Log-Linear Modeling：Concepts，Interpretation，and Application. Hoboken，New Jersey：John Wiley & Sons.

Wong，R. S-K. （2010）. Association Models. Thousand Oak，CA：Sage.

第九章

多元方差分析

多元方差分析的主要用途是同时分析和检验不同类别在多个间距测度等级变量上是否存在显著差别。这种方法由 S. S. Wilks 在 1932 年所创建，后来又得到逐步发展和完善。现在，许多统计软件中都已经具有多元方差分析的功能。但是，这种方法在我国社会科学研究中的应用尚属少见，有待得到推广。

本章第一节将从多元方差分析与一元方差分析的关系入手，简介相关方法的沿革及多元方差分析的特点。第二节主要介绍多元方差分析所要求的变量、数据方面的条件。第三节提供本章例题数据及例题分析的三个模型。第四节将结合例题的第一模型分析，介绍多元方差分析的主要指标、SPSS 多元方差分析的主要操作步骤。第五节主要结合例题第一模型的数据，以图示方法说明多元方差分析的原理。第六节和第七节分别继续讨论例题第二模型和第三模型的分析，并相应介绍多因素多元方差分析的饱和模型与非饱和模型的设置。

一、简介多元方差分析与一元方差分析的关系

本书第一章在基础统计复习部分介绍过一元方差分析（analysis of variances，简称为 ANOVA）。一元方差分析是用于检验多个子总体在某一变量的平均值上是否存在明显差异的分析方法，其检验假设为，这些子总体中是否至少有一个与其他子总体的平均值存在显著差异，表示为无差异假设，即：

$$H_0: \bar{Y}_1 = \bar{Y}_2 = \cdots = \bar{Y}_g$$

其中，下标 g 表示分组数。

方差分析的思路为，将来自各子总体抽样样本汇合在一起，先假设它们来自一个总体（即假设无差异），然后将这个汇合样本的总变动（用离差平方和表示）分解为两个部分。一部分是组内变动，代表着本组内（即某个子总体内；在多因素分析时则是按多因素进行划分的交互分组内）各案例值关于组平均值的分布离散程度。另一部分是组间变动，代表着各组平均值关于总平均值的分布离散程度。实际上，组内变动代表了在汇合总体的总变动中不能用分组因素进行解释的部分，组间变动代表了同一总变动中可以用分组因素加以解释的部分。将这两个变动部分除以它们所对应的自由度，即得到均方差。组间变动均方差除以组内变动均方差以后的统计量服从 F 分布，于是我们可以根据统计值对应的显著水平决定接受或拒绝当初的无差异假设。

本书在第二章中还介绍过可以采用多元回归分析的形式，用代表不同分组的虚拟变量（或效应变量）来对因变量进行方差分析。

本章所要介绍的多元方差分析则是方差分析方法的进一步扩展。

无论是单因素的一元方差分析、多因素的一元方差分析，还是多元回归分析，其共同点就是它们只涉及一个因变量（或称反应变量）。不管它们真正涉及的分类有多复杂，最后是通过一个因变量指标值来反映各类别水平差异。所以，一元方差分析及其多元回归形式的一般模型（指略去权数且不考虑交互效应的模型）为：

$$y = x_1 + x_2 + \cdots + x_k \tag{1}$$

其中，y 是因变量，而且必须是间距测度等级的变量；x 是表示分组（或称分类）的名义变量（在方差分析中又称为因素，factor）；k 是分组变量的序号。此处需要特别加以提示，k 不是分组的个数，而是分组变量的个数。当模型中除了分类变量以外，还有其他间距测度等级的自变量（在方差分析中又称协变量，covariate）时，这一模型就成为协方差分析（analysis of covariance，简称为 ANCOVA），其功能是将间距变量作为控制变量的情况下进行方差分析。

而多元方差分析（multivariate analysis of variance，简称为 MANOVA）则已经不能以多元回归的形式来完成了，因为多元方差分析模型的因变量已经不是一个，而是多个。它的一般模型如下：

$$y_1 + y_2 + \cdots + y_i = x_1 + x_2 + \cdots + x_k \tag{2}$$

其中，自变量 x 的定义同方差分析模型一样也是分组变量，k 为分组变量数；而因变量 y 有多个，并且必须都是间距测度等级的变量，不能采用虚拟变量或效应变量。在本模型中，因变量按序号排列，下标 i 表示最后一个因变量。因此，i 同时表示因变量的数目，i 也可以理解为指标（index）。

相比多元方差分析的一般模型与多元回归（在这里我们用来表示一元方差分析）的一般模型，应该特别指出，这两个名称中关于“元”的定义是完全不同的。多元回归的元是指自变量的数目，而多元方差分析的元则是指因变量的数目①。

多元方差分析所要解决的问题与一般的方差分析并无二致。它的用途仍然是检验不同分组或类别之间是否存在显著差异。所不同的是，它的检验是建立在同时考察多个反应变量观测值上，而不是仅仅考察一个反应变量。

因此，多元方差分析的统计假设需要用向量形式来表达，其无差异假设为：

$$H_0: \begin{bmatrix} \overline{Y}_{11} \\ \overline{Y}_{21} \\ \vdots \\ \overline{Y}_{i1} \end{bmatrix} = \begin{bmatrix} \overline{Y}_{12} \\ \overline{Y}_{22} \\ \vdots \\ \overline{Y}_{i2} \end{bmatrix} = \cdots = \begin{bmatrix} \overline{Y}_{1g} \\ \overline{Y}_{2g} \\ \vdots \\ \overline{Y}_{ig} \end{bmatrix}$$

其中，下标 g 代表分组数，i 代表因变量数。$\overline{Y}_{ig}$ 代表第 g 组在第 i 个指标上观测值的平均值。上述假设表示，总体按各个因素进行分组后，各分组子总体在每一项反应指标的平均值上均无差异。

关于上述假设表达式中有两点需要加以注意。

第一，这一无差异假设中表示分组的下标为 g，不是上述多元方差分析一般模型中最后一

---

① 国内有的统计教材错误地将多因素一元方差分析称为多元方差分析，便是误解了多元方差分析对“元”的定义。

个自变量的下标 k。这是因为，一般模型中的自变量不仅包含表示分组的变量，也可能包含间距测度等级的协变量。并且，就是在没有协变量的纯粹方差分析模型中，因为自变量是名义变量，根据一个分类自变量便可以分成多组。比如在中国 1990 年人口普查资料中对于 15 岁及 15 岁以上的人而言，变量婚姻状况可以用 1 至 4 分别表示未婚、有配偶、丧偶、离婚四种情况。而应用多个分类变量即表示分组要根据多种因素进行交叉分类。比如，同时应用婚姻状况（四类）、性别（男、女两类）和文化程度（从不识字至大学本科共有七类）这三个分类变量时（即 $k=3$），那么交叉分组总数等于各名义变量中分类数的连乘积，即 $g=4\times2\times7=56$。

第二，多元方差分析的待检假设并不能用多个单指标方差分析检验结果的叠加来取得①。这是因为，在多元方差分析中各指标上是否存在差异的检验是同时完成的，它涉及各因变量的多元联合分布。正是因为如此，多个单指标方差分析的结果不能取代多元方差分析的结果。比如，本章的示范例题曾在第一章中用于示范一元方差分析，对其中一个间距变量的检验结果并不显著。其实，要是对另一个间距变量做一元方差分析，结果也同样不显著。然而，尽管这个示范数据在做一元方差分析时各组之间差异不显著，本章后面用该数据示范的多元方差分析却能够检验出分组之间的显著差异。

根据本书的宗旨，这里并不想展开数理上的证明或说明。下面，我们仅通过例题案例的具体分析结果来显示多元方差分析与多个单指标方差分析的差别，然后采用一些简单的图示来简明扼要地说明为什么多元方差分析能够产生在同一问题上与单指标方差分析不同的结论。

多元方差分析涉及了大量的矩阵计算。正是因为如此，限制了它的普遍应用。得益于近年来计算机和统计软件的迅速发展，我们今天不再需要劳神于这些中间过程的矩阵计算，因为只要我们将分析数据输入，统计软件可以十分迅速地给出多元方差分析的最终结果。但是，为了正确应用多元方差分析方法并能够正确理解和阐述它的结果，我们仍然需要充分理解这种方法应用的范围、依据的基础假定前提，以及其最终输出结果的含义。

二、多元方差分析的数据要求和假设条件

多元方差分析是一元方差分析的扩展。它的所有因变量都必须为间距测度等级变量，自变量为名义测度等级的分类变量，也可以纳入间距变量作为控制变量。在应用 SPSS 进行方差分析时，不需要将分类变量进行虚拟编码等转换，只需要使分类变量中各类以连贯整数值作为代码。

由于存在多个因变量，因此它对于因变量之间的关系有专门的要求。首先，因变量之间需要存在一定程度的相关。这里包含两层意思。其一是因变量之间应该存在线性关系，如果是非线性关系，则多元方差分析会失去发现和检验分类之间多元差异的能力。如果已知某些因变量之间存在非线性关系，可以先对因变量进行改造，使非线性关系线性化，然后再用改造得到的变量进行多元方差分析。其二是因变量之间有一定强度的相关，否则不足以发现和检验分类之间的多元差异。换句话说，因变量之间如果线性相关程度太弱，采用多元方差分析将一无所获。② SPSS 的多元方差分析中提供有关因变量相关性的检验（Bartlett test of sphericity）。

---

① 这一点类似于常规一元方差分析不能用多个两类 t 检验结果的叠加取得。

② 不要将此与多元回归中的多元共线性问题相混淆。多重共线性问题指多元回归分析中自变量之间的高度相关，因此无法确定各自变量对因变量的作用。而多元方差分析所要求的是多个因变量之间的相关，这样才具备得到识别分组之间多元差异的可能性。所以在多元方差分析中，一定程度的共线性或多元共线性不但不是问题，而且是必要条件。

多元方差分析在样本规模上也有一定要求，不仅样本总规模需要较大数量，而且所划分的各类别也要有一定数量的案例，这是因为它是多元分析，否则不容易取得显著结果。另外，各类别的样本规模不宜差别太大，尤其要注意避免出现类别中案例极少甚至出现空单元（即根本无案例）的情况。

多元方差分析是在一定假定条件下进行的。只有这些假定条件得到满足，多元方差分析才可能得到适当的应用。这些条件包括以下几点。

1. 案例来自随机抽样

每一类别的案例都是从对应该类的总体中随机抽样得到的。这就是说案例观测值之间是相互独立的。通常在横贯总体中的随机抽样基本上可以保证这个条件的满足。而当观测案例来自于时间序列资料时，则案例之间比较容易发生序列相关。但是，对于这一假定条件的满足情况很难通过统计手段来检验，主要是根据经验判断。

2. 各因变量均为正态分布且方差相等

对应所有因变量的那些总体必须为正态分布，并且每一类的因变量分布具有相同的方差。当各类的样本规模比较接近时，比如最大一组的案例数不超过最小一组案例数的 1.5 倍时，违反了这个假定的影响也不会太大。当各类样本规模差别很大时，可以采用一些统计手段来检查各类的方差是否相同，如 SPSS 多元方差分析可以提供的单因素分组的检验有 Levene 同方差检验，多因素交叉分组的整体检验有 Box 的 M 检验。然而，有的检验（如 Box 的 M 检验）又对因变量是否正态分布非常敏感，所以在进行多元方差分析的同方差检验之前，还需要对于各因变量的分布是否正态进行检验。

3. 各因变量之间为多元正态分布

作为多元方差分析的特别之处，它还要求各因变量分布之间具有特定关系。这种关系是通过联合分布的形式所描述的。每个单独的变量是正态分布并不能保证它们的联合分布是正态分布。多元方差分析要求这些正态分布之间的联合分布必须是多元正态分布。但是，这一假定实际上很难得到验证。

上述三个假定条件的前两个同样也是一元方差分析所要求的假定条件。但是在实际应用中，这些假定条件的满足并不是十分严格。只有出现了非常特别的案例时（异常值，outlier），才造成分析结果失去有效性。

三、例题数据及三个分析模型

下面通过对一套数据资料建立不同模型来示范多元方差分析。

所用的数据资料是一套虚构的抽样调查数据，在本书所附数据光盘中的相应数据文件名为 MANOVA24. sav。案例是调查得到的 24 个社区的数据资料，包括两个间距测度等级变量和两个名义测度等级变量。间距测度变量将作为多元方差分析模型的因变量，一个是人均收入水平（变量名为 inc，即 Income），另一个是 15 岁以上人口中具有小学毕业文化程度的人所占比例（变量名为 edu，即 Education）。人均收入水平代表了社区的经济发展水平，小学及以上文化程度的人口比例代表了社会发展水平。用于分类的两个名义测度变量之一是民族（变量名为 NAT，即 Nationality）。这一自变量值编码从 1 至 3，分别代表 3 个不同民族。每个民族有 8 个社区案例。另一个分类名义变量是城乡地区类型（变量名为 rur，即 Rural），编码值 1 代表农村，2 代表城市。

例题数据将采用三个模型进行同时考虑收入和教育两方面的多元方差分析。

第一模型：对民族进行多元方差分析（单因素二元模型）。

第二模型：对民族、城乡交互分类进行含交互影响的多元方差分析（双因素二元饱和模型）。

第三模型：对民族、城乡交互分类进行无交互影响的多元方差分析（双因素二元非饱和模型）。

根据不同模型来介绍有关 SPSS 多元方差分析的操作步骤、统计结果输出及模型分析结果的解释工作。每个模型的分析作为一节。并且，我们将在得到第一模型的统计分析之后，专门设一节利用图示的方法形象地描述多元方差分析的原理及其与一元方差分析的区别所在。

四、第一模型：单因素二元模型

第一模型的研究目的是通过样本数据检验这三个民族在社会经济发展上是否存在显著差异。我们用多元方差分析的无差异假设可以将这个问题表达为：

$$H_0: \begin{bmatrix} \overline{\text{inc}_1} \\ \overline{\text{edu}_1} \end{bmatrix} = \begin{bmatrix} \overline{\text{inc}_2} \\ \overline{\text{edu}_2} \end{bmatrix} = \begin{bmatrix} \overline{\text{inc}_3} \\ \overline{\text{edu}_3} \end{bmatrix}$$

其中下标 1、2、3 分别表示三个民族。这个无差异假设表示三个民族在经济和社会两项指标上相等。注意这里是同时通过两个不同指标来检查是否存在民族差异。在后面的结果中，将会看到同时对社会、经济两方面的检验结果与分别进行两次一元方差分析所得的结果很不相同。

因为这一模型只有一个分类变量和两个因变量，所以它属于单因素二元模型。

（一）用 SPSS 检查因变量是否为正态分布

我们先用 SPSS 的探测模块（Explore）对即将作为多元方差分析的两个因变量是否为正态分布加以检验。用 SPSS 打开这个数据后，点击 Analyze → Descriptive Statistics → Explore 便打开了变量探测窗口。在这个分析模块中，SPSS 提供了多种统计指标和统计图帮助用户探测变量的具体情况。这里我们只介绍对变量正态性的统计检验。将 inc 和 edu 两个变量依次移入因变量（Dependent List）框中。再将分类变量 nat 作为分类因素移入因素（Factor List）框中①。正态分布检查并不是该模块的默认统计输出，需要专门设置，方法是点击主对话框中的 Plots 按钮，在相应打开的对话窗口框中勾选“Normality plots with tests”一项。然后，点击 Continue 返回探测主窗口后，点击 OK 运行这两个变量划分类别后的正态性检验。对两个因变量所做正态分析检验结果列在表 9—1 中。

① 如果不指定分类因素也是可以的，但变量探测均是对全部案例来做，而指定分类因素后，变量探测将分别对各类案例来完成。

表 9—1　对两个因变量的分类的正态分布检验结果

Tests of Normality

	nat	Kolmogorov-Smirnov[a]			Shapiro-Wilk		
		Statistic	df	Sig.	Statistic	df	Sig.
inc	1	.132	8	.200*	.964	8	.852
	2	.172	8	.200*	.950	8	.712
	3	.164	8	.200*	.960	8	.812
edu	1	.163	8	.200*	.958	8	.787
	2	.175	8	.200*	.933	8	.547
	3	.160	8	.200*	.964	8	.846

a. Lilliefors Significance Correction

*. This is a lower bound of the true significance.

首先，我们看到对两个因变量的正态性检验都是按类别划分进行的。中间一部分的 Kolmogorov-Smirnov 检验一般是用于较大样本的正态性检验，它的显著性值越小表明与正态分布的差别越大。由于示范样本中每一民族都只有 8 个案例，而 SPSS 在发现样本规模小于 50 时，便会自动提供适合于小样本的 Shapiro-Wilk 检验结果。因为小样本检验结果反映出这两个社会经济间距变量在各类样本中都极不显著，于是我们可以认为样本因变量为正态分布。

多元方差分析所需的其他变量检查可以在模型分析过程中加以设置，要求 SPSS 在完成多元方差分析的同时加以提供。

（二）SPSS 多元方差分析中对单因素模型及其他检查的设置

用 SPSS 继续进行这个数据的单因素多元方差分析，点击 Analyze → General Linear Model → Multivariate 便可以打开一般线性模型主窗口。这一模块有许多功能，其中包括多元方差分析。将变量 inc 和 edu 都作为因变量依次移入 Dependent Variables 框中。因为现在要做单因素多元方差分析，所以先将分类变量 nat 作为固定因素移入 Fixed Factor（s）框中①。在一般线性模型分析模块中，不需要再定义各因素的类别编码，SPSS 会自动加以识别。另外，如果数据中有作为控制变量的其他间距变量，可以将其移入 Covariate（s）框中，那么模型便成了单因素多元协方差分析。另外，我们还需要 SPSS 在做多方差分析同时提供一些其他的分析指标。方法是点击主对话框中的 Options 按钮，在相应打开的对话柜中可以勾选很多种统计输出，但本例仅需要在 Display 框中先勾选“Homogeneity tests”以检查各类方差是否相等，再勾选“Residual SSCP matrix”以检查因变量之间是否具有相关性。然后，点击 Continue 返回主窗口。由于这一步我们运行的是单因素的多元方差分析，因此模型本身很简单，没有必要再做任何额外的设置。最后，点击 OK 运行这个单因素多元方差分析。

（三）第一模型分析输出的结果及讨论

1. 关于因变量是否具有相同方差的检查

检查因变量是否具有相同方差，在统计分析中又称为同质性（homogeneity）检查。本例

---

① 固定因素是指研究样本中的类别与总体推断的类别相同。换句话说，研究只想检验样本所含类别之间的差异是否可以推断到总体相应类别的情况。

在第一模型操作示范中勾选了这一备选的统计指标，它会相应输出多元的同质性是否相等的检验，所得到的相应输出列在表 9—2 中。该表检验了按民族分类后两个因变量构成的方差协方差矩阵是否相等，所得到的 Box 的 M 统计量值为 6.102，折合成 F 统计量则为 0.877，在相应两个自由度情况下，其显著水平为 0.511，表明各民族的方差协方差矩阵没有显著差异，即可视为各民族具有同质性。

表 9—2　　第一模型的多元同质性检查

Box's Test of Equality of Covariance Matrices[a]

Box's M	6.102
F	.877
df1	6
df2	10991.077
Sig.	.511

Tests the null hypothesis that the observed covariance matrices of the dependent variables are equal across groups.
a. Design：Intercept＋nat

以上要求同质性检查的设置还提供了按单个因变量分别进行的 Levene 同质性检验结果（见表 9—3）。变量 inc 和 edu 的单变量同质性检验结果的显著度分别为 0.783 和 0.886，都是极不显著的，说明这两个变量内按民族划分各类的方差均没有显著差异，因而可视为方差相等。

表 9—3　　第一模型的一元同质性检查

Levene's Test of Equality of Error Variances[a]

	F	df1	df2	Sig.
inc	.248	2	21	.783
edu	.122	2	21	.886

Tests the null hypothesis that the error variance of the dependent variable is equal across groups.
a. Design：Intercept＋nat

2. 关于多元因变量中是否具有足够相关的检验

SPSS 多元方差分析中所提供的多元因变量中是否具有足够相关的检验采用了 Bartlett 球型检验，表 9—4 提供了对第一模型的两个因变量的相关性检验结果。Bartlett 球型检验的显著程度极高（0.000），说明两个社会经济因变量之间有足够的相关水平来进行多元方差分析。

表 9—4　　第一模型的相关程度检验输出报告

Bartlett's Test of Sphericity[a]

Likelihood Ratio	.000
Approx. Chi-Square	63.833
df	2
Sig.	.000

Tests the null hypothesis that the residual covariance matrix is proportional to an identity matrix.
a. Design：Intercept＋nat

3. 第一模型的多元方差分析表

表 9—5 提供了例题第一模型的多元方差分析表。由于第一模型中只有一个分类变量，因此模型中待检只有截距（Intercept）和由因素 nat 分类的主效应。多元方差分析中一般并不关

心截距项的检验，只关心由模型中纳入因素形成的分类主效应和分类交互效应，而本模型也没有交互效应。所以，下面着重说明表中对因素 nat 的主效应的检验。

表 9—5　　对民族的多元方差分析的检验结果

Multivariate Tests[c]

Effect		Value	F	Hypothesis df	Error df	Sig.
Intercept	Pillai's Trace	.996	2357.033[a]	2.000	20.000	.000
	Wilks' Lambda	.004	2357.033[a]	2.000	20.000	.000
	Hotelling's Trace	235.703	2357.033[a]	2.000	20.000	.000
	Roy's Largest Root	235.703	2357.033[a]	2.000	20.000	.000
nat	Pillai's Trace	.922	8.985	4.000	42.000	.000
	Wilks' Lambda	.079	25.564[a]	4.000	40.000	.000
	Hotelling's Trace	11.632	55.250	4.000	38.000	.000
	Roy's Largest Root	11.630	122.117[b]	2.000	21.000	.000

a. Exact statistic

b. The statistic is an upper bound on F that yields a lower bound on the significance level.

c. Design：Intercept＋nat

实际上，多元方差分析与常规一元方差分析的类似之处是，它实际上仍是组间离散程度与组内离散程度相比较的检验。而不同之处则是，由于涉及多个因变量，多元方差分析是通过多元组间离散矩阵与多元组内离散矩阵相比的检验，其中，这些所谓的离散矩阵就是模型中分解取得的离差平方和与交叉乘积矩阵（简称为 SSCP）。对应于常规一元方差分析的均方差，多元方差分析检验时使用的是 SSCP 矩阵取得平均化后的方差协方差矩阵。

多元方差分析假设检验结果中提供了以四种不同方法对因素 nat 在两个因变量 inc 和 edu 上的解释作用的检验。这一检验是同时完成的。所谓解释作用以组间均方差代表，未解释部分以组内均方差代表。上述四种检验方法中采用不同统计量来估计组间和组内的离散矩阵，其中包括：Pillai 的迹、Wilks 的 λ 统计量、Hotelling 的迹和 Roy 最大特征根。然后，再将这些统计量折算为 F 检验值及其相应自由度来进行正规检验。下面为了简便，我们以这些统计量的创建者来指称相应的 F 检验。其中，Wilks 的 F 检验值是精确值，而其他三种检验得到的 F 值则是近似值。由于这四种统计量的计算原理不同，最后取得的 F 检验尽管在一般情况取得比较相近的检验结果，但是在不同的场合也可能会出现不一致。

在表 9—5 中，对民族分类的四种统计检验值都显示为 0.000，表明各种方法检验都肯定民族之间存在十分显著的差别。这使得我们拒绝无差异假设更有把握。但是，当它们的检验结果不一致时，则可以通过比较来分析这些结果背后的可能原因。

一般来说，我们希望所应用的方法在多元方差分析假设条件出现某种违反程度的情况下其检验依然不受太大影响，并且能够保持最大的统计检验功效（power of statistical test，即在无差异假设实际上为不真实时正确地拒绝它的概率）。

在一般情况下，Pillai 检验的显著度值比其他方法检验得到的显著度值稍高，说明这种方法在接受无差异假设时相对较为保险。并且它在样本规模很小、各类别规模不等或类别分布的方差不等时使用的效果也较好。Wilks 检验也具有不太受违反假设条件影响、统计检验功效较强的特点。此外，Pillai 检验、Wilks 检验和 Hotelling 检验都比较全面地反映了多维空间中不同维度上反映出来的类别差异。然而，Roy 检验则只反映多维空间中类别差异最大的那一维的情况，而忽略其他维度上的类别差异。在足以确信所有假定条件能够得到严格遵守且多元因变量的类别差异能够由一维上效应所代表时，Roy 检验才可以具有最强的检验功效。

检验功效的大小取决于几个因素，包括显著度的确定、效应规模（effect size，即各类别平均值之间的差异）以及各类别的样本规模。一般情况下，研究人员对于显著水平和效应规模并没有什么选择的余地，所以通常采用扩大各类别样本的规模的办法来增强检验的功效。在实际研究中，一般希望检验功效的概率能够维持在 0.8 以上。如果各类别的样本规模少于 50，对于维持上述检验功效水平就容易发生问题了。根据经验，各类别的样本规模在 50 至 150 之间增加时，检验功效提高得很快，但超过 150 以后继续增加各类别的样本规模，检验功效虽然可以再提高，但提高速度会越来越慢。

非常大的类别样本规模会减少抽样误差，因此分组平均值之间很小的差异也可能获得统计十分显著的结果。这时，研究人员必须认识实际显著性（substantive or practical significance）与统计显著性（statistical significance）之间的区别。有时，统计上十分显著的差异不过是样本规模巨大的结果，并无实际意义。

4. 第一模型的一元方差分析表

在 SPSS 进行多元方差分析会默认输入各因变量的一元方差分析结果。表 9—6 中提供了第一模型多元方差分析时同时输出的一元方差分析结果。在这个一元方差分析表中，对应 nat 的一横栏便是常规一元方差分析的结果，其中标志 inc 和 edu 的两行分别为相应的一元方差分析结果。可以看到在这两个因变量上民族差异的统计性都并不显著。实际上，这里的结果与本书第一章示范常规方差分析的统计结果完全相同。另外，表中标志 Error 和 Corrected Total 的两横栏中则分别提供了一元方差分析相应的组内差异和总差异结果。

表 9—6　　对民族的一元方差分析表

Tests of Between-Subjects Effects

Source	Dependent Variable	Type III Sum of Squares	df	Mean Square	F	Sig.
Corrected Model	inc	116.083[a]	2	58.042	.696	.510
	edu	314.583[b]	2	157.292	2.054	.153
Intercept	inc	97282.667	1	97282.667	1166.559	.000
	edu	161540.042	1	161540.042	2109.173	.000
nat	inc	116.083	2	58.042	.696	.510
	edu	314.583	2	157.292	2.054	.153
Error	inc	1751.250	21	83.393		
	edu	1608.375	21	76.589		
Total	inc	99150.000	24			
	edu	163463.000	24			
Corrected Total	inc	1867.333	23			
	edu	1922.958	23			

a. R Squared＝.062（Adjusted R Squared＝－.027）

b. R Squared＝.164（Adjusted R Squared＝.084）

(四) 关于第一模型分析的小结

虽然第一模型是一个十分简单的多元方差分析，但在其中已经蕴含了多元方差分析的基本性质。通过第一模型的分析，我们介绍了有关统计指标和 SPSS 多元方差分析的基本操作。并且，第一模型的结果揭示了一个重要的事实，即在对因变量进行单个的方差分析不能检查出分组差异的情况下，多元方差分析则能够反映实际中存在的分组差别。实际上，如果反过来，多元方差分析不显著的分类变量在分别对各自变量做一元方差分析时也未必不显著。所以，这两者统计方法之间并无相互引申出对方结果的联系。由于 SPSS 在多元方差分析时同时给出相应一元方差分析统计结果，十分方便用户在进行多元分析时同时了解一元分析的情况。

现在我们已经知道，进行多个一元方差分析是不可能迭加出多元方差分析结果来的。那么为什么在多元方差分析中同时研究两个因变量能够揭示出分别进行两个一元方差分析所不能揭示的差异呢？这就涉及多元方差分析的基本性质。下一节中，将通过对于本例变量数据的图示对此加以说明。

五、多元方差分析与一元方差分析区别的图示说明

下面我们将通过一系列的图示来说明多元方差分析与一元方差分析的区别。

在上述多元方差分析中，我们涉及了两个因变量，inc 和 edu。这两个变量正好构成了一个平面空间，每一个案例根据自己的两个变量值确定其在这个二维空间当中的位置。图 9—1 描述了这种情况。为了区别不同民族社区的案例，用不同的类别记号来表示每个案例的民族属性。菱形代表第一个民族，圆形代表第二个民族，方形代表第三个民族。

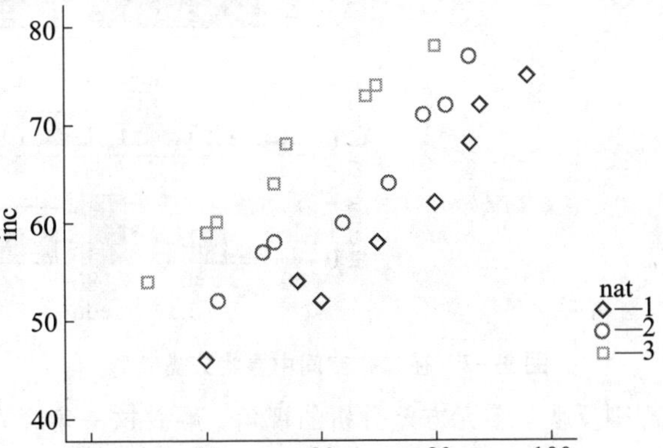

图 9—1 多元方差分析中案例的空间分布

实际上，当有更多因变量时，就会构成一个多维空间，每一个案例以及它们所属的类别都分布在这个空间中。多元方差分析就是在这个多维空间寻找能够尽量扩大组间差异而尽量缩小组内差异的视角。这就意味着我们要让这个多维空间在我们面前旋转。当然，我们也可以转变自己与这个多维空间的相对位置来寻找组间差别的最佳视角。图 9—2 标志着从不同视角看待图 9—1 中二维空间中类别差异得到的结果。

当我们从垂直于 inc 坐标轴的方向看去时，所有案例都投影到 inc 轴上，而案例在变量 edu

值上的差异便完全看不见了。这个角度其实正是对变量 inc 做一元方差分析时的视角。在图 9—2 的左上部为相应一元方差分析时各组 inc 值的分布情况及拟合的正态曲线。可以看出，各组大部分案例值都重叠在同一区间，而各组平均值之间的差异要远远小于各组内部的平均差异，因此对 inc 的一元方差分析结果自然不会显著。与此类似，垂直于 edu 坐标轴的视角也就是对变量 edu 做一元方差分析的视角，而图 9—2 的右下部则是各组案例的 edu 值分布及拟合的正态曲线，同理，对 edu 的一元方差分析结果的统计性也不显著。

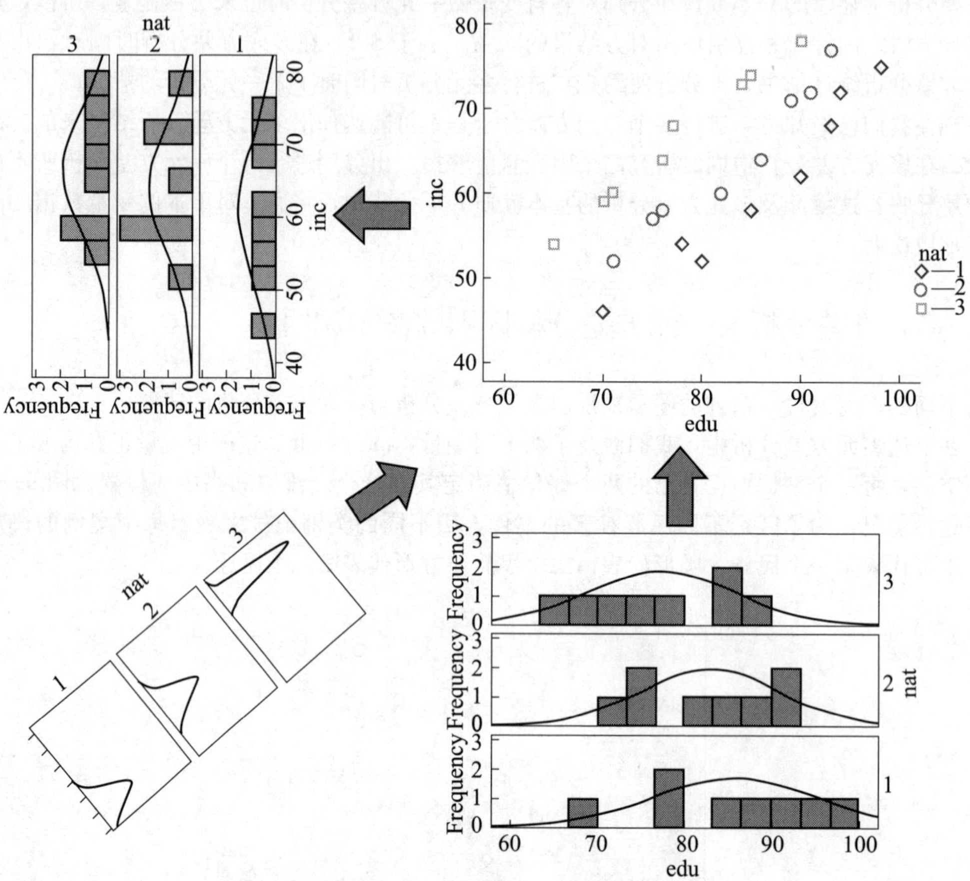

图 9—2　在二维空间中寻找分类差异

在图 9—2 的左下部则反映了多元方差分析的视角。顺着这一角度看过去，各组案例在两个因变量上差异都仍然存在，只是旋转视角后，组间差异得以尽量保留和放大，而组内差异则被尽量压缩。这样一来，一元方差分析发现不了的类别差异，在多元方差分析却可以得到十分显著的统计结果。

通过这些图示，相对于每一维单坐标都十分重叠的各类案例分布在利用多维联合分布时则可以通过空间旋转（即数学上的坐标变换）便有可能找到类别之间的差异。实际上，探测类别差异上能形成的新坐标维度的数量将由多元方差分析的因变量数或类别数联合决定，其公式为 Min（k，$g-1$），即由 k 和 $g-1$ 这两个数中最小者决定。比如，本例数据中有两个因变量（$k=2$），而案例分成三个类别（$g=3$），那么探测类别差异时可以形成新的二维空间。在图 9—2 中我们只画了组间差异最显著的一个维度，而另一维度对反映组间差异的作用很小。实际上，这相当于多元方差分析中的 Roy 检验法，因为它只考虑类别区分度最大的一维并加以检验，而另外三种检验方法则会全面考虑所有转换维度的情况。

最后，再来回顾一下多元方差分析时要求各因变量之间要存在一定相关的要求。如图 9—1 所示，两个因变量之间相关决定了各类案例在二维坐标系中的分布具有明显的线性方向性，并且三个民族的分布方向是平行的（都是从左下方至右上方）。在这种情况下，才可以通过坐标变换方法缩小组内差异、扩大组间差异，使多元方差分析具有足够的检验功效。试想，如果这两个因变量之间毫不相关，就意味着各组案例在这个二维平面上散漫分布、相互混杂，那么即使进行坐标变换也不可能找到组间差异。

当然，这里只是以直观的图示来说明多元方差分析与一元方差分析之间的区别。实际上这些工作步骤都是通过矩阵的数学运算来完成的，要比我们用眼睛对图示的检查判断准确得多。

六、第二模型：双因素二元饱和模型

（一）SPSS 多元方差分析中多因素饱和模型的设置

第二模型仍使用同一数据，但分析模型在第一模型的基础上又加入一个新的的分类变量 rur。因此，第二模型不再是单因素（one-way）多元方差分析，而是双因素（two-way）多元方差分析。

与单因素方差分析不同的是，在双因素或多因素模型中，除了每个因素自己的主效应（main effect）以外，还会在各因素之间形成交互效应（interaction）。两个因素之间的交互效应可简称为二阶项，三个因素之间的交互效应可简称为三阶项，如此等等。交互效应的存在，使多因素分析中多元方差的构成与单因素分析有所不同，不仅包括组内方差（即未解释部分）和组间方差（即各因素主效应合计），还有残差（即各交互效应方差的合计）。如何判断残差的归属决定于模型的设置。SPSS 多元方差分析的默认设置是饱和模型（full model 或 saturated model）分析，即所有主效应和交互效应项都作为模型解释部分得到分析和检验。那么，残差（即交互效应方差）应作为模型所解释的方差来对待，作为检验标准的误差项就是组内方差（within cells）。SPSS 多元方差分析的默认误差项虽然是组内方差加残差之和，但这时的残差已等于 0，实际上误差项等于组内方差。所以，饱和模型每一项效应的显著检验是根据与组内方差的比较而得出的。

在第二模型中，我们将两个自变量之间形成的交互效应作为模型解释方差的一部分。因为只有两个因变量，因此第二模型只存在一项交互效应，将其作为模型解释部分之一就意味着所有主效应和交互效应都需要检验，所以第二模型属于饱和模型分析，系 SPSS 程序中的默认状态。那么，第二模型的设置将比较简单。

下面介绍在 SPSS 一般线性模型主窗口中设置第二模型的步骤。在该模型主窗口中，用与设置第一模型相同的方法将 inc 和 edu 调入因变量栏。然后，用类似的方法将因素 nat 和 rur 分别调入因素栏。因为第二模型是饱和模型，完全可以按 SPSS 默认状态进行分析，所以不需要再进入 Model 对话窗口中各项重新进行设置。

在介绍第一模型操作步骤时，已经介绍了各种假设条件检验的操作。由于案例的分组方法有所变化，按说应该对数据是否符合有关假定重新进行检查。但有关检查的操作与以前操作相同，所以这里仅为了节省篇幅，不再重复示范。

第二模型设置完毕后，在一般线性模型主窗口点击OK键执行该模型的分析。

（二）第二模型分析输出的结果及讨论

SPSS 输出多因素多元方差分析结果时，按照模型各效应项依次给出多元统计检验、一元统计检验结果。表 9—7 是第二模型的输出报告。

表 9—7　　第二模型结果：含交互效应的双因素二元方差分析

Multivariate Tests[c]

Effect		Value	F	Hypothesis df	Error df	Sig.
Intercept	Pillai's Trace	.996	2258.492[a]	2.000	17.000	.000
	Wilks' Lambda	.004	2258.492[a]	2.000	17.000	.000
	Hotelling's Trace	265.705	2258.492[a]	2.000	17.000	.000
	Roy's Largest Root	265.705	2258.492[a]	2.000	17.000	.000
nat	Pillai's Trace	.926	7.763	4.000	36.000	.000
	Wilks' Lambda	.075	22.473[a]	4.000	34.000	.000
	Hotelling's Trace	12.258	49.031	4.000	32.000	.000
	Roy's Largest Root	12.256	110.305[b]	2.000	18.000	.000
rur	Pillai's Trace	.142	1.412[a]	2.000	17.000	.271
	Wilks' Lambda	.858	1.412[a]	2.000	17.000	.271
	Hotelling's Trace	.166	1.412[a]	2.000	17.000	.271
	Roy's Largest Root	.166	1.412[a]	2.000	17.000	.271
nat * rur	Pillai's Trace	.039	.177	4.000	36.000	.949
	Wilks' Lambda	.961	.169[a]	4.000	34.000	.953
	Hotelling's Trace	.040	.160	4.000	32.000	.957
	Roy's Largest Root	.039	.353[b]	2.000	18.000	.707

a. Exact statistic

b. The statistic is an upper bound on F that yields a lower bound on the significance level.

c. Design：Intercept＋nat＋rur＋nat * rur

表 9—7 中，标志为 nat 和 rur 的两个横栏分别是对民族主效应和城乡主效应的多元检验。结果表明，民族因素的影响统计性显著，而城乡因素的影响则统计性不显著。表中标志为 nat * rur 的一栏则是对上述两个因素之间交互效应的多元检验。请注意，这时四种方法对该交互效应检验的显著度值已经能显示出了明显差别，但它们都表明该交互效应是非常不显著的。

在一般情况下，现在即可结束对此模型的分析，从模型中删除交互效应，得到第三模型再行检验。这是因为，第二模型是在将交互效应作为模型解释的一部分来对待的，检验的标准是组内差异。但是，当模型中的交互项统计不显著时，则表明以这时组内方差为标准检验其他主效应已经不适当，这时应该通过重新设置模型将交互项从模型解释部分删除掉，将其对应差异作为误差项的一部分对待，因而会导致检验标准发生变化。因此，只有当模型中所有检验的效应项都显著时，届时所用的检验标准才是恰如其分的。所以，我们建议当模型检验仍有统计不显著的效应时，便应该通过删除其中一个最不显著者再对其余效应加以检验，直至模型中检验的各项效应都取得显著为止。

下面，我们将以第三模型来着重示范模型设置的操作方法。

七、第三模型：双因素二元非饱和模型

(一) SPSS 多元方差分析中多因素非饱和模型的设置

第三模型仍使用同一数据，但是第三模型将不考虑因素之间的交互效应。因此第三模型属于双因素二元方差分析的非饱和模型。下面介绍一般线性模型主窗口中设置第三模型的步骤。

在一般线性模型主窗口中，用与设置第二模型相同的方法将 inc 和 edu 调入因变量栏。然后，用类似的方法将自变量 nat 和 rur 分别调入因素栏。

因为第三模型是不饱和模型，需要在模型设置窗口中对有关各项重新进行设置。操作方法是：首先，点击主窗口中的 Model 按键打开该对话窗口后，勾选 Custom 一项，将默认的饱和模型模式改为用户自定义模式。然后，在 Factors & Covariates 框中选择一个或多个自变量，再点击旁边的 Build Term (s) 栏目中的向下箭头拉开效应项类型，其中的选项包括：Interaction 一项将形成所选自变量的交互项；Main effects 则只形成所选各自变量的主效应；All 2-way 则形成所选自变量之间的所有二阶交互项；至于其他 All *n*-way 选项则形成它们之间 *n* 阶交互项。点击哪一选项，便会使该项显示在 Build Term (s) 栏的显示框中。指定了自变量及其在模型中形成的效应类型，再点击该栏中的 ▶ 按钮将所形成的效应项移至在右侧 Model 框中。

对于第三模型，只要将 nat 和 rur 作为主效应置于模型中即可。

此外，请注意模型设置对话窗口中的下部标志 Sum of squares 处显示了方差分解的方法，SPSS 默认方法是第三种选项（即 Type III）。另外，还有模型中是否包括截距的选择，SPSS 默认是包括。我们在多元方差分析时只要保持 SPSS 默认设置即可，不要做改变，否则模型分析及统计结果都并不是我们所要的。

在模型设置对话窗口完成关于模型所有效应项的设置之后，点击 Continue 按钮返回到一般线性模型主窗口，继续其他工作。对于第三模型，则已经完成所有模型设置，便可以点击 OK 键开始执行分析工作。

如果需要同时检验模型的有关假设条件，可按第一模型操作介绍的相应部分进行设置后，再开始执行分析工作。

(二) 第三模型分析输出的结果及讨论

第三模型的输出报告列在表 9—8 中。按照模型设置，除我们并不关心的截距项检验外，只检验两个因素的主效应，其中 nat 的结果非常显著，而 rur 仍未取得显著结果。值得注意的是，第三模型中 rur 的显著度（0.234）与上一饱和模型中的显著度（0.271）发生了一点变化。

表 9—8　　第三模型结果：无交互效应的双因素二元方差分析

Multivariate Tests[c]

Effect		Value	F	Hypothesis df	Error df	Sig.
Intercept	Pillai's Trace	.996	2458.157[a]	2.000	19.000	.000
	Wilks' Lambda	.004	2458.157[a]	2.000	19.000	.000
	Hotelling's Trace	258.753	2458.157[a]	2.000	19.000	.000
	Roy's Largest Root	258.753	2458.157[a]	2.000	19.000	.000
nat	Pillai's Trace	.923	8.578	4.000	40.000	.000
	Wilks' Lambda	.078	24.507[a]	4.000	38.000	.000
	Hotelling's Trace	11.795	53.077	4.000	36.000	.000
	Roy's Largest Root	11.793	117.933[b]	2.000	20.000	.000
rur	Pillai's Trace	.142	1.571[a]	2.000	19.000	.234
	Wilks' Lambda	.858	1.571[a]	2.000	19.000	.234
	Hotelling's Trace	.165	1.571[a]	2.000	19.000	.234
	Roy's Largest Root	.165	1.571[a]	2.000	19.000	.234

a. Exact statistic

b. The statistic is an upper bound on F that yields a lower bound on the significance level.

c. Design：Intercept＋nat

总之，第三模型的多元检验结果表明，由于因素 rur 仍不显著，因此尽管因素 nat 已经取得十分显著的结果，但并不是最终结果。我们应该继续从模型中删除因素 rur，专门对 nat 进行检验，而这个模型正是我们作为第一模型示范的单因素模型，结果是 nat 非常显著，说明从多元方差分析表明，各民族之间存在显著差异。

比较三个模型对 nat 的检验结果，实际上最简单的第一模型（单因素模型）要比第三模型（双因素非饱和模型）更显著，而第三模型又比第二模型（双因素饱和模型）更显著。[①] 尽管本例中不同模型显示出删除其中一个最不显著的效应项会使统计结果向较显著的方向变化，但需要说明，其实这样做的结果既有可能会提高其余效应项在新的检验的显著度，但也有可能会导致它们变得更不显著。

此外还需要说明，在多因素模型检验的实际研究中，最不显著的效应并不一定就是交互效应（或者是其中最高阶的交互效应），完全有可能出现交互效应显著，而涉及的主效应却不显著。这时读者可能会产生误解：将涉及的主效应删除会导致不能形成相应交互效应，因而便不再继续调整模型进行检验。实际上，这种顾虑没有必要，SPSS 允许各种各样的模型设置，甚至可以在模型设置时将所有主效应都删除掉而保留由它们形成的交互效应。只不过由于这种情况比较少见，SPSS 在检测到这种模型设置时会弹出一个警告提示框，要求用户确认这不是设置错误后才继续运行此类模型检验。实际上，用户可以自己来做试验计算，首先用本例数据做

① 需要增加表中显著度结果的显示位数才能看到。方法是在相应输出表格中选择相应数值单元使其反白，然后点击鼠标右键，在选项菜单中点击选择 Cell properties 一项，在相应弹出对话窗口的 Value 的对话框里，点击 Desimals 对应的 ▲ 按钮，扩大显示位数，便能看到这种细微差别。

多元方差分析时只设置交互效应项来检验，那么该交互项也能得到统计显著结果。其次，如果模型效应设为 rur 主效应和交互效应两项，那么 rur 结果不显著而交互项则是显著的。但是，按照通常模型调整顺序，其实本例则不会设置上述两个试验模型。那么为什么要直接设置这样两个不太常见的模型则需要有理论上的根据。

其实，在实际研究中，通常是先检验更复杂的模型，并通过逐步淘汰不显著的因素，得到完全显著的模型，而本章主要是出于示范操作的目的采用了由简单到复杂叙述方式。

最后再次重申，多元方差分析虽然也是在检验类别之间的差异，但是它的视角与一元方差分析是完全不同的，我们不能期望通过对每个因变量单独进行一元方差分析的结果堆叠出多元方差分析的结果。其实，反过来也一样，在多元方差分析中不显著的因素也并不能引申出其在一元方差分析中同样会不显著的结论。实际上，这两种方差分析并不能相互替代。

基本概念

一元方差分析　因素　无差异假设　多元正态分布　样本类别规模均衡　空单元　单因素多元方差分析　单因素二元模型　双因素多元方差分析　饱和模型　Pillai 检验　Wilks 检验　Hotelling 检验　Roy 检验　检验的稳健性　检验功效　样本规模效应　实际显著性　统计显著性　同质性检验　主效应　交互效应　组间方差　组内方差　残差　饱和模型　非饱和模型

本章要点

1. 多元方差分析的应用目的与一般的方差分析一样，也是为了检验不同案例类型之间是否存在显著差异。所不同的是多元方差分析建立于同时考察多个反应变量（因变量），而不是仅仅考察一个反应变量。

2. 多元方差分析的视角与一元方差分析不同。分别进行多个不同反应变量的一元方差分析并不能得出多元方差分析的结果。同样，多元方差分析结果也不能引申出一元方差分析的结论。

3. 多元方差分析要求多个反应变量之间存在一定程度的相关，否则这种方法发挥不出效力。

4. 多元方差分析提供多种方法的检验。这些检验方法对数据是否符合假定、类别分布是否均衡以及在多维差异代表性上有所区别，应该综合性地加以参考。

5. 在实际研究中，通常是从较复杂的模型入手，逐步删除不显著的因素（自变量），最后取得完全显著的模型。

参考文献

Bray，J. H.，and Maxwell，S. E.（1985）. Multivariate Analysis of Variance. Sage Publications.

Pedhazur E. J. （1982）. Multiple Regression in Behavioral Research，Second Edition. CBS College Publishing.

Lattin，J. M.，Carroll，J. D.，and Green，P. E. （2003）. Analyzing Multivariate Data. Brooks/Cole-Thomson Learning.

Hair，J. F. Jr.，Anderson，R. E.，Tatham，R. L.，and Black，W. C.，（1995）. Multivariate Data Analysis with Readings，Fourth Edition. Prentice-Hall International Inc.

Jobson，J. D. （1992）. Applied Multivariate Data Analysis，Volume Ⅱ：Categorical and Multivariate Methods. Springer-Verlag.

Norusis，M. J. （1992）. SPSS for Windows：Advanced Statistics，Release 5. SPSS inc.

Dillon W. R.，and Goldstein，M. （1984）. Multivariate Analysis：Methods and Applications. John Wiley & Sons.

王国梁，何晓群．多变量经济数据统计分析．西安：陕西科学技术出版社，1993.

方开泰．实用多元统计分析．上海：华东师范大学出版社，1989.

第十章

鉴别分析

一、简介

鉴别分析（discriminant analysis，简称为 DA）这一统计方法是由 R. A. Fisher 提出的（Fisher，1936：179－188）。

鉴别分析是一种进行统计鉴别和分组的技术方法。它可以就一定数量案例已知的一个分类变量和相应的其他多元变量的信息，检查和定量描述分组与其他多元变量之间的关系，建立鉴别函数（discriminant function）。然后便可以利用这些函数关系对其他已知多元变量信息但未知类别信息的案例进行鉴别分组。

用 SPSS 进行鉴别分析时，模型在输入数据变量时分为两种：一种是分组变量（grouping variable），另一种是即将服务于鉴别分类用的其他特征变量，又称为鉴别变量（discriminant variable），它就是鉴别模型函数的自变量。细心的读者可能已经注意到了，鉴别分析模型输入的变量中只有自变量，没有因变量，但有一个分组变量。而这一点确实是鉴别分析与其他因果统计模型方法相区别的独特之处。

在实施鉴别分析的过程中，SPSS 或其他统计软件将会充分借助案例的分组信息和鉴别变量信息为一套鉴别模型函数"构造"出相应的因变量来。新形成的因变量将具有间距测度等级，而且在其取值上能尽可能地体现出各组案例之间的差别。所以，鉴别分析的研究目标是案例分组类别与鉴别变量值之间的关系，但却是借助所构造的因变量来形成定量化的鉴别函数模型，间接地反映分组类别与鉴别变量之间的关系。

鉴别分析所涉及的分组变量和鉴别变量之间需要存在比较稳定的统计关系，然而它们之间实际因果关系对鉴别分析也并不太重要。鉴别变量用不着是真正的"原因"变量，有时可能反而是真正的"结果"或"反应"变量。因此，在鉴别分析里作为自变量的鉴别变量与构建因变量标准的分类变量之间的"因果关系"不过是模型函数形式上的界定，对两者关系的分析从本质上并没有越过相关的范畴。

反过来说，鉴别分析模型往往并不是要反映两种变量之间的因果联系，而是对以往鉴别经验的数学归纳。比如，确定用哪些医学检验指标来进行鉴别分组只是根据医生以前治疗成功的经验事先决定的。其实，实际生活和工作并不总是在深谙事物因果联系的情况下进行的，许多时候只是依据以往的经验教训。如果积累了大量成功经验的数据案例，那么鉴别分析便是一个很有用的工具，它可以帮助我们将类别与其他多元鉴别变量的关系加以定量化，以后再将这种经验模型应用于其他案例，迅速地将其进行鉴别分类。

鉴别分析技术曾经在许多领域得到成功的应用，包括对儿童心理测验、手术或药品效果、地理区划的经济差异、决策行为预测等结果的分类。

鉴别分析与聚类分析有所不同。聚类分析是一种纯统计技术，只要有多种指标存在，它就能根据各案例的变量值近似程度排出顺序来，只是描述性的统计。但是鉴别分析则不同，在分析之前就根据理论或实际的要求对分类的意义和类别数目加以确定。并且，鉴别分析要以此为标准来建立鉴别函数。最后，鉴别分析并不停留在描述分类变量与各鉴别变量之间的关系上，还能够对于未知类别的案例进行鉴别分类。因此，它带有“预测”的意义。

总的来说，鉴别分析包括两个阶段的工作：

第一阶段是分析和解释各组的鉴别变量值特征之间存在的差异，并建立鉴别函数。在这部分工作中，研究人员要处理的是已知类别属性的那些案例。这时需要确定是否能在特征变量数据的基础上鉴别出已知的类别来，以及类别能被鉴别的程度和哪些特征变量是最有用的鉴别变量。另一个用途是为了分类目的推导一个或多个数学方程。这些方程称为“鉴别函数”，它们以定量形式将表示特征的鉴别变量与类别属性结合起来，使我们能辨识一个案例最可能的所属类别。在第一阶段的鉴别分析中，用来建立鉴别函数的数据案例必须具有相互排斥（mutual exclusive）的类别属性，即各案例的类别属性必须是确定的，每个案例一定属于其中某一类别，并只能归入一个类别。也就是说，数据案例必须同时提供类别信息和其他特征信息，并且其所属类别与其他特征之间具有较强的联系，我们才能够识别这两部分的联系并且通过鉴别函数加以数学归纳。

第二阶段所要处理的是那些未知类别属性的其他案例，以第一阶段的鉴别函数为根据将这些“新”案例进行鉴别分类。这相当于根据以往成功分类的经验来“预测”这些案例的类别属性。在类别属性能够成为一种明确结果时（如类别代表的是事物发展的不同结果），其结果便可以作为事实来检验预测的准确性。而有的时候，类别的内在属性并不是显性的，如一个病人的病症到底是哪一类的，那么鉴别分析结果只是提供一种判断。那么，鉴别结果的准确性则只能通过“对症下药”处理的实际效果来加以检验其是否成功。

本章将通过一个例题的鉴别分析过程来展开对这种分析方法和有关指标的介绍，并且示范相应的SPSS软件操作。本章第二节介绍鉴别分析的假定条件和基本模型。第三节介绍所要分析的例题的情况。第四节讨论鉴别分析的各指标。第五节介绍应用SPSS进行鉴别分析的步骤。

二、鉴别分析的假定条件和基本模型

（一）鉴别分析的假定条件

鉴别分析最基本的要求是：分组类别（group，用 g 表示）在两种以上，即 $g \geqslant 2$；在第一阶段工作时每组案例的规模必须至少在一个以上，即 $n_j > 1$（下标 j 表示所在类型组）；各鉴别变量均为间距测度等级；各分组的案例在各鉴别变量的数值上能够体现出差别。在这种情况下，鉴别分析能够帮助我们分析各类别反映在鉴别变量上的差别，并提供一套鉴别统计指标。

鉴别变量必须以间距测度来测量，才能够计算其平均值和方差，使其能合理地应用于统计函数。一般来说，构建鉴别函数的已知类别的案例被视为一个随机样本，此外鉴别分析要求案例数量（n）至少比变量的个数（k）多出两个，即 $n \geqslant k+2$，而对于鉴别变量的个数并没有限制。

与其他多元线性统计模型类似，鉴别变量的假定之一是每个鉴别变量都不能是其他鉴别变量的线性组合。身为其他变量线性组合的鉴别变量其实不能为鉴别分析提供新的信息，更重要的是在这种情况下根本无法估计鉴别函数。不仅如此，有时一个鉴别变量与另外的鉴别变量高度相关，或与另外的鉴别变量的线性组合高度相关，鉴别函数虽然能够有解，但其各参数估计的标准误将很大，以致参数估计统计性不显著。这就是经常所说的多元共线性问题（郭志刚、郝虹生、杜亚军、曲海波，1989：395 - 398；Pedhazur，1982：232 - 237；Hair，Anderson，Tatham and Black，1995：92 - 96）。

鉴别分析的假定之二是各组案例的协方差矩阵相等（Hari，Anderson，Tatham and Black，1995：196 - 197）。鉴别分析的最简单和最常用的形式是采用线性鉴别函数，它们是鉴别变量的简单线性组合。在各组协方差矩阵相等的假定条件下可以使用很简单的公式来计算鉴别函数和进行显著性检验。

鉴别分析的假定之三是各鉴别变量之间具有多元正态分布，即每个变量对于所有其他变量的固定值有正态分布。在这种条件下可以精确计算显著性检验值和分组归属的概率。当这个假定条件违反时，计算的概率将非常不准确①。

鉴别分析是用于研究两个或多个组之间在一套鉴别变量上的差别的方法。因为分组属性由一个名义测度变量代表，所以鉴别分析本质上是将一个名义变量与多个间距等级变量联系起来的分析方法。

（二）鉴别分析的基本模型

鉴别分析的基本模型就是鉴别函数，它是鉴别分析中的担纲模型表达式，鉴别分析中众多统计指标和统计检验都与鉴别函数有关。

如前所述，尽管鉴别分析本质上要反映一个分组变量与一套鉴别变量之间的关系，但是这种关系的数学模型表达式却并没有直接将分组变量表示为鉴别变量（即自变量）的线性函数，而是采取了迂回的途径。鉴别分析首先结合案例分类信息与其鉴别变量信息优化地构造了一套间距测度等级变量——鉴别值（discriminant score），在这套鉴别值上可以最有效地反映出各组之间差异。所构造的鉴别值实际上是按获得各组案例最大区分度的原则对原鉴别变量的数据空间进行坐标转换的结果，其原理和证明不属本书内容范围。这一过程的具体计算均由 SPSS 软件去完成，而我们只需要知道，鉴别函数的因变量就是这样推导出来的鉴别值。

鉴别函数表示为鉴别值与鉴别变量之间的线性函数关系，其一数学形式如下：

$$(d): y = b_0 + b_1 x_1 + b_2 x_2 + \cdots + b_k x_k \qquad (1)$$

其中，方程前括号内的 d 为鉴别函数的序号或简称维度序号；函数中的 y 表示鉴别值；x_i 为各鉴别变量；b_i 为相应的鉴别系数，而其中 b_0 是常数项。式（1）只是写出鉴别函数的通项公式，实际上不同维度的鉴别函数具有不同的各系数值。

从上述鉴别函数的方程式可以看出，它与一般多元线性回归模型在形式上一致。所以，我

① 在这种情况下，可以考虑用 logistic 回归模型作为替代。logistic 回归是用最大似然法来进行模型估计的，因此不受这一假定条件的限制。logistic 回归模型的介绍见本书第六章。

们可以将鉴别值看成是因变量，而将鉴别变量看成是自变量，将鉴别系数看成是回归系数(Klecka，1980)[①]。鉴别函数表达了鉴别值这个构建的变量与鉴别变量之间的数量关系。但是，实际上鉴别函数与线性回归方程有本质上的区别。

首先，鉴别函数中的因变量 y 并不是设置模型时输入的分组变量编码值的估计。分组变量编码值没有数量意义，只能定性地表示案例所在的不同组别，通常采用连贯整数作为编码。而输出的鉴别函数的 y 却是一个间距变量，它虽然不是对原来分组变量编码值的估计，但是如前所述，它是通过对鉴别变量进行坐标旋转构建的工具变量，它的形成标准就是在自身数值上尽量体现各组差异。实际上，鉴别函数反映的止是输入的鉴别变量是如何通过加权转换为鉴别值的。从这个意义上讲，鉴别值又称为鉴别函数值（discriminant function value)，鉴别系数（discriminant coefficient）或称权数（weight）表示各鉴别变量对于鉴别函数值的影响。

其次，回归分析的方程式只有一个，而鉴别分析中构建的鉴别函数却往往并不是只有一个，在分组类别较多或鉴别变量较多时，鉴别函数也往往有多个。每一个鉴别函数都有自己单独一套鉴别系数。式（1）中用（d）代表各鉴别函数的序号。当有多个鉴别函数时便意味着有多项不同鉴别值，这时类别就可以结合多个鉴别值上的差异得以反映。

鉴别分析工作可以大致描述如下。一开始 k 个鉴别变量提供了鉴别信息的 k 维空间。每个案例按其各鉴别变量值成为这一 k 维空间中的一个点。如果各组案例就其鉴别变量值存在差异，就意味着每一组将会在这一空间的某一部分散布。各组案例在这一空间位置上散布往往会有很多重叠，其各自的“领域”及“分界”也较难分清。

为了更好地利用这些鉴别信息，鉴别分析通过对这些鉴别变量信息的加工处理构建出一套鉴别值变量。通过转换为鉴别值变量，组间差异被尽量扩大而组内差异则被尽量压缩，使我们更容易区分不同分组类别。构建鉴别函数的过程可大致描述如下：首先将鉴别变量表示的 k 维信息空间进行旋转，寻找某个角度使各分组平均值的差别尽可能大，然后建立第一维鉴别函数，其中的一套鉴别系数便反映旋转角度。而所有案例按这一鉴别函数的计算值就构成了第一维鉴别（函数）值。第一维鉴别值可以代表或解释原来组间差异中最大的部分[②]。这一鉴别函数表达了将原始数量值转换至这一维度的系数方程式。然后按照同一原则在其余尚未用到的鉴别变量信息寻找第二维度，并建立起第二鉴别函数。如此下去，直至推导出所有鉴别函数。建立后续鉴别函数的条件是，后一个函数必须与前面所有的函数正交，即鉴别函数之间完全独立(完全不相关)。

实际上这样构建的鉴别函数有 min（k，$g-1$）个，即等于鉴别变量个数或分组类别数减 1 两者中的较小者。其实，这一步已经对原来的 k 维加以精简了。比如鉴别变量有 8 个，而分组只划分为 3 种类别，那么能够得到的鉴别函数只有 2 个，即我们只要根据两个鉴别值维度来进行案例分组即可。实际上，排序较后的鉴别函数或鉴别值上的鉴别能力也较弱，根据它们的统计评价和检验结果，我们可以精简那些对鉴别已经用处不大的维度，也不会造成鉴别错误的明

---

① 在该书中 Klecka 认为，如果一个研究将分类定义为依赖于鉴别变量的因变量，那么这种情况就类似于多元回归。但是反过来，在把鉴别变量的值定义为依赖于分类的时候，鉴别分析就成了多元方差分析的扩展。

② 这里的组间差异表示组间的离差平方与叉积之和（sums of squares and cross products of deviation)。组间差异是对鉴别分组直接有效的信息。对其做统计检验时，则按其自由度计算出相应均方差，再通过与组内均方差的 F 比值来检验其是否统计显著。

显增加。

综上所述，鉴别分析通过对最初 k 维鉴别信息的处理加工，将其浓缩精简为维度更少由鉴别值构成的鉴别空间，在这个鉴别空间里各组案例的分布更为集中，组间的分离度更大，还可以计算每个组所属领域及中心的位置，因而能够更方便地服务于鉴别工作。

更重要的是，这些鉴别函数可以应用于其他未知分组类别的案例，计算出它们的鉴别值，了解它们在鉴别空间中的具体位置，然后便可以根据它们与各组位置的距离来鉴别它们应该属于哪一组。

三、例题数据说明

本章例题是在第三章因子分析的示例数据的基础上加上了一个分组变量构成的。该数据文件名为discriminant. sav，在本书所附光盘中提供。该数据有全国 30 个省市自治区的案例，包括有 5 个 x 变量，分别为多孩率、综合节育率、初中及以上受教育程度的人口比例、人均国民收入、城镇人口比例。将这些变量作为鉴别变量来对各地区类型进行鉴别分组，以便更好地进行分类指导。假设有理由可以将其中一些地区分别归为一类、二类和三类地区，但是同时还有一些地区则很难进行类型归属，于是我们虚构了一个分组变量 type 来反映每个案例的分组属性。其中，编码 1、2、3 分别表示一类、二类和三类地区，“.”则表示案例的这个变量值缺失，即不知道该案例属于哪一类地区。下面我们先对 SPSS 软件根据已知分组类型的案例建立鉴别方程，对计算输出各种鉴别分析统计指标的意义加以说明。然后，我们再示范取得这些统计指标的 SPSS 操作，最后在此基础上完成对未知分组属性的那些案例的鉴别分组工作。

本章例题只是为了示范鉴别分析的操作过程并解释有关分析指标，并无实际研究的意义。

四、鉴别分析模型的各参数指标及统计检验

一个鉴别分析不光要有基本模型，还需要多个不同指标来表示模型的不同方面。有的用于表示数量联系关系，有的用于评价和比较。下面分别对鉴别模型中所涉及的主要指标加以介绍。为了避免有的参数计算过程所必须涉及的矩阵代数形式或其他复杂的数学公式，这里将不对每个参数的来龙去脉加以详细讨论。由于本章在介绍鉴别分析时将与 SPSS 统计软件的应用相结合，读者不用在估计过程的原理和细节上花费许多功夫，因为只要我们正确地输入数据和设置好鉴别分析的程序命令，计算机便能够提供全部统计结果。本节先讨论本例鉴别分析中 SPSS 输出的各种指标的意义和用途。有关 SPSS 的操作步骤在第五节中介绍。

（一）非标准化鉴别系数

鉴别系数又称函数系数（function coefficient），其中还进一步分为两种：非标准化的和标准化的。非标准化鉴别系数（unstandardized discriminant coefficient ）也称粗系数（raw coefficients）。将原始变量值（即粗数据，raw data）直接输入模型，得到的系数估计即非标准化的“粗”系数。非标准化的鉴别系数提供了鉴别函数［见式（1）］中的那些系数的参数估计。表 10—1 展示了本例鉴别分析统计的非标准化的鉴别系数，注意 SPSS 输出的该表下面的脚注，

说明表中为非标准化的鉴别系数。

表 10—1　　例题的非标准化鉴别系数

Canonical Discriminant Function Coefficients

	Function	
	1	2
x1	−0.185	−0.009
x2	0.519	−0.112
x3	0.085	−0.152
x4	−0.001	−0.001
x5	0.005	0.252
(Constant)	−45.342	9.392

Unstandardized coefficients

在上述输出中，SPSS告诉我们推导的鉴别函数有两个，对应各鉴别变量的系数按照函数序数分栏列出。也就是说，本例取得的两个鉴别函数分别为：

(1)：$y=-45.342-0.185x_1+0.519x_2+0.085x_3-0.001x_4+0.005x_4$

(2)：$y=9.392-0.009x_1-0.112x_2-0.152x_3-0.001x_4+0.252x_4$

将每个案例的各鉴别变量值代入上述两个鉴别函数就可以分别计算出各案例的两个鉴别（函数）值来，于是就决定了其在二维鉴别空间中的位置。实际上，如果用户需要鉴别值，SPSS是可以直接将其各案例的鉴别值直接暂存到工作数据窗口中的。通过不同鉴别函数计算的鉴别值可以用来作图表示在鉴别空间中各案例的点，并用来分析具体案例点与组别之间的位置。

类似于回归分析中的非标准化系数，非标准化的鉴别系数的大小并不能反映相应变量在该维鉴别作用上的大小。比如在第一函数和第二函数中 x_4 系数值都非常接近于0，但这并不意味着 x_4 这个鉴别变量对这两维鉴别函数的作用真的非常小。由于鉴别变量所取的测量单位有所不同，因此非标准化系数之间其实没有可比性。比如，x_4 代表人均国民收入，原始变量值都是3位或4位整数，如果将其测量单位元改为百元，使其与其他鉴别变量一样整数位成为1位或2位数，那么其非标准化系数就会变大。一般而言，用户用不着自行计算案例鉴别值，而非标准化鉴别系数在分析上的没有太大的用处，因此这一项统计指标并不是SPSS鉴别分析的默认输出。

（二）标准化鉴别系数

通过对于非标准化系数加以特定形式的调整，就得到标准化鉴别系数（standardized discriminant coefficient）。以标准化系数表达的鉴别函数不再有常数项，并且函数中出现的自变量不再是原始变量，而是标准化的变量。也就是说，如果将经过标准化的鉴别变量输入鉴别模型，那么可以直接得到标准化的回归系数。本例SPSS鉴别分析的标准化鉴别系数的输出列在表10—2中。

表 10—2 例题的标准化鉴别系数

Standardized Canonical Discriminant Function Coefficients

	Function	
	1	2
x1	−.913	−.044
x2	.950	−.206
x3	.778	−1.383
x4	−.781	−.616
x5	.046	2.291

与多元回归中类似，各标准化鉴别系数因为一致以其标准差来测量，它们之间便具有可比性。哪个变量的标准化系数绝对值大，就说明它对本维鉴别值具有更大的影响，于是可以用来比较各变量对鉴别值的相对作用。上面的统计输出表明，对于第一鉴别函数而言，x_2的作用最大，而x_4虽然非标准化系数很小，但标准化系数绝对值却大于x_3相应绝对值。x_5对于第一函数作用很小，然而对第二函数的作用却最大。

正如回归分析中回归系数只表达自变量轴与回归线之间的角度但并不反映各案例点与回归线之间的拟合程度一样，鉴别系数（即使是标准化的鉴别系数也一样）也只是表达鉴别变量与鉴别值之间的这样一种关系。所以仅仅由于标准化鉴别系数绝对值大，就认为相应鉴别变量对于整个鉴别力（注意这里说的是鉴别力而不是鉴别值）最有用仍然是有问题的。如果该鉴别变量实际上拟合效果很不好，那么即使标准化鉴别系数的绝对值很大，但存在不稳定、误差大的毛病，那么会在鉴别准确性方面存在很大问题。因此，我们在判断各鉴别变量对鉴别力的影响时，除了要看标准化鉴别系数的绝对值以外，还要检查它的结构系数。

（三）结构系数

鉴别分析中的结构系数（structural coefficient）又被称为鉴别负载（discriminant loading）①。它实际上是某个鉴别变量x_i与鉴别值y之间的相关系数，用于表达两者之间的拟合水平。当结构系数的绝对值很大（接近+1或−1）时，这个鉴别函数（值）表达的信息与这个鉴别变量的信息几乎相同。当这个系数接近于0时，两者之间就没有什么共同之处。类似在因子分析中的做法，如果鉴别分析中一些鉴别变量与一个鉴别函数之间有很大的结构系数值，我们就可以用这些变量的名字来命名这个函数。如果这些变量似乎有类似方面的特征，我们也可以用这种共同的特征来命名这个函数。

结构系数有两种，一种是总结构系数，另一种是组内结构系数。

总结构系数基于总相关之上。它们的用途是在于识别由这些函数携带的在分组间进行鉴别的信息。

然而，有时我们的兴趣在于探求一个函数与分组内部的变量的紧密联系程度。这一信息可以从汇合的组内相关（pooled within-groups correlations），又称为组内结构系数（within-groups structure coefficient）得到。SPSS 鉴别分析提供的就是这样一种组内结构系数。SPSS 输出的本例结构系数列在表 10—3 中。

---

① 在统计学中，所谓的结构系数或负载一般都是指不同口径的相关系数。

表 10—3　　例题的结构系数

Structure Matrix

	Function	
	1	2
x1	−.486*	−.038
x2	.480*	.016
x3	.223*	.204
x5	.196	.642*
x4	.105	.305*

Pooled within-groups correlations between discriminating variables and standardized canonical discriminant functions
Variables ordered by absolute size of correlation within function.
*. Largest absolute correlation between each variable and any discriminant function

SPSS 在鉴别分析时还能自动按组内结构系数分组，它选择各维函数中最大的一些组内结构系数标上星号，并且按组排序列出。上述输出中可以看出，x_1、x_2 和 x_3 被放在一组，它们与第一函数的联系更为密切。根据鉴别变量的原有定义，前两个变量都是测量计划生育水平的，而 x_3 反映的是教育程度，因此我们可以称第一函数为计划生育函数。而 x_5 和 x_4 被放在另一组，而且它们与第二函数联系密切。这两个变量分别为城镇化和收入水平，都是描述社会经济发展水平的，所以可以称第二函数为社会经济函数。由此，我们可以看出这两个鉴别维度各自从哪方面来鉴别分组。

（四）分组的矩心

分组的矩心（group centroid）描述在鉴别空间中每一组案例的中心位置。它是通过计算各组案例鉴别值的平均值来确定各组中心坐标的。其结果，每个分组在各维鉴别值上的平均值便是该组在鉴别空间中该维上的矩心坐标值。考察在鉴别空间中每个案例点与各组的矩心之间的距离，便于分析具体案例分组属性的倾向。表 10—4 中为 SPSS 鉴别分析提供的分组矩心。

表 10—4　　例题的分组矩心

Functions at Group Centroids

	Function	
	1	2
1	3.183	1.465
2	1.541	−1.849
3	−4.724	.384

Unstandardized canonical discriminant functions evaluated at group means

具体参见本章最后的鉴别图形中各组矩心的坐标及其与各案例之间的关系。

（五）鉴别力指数

前面曾经提到，有时鉴别分析可以推导出多个鉴别函数，然而这些鉴别函数不一定都很有用。可以根据一定指标来描述其对于鉴别的效用。鉴别能力强的需要保留，在对未知分组的那些案例进行鉴别时加以应用。对于鉴别能力很差的鉴别函数，为使鉴别工作简约，可以将其略去。略去这样的鉴别函数，一般不会对总的鉴别结果有明显的影响。这里所说的鉴别力，既包括了每个鉴别变量对于鉴别函数的贡献作用，也包括了本鉴别函数对于所有鉴别变量总方差的代表性。

鉴别力指数（potency index）就是这样一个评价各鉴别函数的指标，有时它也被更直接地称为方差百分比（percent of variance）。鉴别分析通过一个鉴别函数所能代表的所有原始数据中组间总差异的百分比来表示每个鉴别函数的鉴别力。在鉴别分析中，一个鉴别函数所代表的组间总差异的相对数量用特征值（eigenvalue）来表示。这个特征值其实就是该维函数的组间差异量相对于组内差异量的倍数。换句话说，它是以组内差异量为基准单位计量的组间差异量。而组内差异指是数据中与分组类别毫无关系的那些差异，即所有鉴别函数都不能解释的差异，那么根据上述分析假定，可认为各组的组内差异相等。所以，各维函数的特征值之间是按同一单位测量的标准化计量指标。所以，哪维特征值越大就表示相应函数的鉴别能力越强。各维特征值的合计就是这种标准化计量的组间总差异，而各维特征值占这一合计的比例则是该维鉴别函数在组间总差异中的分担比例，即各维函数的鉴别力指数。因此，鉴别力指数是个反映各鉴别函数相对重要性的指标，鉴别力指数越大的鉴别函数相对越重要。而那些鉴别力指数很小的鉴别函数则可以被精简掉[①]。表 10—5 中是 SPSS 鉴别分析所提供的本例对鉴别函数的统计评价输出。

表 10—5　　例题的鉴别力指数

Eigenvalues

Function	Eigenvalue	% of Variance	Cumulative %	Canonical Correlation
1	13.543[a]	85.9	85.9	.965
2	2.221[a]	14.1	100.0	.830

a. First 2 canonical discriminant functions were used in the analysis.

在上述输出中，第一栏是鉴别函数的序号，第二栏即特征值，第三栏为各维函数分担组间差异的占比，即鉴别力指数，第四栏是至此维函数时鉴别力指数的累计。其中，对第二栏特征值的合计数得到 15.764。也就是说，组间总差异是组内差异的 15.8 倍。那么，第一函数分担了组间总差异中的 85.9%，而第二函数只分担了其中的 14.1%。因此，第四栏最后一行的鉴别力指数累计正好为 100%。还有，因为推导鉴别函数时的原则是按所分担组间差异的占比从大到小排序，所以自然各函数的鉴别力指数是按序次下降的。从鉴别力指数来看，第一函数代表的解释方差比例要远比第二函数代表的比例大得多。

上述输出中的第五栏是典型相关系数，它分别按各维（d）用下列公式计算：

$$(d)\ \text{Can. Corr}_d=\sqrt{\frac{\text{Eigenvalue}_d}{1+\text{Eigenvalue}_d}}$$

实际上，它是对应鉴别函数轴上组间方差占总方差的比例的平方根。式中根号下分式的分母代表该维的总方差，其中的 1 代表了作为特征值基准单位的组内方差。典型相关系数值越大说明在这一鉴别轴上分组差异越明显，反之则说明这一鉴别轴对于鉴别分组的意义很小。从例题的输出结果可以看出，第一函数的典型相关系数非常高，而第二鉴别函数的相应水平看着也比较高。然而从方差分析角度来理解，典型相关系数的平方的意义才更为明确，它表示各维上组间方差占总方差的百分比。如果换用这个指标，本例第一函数的组间方差百分比为 93.1%，

① 实际上，从数学上有可能推出比 min（k，$g-1$）个更多的函数解，但其特征值将全为 0。这种函数对于鉴别案例当然更是毫无用处，所以没有必要再加以推导。

而第二函数的组间方差百分比只有68.9%，两者之间的差距其实很大。

现在的问题是，特征值小到什么程度就可以认为其鉴别函数是由于抽样或测量误差所导致，而不是一个真正的不同维度。这就涉及统计显著性的问题。

（六）残余鉴别力的检验

就此，我们已经讨论的前五个指标都不用考虑数据的抽样及推断性质。它们对于总体资料和任何类型的样本都同样适宜。但残余鉴别力（residual discrimination）有所不同。

当数据来自于一个样本，计算出鉴别函数而又想推断它在鉴别总体案例时的情况，就要涉及统计显著性的问题了。这里的讨论按照案例来自简单随机抽样的情况进行统计检验，如果是其他抽样方法，最好在解释检验结果时要保守一些，而将更大注意力放在这些结果的实际重要性上。

对鉴别函数统计显著性的检验是间接地进行的。也就是说，不是去检验这个函数本身，而是在推导一个函数之前检查在这套鉴别数据中的残余鉴别力。残余鉴别力的含义是，在以前计算函数中已经提取部分信息之后，数据中残余信息对于鉴别分组的能力。如果残余鉴别力过小，那么即使在数学上可行，再推导其他函数也没有意义了。

残余鉴别力是用统计量 Wilks' Lambda 来测量的。它是对所有鉴别变量中分组差异的多元测量。尽管有许多方法计算这个量度，在这种情况下最适宜的公式是：

$$\text{Wilks' Lambda} = \prod_{d}^{D} \frac{1}{1 + \text{Eigenvalue}_d}$$

其中，d 表示相应函数序号，并作为连乘的起始，D 代表最后一个函数的序号。

统计量 Wilks' Lambda 是一个反面度量，值越小表示残余鉴别力越高，即反映出组内差异越小而组间差异越大，也就是说明各组之间的差别（即各组矩心的距离）越大。而当 Wilks' Lambda 增加到最大值1时，就表示分组矩心完全吻合，这时分组之间已经不存在差别。

Wilks' Lambda 通过转换具有近似卡方或 F 分布的性质，因而具有可检验性。鉴别分析中对于 Wilks' Lambda 检验的虚无假设是，各分组的鉴别函数平均值相等或分组矩心相等。表10—6提供了 SPSS 对本例残余鉴别力的检验结果。

表10—6　　例题的残余鉴别力检验

Wilks' Lambda

Test of Function (s)	Wilks' Lambda	Chi-square	df	Sig.
1 through 2	.021	61.548	10	.000
2	.310	18.714	4	.001

在残余鉴别力检验表的第一列中标志了尚未构建的鉴别函数的维度范围，第二列到第五列提供了相应的 Wilks' Lambda 值、卡方计算值、自由度和显著水平。第一列的维度范围，表示检验的是哪些函数。实际上 Wilks' Lambda 的检验是一种维度递减的检验，它不是在检验鉴别函数，而是在构建每个函数前对数据中残余鉴别力的检验。比如该列第一行的"1 through 2"表示两个鉴别函数均未构建时的检验，那么这时所谓的残余鉴别力便是鉴别变量信息中的总鉴别力。相应的 Wilks' Lambda 是个很小的值，换算的卡方值便很大，在自由度为10的情况下，显著水平（0.000）很高。由于鉴别分析遵循先构建鉴别力最大的函数，所以原始信息的鉴别力极显著时自然保证第一维函数具有十分显著的鉴别力。在第一函数提取一大部分数据信息

后，第一列第二行的维度范围是“2”则表示在构建第二鉴别函数前的残余鉴别力及其检验，它要检查构建第一个函数后数据中分组差异信息是否已经被抽取完毕，还有没有必要继续构建下一个函数。结果是残余鉴别力仍十分显著（0.001），那么便说明构建第二函数也是必要的。

从例题的残余鉴别力检验结果看，两个函数都获得了统计性显著的结果。

实际上，在我们得到SPSS关于推导函数的输出统计以后，首先要检查的就是残余鉴别力的检验，以评价到哪一步推导是有意义的。需要加以注意的是，每一步统计显著的结果实际上说明随后一步推导的函数是有意义的。当某一步出现不显著的结果，便说明随后构建的所有函数都没有什么鉴别能力①。这时，研究人员就用不着进一步分析后面给出的鉴别函数，而应将注意力转向前面构建鉴别函数的标准化鉴别系数、结构系数、鉴别力指数的分析。有的时候，即使一个函数统计上显著，但其他指标表明其鉴别作用不大，我们可以认为它没有实际意义②，也可以略去不用。

（七）Fisher鉴别系数

Fisher鉴别系数可以用来对一个案例原始鉴别变量直接进行鉴别分组。也就是说，如果有这套系数，再有一个新案例的数据，就可以通过这套Fisher鉴别系数直接进行手工计算的鉴别。因此，Fisher鉴别系数主要服务于在没有计算机及统计软件的情况下对新案例的鉴别。

SPSS鉴别分析中对本例的Fisher鉴别系数的输出列在表10—7中。

表10—7 **例题的Fisher鉴别系数**

Classification Function Coefficients

	type		
	1	2	3
x1	−4.871	−4.537	−3.396
x2	37.255	36.775	33.271
x3	5.144	5.507	4.633
x4	−.036	−.032	−.027
x5	−1.850	−2.693	−2.163
(Constant)	−1728.032	−1681.463	−1384.748

Fisher's linear discriminant functions

Fisher鉴别系数的应用方法类似非标准化鉴别系数，只要有新案例的各项鉴别变量值 x_i，就可以依照鉴别函数那样计算出Fisher鉴别值来。比如例题中第一个案例未知分组类别，它的 x_1 至 x_5 的值分别为：

0.94 89.89 64.51 3 577 73.08

我们可以将其所有鉴别变量值分别代入对应不同类别的Fisher鉴别函数计算出相应Fisher鉴别值：

---

① 本例一共构建两个函数。当鉴别分析需要建立三个函数时，SPSS对残余鉴别力检验的维度范围将依序标注为“1 through 3”、“2 through 3”和“3”。如果在“2 through 3”这一行的检验已经不显著，则不仅表明第二函数没有显著鉴别力，而且表明第三函数更不会有鉴别效果。

② 这涉及统计学方法论中关于统计性显著与实际意义显著的基本问题。著名社会统计学家Blalock（1979：162）说：“统计性显著不应与实际意义显著相混淆。……它（指统计显著）没有直接告诉我们任何关于这些差别的幅度或重要性的东西。”

Fr（1）≈1 684.11；Fr（2）≈1 663.97；Fr（3）≈1 647.01

然后比较三种类别的Fr（1）、Fr（2）和Fr（3），其中最大的一个值所对应的分组便是鉴别分组结果，即这个案例鉴别为属于第一类地区。这一鉴别结果实际上是与后面SPSS鉴别的结果相同。

五、用SPSS对例题做鉴别分析的操作

（一）SPSS鉴别分析数据格式

在SPSS中进行鉴别分析时，所有鉴别变量的格式与一般情况毫无二致，只是对于分组变量有一定要求（参见所附光盘数据discriminant.sav）。分组变量的案例有两种情况：第一种是已知所属分组类型，鉴别分析根据它们来建立鉴别函数；第二种是未知所属分组类型，需要通过分析进行鉴别。

已知所属分组类型的案例在分组变量上的编码必须用整数表示不同类别，比如本章例题中那样以1、2、3表示三种分组类别。但是，其编码值也可以采用不连贯的整数，比如用1、3、7来表示类别。SPSS会要求用户指定分组变量值域，并自动识别处于这一值域中的实际类别。然后，SPSS在鉴别分析时将以这些编码的案例来建立鉴别函数，计算其他统计指标。

未知所属类型的案例在分组变量上的编码取值必须是已知分组类型的编码值域以外的值或者直接用缺失值表示。比如，本章例题中将未知类别的案例的分组变量直接表示为缺失值。实际上，也可以采用编码4或9，只要它们处于指定的分组变量值域［1，3］之外便可。比如，本例数据中的变量type4其实与我们在示范中将要用的分组变量完全相同，只不过是用编码4而不是用缺失值来代表未分组的案例。如果读者在后面示范的操作中改用它作为鉴别分析的分组变量，也能得到同样分析结果。

SPSS在建立鉴别函数以后，将重新根据鉴别函数将所有已知和未知分类属性的案例重新鉴别分类，并提供分组报告。将已知分组类型与重新鉴别的结果相比较，也是一种检查鉴别函数鉴别能力的一个途径。

（二）SPSS鉴别分析设置的操作

用SPSS打开例题数据discriminant.sav后，点击Analyze→Classify→Discriminant便打开了鉴别分析主窗口。

在鉴别分析主窗口中左侧的变量表中，先选择鉴别分析的分组变量type，再点击右侧上边的▶按钮将这一变量调入Grouping Variable框中。然后，点击该框之下的Define Range按钮打开相应对话界面来定义分组变量的值域。本章例题的分组编码最小值为1，最大值为3，所以将这两个值分别键入Minimum和Maximum框中，然后点击Continue返回。接下来，在鉴别分析主窗口的变量表中选择鉴别变量x1至x5，再点击右侧下边的▶按钮将其调入Independents框中。于是鉴别模型便定义完毕。但是，我们还需要做输出指标和其他方面的设置。

点击鉴别分析主窗口的Statistics按钮进入输出指标设置界面，其中列出的都是非默认输出的选项。在Descriptives栏中勾选“Box's M”会输出对数据分组均方差矩阵是否相等的统计

检验；在 Function Coefficients 栏中勾选"Fisher's"和"Unstandardized"输出 Fisher 鉴别系数和非标准化鉴别系数。然后点击 Continue 返回，继续下面的设置。

点击鉴别分析主窗口的 Classify 按钮进入鉴别分类设置界面。在 Display（显示）栏中勾选"Casewise results"输出每一案例（包括未知分组类别的）的鉴别分析结果（见表 10—8）。注意，这只适合本例这种案例不太多的情况，要是数据案例太多时也可以只输出指定数量的案例结果，那么应当继续勾选下面的"Limit cases to first"并在相应对话框里键入指定数量。勾选"Summary table"可以输出案例鉴别的概要信息。在这个界面中还可以勾选 Plots 栏中的"Combined - groups"要求 SPSS 输出所有各组合并的鉴别图（见图 10—1）。在这个界面里，还可以设置先验概率（Prior Probabilities）。其中有两种选择，即各组相等（All groups equal）或者是按各组案例规模（Compute from group sizes）。前者是 SPSS 鉴别分析的默认选项；而后者在各类已知分组的类别案例规模差别很大时可能采用，这就意味着在鉴别中要考虑各分组类别的规模分布。比如，已知分组的案例中，某一组规模数量很大，是其他组的数倍。如果有理由认为这种分布差异在未知分组的那一部分案例或总体上也存在，那么希望在鉴别分析中考虑这种分布影响时，便可以选择后者设置。但本例不需要改变这种设置，因此在所需设置完成后，便点击 Continue 返回主窗口。

如果需要将每一个案例的鉴别结果保存起来以备其他分析，可点击鉴别分析主窗口的 Save 按钮进入保存设置界面。能够保存的案例鉴别结果有三种，依次为：预测的案例分组、案例的鉴别值及案例分组属性的概率。如果加以勾选，SPSS 可将相应数据附加到工作数据窗口相应案例的原有数据之后。其中，预测的分组是最终结果，只有一项，变量名为 dis _1。鉴别值则根据鉴别函数的数目而定，第一函数鉴别值将定名为 dis1 _1，第二函数鉴别值将定名为 dis2 _1，等等。案例分组属性的概率即为每个案例属于某一组的概率，比如，属于第一组的概率将定名为 dis1 _2，属于第二组的概率将定名为 dis2 _2，等等。保存选项设置完成后，点击 Continue 返回主窗口。

所有模型设置工作完成以后，点击鉴别分析主窗口的 OK 按钮，SPSS 便开始执行所有指定的分析工作，输出统计图表，保存指定数据。注意 SPSS 鉴别分析的保存数据只是将要求的数据暂存于工作数据窗口，如果需要这些附加数据永久保存，则需要运行 SPSS 数据窗口上 File 栏中的 Save 命令。

（三）SPSS 鉴别分类结果的输出格式

关于鉴别分析各项主要统计指标的意义及输出格式已经在前面介绍过了，这里主要讨论的是关于案例鉴别结果和概要鉴别结果的输出指标及格式。

1. 每个案例的鉴别结果

鉴别分析的主要目的是通过已知分组案例信息建立鉴别函数，再利用鉴别函数对所有案例进行重新鉴别分组。SPSS 鉴别分析可以输出所有案例的鉴别分类结果，既包括原来分组变量中已知类别的案例，也包括其他类别未知的案例。研究人员可以从前一种案例重新鉴别结果来考查鉴别函数的效果，又可以取得对后一种案例的鉴别分类估计。

表 10—8 展示了 SPSS 鉴别分析输出的对例题中所有案例的鉴别分类结果。

表 10—8 例题的案例鉴别结果

Casewise Statistics

Case Number		Actual Group	Highest Group					Second Highest Group			Discriminant Scores	
			Predicted Group	P（D>d | G=g）		P（G=g | D=d）	Squared Mahalanobis Distance to Centroid	Group	P（G=g | D=d）	Squared Mahalanobis Distance to Centroid	Function 1	Function 2
				p	df							
Original	1	ungrouped	1	.001	2	1.000	13.201	2	.000	51.885	3.493	5.085
	2	ungrouped	1	.000	2	1.000	17.649	2	.000	61.743	4.242	5.530
	3	ungrouped	2	.621	2	1.000	.954	1	.000	21.272	1.486	−2.824
	4	2	2	.881	2	.995	.254	1	.005	10.869	1.982	−1.606
	5	1	1	.796	2	.990	.457	2	.010	9.586	2.658	1.039
	6	1	1	.398	2	1.000	1.843	2	.000	25.386	3.550	2.772
	7	1	1	.977	2	1.000	.047	2	.000	15.318	3.284	1.656
	8	1	1	.536	2	1.000	1.245	2	.000	20.772	2.829	2.523
	9	1	1	.540	2	1.000	1.234	2	.000	21.024	2.885	2.535
	10	2	2	.367	2	1.000	2.004	1	.000	20.599	2.366	−3.000
	11	1	1	.600	2	.990	1.021	2	.010	10.161	3.631	.559
	12	2	2	.599	2	.998	1.024	1	.002	13.570	.713	−1.268
	13	ungrouped	2	.049	2	.996	6.047	3	.003	17.777	−.669	−.771
	14	2	2	.267	2	.999	2.640	1	.001	16.225	.091	−1.116
	15	1	2**	.097	2	.583	4.661	1	.417	5.335	3.445	−.830
	16	ungrouped	2	.261	2	1.000	2.684	1	.000	26.760	1.670	−3.482
	17	ungrouped	2	.064	2	.975	5.482	1	.025	12.808	−.030	−.112

续前表

Case Number	Actual Group	Highest Group					Second Highest Group			Discriminant Scores	
		Predicted Group	P (D>d | G=g)		P (G=g | D=d)	Squared Mahalanobis Distance to Centroid	Group	P (G=g | D=d)	Squared Mahalanobis Distance to Centroid	Function 1	Function 2
			p	df							
18	2	2	.770	2	1.000	.522	1	.000	19.438	1.100	−2.421
19	3	3	.036	2	1.000	6.644	2	.000	24.935	−2.321	1.316
20	ungrouped	3	.049	2	1.000	6.015	2	.000	29.073	−3.850	−1.908
21	3	3	.183	2	1.000	3.401	2	.000	52.597	−5.681	−1.192
22	2	2	.422	2	.942	1.727	1	.058	7.304	2.678	−1.190
23	3	3	.375	2	1.000	1.962	2	.000	28.660	−3.323	.386
24	3	3	.848	2	1.000	.329	2	.000	45.085	−4.953	−.142
25	3	3	.445	2	1.000	1.618	2	.000	62.482	−5.981	.579
26	2	2	.843	2	1.000	.342	1	.000	16.235	1.858	−2.340
27	ungrouped	2	.003	2	.534	11.337	3	.465	11.616	−1.355	−.131
28	3	3	.312	2	1.000	2.329	2	.000	66.095	−5.967	1.269
29	3	3	.989	2	1.000	.021	2	.000	46.121	−4.842	.470
30	ungrouped	3	.000	2	1.000	154.317	2	.000	362.152	−16.897	2.861

** Misclassified case

表中左侧先提供了案例序号（Case Number），然后提供了原来实际分组（Actual Group）的情况，根据案例实际分组情况，或者直接给出原来的分类编码值，或者标志案例尚未分组（ungrouped），未分组案例中既包括分类编码值缺失的情况，也包括分类编码值在指定分类编码值域之外的情况。

接着，在最大可能组（Highest Group）的栏目下，分别提供了五个指标。第一个是案例的预测组别（Predicted Group）。第二和第三个指标属于条件概率［P（D>d｜G=g）］的二层栏目，表示"按最大可能性分组的条件下取得其观测鉴别值的概率"，其中标志"p"的一列给出条件概率，而标志"df"的一列是相应自由度，即鉴别函数的数目。条件概率高表明作为最大可能组成员与其观测鉴别值的情况很吻合，而条件概率低则表明其最大可能预测分组与其观测鉴别值不太吻合。第四个指标是该案例分到该组的后验概率［P（G=g｜D=d）］，表示"在分组属性未知条件下属于某组的概率"，案例的后验概率越大自然就越应该分到这一最大可能组。最大概率组这一栏下面的最后一列是该案例与其最大可能组矩心之间的马氏距离的平方值，这个距离的平方值越大表明就越有可能被分错。

然后是第二可能组（Second Highest Group）栏下的三个指标：第二可能的预测组别、其后验概率以及马氏距离的平方值。

表中最后两列提供了案例的两个鉴别值。这两个鉴别值决定了所有案例在鉴别空间里位置的坐标。

在这个表中，最大可能组应该是研究人员最关心的鉴别结果，它是通过鉴别函数进行分类的结果。如果已知组别的案例经过再鉴别却出现错判的情况，SPSS在输出该案例时将其预测分组编码的后面标注两个星号加以特别注明。比如，例题中第15号案例就属于这种情况。它原来实际组别是编码值为1的一类地区，然而通过鉴别函数预测时却把它分到了编码值为2的二类地区，于是SPSS在预测结果右上侧加注两个星号提请注意。我们发现，该案例要是作为最大可能组（二类地区）成员而言取得其鉴别值的条件概率很低（0.097），表明它分到二类地区其实与其观测鉴别值不太吻合。而且，在它的组别未知的情况下，无论按最大可能分到第二组还是按第二可能分到第一组，相应的后验概率相差并不太大（0.583相对0.417），并且还发现它与二类地区矩心或一类地区的马氏距离平方值都相对很大。

2. 鉴别分析的概要结果

SPSS鉴别分析输出鉴别的概要结果可以提供按原始分组类别与预测分组类别型的案例数交互表，并提供相应的所占比例。这种信息提供了对鉴别函数效果的评价。表10—9是SPSS输出的本例鉴别的概要结果。

这个表的上半部为案例频数交互分布，下半部为对应的行百分比分布。在这两部分中，对角线上便是预测组别与实际组别相一致的正确鉴别结果。比如，在频数部分可见原来类别为第一组的案例共有7个，其中有6个被正确预测为第一组，但是有1个被错误地预测为第二组了，这个案例其实就是前面讨论过的第15号案例。百分比部分的对应行告诉我们，这一类中预测的正确率为85.7%，而预测的错误率是14.3%。而对原来属于第二组和第三组的案例来说，预测另外两个组的正确率则都达到了100%。这个结果说明，各分组在鉴别变量上存在着差异，而推导的鉴别函数确实抓住了这些差异。

对于原来尚未分组的案例，表中只给出案例总数、预测到各组的案例数以及相应的百分比。在这一概要鉴别表的脚注里提供了在已知分组属性的那些案例中应用鉴别函数正确分组的案例的总百分比为 95.2%。

表 10—9 **例题的概要鉴别结果**

Classification Results[a]

		type	Predicted Group Membership 1	2	3	Total
Original	Count	1	6	1	0	7
		2	0	7	0	7
		3	0	0	7	7
		Ungrouped cases	2	5	2	9
	%	1	85.7	14.3	.0	100.0
		type	Predicted Group Membership 1	2	3	Total
		2	.0	100.0	.0	100.0
		3	.0	.0	100.0	100.0
		Ungrouped cases	22.2	55.6	22.2	100.0

a. 95.2% of original grouped cases correctly classified.

3. 图形输出

SPSS 鉴别分析所输出的本例所有各组合并的鉴别图展示在图 10—1 中。为了便于查看，我们利用 SPSS 图形编辑器将其中原来分属第一、二、三组的案例用分别三角、圆圈和方块符号表示，而原来未分组的案例则用交叉符号表示。原鉴别图中还自动提供各组矩心的位置，我们将其改用十字符号表示。

通过这个二维鉴别空间来看所有案例，可以看出各组案例都聚集在相应组的矩心附近，而各组之间距离则相对很大。值得注意的是，图中第一组中位置最低的一个案例却离本组矩心较远，反而更接近于第二组的矩心，其实它就是那个在表 10—8 被错误预测的第 15 号案例。至于那些原来未分组的案例，一些处于三个分组之间，另一些则处于三个分组的整体范围之外，但是现在按其与各组矩心之间的距离都可以比较容易地预测它们的分组类别了。

此外，在我们的例题分析示范中只是简单地选用了数据中原来的指标变量，其实 SPSS 鉴别分析还可以自动根据某种标准将鉴别变量逐步纳入或排除，自动选出其中真正有效的鉴别变量。这个功能可以通过点选鉴别分析主菜单自变量框下的 Use stepwise method，还可以继续在相应界面里进行一些具体设置。用户可以用本例来尝试这个变量筛选功能，也不用更改默认的筛选设置，便可以发现结果是 x_4 这个变量可以被精简，而鉴别结果也没有太大变化。

从统计方法论角度而言，并不能用已知分组的案例建立的鉴别函数反过来的再次鉴别（即我们沿用 SPSS 软件所说的“预测”）的正确率来证明这套鉴别函数一定适合于那些尚未分组的案例，而对其进行分类的结果又无法证明自身的鉴别是否正确。其他统计评价指标所说明的是已知分组属性的那些案例在鉴别变量方面的差异是否被鉴别函数所表达，因而也只是一个参考。为了实证一个鉴别方案的效力，可以考虑另一种做法。即先将已知分类的案例先随机地分成两半，用其中的一半建立鉴别函数，计算各统计指标。而将另一半权且当作未知分类的案例来进行鉴别。最后再将这一半的鉴别结果与原来的已知分组进行比较，以证明鉴别方案的实际效力。如果鉴别效果同样很好，这一鉴别方案便可以在实际中应用了。当然，这就要求已知分

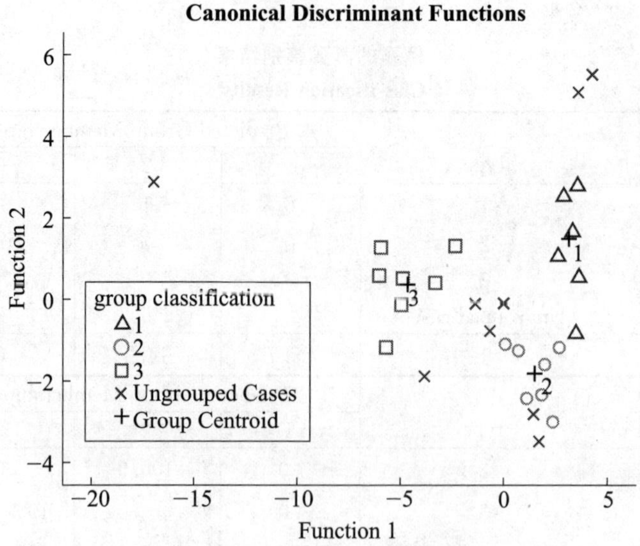

图 10—1　例题各组合并的鉴别图

组的案例数量相对较多才能实施。

SPSS中鉴别分析提供了相应功能。用户可以先建一个案例选择变量，给已知组别案例中的一部分赋值一个识别码。然后，在鉴别分析主菜单设置模型后再点击 Select ，在相应对话窗口里指定这个选择变量并指定其识别码，那么只有相应选择的案例会用来建立鉴别函数。用户可以用本例数据中的变量 some 来试验一下，其识别码为1。

最后需要重申，本章例题只是为了示范鉴别分析而设，其分析结果不存在任何实际意义。

基本概念

分组变量　鉴别变量　k维空间　鉴别函数　多元共线性问题　协方差矩阵相等假定　多元正态分布假定　非标准化鉴别系数　鉴别值　标准化鉴别系数　结构系数　总结构系数　组内结构系数　分组的矩心　鉴别力指数　方差百分比　典型相关系数　残余鉴别力　Wilks检验　Fisher鉴别系数　案例鉴别结果　最大可能组　预测组别　条件概率　后验概率　马氏距离的平方　鉴别概要表　鉴别图

本章要点

1. 鉴别分析是根据以往经验归纳对案例进行统计鉴别和分类的方法。

2. 鉴别分析的第一阶段以一部分已知类型的观测案例的多元变量观测值作为鉴别变量，建立不同类型的鉴别函数，即用纯统计的手段对不同类型与鉴别变量之间的数量关系进行归纳。虽然从数学上可能得到多个鉴别函数，实际上其中只有少数鉴别函数富有功效，而其他的鉴别函数功效很差，因而可以忽略。

3. 鉴别分析的第二阶段根据有显著意义的鉴别函数对所有的案例重新进行鉴别分类。这相当于根据以往分类经验来“预测”案例的类型属性。

参考文献

Fisher, R. A. (1936). The Use of Multiple Measurements in Taxonomic Problems. Annals of Eugenics, 7: 179-188.

Pedhazur, E. J. (1982). Multiple Regression in Behavioral Research, Second Edition. CBS College Publishing.

Lattin, J. M., Carroll, J. D., and Green, P. E. (2003). Analyzing Multivariate Data. Brooks/Cole-Thomson Learning.

Hair, J. F. Jr., Anderson, R. E., Tatham, R. L., and Black, W. C. (1995). Multivariate Data Analysis with Readings, Fourth Edition. Prentice-Hall International Inc.

Klecka, W. R. (1980). Discriminant Analysis. Sage Publications.

Dillon, W. R., and Goldstein, M. (1984). Multivariate Analysis: Methods and Applications. John Wiley & Sons.

Jobson, J. D. (1992). Applied Multivariate Data Analysis, Volume Ⅱ: Categorical and Multivariate Methods. Springer-Verlag.

Marija, J. N. (1992). SPSS for Windows: Professional Statistics, Release 5. SPSS Inc.

Blalock, H. M. Jr. (1979). Social Statistics, Revised Second Edition. McGraw-Hill.

王国梁，何晓群．多变量经济数据统计分析．西安：陕西科学技术出版社，1993.

方开泰．实用多元统计分析．上海：华东师范大学出版社，1989.

吴国富，安万福．实用数据分析方法．北京：中国统计出版社，1992.

第十一章

典型相关分析

典型相关分析（canonical correlation analysis）是又一种多元统计分析方法。典型相关分析源于 H. Hotelling 于 1936 年在《生物统计》期刊上发表的一篇论文《两组变式之间的关系》。这一方法经过多年的发展、研讨和应用，逐渐达到完善，在 20 世纪 70 年代臻于成熟。由于典型相关分析涉及大量的矩阵计算，它的应用在早期曾受到相当的制约。但是后来计算机技术及其软件的迅速发展，弥补了典型相关分析应用中的困难，因此它的应用才走向普及化。

典型相关分析是进行两组变量之间相关的分析技术，因而是一种更一般性的方法，具有较强的分析能力。相比之下，简单相关反映两个变量之间的相关，多元相关则反映一个变量与一组（多个）变量之间的相关，而典型相关分析则是要反映两组变量之间的相关，而这两组变量都包括不止一个变量。所以，典型相关模型将更为复杂。换一个角度来说，多元相关分析是典型相关分析的一种特例，而简单相关分析又是多元相关分析的一种特例。

典型相关分析的用途很广。当研究人员希望研究两组变量之间的关系时，就可能用到典型相关分析。这里所要强调的是，典型相关分析不是分别对其中一个变量组的每个变量做与另一组的多个变量之间的多元相关或多元回归，这样做其实不能得到两个变量组之间的整体相关的信息，因为同组每一个变量之间也存在着相关，多个多元相关或回归的结果是不能简单迭加在一起的。而典型相关分析则是将各组变量都作为整体来对待，因此它所描述的是两个变量组之间的整体的相关形式，而不是关于两个变量组中变量的相关。实际研究当中，注重变量组之间关系的情况是很多的。比如，研究个人及其家庭的社会经济状况与本人在某些方面的表现之间的联系，其中社会经济状况可以是多方面的，本人的表现也可以从多个方面来测量。又比如，在有关专题的 KAP 调查（即关于知识、态度和实际行动的调查）以后，我们可能将知识和态度变量作为一组变量，将实际行动作为另一组变量，研究知识和态度与实际行动之间的联系。再比如，典型相关分析还可以用来分析试验研究中产生的两组变量，即试验前各方面的测量记录与试验后各方面的测量记录之间的联系。还有，典型相关分析还可以用于对应关系研究，如夫妻之间、代代之间、干群之间、供求之间所存在着的两组多变量之间关系的研究。

与其他相关分析类似，典型相关分析中本来也无涉自变量（组）或因变量（组）的区分，而是称第一变量组和第二变量组。但是，研究人员实际上可能有隐含的因果假设，即某一组代表自变量，另一组代表因变量。比如，我们在分析中实际上把上述研究中的社会经济状况、知识和态度、试验前测试结果作为自变量（或控制变量，在模型中控制变量属于自变量范畴），把本人表现、实际行动和试验后测试结果作为因变量。在典型相关分析中习惯上将自变量和因变量分别称为预测变量（predictor variables）和标准变量（criterion variable）。在有因果关系假设时，研究者将会更多地把注意力集中在某一个方向的分析上。在没有因果关系假设时，对双向的分析并重。在典型相关分析中对两组的分析是对称的，即分析结果是双向的，无论怎样定义第一变量组和第二变量组，只要组内的变量不变，就能够得到同样的分析结果。

一、典型相关分析思路的简介

本章的主旨是介绍利用 SPSS 软件来进行典型相关分析，不再详细介绍它的数学证明及其计算过程，而是注重介绍它的分析思路以及有关主要概念、指标的理解和应用。

下面先用一个图示（见图 11—1）并加以说明来描述典型相关分析的思路和工作步骤。

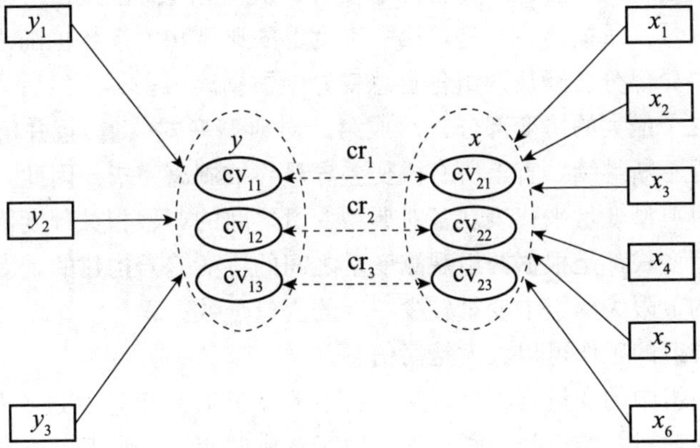

	变量组 1	变量组 2
原始观测变量：	$y_1, y_2, \cdots, y_{k_1}$	$x_1, x_2, \cdots, x_{k_2}$
通过典型系数	$h_1, h_2, \cdots, h_{k_1}$	$b_1, b_2, \cdots, b_{k_2}$

组合为多个维度上的成对典型变量：

cv_{1_1}	cv_{2_1}
cv_{1_2}	cv_{2_2}
…	…
cv_{1_d}	cv_{2_d}

其中，最大维度数 $d=\min(k_1, k_2)$

求系数解的条件：按维度顺序使 cv_{1*} 与 cv_{2*} 取得最大相关。

图 11—1　典型相关分析示意图

设有两组观测变量，图中权且标为 x 和 y，无所谓因果方向。通过特定权数与观测变量对应相乘，然后将各项累加，分别对每一组先建立一个线性组合，称典型变式或组合（canonical variate，or composite）。图中分别用 b 和 h 表示两组典型变式中各观测变量的对应权数，又称典型系数。于是，将所有案例观测变量值代入相应典型变式的计算值又构成一个新的典型变量[1]。因此，典型变式和典型变量是一个事物的两个侧面，典型变式表达观测变量与典型变量之间的关系式，典型变量则是案例变量值代入典型变式后的计算值构成的工具变量。后面的讨论中将根据行文不同指向时交替使用这两种称谓，但实际意义是等价的。

典型变量都是成对构建的，一对典型变量构成典型相关分析的一个维度。一对典型变量之间的简单相关系数就是典型相关系数。请注意，典型相关表达的不是原来两组中任何具体观测变量之间的相关，而是根据两组所有观测变量的信息相应构建的成对工具变量之间的相关，因此表达了两组变量整体关系的一部分。并且，两个观测变量组之间的典型相关往往存在多个维度，其维度的多少由两个变量组中较小一组的变量数决定。因此，两个变量组之间的整体关联最终被分解到不同的独立维度上，由该维上的成对典型变量来代表，而该维关联程度则由这一维的典型相关系数来计量。图中只给出了典型变式的通项表达，实际上有多维典型变式，而每一维典型变式中的系数都不相同。

典型相关分析建立第一对典型变量的原则是尽量使所建的两个典型变量之间的相关系数最大化。换句话说，就是在两个变量组各自的总变异中先寻求它们之间最大的一部分协变关系，并用一对典型变式（量）所描述。于是，第一维度上的典型相关系数也随之求得。同时，这还意味着上述的协变差异部分已经从两组各自总变异中被剥离出去了。然后，在两组变量剩余的变异中继续寻找第二个最大的协变部分，形成第二对典型变式（量），并解出第二维度上的典型相关。这样的过程不断继续，直至所有协变差异最终被剥离完毕。因此，两组观测变量之间的关联可以由若干对典型变量来代表。各对典型变量之间的典型相关程度依序次逐步下降。由于每一维上成对典型变式都是根据两组观测变量之间的协变差异构建的，因此实际上能够得到典型相关维度数目的上限为两组中变量较少一组的变量个数。

构建典型相关维度的工作可以大大精简信息。

比如，原来第一组中的变量有三个，第二组中的变量有六个，经过典型函数的数据处理，原来两个变量组之间三对六的组间关联，现在用三对典型变量来代表。还应该指出，现在的三对典型变量包含了原来两组观测变量之间协变差异的全部信息，并不因为其中一个组从六个观测变量构建三个典型变量而使两组之间协变差异的信息有所损失，精简的只是非协变的部分信息。

此外，每个典型变量只与同一维另一组的对应典型变量相关，而与本组或另一组的所有其他维度的典型变量都不相关。由于这个性质，由每组各典型变量所代表的本组观测变量的变异没有任何重合，可以简单相加。对观测变量数少的一组来说，其总和与本组观测变量的总差异相等。而对观测变量数多的一组来说，其总和虽然少于其观测变量总变异，但与另一组的协变差异仍然全部保留着。最重要的是，原来两组观测变量之间的复杂关联现在通过典型变量表现在三个相互独立的维度上，这就意味着两个变量组之间的协变关系被分解并归纳到少数不同侧面，利于把握两个变量组整体关联的特征。

最后，精简信息还表现于第三个方面。在使用随机抽样数据的情况下，得到两组变量在三个维度上的典型相关系数一般不会正好等于0，为了推断总体情况，排除其仅为随机波动影响，就需要进行统计检验。由于典型相关系数值总是随着维度序次递减的，因此排序靠后的维

① 由于构建的典型变量均为半标准化变量，因此典型变式中的截距项恒等于0。

度往往并不能取得统计显著结果。因此，对总体没有推断意义的那些典型相关维度可以忽略不计，于是我们又精简了一些对总体推断无用的信息，使分析专注于更加重要的方面。其实，排除不显著的维度对于典型相关分析并没有太大损失，被排除的维度不仅排序靠后而且典型相关系数值往往很小。

严格地说，典型相关系数描述的只是一对典型变量之间的相关，而多维上的典型相关则归纳总结了两个观测变量组之间相关的类型模式。但是，典型相关系数只是典型相关分析中最基本的指标，要想更完整地描述和分析两个变量组之间的关联，还需要结合一系列其他典型相关分析指标。否则，研究者很容易误解典型相关系数的意义。

由于在构建成对典型变量时以尽可能提取两组观测变量的协变差异为原则，而一部分非协变差异则被精简掉，因此典型相关系数描述的并不是两个变量组总变异之间相关。因此，非协变差异精简量越大，典型相关会显得越强，这其实是信息提纯的结果。换句话说，当某组第一维的典型变量与另一组所有原始观测变量之间做多元回归时的多元相关很弱时，其第一维典型相关也可能会非常强。因此，我们不能只看典型变量之间的相关程度（即典型相关系数），而且需要对每个典型变量与本组观测变量之间的相关性、与另一组观测变量之间的相关性都加以把握。

并且，相关系数本身的数量含义很难确切把握，而它的平方值则明确表达了两个变量之间的共享方差比例。上述所有涉及的相关指标都可以经过平方及其他方式再转换为不同口径的共享方差比例，其中最重要的是那些典型变量对本组观测变量总方差的代表能力、对另一组观测变量总方差的解释能力以及一对典型变量之间的共享方差比例。在典型相关分析中，这种方差比例的分析被称为冗余分析。

有关典型相关分析所涉及的概念和指标，我们将在后面一一具体介绍。

二、典型相关模型的基本假设和数据要求

典型相关模型的基本关系假设是两组变量之间为线性关系，即每对典型变量之间为线性关系。并且，每个典型变量与本组所有观测变量的关系也是线性关系。

如果理论和经验说明，两组变量之间并不是线性关系，就需要采取一些方法来改造原来的观测变量。一些在多元回归中常用的变量改造方法都可以用在这里，比如取对数、取倒数、取平方值等等。为了检验两组之间观测变量是否为线性关系，可以审阅其简单相关矩阵。当理论和经验说明应存在较强联系的变量之间相关程度很低时，就应考虑它们的关联可能实际上不是线性关系，并寻找将其转换为线性关系的方法。另外，检验所有观测变量的分布也是常用的手段。如果一个变量的分布呈严重偏态，便会影响它与其他正态分布的变量之间的简单相关程度。

为了保证上述线性关系假设，典型相关分析与一般的相关分析、回归分析一样要求所有的变量为间距测度等级，并且要求实际取值范围较宽。但是，它也可以容纳由序次测度或名义测度的变量所形成的虚拟变量。

此外，典型相关分析还要求同组内的观测变量不能有高度的多重共线性，否则将不能产生典型变式，以至于不能进行典型相关分析。

在使用随机抽样数据进行典型相关分析时，为了推断样本的典型相关关系并非出于抽样波

动，以很大把握确认它在总体中同样存在，就要对样本的典型相关关系进行统计检验。

典型相关分析的统计检验采用多元检验（multivariate test）。多元无关假设是针对多维度上典型相关系数的同时检验，它的形式是：

$$H_0: CR_1 = CR_2 = \cdots = CR_d = 0$$

其中，CR 表示总体中对应的典型相关系数，下标表示该典型相关系数的维度序数。上述无关假设的意义是，总体中对应的典型相关系数都是 0，即总体中两个变量组在各维度上都不相关。与一般统计检验相同，通常事先设定一个显著度标准，即 $\alpha=0.05$，然后检查典型相关得到的实际检验显著度值。如果实际显著度值大于等于设定标准，就不能拒绝上述关于总体中的无关假设。这意味着，不能排除样本取得的非 0 典型相关系数是出于抽样误差，那么后续分析工作就没有意义了。如果实际显著度值小于设定标准，则意味着我们能够以很大的把握拒绝上述总体无关假设，认为总体中至少有一维的典型相关系数不为 0，从而肯定了总体中存在典型相关。鉴于典型相关维度的构建步骤，当然这一典型相关显著的维度就是第一维度。然而，这种整体多元检验并没有对其他后序维度的显著性给出定论。

所以，另一种维度递减的多元检验才能满足研究的需要。它是在构建各维度典型相关之前对两组剩余协方差是否充足的多元检验。比如，在构建第一维典型相关之前，它的检验假设其实与上述整体检验完全相同，因此统计性显著便说明第一维典型相关可以推断到总体。然后，在第一维典型变量构建时提走部分方差信息以后，维度递减检验还要继续对两组观测变量残余方差中是否还有足够协方差进行多元检验。这一步的检验假设将比上述整体检验假设少一项对 $CR_1=0$ 的检验，而这一步检验便给出了第二维典型相关显著与否的结果。按照这样的步骤，维度递减检验便可以提供对各维典型相关的统计显著性检验。所以，维度递减检验中既包括了上述整体检验，又提供了具体各维典型相关的显著度结果。

关于具体检验指标和操作过程，我们将在后面详细介绍。

上述多元检验必须在一定的假定条件下才是有效的。这些假定条件包括：

（1）观测变量中所有单变量为正态分布和多变量之间联合分布为多元正态分布。虽然典型相关分析对于这个假定条件的要求并不太严格，但是变量在正态分布情况下，可以获得较高的相关系数。多元正态分布对于统计检验的有效性具有十分重要的意义，然而实际中却很难检验多变量之间是否呈多元正态分布。

（2）误差的方差齐性（homoscedasticity），即形成典型变式时的误差项的分布方差相等。

三、使用 SPSS 软件进行典型相关分析

非常遗憾的是，SPSS 软件对别的分析模块越做越好，只有典型相关分析是个例外，现在已经不能通过菜单来操作典型相关分析了。但是，在 SPSS 的程序窗口仍可以调入或直接写入命令的方式来完成典型相关分析工作。SPSS 有两种不同命令方法都可以完成对数据的典型相关分析。

第一种，CANCORR 宏程序方法：先调用 SPSS 程序中所附的一个典型相关分析的宏程序，再通过极简单的一些模型设置命令便能够完成典型相关分析。它可以提供主要的典型相关分析统计结果，只是没有更多的备选命令来调用其他的结果。它只提供维度递减检验，并且是折算为卡方值的检验，而不是像其他多元线性模型中那样采用近似 F 检验，而后者的检验更为

精确。另外，此方法不提供典型相关系数的平方以及特征根等指标。但是这种方法与下面将介绍的另一种方法相比也有一些明显的优点。第一，它能自动提供两组内部以及两组之间各观测变量之间的相关矩阵。第二，它能够提供每一组的典型变量与另一组观测变量之间的交叉负载。第三，它还能将产生的典型变量值自动附加到原来的工作数据中去。这一点，对于学习和更好地应用典型相关分析的研究人员来说是十分重要的。

第二种，MANOVA 宏程序方法：通过一些相对比较简单的模型设置命令借助 MANOVA 模块来完成典型相关分析。这一方法的好处是能提供一些第一种方法所没有的统计指标，如各维的特征根、典型相关系数平方等，另外其多元统计检验采用近似 F 值来检验。它的主要不足是不能提供典型变量值，也不提供各组典型变式与另一组观测变量之间的交叉负载。此外，由于是借助多元方差分析模块进行分析，其冗余分析指标的输出表虽然简短，然而用户却不太容易读。

在本节中用数据FP_SE. sav（其实与第三章例题数据相同）来介绍应用 SPSS 做典型相关分析的操作。数据中共有 30 个案例和 5 个变量，变量名为 x_1、x_2、x_3、x_4、x_5，分别代表多孩率、综合节育率、初中及以上受教育程度的人口比例、人均国民收入和城镇人口比例。我们将多孩率和综合节育率两个计划生育指标作为第一组，将另外三个社会经济变量作为第二组。

(一) 使用 SPSS 附带的典型相关分析命令程序进行分析

在 SPSS 中应用附带的典型相关程序命令进行分析的操作步骤如下：

1. 准备工作

SPSS 附带的典型相关分析的宏程序是以 SPSS 矩阵计算命令编写的一套计算程序。这个宏程序的文件名为：Canonical Correlation. sps。在运行典型相关分析以前，应该首先检查一下它是否存在于 SPSS 软件的装载文件夹中。请注意，由于用户电脑上 SPSS 软件的实际安装文件夹名称有所不同，下面我们在示范命令文件时将假设 SPSS 软件是安装在“C：\ Program Files \ SPSS \ ”文件夹，用户则应根据自己的实际 SPSS 安装文件中确认它存在。此外，用户还需要对以下命令中涉及 SPSS 安装文件夹的命令文本加以修改。

于是，在 SPSS 的数据窗口打开FP_SE. sav例题数据文件，将所有数据调入数据窗口。

2. 调用或键入运行典型相关分析的命令

本书提供了一个运行本例典型相关分析的命令文件，文件名为cancorr-spss. sps。其中提供上述两种方法做典型相关分析的命令。在 SPSS 命令编辑器（SPSS Syntax Editor）窗口打开这个命令文件。该命令的文本如表 11—1 所示。

表 11—1　用 SPSS 对例题做典型相关分析的命令文本

```
* ================== 用 SPSS 的 CanCorr 宏程序做典型相关分析 ============.
*   1. 先行打开要进行典型相关分析的 SPSS 数据文件,如 FP_SE. sav.
*   2. 在 SPSS 命令窗口键入以下命令,调用典型相关宏程序,设置模型并运行 .
*   3. 注意:第一句命令必须按照用户 SPSS 软件的实际文件夹加以相应修改 .
*   比如在 SPSS18 版时这个宏程序一般可以在其下面的默认安装文件夹找到 .
*       C:\Program Files\SPSSInc\PASWStatistics18\Samples\English\  .
*   4. 注意:CANCORR 命令中的变量名必须对应工作数据中的变量名 .
```

续前表

```
INCLUDE 'C:\Program Files\SPSS\Canonical correlation.sps'.
CANCORR SET1 = x1 x2
/SET2 = x3 x4 x5.
*运行后,老版 SPSS 数据窗口将原数据与典型变量合并为临时数据 CC_TMP1.SAV.
* 而新版 SPSS 数据窗口在原数据上附加典型变量,但原数据文件名不变.
* ================== 用 SPSS 的 MANOVA 命令做典型相关分析 ==========.
*先行打开工作数据文件,如 FP_SE.sav.
*在 SPSS 命令窗口键入下列命令.
*如果删除 ALPHA(1)选项,默认执行 0.25 显著标准,不达标维度不再输出.
   MANOVA
  x1 x2  WITH x3 x4 x5
/PRINT = SIGNIF (MULTIV EIGEN DIMENR)
/DISCRIM RAW STAN COR ALPHA(1)
/ERROR = WR
/DESIGN = CONSTANT.
```

上表里包括了两种方法的操作命令及一些相应说明。其中凡是以“＊”开始的行均为说明语句，它们不是要运行的命令，如果用户自行在程序编辑器键入相应命令时这些语句则用不着键入。每一条命令包括说明语句均用英文句点表示结束，键入命令时不要忽略。

3. *第一种方法*：CANCORR *命令的说明与运行*

第一种方法的第一句命令“INCLUDE...”是将 SPSS 典型相关分析的宏程序调入内存待用。第二句命令的“CANCORR”是执行上述宏程序的计算，但需要定义典型相关分析中的变量组，“SET1＝x1 x2”将数据中前两个变量设为第一组，然后“/SET2＝x3 x4 x5”将后三个变量设为第二组。

在研究中，各组变量数与本例中不同，仍可以仿照上述格式在变量组中自行加减变量，但一定要确保变量名与工作文件中的变量名相同。

要调用 SPSS 典型相关分析宏程序及运行相应模型分析时，用光标将这两条命令拉黑，然后点击程序编辑器视窗上的 ▶ 按钮，即可执行这两条命令，得到相应典型相关分析结果。

4. *第二种方法*：MANOVA *命令的说明及运行*

运行 MANOVA 命令并不需要借助其他宏程序，因为它本身便是 SPSS 可执行的命令。所以，用 MANOVA 命令做典型相关分析其实只有一条命令。在表 11—1 中这条命令第二行是对变量组的设置，在“WITH”之前的变量即作为因变量组，而在其后的变量则作为协变量组。这里的因变量和协变量主要影响输出结果的栏目标题。当用户对两个变量组没有因果关系预设时，因变量和协变量就完全可以视为第一组和第二组，两个变量组互换也完全不会影响它们的统计结果。如果删除第三行中“ALPHA（1）”，那么输出时默认执行 0.25 显著标准，达不到显著标准的典型函数维度的有关统计指标均不再输出。这样的简化可以使输出更简明。

用 SPSS 的 MANOVA 命令及运行相应模型分析时，只需要将光标移动这条命令之内的任何地方，然后点击程序编辑器视窗上的 ▶ 按钮，即可执行这条命令，得到相应分析结果。

（二）关于两种操作方法可能取得某些统计指标的不同结果的讨论

需要提示的是，SPSS 的两种方法所得到对应典型系数、负载经常出现数值相等而符号相反的情况。这种不一致并不是程序设计错误，而是因为两种方法对典型变量定义不同所造成的。如果初始构建的一对典型变量之间计算的典型相关系数为负数，为了能保持输出正的典型相关系数的常规，就需要改变其中一个典型变量值的符号。这种形式上的改变其实完全不影响该维度的相关程度。但是，不同软件或模块的程序在决定对哪一个典型变量改变符号时有任意性，而上述两种计算程序里出现了相反的选择。与此对应，其他一些与改变符号的典型变量相联系的指标也要改变符号。所以，这两种方法输出的典型相关系数虽然完全相同（都是正数），但由于改变符号的典型变量不同，因此会出现两种方法得到的一部分典型系数、负载等出现数值相等、符号相反的情况。其实，这种表面上的不一致并没有改变两种方法的统计结果本质上的一致性。了解这种表面不一致的原因以后，研究人员也就用不着再感到奇怪了。

实际上，本章例题在用 SPSS 的两种不同方法进行分析时，就会发生上述现象。

总而言之，SPSS 的两种进行典型相关分析的方法各有所长。因此，应该说 SPSS 典型相关分析程序的用户友善化程度不如其他可以从菜单调用的分析程序。尽管如此，研究人员仍然可以根据情况采用 SPSS 提供的这两种方法之一进行分析。有时可以将两种方法平行使用，各取所长也不失为一种策略。比如用命令程序得到典型系数、负载与交叉负载、典型变量值；而对于其他一些统计结果则采用 MANOVA 方法得到，比如典型相关系数平方、特征根、多元检验，这些结果没有符号问题，不必担心与命令程序的结果发生不一致。为了方便读者，表 11—2 提供了这两种方法的输出指标的一览表。

表 11—2　　两种方法的输出指标一览表

指标或功能	CANCORR	MANOVA
典型相关系数	√	√
典型相关平方	×	√
特征值	×	√
总共享方差各维分布	×	√
共享方差的累积分布	×	√
整体检验	×	√
维度递减检验	√	√
非标准化典型系数	√	√
标准化典型系数	√	√
负载	√	√
交叉负载	√	×
代表比例	√	√
解释比例	√	√
观测变量的相关矩阵	√	×
存出典型变量值	√	×

四、典型相关分析的统计指标

在后面各统计指标的介绍中，我们将同时注明 SPSS 提供的两种方法能否提供每项指标，以及如何提供这些指标。我们将不再讨论这些统计指标的公式和计算过程，只对某些可以再做一些简单计算便能得到的重要信息才给出计算公式。介绍和讨论将集中于典型相关分析中所涉及统计指标的意义，以及如何应用这些指标来展开后续分析工作和结论的阐述。

本节将结合本章例题的分析结果来介绍 SPSS 典型相关分析输出格式。无论是用 CANCORR 方法还是用 MANOVA 方法都是按老式文本格式来输出，下面将各指标的相应输出部分摘出来讨论。

（一）典型相关系数

两种 SPSS 方法都能够产生典型相关系数（canonical correlation）。并且这一部分结果的输出部分实际上是排在统计检验的前后。我们为了叙述方便将其作为第一个指标来介绍。

在典型相关分析中，如果第一个（因）变量组含 k_1 个变量，第二个（协）变量组含 k_2 个变量，那么通过两个组内相关矩阵和一个组间相关矩阵可以计算出 min（k_1，k_2）个典型相关系数，即典型相关系数的个数与观测变量数量较少的一组的变量数相同。典型相关系数其实就是两组对应的一对典型变量的简单相关系数。千万不能把典型相关系数误解为两组观测变量之间的相关系数，因为观测变量之间的相关与典型变量之间的相关之间有很大的区别。并且，只有先在典型相关分析中成对构建出典型变量，才能计算这一维度的典型相关系数。由于在构建典型变量过程遵循相关最大化规则，所以维度排序越靠前的典型相关程度越高。表 11—3 是 CANCORR 方法分析例题数据的统计结果，其中典型相关共有两个维度。并且，第一维度上的相关比第二维度上的相关程度高得多。

表 11—3　　CANCORR 方法输出的典型相关系数

Canonical Correlations	
1	.578
2	.025

因为 MANOVA 方法将典型相关系数与其他许多指标同时列表提供，因此其格式将在后面集中讨论。

（二）典型相关系数的平方

典型相关系数的平方值本身构成一个重要指标，亦可简称为典型相关平方（squared canonical correlation）。在使用 CANCORR 方法时，此项指标必须由研究人员自己来进行计算。比如，本章例题的第一个典型相关系数为 0.578，那么相应的典型相关平方为 0.334。

MANOVA 方法能够直接提供此项指标，并且是将许多统计指标一起列表输出的（见表 11—4）。这一部分的输出顺序排在整体检验之后、递减维度检验之前。

表 11—4　　MANOVA 方法输出的典型相关系数及其平方和其他统计指标

Eigenvalues and Canonical Correlations					
Root No.	Eigenvalue	Pct.	Cum. Pct.	Canon Cor.	Sq. Cor
1	.501	99.872	99.872	.578	.334
2	.001	.128	100.000	.025	.001

在此输出部分中，第一栏是维度序号，第二栏是各维的特征值，第三栏是各维特征值占所有特征值合计的百分比，第四栏是本维及以前各维上的累积百分比，第五栏便是典型相关系数，第六栏则是典型相关系数的平方。

先看最后两个统计指标。两种方法取得的典型相关系数完全相同，但是MANOVA方法可以直接提供典型相关平方，可以省去后期分析中要用它时还得手工计算的麻烦。

与简单相关系数一样，典型相关系数的数值意义并不十分明确。所以，有经验的研究人员往往更愿意采用典型相关系数的平方。由于构建的典型变量都是半标准化的，即它们的标准差和方差都等于1，但其平均值并不等于0。于是，典型相关平方的实际意义是一对典型变量之间的共享方差（shared variance）在两个典型变量各自方差中的比例。比如，在典型相关系数为0.9时，实际上两个典型变量之间的共享方差只占81%。而在典型相关系数为0.5时，两个典型变量之间的共享方差其实只占25%。所以，典型相关平方的下降速度要比典型相关系数快得多。相关系数虽然得到广泛应用，但由于它不明确的数值意义，很容易使人产生误解，夸大关联程度。

例题的典型相关平方为0.334，说明第一维典型函数之间共享方差为三分之一。而第二维典型函数几乎没有什么共享方差。

（三）特征值及其他有关指标

特征值（eigenvalue，标注为λ或lambda）是方差分析和多元检验的基础数据。只有MANOVA方法提供这一指标。特征值与典型相关系数之间的数量关系为：

$$\lambda_d = \frac{\mathrm{cr}_d^2}{1-\mathrm{cr}_d^2}，\mathrm{cr}_d^2 = \frac{\lambda_d}{1+\lambda_d}$$

其中，λ代表特征值，cr代表典型相关系数，d代表维度序号。

特征值这个指标是各维度上协变方差相比误差方差的倍数[1]。它其实是以误差方差为基准对各维协变方差量的一种相对测量，它的值越大说明该维分担的协变方差量越大。而各维特征值的合计便是按这种样相对测量的两个变量组协变方差总量。为了取得更容易理解的形式，上表第三栏将其化成各维特征值所占的百分比形式。这一比例（λ%）的计算公式为：

$$\lambda\% = \frac{\lambda_d}{\sum \lambda_d}$$

所以，特征值比例表示的是各维分担的协变方差占总协变方差的比例。并且，上表第四栏中又提供了这一比例的累计，每一行结果表示此维及以前各维共体现了多大比例的总协变方差。如果输出所有维度的结果的话[2]，那么最后一行的特征值比例为100%。

由于典型相关平方也可以作为比例来理解，因此应当注意区别这两个比例之间的不同。特征值比例测量的是两组观测变量中的协变方差，即常说的解释方差，表达各维度分担模型解释力的比例。而典型相关平方则只是本维上那一对典型变量之间的共享方差比例。

（四）检验典型相关系数

典型相关系数的显著性检验有两种，一种是整体检验，一种是维度递减检验。

1. 整体检验

整体检验（overall test）是同时检验所有的典型相关系数，看是否有一个是显著的，即对

---

① 特征值有不同的定义。SPSS软件中特征值的定义类似于多元方差分析中的组间方差与组内方差的比值（即 *BSS/WSS*）。

② 用MANOVA方法中可以设置不输出那些作用非常不显著的维度指标。

总体的典型相关程度有推断意义。只有 MANOVA 方法提供这一检验，例题的模型整体检验结果列在表 11—5 中，该段输出的大标题是“ Analysis of Variance - - design 1 ”，而小标题是“ Multivariate Test of Significance ”。

表 11—5　　MANOVA 方法输出中的整体检验结果

* * * * * A n a l y s i s   o f   V a r i a n c e - - design 1 * * * * *

EFFECT. . WITHIN + RESIDUAL Regression

Multivariate Tests of Significance (S = 2, M = 0, N = 11 1/2)

Test Name	Value	Approx. F	Hypoth. DF	Error DF	Sig. of F
Pillais	.33463	1.74140	6.00	52.00	.130
Hotellings	.50211	2.00843	6.00	48.00	.083
Wilks	.66559	1.88113	6.00	50.00	.103
Roys	.33398				

Note. . F statistic for WILKS' Lambda is exact.

整体多元检验一栏中提供四种指标，包括：Pillai 统计值、Hotelling 统计值、Wilks 统计值以及 Roy 统计值。由于是老版 MANOVA 计算程序，SPSS 对于 Roy 统计值并没有换算为近似 F 值，因而未提供检验的显著水平。其实，这里的 Roy 统计值即为最大的一个典型相关平方。按照常规，如果一个分析中最大的典型相关平方值小于 0.1，那么就可以认为没有一个典型相关是显著的（Pedhazur，1982：727）。那么 Roy 统计值检验就属于这种经验判断。同一分析报告中将其他三个统计指标通过换算为近似 F 分布进行检验。多元检验的无关假设是，模型中所有维度上的典型相关系数均等于 0。如果检验得到的显著度小于等于 0.05，则表明典型相关统计性显著。根据典型相关分析的原理，我们可以知道，只要多元检验显著，起码第一维度的典型相关是统计显著的。但是，其他维度的典型相关是否显著，则仍然需要进一步检验。

2. 维度递减检验

维度递减检验（dimension reduction test）是典型相关分析必要输出，因此 SPSS 的两种方法都提供这种检验（分别见表 11—6 和表 11—7）。

表 11—6　　CANCORR 方法输出的维度递减检验结果

Test that remaining correlations are zero:

	Wilk's	Chi-SQ	DF	Sig.
1	.666	10.584	6.000	.102
2	.999	.017	2.000	.992

表 11—7　　MANOVA 方法输出的维度递减检验结果

Dimension Reduction Analysis

Roots	Wilks L.	F	Hypoth. DF	Error DF	Sig. of F
1 TO 2	.66559	1.88113	6.00	50.00	.103
2 TO 2	.99936	.00835	2.00	26.00	.992

维度递减检验仍然是一种多元检验，但纵观各行检验之后仍然可以提供每对变式典型相关是否显著的信息。检验的无关假设是，本行及以后各行所有典型相关系数等于0。如果本行的维度递减检验显著，即说明起码本维的一对典型变量是显著相关的，但尚不知道以后各维的典型相关是否显著。实际上，维度递减检验的第一行就是整体多元检验，用CANCORR命令做典型相关分析实际上以递减维度检验的方式提供了整体检验的相应信息。我们可以看到，维度递减检验的第一行显著水平与MANOVA方法输出的整体检验的Wilks统计量的显著性相等，因为它们都是用Wilks统计值作为基础值。所不同的是，MANOVA方法的递减检验将Wilks统计值换算为近似F统计值检验，而程序命令方法的递减检验则是将其换算为卡方统计值检验，而这两者之间的差别不大。

在维度递减检验中，每次递减前一行的相关维度，因此每行的检验是对此维及以后所有维度的典型相关系数的多元检验。如果有一行维度递减检验不显著，即不仅说明此维典型相关不显著，而且也说明以后各维的典型相关均不显著。所以，维度递减检验实际提供了每一维度典型相关的检验信息。

这里我们需要强调统计检验的一个方法论问题。在统计研究中必须时时注意区分统计显著性与实际显著性的区别。一般来说，在大样本时的相关比较容易获得统计性显著的结果，但这只说明总体上也有与此方向一致的非零相关系数，而并不意味着这种相关程度真有实际意义。一个很容易的测试方法就是先对本例所有数据加权两倍，于是相当于样本规模扩大了一倍，但变量之间的关系仍然一样，因为加权数据不过是对原来数据的"克隆"放大。比较原来和加权后两次典型相关分析的结果就能发现，所有统计结果都保持原样不变，只有统计检验的显著水平得到明显提高。尽管原来样本的整体检验各项指标都不显著（均大于0.05），然而加权"克隆"样本后第一维度的检验结果却可以变为非常显著，而实际上典型相关系数及其平方完全没有变化。这说明，加大样本规模容易使统计检验显著。所以，即使统计检验显著，我们仍然应该检查有实际意义的有关指标，比如典型相关平方代表的典型变量之间的共享方差比例到底有多大，以判断它是否有实际意义。那么反过来说，统计不显著有时也许是因为案例太少所致（正如本例的情况）。但是其典型相关平方仍然可以提供信息，以判断是否值得收集更多案例来重新进行分析。

本例的各维典型相关都不显著，在正常分析时就要停下来考虑样本规模的问题、选用变量的问题、模型修改的问题等。但我们主要是应用这套数据来示范典型相关分析操作过程，因此权且假设检验结果显著，继续下面的介绍和分析。

（五）典型系数

典型系数（canonical coefficient）是观测变量转换为典型变量的权数，相当于回归系数。因为典型变量有若干个，所以相应有多套典型系数，一套对应一个典型变式。同时因为有两组变量，因此共有$2\times\min(k_1, k_2)$套典型系数。由于各观测变量经常是用不同单位测量的，因此粗典型系数（raw coefficient）或未标准化的典型系数（unstandardized coefficient）之间没有可比性①。所以，如果希望进一步了解各组观测变量在形成典型变量时相对作用的大小，应该

① 实际上这套粗系数所形成典型变量是半标准化的，即它的标准差和方差都等于1，但其平均值并不等于0。而且，用这套粗系数将观测变量转换为典型变式中的常数项等于0，因此粗系数表输出也没有常数项。

查看标准化典型系数（standardized coefficient）。在分析标准化典型系数时，既可以将其比拟为标准化回归系数，也可以将其比拟为通径分析中的通径系数。见表 11—8。

表 11—8　　CANCORR 方法输出的典型系数

```
Standardized Canonical Coefficients for Set-1          (标准化系数:第一组)
          1        2
x1  -1.319      .797
x2   -.486     1.463
Raw Canonical Coefficients for Set-1                   (粗系数:第一组)
          1        2
x1   -.131      .079
x2   -.091      .275
Standardized Canonical Coefficients for Set-2          (标准化系数:第二组)
          1        2
x3    .997     -.261
x4    .292     2.075
x5   -.274    -1.743
Raw Canonical Coefficients for Set-2                   (粗系数:第二组)
          1        2
x3    .086     -.023
x4    .000      .002
x5   -.017     -.107
```

MANOVA 方法输出的标准化典型系数列在"Standardized canonical coefficients for DEPENDENT（或 COVARIATES）variables"的标题之下，其中 SPSS 对因变量（或协变量）采取大写字母以作提示。第六节中将用 MANOVA 输出结果对例题进行分析，这里就不再重复罗列。请读者注意两种操作方法的典型系数存在前面讨论的符号不一致问题。

（六）典型负载系数

典型负载（canonical loading）在有些文献中也被称为结构相关系数（structure correlation）或结构系数（structure coefficient）。典型负载是典型变量与同组观测变量之间的两两简单相关系数。本来它是关于当典型变量与同组观测变量进行简单回归时测量散点与回归线之间拟合程度的指标。有些学者认为，在评价典型变量对观测变量代表性时，典型负载（比拟相关系数）是典型系数（比拟回归系数）一个补充信息（Hair，Anderson，Tatham and Black，1995：337）。但是应该指出，在这方面典型负载与典型系数并不对应，因为典型变量是多个观测变量的线性组合，所以实际上典型系数相当于多元回归的偏回归系数。偏回归系数对应的偏回归线对案例数据散点的拟合程度本应该由偏相关系数来评价，而典型负载其实只相当于一个简单相关。此外，又由于相关系数的数值意义不明确的原因，即使要评价这种拟合程度，它也不如典型相关平方作为共享方差百分比更为清楚。

我们建议从另一个新的角度来看待典型负载。由于在分析构建的典型变量是半标准化的，而对于两个标准化的变量来说，其简单相关系数等于其标准化简单回归系数。然后，再借用通径分析中的概念，将这个标准化的简单回归方程看作一个通径模型的简化型。因此这里可以将典型负载视为某个观测变量对某个典型变量的总影响。而前面讲过，标准化典型系数可以视为通径系数，即观测变量对典型变量的直接影响。按通径分析视角，总影响等于直接影响加上间接影响，于是便可以用典型负载减去标准化典型系数，即得到该观测变量的间接影响。这样的理解有助于对典型相关模型做出更深入的分析。

表 11—9 中列出了 CANCORR 方法的典型负载。

表 11—9　　CANCORR 方法输出的典型负载

	1	2
Canonical Loadings for Set - 1		
x1	−.949	−.316
x2	.517	.856
Canonical Loadings for Set - 2		
	1	2
x3	.990	−.140
x4	.821	.344
x5	.829	−.143

注：上表的两个部分在实际输出时并不相连。

在 MANOVA 方法的输出中，典型负载被称为 "Correlations between DEPENDENT（或 COVARIATES) and canonical variables"。有关指标值的分析将在第六节中讨论，此处不再列出。请读者注意两种方法的典型负载也存在前面讨论的符号不一致问题。

(七) 交叉负载

CANCORR 方法提供交叉负载（cross-loadings)（见表 11—10)，而 MANOVA 方法则不提供这项指标。

交叉负载即某组的典型变量与另一组的观测变量之间的两两简单相关。比如，下列第二个相关矩阵中的第二行第一列元素值 0.474，是第二组观测变量 x_4 与另一组（即第一组）的第一个典型变量之间的简单相关系数。设立交叉负载这个指标本来是为了直接将典型变量与观测变量在组间交叉联系在一起（Dillon and Goldstein，1984：352)，但是由于其相关系数形式的缺陷，现在人们更愿意采用它的平方即后面介绍的一组的典型变量与另一组观测变量的交叉共享方差百分比的形式。

表 11—10　　CANCORR 方法输出的交叉负载矩阵

	1	2
Cross Loadings for Set - 1		
x1	−.548	−.008
x2	.299	.022
Cross Loadings for Set - 2		
	1	2
x3	.572	−.004
x4	.474	.009
x5	.479	−.004

注：上表的两个部分在实际输出时并不相连。

(八) 典型变量对本组观测变量总方差的代表比例

典型变量被构建出来是为了作为本组观测变量总方差中某一特征部分的代表，同一组不同的典型变量则分别代表了本组观测总方差中完全不同的特征部分。于是，一个典型变量所代表的本组观测总方差中的比例便反映了这个典型变量的代表能力。这一指标也可以采用被动式来表达，即本组所有观测总方差中由本组各典型变量所分别代表的比例（proportion of group variance shared by own canonical variate）。为了叙述方便，后面有时将简称其为组内代表比例或代表比例。这一代表比例用百分比来测量显然便利于同组的各典型变量代表性的比较。

请注意区别此项代表比例与典型负载的平方的差别。后者虽然也能理解为是个方差共享比例，然而它只是一个典型变量与本组某一个具体观测变量方差的共享比例。而这个代表比例则是描述一个典型变量对本组所有观测变量总方差的代表比例。

组内代表比例和即将介绍的冗余指数（或称交叉解释比例）的分析统称为冗余分析（redundancy analysis），因为它是典型相关分析中极重要的一部分。

用 CANCORR 方法分析时，冗余分析结果列在“Redundancy Analysis:”标题以下输出。共有四部分，依次分别为：(1) 第一组观测总方差中由本组典型变量代表的比例；(2) 第一组观测总方差中由第二组典型变量所解释的比例；(3) 第二组观测总方差中由本组典型变量代表的比例；(4) 第二组观测总方差中由第一组典型变量所解释的比例。

表 11—11 提供了 CANCORR 方法输出的两个组的代表比例。第一变量组（Set - 1）结果中，用“CV1 - 1”和“CV1 - 2”中的“CV1”标志为同是第一变量组的典型变量，“- 1”和“- 2”则分别代表该组的第一个和第二个典型变量。这两个典型变量分别代表了本组观测变量总方差的 58.4% 和 41.6%。因此，第一组两个典型变量对本组总方差的代表比例合计为 100%，其原因是这一组的典型变量数与观测变量数相等，所以本组观测总方差能够由其典型变量完全代表。

但是第二组（Set - 2）则不然，由于两个典型变量不可能代表三个观测变量的全部方差，因此这一组观测总方差只被代表了 83.3%，即第一个典型变量代表了 78.0%，而第二个典型变量只代表了 5.3%，另外 16.7%的总方差与另一组毫无关系，于是被废弃了。

表 11—11　　CANCORR 方法输出的组内代表比例

Proportion of Variance of Set - 1 Explained by Its Own Can. Var.	
	Prop Var
CV1 - 1	.584
CV1 - 2	.416
Proportion of Variance of Set - 2 Explained by Its Own Can. Var.	
	Prop Var
CV2 - 1	.780
CV2 - 2	.053

注：上表的两个部分在实际输出时并不相连。

实际上，这个代表比例指标就是相应典型变量对本组各观测变量的典型负载平方的平均值。比如，第二组中第二个典型变量对本组各观测变量的负载及其平方值分别为：

第二组：	负载	负载平方
	2	
x_3	−0.140	0.019 600
x_4	0.344	0.118 336
x_5	−0.143	0.020 449

合计：0.158 585

平均值：0.052 862 （＝第二组第二个典型变量的代表比例）

因为负载是简单相关，平方以后为共享方差比例。如果将该典型变量与三个不同观测变量的共享方差比例相加后取平均，就意味着它平均对每个观测变量的代表比例。并且我们知道由于进行了标准化，每个观测变量的方差都是 1。所谓取平均值除以 3，等价于用与三个变量分别共享方差的合计值除以总方差 3。所以，它又反映了共享方差在总方差中的所占比例。

（九）冗余指数

冗余指数[①]（redundancy index）也是一组观测总方差中与一个典型变量所共享的比例，不过它不是某组的典型变量与同组观测变量总方差的共享比例，而是某组的典型变量与另外一组的观测变量总方差的共享比例，因此是一种组间交叉的协变差异比例。这一比例在研究模型中有因果关系假设时尤其重要，因为它能够反映自变量组各典型变量对于因变量组所有观测变量总方差的解释能力。为了叙述方便，后面有时将根据行文具体情况将冗余指数称为（一个典型变量的）解释比例或（某组总方差的）被解释比例。

类似于以上证明代表比例就是交叉负载平方的平均值，我们同样能够证明，冗余指数实际上不仅是组间交叉的典型变量与观测总方差的共享比例，也可以理解为一个典型变量对另一组每个观测变量的平均解释能力。

第二组变式 1 对第一组变量的平均解释比例：

	交叉负载	负载平方
	1	
x_1	−0.548	0.300 304
x_2	0.299	0.089 401

合计：0.389 705

平均值：0.194 853

表 11—12 列出了 CANCORR 方法的冗余指数的输出格式，反映了某一组观测总方差的被另一组典型变量所解释的比例。比如，该表的第一部分中是第一组（Set-1）总方差的被解释比例。其中第一个比例值标志为“CV2-1”，即表示第二组的第一典型变量，它对第一组观测总方差的解释比例为 19.5%。而第二组第二个典型变量（CV2-2）则对第一组总方差完全没有解释能力。

① 冗余指数这个指标是由 Stewart 和 Love 于 1968 年、Miller 于 1969 年分别独立提出的。

表 11—12　　CANCORR 方法输出的冗余指数（被解释比例）

Proportion of Variance of Set-1 Explained by Opposite Can. Var.

	Prop Var
CV2-1	.195
CV2-2	.000

Proportion of Variance of Set-2 Explained by Opposite Can. Var.

	Prop Var
CV1-1	.261
CV1-2	.000

注：上表的两个部分在实际输出时并不相连。

用 MANOVA 方法做典型相关分析时也提供冗余分析结果（见表 11—13）。这个部分将代表比例和解释比例放在一起同时输出，虽然格式紧凑但不易阅读。由于是借助多元方差分析程序，两组变量分成了因变量组和协变量组。为了使读者能更清楚阅读表中内容，我们对表中各标题中的重要提示词分别加了双下划线和单下划线来注明。

首先，MANOVA 的冗余分析指标是按变量组来分别输出的，其通栏标题为"Variance in … explained by canonical variables"，我们要特别注意其中省略号位置标志的是因变量组（dependent variables）还是协变量组（covariates），因此我们在此位置加注了双下划线。标题之下左侧第一列为典型变量序号（CAN. VAR.）。第二列和第三列为一组，第四列和第五列为另一组，分别是相应每个典型变量与通栏标题中所标的变量组分享的方差百分比（Pct Var）和累积方差百分比（Cum Pct）。其中的方差分享百分比究竟是代表比例还是解释比例，还要将该部分上的通栏标题的方差所属变量组与列标题中的典型变量所属变量组比较后才能断定。每一列标题最后两个大写字母则代表典型变量所属的变量组，其中"DE"表明因变量组，"CO"则代表协变量组。当通栏标题标示的方差所属变量组与列标题标示的典型变量所属变量组相同时，表明该列的方差百分比为代表比例，而当通栏标题与列标题所标的变量组不一致时，则表明该列中的百分比为解释比例。比如，表中上半部第二列和第三列为因变量组典型变量对本组总方差的代表比例及累积代表比例；而第四列和第五列则是自变量组典型变量对因变量组总方差的解释比例及累积解释比例。而第二部分则因为是协变量组的总方差共享比例，所以其中第二列和第三列的百分比为解释比例及其累计，而第四列和第五列则是代表比例及其累计。

实际上，这里的 MANOVA 方法的冗余分析指标与上述 CANCORR 方法的结果完全相同。

表 11—13　　MANOVA 方法输出的冗余分析指标

Variance in dependent variables explained by canonical variables

CAN. VAR.	Pct Var DE	Cum Pct DE	Pct Var CO	Cum Pct CO
1	58.401	58.401	19.505	19.505
2	41.599	100.000	.027	19.532

Variance in covariates explained by canonical variables

CAN. VAR.	Pct Var DE	Cum Pct DE	Pct Var CO	Cum Pct CO
1	26.060	26.060	78.028	78.028
2	.003	26.064	5.283	83.311

注：上表的两个部分在实际输出时并不相连。

在 SPSS 典型相关分析的两种方法对组内代表比例和解释比例都是对原始观测变量标准化

以后的方差分析。标准化冗余分析得到的统计结果与非标准化的相应分析结果在数量上不一样[①]，所以采用方差比例更为方便，相对于100%（即1）而言，各部分方差所占比例的相对大小便更容易理解。

因为在典型相关分析中某一分组所有观测变量的总变异（用离差平方和测量）在经过统计转换为由典型变量代表的不同维度上，而这些维度之间相互完全独立（即无关，或说没有重合），所以，两个变量组之间的关系通过方差比例这种精确定量指标分解到不同的独立侧面，然后一方面以代表比例测量典型变量对本组观测总方差的代表能力，另一方面以解释比例测量典型变量对另一组观测总方差的解释能力。

五、关于典型冗余分析的介绍

正如CANCORR方法输出中明确标志的那样，上一节中介绍的代表比例和解释比例两项指标是用于典型冗余分析的指标。

冗余（redundancy）这个概念可能对于大多数读者十分陌生，然而它不仅对于典型相关分析十分重要，而且对于整个统计分析也很重要。就词意理解，冗余有冗长、多余、重复、过剩的意思。

与相关分析类似，冗余是就方差量而言的关联程度分析。如果一个变量中的部分方差与另一个变量的部分方差有协变关系，就说这个方差部分与另一变量方差相冗余（redundant with），也就是说它可以由另一个变量来预测或解释（predictable from 或 explained by）。其实，相关分析是同一关联的另一种表达，但相关系数的数量含义并不确切。而相关系数的平方（如回归中的确定系数）就属于冗余指标的范围，表达了解释方差的百分比。所以，冗余比相关更具有明确的定量含义，更方便实际应用。

典型相关分析中的冗余分析是对分组观测变量总变异的方差分析。

它并不是仅仅把冗余概念应用于两组间的典型相关，好像只要简单地将典型相关数取平方就够了。经常发生的一种误解是，以为典型相关平方就已经是一侧典型变量与另一侧观测变量之间的共享方差比例。这是不对的，因为典型相关平方只是两组对应典型变量之间的共享方差比例，并不涉及哪一组的观测变量，而冗余指数才是典型变量对另一组观测总方差的解释比例。

正是由于冗余的本质是共享方差百分比，因此冗余百分比可以按照连接链顺序做连乘得到一个关于整个连接链的传递百分比。当典型相关平方再乘以某一侧变量组典型变量与同组观测变量的共享方差比例（即代表比例）时，一侧的典型变量才与另一侧的观测总方差（而不是某个具体观测变量）关联起来，而这样得到的乘积就是分析得到的冗余指数（即解释比例）。

由此我们知道，冗余指数值是由两个分量的乘积决定的。典型相关平方只是决定冗余指数值的因素之一。与此同时，冗余指数值还受到另一个因素的支配，即被解释的一方中的典型变量代表了多大比例的本组观测总方差。

于是，我们就能发现冗余指数、典型相关平方（也可称为典型确定系数）与某一侧典型变量的代表比例这三个方差比例之间的关系可以用图11—2来表示。

---

① 比如，SAS软件可以提供非标准化冗余分析结果。

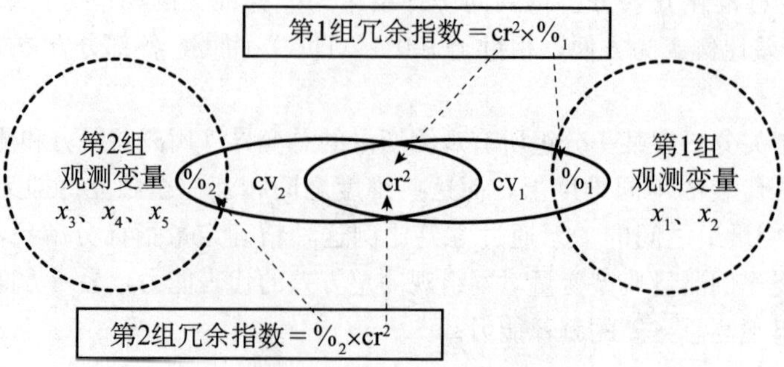

图 11—2　冗余分析示意图

注：为了简化，本图仅表示了一个维度上的关联。

用公式表达，则有如下关系：

（某侧的）冗余指数 ＝ 典型相关平方 ×（本侧）代表比例

通过上述公式对于冗余指数进行分解是分析冗余指数水平决定因素的一种手段。有时，我们发现自变量一侧的某个典型变量对所有观测总方差的代表能力很高，而它对因变量组总方差的解释能力却很低。为了澄清它对因变量组解释能力低的原因，就可以将标志解释能力的冗余指数分解为典型相关平方和另一侧对应典型变量的代表比例两项因素。也许，对应典型变量只代表了它那一侧观测变量总方差中很少一部分，那么即使典型相关平方再高也会被打个大折扣，导致自变量组典型变量的解释能力很差。还有一种可能，即另一侧典型变量的代表比例很高，而典型相关平方则很低。另外再有一种可能性就是这两者都相对较低。

所以，在分析一侧典型变量对另一侧观测总方差的解释能力时，不能只看典型相关及其平方的高低，还需要分析另一组对应典型变量对本组观测变异的代表能力。

在冗余分析中还必须注意，冗余指数是一种测量值不对称的指标（Pedhazur，1982：737）。在某一维度上，第一组典型变量的冗余指数值通常与第二组典型变量的冗余指数值不同。这是因为在计算中它们虽然有一个共同项，即典型相关平方，但它们对自己一方观测总方差的代表比例却往往是不同的。比如对本章例题分析的第一维度而言，典型相关平方（cr^2）为 0.334，第一组典型变量的代表比例（$\%_1$）为 0.584，所以第一组的冗余指数即本组总方差被对方典型变量解释的比例为 0.195。而要是从相反方向看，第二组典型变量的代表比例$\%_2$为 0.780，所以第二组的冗余指数或被解释比例则为 0.261。

通过以上讨论可以总结出，冗余指标都是典型变量与观测变量组总方差之间关系的测量。它虽然涉及观测变量，然而却并没有具体到观测变量的测量。既可以将它作为整体指标（总方差百分比），也可以作为平均指标（平均每个观测变量方差的百分比），二者都是将观测变量组作为一个整体来看待的。因此，在把两个变量组作为两个整体进行研究的典型相关分析中，冗余分析提供的是关于两个整体之间的关系的一部分。

我们可以打个比方，典型相关分析好比是研究隔着大海的两个国家之间的贸易，典型变量好比是两个国家各自的对应码头，而典型相关平方则好比是只能在两国对应码头之间来回运货的船只运输能力（受船载量和航程影响）。那么，一个国家向另一个国家的出口量会受到两国各对应码头对货物吸纳和转运能力的约束，还会受到在对应码头之间航船的运输能力的约束。对这两个国家的贸易分析就相当于典型冗余分析。典型相关分析的其他部分如典型系数、典型负载都是在描述各国内部码头与厂商之间的物流机制。而交叉负载则是描述某类厂商的进出口情况，但是不能反映两国之间的整体贸易情况。

由此可见，整个典型相关分析的分析思路是从两个多元集团通过数据拟合优化转换为两元之间的维度分析，冗余分析便是对这两元之间关系的分析，典型相关及其平方值是连接两元的桥梁。因此，这两元之间的整体关系并不是典型相关系数及其平方值所能涵盖的。

最后，再对与冗余这个概念相关的方面做几点附加说明。

(1) Pedhazur（1982：242）曾经指出，多元统计中有两个很重要的概念应该区分开来，即冗余（redundancy）和重复（repetitiveness）。前者是说变量之间的高度相关，而不管有多少个变量；后者说的是冗余变量的数目，而不管其相关或冗余程度如何。关于重复的经典例子是对同一个变量采用多个测量指标。Gordon（1968）曾提供了由于重复而导致的戏剧性结果，即那些重复测量的指标变量在多元回归中得到的标准化回归系数值的幅度大大减小。也就是说，当研究者认为某一变量很重要而由采用一个指标变为采用多个指标时，如果这些指标仍然大体是测量同一侧面的，那么变量之间冗余程度会很高。重复的作用则是指，冗余变量有几个，其回归结果中原来标准化系数的幅度就会被一分为几，导致这个变量的几个测量指标看起来都比只用一个指标时的作用更小。其实，重复的问题就是我们常说的回归自变量中多元共线性问题。

(2) 如果用各观测因变量依次与所有观测自变量做多元回归，那么各回归确定系数的平均值等于因变量组各典型变量与所有观测自变量之间的冗余指数的合计。所以，Pedhazur 称冗余指数的合计为总冗余指数（total redundancy），其意义为平均确定系数，或者说是平均预测能力。

(3) 如果用因变量组各典型变量与所有观测自变量做多元回归，所得的各多元相关系数等于对应的典型相关系数，所得的确定系数等于对应的典型相关平方。

上述第一点中的讨论不仅对典型相关分析在选用各组变量时有参考价值，对其他分析方法如多元回归等在选用变量时也有重要参考价值。上述第二点和第三点中讨论的关系有助于我们更好地理解和使用冗余分析的有关指标。读者如果有兴趣，可借用 CANCORR 命令执行后形成的临时工作数据，其中含有各典型变量值，可以进行这些关系的实际验证。但是，这些关系都必须借助典型变量，而它们是通过典型相关分析才构建出来的工具变量。

六、例题分析

以上介绍了典型相关分析的各种指标及 SPSS 软件的操作，现在我们就例题来分析总结一下典型相关分析的各个结果，以获得更为具体的意义。

借用第三章例题数据（文件名为FP _SE. sav）。数据中共有 30 个案例和 5 个变量，变量名为 x_1、x_2、x_3、x_4、x_5，分别代表多孩率、综合节育率、初中及以上受教育程度的人口比例、人均国民收入和城镇人口比例。按变量性质将其分为两个变量组，即前两个变量组成计划生育变量组，后三个变量组成社会经济变量组。研究目的是通过典型相关分析揭示社会经济变化对计划生育工作的影响。所以，计划生育变量组作为因变量组，而社会经济变量组作为自变量组。下面，我们根据 MANOVA 方法取得的典型相关分析结果来进行简要的阐释。

因为变量数较少的因变量组只有两个变量，因此只得到两个典型函数。例题模型的整体分析和检验的统计输出见表 11—14。

表 11—14　　MANOVA 方法的例题整体分析检验结果

```
******Analysis of Variance--design 1******
EFFECT.. WITHIN + RESIDUAL Regression
Multivariate Tests of Significance (S = 2,M = 0,N = 11 1/2)
Test Name     Value     Approx. F   Hypoth. DF   Error DF   Sig. of F
Pillais       .33463    1.74140     6.00         52.00      .130
Hotellings    .50211    2.00843     6.00         48.00      .083
Wilks         .66559    1.88113     6.00         50.00      .103
Roys          .33398
Note.. F statistic for WILKS' Lambda is exact.
-------------------------------------------------------------------
Eigenvalues and Canonical Correlations
Root No.   Eigenvalue    Pct.     Cum. Pct.    Canon Cor.    Sq. Cor
  1          .501       99.872     99.872        .578          .334
  2          .001         .128    100.000        .025          .001
-------------------------------------------------------------------
Dimension Reduction Analysis
Roots      Wilks L.       F       Hypoth. DF    Error DF    Sig. of F
1 TO 2     .66559      1.88113      6.00         50.00        .103
2 TO 2     .99936       .00835      2.00         26.00        .992
```

例题模型的整体检验和维度递减检验都说明，没有统计显著的维度。因此，实际上我们不能肯定这两个变量组之间存在典型相关关系。这里只是按照“惯例”得出此结论的。实际上我们使用的不是随机抽样样本，而是 1990 年全国各省市区为分析单位的总体，因此根本不存在统计检验问题。但是在类似情况下仍然进行和报告统计检验，只能说是出于习惯，而不是统计本身的需要；并且这一统计检验的是什么实际上说不清楚。所以，在此提请读者注意。

下面我们假设所用数据是来自于一个随机抽样样本来加以分析。

首先，现在统计结果的不显著显然是由于样本规模太小。通常在回归分析中，像 0.58 的相关系数或 0.33 的确定系数一般是可以取得统计显著的。根据多元回归分析的经验，每一个自变量起码要有 10 个样本对应才可能得到统计显著。而我们的典型相关分析涉及了两个维度和 5 个变量，其中只有三个是自变量，因此相对而言更不容易显著。本章第四节讨论统计检验时曾提到，如果此样本规模加权两倍，即使变量之间数量关系不变，第一维度就能变得极为显著了（$\alpha < 0.001$），可见样本规模对统计检验的影响很大。

其次，变量组之内的简单相关程度较高也是整体检验不显著的原因之一。表 11—15 提供了所有变量的相关矩阵（如用 CANCORR 方法时能自动输出），其中第一组两个变量的相关绝对值达到了 0.76，而第二组变量之间达到的相关程度则更高。相比之下，变量在组间的相关却比较弱。组内相关较高表明各组所选变量没有抓住各方面的不同特征，仿佛在多次测量同一事物，于是就出现了前面所讨论的“重复”问题，或者说自变量组存在较严重的多元共线性问题。如果换用一些相关程度低的其他指标，可能会对典型相关分析更有利一些。

表 11—15　　例题观测变量的相关矩阵

相关系数	x_1	x_2	x_3	x_4	x_5
x_1	1.000 0				
x_2	—.761 0	1.000 0			
x_3	—.541 8	.292 9	1.000 0		
x_4	—.452 8	.252 8	.771 2	1.000 0	
x_5	—.453 4	.244 7	.848 8	.877 7	1.000 0

从表 11—14 中两个维度的特征值及其所占比例来看，第一维度显然极为重要，而第二维度则可以完全忽略。另外，第一维度的典型相关及其平方都远高于第二维度相应结果。第二维度不仅统计检验不显著，它的实际意义也几乎不存在。

表 11—16 为 MANOVA 方法输出的两个组的典型变式的粗系数、标准化系数和典型负载（该方法不输出交叉负载）。

表 11—16　　MANOVA 方法对例题分析的第二部分输出

```
Raw canonical coefficients for DEPENDENT variables
              Function No.
Variable           1          2
x1               .131       .079
x2               .091       .275
- - - - - - - - - - - - - - - - - - - - - - - - - - - - - - - - - - - -
Standardized canonical coefficients for DEPENDENT variables
              Function No.
Variable           1          2
x1              1.319       .797
x2               .486      1.463
- - - - - - - - - - - - - - - - - - - - - - - - - - - - - - - - -
Correlations between DEPENDENT and canonical variables
              Function No.
Variable           1          2
x1               .949      -.316
x2              -.517       .856
- - - - - - - - - - - - - - - - - - - - - - - - - - - - - - - - -
(将处于中间的变式解释方差比例部分移出了)
Raw canonical coefficients for COVARIATES
              Function No.
COVARIATE          1          2
x3              -.086      -.023
x4               .000       .002
x5               .017      -.107
- - - - - - - - - - - - - - - - - - - - - - - - - - - - - - - - -
```

续前表

```
Standardized canonical coefficients for COVARIATES
             CAN. VAR.
COVARIATE          1          2
x3              -.997      -.261
x4              -.292      2.075
x5               .274     -1.743
- - - - - - - - - - - - - - - - - - - - - - - - - - - - - - - - - -
Correlations between COVARIATES and canonical variables
             CAN. VAR.
COVARLATE          1          2
x3              -.990      -.140
x4              -.821       .344
x5              -.829      -.143
```

由于两个变量组之间的联系主要体现在第一维度上，让我们看一看第一维度因变量组典型变量主要代表了哪些因变量。从该组第一典型变式的标准化系数来看，x_1（多孩率）的标准化系数的绝对值比x_2（综合节育率）的相应系数的绝对值大得多，同时x_1的典型负载也比x_2的负载的绝对值大，于是我们可以断定因变量组第一典型变量主要代表的是多孩率。那么，是哪些自变量主要在这个维度上发挥了解释作用呢？先从自变量组第一典型变式的典型负载来看，x_3（初中以上人口比例）比x_4（人均国民收入）和x_5（城镇人口比例）略高一些，但三个变量的差别不太大。这是因为在这三个变量之间存在着较高的相关，因此用典型负载这个简单相关指标就较难评价谁的影响大。但如果看它们标准化典型系数的绝对值，x_3（0.997）则大大高于其他两个变量（都小于0.3），所以从净影响角度可以认为自变量组第一典型变量主要代表了x_3这个教育程度变量。在此提示读者，MANOVA方法为使典型相关系数取正值改变符号的典型变量与CANCORR方法不同，导致上表中很多指标与CANCORR相应输出的绝对值相等而符号相反。但是如上所示，其实实际分析中，我们只关心标准化典型系数和典型负载的绝对值，而并不关心它们的符号，因此这两种方法输出的差别对于实际分析其实并无影响。

下面针对两个变量组之间的整体关联进行冗余分析。表11—17提供了两个变量组的总方差与典型变量的分享比例的原输出格式。

表11—17　　MANOVA方法输出的变量组方差比例

```
Variance in dependent variables explained by canonical variables
  CAN. VAR.      Pct Var DE     Cum Pct DE     Pct Var CO     Cum Pct CO
     1             58.401         58.401         19.505         19.505
     2             41.599        100.000           .027         19.532
Variance in covariates explained by canonical variables
  CAN. VAR.      Pct Var DE     Cum Pct DE     Pct Var CO     Cum Pct CO
     1             26.060         26.060         78.028         78.028
     2               .003         26.064          5.283         83.311
```

第一部分是因变量组的冗余分析报告，第二列为该组典型变量本组所有观测变量方差的代表比例，其中第一维典型变量的代表比例为 58.4%；而第四列为自变量组典型变量对因变量方差的解释比例，其中第一维典型变量的解释比例为 19.5%。第三列和第五列是相应两个比例的累计。根据第五节对冗余分析的讨论，我们知道在解释比例与代表比例之间还有一个中项乘数相连接，它就是典型相关系数平方。根据这三个比例值的大小，就可以判断出自变量组第一维典型变量的解释比例较小的主要原因是因为该维度上的典型相关平方数值（0.334）较小，成了一个“瓶颈”。相应地，对第二维度的冗余分析则能说明，第二维度上更是由于典型相关平方值（0.001）小而导致解释比例极小。

如果我们希望进行反因为果的冗余分析，在表中第二部分的协变量组方差比例中，本组第一维典型变量的代表比例为 78.0%，而它对因变量组方差的解释比例是 26.1%。至于这一因果反向的冗余分析的解释能力更高，则是协变量组的代表比例比较高所致。

其实，我们还可以将冗余分析中所描述的关系链再接长一截，表达出自变量组总方差与因变量组总方差的共享比例。因变量组的冗余指数是自变量组典型变量与因变量组总方差的共享比例，如果将其再乘以自变量组一侧的代表比例便可以得到两个变量组在第一维度上的共享方差比例。这个比例值为：

$$19.505\% \times 78.028\% = 15.219\%$$

而这个指标其实已经没有方向性了，如果从反向来做计算也可以得到同样的结果。

本例题中自变量组解释能力较差主要是由于典型相关平方不太高。但有的时候并不是这样，可能会出现典型相关平方的值很高而代表比例很低而导致解释比例低的情况。这时，典型相关系数值则会显得更高。但是，千万不要被很高的典型相关系数所迷惑，以为典型相关程度高便一定意味着两个变量组之间有很强的关联，其实典型相关程度高只是说明构建的一对典型变量之间关联紧密，其中一个典型变量对另一侧变量总方差的解释能力还要依赖于另一侧对应的典型变量的代表能力有多高，而两个变量组的总方差关联程度高不高则同时依赖于这一对典型变量对各自本组总方差的代表能力强不强。

此外，根据前面对于本例题结果统计检验不显著的分析，一个有效的措施是删除那些不太重要的“重复”变量。比如 x_5 与本组其他变量相关程度很高，而其标准化典型系数和典型负载又较低。如果将其从模型中删除后重新进行分析，那么第一维度便可以得到 $\alpha=0.031$ 的显著水平。并且第一维度的典型相关仍高达 0.575，而且第一维度的冗余指数也并没有明显的损失。读者可以自行操作，从实践中得到一些经验。

基本概念

典型变式　典型变量　预测变量　标准变量　典型函数　多元检验　多元正态分布假定　方差齐性假定　典型相关系数　典型相关系数的平方　特征值　整体检验　Pillai 检验　Hotelling 检验　Wilks 检验　Roy 检验　维度递减检验　典型系数　粗典型系数　标准化系数　典型负载　结构相关系数　交叉负载　组内代表比例　冗余指数　共享方差百分比　总冗余指数

本章要点

1. 典型相关分析用于描述两组变量之间所存在的相关关系。它将每组变量作为一个整体来对待。

2. 通过相关系数最大化原则，依次建立若干成对的典型变量，并计算出它们之间的相关系数（即典型相关系数），代表两组变量之间在不同维度上的共变关系。

3. 对于各维度上的典型相关进行检验，精简不显著的维度，以便将分析集中于那些存在显著相关性的维度。

4. 典型相关分析不能局限于典型变量之间的相关。因为即使在典型变量与原始观测变量之间相关程度很弱时，典型相关也可能很强。所以，还需要对某个典型变量对本组观测变量的代表能力和对另一组观测变量的解释能力等方面具体分析后，才能正确评价典型相关的意义。

5. 冗余分析是典型相关分析中十分关键的一环，它综合各种分析指标对两个变量组之间的整体相关性进行评价。

参考文献

Levine，M. S. （1977）. Canonical Analysis and Factor Comparison. Sage Publications.

Pedhazur F. J. （1982）. Multiple Regression in Behavioral Research，Second Edition. CBS College Publishing.

Hair，J. F. Jr.，Anderson，R. E.，Tatham，R. L.，and Black W. C. （1995）. Multivariate Data Analysis with Readings，Fourth Edition. Prentice-Hall International Inc.

Dillon，W. R.，and Goldstein，M. （1984）. Multivariate Analysis：Methods and Applications. John Wiley & Sons.

Jobson，J. D. （1992）. Applied Multivariate Data Analysis，Volume Ⅱ：Categorical and Multivariate Methods. Springer-Verlag.

Norusis，M. J. （1992）. SPSS for Windows：Advanced Statistics，Release 5. SPSS Inc.

Gordon，R. A. （1968）. Issues in Multiple Regression. American Journal of Sociology，73：592－616.

王国梁，何晓群．多变量经济数据统计分析．西安：陕西科学技术出版社，1993.

方开泰．实用多元统计分析．上海：华东师范大学出版社，1989.

吴国富，安万福．实用数据分析方法．北京：中国统计出版社，1992.

肖云茹．概率统计计算方法．天津：南开大学出版社，1994.

第十二章

结构方程模型

一、引言

结构方程模型（structural equation modeling，简称为 SEM）是一种非常通用的、主要的线性统计建模技术，广泛应用于心理学、经济学、社会学、行为科学等领域的研究。实际上，它是计量经济学，计量社会学与计量心理学等领域的统计分析方法的综合。多元回归（multiple regression）、因子分析（factor analysis）和通径分析（path analysis）等方法都只是结构方程模型中的一种特例。结构方程模型是统计分析方法中一个新发展的领域，它的应用始见于 20 世纪 60 年代发表的研究论文中，到了 90 年代初期开始得到广泛的应用。

简而言之，结构方程模型还是利用联立方程组求解，但是它没有很严格的假定限制条件，同时允许自变量和因变量存在测量误差（measurement errors）。它还有另外一些特点优越于多元回归、通径分析、计量经济学中的联立方程组以及因子分析等方法。计量经济学中的通径分析和联立方程模型（simultaneous equation model）虽然也使用联立方程组，但是类似于多元回归，它们只能处理有观察值的变量，并且还要假定其观察值不存在测量误差。然而在社会科学中，许多变量诸如智力、能力、信任、自尊、动机、成功、雄心、偏见、异化、保守等概念并不能直接测量。实际上，这些变量基本上是人们为了理解和研究社会的目的而建立的假设概念，对于它们并不存在直接测量的操作方法。人们可以找到一些可观察的变量（observed variables）作为这些潜在变量（latent variables）的“标识”（indicators），然而这些潜在变量的观察标识总是包含了大量的测量误差。在统计分析中，即使是对那些可以测量的变量，也总是不断受到测量误差问题的侵扰。自变量测量误差的发生会导致常规回归模型参数估计产生偏差。虽然传统的因子分析允许对潜在变量设立多元标识，也可处理测量误差，但是，它不能分析因子之间的关系。只有结构方程模型既能够使研究人员在分析中处理测量误差，又可分析潜在变量之间的结构关系。

这一章主要介绍结构方程模型及相应的统计分析计算机软件 AMOS 7.0 的使用。AMOS 是英文 analysis of moment structure 的缩写，是目前常用的结构方程模型分析软件之一。最早的 AMOS 软件由位于美国芝加哥的 Smallwater 公司开发；不过，自 AMOS 6.0 开始，AMOS 成了 SPSS 软件的一部分。在 SPSS 推出 SPSS 16.0 以后，AMOS 相应地采用和 SPSS 系列产品一致的版本号。目前 AMOS 软件已经随着 SPSS 软件更新至 22.0 版本。各个版本的 AMOS 软件之间差异不大，均沿袭了 AMOS 最初的图形界面风格，其采用的主要算法也没有改变，仅有一些细微的调整。比如说，从 AMOS 19.0 开始，潜变量名称中不能含有空格；此外从 A-

MOS 21.0 开始，AMOS Graphic 界面上开始同时提供路径图（path diagram）和变量表（table）两种描述模型的方式，等等。

这里值得提到的是，常用的结构方程模型分析软件还有 LISREL（LInear Structural RELationship）、EQS（Equations）、SAS、Mplus 等。此处采用 AMOS，主要是因为如下两个原因：一是本书统一使用 SPSS 软件，而从 SPSS 13.0 以后，原来套装在 SPSS 中的 LISREL 软件已经被 AMOS 取代，此种情况下，介绍 AMOS 有利于读者更方便地掌握结构方程模型分析方法。第二个原因则在于 AMOS 本身所具有的友好图形界面，使得结构方程模型的分析更加直观明了，读者学习起来相对容易。

二、应用结构方程模型分析的五个主要步骤

应用结构方程模型有五个主要步骤（Bollen and Long，1993）：

（1）模型设定（model specification）：在进行模型估计之前，研究人员先要根据理论或以往研究成果来设定假设的初始理论模型。

（2）模型识别（model identification）：这一步骤要决定所研究的模型是否能够求出参数估计的唯一解。在有些情况下，由于模型被错误地设定，其参数不能识别，求不出唯一的估计值，因而模型无解。

（3）模型估计（model estimation）：模型参数可以采用几种不同的方法来估计。最常使用的模型估计方法是最大似然法（maximum likelihood）和广义最小二乘法（generalized least squares）。

（4）模型评价（model evaluation）：在取得了参数估计值以后，需要对模型与数据之间是否拟合进行评价，并与替代模型的拟合指标进行比较。

（5）模型修正（model modification）：如果模型不能很好地拟合数据，就需要对模型进行修正和再次设定。在这种情况下，研究人员需要决定如何删除、增加或修改模型的参数。通过参数的再设定可以增进模型的拟合程度。研究人员可以根据结构方程模型软件输出中所提供的模型修正指数与初始模型中各通径的检验结果来决定模型的再设定。一旦需要重新设定模型，就要重复以上五个步骤的工作。一个拟合较好的模型往往需要反复试验多次。

以上五个步骤构成了应用结构方程模型来研究一个理论模型的基础工作。

三、模型设定

结构方程模型主要是一种证实性（confirmatory）技术，而不是一种探测性（exploratory）技术。这就是说，尽管结构方程模型分析中也涉及一些探测性的因素，但研究人员主要是通过应用结构方程模型来确定一个特定模型是否合理，而不是将其用来寻找和发现一种合适的模型。因此结构方程模型是从设定一个待定模型开始的。设定模型可以用不同的方法。最简单直接的一种方法就是将自己的模型用通径图描述出来。通径图对于结构方程模型是非常基本的手段，因为它使研究人员得以将设定模型以直接和明了的方式来表达。通径图有助于研究人员将其对于变量之间关系的认识得以清晰的表述，在一些分析软件中（如 LISREL），通径图还可以直接转化为建模的方程。在研制结构方程模型框图时有几个常规，即在框图中将观测变量用方

形或矩形框代表，对潜在变量或因子（factor）用圆形或椭圆形框代表。变量之间的关系用线条标志；如果变量之间没有连线则是假设变量之间没有直接联系。线条既可以加单箭头，也可以加双箭头。单箭头的线条表示假设两个变量之间存在因果作用关系，箭头从原因变量指向结果变量。双箭头则表示两者之间有相关或是双向的联系，在这种情况下没有对于因果关系的陈述。

图 12—1 显示了一般结构方程模型假设的图例。如上所述，潜在变量列于图例中的椭圆形框中，观察变量列于图例中的长方形框中。例如，潜在变量（因子）有：高中成就（FX1）和高校第一年成就（FY2）。潜在变量的测量是通过一个或几个可观察标识指标（如问卷中代表潜在变量的提问的回答）来间接完成的，我们假设这些标识可以反映潜在变量的情况。在图例中，用三个观察变量（x1 为高中平均成绩，x2 为高考成绩，x3 为高中教师评价）作为 FX1（高中成就）的标识，用两个观察变量（y2 为高校第一年平均成绩，y3 为教师对其高校第一年表现的评价）作为 FY2（高校第一年成就）的标识。观察变量也可以称为测量变量（measured variable），或称为显示变量（manifest variable）。

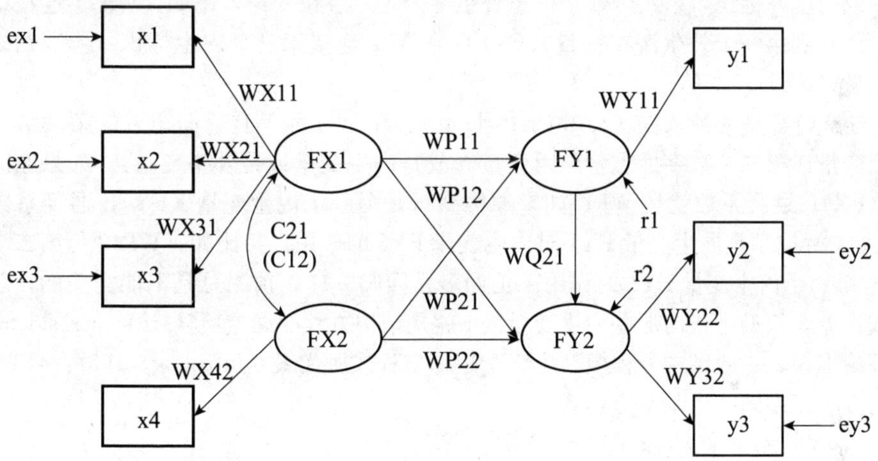

图 12—1　结构方程模型通径图

注：x1 为高中平均成绩，x2 为高考成绩，x3 为高中教师评价，x4 为学生性别；y1 为是否在重点院校，y2 为高校第一年平均成绩，y3 为教师对其高校第一年表现的评价；FX1 代表高中成就，FX2 代表性别；FY1 代表是否重点院校，FY2 代表高校第一年成就。

在结构方程模型中，FX 和 FY 变量代表潜在变量。[①] 本例中，FX1、FX2 为外生潜在变量（exogenous latent variable），即它们的影响因素处于模型之外；FY1、FY2 变量代表

① 在 AMOS 中，分析人员可以根据自己的习惯命名估计参数和各类不可观察的变量（包括潜在变量、测量误差和解释残差），也可以让软件对这些估计参数和变量自行命名。软件对潜在变量的默认自动命名以 F（表示 factor）开头，对测量误差和解释残差的自动命名以 e（表示 error）开头，对协方差（covariance）和回归权重（regression weight）的默认自动命名分别以 C 和 W 开头。在上述标识后加上系统自动赋予的连续编号，就形成了对某一个变量或估计参数的命名；每一类变量和参数的编号分别从 1 开始。在其他结构方程模型软件中，一般用希腊字母配合下标来表示有关变量和估计参数，但 AMOS 不支持希腊字母和下标。在此处，为了兼顾读者熟悉 AMOS 命名规则和讲解结构方程模型原理的需要，作者原则上采取 AMOS 对变量自动命名的首字母标识规则，但同时在首字母后面加上其他字母以区分不同的变量类别，相应地，字母后的数字顺序也做了重新排列。

内生潜在变量（endogenous latent variable），即由模型内变量作用所影响的变量。在我们的例子中有一个外生变量（FX2）和一个内生变量（FY1）实际上并不真的是潜在变量。前者代表性别，后者代表重点大学，它们分别是通过单标识（single indicator）x4 和 y1 即性别和是否在重点大学这两个变量直接测量的，而且这两个观测变量都没有测量误差。

外生潜在变量的标识（如 x1、x2 和 x3）称为外生标识（exogenous indicators），内生潜在变量的标识（如 y2 和 y3）称为内生标识（endogenous indicators）。[①] 前者的测量误差（measurement error）标志为 ex，后者的测量误差标志为 ey。应特别注意，对外生变量 FX2 和内生变量 FY1 的标识变量没有测量误差（即它们各自的单标识 x4 和 y1 的测量误差都规定为 0）。这说明我们假设 FX2 与 FY1 分别通过其标识变量 x4 和 y1 被完全无误地测量到了。

WX 与 WY 分别连接观测标识与潜在变量 FX 和 FY。WX（或 WY）后面的第一个数字标志外生（或内生）标识，第二个数字标志外生（内生）潜在变量。比如，WX21 连接第二个外生标识（x2）到第一个外生潜在变量（FX1），WY32 连接第三个内生标识（y3）到第二个内生潜在变量（FY2）。

WP 与 WQ 都是通径系数（path coefficients）。在 WQ 和 WP 后面跟着的第一个数字标志着内生因变量，第二个数字标志着原因变量（或是内生变量或是外生变量）。如果原因变量是外生的（FX），通径系数就是 WP；如果原因变量是另一个内生变量（FY），通径系数就标为 WQ。比如，WQ21 是内生变量 FY1 对内生变量 FY2 的作用；又比如，WP12 是第二个外生变量 FX2 对第一个内生变量 FY1 的作用。正如多元回归一样，预测总是不能完美的，总是存在着残差或误差。模型中指向那些内生变量的 r 就是结构方程的误差项（error or residual term ）。

从理论上说，一般结构方程模型由三个矩阵方程式所代表（Joreskog，1967：443－482）[②]，这是结构方程模型的三个基本方程式。

$$[FY] = [WQ][FY] + [WP][FX] + [r] \tag{1a}$$

$$[y] = [WY][FY] + [ey] \tag{2a}$$

$$[x] = [WX][FX] + [ex] \tag{3a}$$

对应图 12—1 中结构方程模型的这三个方程可以表示如下：

$$\begin{bmatrix} FY1 \\ FY2 \end{bmatrix} = \begin{bmatrix} 0 & 0 \\ WQ21 & 0 \end{bmatrix} \begin{bmatrix} FY1 \\ FY2 \end{bmatrix} + \begin{bmatrix} WP11 & WP12 \\ WP21 & WP22 \end{bmatrix} \begin{bmatrix} FX1 \\ FX2 \end{bmatrix} + \begin{bmatrix} r1 \\ r2 \end{bmatrix} \tag{1b}$$

$$\begin{bmatrix} y1 \\ y2 \\ y3 \end{bmatrix} = \begin{bmatrix} 1 & 0 \\ 0 & 1 \\ 0 & WY32 \end{bmatrix} \begin{bmatrix} FY1 \\ FY2 \end{bmatrix} + \begin{bmatrix} 0 \\ ey2 \\ ey3 \end{bmatrix} \tag{2b}$$

---

① 在 AMOS 中，外生标识（又称观测变量或指标）和数据文件（dataset）中相应变量的名称必须相同。

② 本章中用有关英文字母代替了原书中的希腊字母。此外，本章中除了 I（单位矩阵）、S（观测变量方差协方差矩阵）、Σ（引申矩阵）直接表示一个矩阵外，其余的矩阵（包括向量）一律用［］表示。

$$\begin{bmatrix} x1 \\ x2 \\ x3 \\ x4 \end{bmatrix} = \begin{bmatrix} 1 & 0 \\ WX21 & 0 \\ WX31 & 0 \\ 0 & 1 \end{bmatrix} \begin{bmatrix} FX1 \\ FX2 \end{bmatrix} + \begin{bmatrix} ex1 \\ ex2 \\ ex3 \\ 0 \end{bmatrix} \qquad (3b)$$

注意上面线性结构关系的方程中没有截距。出于公式推导方便的需要，线性结构关系模型中，通常使用的变量（如 x 和 y）是其原始随机变量值距其平均值的离差（deviations from means）。只有对潜在变量的截距和平均值的估计感兴趣时，原始观测变量才在模型中使用。

一般的结构方程模型由两个模型组成：一个是测量模型（measurement model），一个是潜在变量模型（latent variable model）或结构模型（structural model）。方程（2）和（3）为测量模型，它们表示潜在变量与观测变量之间的关系。通过测量模型，我们可以由观测变量来定义潜在变量。方程（2）将内生潜在变量 FY 连接到内生标识，即所观测到的 y 变量。而方程（3）将外生潜在变量 FX 连接到外生标识，即所观测到的 x 变量。观测变量 y 和 x 按两套线性方程［即方程（2）和（3）］与相应的潜在变量 FY 和 FX 相连接，并有相应系数 WY 和 WX，以及测量误差项 ey 和 ex。矩阵［WY］和［WX］中包含了 y 和 x 对 FY 和 FX 的回归权数（regression weight）。这些权数通常称作因子负载（factor loadings）。ey 和 ex 则是与观测变量 y 和 x 相连的测量误差。我们假设 ex 和 ey 的平均值都为零，并且它们与内生潜在变量 FY、外生潜在变量 FX、结构方程误差项 r 之间不相关，但是不一定要求它们自己之间也不相关。当任何一个 y 或 x 不存在测量误差时，其相应的 ey 或 ex 元素即为零。

方程（1）为潜在变量模型，表示潜在变量之间的关系。［FY］向量的各元素（FY1，FY2，FY3，…，FYn）都一一对应着各内生潜在变量，而［FX］向量的各元素（FX1，FX2，FX3，…，FXm）都一一对应着各外生潜在变量。这些内生的和外生的潜在变量由一套线性方程［即方程（1）］通过与［WQ］和［WP］系数矩阵以及误差向量［r］联系起来。其中，［WP］代表外生潜在变量对于内生潜在变量的影响，［WQ］代表一些内生潜在变量对其他内生潜在变量的影响，［r］为结构方程的误差项。

总之，结构方程模型一共有八个基础参数矩阵（parameter matrices）需要在线性结构关系模型中估计，它们是［WX］、［WY］、［WP］、［WQ］、［C］、［R］、［VEX］和［VEY］。［WX］和［WY］矩阵是因子负载矩阵，［WP］和［WQ］矩阵是结构通径系数矩阵；［C］是外生潜在变量 FX 的方差协方差矩阵（variance/covariance matrix），［R］是结构方程残差项 r 的方差协方差矩阵，［VEX］和［VEY］最后两个矩阵分别是观测误差（ex 和 ey）的方差协方差矩阵。关于内生潜在变量 FY 的方差协方差用不着在程序中进行估计，因为它们可以用以下公式计算出来：

$$\text{var (FY)} = \text{var} [([WP][FX] + [r]) / (I - [WQ])]$$

模型设定实际上就是设定以上所述八个矩阵中所含的一整套模型参数。这些参数既可以设定为固定（fixed）参数，也可以设定为自由（free）参数。固定参数将不从模型中估计，它们的值通常定为零。自由参数是研究人员认为是非零的那些参数，它们将根据实测数据来进行估计。另外，一个参数也可以被限定为与其他参数等值。

四、模型识别

在结构方程模型中设定模型时的一个基本考虑是模型的识别。识别工作主要是考虑模型中每一个未知（自由）参数能否由观测数据求得唯一解作为估计。对于某一个自由参数，如果不能将这一参数以样本方差协方差的代数函数表达，那么这个参数就不能识别（unidentified）。我们可以从一个例子中得到这一概念的启示。假设有一个方程：var（y）＝var（FY）＋var（ey），其中 var（y）是观测变量 y 的方差，var（FY）是潜在变量 FY 的方差，而 var（ey）是测量误差的方差。那么，对于 var（FY）和 var（ey）来说都没有唯一解，因为有无限对 var（FY）和 var（ey）的组合可以得到 var（y）值。于是，致使它们成为不能识别的参数。这个问题在于对方程和数据缺乏足够的限制条件，因此不能取得 var（FY）和 var（ey）的唯一解。因此，要是我们想解决这个问题，就需要加入一些限制条件。一个解决办法是追加一个方程 var（ey）＝c（c 为一常数），将 var（ey）值固定为一个常数。于是，var（FY）＝var（y）－c 就可以保证取得唯一性的估计值。这样，var（FY）便可识别。同样的原则适用于更复杂的结构方程模型。如果一个未知参数至少可以由观测变量的方差协方差矩阵（一般用 S 来代表）中的一个或多个元素的代数函数来表达，就称这个参数识别了。如果模型中所有未知参数都是识别参数，那么这个模型就是识别模型。很多情况下，参数可以由一个以上的不同函数来表达，这种参数称之为过度识别参数（overidentified parameter）。过度识别意味着观测变量的方差协方差矩阵 S 含有过量信息，这样，同一参数可以由多种形式来进行估计，正如同一参数可以从不同方程式求解。如果模型正确，一个过度识别参数在总体中只有一个估计值（Bollen，1989a）。当一个模型中的每个参数都是识别的且至少有一个参数是过度识别的，这个模型就是过度识别的。当一个模型中的每个参数都是识别的且没有一个参数是过度识别的，这个模型就是恰好识别的（just-identified）。当我们说一个模型是识别模型时，既包括恰好识别模型，也包括过度识别模型。

一个不能识别（unidentified，or under-identified，or not identified）的模型指模型中至少有一个不能识别的参数。如果一个模型是不能识别的，所有参数都不能估计。模型是否能够识别并不是样本规模的问题，不管样本有多大，一个不能识别的模型仍然不能识别。要想对一个模型进行估计，这个模型就必须是恰好识别或过度识别的模型。

结构方程模型的应用着重于过度识别的结构方程模型。在这种情况下，模型中的自由参数数目少于观测变量中方差和协方差的总数，即数据点（data points）。换句话说，就是自由参数数目少于观测变量中方差和协方差的总数。过度识别模型一般不能完全拟合数据，这样，检验这一模型是否拟合观测数据就成为可能。数据点与自由参数的数目之差既是检验模型拟合所需的自由度（标志为 d）。相比之下，恰好识别模型总是完全拟合观测数据，其卡方检验值和自由度永远为零，因为它的自由参数数目等于数据点数。因此，对于恰好识别模型是无法检验其拟合优度的。

对于结构方程模型，并没有一套简单的充要条件来作为参数识别手段。然而，有两个必要条件是应该时时加以查验的。

第一，数据点的数目不能少于自由参数的数目。数据点的数目就是观测变量的方差和协方差的数目。它等于 $p（p+1）/2$，其中 p 是观测变量的数目。这就是说，方差协方差矩阵 S 中只有对角线上的方差和对角线外的一半协方差（或是上半部或是下半部）才算数。方差协方差矩阵中的另一半协方差实际上对称于这一半，并没有提供新的信息。自由参数的数目指待定的因子负载、通径系数、潜在变量和误差项的方差、潜在变量之间和误差项之间的协方差的总数。要是数据点比自由参数多，这一模型即为过度识别。如果数据点比自由参数少，这一模型就是不能识别的，其参数也无法估计。因为，未知项多于已知项时，估计便不可能进行。

第二，必须为模型中的每个潜在变量建立一个测量尺度（measurement scale）。为了建立这一尺度，首先，可以将潜在变量的方差设定为1。这就是说，将潜在变量标准化，使其有了标准化尺度。其次，也是较常用的方法，是将潜在变量的观测标识中任何一个的因子负载WX（或WY）设定为一常数，通常为1。如果这一潜在变量的方差被设定为自由，且所有相应的因子负荷也都被设定为自由，这些负荷和这个潜在变量的方差就不能识别。而且，其他一些与这一潜在变量相关的参数也不能识别。更具体地说，对于一个潜在自变量FX而言，其方差以及由这个潜在变量发射出的所有通径的系数就都不能识别。对于一个潜在因变量FY来说，其残差的方差，指向这个潜在因变量和从其伸出的所有通径的系数都是不能识别的。

这两个条件虽然是必要的，但不是充分的。即使这两个条件得到满足，还可能发生模型识别问题。模型精确的识别可以从数学上论证，同时，AMOS程序在参数估计过程中也提供参数识别方面的检查。如果发现问题，该程序会向用户警示一个或多个参数有识别问题。借助这些信息，用户可以有效地对模型进行修正，以便排除该问题。

解决识别问题最好的办法是避免它的发生。通常，可以对潜在变量加上更多的标识，因而有更多的数据点。然而，首要的预防策略是注重参数的设定。模型识别实际上依赖于自由参数（free parameters）、固定参数（fixed parameters）和限制参数（restricted parameters）的设定。自由参数是未知并需要估计的参数。固定参数是不自由的并固定于设定值的参数。比如，在测量模型中，或者将每个潜在变量标识的因子负载之一设定为1，或者将该潜在变量的方差设定为1；对于结构方程来说，一些通径系数应该被设定为零，这意味着被设定为无影响作用；限制参数是那些未知的但被规定相等于另一个或另一些参数值的参数。比如，要是以前的研究表明第一个年龄组或第二个年龄组对于一个因变量值有同样的影响作用，就可以在初始结构方程模型中将代表这两个年龄组的虚拟变量（dummy variables）的通径系数设定为相等。通过固定或限制一些参数，自由参数的数目就可以减少。要是多有几个参数被固定或被限制起来，其结果可能使一个原不能识别的模型成为一个识别模型。此外，循环的或称之为非递归（nonrecursive）的结构方程模型也常常是识别问题发生的另一个来源。当在模型中设定变量之间有循环或双向关系，以至两个因变量之间存在反馈圈（feedback loops）时，这一结构模型就是非递归的。比如，一方面 y_1 影响 y_2，另一方面 y_2 影响 y_1。这样的模型一般是不能识别的，除非还存在另外的变量影响这两个循环联系变量之中的一个（但不能同时影响两个）或存在另外的变量受这两个变量之中的一个所影响（也不能同时受二者影响）（Harduk，1987）。

最后，我们还可以在一开始建立模型时就尽量削减自由参数，只保留那些绝对必要的参数，使模型简化。要是这个模型得到识别，再考虑在随后修改的模型中加入其他感兴趣的参数。然后，通过比较这些替换模型进行最后的选择。

五、模型估计

一旦设定了模型，下一个工作便是根据观测变量的方差和协方差进行参数估计。我们应该谨记，结构方程模型的估计过程完全不同于传统的统计方法。它不是追求尽量缩小样本每一项记录的拟合值与观测值之间的差异，而是追求尽量缩小样本的方差协方差值与模型估计的方差协方差值之间的差异。结构方程模型中，不是每个案例（case）的因变量预测值与观测值之间的差异，而是观测的方差协方差（observed variances/covariances）与预测的方差协方差（predicted variances/covariances）之间的差别作为残差（residuals）。结构方程模型的基本假设是，观测变量的方差协方差矩阵是一套参数的函数。固定参数值和自由参数的估计将被代入结构方程，然后推导出一个方差协方差矩阵 Σ[称之为引申的（implied）方差协方差矩阵]，使矩阵 Σ 中的每一个元素都尽可能地接近于样本中观测变量的方差协方差矩阵 S 中的相应元素。如果设定模型正确，Σ 将非常近似于 S。它的估计过程采用特殊的拟合函数使 Σ 与 S 之间的差异最小化。尽管在结构方程模型中有好几个拟合函数的估计程序可用，但其中最常用的估计方法还是最大似然法（maximum likelihood，简称为 ML）和广义最小二乘法（generalized least squares，简称为 GLS）。

结构方程模型的最大似然法估计函数表示如下：

$$f_{ML}(\Sigma, S) = \log|\Sigma| + \mathrm{tr}(S\Sigma^{-1}) - \log|S| - p$$

其中，S 是观察的方差协方差矩阵，Σ 是模型估计的方差协方差矩阵，p 是观测变量的总数。

最大似然估计有几个重要性质。第一，最大似然估计是无偏估计（unbiased），即用大样本估计总体参数时就平均水平而言既不会出现高估也不会出现低估。第二，最大似然估计是一致性（consistent）的，即就概率而言当样本规模扩大时其参数估计收敛于总体的真值。第三，最大似然估计是有效（efficient）估计，即在大样本时其估计的方差最小。第四，当样本扩大时其参数估计的分布趋近于正态分布，即它是渐近正态分布（asymptotically normally distributed）的。第五，最大似然估计函数通常不受测量单位影响，即改变测量单位（如将一个变量的量度区间从 0～10 改为从 10～100）不会影响模型的结果。第六，最大似然估计的拟合函数 F 乘以 $(n-1)$，其中 n 代表样本规模，便能得到一个自由度为 $[(1/2)\ p\ (p+1)-q]$ 的卡方统计检验值，其自由度实际上是数据点总数 $[(1/2)\ p\ (p+1)]$ 与模型自由参数数目 (q) 之差。

广义最小二乘法程序需要使用一个权数矩阵，比如 S^{-1}，即样本方差协方差矩阵的逆矩阵。广义最小二乘法程序产生的估计与最大似然估计非常接近，也有同样可取的统计性质。

使用最大似然法和广义最小二乘法进行模型估计，需要假设观测变量为连续性的变量，且具有多元正态分布（multivariate normal distribution）。即使是在大样本时，观测变量的偏态性（nonnormality），尤其是在很高峰度（kurtosis）的情况下，会导致很差的估计以及不正确的标准误（standard error）和偏高的卡方值。

因此，偏态分布或过高的峰度会威胁最大似然估计和最小二乘法估计的统计检验。对于这个问题，可以采取以下几种弥补措施。第一，考虑对偏态分布的变量进行转换，使其近似于多元正态分布，或者设法减小过高的峰度。第二，将那些异常值（outliers）从数据中删除。第三，可以应用自助再抽样（bootstrap resampling）来估计参数估计的方差以进行显著性检验。第四，还有一种办法是取得一个能够允许偏态性且渐近有效（asymptotically efficient）的替换估计。加权最小二乘法（weighted least squares，简称为 WLS）估计就是这样一种方法。1984

年 Browne 研制了一种“渐近性分布无干扰”（asymptotically distribution free，简称为 ADF）的估计方法，它不要求观测变量有多元变化正态性。类似于广义最小二乘法，这种方法是加权最小二乘法。然而，在加权最小二乘法中使用的权数矩阵 W，是 S 的渐近方差协方差矩阵的一致性估计（consistent estimate of the asymptotic variance/covariance matrix of the sample variance/covariance matrix，S）。只要加权矩阵能够反映该相关矩阵的渐近方差协方差，加权最小二乘法还可以用来分析样本的相关矩阵（correlation matrix）。加权最小二乘法的缺点是运算费时且需较大的样本规模。

六、模型评价

AMOS 程序的首要任务是用样本数据对所设定的模型参数进行估计，再根据这些参数估计来重建（reproduce）方差协方差，然后尽可能地将重建的（或称引申的）方差协方差矩阵（用Σ表示）与观察方差协方差矩阵 S 相匹配。引申的方差协方差矩阵匹配观察方差协方差矩阵的程度决定了结构方程模型拟合样本数据的程度。当模型重建的方差协方差矩阵非常接近于观测的方差协方差矩阵时，残差矩阵各元素就接近于零，这样，就可以认为模型拟合数据了。

关于模型的总体拟合程度有许多测量标准。最常用的拟合指标是拟合优度的卡方检验（χ^2 goodness-of-fit test）。这个卡方值可以从拟合函数值直接推导出来，它是拟合函数值与样本规模减 1 的乘积，其公式①为：

$$\chi^2 = (n-1)F$$

其中 F 是拟合函数。如果数据服从多元正态分布且设定模型正确的话，这个乘积则服从卡方分布。注意，它的检验正好与传统的统计检验相反。我们希望得到的是不显著的卡方值。换句话说，卡方值应该对应其自由度相对很小。事实上，卡方检验在这里是“拟合劣度”（badness of fit）的测量，因为很小的卡方值说明拟合很好，很大的卡方值却说明拟合不好（即引申的方差协方差矩阵与观察方差协方差矩阵差别太大）。当卡方值为零时，即残差矩阵的所有元素都是零，标志着模型对数据的完美拟合。这种情况只有在恰好识别模型（just-identified model）中才会出现。

尽管卡方检验提供模型在统计上是否成功的信息，但卡方值与样本规模相关联，因而，它常常不能很好地判定模型的拟合。由于卡方值是（$n-1$）乘以拟合函数 f_{ML}（Σ，S）的最小值 F 的积，因此样本越大，卡方值也就越大。所以，即使观测的与模型引申的方差协方差矩阵之间的差别其实不大，拒绝一个模型的概率也会随着样本规模增加而增加。为减小样本规模对拟合检验的影响，有一个直接与卡方相联系的粗略常规（rough rule of thumb），即如果卡方值与自由度之比小于 2，则可以认为模型拟合较好。

除了总体卡方检验以外，还有很多模型拟合检验的指标。文献中通常使用的评价模型拟合的指标有拟合优度指数（goodness-of-fit index，简称为 GFI）和调整的拟合优度指数（adjusted

① 实际上，该公式是当观察数据中不含重复观测数据下的特例。对于观测数据包含分组和重复测量情况的一般公式，可参见 AMOS 软件附带的 Help 中的 Appendix B。

goodness-of-fit index，简称为 AGFI）①。拟合优度指数定义为：

$$\text{GFI}=1-\frac{\hat{F}}{\hat{F}_b}$$

这一公式中，$\hat{F}$是设定模型的最大似然估计函数值，而$\hat{F}_b$则是基线模型（或称独立模型）的最大似然估计函数值，它们均是S和Σ的函数。GFI 测定观测变量的方差协方差矩阵S在多大程度上被模型引申的方差协方差矩阵Σ所预测。如果$\Sigma=S$，GFI 就等于 1，意谓模型完美拟合。

这个指数可以按模型中参数估计总数的多少进行调整。调整后的拟合指数的计算公式为：

$$\text{AGFI}=1-(1-\text{GFI})\frac{d_b}{d}$$

其中d_b是基线模型的自由度，d是设定模型的自由度。估计参数相对于数据点总数越少或d越大，AGFI 就越接近于 GFI。

这两个指数测量的是在样本方差中估计方差占有的加权比例。它们并不是统计量，因此不能用来对模型拟合度进行正常的统计检验。但是，它们被作为模型适当（model adequacy）的总体指标。这两个指数的值域都在 0 至 1 之间，一般大于 0.9 时，则认为模型拟合观测数据。

还有很多拟合指数被称作比较拟合指数（comparative fit indexes）。它们是从设定模型（specified model）的拟合（或是用拟合函数，或是用卡方值）与独立模型（independence model）的拟合之间的比较中取得的。独立模型指假设所有变量之间没有相关关系，即模型中所有的通径系数和外生变量之间协方差都固定为零，只估计其方差。比较拟合指数测量的是设定模型比独立模型在拟合上的改善程度。

Bentler-Bonett 规范拟合指数（normed fit index，简称为 NFI）通过对设定模型的卡方值与独立模型的卡方值比较来评价估计的模型（Bentler and Bonett，1980）。其计算公式为：

$$\text{NFI}=\Delta_1=1-\frac{\hat{C}}{\hat{C}_b}$$

其中$\hat{C}$是设定模型的卡方值估计，$\hat{C}_b$是独立模型的卡方值估计。NFI 测量独立模型与设定模型之间卡方值的缩小比例。我们可以将此视为设定模型比独立模型在拟合上的改善“增量”。NFI 的局限性在于：第一，它不能控制自由度，因此卡方值可以通过增加参数来减小。第二，NFI 的抽样分布平均值与样本规模n正相关。所以，NFI 可能在小样本时低估模型的拟合度（Bearden，Sharma and Teel，1982）。

Bollen（1989b）曾建议了一种 NFI 的修正方法，它能减少该指数的平均值对样本规模的依赖，并考虑设定模型的自由度的影响。这种改进指标简称为 IFI，其计算公式如下：

$$\text{IFI}=\Delta_2=\frac{C_b-C}{C_b-d}$$

对 NFI 的另外一种修正是不规范拟合指数（nonnormal fit index），简称为 TLI（Bollen，1989b）（Bentler 和 Bonett 称其为 non-normed fit index，NNFI）。它也处理了模型自由度对拟合

① 参见 AMOS 软件附带的 Help 中有关 GFI 和 AGFI 的条目。

指数的影响。TLI 的计算公式如下：

$$\mathrm{TLI}=\rho_2=\frac{\dfrac{C_b}{d_b}-\dfrac{C}{d}}{\dfrac{C_b}{d_b}-1}$$

TLI 的一个问题是其估计值变化很大，有时能得出超出 0 至 1 的范围，而有时在小样本时又太小。并且，有时其他指标显示模型拟合很好，而它却反映拟合不好（Anderson and Gerbing，1984）。

Bentler（1990）提出的比较拟合指数（comparative fit index），简称为 CFI，也是通过与独立模型相比较来评价拟合程度的，但是它采取了不同的方式。CFI 运用了非中心的卡方分布（noncentral Chi-square distribution）与非中心性的参数（noncentral parameters）NCP_i。NCP_i 的值越大，模型设定的错误越大；$\mathrm{NCP}_i=0$ 表示完全拟合。CFI 即使是对小样本估计模型拟合也能做得很好。CFI 定义公式为：

$$\mathrm{CFI}=1-\frac{\max(\hat{C}-d,0)}{\max(\hat{C}_b-d_b,0)}=1-\frac{\mathrm{NCP}}{\mathrm{NCP}_b}$$

与 GFI 和 AGFI 同样，所有的比较拟合指数的值域都应该在 0 至 1 之间，0.90 及其以上的取值表示模型拟合较好。

近年来，有一个对结构方程模型拟合评价的指标得到了越来越多的重视，它就是近似误差的均方根（ root mean square error of approximation，简称为 RMSEA）（Steiger，1990）。它被定义为：

$$\mathrm{RMSEA}=\sqrt{\frac{\hat{F}_0}{d}}=\sqrt{\frac{C-d}{nd}}=\sqrt{\frac{1}{n}\left(\frac{C}{d}-1\right)}$$

$$\hat{F}_0=\max[F-d/(n-1),0]$$

其中，$\hat{F}_0$是总体差异函数（population discrepancy function，简称为 PDF）的估计（McDonald，1989）。这个差异是拟合函数最小值 $\hat{F}_0$与［$d/(n-1)$］之间的差，当其为正值时取其值，当其为其他值时取 0 值。如果 RMSEA 取值为 0.05 或以下，而且 RMSEA 的 90%置信区间上限在 0.08 及以下，就表示较好的模型拟合。RMSEA<0.05 的置信度检验也很重要。如果模型拟合较好，置信度检验的 p 值应大于 0.05；即不能拒绝 RMSEA<0.05 这一假设。

最后，还有一种拟合评价的重要方法是比较使用同一数据的两个或更多的理论模型。通常，模型比较要求两个模型之间有嵌套（nested）关系。所谓嵌套就是指两个模型有同样的参数，但其中一个模型的自由参数只是另一个模型自由参数的一部分（子集）。于是，就可以应用似然比检验（likelihood ratio test），即通过两个模型拟合优度的卡方检验值及其自由度计算其差异以取得卡方统计量及其自由度。如果卡方值变化相对于自由度变化更大，就说明模型中的变化的确是一种改善。有时，要比较的两个模型并不嵌套，在这种情况下就需要特别的方法来进行模型比较。AMOS 提供六种紧密相关的信息标准指数（information criteria indexes）可以作为标准来做模型比较，不论所比较的模型是否有嵌套关系。第一个是赤池信息标准（Akaike information criterion，简称为 AIC）（Akaike，1987），第二个是 Browne-Cudeck 信息标准（Browne-Cudeck criterion，简称为 BCC）（Browne and Cudeck，1989），第三个是贝叶斯信息标准（Bayes information criterion，简称为 BIC）（Schwarz，1978；Raftery，1995），第四个是一致性赤池信息标准（consistent Akaike information criterion，简称为 CAIC）（Bozdogan，1987），第五个是期望交叉证实指数（expected cross-validation index，简称为 ECVI）①，第六个是 MECVI。它们的定义如下②：

$$\mathrm{AIC}=\hat{C}+2q$$

$$\mathrm{BCC}=\hat{C}+2q\,\frac{n-1}{n-p-2}$$

$$\mathrm{BIC}=\hat{C}+q\ln(n)$$

$$\mathrm{CAIC}=\hat{C}+q[\ln(n)+1]$$

$$\mathrm{ECVI}=\frac{1}{n-1}(\mathrm{AIC})=\hat{F}+\frac{2q}{n-1}$$

$$\mathrm{MECVI}=\frac{1}{n-1}(\mathrm{BCC})=\hat{F}+\frac{2q}{n-p-2}$$

以上公式中，q 是独立估计参数（ independent parameters estimated ）的数目，n 是样本规模，p 是观测变量数目，$\hat{F}$ 似然函数值，$\hat{C}=\chi^2=(n+1)\hat{F}$。这些指标的值越小就越说明模型简约并拟合很好。小到什么程度最好并没有明确界限。由于这些指标都不是统计值，因而没有统计检验用来确认两个指标的差异是否显著。为了在决策时应用这些指标，先要估计每个模型，将它们按其中一个指标进行比较，然后选择其中值最小的模型。

需要强调的是，虽然有这么多的模型拟合指数可用，但没有一个指标可以作为完全确定的标准来检验结构方程模型的成功与否。所谓“理想的”拟合指数实际上不存在。Bollen（1989a）建议，最好慎重地报告多项测量结果，而不要只依赖于一种选择。在有许多模型要检验和比较时，尤其是这样。如果所有的指数都得到类似的结论，需要报告哪个指标就是个人偏好问题，也许只是由期刊编辑的偏好所决定。

此外，模型及拟合的评价并不完全是统计问题。即使一个模型拟合了数据，也不意味着这个模型“正确”或“最好”。首先，所有的估计参数应该能够得到合理的解释。其次，也许会有许多等价的模型（equivalent models），如果根据任何拟合优度指数，它们都能同样好地拟合数据。如果简单模型的拟合与复杂模型的拟合一样好，就应该接受简单模型。因为我们的目标是建立简约的模型（parsimonious model ），所以模型中的参数越少越好。从某种程度上说，模型比较是一种艺术，需要多方面的考虑。最重要的是，研究人员应该将他们的结构方程模型建立在有说服力的理论之上。

---

① 需要注意的是，虽然 ECVI 十分相似于 AIC 和 CAIC，但它的原理是不同的。ECVI 测量的是分析样本的拟合协方差矩阵与从其他同样规模的样本中可能得到的期望协方差矩阵之间的差别。所以，EVIC 是关于对总体的近似测量。

② 仅在数据为单组数据且均值和截距不作为模型参数估计时，AMOS 才报告 BIC 和 CAIC。此外，BCC 和 MECVI 的公式均为单组情况的公式。多组比较情况下这两个指标的公式比较复杂，请参见 AMOS 软件 Help 中的 Information-theoretic measures 有关内容。

七、模型修正

在应用结构方程模型时进行模型修正是为了改进初始模型的适合程度。这个修正工作被称为“模型设定的探索”（model specification search）。这一步骤在实际操作时经常是不可缺少的。模型修正有助于认识初始模型的缺陷，并且还能得到其他替换模型的启示。当尝试性初始模型不能拟合观测数据时，即这个模型被数据所拒绝时，我们就需要了解这个模型在什么地方错了，怎样修正模型才能使其拟合得较好。然后我们将模型进行修正，再用同一观测数据来进行检验。

要改进一个拟合不好的模型，可以改变其测量模型（measurement model），增加新的结构参数（structural parameters），或设定某些误差项（measurement errors or structural errors）相关，或者限制某些结构参数。AMOS 能够提供一些修正指数，对于重新设定模型有很大帮助。对于模型中的每一个固定参数（fixed parameter），从 AMOS 的结果中都能得到一个修正指数，它将告诉我们如果将其作为自由参数来估计，模型检验的卡方值能够降低多少。实际上，修正指数表明，相应参数加入模型后能对其拟合有多大改进。修正指数值很大意味着将相应参数改变成自由参数会大大地改善拟合程度。然而，我们应该只对那些有意义的、能够合理解释的参数进行改变。在下面的示范中，我们将详细讨论如何应用修正指数的信息重新设定模型。除了将模型中的固定参数改变为自由参数以外，还可以考虑将不显著的参数值限定为 0 或取其他值。

在重新设定模型时应该记住，这项工作既是出于数据的驱使，也是出于理论的驱使。模型拟合程度的改进不能单纯追求统计上的考虑，而应该尽量使模型具有实际根据。否则，也许可以建立一个拟合很好的模型，然而其结果却完全没有实际意义。我们的目标是探索一个不仅在统计角度能很好地拟合数据而且每一个参数都能得到符合实际的解释的理论模型。

八、AMOS 结构方程模型分析的示范

这一部分应用 AMOS 7.0 软件进行结构方程模型的分析示范。例题中的数据是由作者按第三节所描述的模型模拟制定的。数据中包括七个观察变量（4 个 x 变量与 3 个 y 变量），共有 1 000个案例（cases）。

和人们所熟悉的 LISREL 软件不同，AMOS 软件无需事先计算变量的方差协方差矩阵，而是可以直接调用 SPSS 或其他 AMOS 所支持的数据文件中的原始数据进行分析。同时，AMOS 提供了图形化建模和程序建模两种方式来进行结构方程模型分析。如果对 VB 编程或者 C++ 编程不熟悉的用户，可以直接使用图形化操作手段进行建模。以下示范如何通过图形化操作来完成结构方程模型的分析。

首先，我们将本章第三节中绘制的结构方程模型“搬”到 AMOS 中，换句话说，我们要在 AMOS 中画出第二节那样的通径图来。整个作图过程可以分为如下三步：

第一步，在 AMOS 中绘制测量模型和结构模型，并使其构成一个完整的结构方程模型框

架图（见图 12—2）。有关绘图的操作方法详见本章第九节。

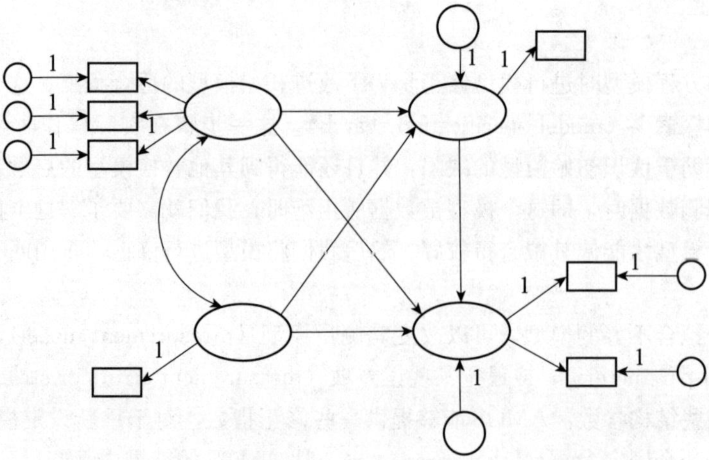

图 12—2　本章例题在 AMOS 中的结构方程模型框架

第二步，为潜在变量、误差项以及残差命名。

在 AMOS 中，总的来说可以有两种办法为不可观察的变量命名：第一种是分析人员使用 Object Properties 选项人工给变量命名；第二种办法是 AMOS 系统自行为不可观测的变量命名，点击 Name Unobserved Variables 选项即可实现这一功能。（有关操作详见本章第九节）

本例中首先使用第一种办法为四个潜在变量命名，然后使用自动命名方法为其他的不可观测的变量命名（见图 12—3）。

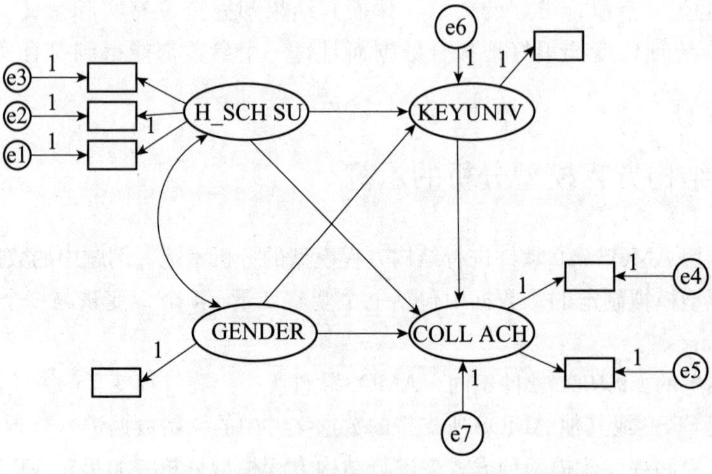

图 12—3　自动命名不可观测变量后的结构模型图

第三步，读入数据，为观测变量命名，将模型与数据连接起来。

在这一步中，我们需要从外部读入数据，将模型和数据连接起来。同时，我们还可以为模型中的观测变量命名。点击快捷按钮，我们获得图 12—4 所示的界面。

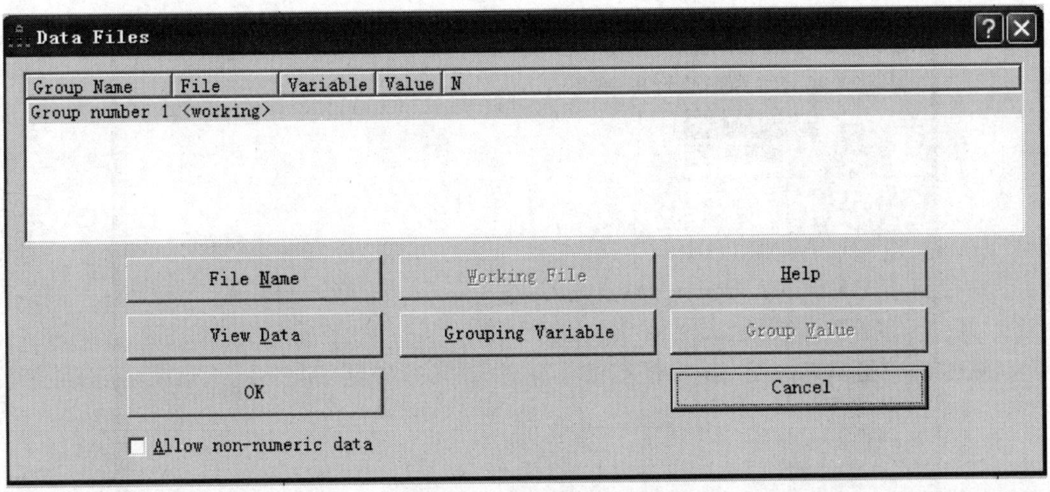

图 12—4　数据调入界面

进一步点击File Name选项，可以获得常见的 Windows 选取文件的对话框（见图 12—5）。

选取分析将要用到的数据文件，点击打开，然后回到图 12—4 所示的页面，点击OK完成数据关联。接着，我们使用文件STUD1000. sav中的变量名称为结构成方程中的观测变量命名（命名操作办法详见本章第九节），得到如图 12—6 所示的结构方程模型图。

至此，结构方程模型图基本上设置完毕。我们已经可以让 AMOS 开始进行分析了。但此处我们还进行如下几项调整：（1）重新排列 H _ SCH SU 这一潜在变量的三个观测变量误差的序号，让 x1 的误差项为 e1，x3 的误差项为 e3；（2）将 H _ SCH SU 对 x1 的因子负荷（路径系数）固定为 1，这样和本书第一版采用 LISREL 软件固定因子负荷的模式保持一致，以便有兴趣的读者进行两个软件的对比；（3）将 KEYUNIV 和 COLL ACH 的残差项的首字母改为 r，同时相应调整字母后的序号，以便让残差和测量误差区别开来；（4）应用 Plugins 菜单中的 Resize Observed Variables 功能重新排列观测变量，获得合适的图形大小，并适度修改结构图中各对象名称的字体大小；（5）自动为外生潜在变量的协方差、潜在变量之间的作用路径以及各因子负载命名并手动调整路径参数标识的位置。如此修改完毕之后，我们得到图 12—7 所示的最终模型。然后，我们将该文件保存为后缀名为“. amw”（默认）的文件。

图 12—7 中的模型实际上相当于如下结构方程模型组：

$$\text{KEYUNIV} = W4\times \text{H\_SCH SU} + W7\times \text{GENDER} + r1 \qquad (4)$$

$$\text{COLL ACH} = W8\times \text{KEYUNIV} + W6\times \text{H\_SCH SU} + W5\times \text{GENDER} + r2 \qquad (5)$$

$$y1 = \text{KEYUNIV} \qquad (6)$$

$$y2 = \text{COLL ACH} + e4 \qquad (7)$$

$$y3 = W3\times \text{COLL ACH} + e5 \qquad (8)$$

$$x1 = \text{H\_SCH SU} + e1 \qquad (9)$$

$$x2 = W2\times \text{H\_SCH SU} + e2 \qquad (10)$$

$$x3 = W1\times \text{H\_SCH SU} + e3 \qquad (11)$$

$$x4 = \text{GENDER} \qquad (12)$$

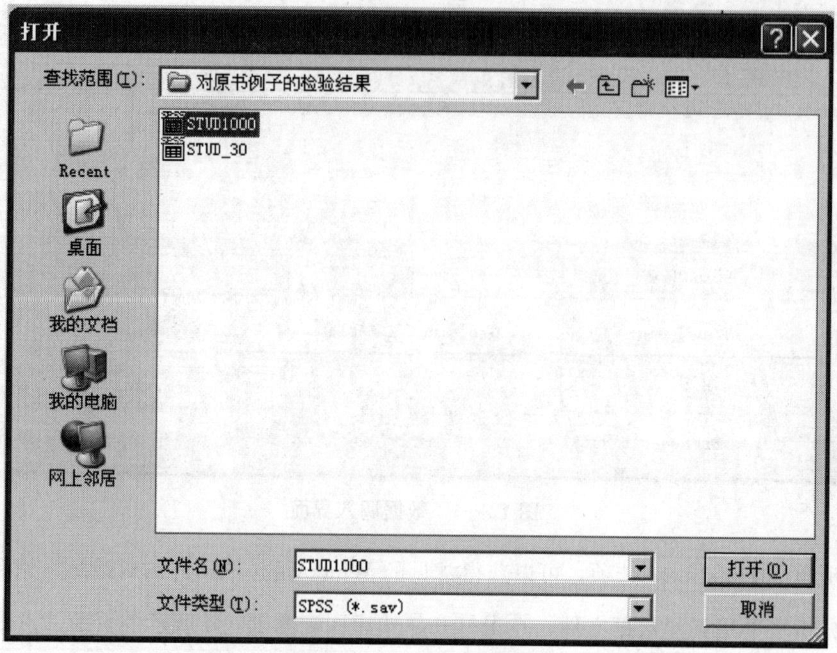

图 12—5 打开文件界面

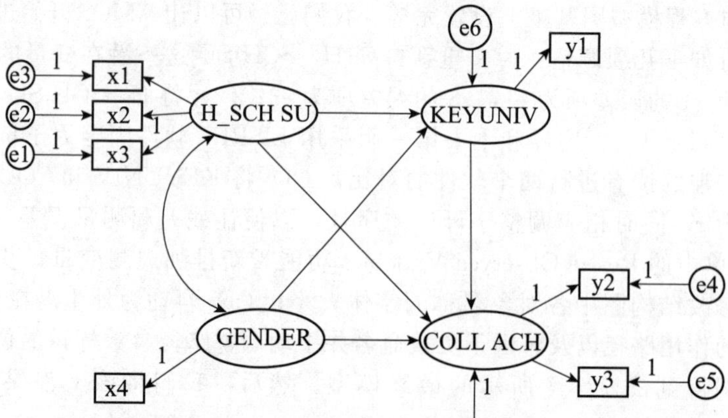

图 12—6 加入观测变量名称后的结构方程模型图

AMOS 程序的实际工作过程就是要对方程（4）到方程（12）进行联立求解。

在完成模型设置以后，我们接下来开始设置 Analysis Properties 选项。在这一设置中，最常用的是两项设置，一项是有关估计方法（Estimation）的设置，另一项是关于输出内容（Output）的设置。

在估计方法设置时，我们通常选取最大似然（Maximum likelihood）估计法，在菜单中选中该项即可。同时我们要求程序估计饱和模型和独立模型的情况。见图 12—8。

AMOS 在输出文件中，默认报告的内容包括方差协方差数目、模型中的变量数目、对模型各个参数的估计值以及模型的拟合情况检查等。此外，如果要想知道更多的信息，则需要在输

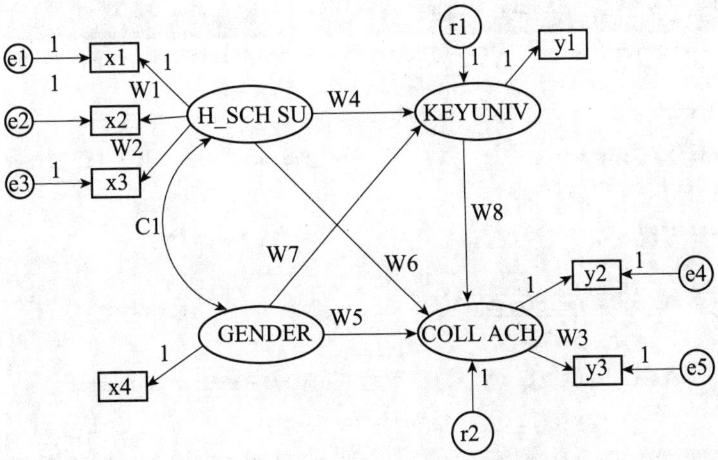

图 12—7　最终绘制的结构方程模型图

出选项中进行设置。本例中选择了显示标准化估计值（Standardized estimates）、R^2（Squared multiple correlations）、残差距（Residual moments）、修正指数（Modification indices）、间接效应、直接效应和总效应（Indirect，direct & total effects）这几项。示例中的设置情况详见图 12—9。

当设置完 Analysis Properties，我们运行 AMOS 对设计的模型进行分析。当信息栏显示“OK，Default Model”的时候，表示程序运行完毕，并且成功拟合数据。此时可点击快捷按钮  来查看拟合的结果。本例中的模型输出结果如下：

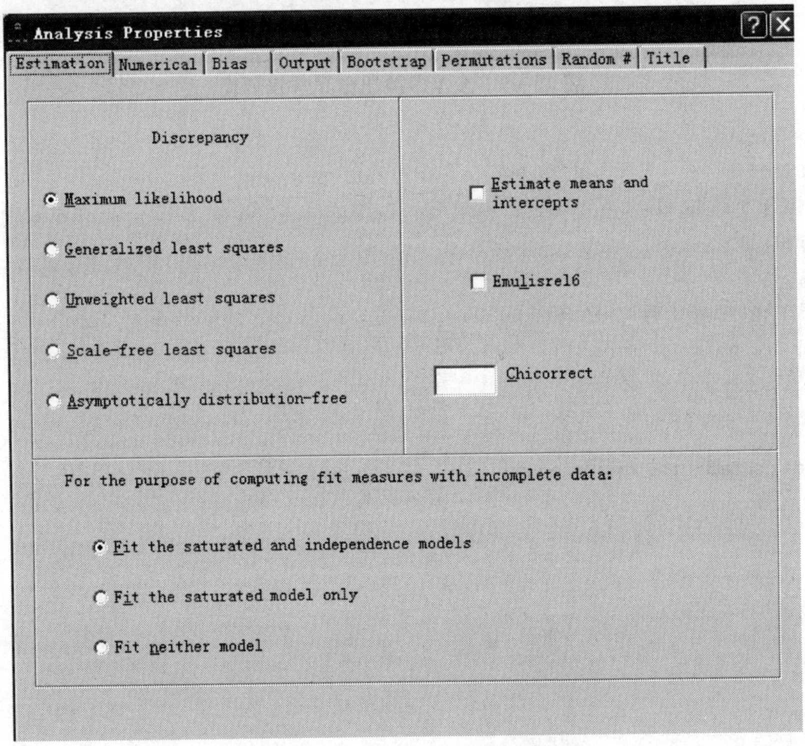

图 12—8　AMOS 估计方法的设置

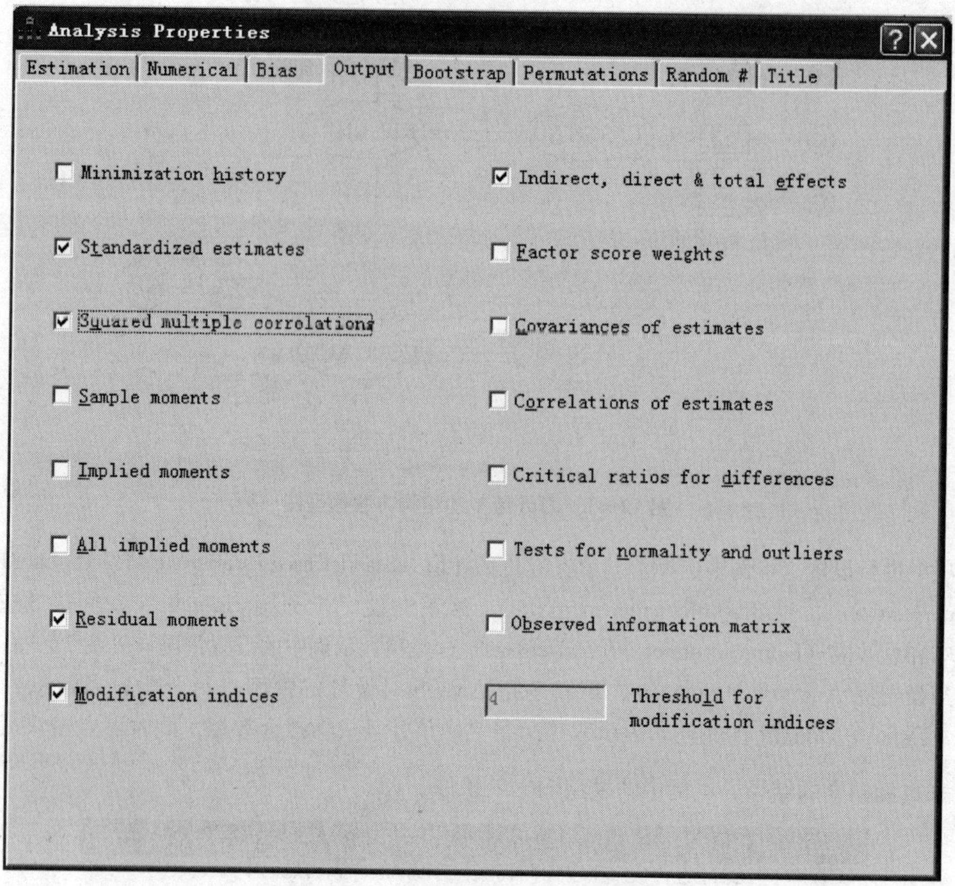

图 12—9　AMOS 输出结果选择界面

Analysis Summary

Date and Time

Date:2010 年 1 月 12 日

Time:23:29:29

Title

检验结果二:2010 年 1 月 12 日 下午 11:29

Notes for Group (Group number 1)

The model is recursive.

Sample size = 1000

Your model contains the following variables (Group number 1)

Observed, endogenous variables

x3

x2

x1

y2

y3

x4

y1

Unobserved, endogenous variables

KEYUNIV

COLL ACH

Unobserved, exogenous variables

H_SCH SU

e3

e2

e1

GENDER

r1

r2

e5

e4

Variable counts (Group number 1)

NumWQr of variables in your model: 18

NumWQr of observed variables: 7

NumWQr of unobserved variables: 11

NumWQr of exogenous variables: 9

NumWQr of endogenous variables: 9

Parameter Summary (Group number 1)

	Weights	Covariances	Variances	Means	Intercepts	Total
Fixed	11	0	0	0	0	11
LaWQled	8	1	0	0	0	9
UnlaWQled	0	0	9	0	0	9
Total	19	1	9	0	0	29

Notes for Model (Default model)

Computation of degrees of freedom (Default model)

Number of distinct sample moments: 28
Number of distinct parameters to be estimated: 18
Degrees of freedom (28 - 18): 10

Result (Default model)

Minimum was achieved

Chi-square = 86.8232

Degrees of freedom = 10

Probability level = .0000

Estimates (Group number 1 - Default model)

Scalar Estimates (Group number 1 - Default model)

Maximum Likelihood Estimates

Regression Weights: (Group number 1 - Default model)

			Estimate	S. E.	C. R.	P	Label
KEYUNIV	<---	H_SCH SU	. 1972	. 0127	15. 5124	***	W4
KEYUNIV	<---	GENDER	-. 0120	. 0200	-. 6000	. 5485	W7
COLL ACH	<---	GENDER	-1. 4790	. 3298	-4. 4839	***	W5
COLL ACH	<---	H_SCH SU	. 5960	. 1747	3. 4122	***	W6
COLL ACH	<---	KEYUNIV	2. 3354	. 6270	3. 7247	***	W8
x3	<---	H_SCH SU	. 0041	. 0109	. 3776	. 7058	W2
x1	<---	H_SCH SU	1. 0000				
y2	<---	COLL ACH	1. 0000				
y3	<---	COLL ACH	. 0416	. 0078	5. 3432	***	W3
x4	<---	GENDER	1. 0000				
y1	<---	KEYUNIV	1. 0000				
x2	<---	H_SCH SU	8. 4328	. 6168	13. 6726	***	W1

Standardized Regression Weights: (Group number 1 - Default model)

			Estimate
KEYUNIV	<---	H_SCH SU	. 7448
KEYUNIV	<---	GENDER	-. 0142
COLL ACH	<---	GENDER	-. 2514
COLL ACH	<---	H_SCH SU	. 3247
COLL ACH	<---	KEYUNIV	. 3369
x3	<---	H_SCH SU	. 0125
x1	<---	H_SCH SU	. 5049
y2	<---	COLL ACH	. 5025
y3	<---	COLL ACH	. 2925
x4	<---	GENDER	1. 0000
y1	<---	KEYUNIV	1. 0000
x2	<---	H_SCH SU	. 9533

Covariances: (Group number 1 - Default model)

			Estimate	S. E.	C. R.	P	LaWQl
H_SCH SU	<-->	GENDER	. 1160	. 0246	4. 7192	***	C1

Correlations: (Group number 1 - Default model)

			Estimate
H_SCH SU	<-->	GENDER	. 1680

Variances: (Group number 1 - Default model)

	Estimate	S. E.	C. R.	P	LaWQl
H_SCH SU	2.2131	.2827	7.8275	***	
GENDER	.2154	.0096	22.3495	***	
r1	.0696	.0054	12.8792	***	
r2	4.4847	1.7269	2.5970	.0094	
e3	.2400	.0107	22.3492	***	
e2	15.8071	8.0817	1.9559	.0505	
e1	6.4681	.3108	20.8134	***	
e5	.1377	.0068	20.1357	***	
e4	22.0650	1.9802	11.1426	***	

Squared Multiple Correlations: (Group number 1 - Default model)

	Estimate
KEYUNIV	.5514
COLL ACH	.3984
y3	.0856
y2	.2525
x1	.2549
x2	.9087
x3	.0002

Matrices (Group number 1 - Default model)

Residual Covariances (Group number 1 - Default model)

	y1	x4	y3	y2	x1	x2	x3
y1	.0000						
x4	.0000	.0000					
y3	.0005	.0002	.0000				
y2	-.0036	-.0013	.0000	.0000			
x1	-.0244	.2698	.0107	-.8339	.0000		
x2	.0076	-.0787	-.0234	.3810	-.0092	.0000	
x3	-.0170	.0159	.0004	-.1297	.0721	.0627	.0000

Standardized Residual Covariances (Group number 1 - Default model)

	y1	x4	y3	y2	x1	x2	x3
y1	.0000						
x4	.0000	.0000					
y3	.1095	.0334	.0000				
y2	-.0509	-.0159	.0000	.0000			
x1	-.6226	6.2133	.2938	-1.6316	.0000		
x2	.0379	-.4021	-.1432	.1632	-.0068	.0000	
x3	-2.7819	2.2137	.0717	-1.5398	1.5793	.3072	.0000

Total Effects (Group number 1 - Default model)

	GENDER	H_SCH SU	KEYUNIV	COLL ACH
KEYUNIV	−.0120	.1972	.0000	.0000
COLL ACH	−1.5070	1.0565	2.3354	.0000
y1	−.0120	.1972	1.0000	.0000
x4	1.0000	.0000	.0000	.0000
y3	−.0627	.0439	.0971	.0416
y2	−1.5070	1.0565	2.3354	1.0000
x1	.0000	1.0000	.0000	.0000
x2	.0000	8.4328	.0000	.0000
x3	.0000	.0041	.0000	.0000

Standardized Total Effects (Group number 1 − Default model)

	GENDER	H_SCH SU	KEYUNIV	COLL ACH
KEYUNIV	−.0142	.7448	.0000	.0000
COLL ACH	−.2562	.5757	.3369	.0000
y1	−.0142	.7448	1.0000	.0000
x4	1.0000	.0000	.0000	.0000
y3	−.0749	.1684	.0986	.2925
y2	−.1287	.2893	.1693	.5025
x1	.0000	.5049	.0000	.0000
x2	.0000	.9533	.0000	.0000
x3	.0000	.0125	.0000	.0000

Direct Effects (Group number 1 − Default model)

	GENDER	H_SCH SU	KEYUNIV	COLL ACH
KEYUNIV	−.0120	.1972	.0000	.0000
COLL ACH	−1.4790	.5960	2.3354	.0000
y1	.0000	.0000	1.0000	.0000
x4	1.0000	.0000	.0000	.0000
y3	.0000	.0000	.0000	.0416
y2	.0000	.0000	.0000	1.0000
x1	.0000	1.0000	.0000	.0000
x2	.0000	8.4328	.0000	.0000
x3	.0000	.0041	.0000	.0000

Standardized Direct Effects (Group number 1 - Default model)

	GENDER	H_SCH SU	KEYUNIV	COLL ACH
KEYUNIV	-.0142	.7448	.0000	.0000
COLL ACH	-.2514	.3247	.3369	.0000
y1	.0000	.0000	1.0000	.0000
x4	1.0000	.0000	.0000	.0000
y3	.0000	.0000	.0000	.2925
y2	.0000	.0000	.0000	.5025
x1	.0000	.5049	.0000	.0000
x2	.0000	.9533	.0000	.0000
x3	.0000	.0125	.0000	.0000

Indirect Effects (Group number 1 - Default model)

	GENDER	H_SCH SU	KEYUNIV	COLL ACH
KEYUNIV	.0000	.0000	.0000	.0000
COLL ACH	-.0281	.4605	.0000	.0000
y1	-.0120	.1972	.0000	.0000
x4	.0000	.0000	.0000	.0000
y3	-.0627	.0439	.0971	.0000
y2	-1.5070	1.0565	2.3354	.0000
x1	.0000	.0000	.0000	.0000
x2	.0000	.0000	.0000	.0000
x3	.0000	.0000	.0000	.0000

Standardized Indirect Effects (Group number 1 - Default model)

	GENDER	H_SCH SU	KEYUNIV	COLL ACH
KEYUNIV	.0000	.0000	.0000	.0000
COLL ACH	-.0048	.2509	.0000	.0000
y1	-.0142	.7448	.0000	.0000
x4	.0000	.0000	.0000	.0000
y3	-.0749	.1684	.0986	.0000
y2	-.1287	.2893	.1693	.0000
x1	.0000	.0000	.0000	.0000
x2	.0000	.0000	.0000	.0000
x3	.0000	.0000	.0000	.0000

Modification Indices (Group number 1 - Default model)

Covariances: (Group numWQr 1 - Default model)

	M. I.	Par Change
e1 <--> GENDER	55.3263	.2779
e2 <--> GENDER	8.8533	-.3726
e3 <--> GENDER	5.0551	.0160
e3 <--> r1	18.7058	-.0186
e3 <--> e2	4.9297	.2987

Variances:(Group number 1 - Default model)

	M. I.	Par Change

Regression Weights:(Group number 1 - Default model)

	M. I.	Par Change
y1 <--- x3	17.6797	-.0745
x4 <--- x1	38.5160	.0302
x4 <--- x3	4.2827	.0606
x1 <--- GENDER	53.6439	1.2874
x1 <--- COLL ACH	9.6916	-.1293
x1 <--- x4	53.6439	1.2874
x2 <--- GENDER	8.6582	-1.7409
x2 <--- x4	8.6582	-1.7409
x2 <--- x3	4.9291	1.2444
x3 <--- GENDER	4.9011	.0739
x3 <--- KEYUNIV	7.7408	-.1095
x3 <--- COLL ACH	5.3913	-.0183
x3 <--- y1	7.7408	-.1095
x3 <--- x4	4.9011	.0739

Model Fit Summary

CMIN

Model	NPAR	CMIN	DF	P	CMIN/DF
Default model	18	86.8232	10	.0000	8.6823
Saturated model	28	.0000	0		
Independence model	7	1220.3804	21	.0000	58.1134

RMR, GFI

Model	RMR	GFI	AGFI	PGFI
Default model	.1839	.9759	.9325	.3485
Saturated model	.0000	1.0000		
Independence model	5.0437	.7405	.6541	.5554

Baseline Comparisons

Model	NFI Delta1	RFI rho1	IFI Delta2	TLI rho2	CFI
Default model	.9289	.8506	.9365	.8655	.9359
Saturated model	1.0000		1.0000		1.0000
Independence model	.0000	.0000	.0000	.0000	.0000

Parsimony-Adjusted Measures

Model	PRATIO	PNFI	PCFI
Default model	.4762	.4423	.4457
Saturated model	.0000	.0000	.0000
Independence model	1.0000	.0000	.0000

NCP

Model	NCP	LO 90	HI 90
Default model	76.8232	50.7140	110.4053
Saturated model	.0000	.0000	.0000
Independence model	1199.3804	1088.6037	1317.5387

FMIN

Model	FMIN	F0	LO 90	HI 90
Default model	.0869	.0769	.0508	.1105
Saturated model	.0000	.0000	.0000	.0000
Independence model	1.2216	1.2006	1.0897	1.3189

RMSEA

Model	RMSEA	LO 90	HI 90	PCLOSE
Default model	.0877	.0712	.1051	.0001
Independence model	.2391	.2278	.2506	.0000

AIC

Model	AIC	BCC	BIC	CAIC
Default model	122.8232	123.1138	211.1628	229.1628
Saturated model	56.0000	56.4521	193.4171	221.4171
Independence model	1234.3804	1234.4934	1268.7347	1275.7347

ECVI

Model	ECVI	LO 90	HI 90	MECVI
Default model	.1229	.0968	.1566	.1232
Saturated model	.0561	.0561	.0561	.0565
Independence model	1.2356	1.1247	1.3539	1.2357

HOELTER

Model	HOELeyR .05	HOELeyR .01
Default model	211	268
Independence model	27	32

Execution time summary

Minimization: .0160

Miscellaneous: .0630

Bootstrap: .0000

Total: .0790

第一项内容为分析概述（Analysis Summary）。在此部分，AMOS程序报告程序运行的时间以及输出报告的名称。

第二项为变量概述（Variable Summary）。在这一部分中，AMOS分三类列出模型中的变量：测量变量、外生潜在变量和内生潜在变量。同时，报告分别按照外生和内生的区别、潜在变量和测量变量的区别进行统计。在本例中，总共有18个变量。从测量变量和潜在变量的角度区分，共有7个测量变量，11个潜在变量；从外生变量和内生变量的角度看，有9个外生变量和9个内生变量。此外，参数概述部分（Parameter Summary）指出，本模型共有29个参数，其中，固定参数为11个，有标签的参数9个，无标签的参数9个。

第三项为模型摘要（Notes for Models）。在这一部分，AMOS首先报告自由度的情况。本次拟合中，共有不重复的方差协方差数28个，自由估计参数为18个，因此自由度为10。其次，AMOS报告模型卡方值为Chi-square=86.8232。注意上述卡方值的显著水平为$P=0.0000$，因此是统计性显著。然而，这并不一定意味着这个模型太差。我们知道，卡方值受样本规模的影响，因此对于一个大样本模型（比如本例$n=1000$）只要在观测的方差协方差与估计的方差协方差之间有一点小小的差别就很容易仅仅由于样本规模的缘故得到统计显著。实际上，如果将本例模型的样本规模1 000变成200，其他方面都不变，卡方统计量将变得不显著，这一点从模型拟合参数表中的HOELTER's "critical N"① 也可以看出（在0.05和0.01的显著度下，N值分别为211和268）。所以，为了取消或减少样本规模的影响，经常使用其他拟合指标来检查模型的拟合程度。本例后面的各项拟合指标表明，这个拟合其实还是一个不错的结果。

第四项为参数估计情况（Estimates）。在这部分，AMOS报告模型中各个自由参数估计的情况、观测变量残差相关协相关矩阵以及因子间作用效应及其分解情况。在本例题中，所有的因子负载都统计显著，只有W2（即x3和H_SCH SU之间的路径）除外，这说明x3可能不是H_SCH SU的好标识。通常，潜在变量的不显著的标识应该从测量模型中删除。在内生潜在变量的作用关系中，W8=2.34（$t=3.72$）表明变量重点大学对高校第一年表现有正面的影响，即在重点大学的学生更有可能在高校第一年中有较好的成绩。因为W4（H_SCH SU-->KEYUNIV）和W8（KEYUNIV-->COLL ACH）都是正值且统计显著，说明高中的成就能够增加进入重点大学的可能性，并进而在高校第一年有较好成绩。由于x4为虚拟编码的直接观测变量，其参照组为女性，因此从结果中还可以看出，在高校第一年男同学比女同学表现逊色（W5 = −1.48，$t=-4.48$）。在性别与高中成就之间有正值的协方差（C1=0.12，$t=4.72$），这表明，在这两个变量之间存在着正相关关系，即尽管男同学不如女同学在高校第一年成绩好，但他们在高中时却比女同学有更好的成绩。两个结构方程［前文中的方程（4）和方程（5）］的R^2分别是0.55和0.40，它们各自的R^2的解释与一般回归方程的情形相同。此外，在这里还可以对因子间的作用关系进行分解，输出结果的表格中明确给出了各因子之间的直接作用和间接作用。

第五项为修正指数（Modification Indices）。这部分报告主要是告诉分析人员，如果将某一个参数从固定改为自由估计，模型的卡方统计量将要减少的数量。由于我们在运行AMOS分析之前，在Analysis Properties中将Modification Indices的阈值已经设置为4，因此，在此处仅显示了那些修正指数大于4的固定参数。在本例中，修正指数最大值为55.326 3，存在于GENDER和e1（x1的测量误差项）之间；这表明如果将这两个变量之间的关系从固定改为自由估计，模型的卡方统计值将降低55.326 3。同时，第二大修正指数为53.634 9，存在于x1和GENDER之间；这表明如果将二者关系从固定改设为自由估计，模型的卡方统计值将减少

① HOELTER's critical N是能够在某一显著度下接受某一模型的最大样本量。参见AMOS软件的Help文档。

54 左右。考虑到这两个路径不可能同时改动（修正指数是在假设其他情况都不变的情况改动某一个参数带来的影响），我们改动 x1 和 GENDER 之间的路径设定，使其成为自由估计，然后运行模型。结果，模型的拟合优度的确改善很多。其卡方值从 86.83 下降到 28.06（$P=0.000\,9$）；TLI（NNFI）值从 0.86 提高为 0.962 5；且 RMSEA 值从 0.087 6 降到 0.046 3［P（RMSEA＜0.05）＝0.589 1］。从统计的角度而言，修正的模型在模型拟合优度上取得很大收益。然而，将 x1（高中成绩）作为 GENDER（性别）的标识，在逻辑上说不通。因此，我们不能接受这样的没有实际意义的模型修改。我们不能只凭纯统计需要来修改模型。所以，尽管修正模型有更好的拟合优度，我们将仍然采用在图 12—9 中所设定的模型作为我们的最终模型。

第六项报告模型拟合的情况（Model Fit Summary）。在这部分，AMOS 提供了多项指标帮助分析人员评判模型的拟合优度。这部分报告的指标包括 CMIN、RMR、GFI、PNFI、PCFI、RMSEA、AIC、CAIC、ECIV，HOELTER 等指标。有关指标的意义详见本章第五节。从本例看，指标 RMSEA 为 0.087 7，NFI、IFI、GFI 和 AGFI 分别为 0.928 9、0.936 5、0.975 9、0.932 5，均都大于 0.90；但指标 TLI 为 0.865 5，略小于 0.90，并且指标 RMSEA 大于 0.05。不过总的说来，模型拟合不错。不过这里再次提醒读者，由于本例的数据是作者为示范 AMOS 程序而模拟的，所以，以上报告结果不存在任何真实的意义。

最后，我们为拟合的结构图标上各估计参数的值。需要指出的是，AMOS 会为所有自由估计的参数输出估计值。但我们这里最为关心的是各个因子负载和潜在变量之间的作用，因此，我们使用 Object Properties 中的 Visibility 选项（有关操作方法详见本章附录），将测量误差的标识、测量误差的方差以及内生潜在变量的残差回归系数统统设为不可见；然后，我们再为这张图加上标题，就得到了一张 AMOS 结构方程模型通径图（见图 12—10）。在图 12—10 中标出了最后的拟合结果，包括各个因子负载、因子间作用大小、内生因子的残差和测量误差的方差等。注意：此处关于可见性的设定是针对输出为非标准化的结果而言的；如果选择输出标准化的结果，将只有因子负载和因子间作用的大小，测量误差的方差将不再显示在图中。

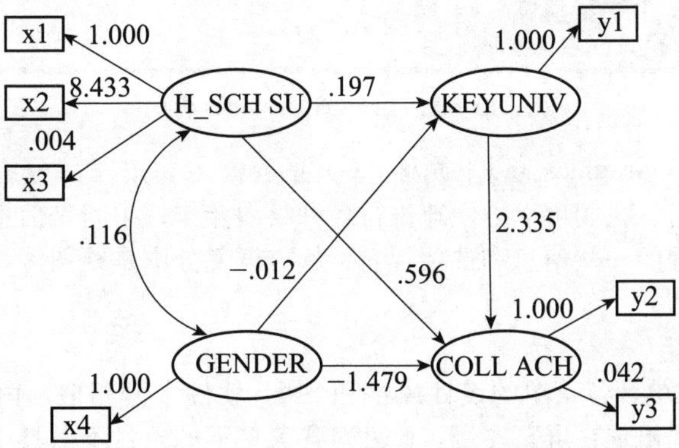

图 12—10　由 AMOS 输出的本章例题的通径图

九、附录：AMOS 7.0 软件操作说明

（一）AMOS Graphics 菜单及其常用设置

1. 进入 AMOS Graphics 界面

点击 Windows 的“开始”按钮，选择“所有程序”，选择“AMOS 7.0”，然后选择“A-

MOS Graphics”，启动操作界面（见图 12—11）。

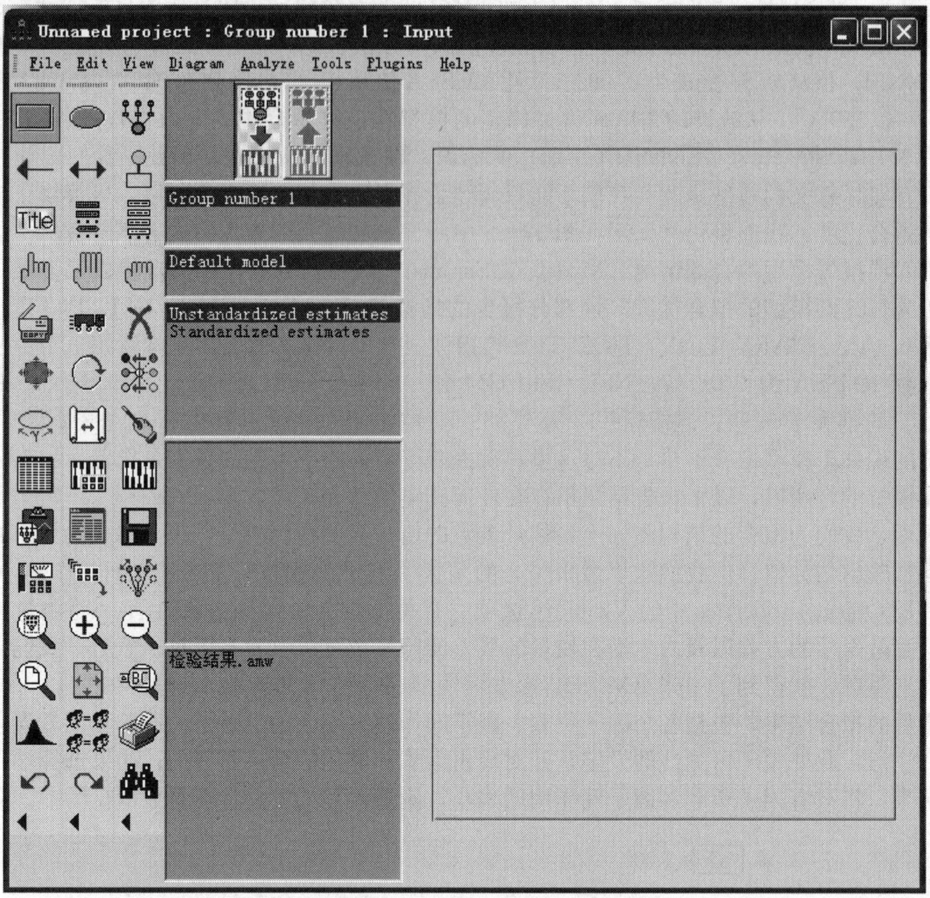

图 12—11　AMOS Graphics 界面

可以看到，AMOS Graphics（以下简称 AG）的界面主要由三部分组成：最左边是快捷按钮，通过这些快捷按钮，我们可以方便地进行各种绘图操作；中间是信息显示栏，它给出有关结构方程模型运行过程的一些信息和选项；右边的方框部分则是绘图区，在这部分将显示我们绘制的结构方程模型图。

2. 各菜单主要功能

AG 共有 8 个子菜单，各菜单的设计风格和 SPSS 软件十分相似。由于各菜单的主要内容通常以快捷按钮的方式出现在屏幕左侧，此处对各菜单下的条目不做具体介绍，仅将各菜单功能概略介绍如下：

文件菜单（File）主要是实现文件的创建、保存、另存等功能，同时也可以通过这一菜单打开最近使用过的 AMOS 文件（见图 12—12）；还可以通过该菜单读取相应的 SPSS 数据文件。该菜单比较独特的地方在于可以点击 File Manager 新开一个窗口，通过这个窗口可以直接查看某路径下的各类 AMOS 文件，并对这些文件进行管理。

编辑菜单（Edit）主要是对正在绘制的结构方程图进行编辑操作。通过这一菜单可以对整个结构方程图或者某一选定的对象进行复制、粘贴、删除等操作，从而改变结构方程模型的设定。此外，还可以进行常见的撤销（Undo）和重做（Redo）操作（见图 12—13）。

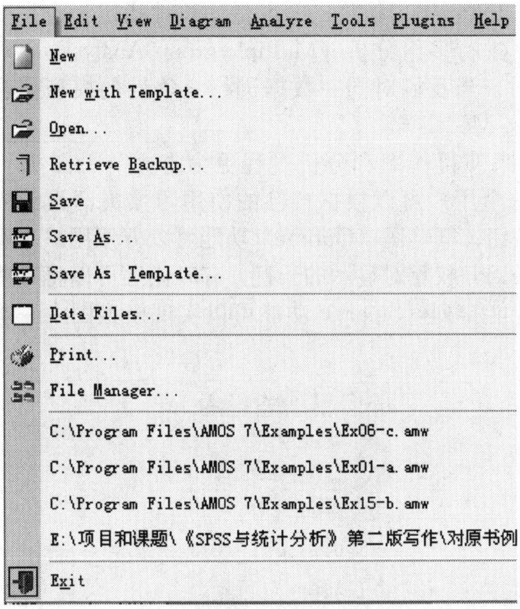

图 12—12　File 菜单

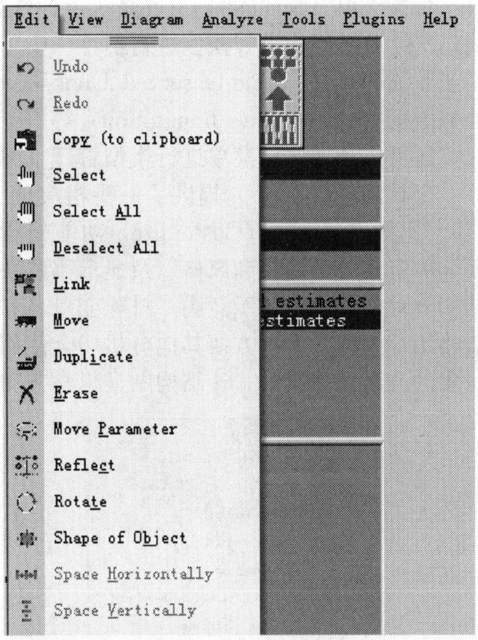

图 12—13　Edit 菜单

查看（View）菜单主要是对 AG 进行各种设置（见图 12—14）。它主要包括如下方面的内容：一是对界面风格的定义（Interface Properties），包括对页面大小、字体、字号、图形的色彩、线条宽度、数字格式等方面的设置；二是对分析过程（Analysis Properties）的设置，包括模型的估计方法（共五种，通常选取最大似然估计）、模型估计输出的内容等等；三是对结构方程模型中的变量和路径进行有关设置（Object Properties），如变量的名称、变量字体的大小、变量方差是否固定以及因子负荷是否固定等等。此外，该部分还包括了矩阵示意（Matrix Representation），这部分主要是方便分析人员查看模型所估计的相关矩阵形态，也就是说哪些矩阵元素在模型中被设为自由估计，同时哪些矩阵元素被设置为 0。

图表（Diagram）菜单主要用于绘制结构方程模型图（见图 12—15）。这部分菜单主要包括了绘制结构方程模型图中的潜在变量、测量变量、路径以及残差变量等。同时，为了方便在结构方程模型图比较复杂的情况下查看模型设置，菜单提供了缩放功能（Zoom）和放大镜功能（Loupe），通过这些功能，可以方便地查看局部模型或者单个变量的情况。

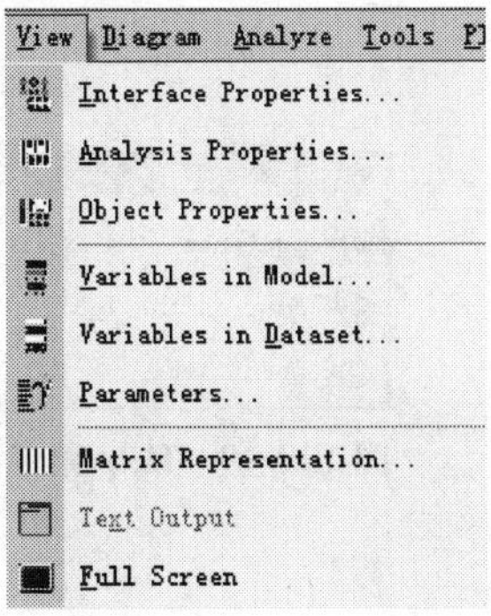

图 12—14　View 菜单

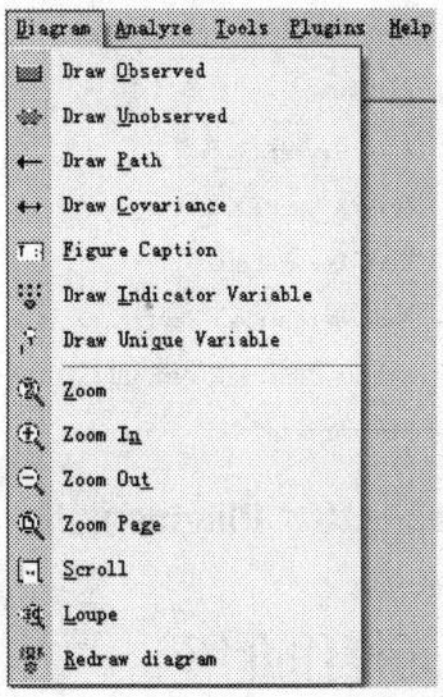

图 12—15　Diagram 菜单

分析菜单（Analysis）主要是执行各种分析命令（见图 12—16）。它包括要求 AMOS 按照我们所绘制的结构方程模型进行估计（Calculate Estimates），将一个变量的属性指定为潜在变量或观测变量（Toggle Observed/Unobserved），进行多组分析（Multiple-group Analysis），对缺失数据的插值（Data Imputation）等等。同时，当我们对同一数据进行竞争性的模型拟合时，还可以利用这一菜单进行模型管理（Manage Models）。

工具菜单（Tools）提供了一些相应的工具来使得作图和分析过程更为省力（见图 12—17）。比如说：定制（Customize）功能使得每一个用户可以根据自己的使用习惯灵活设计界面，决定菜单的内容和风格以及显示哪些快捷按钮；概略图（Outline）功能可以方便用户查看结构方程模型的整体示意图，排除变量名和路径回归权重对显示的干扰，有时候还可以将某些概略图存为模板，以方便其他分析场合使用；智能排列（Smart）功能可以实现模型图中一些对象的自动对齐排列，让结构图显得整齐美观。

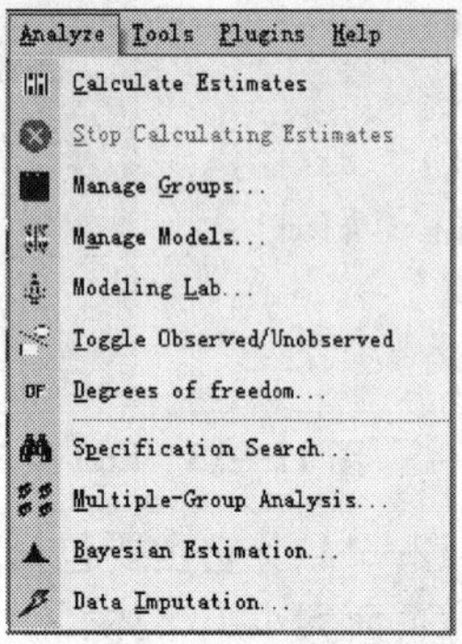

12—16　Analysis 菜单

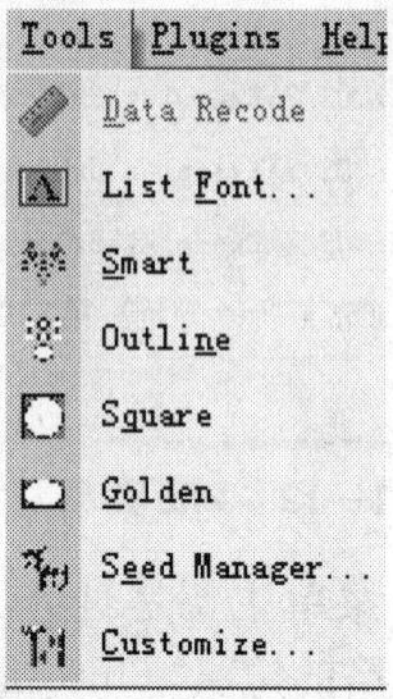

图 12—17　Tools 菜单

插件菜单（Plugins）主要包括了一些智能作图命令（见图 12—18）。这些命令包括：自动绘制指定外生变量之间的相关（Draw Covariances），增长模型的绘制（Growth Curve Model），为待估计参数自动命名（Name Parameters），为潜在变量自动命名（Name Unobserved Variables），自动调节观测变量图例的大小（Resize Observed Variables）以及标准化 RMR 指标（Standardized RMR）等等。

帮助菜单（Help）则主要是提供使用 AMOS 软件的各种帮助（见图 12—19）。在这部分，除了有常见的帮助手册（Contents）和版权信息（About Amos），还有一个网络支持（Amos on the Web），点击该选项，可以链接到 http：//amosdevelopment. com/index. htm 这一网站，该网站提供关于 AMOS 的最新动态、相关书籍、研究文献以及公开的视频教材。

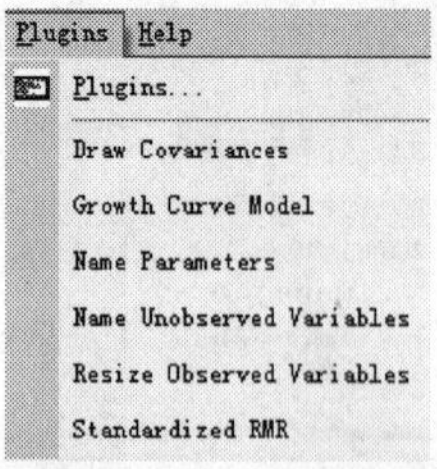

图 12—18　Plugins 菜单

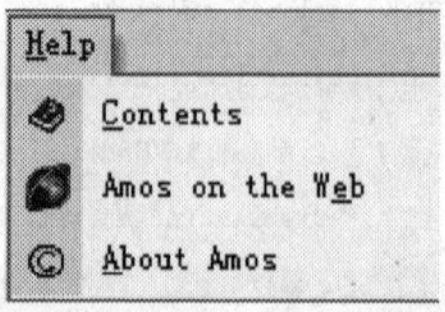

图 12—19　Help 菜单

（二）AG 常见操作介绍

本部分将按照在 AG 中进行结构方程模型分析的一般步骤，介绍如何绘制一个结构方程模型图并导入数据进行分析。

1. 绘制潜在变量和观测变量

点击快捷栏中的按钮，然后将鼠标移动到绘图区，这时候鼠标本身会变成按钮上的图案模样，此时按下鼠标左键会得到一个表示潜在变量的椭圆形图案。只要鼠标停留在椭圆形内部，椭圆形会显示一定颜色（具体颜色根据使用者的设定而异），此时继续点击椭圆形内部，软件会自动为潜在变量生成一个观测变量和相应的测量误差项，并且默认该观测变量的因子负荷为 1（见图 12—20）；如果继续点击椭圆内部，将继续生成第二个、第三个和更多的观测变量，软件自动将其中的某一个观测变量的因子负荷设置为 1（见图 12—21）。注意：在结构方程模型图中，潜在变量和观测变量之间的关系是从潜在变量（椭圆）指向观测变量（方框），而观测变量和测量误差之间的关系是从误差（小圆圈）指向观测变量。当然，读者也可以应用其他的作图按钮，比如说、以及来绘制变量和作用关系，但远不及上面介绍的这种方法简捷。

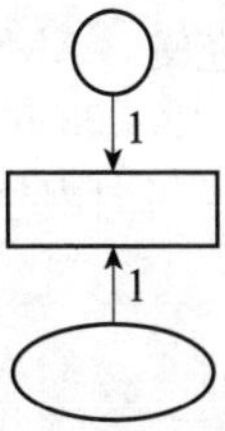

图 12—20　设置一个单指标的潜在变量

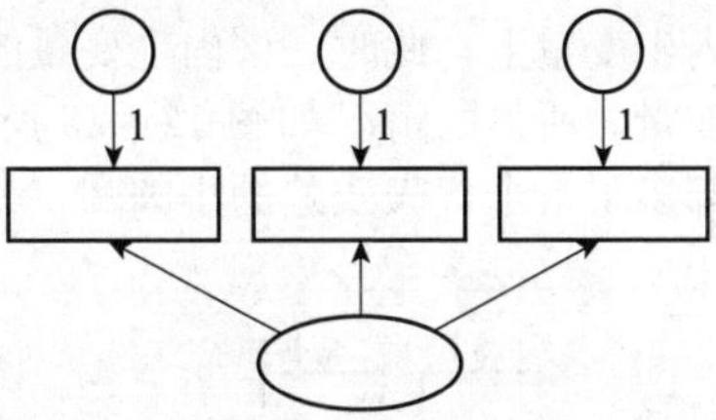

图 12—21　设置一个多指标的潜在变量

2. 绘制路径

通常来说，潜在变量和观测变量之间的关系以及观测变量和误差之间的关系可以由 AMOS 软件自动生成。因此，绘制路径主要是绘制潜在变量之间的关系。这里主要会用到两个快捷按钮：和。其中，用来绘制外生潜在变量到内生潜在变量的作用和一个内生潜在变量到另一个内生潜在变量的作用。则用来绘制两个外生潜在变量之间的相关关系（见图 12—22）。

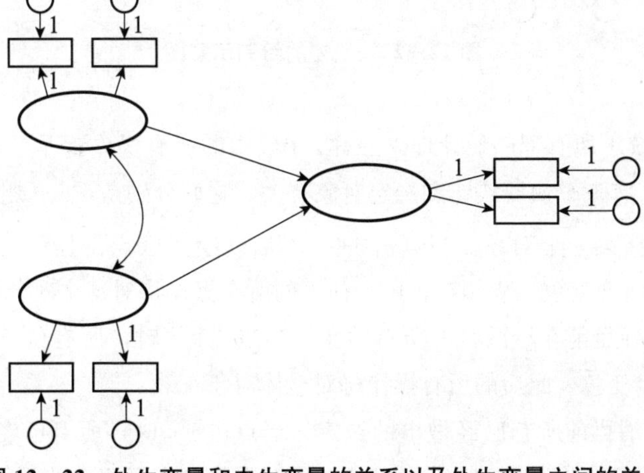

图 12—22　外生变量和内生变量的关系以及外生变量之间的关系

在应用这两个快捷按钮绘制路径时，首先用鼠标点击要绘制的路径类型，然后将光标移至绘图区，此时被选择的路径类型标识会跟随着光标移动，将光标移至某一个潜在变量上，此时潜在变量的轮廓会变色，按下鼠标左键，拖曳光标至目的潜在变量，松开鼠标左键，这时候目的潜在变量会变色，同时所绘制的路径出现在绘图区上。注意：如果选择的路径类型错误（比如说在两个内生潜在变量之间绘制 covariance），AMOS 将拒绝执行。

3. 绘制内生潜在变量的误差项

在结构方程模型中，每一个内生潜在变量都需要由外生潜在变量或者其他内生潜在变量来进行解释。对于不能由外生潜在变量和其他内生潜在变量解释的部分，称为残差（residual）。在应用 AG 绘制结构方程模型图的时候，必须将这一个残差体现在图中。否则，AMOS 将在执行分析程序时报警：The following variables are endogenous，but have no residual（error）variables。如果我们不理会这一警告，继续进行分析过程，通常会在结果（Output）中报告模型无法求解（The specified model is probably unidentified）。

在 AG 中，有一个专门的快捷按钮用于绘制残差。点击该按钮，然后将光标移动到绘图区某一个内生变量上，此时，该内生变量的图标会变色；点击鼠标左键，AMOS 自动将残差赋予该潜在变量。所得的情况如图 12—23 所示。对比图 12—22 和图 12—23 可以发现右边的内生变量顶部多了一个代表残差的小圆圈，该小圆圈以一个单项的路径指向内生潜在变量。

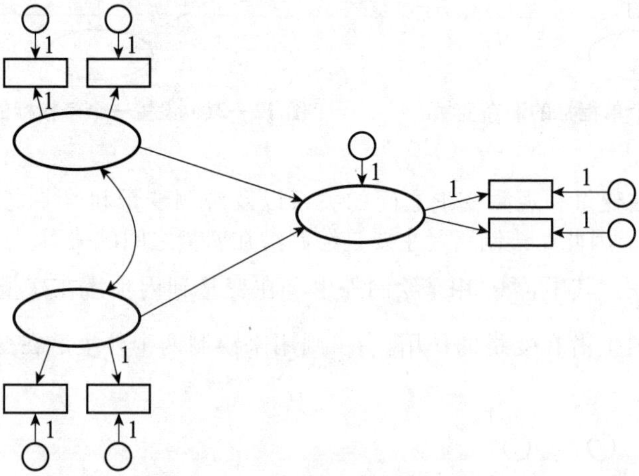

图 12—23　残差的绘制示意图

4. 选择对象

和 Windows 系统下所有程序设计理念一样，AG 中的所有操作都是针对选定对象进行的。在 AG 的快捷栏中，有三个快捷按钮和选定对象有关，它们分别是、和。

按钮表示选择某一个对象。当点击，然后到绘图区点击任何一个对象（变量或路径），所点击的对象将会变色，表示被选中，往下的所有操作将对这个对象进行。

按钮表示选择目前在绘图区的所有对象。当点击时，所有位于绘图区的对象（包括变量和路径）将会变色，此后的所有操作将对全体对象有效。

按钮表示取消当前所有已经做出的选定。当点击时，所有已经被指定的对象（在绘图区已经变色的对象）将退出被选定的状态，同时图像也恢复原来的颜色。

5. 移动、旋转、复制和删除

在 AG 中绘制结构方程模型图时，经常会用到（移动）、（旋转）、（复制）和（删除）这四个快捷按钮。

运用移动按钮可以调适结构方程模型图的布局，使得图形更加清楚、美观。运用移动按钮时，首先点击，然后将光标移至绘图区，停在将要移动的对象上面，按下鼠标左键，直接将对象拖曳至目标位置，松开左键即可。

旋转按钮主要用来调整观察变量和潜在变量在结构方程图中的相对位置，从而使模型图更加符合人的视觉习惯，让潜在变量关系变得更加清晰。运用旋转按钮时，首先点击，然后将光标移至绘图区，停留在某一潜在变量上面，直接点击该潜在变量，此时，该潜在变量所属的观测变量将按照顺时针方向旋转，每点击一次旋转 90 度，直至观测变量停在绘图者满意的位置为止。

复制可以快速绘制两个相同的部分，同时也使得图形整齐划一，让整个界面清爽。运用复制按钮时，首先点击，然后将光标移动到绘图区，点击需要被复制的对象，注意，此时被复制的对象将会变色，然后按住鼠标左键，拖曳对象至目标位置，松开左键，选定对象就被复制到该位置。

使用删除按钮时，首先点击，然后将光标移至绘图区，此时光标指示符会变成和按钮相同的图案，将光标停留在要删除的对象上面，此时，将被删除的对象会变色，点击鼠标左键，对象被删除。

6. 读入数据、命名变量和显示变量

当我们完成模型图的基本绘制后，需要读入数据文件，以便进行分析。此时将会用到选择数据文件按钮。点击该按钮，会弹出一个对话框，用户可以在该对话框中点击 File Name，然后选择模型所用到的数据文件，最后点击 OK 完成数据文件设置。

接下来，我们将为变量命名。首先为观测变量命名。观测变量也即数据文件中的变量。在为观测变量命名的时候，通常是在我们读入数据之后；这个时候，我们可以直接用数据中的变量名直接作为结构方程模型中观测变量的名称。这里我们将用到快捷按钮。该按钮表示显示数据中的所有变量名，当点击，会在 AG 界面的上出现一个小框，里面显示在数据文件中的所有变量名称及其标签（见图 12—24）。注意：如果数据文件中没有为变量设定标签，那么在该框中将只显示变量名。此时，我们用光标点击小框中的变量，使其变色，然后用鼠标拖曳至作图区对应的观测变量上，当代表观测变量的方框变色时，松开鼠标。我们可以看到，数据文件中的变量名已经出现在方框之中，这表明，我们已经成功地为该观测变量命名，并将该观测变量和数据文件联系起来。按照这样的办法，我们可以逐一为所有的观测变量命名。

接下来，我们需要为潜在变量命名。潜在变量是我们从理论上或者从现实中抽象出来的概念，但是无法被直接测量。AMOS 的 Plugins 菜单提供自动为潜在变量命名的功能（见本章正文有关内容），但更多时候，分析人员需要自行为潜在变量命名。我们可以用英文缩写为潜在变量命名，当然也可以用汉语命名；本书案例中采取了英文缩写。自行为潜在变量命名的常用方法包括从菜单开始、鼠标右键方法以及快捷按钮方式三种，不过三种方式的最终操作界面是同样的，只是启动命名过程的方式不一样。此处为了和前面保持一致，我们继续介绍快捷按钮方式。点击快捷按钮，弹出一个对话框，然后用光标点击任何一个潜在变量以表示对该潜在变量进行命名，在对话框中按条目输入变量名称、标签、字体等要素。

在逐一完成潜在变量和观测变量的命名后，我们还必须为测量误差以及残差命名。在AG中，测量误差通常使用英文中误差（error）的首字母e加上序列标志，所有的误差被命名为e1，e2，e3…。而对残差，则可以使用英文残差（residual）的首字母r加上序列标志1，2，3…，相应的残差则称为r1，r2，r3…。

在变量命名和路径关系设定完毕后，在AG中设定结构方程模型的工作基本完成。此时我们可以点击快捷按钮来查看模型中的所有变量（见图12—25）。这时候，AG也会弹出一个小框，里面包含了所有存在于结构方程图中的变量的名称和标签信息。本例中没有加标签，因此仅显示了变量名称。我们可以利用这一信息来检查模型设置是否有遗漏。此处需要注意的是，当我们用Object Properties界面描述对象后，如果我们使用了标签，在结构方程图的变量上将显示标签内容而不是变量名；仅当标签名缺失的时候，才会直接显示变量名。因此，在标签内容较长时，应考虑是否将标签显示在结构方程模型图中。

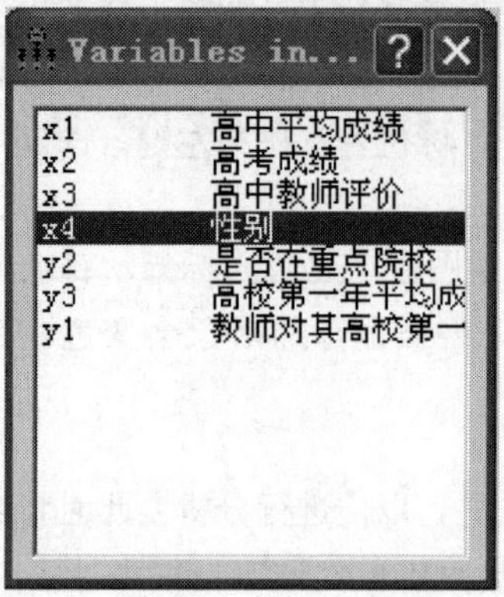

图12—24　数据中的变量

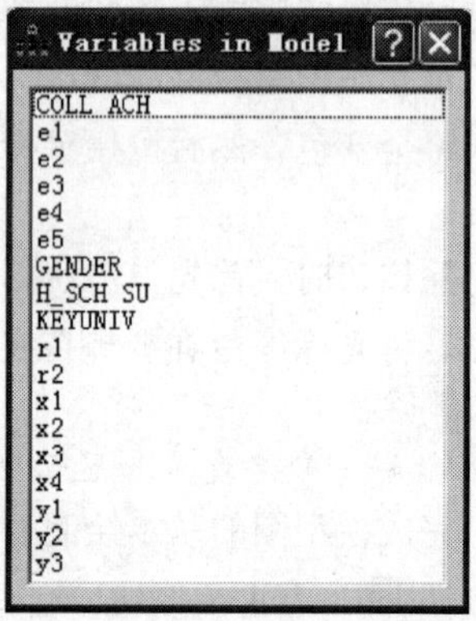

图12—25　模型中的变量

7. 对象设置（Object Properties）

对象设置是AMOS中经常要用到的一个功能。该界面下共有五个子项，即文本（Text）、参数（Parameters）、颜色（Colors）、格式（Format）和可见性（Visibility）。其中，文本格式设置与其他Windows风格的软件中的设置差不多，并且在前面介绍变量命名时已经有所提及，此处不予介绍。这里侧重介绍参数、格式和可见性这三项设置。

就参数设置（见图12—26）而言，除了需要设定指定对象在图中显示的字体大小、字体风格和排版方向，更重要的是在这里要根据模型设定有关变量的参数。比如说：如果采取固定方差法，则通常需要将潜在变量方差固定为1；如果采取固定因子负荷法，则需要将其中一个观测变量的负荷固定为1。同时，对残差这样的潜在变量，也需要规定其回归权重（regression weight）为1。

就格式而言，AMOS软件中需要为每一个对象（潜在变量、观测变量、路径、误差、残差）设定输出格式，这里主要是指显示的数据格式。这一点在某些路径系数很小（比说如0.01以下）的时候十分有用。举例来说，本章例子中x3对H_SCH SU的路径系数仅为0.004 1，如果将数据格式设为两位小数，通径图中就会显示为0.00。此时，将Unstandardized estimates的显示格式设置为“xx.xxx”（见图12—27），就可以避免出现这种情况。

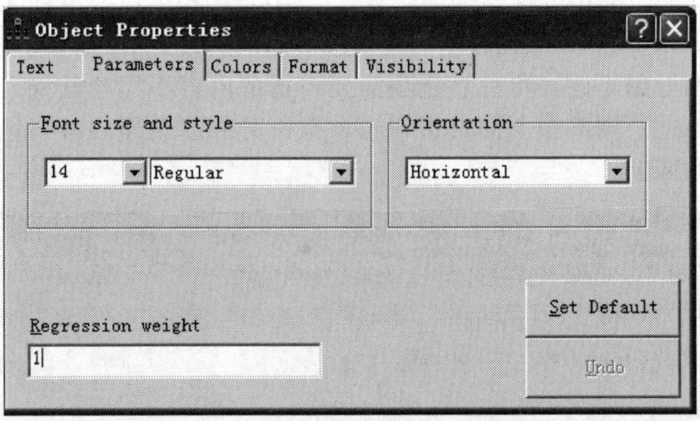

图 12—26　对象参数设置界面

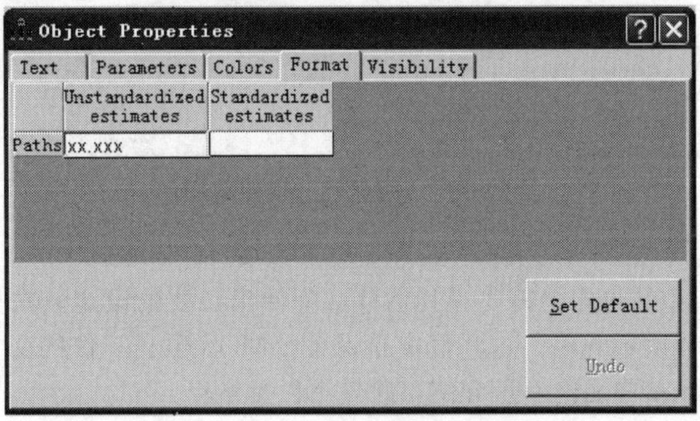

图 12—27　对数据显示格式的设定

运用可见性设置可以使作图美观。仍以本章案例为例，在最后的拟合结果中，如果不加设置，AMOS 会输出所有误差和外生潜在变量的方差估计值，同时回归系数 1 也会保留在图中，这样使得整个通径图看起来如图 12—28 所示，显得有些凌乱，并且传达给读者的主要内容不够突出。

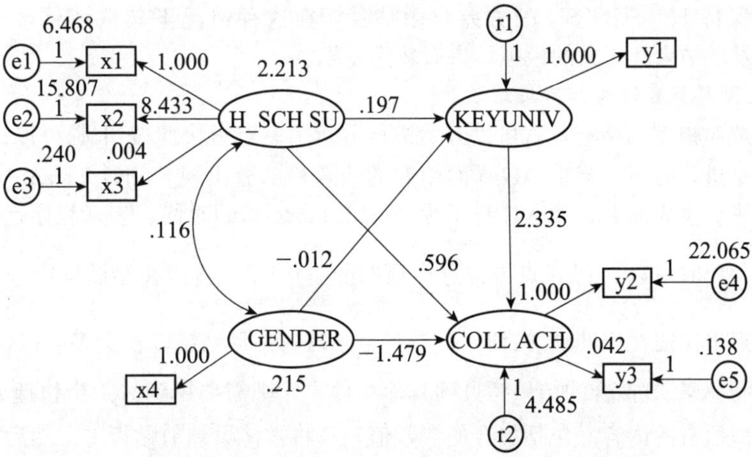

图 12—28　未使用可见性选项的本章例题结果

对这种情况，我们可使用可见性选项。具体使用办法如图12—29所示。首先在该选项中勾选“Use visibility settings”，然后根据需要勾选下面的选项，有选择地显示有关内容。要注意的是，根据针对的对象不同，可见性选项需要勾选的内容不完全相同。注意，如果不勾选“Use visibility settings”，则不管下面是否勾选，有关对象的全部内容（包括图形、参数和名称）都会显示在作图区上。

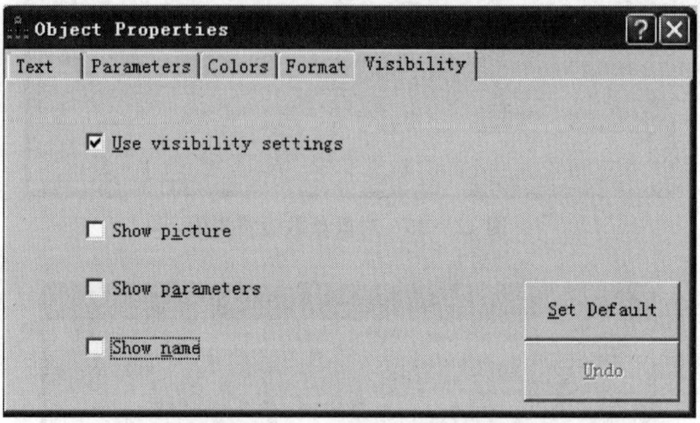

图12—29　可见性选项使用图示

8. 设置分析选项（Analysis Properties）和输出选项（Output）

在AMOS进行模型估计前，需要对其估计过程做出必要的设定。常见的设定包括收敛的标准、估计方法、迭代次数等等。这些设定是保证AMOS顺利工作的必要条件。其中，关于估计方法的设置在第八节中已经有所介绍，此处不再赘述。

图12—30是关于估计过程的收敛标准、迭代上限以及在样本协方差矩阵非正定的情况下是否允许拟合模型的选项。如果模型拟合不能收敛，可以运用这一选项适当调高迭代次数上限来看模型是否收敛，比如说将50改为1 000或2 000。如果在很多次迭代后仍然不能收敛，则需要检查数据和模型。此外，一般不要允许拟合不正定的模型。在一个模型不正定的情况下，如果选择Try to fit unidentified models，即使模型拟合指数较好，也往往会得到不正确的参数估计。有兴趣的读者可以自行尝试将本章例题中H _ SCH SU所属的观测变量的负荷全部设定为自由，同时保持H _ SCH SU的方差自由估计，在这种情况下勾选Try to fit unidentified models，可以发现结果和正文的模拟结果有较大差别。

9. 运行模型、查看结果和拷贝结果

当我们完成对模型的检查，就可以开始进行分析了。点击快捷按钮可以让AMOS开始对结构方程模型进行分析。当在AG界面中间的信息栏部分出现“OK：default model”（本例中没有对模型进行事先命名，故程序显示为default model）的时候，表示程序运行完毕，并且拟合数据成功。此时可以：（1）点击信息栏顶部的按钮，直接在绘图框中查看各个参数的估计值；（2）点击快捷栏中的按钮，查看各个参数的估计结果以及更多的拟合指标。

如果需要将AMOS拟合的结果拷贝到其他文件中，则需要用到另一个快捷键——。点击该键，绘图区所有的内容（包括拟合的参数值）都将被拷贝到剪贴板上。然后可以方便地粘贴到其他类型的文件中。值得指出的，在绘制AMOS路径图的过程中，这一快捷键也十分有用，可以随时应用它将绘图区中被指定的内容拷贝到剪贴板上来用于其他文件。

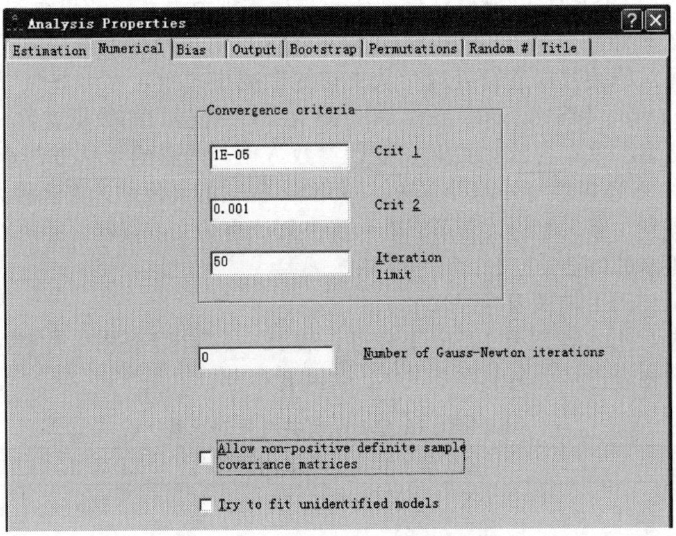

图 12—30　设置分析选项使用图示

其他快捷栏中的按钮也对结构方程模型绘图十分有帮助。限于篇幅，此处不一一介绍。有兴趣的读者可以去参考专门介绍 AMOS 的资料。当然，更有效和更重要的方法是自己亲自操作 AMOS 软件进行实践。

(三) 关于应用 AMOS 的其他几个问题

1. 应用 AG 需要注意的几个地方

一是在应用 AG 建模的过程中，一定要为每一个变量命名。这里的变量包括潜在变量、观测变量、测量误差项和残差项。如果漏掉变量，AMOS 将拒绝运行估计过程并报警［n variable (s) is (are) unnamed.］

二是要注意不要漏掉内生变量的误差项。在设置内生变量的残差项时，最好用快捷按钮来添加残差项，而不要用单独绘制残差变量然后再加上作用路径的方式绘制。因为在快捷键方式下，AMOS 将自动为路径的回归系数赋值为 1，而单独绘制残差变量则往往容易漏设回归系数，从而导致模型无解，更无从估计参数值。这一点在绘制复杂模型的情况下尤其重要。

三是要充分利用 AG 自身提供的功能，特别是类似（Preserve symmetries，保持对称）以及（Touch up a variable，优化变量位置）这样的功能，来尽量让绘制的图形清楚、美观。一个绘制清楚的模型可以非常明了地展示蕴含在模型中的理论或命题。

此外，和任何 SEM 分析软件一样，应用 AMOS 进行建模时必须考虑模型的理论意义以及我们既有的常识。比如说，对本章中，性别作为一个单指标的潜在变量，此时我们必须将其测量误差固定为 0；相应地，在绘图的时候就不能为性别变量（x4）加上测量误差。否则，即便加了测量误差以后拟合的结果优于不加的结果，模型的解释上也将出现问题。

2. 关于 AMOS 和 LISREL 的比较

在 AMOS 软件面世之前，LISREL 可能是人们最为熟悉的 SEM 软件。在很长的时间内，SPSS 公司也一直将 LISREL 套装于其经典软件 SPSS 之中来处理结构方程模型分析任务；本书的第一版正是根据这一情况选择 LISREL 软件进行介绍。两个软件相比较，总的说来是 AMOS

以图形界面见长，而LISREL以编程见长。在一些技术细节上，二者也有一些差别。比如说，AMOS可以直接处理原始数据（raw data），但LISREL则是处理方差协方差矩阵或者相关矩阵，这就需要事先对原始数据进行处理；从支持的数据格式看，AMOS可以直接读取dBase、Excel、Lotus、Foxpro、MS Access、txt、AMOS Recode等格式的数据文件，而LISREL能够处理数据格式要更多一些；再比如说，在估计参数方面，两者的默认方法都是最大似然系数法；除此之外AMOS还提供另外四种方法，LISREL提供的其他估计方法种类要更多一些。关于这二者之间的差别，有兴趣的读者可以进一步去阅读有关文献资料，并可以通过同时使用这两个软件来获得更多的体会。

3. AMOS和LISREL有关符号对比

为了方便读者对比AMOS和LISREL软件，表12—1列出LISREL中使用的主要符号。同时，本章中使用的相应符号也集中列于表中，供读者参考。

表12—1 LISREL和AMOS有关符号对比表

	AMOS（相应矩阵或向量符号）	LISREL（相应矩阵或向量符号）
内生潜在变量	FX（[FX]）	ξ（ξ）
外生潜在变量	FY（[FY]）	η（η）
内生标识	x	x
外生标识	y	y
因子负载（回归权重）	WX（[WX]），WY（[WY]）	λ_x（Λ_x），λ_y（Λ_x）
外生潜在变量与内生潜在变量之间以及外生潜在变量之间的路径	WP（[WP]）	γ（Γ）
内生潜在变量之间的路径	WQ（[WQ]）	β（B）
外生标识的测量误差	ex（[VEX]）①	δ（Θ_δ）
内生标识的测量误差	ey（[VEY]）②	ε（Θ_ε）
内生潜在变量的残差	r	ζ（Ψ）
外生潜在变量的相关	C（[C]）	φ（Φ）

①本行括号内为测量误差的方差协方差矩阵。
②同上。

基本概念

可观察的变量　潜在变量　联立方程模型　模型设定　通径图　外生潜在变量　内生潜在变量　外生标识　内生标识　通径系数　测量尺度　测量模型　因子负载　误差项　结构模型　潜在变量模型　自由参数　固定参数　相关矩阵　观测的方差协方差　预测的/引申的方差协方差　数据点　过度识别　恰好识别　不能识别　独立模型　饱和模型　拟合优度指数　比较拟合指数　信息标准指数

本章要点

1. 研究中的一些抽象的概念变量不能直接观察，称为潜在变量。通常潜在变量是通过一些可观测的标识间接地测量的，但不可避免产生测量误差。

2. 结构方程模型可以将多个潜在变量及其标识置于同一模型中分析，研究它们之间的结构关系。

3. 结构方程模型分析的主要步骤为：模型设定、模型识别、模型估计、模型评价、模型修正。研究中经常需要多次重复以上步骤才能取得较好的结果。

4. 模型的识别工作是保证模型中每一个位置参数能够由观测数据估计推出唯一解。过度识别模型虽然不能完全拟合数据，但是能够估计所有未知参数，并能够进行模型拟合优度检验。由于模型识别十分复杂，通常是采取预防措施（增加标识和减少自由参数等）避免模型不能识别，待模型分析运行结果确定该模型可以识别时，再修改和扩展模型。

5. 在取得模型估计后，需要根据各种评价指标进行模型评价。一方面需要对某个模型对观测数据的拟合情况进行评价，另一方面需要对不同模型的拟合情况进行比较。通过评价，进一步修改模型以增进模型的拟合程度。

6. 模型的设定和修正必须以理论假设为基础，不能仅以统计上的最优拟合为标准。

参考文献

Akaike，H. （1987）. Factor analysis and AIC. Psychometrika，52（3）：317－332.

Anderson，J.，and Gerbing，D. W. （1984）. The Effects of Sampling Error on Covergence，Improper Solutions，and Goodness-of-fit Indices for Maximum Likelihood Confirmatory Factor Analysis. Psychometrika，49（2）：155－173.

Bearden，W. O.，Sharma，S.，and Teel，J. E. （1982）. Sample Size Effects on Chi-square and Other Statistics Used in Evaluating Causal Models. Journal of Marketing Research，19（4）：425－430.

Bentler，P. M.，and Bonett，D. G. （1980）. Significance Tests and Goodness-of-fit in the Analysis of Covariance Structures. Psychological Bulletin，88（3）：588－606.

Bentler，P. M. （1990）. Comparative Fit Indexes in Structural Models. Psychological Bulletin，107（2）：238－246.

Bollen，K. A. （1989a）. Structural Equations with Latent Variables，New York：Wiley.

Bollen，K. A. （1989b）. A New Incremental Fit Index for General Structural Equation Models. Sociological Methods and Research，17（3）：303－316.

Bollen，K. A.，and Long，J. S. （1993）. Testing Structural Equation Models. New Bury Park：Sage.

Browne，M. W.，and Cudeck，R. （1989）. Single Sample Cross-Validation Indices for Covariance Structures. Multivariate Behavioral Research，24（4）：445－455.

Bozdogan，H. （1987）. Model Selection and Akaike's Information criteria（AIC）. Psychometrika，52（3）：345－370.

Hayduk，L. A. （1987）. Structural Equation Modelling with LISREL：Essentials and Advances. Baltimore：The Johns Hopkins University Press.

Joreskog，K. G. （1967）. Some Contributions to Maximum Likelihood Factor Analysis. Psychometrika，32（4）：443－482.

McDonald，R. P. （1989）. An Index of Goodness-of-fit Based on Non-centrality. Journal of Classification，6：97 - 103.

Raftery，A. （1995）. Bayesian Model Selection in Social Research. Sociological Methodology，25：111 - 163.

Steiger，J. H. （1990）. Structural Model Evaluation and Modification：An Interval Estimation Approach. Multivariate Behavioral Research，25 （2）：173 - 180.

Schwarz，G. （1978）. Estimating the Dimension of a Model. The Annals of Statistics，6 （2）：461 - 464.

第十三章

事件史分析

本章将对事件史分析的基本概念和模型进行介绍。首先我们将讨论什么是事件史分析，然后介绍几种广泛使用的事件史分析模型，特别着重介绍的是离散时间 logit 模型和 Cox 比例风险模型（Cox proportional hazards model）。我们将用 1988 年中国千分之二生育节育抽样调查的数据来示范如何使用这两种模型，并强调一些应该注意的问题。本章附录中提供了使用 SPSS 软件进行数据处理和估计的步骤。

一、什么是事件史分析

近年来，事件史分析方法在社会科学研究领域中越来越流行。使用这种方法的研究论文发表得越来越多，并且关于事件史分析技术的社会科学方法教材也越来越多，由此大大提高了这种方法的普及程度。出现这一情况的原因在于两个方面。第一，事件史分析有很多特点优于传统的统计分析方法；第二，社会科学研究人员能够得到越来越多的事件史类型的数据资料。

根据 Yamaguchi（1991）的定义，事件史分析是研究“事件发生的方式和相关因素”。社会学家和人口学家研究的许多问题都可以被认为是一些事件，比如说结婚、同居、离婚、出生、死亡、迁移、求职和升迁，等等。事件历史分析的主要目的是研究某一事件发生的方式和它的影响因素。我们也会经常饶有兴趣地研究不同事件之间的联系及先后顺序。比如说，一些研究者会对同居与离婚之间的关系进行研究。由于在事件史数据中通常包含着相关事件的明确时间顺序，因此事件的因果关系就能够被更为确定地建立起来。

事件史分析技术的应用并不仅仅局限于社会科学。事实上，这一技术早已在生物医学研究和工程研究中（如检测产品）得到发展和运用，只不过叫法有所不同而已。在生物医学研究领域（例如一位癌症患者能活多久），人们把它称为“生存分析”。类似地，在工程研究领域（例如研究一个灯泡的寿命，或一个弹簧在不同压力作用下能够经历多长时间不折断），人们通常用“对失败的统计分析”（statistical failure analysis）这一术语。尽管所用术语不同，但从统计分析的角度看，其实质是相同的。

（一）传统 OLS 回归模型的局限性

事件史分析在许多方面优越于人们所熟悉的回归模型。让我们首先来看一个例子：研究初婚发生的时间。根据传统的回归方法，研究这一问题时要估计下列回归模型：

$$初婚年龄 = f(教育程度，性别，经济收入，\cdots\cdots) + e$$

这实质上是把初婚年龄作为某些特征（如教育程度、性别、经济收入和其他一些因素）的函数。这里的e代表误差项（errors），通常被假定为正态分布。

其实这种模型有许多问题。第一个问题是，那些尚未结婚的人不能被纳入这一模型，因此这部分人的信息就被浪费了。这一情况被称为删截（censoring），即指删截了那些尚未发生所研究事件的人。而事件史分析模型则可以处理这种情况。更为严重问题是，当结过婚的人与未结婚的人之间存在着系统性差别时，OLS回归的估计就会存在偏差。比如，如果结婚的人都比未结婚的人有更好的经济状况，我们估计的经济状况方面（工资或收入）的影响就是有偏的。

在上述模型中，研究者往往还把当前同居的人当作未婚人士看待。这种处理方式在中国社会情境下基本上可以接受，因为尽管同居现象在近年有所增加，但它远未达到十分普遍的水平。然而，在西方社会中，同居现象极为普遍。比如，1980年到1984年之间结婚的美国人中，40%有过婚前同居的经历（Cherlin，1991）；并且，同居现象在20世纪90年代更为流行了。因此，将同居与未婚（单身）相提并论是有问题的。在事件史分析框架中，这一问题可以归结为竞争风险模型。不过由于本章篇幅所限，就不讨论竞争风险模型的建立了。

OLS回归的另一个问题是不能很好地处理随着时间变化的解释变量（time-varying explanatory variables）。假定我们根据个人收入来衡量一个人的经济能力，并用经济能力来预测结婚年龄。但是，有人也许在26岁时一年挣1万美元，而在30岁时年薪为2万美元，也许正在这时他才准备结婚（或者有财力去结婚）。在OLS框架中，解决这个问题的一个方法是建立许多收入变量，以衡量一个人在不同年龄上的不同收入。但是，每个人的初婚时间是不同的，因此实际上婚后的个人收入对于研究结婚年龄没有意义。在这里，我们看到，即使仅有一个随时间变化的解释变量，事情也会变得非常复杂。总而言之，在传统的OLS回归框架中，对于随时间变化的解释变量并没有一个很好的解决办法。

事件史分析的突出优点就在于它可以令人满意地解决这两个问题，即删截和随时间变化的解释变量的问题。

（二）事件史分析概述

如果读者对于生命表技术比较熟悉的话，那么从生命表的角度来阐述，会有助于对事件史分析的理解。事实上，生命表技术与事件史分析之间有着内在的联系（Namboodiri and Suchindran，1987）；两者之间的联系可以从David Cox（1972）关于比例风险模型的论文题目中看出，其论文题目为《回归模型与生命表》。在生命表中，我们的兴趣是考察一个在阶段初始时活着的人生存到某一年龄的概率（Namboodiri，1991）；并且，在一定假设条件下，最后能推导出年龄别生存（或死亡）的概率。如果我们把年龄看成自变量，那么生存（或死亡）就是因变量。生命表分析的一个局限在于很难包括许多自变量，主要是因为计算工作太复杂。例如，研究在控制教育变量的条件下，死亡概率如何随职业而变化，那么计算工作将会非常令人厌倦。

生命表方法主要是在事件（如死亡）发生的确切时间不详、只知道在一定间隔（如一岁年龄间隔）内事件发生（如死亡）的数量和不发生的数量（如生存）时才使用的方法（Kalbfleisch and Prentice，1980）。而通常在事件史分析框架中要解决的却是某一事件的实际发生时间，比如结婚的时间和开始参加工作的时间。

与生命表分析类似，事件史分析也专门研究年龄、性别和其他一些理论推导的有关变量如何对生存（或经历某一事件）的概率产生影响。不过，事件史分析可以根据需要轻而易举地包含多个自变量，这些自变量被称为协变量（covariates）。

在详细讨论事件史分析模型之前，我们先来介绍一些基本概念。一个重要的概念是风险集（risk set），它表示一批可能在不同时点上经历某一事件风险的人。例如在研究初婚年龄时，1997年的风险集是指当年年龄在15岁及15岁以上未婚的人。通常情况下，我们在研究初婚年龄时对年龄组进行一些限制，因为我们认为年龄在15岁以下的少儿不应该包括在结婚的风险集中。

第二个概念是离散时间与连续时间。这涉及时间的单位。如果时间单位很大，就可以称之为离散时间。如果时间单位小，则称之为连续时间。实际操作中通常的原则是当时间单位为一年或更长的话，就将其作为离散时间对待。如果单位是月、星期或甚至更小的单位（如日或小时），我们就把它作为连续时间来对待。一旦决定了是离散时间还是连续时间，我们就可以运用相应的离散或连续时间模型了。

第三个重要的概念是持续期（spell）。持续期指从开始观察的时点到事件发生时点之间或是到尚未经历事件的人被删截时点之间的间隔。例如，一位已婚女子婚后经过很长时间才进行初育，我们可以说这位女子有很长持续期（在结婚与生育之间的长时间间隔）。相反，如果一位女子在婚后头10个月就生育，那么她的持续期就短。

最后一个重要概念是风险率（hazard rate）。对于离散时间模型，风险率可以解释为在特定时间某一特定的人发生某一事件的概率，当然前提是这个特定的人在那个时间有可能经历这一事件（属于风险集）。对于连续时间模型，风险率可以解释为每一件事发生的瞬时概率密度。

（三）删截的类型

如前所述，事件史分析的一个优点是它能够处理删截。尽管我们已经介绍了删截主要是指那些在观察结束时事件尚未发生的情况，但是实际上删截的情形十分复杂。删截可以分成两大类：右删截和左删截。如果用 T 代表随机变量，我们可用下面的方式来定义右删截和左删截。当我们只知道 T 是大于某一常数 C 而不知道大多少时，我们就定义这一关于 T 的观察是右删截。注意，这就是说我们不知道 T 的实际发生时点。此与相反，当我们只知道 T 小于某一常数 C 而不知道小多少的时候，我们定义这一关于 T 的观察是左删截。同样，这也意味着我们不知道 T 的实际发生时点。右删截的典型例子是关于初次性交发生时间的调查。如果我们举行一次高校学生调查，询问他们第一次性交的时间，肯定有很多人还从未有过这种经历。那么，这些案例观察属于右删截，因为我们知道 $T>C$（C 即调查时间，$T>C$ 代表事件发生于观察结束以后）。

右删截在社会科学研究中极为普遍。实际上，我们还可以进而区分不同类型的右删截。比如经常提到有第一类和第二类删截。上述例子就属于第一类删截，即在调查时案例尚未经历所研究的事件。第二类删截的情况是指，在持续观察中我们已经获得预定数量的经历了所研究事件的案例，观察就结束了。比如，我们要研究敬老院中人口的死亡，并且研究设计要求观察要进行到全部住院老人的50%死亡。对于这一特定研究设计（这种情况在社会科学中不太普遍），那些在观察终止时尚且生存的案例就属于第二类删截。Cox 和 Oakes（1984）认为第二类删截是“在工业寿命检测中经济实惠的一种有用技术”。

另外一种删截机制（右删截）可能发生于随机删截。当案例的删截时间是个随机变量时，就会发生随机删截。其实，第一类删截就是随机删截的一种特殊情况。随机删截意味着在某一时间 t 被删截的一个案例并不提供发生所研究事件的任何信息。许多人都知道，在美国著名的几所大学的社会学系中攻读博士学位的学生中有许多人在中途就退出了，这些退出的学生并不提供他们取得博士学位时间的任何信息。不过一般来说，要是研究生退出博士学位项目，人们总是认为他们没有能力完成博士学位学习，我们就不能认为这些学生是随机删截（Allison, n.d.）。

关于右删截就介绍这些，下面我们讨论左删截。左删截的一个典型例子是关于艾滋病的研究。我们假设一个研究项目要研究艾滋病人的死亡时间，然而一些艾滋病人在研究开始以前就死亡了，我们只知道他们已经死亡了但并不知道他们什么时候死亡的。这就是左删截的一种情况。又比如在一个关于新婚妇女生育率的研究中，我们知道某个妇女在研究开始以前就生了孩子，但又不知道具体是什么时候生的。另外，还有可能发生部分左删截观察（partially left censored observation）的问题。比方说，在对新婚妇女怀孕情况的研究中，我们得知一个妇女在研究阶段中怀了孕，但不知道她什么时候结的婚（即风险期开始时点）。这就是说，我们知道一个案例有事件发生但不知道这个案例从什么时候开始经历此事件（怀孕）的风险。这种情况也被称为"未知开端的间隔"（uninitialized interval）（Allison, n.d.）。

另一个问题是如何把握各种不同类型的删截情况。读者现在应该了解删截的复杂性了，但是从实际研究的角度来看，我们在社会科学分析中最经常遇到的是右删截，并且大多数还是第一类右删截，这些情况可以很容易地采用统计估计来解决。例如，考虑右删截的情况通常意味着在统计估计（最大似然估计或部分似然估计）中，我们需要弄清删截的观察案例对于似然函数有什么影响，在右删截的情况下这通常能做到。但是，在左删截发生的情况下，我们通常需要做出某些假定。处理左删截的大多数方法都有一些局限性，并且常常不是理想的解决方法。有时，没有一个好软件能完成估计，所以研究人员还得自己编写估计程序。对于初学者来说，了解右删截就可以解决大多数社会科学的实际问题了。特别是当读者能够学会像SPSS、SAS和STATA这样的流行于社会科学研究的计算机软件中的一种时，所要做的就是在模型中定义在哪些变量上用哪些数值表示删截案例。

（四）一些统计关系

为了对不同风险模型的统计讨论作准备，我们先要以统计形式介绍一些重要函数，并揭示它们之间的关系。这些函数包括风险函数（hazard function）、生存函数（survival function）、概率密度函数（probability density function）和分布函数（distribution function）。了解并熟悉这些函数可以帮助我们理解本章介绍的事件史分析，并有利于将来更深入的学习。

具有概率论基础知识的大部分读者熟悉密度函数［用 $f(t)$ 表示］和分布函数［用 $F(t)$ 表示］。我们将 $f(t)$ 解释为在时点 t 上的概率密度，将 $F(t)$ 解释为在时点 t 之前事件发生的概率。我们现在介绍风险函数和生存函数。

大写的 T 是用来表示事件发生时间的随机变量。然后我们将其定义为当事件尚未发生时其将于时点 t 和时点 s 之间发生的概率，即：

$$P(t,s)=\Pr(t<T<s\mid T\geqslant t)$$

风险函数（或风险率）定义为，当 s 趋近于 t 时 $P(t,s)/(s-t)$ 的极限，即：

$$h(t)=\lim_{s\to t}\frac{P(t,s)}{s-t}$$

生存函数 $S(t)$ 定义为事件发生于时点 t 以后的概率。

我们可以从数学上说明这四个函数，即风险函数、生存函数、概率密度函数和分布函数（又称累积分布函数，即 cumulative distribution function）的概念。这四个函数其实是等价的。

也就是说，只要我们知道这四个函数中的一个，就可以推导出其他所有函数。然而所有的事件史分析统计模型都倾向于使用风险函数 $h(t)$ 而不用其他的函数，这是因为其使用十分方便且易于解释。一旦我们开始介绍各种统计模型，读者就会明白这一点。

下面几个公式十分有用。根据概率论，我们有：

$$F(t)=\Pr(T\leqslant t)=\int_{-\infty}^{t}f(y)\mathrm{d}y=\int_{0}^{t}f(y)\mathrm{d}y$$

注意，在事件史分析模型中，随机变量 T 只能取非负值。此外，如果 $F(t)$ 可求导，那么 $F(t)$ 的一阶导数就等于 $f(t)$。而且根据定义我们有：

$$S(t)=1-F(t),h(t)=\frac{f(t)}{1-F(t)}=\frac{f(t)}{S(t)}$$

按照概率论，后一个公式就是一个事件在时间 t 之前不发生而在时间 t 发生的条件概率。其他公式的解释不太明显，但它们都可以进行数学推导：

$$f(t)=h(t)\exp\left[-\int_{0}^{t}h(y)\mathrm{d}y\right],F(t)=1-\exp\left[-\int_{0}^{t}h(y)\mathrm{d}y\right]$$

让我们用一个简单的例子来熟悉一下上面的有关公式。假设随机变量 T 呈指数分布，我们就可以知道：

$$f(t)=\frac{1}{b}\exp\frac{-t}{b}$$

其中 b 是一常数。那么，累积分布函数 $F(t)$ 为：

$$F(t)=\int_{0}^{t}f(y)\mathrm{d}y=\int_{0}^{t}\frac{1}{b}\exp\frac{-y}{b}\mathrm{d}y=1-\exp\frac{-t}{b}$$

由此，我们还能推导 $S(t)$：

$$S(t)=1-F(t)=\exp\frac{-t}{b}$$

最后，我们还可以推导出风险函数 $h(t)$：

$$h(t)=\frac{f(t)}{S(t)}=\frac{\frac{1}{b}\exp\frac{-t}{b}}{\exp\frac{-t}{b}}=\frac{1}{b}$$

通过推导，我们知道指数分布的风险函数在所有时间 t 上是一个常数。后面我们还会涉及这种分布。

（五）估计生存函数的 Kaplan-Meier 方法

在操作分析时，最好先检查一下根据实际数据计算的分布形态，然后再决定拟合哪种理论分布类型。如果我们的目的是为数据寻找一种模型，事先检查生存分布及其图形可以给我们一些选择分布模型的线索。

Kaplan-Meier 方法经常被用来估计并画出估计的生存函数。这是一种非参数方法，就是说它用不着对理论分布做出任何假设。用 $t_1<t_2<\cdots<t_n$ 代表 n 个案例的生存时间，然后用 Kaplan-Meier 法对其生存函数 $S(t)$ 的估计如下：

$$S(t)\prod_{t_1\leqslant t}\frac{n-r}{n-r+1}$$

其中 r 从所有正整数中满足 $t_r \leqslant t$ 且 t_r 为无删截的取值。当所有观察都无删截，r 的值就是连续的整数列，否则 r 的取值就不是连续的。

用一个简单例子（Miller，1981）来说明如何应用这一方法，作为本章的例 1。我们有 10 名肿瘤患者的康复情况的资料，其中有 6 名患者在不同时间上（分别为 3、6.5、6.5、10、12、15 个月）旧病复发，一名患者在 8.4 个月以后失去了联系，还有三名患者在研究结束时仍处于康复之中（其康复期已经分别为 4、5.7 和 10 个月）。用 Kaplan-Meier 方法估计生存函数的方法如下面计算表（见表 13—1）所示。

表 13—1　　例 1 的 Kaplan-Meier 生存函数估计计算表

康复期 t	序号 i	r	$(n-r)/(n-r+1)$	生存比例
3	1	1	9/10	9/10=.900
4+	2	—	—	—
5.7+	3	—	—	—
6.5	4	4	6/7	(9/10) × (6/7) =.771*
6.5	5	5	5/6	(9/10) × (6/7) × (5/6) =.643*
8.4+	6	—	—	—
10.0	7	7	3/4	(9/10) × (6/7) × (5/6) × (3/4) =.482
10.0+	8	—	—	—
12.0	9	9	1/2	(9/10) × (6/7) × (5/6) × (3/4) × (1/2) =.241
15	10	10	00	

表中康复期数据中注“+”号者为删截的观察案例。

* 采用 0.643 作为保守性的估计。

注：本书附盘提供该例数据，文件名为：survival.sav。

下面介绍以 SPSS 软件取得生存函数的 Kaplan-Meier 估计的操作步骤。实际上，这个关于康复期的例子中，有两个变量。第一个便是每个案例的康复期，可以定义其变量名为 remissn；另一个变量是标志案例康复期是否有删截，给定变量名为 censor。疾病复发是要研究的事件，于是尚在康复期中的案例和失去联系的案例都属于删截案例，即计算表中打上“+”号的案例应赋值 0，表示事件没有发生，而没有“+”号的案例应赋值 1，表示疾病复发。

在读入数据之后，在 SPSS 菜单中依次选择 Analyze → Survival → Kaplan-Meier。然后在相应对话窗口我们必须做两项设定：“Time”（时间）和“Status”（状况）。时间指至事件发生时的持续期间或至删截时的期间。对于本例而言，要将康复期变量 remissn 移入时间变量框中。状况是关于删截案例的另一种信息表达。本例中虚拟变量 censor 标识是否旧病复发，所以将变量 censor 移至状况框内，并点击 Define Event 按钮打开其对话窗口，在 Single value 一栏中键入代表事件发生（即未删截）的编码值 1。然后点击 Continue 按钮返回。运行以上设置，SPSS 会默认输出生存表、生存时间平均值以及中位数。如果需要输出生存函数图，还需点击窗口中的 Options 按钮，在相应选项窗口，并在“Plots”一栏选择 Survival 后，点击 Continue 返回。现在，进行 Kaplan-Meier 估计的准备就做好了，只要点击 OK 按钮，估计过程就开始了。

SPSS软件的默认状态将产生生存比例表，它表示在每一时点的生存比例，同时还输出平均生存时间和中位生存时间。本例的这两个统计值分别为10.1和10.0。要是观察案例数很少（如少于100），产生生存比例表就没有问题。但是如果有大量的观察案例，一般不再计算生存表（将Options窗口中Statistics栏目中的Survival table一项的"√"取消），只输出Kaplan-Meier法估计的生存时间平均值和生存函数图，因为其生存表的计算相当烦琐，其结果也长得难以把握。

下面是SPSS输出的本例生存比例计算表（见表13—2）。随后的图13—1是使用SPSS软件画出的Kaplan-Meier法生存函数估计的图形。图中的线即生存曲线。请注意，其估计的生存时间中位数大约为10个月。

表13—2　　SPSS输出的例1生存比例计算表

Case Processing Summary

Total N	N of Events	Censored	
		N	Percent
10	6	4	40.0%

Survival Table

	Time	Status	Cumulative Proportion Surviving at the Time		N of Cumulative Events	N of Remaining Cases
			Estimate	Std. Error		
1	3.000	yes	.900	.095	1	9
2	4.000	no			1	8
3	5.700	no			1	7
4	6.500	yes			2	6
5	6.500	yes	.643	.168	3	5
6	8.400	no			3	4
7	10.000	yes	.482	.188	4	3
8	10.000	no			4	2
9	12.000	yes	.241	.195	5	1
10	15.000	yes	.000	.000	6	0

Means and Medians for Survival Time

Mean				Median			
Estimate	Std. Error	95% Confidence Interval		Estimate	Std. Error	95% Confidence Interval	
		Lower Bound	Upper Bound			Lower Bound	Upper Bound
10.088	1.527	7.095	13.080	10.000	2.570	4.963	15.037

a. Estimation is limited to the largest survival time if it is censored.

二、事件史分析模型

在这一节，我们介绍事件史分析方法的一系列统计模型，并侧重介绍离散时间logit模型

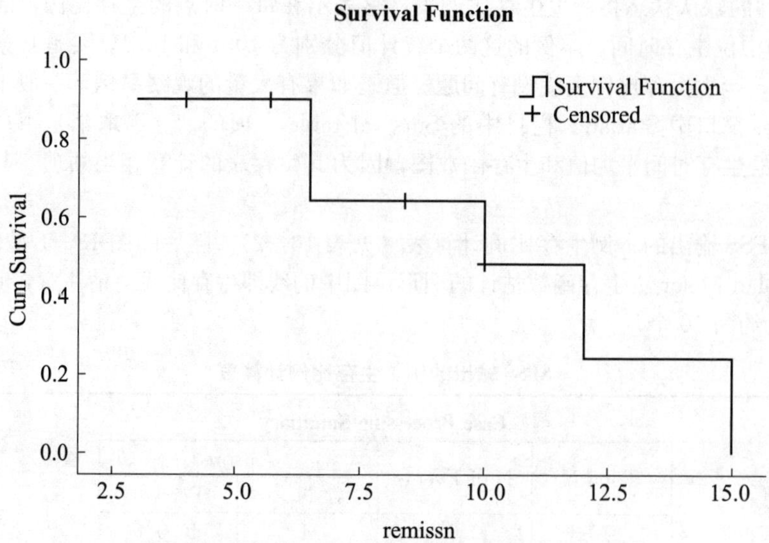

图 13—1 SPSS 输出的例 1 生存函数图

和 Cox 比例风险模型，因为这两种模型在社会科学中使用最广泛。

（一）离散时间 logit 模型

对于离散时间单位，我们经常估计离散时间 logit 模型。其思路如下：$P(t)$ 代表某人在时间 t 上发生某事的概率。我们可以运用 logit 模型方程拟合观察数据。用 $P(t)$ 代表一个案例在时间 t 发生事件的概率，然后采用下列公式建立 logit 模型拟合数据：

$$\ln\frac{P(t)}{1-P(t)} = a(t) + b_1 x_1 + b_2 x_2(t) \tag{1}$$

式中 $P(t)$ 的值域在 0～1 之间，x_1是一个独立于时间的变量，$x_2(t)$ 是一个随时间变化的变量。为了简明而又不失去代表性，我们在这里以及后面示范中只采用两个协变量。ln 表示取自然对数；截距 $a(t)$ 也是在不同时间上不断变化的量。如果回到前面提过的结婚年龄的例子，在研究结婚概率时，x_1可以代表性别（不随时间变化），x_2代表个人收入（随时间而变化）。我们还可以让截距 $a(t)$ 随时间改变，只要加上几个代表不同时期的虚拟变量。在后面的示范中，将用这个模型来测量中国政府在 20 世纪 70 年代末到 80 年代实行鼓励晚婚政策所带来的影响。

我们是否应该运用时变变量（time-varying variable）实际上取决于不同的研究情况。如果研究者对探索时变变量并无兴趣，或者并不希望知道时变变量随时间变化的影响的话，那么在等式右边可以简单地运用 a 和 x_2（与时间无关），而不必运用 $a(t)$ 和 $x_2(t)$。后面将用例子来说明如何运用这一离散时间 logit 模型。如同其他 logit 模型，离散时间风险模型也是用最大似然法来进行估计的。其主要原则是通过选择参数来使模型具有最大可能性拟合所得到的观察数据。

为了检验拟合优度，我们采用似然比卡方（χ^2），定义如下：

$$\chi^2 = \log(\text{检测模型的似然值}) - \log(\text{常数模型的似然值}) \tag{2}$$

这里常数模型指一个只有常数项而无其他协变量的模型。检验的自由度是协变量的总数。

只要一个模型是另外一个模型的特殊情况（即嵌套于另一模型之内），我们就可以用这个统计量来进行检验。大多数统计软件包都将检测模型似然值的对数值和常数模型似然值的对数值作为自己标准统计分析结果的一部分输出，因此似然比卡方值很容易根据上述公式计算出来。

（二）Cox 比例风险模型

连续时间模型有很多，在这一章中我们详细介绍的只是其中的一种，即 Cox 比例风险模型。Cox 比例风险模型是在事件史分析中使用最广的模型。在后面的一节中，我们将简要介绍一些其他的连续时间模型。

用 $h(t)$ 来代表风险率，Cox（1972）提出可以估算下列比例风险模型：

$$\ln h(t) = a(t) + b_1 x_1 + b_2 x_2 \tag{3}$$

这里 $a(t)$ 是一个基准风险函数，可以以任何形式出现。由于 $a(t)$ 并未规定，从这个意义而言，Cox 模型是一种半参数（semi-parametric）模型。并且，由于对任意两个案例 i 和 j，两者的风险之比是一个常数，只取决于个人特征而与时间 t 无关；从这个意义上讲，Cox 模型又是成比例的。这很容易用一个例子来说明。假定案例 i 有特征 x_{1i} 和 x_{2i}，而案例 j 有特征 x_{1j} 和 x_{2j}，那么案例 i 和 j 的风险率则分别为：

$$h_i(t) = \exp[a(t) + b_1 x_{1i} + b_2 x_{2i}]$$

$$h_j(t) = \exp[a(t) + b_1 x_{1j} + b_2 x_{2j}]$$

因此，

$$\frac{h_i(t)}{h_j(t)} = \frac{\exp[a(t) + b_1 x_{1i} + b_2 x_{2i}]}{\exp[a(t) + b_1 x_{1j} + b_2 x_{2j}]} = \exp[b_1(x_{1i} - x_{1j}) + b_2(x_{1i} - x_{1j})]$$

请注意，最后的结果并不取决于时间 t。

Cox 的天才贡献并不在于他的模型是成比例的（proportional）。事实上，一旦我们开始引进时间变量，这个模型就不再是成比例的了。Cox 的贡献在于他对估算公式（3）模型提出了很好的方法。他的估算方法被称为部分似然值法（partial likelihood，简称为 PL）。在 Allison（1984）或 Yamaguchi（1991）的书中可以找到对 PL 估算的具体技术细节的讨论。

关于 Cox 模型的拟合优度检验，离散时间 logit 模型拟合优度检验的程序和逻辑同样适用。然而，还有另外两种检验即分值检验（score test）和 Wald 检验也可以使用（详见 Yamaguchi，1991）。有充分理由可以认为，似然比卡方检验是使用最广泛的检验方法；并且，多数统计软件的标准输出中都提供检测模型的对数似然值和常数模型的对数似然值，因此似然比卡方值可以仿照上述离散时间模型计算公式（2）来计算。

（三）其他一些连续时间模型

如前所述，比例风险模型是社会科学中事件史分析应用最多的一种模型。Cox 模型的一个主要优点是，我们根本用不着对事件的时间概率分布做任何假设，可以专心致力于解释变量（即协变量）。但是在某些研究场合中，我们还需要对事件的时间概率分布提出假定。例如，如果我们知道某一事件发生的概率随时间单调增加或减少，我们就可以建立一个模型来体现这一特征。下面我们介绍一些对风险函数形态做了某种假定的统计模型。

1. 指数模型

指数模型有以下形式：

$$\ln h(t) = b_0 + b_1 x_1 + b_2 x_2$$

这种模型常被称为“单纯”模型，因为它假设事件发生的概率是一个常数。从上述的推导中我们有：

$$h(t)=\frac{1}{b}$$

一些研究者认为，指数模型是用事件史数据建立参数模型的很好的起点（Allison，1984）。还有一些人直接在社会学研究中使用这一模型。Yamaguchi（1991）在研究日本企业间工作流动时也应用了类似的模型。最近有一个关于中国1949年至1994年间职业变化模式的研究也应用了变换了的指数模型（Zhou，Tuman and Moen，1997）。

2. Gompertz 模型

Gompertz 模型采取下面的形式：

$$\ln h(t)=b_0+b_1x_1+b_2x_2+b_3t$$

因为随机变量 t 服从 Gompertz 分布，所以这一模型被命名为 Gompertz 模型。我们还可以用与此等价的另一公式来表达，即：

$$h(t)=\exp(b_0+b_1x_1+b_2x_2+b_3t)$$

如前所述，我们已知风险函数就能够推导出其他函数（比如概率密度函数）。人口学者早就开始使用 Gompertz 分布来拟合死亡率数据（Allison，1984；Namboodiri，1991），所以对死亡率建立模型时，Gompertz 模型是一种很好的备选方案。

3. Weibull 模型

Weibull 模型采取以下形式：

$$\ln h(t)=b_0+b_1x_1+b_2x_2+b_3\ln t$$

其中 b_3 被限制为必须大于1。这种模型产生出一种 Weibull 分布来描述至事件发生时的时间分布，所以被称为 Weibull 模型。

上面介绍的三种模型都属于比例风险模型的大类，并且都可以通过最大似然估计方法来估计参数。我们知道，在 Cox 一般比例风险模型中有一项“a（t）”没有规定。为了揭示 Weibull 模型只是 Cox 比例风险模型的一种特殊形式，我们可以简单地将“a（t）”换成“$b_0+b_3\ln t$”就行了。对于指数模型和 Gompertz 模型，我们也可以这样来做。这三种模型的一个缺陷是，在加入随时间变化的解释变量以后，模型估计就变得很难（Allison，n. d.）。然而，Cox 部分似然法可以解决这个问题。

4. 加速失效时间模型

令 T 为表示事件发生时间的随机变量，加速失效时间模型（accelerated failure time model）可以表达为下面的形式：

$$\ln T=b_0+b_1x_1+b_2x_2+1/4+u$$

上式也可以等价地表达为：

$$T=\exp(b_0+b_1x_1+b_2x_2+1/4+u)$$

其中 u 是随机扰动，可以有四种分布：正态（normal）分布、罗吉斯蒂（logistic）分布、极端值（extreme value）分布、对数伽玛（log gamma）分布。依赖于 u 服从上述四种分布的情况，T 的分布有对应的对数正态、对数罗吉斯蒂、Weibull、伽玛等分布。Weibull 模型（及它的特例指数模型）是加速失效时间模型家族的一部分。如果不存在删截观察案例，可以用 OLS 方法来进行模型估计。如果存在删截情况，我们就必须用最大似然估计方法。

（四）关于模型的选择

至此，我们介绍了许多事件史分析的统计模型，既有离散时间模型，也有连续时间模型。在上面介绍的连续时间模型中，一些是参数模型，还有一些是非参数模型或半参数模型（如Cox比例风险模型）。至于哪一种模型最好，并没有简单的答案。它依赖于许多方面。比如，如果研究者认为研究方案中的时间单位最好按离散方式描述，就采取离散时间模型。对于连续时间模型，如果可以认为风险函数是随时间单调变化的，可以考虑选用Weibull模型或Gompertz模型。如果认为风险函数不是单调变化的，可以考虑对数正态、对数罗吉斯蒂或Cox比例风险模型。在考虑拟合模型的类型时，我们还需要知道所用的计算机软件能够拟合哪些模型。比如，目前的SPSS仅能估计Cox模型，还不能估计其他参数模型。

在社会科学研究经常应用的估计生存模型的常用软件有：SPSS、SAS和STATA等。对它们的功能简介如下：

SPSS：十分友善。它具有Kaplan-Meier估计功能，可估计离散时间logit模型和带有依时间变化协变量的Cox比例风险模型。

SAS：也比较友善。在其PROC LIFETEST程序中具有Kaplan-Meier估计功能，其PROC LIFEREG程序可以做加速失效时间模型分析，其PROC PHREG程序可估计带有依时间变化协变量的Cox回归分析。

STATA：对于初学者有点难度。可以进行Kaplan-Meier估计，以及许多关于生存模型的统计检验。STATA也可以估计带有依时间变化协变量的Cox回归模型，还可以估计Weibull和指数模型。

如需要了解更多细节，请参阅有关手册或各软件中的“帮助”命令。

三、事件史分析的示范例题

对事件史数据应用最多的有两种模型：一种是离散时间logit模型，一种是Cox比例风险模型。在本节，我们将通过六个示范例子（三个假设的例子、三个实际社会研究的例子）来示范这两种模型的实际应用。其中有四个例子只有较少的案例（例2、例3、例6和例7），这样读者可以比较容易地在SPSS中进行实验；此外，因为案例较少，读者可以观察实际数据本身，获得对事件史数据的认识。另外两个例子（例4和例5）是用中国1988年千分之二生育节育调查数据的10%的再次抽样数据所进行的研究，由于这两个例子的原始数据量很大，我们只讨论操作步骤和对分析结果的阐释，不再给出原始数据。

（一）例2：职位晋升分析——离散时间风险模型

1. 例2的背景情况和数据

假设一个公司在1995年雇用了30名雇员。研究者感兴趣的是，在随后的两年中哪些人获得了晋升以及其原因是什么。于是，研究者在1997年调查了这30名雇员，取得以下信息：是否提升、雇员的性别（sex，男性编码＝1，女性编码＝0）、在加入本公司以前是否有工作经历。根据这些信息，建立了以下人年（person year）数据文件，格式见表13—3列出的前5名雇员的记录。

表 13—3　　例 2 的原始变量信息格式

sex	id	dura	prom	wexp
1	1	1	1	1
0	2	1	0	0
0	2	2	0	0
1	3	1	0	1
1	3	2	1	1
0	4	1	1	1
1	5	1	0	0
1	5	2	0	0
		（后略）		

注：本书附盘提供这套数据，文件名为：promotion. sav。数据包括来自 30 个人记录的 52 个人年案例。

其中，变量 id 是雇员的识别码；变量 dura 代表雇员在本公司工作的时间长度；变量 prom 代表某一年中此雇员是否获得晋升，这将是模型中的因变量；变量 wexp 是雇员进入本公司前是否有过工作经历。

如果在某一年中，某雇员到年末也没有获得晋升，变量 prom 将赋值为 0，如第二个人的工作案例。要是得到晋升，prom 就赋值 1，如第四个人的工作案例。

估算离散时间 logit 模型的主要工作是建立人年数据，这在 SPSS、SAS 和 STATA 软件中都可以做。关于使用 SPSS 改造原始数据，请参见第十四章中更为详细的介绍。

2. SPSS 中离散时间模型的操作步骤及分析

例 2 的原始数据已经给出，估算离散时间模型的实际操作过程非常简单。实际上它是一个 logistic 回归模型。在读入数据之后，在 SPSS 菜单中依次选择 Analyze → Regression → Binary Logistic 。先在相应设置窗口中设定因变量为变量 prom，其 0－1 编码表示某人在那一年是否有职位晋升。然后再将变量 dura、wexp 和 sex 设为的自变量（在事件史分析中称作协变量）。最后，点击 OK 按钮启动估计过程。

表 13—4 中提供了 SPSS 的 logistic 回归对例 2 的离散时间风险模型的估计结果。这一结果说明，在本公司工作时间 dura 和以往的工作经历 wexp 都是获得晋升的重要因素。性别（sex）是个虚拟变量，比较参照是女性，回归系数还表示出男雇员比女雇员更可能得到提升，然而性别影响在统计性上并不显著。关于回归系数及发生比率等输出指标更具体的解释，请参看本书第六章 logistic 回归。

表 13—4　　例 2：关于职位晋升的离散时间风险模型的分析结果

Variables in the Equation

		B	S. E.	Wald	df	Sig.	Exp (B)
Step 1[a]	dura	1.543	.705	4.797	1	.029	4.680
	wexp	1.726	.768	5.054	1	.025	5.618
	sex	1.228	.678	3.284	1	.070	3.414
	Constant	−4.007	1.358	8.701	1	.003	.018

a. Variable (s) entered on step 1：dura，wexp，sex.

(二)例 3:初育间隔分析——Cox 比例风险模型

1. 例 3 的背景情况及数据

初育间隔指已婚妇女从结婚到第一次生育之间的间隔。假设我们要进行初育间隔的影响因素研究,并且取得了有关数据。变量 dur 是初育间隔,以月为单位进行测量。变量 edu1、edu2、edu3 是三个表示受教育程度的虚拟变量,分别代表高中及以上学历、初中学历和小学学历。调查对象属于哪一类,对应的教育虚拟变量就赋值 1,否则就赋值 0。注意,不属于这三类的就是文盲半文盲,三个教育虚拟变量值都是 0,这里将其作为参照类。变量 agem 是妇女的结婚年龄。最后还有一个重要的变量 event,用来注明该案例是否发生过初育。event 值为 1 表示该妇女曾生育过子女,因此初育间隔是完整的。event 值为 0 表示事件未发生过,因此初育间隔被调查删截了。

表 13—5 中是例 3 的数据格式,表中仅列出前 8 条记录。

表 13—5　　例 3 的变量数据格式

dur	event	edu1	edu2	edu3	agem
11	1	0	0	0	21
10	1	0	1	0	20
10	1	0	0	1	23
12	1	0	0	0	16
17	1	0	0	0	23
1	0	0	1	0	19
26	1	1	0	0	21
18	1	0	0	1	18
(后略)					

注:本书附盘提供例 3 数据,文件名为:interval.sav。数据包括 57 名已婚妇女的数据资料记录。

2. SPSS 中 Cox 比例风险模型操作步骤及分析

按照前面介绍的生存函数的 Kaplan-Meier 估计的操作方法,得到例 3 中已婚妇女初育间隔的平均值和中位数如表 13—6。初育间隔的平均值为 15.8 个月,中位数为 13 个月。并且提供了相应的标准误及 95%置信区间。图 13—2 提供了 SPSS 所输出的初育间隔持续比例图。

表 13—6　　例 3:初育间隔的 Kaplan-Meier 估计

Means and Medians for Survival Time

Mean[a]				Median			
Estimate	Std. Error	95% Confidence Interval		Estimate	Std. Error	95% Confidence Interval	
		Lower Bound	Upper Bound			Lower Bound	Upper Bound
15.815	1.084	13.690	17.939	13.000	.999	11.041	14.959

a. Estimation is limited to the largest survival time if it is censored.

下面介绍在 SPSS 中对例 3 进行 Cox 比例风险模型估计的操作步骤。

用 SPSS 打开数据文件后,在 SPSS 菜单中依次选择 Analyze → Survival → Cox Regression 。

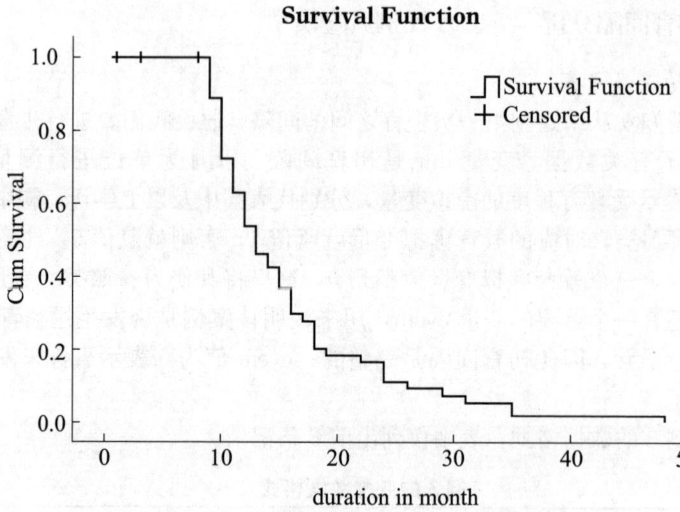

图 13—2　SPSS 输出的例 3 生存函数图

在相应对话窗口，我们需要设定三件事："Time"（时间）、"Status"（状况）和"Covariates"（协变量）。"时间"即持续期长度变量，在例 3 中，"时间"就是初婚和初育之间的间隔 dur。"状况"用以定义标志案例是否删截的变量，即例 3 数据中的 event，然后还需要进一步指定事件发生（即未删截）的编码为 1。最后，我们将其他变量设定为模型的协变量。现在，例 3 的 Cox 比例风险模型设置完毕，点击 OK 按钮，Cox 比例风险模型的估计就开始了。例 3 的主要估计结果列在表 13—7 中。

表 13—7　　例 3：初育间隔的 Cox 比例风险模型的分析结果

Variables in the Equation

	B	SE	Wald	df	Sig.	Exp (B)
edu1	−.109	.484	.051	1	.821	.896
edu2	.106	.454	.055	1	.815	1.112
edu3	−.301	.342	.779	1	.378	.740
agem	.082	.042	3.820	1	.051	1.085

用 SPSS 来估计 Cox 比例风险模型的统计结果表明，总的来说，这个模型与数据拟合得不太好，所有的教育虚拟变量都不显著，初婚年龄的检验接近于统计性显著（$\alpha=0.051$）。如果仅看具体变量的作用，那么结婚年龄越高，初育的风险率越大。换句话说就是，妇女结婚越晚，初育间隔越短。

（三）例 4：省际迁移分析——离散时间风险模型

例 4 是关于如何应用离散时间模型的例子，取自于一个对中国省际迁移的实际研究（Liang and White，1996）。在这里，我们想了解中华人民共和国成立以来迁移的长期趋势，特别是我们想考察中国的迁移模式在多大程度上反映了政府的政策和战略考虑。

例 4 的原始数据来自原国家计划生育委员会 1988 年中国千分之二生育节育调查 10％的抽样。这个数据样本具有全国代表性，包括了所调查家庭的所有成员的跨省迁移信息。

回答率为 99.95%，其中 29 人拒绝接受调查，159 人没有调查到（李宏规，1993：6－18）。此外，1988 年调查和中国 1982 年全国人口普查在很多人口变量上都是紧密相符的（林富德、王丰，1991）。

调查的一个特点是收集迁移信息的方式。调查中问："你最后一次跨省迁移是在什么时候?"这个问题与其他调查（例如 1990 年全国人口普查和 1987 年全国 1%人口抽样调查）所问的关于迁移的问题不同，在这些调查中仅仅涉及调查前 5 年的数据，而这个问题却可以用来分析中国迁移的长期趋势。

这里我们应用生存模型来分析中国跨省迁移的回顾性事件时间数据（backward recurrence time data)。Allison（1985）已经表明，只要事件是可重复的而且是无差异的，我们就可以把回顾事件时间问题（例如在此例中的最近一次迁移的年份）作为一个随机过程，并用事件史分析的方法来处理。在这些条件下，Allison 说："不加改变地完全照搬标准方法是可能的，就是把时间看作似乎从调查的时间一直倒退到事件发生的时间。"他运用美国居住地流动数据的例子来阐述这种方法，其追踪的数据由收入动态研究小组①提供。

像 Allison 一样，我们也用事件史分析方法对跨省迁移进行研究。与 Allison 不同的是，我们运用的是一个离散时间风险模型，而不是连续时间模型，因为我们的时间单位是年，并且我们感兴趣的是迁移倾向怎样按年份而变化②。应用离散时间模型的一个主要优点在于我们可以在控制年龄的条件下考察不同时间的迁移概率。

运用离散时间风险模型时，我们必须建立一个人年数据组。如果把整个抽样数据都制成这样一个数据组，那将很难而且也没有必要。因此，我们从调查的 10%随机抽样的原始数据中又抽取了 5%的样本，这样我们将对 9 587 个人的最后一次跨省迁移进行生存分析。对每个人出生后的每一年，我们都赋予了一个虚拟变量，以表明这个人当年是否有迁移。如果被调查者在那一年里并没有跨省迁移，那么虚拟变量为 0，如果有则为 1。而对于那些跨省迁移的人，在最后一次跨省迁移之前的人年数据要被删掉，因为对那段时间中的迁移我们一无所知。③ 这样，我们得到一个包括 225 952 条人年和三个变量的数据组，这三个变量分别为：一个是表明案例是否在观察年进行了迁移的虚拟变量，一个是随时间变化的年龄变量，一个日历年份变量。我们还设了几个虚拟变量来代表五岁年龄组。我们另外还设定了 38 个虚拟变量，用它们来代表 1950 至 1988 年的各个年份。

为了说明原始数据如何处理成模型分析可用的格式，让我们用一个假设案例来做示范。假设该例为 1970 年生，最后一次跨省迁移在 1980 年。表 13—8 是该案例的人年记录格式。

---

① 收入动态研究（the Panel Study of Income Dynamics）是美国密歇根大学的研究人员在 1968 年启动的一项针对美国居民收入变动的研究，该研究对生活在 5 000 多个家庭中的家庭成员进行追踪调查，初始样本超过 18 000 人。该调查被认为是美国国家科学基金会（National Science Foundation）在过去 60 年中所资助项目中影响最大的 60 个项目之一。

② Allison 认识到在处理他的居民流动数据时使用离散时间模型比连续时间模型更合适。因为结果很相似，所以在他的分析中只显示了连续时间模型的结果。这也表明在某些情况下可以灵活使用离散时间模型和连续时间模型。在我们的例子中，另外一种可行的模型是分段固定率模型（piecewise constant rate model)，这种模型允许在每一阶段上的风险率是固定的。要建立这种模型，我们还需要将时间单位从年改为月。这种做法很类似于 Zhou 等在对中国 1949 年至 1994 年工作变更模式的研究中所做的（Zhou et al.，1997)。

③ 在另外一些情况下，我们会用稍微不同的方式建立数据。做法详见本章附录。

表 13—8 案例记录格式

ID	CYEAR	AGE	MIG
10	1980	10	1
10	1981	11	0
10	1982	12	0
10	1983	13	0
10	1984	14	0
10	1985	15	0
10	1986	16	0
10	1987	17	0
10	1988	18	0

注意变量“日历年份”（CYEAR）和“年龄”（AGE）都随时间变化。识别码（ID）是分配给每一个人的特殊编码。一旦这个人在 1980 年有迁移，那么 1980 年以前的所有人年记录都被删除了。如果有人从未迁移过，那么这个人在变量“迁移”（MIG）下的所有人年记录值都是 0。我们最好在编出处理程序以后先将其应用于一些假设的数据（比如 5 或 10 个人的数据），以检验一下这个程序能否产生出所需要的格式。如果程序获得成功，再将其应用于实际数据（通常很大）。

例 4 由于数据量太大，不可能给出。不过，所有的数据建立和模型估计都是在 SPSS 中完成的。建立分析所需的人年数据文件包括分别对 1950－1988 年期间各年建立的共 39 个文件。例如，对 1950 年我们建立一个文件并取名为 File1950，它包括的信息有每个人是否在 1950 年有过迁移、每个人的年龄（这是个随时间变化的协变量，因为在不同年份年龄是变化的）以及表示 1950 年的变量。同样地，我们建立 File1952，File1953，…，File1988，然后将这 39 个文件汇合在一起以便进行离散时间模型估算。关于改造原始数据，请参见第十四章中更为详细的介绍。本例的 SPSS 的分析操作步骤，与上述例 2 中的过程相同。

例 4 离散时间风险模型得出的结果显示在表 13—9 中。我们估算了两个模型：第一个模型将变量年龄按五岁一组划分，并且加上一组表示个人单岁年龄的虚拟变量。沿用 White 和 Mueser（1988）曾经用过的做法，我们在第二个模型中不用 5 岁年龄组，而是使用其他与年龄相联系的项目，即 AGE、AGE×AGE、AGE×AGE×AGE，即年龄的一次方、二次方和三次方。时期效应保持不变。这里，我们只着重讨论模型 1。

表 13—9 的分析结果表明，与其他有关迁移的研究特别是以前对中国的研究（Liang and White，1997）相一致，年龄对于最近一次跨省迁移的概率有显著的影响，20～24 岁年龄组的人进行跨省迁移的概率最大。年龄系数吻合人们熟知的迁移年龄模式，就像在其他自由市场社会的研究中表明的一样。这个发现表明，尽管政府出于政治和战略的考虑所做出的政策和控制似乎会决定不同时期迁移的方向和数量，但是迁移的年龄模式却并不随着社会条件的变化而改变。

究竟这些迁移概率在不同时期差别有多大呢？我们用 1977 年作为参照年，因为这一年恰是经济改革开始的前一年，这样就可以说明政治和经济转变如何影响中国人口的迁移。我们通过同时控制年龄和所有时期，就可以更加肯定地判断出迁移的倾向。

表 13—9　　例 4：省际迁移的离散时间风险模型

	模型 1		模型 2	
协变量	回归系数	标准误	回归系数	标准误
年龄（参照组为 55 岁及以上组）				
<14	0.145	0.274		
15～19	1.089*	0.278		
20～24	2.017*	0.268		
25～29	1.810*	0.272		
30～34	0.835*	0.294		
35～39	0.745*	0.305		
40～44	0.550	0.328		
45～49	−0.116	0.409		
50～54	0.251	0.398		
年龄[1]			0.232*	0.020
年龄[2]（1/100）			−0.652*	0.072
年龄[3]（1/10 000）			0.466*	0.074
时期（参照组为 1977 年）				
1950	0.696	0.435	0.745	0.435
1951	0.409	0.470	0.447	0.470
1952	1.052*	0.386	1.093*	0.386
1953	1.308*	0.361	1.349*	0.361
1954	0.951*	0.386	0.992*	0.386
1955	0.842*	0.393	0.870*	0.393
1956	1.132*	0.365	1.151*	0.365
1957	0.683	0.401	0.698	0.401
1958	1.838*	0.322	1.836*	0.321
1959	1.359*	0.343	1.341*	0.343
1960	1.329*	0.343	1.299*	0.343
1961	0.974*	0.365	0.929*	0.365
1962	0.814*	0.374	0.770*	0.374
1963	0.481	0.401	0.439	0.401
1964	0.438	0.401	0.399	0.401
1965	0.399	0.401	0.360	0.401
1966	0.868*	0.357	0.832*	0.357
1967	0.023	0.434	−0.006	0.434
1968	0.668	0.365	0.649	0.365
1969	0.817*	0.351	0.810*	0.350
1970	0.730*	0.354	0.725*	0.353
1971	0.732*	0.351	0.732*	0.350
1972	0.238	0.386	0.243	0.386
1973	0.510	0.361	0.513	0.360

续前表

	模型 1		模型 2	
协变量	回归系数	标准误	回归系数	标准误
时期（参照组为 1977 年）				
1974	0.708*	0.345	0.712*	0.345
1975	0.200	0.380	0.207	0.379
1976	0.035	0.393	0.031	0.393
1978	0.844*	0.331	0.839*	0.331
1979	0.718*	0.336	0.704*	0.336
1980	0.768*	0.333	0.743*	0.333
1981	−0.014	0.386	−0.049	0.386
1982	0.208	0.365	0.176	0.364
1983	0.453	0.345	0.438	0.345
1984	0.282	0.354	0.280	0.353
1985	0.210	0.357	0.209	0.357
1986	0.813*	0.322	0.828*	0.322
1987	0.789*	0.322	0.805*	0.322
1988	1.035*	0.312	1.059*	0.312
常数项	−7.275*	0.378	−8.202*	0.323
卡方（Chi-Square）	588.59		410.58	
人年（Person-Years）	225 952		225 952	

* 在 $\alpha=0.05$ 水平统计性显著。

资料来源：中国 1988 年千分之二生育节育调查的千分之五样本。

“大跃进”使得 20 世纪 50 年代迁移率也跃进了一步。1958 年是个高峰，迁移发生比（odds）表明这一年的迁移率是 1977 年的 6 倍［exp（1.838）＝6.28］。此外，排除少数年份情况例外（如 1950 年、1951 年和 1957 年），50 年代明显是迁移最多的年代，其大部分年份的迁移概率都远远高于参照年 1977 年。

20 世纪 60 年代的迁移率则几经起伏。在 60 年代初，即“大跃进”之后，迁移减缓。但 1966 年“文化大革命”开始后又开始增加，并在 1969－1971 年间出现第二个高峰，迁移发生比表示这一时期的迁移概率约是 1977 年的两倍。

在市场转变开始的头三年（1978 年、1979 年和 1980 年），迁移的概率增加了。也就是在这几年，曾被政府送往乡村的大批知青返回了城市。1981 年至 1985 年间的迁移概率与 1977 年相比没有显著差别。但正如前述，在 20 世纪 80 年代末，当城市经济改革全面展开时跨省迁移又有明显增加。在这一时期，城市就业机会对于移民来说大大增加，工作单位雇用所需人员的权限也增加了，而城市户口登记制度则有所削弱。所有这些因素都使迁移比以前更加容易了（Wu，1994）。

（四）例 5：初育间隔分析——Cox 比例风险模型

在这一部分，我们将示范一个运用 Cox 比例风险模型的实例作为例 5。前面说过，Cox 比例风险模型是社会科学中分析生存数据时广泛使用的一个模型。这个模型之所以被广泛使用，其中一个原因是它的灵活性，它不需要对风险函数的具体形式进行准确定义（Yamaguchi，1991）。此外，如 Allison（1984）所述："即使在违反了比例风险的假设的时候，也常常还是一个可以令人满意的近似估算。"

在所举的实例中，我们要研究已婚妇女的初育间隔及其决定因素。初育间隔之所以重要，是因为它是社会变化和政府政策的一个标识（Rindfuss and Morgan，1983）。例如，中国计划生育政策的一个组成部分是鼓励晚婚；这样的政策将可能导致初育间隔缩短，因为晚婚的夫妇希望赶上其他人（Wang and Yang，1996）。所以我们可以假设，结婚年龄越晚，初育间隔就会越短。我们还可以推导出其他的假设。比如，随着性和怀孕知识的传播，较晚结婚队列的生育间隔会比过去的结婚队列更短，因为最近结婚的夫妇知道如何选择最佳性交时间去获得最大的怀孕可能。与此类似，还可以假设城乡之间以及不同社会经济发展水平的地区之间也会存在差别。

我们再次利用 1988 年中国千分之二生育节育调查的 10%抽样数据。这个调查收集了年龄在 15～57 岁的已婚妇女及其丈夫的避孕、生育和他们的特征的详细历史资料。为了避免选择性偏差（因为死亡和其他因素），我们选择了 1970 年后的结婚队列。为了较好地代表中国的不同地区，我们选择了以下三个省份的已婚妇女：贵州、安徽和广东。这三个省份处于不同的经济发展水平（State Statistical Bureau，1988），其中贵州最低（农村人均收入 341 元），广东最高（1987 年农村人均收入 644 元），安徽省的农村人均收入居中，为 449 元。

审阅生存曲线，即在时间 t 尚未生育第一个孩子的比例，可以看到，在婚后 20 个月时，一半的妇女已经生育了第一个孩子（该曲线未附在本章中）。

为了运用 Cox 比例风险模型，我们要确保数据的格式正确。我们将要研究的主要变量是初育间隔，即由初婚的日期到第一次怀孕结束的时间来衡量。初婚的日期由世纪月份日历（century month calendar，简称为 CMC）来计算，并以 1880 年为起始观察年（注意在数据中无人出生于 1880 年前）。这就意味着对任何的初婚，我们都要计算从 1880 年到初婚日期之间的月份数。比如一名妇女在 1951 年 11 月结婚，我们怎样用 CMC 形式来计算她的结婚日期呢？首先，我们知道：从 1880 年到 1951 年的月份数为（20＋51）×12＝852 个月。因为这名妇女是 11 月结的婚，所以还必须再加 11 个月。那么 1880 年至 1951 年 11 月的月份数为 852＋11＝863。于是，这名 1951 年 11 月结婚的妇女用 CMC 计算的初婚时间为 863。类似地，我们可以用 CMC 来计算第一个婴儿出生的日期。幸运的是，在我们的数据中，所有初婚和初育的日期都已被转化成用 CMC 计算的日期。在社会科学研究中，我们经常遇到的是只有事件发生的月份和年份的信息。在这种情况下，我们可将这些数据转化为 CMC 以便进行事件史分析[①]。

CMC 的主要优点在于计算时间长度变量时非常方便，比如计算初育间隔。一旦我们有了以 CMC 形式计算的初婚和初育的日期，那么初育间隔（初婚到初育的时间长度）可以简单地

---

① 另一种常用的方法是通过 SPSS 所提供的日期函数 YRMODA 将日期换算为距基准时点 1582 年 10 月 14 日的天数。这一基准时点是通用的阳历启用的第一天。具体方法见第十四章。

通过初育时间减去初婚时间而计算出来，这个时间间隔变量（通常称为持续期）是估算Cox比例风险模型所必需的。在我们的模型中包括7个协变量，它们是居住地类型（农村、镇和城市）、地区（贵州、安徽和广东）、民族（汉族和非汉族）、初婚年龄、被调查者的受教育程度、丈夫的受教育程度以及结婚队列。

例5的原始数据改造是一项很麻烦的工作，这里不讨论具体步骤和细节，有关内容可以参阅第十四章。在完成数据改造以后，用SPSS估计Cox比例风险模型则可以按上述例3的相应步骤来完成。

对例5估计了三个比例风险模型，分析结果在表13 10中。下面主要讨论和解释其中的第三个模型。

表13—10　　例5：初育间隔的Cox比例风险模型

协变量	模型1	模型2	模型3
居住地类型			
农村（参照组）			
城市	—.021 9	—.162 9	—.128 1
镇	—.007 6	—.063 9	—.056 0
地区			
贵州（参照组）			
广东	—.006 4	—.050 9	—.001 8
安徽	.110 5*	.125 5*	.144 4*
民族			
非汉族（参照组）			
汉族	.329 3*	.300 7*	.324 8*
初婚年龄	.026 1*	.024 5*	.023 4*
教育			
文盲半文盲（参照组）			
高中及以上		.266 1*	.162 2
初中		.336 8*	.222 6*
小学		.208 1*	.123 5*
丈夫的受教育程度			
文盲半文盲（参照组）			
高中及以上			.005 8
初中			.067 5
小学			.105 0
结婚队列			
1970—1974（参照组）			
1975—1979			.026 3
1980—1984			.181 3*
1985—1988			.537 2*
—2 log likelihood	35 133	35 095	35 004
df	6	9	15

*在 $\alpha=0.05$ 水平统计性显著。

资料来源：中国1988年千分之二生育节育抽样调查的10%数据。

熟悉解释回归系数的读者，会觉得 Cox 比例风险模型的解释非常简单。唯一的区别在于在 Cox 比例风险模型中，我们的因变量是风险率 h (t)。为了解释得更直观，我们对 Cox 比例风险模型的等式两侧取指数。例如，这个模型中初婚年龄的系数为 0.023 4，取指数 exp (0.023 4) = 1.023 6，这表明在控制其他变量的条件下，结婚年龄每推迟一年，初育的风险率将仅增加 2%。决定初育风险率的最重要的因素是结婚队列和妇女受教育程度（参看系数的大小和统计显著性水平）。1985 年至 1988 年期间结婚队列的系数为 0.537 2（并且统计性显著），取指数 exp (0.537 2) =1.711 2。这表明 1985 年至 1988 年结婚的妇女初育的风险率比 1970 年至 1974 年（参照组）结婚的妇女高 71%。

此外，已婚妇女的受教育程度对初育的风险率的影响还是非线性的。当妇女的受教育程度从文盲半文盲（参照组）提高为小学、初中时，初育的风险率也随之上升。但一旦妇女达到高中文化水平或更高，受教育程度对风险率的影响就不显著了。这一发现同样在地区变量中得到证实。我们不会忘记贵州、安徽和广东是代表了不同经济发展水平的省份。安徽妇女初育的风险率要大于贵州（参照组）的妇女。但是，贵州（社会经济发展水平最低）妇女初育的风险率与广东（社会经济发展水平最高）妇女却并没有明显的差别。这表明，如有的研究所示（Wang and Yang，1996），中国初育间隔的缩短可能是暂时的。当中国妇女的受教育程度进一步提高，中国整个经济发展进一步加快的时候，社会经济因素对初育间隔时间的影响，很可能会出现一种相反的情况。例如，对于受教育程度较高的人来说，初育间隔可能会更长。

（五）例 6 和例 7：初职流动分析——含随时间变化自变量的 Cox 比例风险模型

1. 例题的背景情况及数据

例 3 和例 5 的 Cox 比例风险模型中的自变量全部是不随时间变化的自变量，即它们的值在整个事件过程中不发生变化。Cox 比例风险模型以及其他的事件史分析模型可以处理随时间变化的自变量，即它们的值在事件过程中随着时间的变化会发生变化。下面的例 6 和例 7 使用同一个数据文件[①]，我们将讲解怎样在 SPSS 中处理这样含随时间变化的自变量的模型。

我们感兴趣的是哪些因素影响农民工的初职流动。在这里，初职流动指的是农民工从进入第一份工作到离开第一份工作的过程。表 13—11 中展示的是部分数据。START 和 END 是第一份工作的开始和结束日期。到调查日期截止（即 2010 年 7 月），并不是所有调查对象全都经历过工作流动。EVENT 值为 0 的，代表没有经历过初职流动（即右删截）；值为 1 的，代表经历过初职流动（即未删截）。DUR 为第一份工作的持续时间，计量单位为天[②]。GENDER 是调查对象的性别，在 Cox 模型中为类别变量，女性赋值为 1，男性为 2。WAGE 则是调查对象的月工资额。

---

① 数据取自南京大学刘林平教授主持的教育部哲学社会科学研究重大课题“农民工权益保护理论与实践研究”(09JZD0032)。

② 数据收集的日期只有年和月，为了使用 SPSS 所提供的日期函数进行日期计算，我们将所有的日设定为 1 号。

表 13—11 例 6 的变量数据（节选）

START	END	DUR	EVENT	GENDER	WAGE	AGE	CERTI	CERT1	CERT2	DISEASE	DISEASET1	DISEASET2
01 - Jun - 2006	01 - Jun - 2007	365	1	2	850	19	2			2		
01 - Jun - 2010	01 - Jul - 2010	30	0	2	1 600	47	2			2		
01 - Aug - 1990	01 - Feb - 1991	184	1	2	450	36	2	01 - Nov - 2009		2		
01 - Mar - 2005	01 - Jul - 2010	1 948	0	2	1 948	19	2			2	01 - Jul - 2006	487
01 - Jun - 2000	01 - Jun - 2004	1 461	1	1	600	29	2	01 - Oct - 2003	1 217	2		
01 - May - 2000	01 - Jul - 2001	426	1	1	800	27	2			2		
01 - May - 1996	01 - Dec - 1999	1 309	1	2	450	25	2			2		
01 - Apr - 2010	01 - Jul - 2010	91	0	2	1 500	25	2			2		
01 - May - 2008	01 - Dec - 2008	214	1	2	1 200	21	2	01 - Jul - 2008	61	2		
01 - Aug - 2001	01 - Dec - 2003	852	1	2	400	24	2			2	01 - Jul - 2009	
01 - Sep - 2008	01 - Jul - 2010	668	0	1	1 800	20	1	01 - Feb - 2004		2		
01 - May - 2010	01 - Jul - 2010	61	0	1	1 200	18	2			2		
01 - Aug - 1996	01 - Jul - 2010	5 082	0	2	3 500	20	2			2	01 - Jul - 2005	3 256
01 - Oct - 2005	01 - Jul - 2010	1 734	0	2	2 500	28	2	01 - Sep - 2008	1 066	2		
01 - Feb - 1999	01 - Jul - 2010	4 168	0	2	1 400	29	2			2		
01 - Mar - 1994	01 - Jul - 1994	122	1	2	450	35	2			2		
01 - Jan - 2006	01 - Jan - 2010	1 461	1	1	1 300	20	2			2		
01 - Dec - 2004	01 - Apr - 2010	1 947	1	1	2 000	17	2	01 - Dec - 2006	730	2		
01 - Mar - 2007	01 - Dec - 2007	275	1	1	700	35	2			2		
01 - Mar - 1987	01 - May - 1999	4 444	1	2	600	37	2			2		
01 - Aug - 2007	01 - Mar - 2009	578	1	2	2 000	18	2	01 - Mar - 2010		2	01 - Jan - 2009	519

注：本书附盘提供例 6 所用数据，文件名为job-change. sav。数据来自“农民工权益保护理论与实践研究”项目的部分数据（$N=1\ 000$）。该研究详情见刘林平等：《劳动权益的地区差异——基于对珠三角和长三角地区外来工的问卷调查》，载《中国社会科学》，2011（2）。

随时间变化的自变量有 AGE、DISEASE（是否得过职业病：1＝得过；2＝没有得过）和 CERTI（职业资格证书：1＝有；2＝没有）。表 13—11 中显示的是第一份工作开始时调查对象在这三个变量上的取值，即第一份工作开始时调查对象的年龄、职业病史和职业资格证书。在原始数据中，我们只有调查对象目前的拥有职业资格证书的情况和考取证书的时间。为了获得第一份工作开始时的职业资格证书情况，我们需要根据调查对象提供的考取时间（CERT1）做如下数据处理：对于在第一份工作开始前获得职业资格证书的调查对象，他们的 CERTI 取值为 1；对于在第一份工作结束之后考取证书的，他们在该变量上的取值为 2；对于考取时间在第一份工作期间的调查对象，CERTI 初始取值也为 2，但是与上一种情况不同的是，这些调查对象在 CERTI 上的取值会在分析过程中发生变化。DISEASE 的赋值情况也需根据得职业病的时间（DISEASET1）进行同样的处理。对于在初职期间取得职业资格证书的调查对象，CERT2 代表的是从进入初职到取得执业资格证书之间的时间间隔（天）。对于在初职期间得职业病的调查对象，DISEASET2 代表的是从进入初职到得职业病之间的时间间隔（天）。

下面介绍在 SPSS 中进行有随时间变化自变量的 Cox 比例风险模型估计的操作步骤。我们通过例 6 来示范只有一个随时间变化的自变量的 Cox 比例风险模型分析，再通过例 7 来示范含有多个随时间变化的自变量的 Cox 比例风险模型分析。

2. 例 6：只含一个随时间变化的自变量的 Cox 风险模型

如果模型中只有一个随时间变化的自变量（例如 AGE），全部分析可以通过菜单中的选项完成。读入数据以后，在 SPSS 菜单中依次选择 Analyze → Survival → Cox w/ Time-Dep Cov。我们首先需要在相应对话窗口定义随时间变化的自变量。在“Expression for T _COV _:”下面的输入框中键入字符串“age+T _/365”。这串字符其实是一个表达式，表明 T _每增加一个单位（1 天），age 增加 1/365。然后点击窗口中的 Model 按钮，在弹出的相应对话窗口中，我们便可以看到刚定义的随时间变化的自变量已经出现在了变量列表中，系统自动将其命名为 T _COV _。

接下来，我们同样需要设定三件事：“Time”（时间）、“Status”（状况）和“Covariates”（协变量）。“时间”即持续期长度变量。在例 6 中，“时间”变量就是第一份工作开始和结束之间的间隔 DUR；“状况”变量即标志案例是否删截的变量 EVENT，并且还需要进一步指定事件发生（即未删截）的编码为 1；最后设定模型中的协变量 WAGE、T _COV _和 GENDER。并且，我们还需要告诉 SPSS，GENDER 是个类别变量，即点击该窗口中的 Categorical 按钮，在相应弹出的窗口中双击 GENDER，使其移到“Categorical Covariates”下的框中。请注意，该变量名后提示该变量将采用（Indicator）编码，并且默认的比较参照类是最后一类（Last），即男性。然后点击 Continue 返回上级窗口。现在例 6 的 Cox 比例风险模型设置完毕，点击 OK 按钮便开始运行这一模型的估计。例 6 的主要估计结果列在表 13—12 中。

表 13—12 例 6：含一个随时间变化自变量的 Cox 风险模型

协变量	回归系数（B）	标准误（SE）	显著度（Sig.）
月工资（WAGE）	－.001	.000	.000
年龄（T _COV _）	－.030	.005	.000
性别（参照组为男性）			

续前表

协变量	回归系数（B）	标准误（SE）	显著度（Sig.）
女性（GENDER）	－.149	.078	.056
整体模型检验：			
案例数（N）	卡方（Chi-sq.）	自由度（df）	显著度（Sig.）
1 000	166.525	3	.000

资料来源："农民工权益保护理论与实践研究"项目的部分数据（N=1 000）。

例 6 的 Cox 比例风险模型的统计结果表明，月工资和年龄对初职的离职风险率有显著的影响。月工资越高，离职的风险率越低；年龄越大，初职流动的风险率越小。但是，性别变量没有通过显著性检验。

3. 例 7：含多个随时间变化的自变量的 Cox 风险模型

另一种情况是模型中有两个及以上的随时间变化的自变量。在这种情况下，所有分析都需要通过编写 SPSS 程序命令进行。我们将在例 6 的 Cox 风险模型基础上再加入另外两个随时间变化的变量，作为例 7 来进行示范。因此，例 7 所用的还是例 6 的同一数据，但是要在 SPSS 窗口点击 File → New → Syntax 来打开程序（syntax）窗口来新建一个程序命令文件。在弹出的程序窗口里键入以下命令（注意：下面每行命令前的序号都是为了说明方便，实际操作中不能输入）①：

```
1.    TIME PROGRAM.
2.    COMPUTE T_age = age + T_/365.
3.    COMPUTE T_disease = DISEASE.
4.    COMPUTE T_certi = CERTI.
5.    IF (DISEASET1>START & DISEASET2<END) & T_>DISEASET2 T_disease = 1.
6.    IF (CERT1>START & CERT1<END) & T_>CERT2 T_certi = 1.
7.    COXREG DUR
8.    /STATUS = EVENT(1)
9.    /CONTRAST (GENDER) = indicator
10.   /CONTRAST (T_certi) = indicator
11.   /CONTRAST (T_disease) = indicator
12.   /METHOD = ENTER T_age T_certi T_disease WAGE GENDER
13.   /CRITERIA = PIN(.05) POUT(.10) ITERATE(20).
```

还需要注意，SPSS 程序命令中必须要用英文句号"."表示一条命令的结束。一条命令可以有多行子命令，最后仍然要用英文句号加以结束。所以，读者要特别注意以上这段程序命令中各行结束时的情况，输入不能有误。

在以上分析例 7 的 SPSS 程序中，首行表示处理时间数据的程序开始。然后，先定义随时间变化的自变量。本例要创建三个新变量 T_age、T_disease 和 T_certi（第 2～4 行命令）。其中，T_age 与例 6 中形成的 T_COV_定义一样，其他两个变量的值先设定为初职开始时的

① 读者亦可先按例 6 进行菜单设置，然后点击 Paste 按钮将对应的命令暂存到命令窗口，然后以例 6 命令为基础，修改为所示例 7 相应命令。这样，读者还可以更容易理解拥有多个动态协变量的 Cox 模型分析命令。实际上，本书附盘提供了可直接调用的上述命令文件：job_EX7_3TDC.sps。

值；对于职业病发生在初职期间的调查对象，职业病发生之后的值变为 1（第 5 行命令）；对于在初职期间取得职业证书的调查对象，获得职业证书之后，CERTI 的取值变为 1（第 6 行命令）。可见，SPSS 中定义随时间变化的自变量的关键是利用系统提供的内部时间变量 T_把初职持续时间分成几个时间分段（time segments），这些自变量在每个时间段上有不同的取值。第 7～8 行命令设定 Cox 模型的时间变量为 DUR，状态变量为 EVENT，其中编码 1 表示事件发生（或无删截）。模型中的自变量包括：T_age、T_disease、T_certi 和 GENDER（第 12 行命令）。在这个模型中，除了 GENDER、T_certi 和 T_disease 也为类别变量（第 9～11 行命令）。

确认输入无误后，可点击 File → Save as 将这段程序命令起名另存为一个程序文件，以备以后修改后再用。运行这段程序命令的操作是，选择全部程序后，点击 Run → Selection，SPSS 即启动运行选择的命令。运行得到例 7 的主要估计结果列在表 13—13 中。

表 13—13　　例 7：含三个随时间变化自变量的 Cox 风险模型

协变量	回归系数（B）	标准误（SE）	显著度（Sig.）
年龄（T_age）	−.030	.005	.000
职业资格证书（参照组为没有）			
有（T_certi）	.567	.148	.000
职业病（参照组为没有）			
有（T_disease）	.753	.507	.138
月工资（WAGE）	−.001	.000	.000
性别（参照组为男性）			
女性（GENDER）	−.133	.078	.087
整体模型检验：			
案例数（*N*）	卡方（Chi-sq.）	自由度（df）	显著度（Sig.）
1 000	173.412	5	.000

资料来源："农民工权益保护理论与实践研究"项目的部分数据（*N*=1 000）。

例 7 的 Cox 比例风险模型的统计结果表明，年龄和月工资对初职的离职风险率有显著的影响。年龄越大，初职流动的风险率越小。月工资越高，离职的风险率越低。另外，获得职业资格证书会显著地增加农民工初职流动的风险率。在这个简单的模型中，性别和职业病史对初职流动没有显著的影响。

四、需要注意的问题

尽管事件史分析模型与传统的回归方法相比有很大优越性，但人们在使用这一技术时仍应小心谨慎。

事件史分析方法对于数据有特殊的要求。事件史分析常常要依赖于事件史类型的数据（一定事件发生的时间，例如结婚、求职、升职；而且还需要其他重要特征方面的数据，如当时的受教育程度和家庭社会经济状况）。从这一点来说，典型的人口普查数据通常情况下并不适用于事件史分析，因为通常普查收集的是横贯数据。这一章中我们所使用的数据资料——中国 1988 年千分之二生育节育调查确实具有怀孕史、生育史和儿童死亡史的信息，不过这些数据并不是事件史分析最理想的数据，因为其他一些重要特征（如受教育状况）是根据调查进行时的情况测量的，而不是那些所研究的事件发生之前的状况。我们使用调查时的教育程度来进行分析，实际上要假定其教育水平从初育时点到调查时点期间没有改变。这可能是一种合理的近似估计，因为从年龄别生育模式来看，大部分妇女是在 20～34 岁间生育，而在 1988 年时大学生数量很少，大部分妇女应该在进入这一年龄段前完成受教育过程，因此妇女的受教育程度从初育时间到调查时间不会改变多少。另外，我们还有足够数量的依时间变化的协变量来保证事件史分析更有意义，例如结婚队列、初婚年龄、城乡状况和地区。

相比之下，美国许多全国性调查一直定时收集事件史类型的数据。一些著名的数据资料（专用于事件史分析）来自于收入动态追踪研究、全国青年纵向调查以及新开展的合法移民纵向调查。人们应用这些数据做了大量的重要研究，其主题包括了青少年怀孕、贫困、福利依赖、劳动力参与动态、受教育程度以及工作变动等方面的内容，这些研究在理论上和政策上都有重要意义。

近年来，中国的社会科学家也开始意识到事件史分析的优点。但是在数据收集方面，我们还是相当落后的。中国只有少数几个调查能提供事件史类型的数据，中国 1988 年千分之二生育节育调查是其中之一，这套数据已被用于分析，研究者基于该数据在近年发表了若干有分量的研究论文，这些论文涵盖了计划生育（Li，1995）、性行为及生育间隔（Wang and Yang，1996）以及迁移方面（Liang and White，1996）等多个领域。此外，1988 年由武汉大学和布朗大学联合举行的迁移和生育调查也包括事件史类型数据（Goldstein，White and Goldstein，1996）。

在进行事件史分析时，除了对数据的要求之外，还应对模型的具体设定小心处理。我们借用 Yamaguchi（1991）的一个例子加以说明 。假设一位研究人员想要研究已婚夫妇的离婚问题，并决定用是否有孩子作为一个协变量（与时间无关）来预测离婚的风险率。这种做法并不妥当，因为婚龄较长的夫妇有孩子的概率就会较高。处理这个问题的一种方法是将是否有孩子作为一个依时间变化的协变量，而这就要求我们知道生育孩子的具体时间。

我们还需要指出的是关于离散时间风险模型的一个局限性。由于数据是为进行离散时间模型研究建立的，在准备数据时通常会产生庞大的数据组，这一点在使用很长时期的个人行为观察资料时尤其明显，上述研究中国 1950 年至 1988 年之间的迁移就是一个例子。对于 Unix 工作站或其他大型主机系统来说，处理这样一套数据并不成问题，但是个人电脑使用者可能会遇到一些内存方面的限制或其他计算方面的困难。一种解决方法是加大个人电脑的内存，另一种方法是在我们已知事件发生的月份或星期方面信息（而不仅仅是年份）的条件下，转为应用连续时间模型。STATA 软件用户还可以通过特定设置来扩大软件所使用的内存。

最后应该注意的是，正如 Allison（1984）曾指出的，许多社会学家对于连续时间风险过程却采用离散时间风险模型进行分析，这样的做法存在着潜在的不足，即离散时间风险模型的结果（如系数）在不同时间间隔长度的研究之间是没有可比性的，因为概率是按时间间隔长度设定的（Peterson，1991）。不过，可以从数量上证明，如果每个单位时间的概率很小的话，由离散时间 logit 模型产生的参数与连续时间比例风险模型中所得到的参数是十分接近的。

基本概念

事件史　纵贯数据　回顾性调查　追踪调查　时变变量　删截　风险集　持续期　风险率

风险函数 生存函数 概率密度函数 分布函数 Kaplan-Meier 估计 离散时间模型 人年数据 logit 模型 连续时间模型 参数模型 非参数模型 半参数模型 Cox 比例风险模型 基准风险函数 时间变量 状态变量 协变量 时变协变量

本章要点

1. 事件史分析服务于对事件发生的方式及其相关因素的研究。

2. 与一般横贯统计研究不同，事件史分析采用纵贯数据，也就是说这一方法能够很好地将随时间变化的动态变量纳入分析。

3. 事件史分析的另一个优点在于能够纳入和处理删截案例，避免了信息的损失及其由此产生的统计偏差。

4. 两种社会科学研究中使用最广泛的事件史分析方法是用于离散时间数据的 logit 模型和用于连续时间数据的 Cox 比例风险模型。

参考文献

Allison，P.（1985）. Survival Analysis of Backward Recurrence Time Data. Journal of the American Statistical Association，80：315 - 322.

Allison，P.（n. d.）. Lecture Notes on Event History Analysis. Department of Sociology. University of Pennsylvania.

Allison，P.（1984）. Event History Analysis：Regression for Longitudinal Event Data. Beverly Hills，CA：Sage Publications.

Cox，D. R.（1972）. Regression Models and Life Tables. Journal of Royal Statistical Society，B (34)：187 - 220.

Cherlin，A.（1991）. Marriage，Divorce，Remarriage，Revised and Enlarged Edition. Cambridge：Harvard niversity Press.

Cox，D. R.，and Oakes，D.（1984）. Analysis of Survival Data. New York：Chapman and Hall.

Li，J.（1995）. China's One-child Policy：How and How Well Has it Worked? A Case Study of Hebei Province，1979 - 1988. Population and Development Review，21：563 - 586.

Goldstein，A.，White，M.，and Goldstein，S.（1996）. Migration and Fertility in Hubei Province，China. Brown University PSTC working paper ＃96 - 08.

Kalbfleisch，J. D.，and Prentice，R. L.（1980）. Statistical Analysis of Failure Time Data. New York：John Wiley & Sons.

Liang，Z.，and White，M. J.（1996）. Internal Migration in China，1950 - 1988. Demography，33：375 - 384.

Liang，Z.，and White，M. J.（1997）. Market Transition，Government Policies，and Interprovincial Migration in China，1983－1988. Economic Development and Cultural Change，45：321－339.

Miller，R. G.（1981）. Survival Analysis. New York：Wiley.

Namboodiri，K.，and Suchindran，C. M.（1987）. Life Table Techniques and Their Applications. Academic Press.

Peterson，T.（1991）. The Statistical Analysis of Event Histories. Sociological Methods and Research，19（3）：270－323.

Namboodiri，K.（1991）. Demographic Analysis：A Stochastic Approach. New York：Academic Press Inc.

Rindfuss，R. R.，and Morgan，P.（1983）. Marriage，Sex，and First Birth Interval：The Quiet Revolution in Asia. Population and Development Review，9：259－278.

Wang，F，and Yang，Q.（1996）. Age at Marriage and First Birth Interval：The Emerging Change in Sexual Behavior among Young Couples in China. Population and Development Review，22：299－320.

State Statistical Bureau（1988）. China Statistical Yearbook（1988）. Beijing：China Statistics Publishing House.

State Family Planning Commission（1988）. China Fertility and Birth Control Survey：Technical Documentation. Beijing：State Family Planning Commission.

White，M. J.，and Mueser，P. R.（1988）. Implications of Boundary Choice for the Measurement of Residential Mobility. Demography，25：443－459.

Wu，W. H.（1994）. Rural to Urban Migration in the People's Republic of China. China Quarterly，139：669－698.

Yamaguchi，K.（1991）. Event History Analysis，Applied Social Science Research Methods Series Volume 28. Newbury Park，CA：Sage Publications Inc.

Zhou，X.，Tuman N. B.，and Moen，P.（1997）. Institutional Change and Job-Shift Patterns in Urban China，1949－1994. American Sociological Review，62：339－365.

李宏规．中国生育节育抽样调查概况//常崇煊．中国生育节育抽样调查北京国际研讨会论文集．北京：中国人口出版社，1993.

涂平，刘长松．参数生存模型在婴幼儿死亡分析中的应用．人口动态，1991，(3).

涂平，陈润田．陕西妇女生育行为及相关因素分析．人口动态，1991，(1).

涂平．上海、陕西婴儿、儿童死亡率影响因素之比较分析．中国人口科学，1990，(1).

林富德，王丰．全国生育节育抽样调查资料的质量检验．人口研究，1991 (1).

附 录

例如，我们想要研究从农村到城市初次迁移的概率，我们应该以一个人的出生（或任何其他的认为合适的起始时间）开始计算第一个人年来开始，用这种方法建立数据。对出生之后的每个人年，我们可以观察该人是否进行了迁移。我们可以再次使用一个 0—1 变量来记录每一年的迁移结果。如果这一年没有迁移，那么这个虚拟变量取值为 0，反之则为 1；然后将事件发生年之后的人年数从分析中删去，因为我们感兴趣的只在于第一次迁移的概率。而一旦迁移发生了，所剩的人年数就没有意义了。用一个例子来示范这个过程。假设一个人出生于 1970 年，第一次迁移在 1975 年（请注意这是出生后第一次迁移，不同于本章中用来建立离散时间 logit 模型的例子），那么此人的人年记录应该如表 13—14 所示。

表 13—14 人年记录一

ID	CYEAR	AGE	MIG
20	1970	0	0
20	1971	1	0
20	1972	2	0
20	1973	3	0
20	1974	4	0
20	1975	5	1

如果还有一人出生于 1980 年并从来没有迁移过，假设调查是在 1988 年进行的，那么此人的记录应该如表 13—15 所示。

表 13—15 人年记录二

ID	CYEAR	AGE	MIG
21	1980	0	0
21	1981	1	0
21	1982	2	0
21	1983	3	0
21	1984	4	0
21	1985	5	0
21	1986	6	0
21	1987	7	0
21	1988	8	0

这类方法的实际研究案例可以参见 Massey 和 Liang 的文章①。

① Massey，D. S.，and Ziang，Z.（1989）. The Long Term Consequences of Bracero Program. *Population Research and Policy Review*，8：199 - 226.

第十四章

对事件史原始数据进行预处理

在第十三章中，我们对事件史分析的基本概念和模型做了介绍。

但在事件史分析的实际操作中，研究人员常常发现数据预处理是一项很麻烦的工作。在应用其他分析方法时，输入的数据资料都往往已经具备相当标准化的格式，无需再进行处理。与此相比，应用事件史分析的实际数据格式却往往因不同的调查、不同的专题而有数据格式方面的很大差别。当然，研究人员可以使用一些编程语言如 C、FORTRAN、PASCAL 等程序将原始数据加工为他们所需要的格式，但是这项工作往往需要研究人员具有这些编程语言的专门知识，有时甚至需要专业程序员才能完成这项工作。所以，我们经常遇到这种情况，应用事件史分析方法的研究人员并不太了解编程工作，他们希望能用比较熟悉的统计软件的命令将实际拥有的数据改造为一定的格式。

本章的目的就是介绍如何应用 SPSS 统计软件包中的编程语言来完成十分复杂的数据格式加工的工作。我们将主要讨论在事件史分析中经常遇到的两个方面的数据处理问题：一个是如何计算生存持续期；另一个是如何将调查数据由以案例为单位的格式改变为以一定时间为单位的格式。本章将用六个例子来示范运用 SPSS 编程进行数据处理的技术。理解和掌握这五个例子将会十分有助于那些准备应用 SPSS 软件编程来进行数据处理的研究人员。同时，这些例子对于那些熟识 SAS 和 BMDP 的用户也会有所启发。

下面，我们的讨论将从不同输入数据的类型及相应的编程语言开始。

一、输入数据类型

事件史数据有时也称为生命时间（lifetime）、生存时间（survival time）或失败时间（failure time）。总的来说，它们都是关于某一事件是否发生和何时发生的信息。如果这一事件在研究者结束观察时还没有发生，我们就说这一案例被删截了（censored）。几乎所有的事件史数据都是与时间相关联的。当事件的自变量随时间过程而发生变化，我们称其为“随时间变化”（time-varying）或“动态变量”。与此相对，在常规横贯研究中使用的大多数据在不同时间上是固定不变的（time-fixed），或称之为“静态变量”。它们或者是个人或集体在某一时点上的静态状况，或者是在时间过程中固定不变的情况。纵贯数据可以取自不同的来源，但是固定案例的追踪调查和时点调查中询问历史回顾问题是较为常见的纵贯数据来源。

随时间变化的信息可以按两种形式记录于资料之中，它们或者是按“记录”（record）进行排列（在资料中以行的形式出现），或者是按“变量”（variable）进行排列（在资料中以列的形式出现）。根据研究设计的需要，每个案例的时间（或变量）的记录数量既可以是相等的，也可以是不相等的。我们可用下面一些例子来说明输入数据在格式类型方面的不同之处。

（一）用变量编排时间信息，时间变量的个数随案例而变化

表 14—1 数据来自生育率调查，事件定义为生育。

表 14—1　　时间数据类型一

固定变量					随时间变化的变量		
ID	AGE	EDUC	CEB	…	每个孩子的出生日期		
001	42	3	3	…	651201	680101	700209
002	35	5	1	…	850312		
…							
600	38	2	3	…	790303	820530	850416

注：ID 为案例编码，AGE 为调查时的年龄，EDUC 为教育程度……这些均为背景资料变量。后面是每个孩子的出生日期，每组数据共 6 位数，每 2 位数依次分别表示年、月、日。由于各案例所生子女数量不同，因此其数据长度是不同的。如第一个案例生育过三次，第一次在 1965 年 12 月 1 日，第二次在 1968 年 1 月 1 日，第三次在 1970 年 2 月 9 日。而第二个案例只生育过一个孩子，出生日期为 1985 年 3 月 12 日。

（二）用个数相等的时间变量编排时间信息并以编码标志事件发生

表 14—2 数据中的事件定义为工作单位变换。

表 14—2　　时间数据类型二

固定变量					随时间变化的变量							
ID	AGE	SEX	EDU	…	M1	M2	M3	M4	…	M58	M59	M60
001	42	1	3	…	0	1	0	0	…	1	0	0
002	35	2	1	…	1	0	0	0	…	0	0	0
…												
600	38	2	3	…	0	0	0	1	…	0	1	0

注：每一个调查对象在五年期间按月进行是否发生变换工作单位的事件记录。用 60 个虚拟编码变量（M）来表示事件在每个月当中是否发生，如发生则赋值 1，如没有发生则赋值 0。

（三）用记录编排的时间信息、时间记录不等量

表 14—3 数据中的事件定义为安置儿童的居所变化。

表 14—3　　时间数据类型三

固定变量					随时间变化的变量				
ID	SEX	AGE	RACE	…	DATE			LIVARR	FUNDS
001	1	4	3	…	85	01	01	1	1
001	1	4	3	…	86	03	12	2	2
002	2	1	2	…	88	10	23	2	2

续前表

固定变量					随时间变化的变量				
ID	SEX	AGE	RACE	…	DATE			LIVARR	FUNDS
002	2	1	2	…	88	12	30	1	2
002	2	1	2	…	89	02	04	3	3
002	2	1	2	…	89	09	05	1	3
…									
600	1	13	1	…	88	03	05	1	2
600	1	13	1	…	89	10	15	2	3

注：AGE 为孩子第一次送往亲戚家庭或幼儿园时的年龄，DATE 为送往居所的开始日期，LIVARR 为居住安排，FUNDS 为居住安排的资金来源。

（四）用记录编排时间信息、等量的时间变量

表 14—4 数据中的事件定义为生理试验观察。

表 14—4　时间数据类型四

固定变量					随时间变化的变量	
ID	B1	B2	B3	…	TREAT	SYMPTOM
001	1	4	3	…	1	1
001	1	4	3	…	2	2
001	1	4	3	…	3	3
001	1	1	2	…	2	2
002	2	1	2	…	1	2
002	2	1	2	…	3	3
002	2	1	2	…	1	3
002	2	1	2	…	1	3
…						
600	1	3	1	…	1	2
600	1	3	1	…	2	3
600	1	3	1	…	1	2
600	1	3	1	…	2	3

注：在四个时点对对象进行观察。B1，B2，B3…是一套关于背景情况的变量；TREAT 是对于试验处置的测量（比如用药量）；SYMPTOM 是疾病症状的测量。

注意，表 14—2 和表 14—4 数据中，当时间变量（或记录数量）相等时，数据中变量（或记录）的位置通常是有意义的，它们隐含地注明了某一个特殊的时点。这与表 14—1 和表 14—3 数据中不等量的变量或记录编排是完全不同的。当时间信息的数量在各个案例中不同时，时间通常明确地通过事件发生的年、月、日所标注。在后面的例子中，我们会看到对这两种类型资料的 SPSS 编程命令也将不同。因此，我们在本章中将前一种数据格式称为“隐含的时间信息”，而对后一种数据格式称为“明确的时间信息”。

另外，我们对于“案例”（cases）的概念也需要进一步加以区分和明确。在诸如线性回归、

方差分析等静态的常规分析方法中，调查样本的案例自然与分析单位（units of analysis）[①]一致。然而对于事件史分析而言，由于时间的引入，分析单位不再像上述常规方法那样简单地等同于案例。因此，调查的样本规模与要进行分析的数据规模之间存在着区别。很多事件史分析都不是在个人案例为分析单位的水平上进行的，而是在一种时间单位如持续期（spell）的基础上进行的。于是，当一个样本案例多次发生某一事件时就包含多个持续期的信息。比如，表14—1中的第一个案例生育过三个孩子，就意味着她将提供多个需要分析的持续期。在离散时间模型中，分析数据的案例是由风险集及其时间间隔两者所共同决定的，它的分析单位可以是人年或人月（person-year or person-month）。很明显，在事件史分析中，分析案例的总量远远大于样本规模。正因为如此，我们将在本章中特别区分这两个概念。读者在后面的例子中将会看到，将数据从样本案例为口径的格式转换为一套新的以时间单位为口径的工作数据文件（working data set），往往是一项必不可少而又难度颇大的工作。

在处理事件史数据时的一个关键问题是在隐含时间或明确时间信息的基础上计算出每个持续期的时间长度。在SPSS、SAS和BMDP软件中拟合风险模型时都需要两个方面的信息来作为因变量的输入，即持续期的长度和一个用来标志删截状况的虚拟变量。

SPSS软件本身提供了强大的数据转换功能，它既可以完成将以样本案例为口径的数据改变为以持续期为口径的工作数据，又可以完成计算持续期长度的工作，并且SPSS的编程工作相对来说比较简单高效。

应用SPSS软件处理事件史数据时，仅仅使用内部输入程序中的DATA LIST命令或其他读入或混合系统数据文件的命令是远远不够的。我们常常还需要使用INPUT PROGRAM命令程序，并在其中使用DO IF、LOOP、VECTOR、END CASE及REPEATING DATA等命令来完成资料的输入。当我们需要在读入新的案例时仍然保留某些变量的前一个案例相应值的时候，命令LEAVE极为有用。命令DO REPEAT可以使很多变量完成一些同样的基本转换。对于明确时间信息，使用YRMODA函数（即年月日函数，计算某个日期距1582年10月14日所经历的天数）可直接计算出各个日期之间的时间间隔长度。然而，对于隐含的时间信息，可以应用命令COUNT（意为计数）加上函数MAX与MIN（即最大值与最小值）于系统变量＄CASENUM（即输入数据时系统自动生成的内部变量，此变量可标志案例的序号，但增加或删除案例后，此系统变量会相应发生变化），来计算持续期长度。总的来说，当时间信息编排为记录时，数据改造比较容易。对于这种类型的数据，常常使用LAG函数（意为时差）加上DO IF语句来强制对一个样本案例进行改造。FLIP命令（意为转置）可以用来轻易地对行和列的数据进行转置，这样我们就可以应用那些本来是用于改造记录而设置的命令。换句话说，当时间信息被编排为许多变量时，比较好的策略是先对数据进行转置，然后将变量作为记录来进行处理。在一些为了满足特别需要的处理工作时，还要使用AGGREGATE（意为汇总）和TABLE（意为列表）、MATCH FILES（意为匹配文件）等命令，使文件与表格有针对性地做匹配合并或“分散”（disaggregating）。在后面的例子中，我们将示范所有这些命令的应用。

---

① Babbie（1995）指出，尽管在社会科学研究中个人常常是分析单位，但组群、组织、社会制品（social artifacts）如图书、歌曲、科研发现也可以是分析单位。并且他指出结婚、离婚、事故、劫机等事件属于社会制品的范围。

二、明确时间信息数据的处理

（一）例 1：对第一类数据（需计算各风险期长度）的改造

表 14—5 是例 1 的输入数据。

表 14—5　　例 1 的输入数据

001	1	34	3	5	4	75	3	12	75	4	30	77	10	1	79	2	2
002	2	25	1	4	2	77	3	5	79	4	10						
003	2	40	2	3	1	79	4	1									
004	2	45	2	3	2	75	2	1	76	3	13						
005	1	23	1	4	3	78	12	31	79	10	31	79	12	31			

注：本书所附光盘提供此 ASCII 数据，文件名为 EX1. dat。

1. 例 1 数据结构及所需完成的改造工作

此数据基本结构为一个案例一条记录。前六个变量是不随时间变化的，用来表示被调查者在调查时的基本情况，包括：ID、SEX、AGE、RACE、EDU、NUMSPELL（分别为调查序号、性别、年龄、种族、受教育程度、某一事件的记录数目）。后面是随时间而变的变量，分别用来表示事件发生的年、月、日。每一个被调查者被给予一个唯一性的调查序号。所以每一序号代表着一个人。从本例各被调查者的数据可以看出，他们的随时间变化的变量的数目有所不同。比如，第一个样本有四个事件开始时间，即 75－3－12、75－4－30、77－10－1 和 79－2－2.

我们的工作是要将此以样本案例为分析单位口径的原始数据改造为以每一次事件为分析单位口径的工作数据。在输出中，所有不随时间变化的变量都要附加到每一个工作数据的案例中去。1980 年 1 月 1 日，即调查日期，将作为截点。这样，最后一个日期至截点之间的时间间隔实际上是一个删截工作案例（删截的定义请参见上一章）。在每一个工作案例中还要加上一个新的变量 EVENT（意为事件，类似于上章示例中的变量 censor）来标志本工作案例中事件是否发生。

表 14—6 是改造例 1 原始数据的程序命令。请注意：表中及后面所有程序命令中的行号仅服务于注释的需要，不能放入实际指令中！

表 14—6　　改造例 1 原始数据的程序命令

```
INPUT PROGRAM.

DATA LIST FILE = 'C:\EHA_SPSS\EX1.DAT'
  /ID 1 - 3 SEX 5 AGE 7 - 8 RACE 10 EDU 12 NUMSPELL 14
    #X1 TO #X24 (1X,8(3F3.0)).

LEAVE ID TO NUMSPELL.

VECTOR V = #X1 TO #X24.
LOOP #I = 1 TO 24 BY 3.
COMPUTE D1 = YRMODA(V(#I),V(#I+1),V(#I+2)).
COMPUTE D2 = YRMODA(V(#I+3),V(#I+4),V(#I+5)).
```

续前表

```
13    COMPUTE DURA = D2 - D1.
14    END CASE.
15    END LOOP IF MISSING(V(#I+3)).
16
17    END INPUT PROGRAM.
18
19    COMPUTE EVENT = 1.
20    IF (SYSMIS(DURA)) EVENT = 0.
21    IF (SYSMIS(DURA)) DURA = YRMODA(80,1,1) - D1.
22    LIST VAR = ID TO NUMSPELL DURA EVENT.
23
24    SAVE OUTFILE = 'C:\EHA_SPSS\EX1. SAV'
25      /DROP = D1 D2.
```

注:本书所附光盘提供此 SPSS 程序,文件名为EX1. sps。

2. 例 1 程序命令注释

* 第 1 行命令 INPUT PROGRAM 标志开始输入数据的定义和改造数据的命令。这一命令用在这里是因为我们要从所读的不定长的每条记录中建立一个或多个工作数据文件的案例。

* 第 3 行 DATA LIST 命令指示从原始数据文件中读取数据记录，并提供原始文件名称及所在位置。这里假定其在 C 盘 EHA _ SPSS 子目录下，用户需根据情况加以修改。(后同。)

* 第 4 行继续上述命令，说明每条原始记录中前 14 位数分别按固定长度格式读入 6 个变量，其中第 14 位是变量 NUMSPELL（意为发生次数)。

* 第 5 行仍是上述命令的延续部分，表示后面将定义 24 个同样格式的 SPSS 内部使用的暂用变量（scratch variables)，它们在读入时是每 3 个变量一组（分别用来表示年、月、日)，每个变量为 3 位数字（即 3F3.0)。那么 24 个同格式变量实际可以恰好包含 8 个日期。24 这个数量是事先决定的，它必须是 3 的倍数（ 因为 3 个一组同格式地读入)，而且这个倍数还必须大于或等于事件发生次数，即本例中变量 NUMSPELL 在样本中的最大值。在变量之前加 # 符号表示此变量是运行中的暂用变量，当运行结束后自行消失。定义这些变量为暂用变量的目的是为了运行结果更加简洁、清楚。

* 第 7 行的命令 LEAVE 是指示将原记录从 ID 至 NUMSPELL 的所有固定变量的值赋予要产生的新工作数据的案例。换句话说，这一命令是强制固定变量附加到每个新建案例中去，即表示事件每次发生的新案例都保留原始记录中的背景资料数据。

* 第 9 行命令 VECTOR 定义向量 V 由 24 个同组格式的变量值构成。

* 第 10 行命令 LOOP 制定循环语句，从 1 至 24 以步长为 3 执行循环的工作。即逢 1，4，7，10，13，16，19，22 时完成同样的工作。这一语句实际上是与第 5 行中定义的同组格式是一致的，即前面定义 3 个变量一组地读入，这里定义 3 个变量一组地完成数据转换。

* 第 11 行命令 COMPUTE 要求计算前一个日期 D1 的值，通过日期函数 YRMODA 将日期换算为天数（即该日期距离格里历启用的第一天 1582 年 10 月 14 日的天数)。

* 第 12 行要求计算后一个日期 D2 的值。注意此处所用的数处于向量 V 中的位置都分别比第 11 行中所用数在向量中的位置差 3 位。

＊第 13 行通过后一个日期值减去前一个日期值得到两次事件发生之间的间隔天数。

＊第 14 行命令 END CASE 是根据每个输入记录（即样本案例）制作多个事件发生的工作数据案例时，用来表示一个新案例结束。

＊第 15 行命令 END LOOP IF MISSING 使在循环中分组读入向量值时如遇到缺失值即结束该循环操作。这是为了在原输入记录中的事件变量已转换完毕时停止计算日期之间的间隔。这时对应每个 ID 序号的新案例数应当与其 NUMSPELL 的值相同。

＊第 17 行命令 END INPUT PROGRAM 对应前面第一行 INPUT PROGRAM 命令，表示该输入程序结束。

＊第 19 行命令 COMPUTE 定义每个案例给新变量 EVENT 赋值 1。1 表示未删截的状况。

＊第 20 行命令指示如果当变量 DURA 为缺失值时要将新案例的变量 EVENT 赋值 0，没有计算间隔的新案例是因为没有再发生新的事件，因此这个新案例是删截案例。用 EVENT＝0 表示被删截状况。

＊第 21 行命令在不能计算两次事件之间间隔的情况下将 DURA 定义为前一次事件发生日期与调查日期（1980 年 1 月 1 日）之间的间隔。注意这一间隔表示在观察期限中事件没有发生，模型的参数估计将用到这一信息。

＊第 22 行命令 LIST 要求列出所有新工作案例，并通过指定变量名决定了输出新案例的格式。输出变量有从原输入记录中保留下来的 ID 至 NUMSPELL 六个固定变量，还有在数据变换中新计算的变量 DURA 和 EVENT。当这一命令被执行后，SPSS 数据表中会显示新数据。同时，LIST 命令使 SPSS 在 OUTPUT 窗口列出输出工作数据，以便我们检查数据处理是否正确。

＊第 24 行 SAVE 命令储存刚刚获得的资料于一个新文件中。这类似于通常我们选择 SPSS 主菜单中 File 栏目中的 Save as 命令并给予一个新文件名，另存为一个 SPSS 的系统数据文件，以方便以后再次使用。

＊第 25 行继续上述存储命令，因为 D1 和 D2 只是计算过程中产生的变量，以后用不着了，所以要求在数据存储过程中同时将它们删去。

表 14—7 是例 1 的输出结果。

表 14—7　　例 1 的输出结果

ID	SEX	AGE	RACE	EDU	NUMSPELL	DURA	EVENT
1	1	34	3	5	4	49.00	1.00
1	1	34	3	5	4	885.00	1.00
1	1	34	3	5	4	489.00	1.00
1	1	34	3	5	4	333.00	.00
2	2	25	1	4	2	766.00	1.00
2	2	25	1	4	2	266.00	.00
3	2	40	2	3	1	275.00	.00
4	2	45	2	3	2	406.00	1.00
4	2	45	2	3	2	1 389.00	.00
5	1	23	1	4	3	304.00	1.00
5	1	23	1	4	3	61.00	1.00
5	1	23	1	4	3	1.00	.00

（二）例 2：对第一类数据（各风险期长度已知）的改造

表 14—8 是例 2 的输入数据。

表 14—8　　例 2 的输入数据

001	1	34	3	5	4	49	1	885	1	489	1	333	0
002	2	25	1	4	2	766	1	266	0				
003	2	40	2	3	1	275	0						
004	2	45	2	3	2	406	1	1389	0				
005	1	23	1	4	3	304	1	61	1	1	0		

注：本书所附光盘提供此 ASCII 数据，文件名为EX2. dat。

1. 例 2 数据结构及所需完成的改造工作

在例 1 中，随时间变化的变量的输入数据是以年、月、日形式编排的。要是事件间隔长度事先已经计算好了，直接作为输入数据，那么进行数据转换的命令就会简单得多。这时我们需要用到命令 REPEATING DATA 。在下面的例子中，我们假设已经有了一个包括每段间隔长度以及该间隔中是否发生事件虚拟变量的原始数据文件。比如，样本中第一个案例的第一段间隔是以事件发生作为终点的。那么标志事件是否发生的虚拟变量 EVENT＝1，且第一段间隔长度为 49 天。其第二段间隔长度是 885 天，也是因为事件发生，所以 EVENT＝1。第三段间隔持续 489 天，且 EVENT＝1。第四段间隔共持续了 333 天，但是不是以事件发生为终结的，所以这一持续期是删截的，于是 EVENT＝0。命令 REPEATING DATA 可以反复完成与例 1 中同样的任务，但是只需要少数几条命令就能奏效。一般，在各条记录不等长的输入数据中应该有一个表明每条记录有多少段持续期的变量。本例中每条记录的第 14 列就是这样一个变量，我们将其变量名定为 NUMSPELL。比如第一个案例中共有四段持续期，这在 NUMSPELL 值上有所显示。

表 14—9 是例 2 的程序命令。

表 14—9　　例 2 的程序命令

```
1   INPUT PROGRAM.
2
3   DATA LIST FILE = 'C:\EHA_SPSS\EX2.DAT'
4     /ID 1 - 3 SEX 5 AGE 7 - 8 RACE 10 EDU 12 NUMSPELL 14.
5   REPEATING DATA STARTS = 16
6     /OCCURS = NUMSPELL /LENGTH = 7
7     /DATA = DURA 1 - 4 EVENT 6.
8
9   END INPUT PROGRAM.
10
11  LIST VAR = ALL.
```

注：本书所附光盘提供此 SPSS 程序，文件名为EX2. sps。

2. 例 2 的程序命令注释

* 第 1 行，输入程序仍然以命令 INPUT PROGRAM 开始。

* 第 3 行命令定义输入文件的所在位置及文件名称。注意第 3 行中的命令未结束，因此没有句号。

＊第 4 行命令是第 3 行命令的继续，定义了 6 个不随时间变化的变量，测量该案例在调查时的基本情况。

＊第 5 行即为 REPEATING DATA 命令。它本身需要定义重复操作的起始点，另外还需要三个后续的子命令：本行中的 STARTS 的用途是指示重复读入数据段的起始位置。在本例中重复读入的起始位置是第 16 列。注意此命令尚未完成，因此没有句号。

＊第 6 行是 REPEATING DATA 命令所需的第一个子命令 /OCCURS，其功能是指示那个关于每条记录中有多少段需要重复读入的数组的变量。在本例中，变量 NUMSPELL 就是这样一个变量，它可以告诉程序需要重复多少次以便将本条记录的数组读完。本行命令的后面是 REPEATING DATA 命令所需的第二个子命令/LENGTH，定义每次重复读入的数据长度。

＊第 7 行是 REPEATING DATA 命令所需的第三个子命令/DATA，它的功能是指令在分组读入的数段中包含的变量名及其数据所在位置。在本例中，变量 DURA 在每段中的 1 至 4 列，变量 EVENT 在每段中的第 6 列。

以上程序中没有包括将输出文件存成另一新文件的命令，如经在 SPSS 数据窗口检查新建数据没有差错，可以直接在文件菜单（File）中用 Save As 命令将其存成新的数据文件。为了方便 SPSS 软件调用此数据，最好在 Save As 窗口的左下部选择 SPSS 系统数据文件（即文件扩展名为 . sav 的文件类型）作为存取格式。

表 14—10 是例 2 的输出结果。

表 14—10　　例 2 的输出结果

ID	SEX	AGE	RACE	EDU	NUMSPELL	DURA	EVENT
1	1	34	3	5	4	49	1
1	1	34	3	5	4	885	1
1	1	34	3	5	4	489	1
1	1	34	3	5	4	333	0
2	2	25	1	4	2	766	1
2	2	25	1	4	2	266	0
3	2	40	2	3	1	275	0
4	2	45	2	3	2	406	1
4	2	45	2	3	2	1389	0
5	1	23	1	4	3	304	1
5	1	23	1	4	3	61	1
5	1	23	1	4	3	1	0

（三）例 3：对风险期案例的条件性选择及统计

1. 例 3 数据结构及所需完成的工作

本例使用例 1（例 1 与例 2 的输出数据如存成 SPSS 系统文件是相同的）的输出数据作为自己的输入数据。

本例的目的是示范如何根据某些信息来控制数据规模，以及如何取得以调查样本每条案例为口径的汇总统计。①

① 利用例 1 和例 3 的程序示范的 YRMODA、SYSMIS 函数和 LAG 函数，稍加修改便可以改造第三类数据。

假设例 1 数据是关于孩子居所安排的调查结果。其中变量 DURA 测量某个孩子在某种居所中生活的时间长度（日数）。根据这套数据，研究人员可能想进一步知道：在头 1 000 日当中，这个孩子在一个地方的平均生活日数应该是多少。或者，在头 1 000 日当中这个孩子会更换多少次居所。显然这样的数据更容易在不同孩子之间进行比较。还有，研究人员可能还想了解，在这个调查样本中，在一个地方生活日数的最大值、最小值以及日数总和是多少。实际上，这是一个在以数据案例为口径（以孩子在某种居所生活的情况为一条记录）的数据中汇总以调查样本案例为口径（以每个孩子为一条记录）的统计问题。为了解决这个问题，我们要用 SPSS 软件中的 AGGREGATE 命令（意为汇总）。

表 14—11 是例 3 的程序命令。

表 14—11　　例 3 的程序命令

```
1   GET FILE = 'C:\EHA_SPSS\ EX1. sav '.
2
3   IF ID NE LAG(ID,1) ACDURA = 0.
4   COMPUTE ACDURA = ACDURA + DURA.
5   IF ID NE LAG(ID,1) ORDER = 0.
6   COMPUTE ORDER = ORDER + 1.
7   LEAVE ACDURA ORDER.
8   LIST VAR = ID ORDER DURA ACDURA.
9
10  SELECT IF (ACDURA LE 1000).
11  LIST VAR = ID ORDER DURA ACDURA.
12
13  AGGREGATE OUTFILE = *
14    /BREAK = ID
15    /AVGDURA = MEAN(DURA)
16    /MAXDURA = MAX(DURA)
17    /MINDURA = MIN(DURA)
18    /TOTDURA = SUM(DURA)
19    /N = NU(DURA).
20  LIST VAR = ALL.
```

注：本书所附光盘提供此程序，文件名为EX3. sps。并且提供所需的输入文件EX1. sav。实际上EX1. sav即为例 1 程序运行时所建立的 SPSS 数据文件。

2. 例 3 程序命令注释

＊第 1 行命令是打开特定磁盘和文件夹中的 SPSS 数据文件EX1. sav。

＊第 3 行命令的意思是，如果本条记录的变量 ID 值不等于变量 ID 在前一条记录中的值，那么令变量 ACDURA 等于 0。ACDURA 是一个新建的变量，用来为每一个孩子记存其在各个不同居所生活记录中变量 DURA 的累积值。当本条记录的 ID 值等于上一条记录的 ID 值，本行命令将不发生作用，即继续下一行命令中的累计计算。当本条记录的 ID 值不等于上一条记录中的 ID 值，就意味着开始了另一个孩子的记录，因此要将 ACDURA 赋值 0，开始新的累计。也就是说，ACDURA 的累计是按不同 ID 来分别进行的。LAG 是 SPSS 的一个功能函数，LAG（ID，1）即为前一条记录中变量 ID 的值。

＊第 4 行命令即是累积 ACDURA。

＊第 5 行命令中的 ORDER 是一个新变量，用来为每个孩子所提供的居所安排记录进行计

数。这行命令是按照与第 3 行同样的标准来判断是否执行为新变量 ORDER 清 0，以便为又一个孩子开始新的计数过程。

* 第 6 行命令是为了给同一个孩子的每一条居所安排记录计数。

* 第 7 行命令是通过 LEAVE 命令使新变量 ACDURA 和 ORDER 的当前值留在每条记录中。

* 第 8 行命令是列出上述计算过程后的有关变量值。列表变量包括 ID、ORDER、DURA 和 ACDURA。此次列表结果的前若干行在表 14—12 的输出结果 1 中列出。

* 第 10 行命令 SELECT IF 是选择每个孩子在头 1 000 日以内的记录作为子样本来进行进一步分析。于是，凡是超出 1 000 日以后的那些记录都将被排除。

* 第 11 行命令，再将新选出的子样本进行列表。此次列表结果的前若干行在后面的输出结果 2 中列出。

* 第 13 行是对上述该子样本进行汇总统计，汇总单位是每个孩子（即相同 ID 值记录）。后半行定义汇总结果的输出文件名，可以给定一个新名（可加也可不加扩展名），SPSS 将汇总结果存入该系统文件，以备后用。这时 SPSS 数据窗口的仍然是进行汇总前的数据。本例中没有给新文件名，而是标志了星号，这是指示 SPSS 不要将汇总结果存入新文件，而是用汇总结果取代数据窗口里的原有数据。如需将这些结果保存，仍然需要使用 Save As 命令。注意，本行命令并未结束，所以没有句号。

* 第 14 行 /BREAK 是 AGGREGATE 命令的子命令，功能是规定如下的汇总将以此变量作为分组单位。这里指定的分组变量是 ID，所以汇总实际是以每个孩子为统计口径的。

* 第 15 行至第 19 行都是 AGGREGATE 命令的子命令，将各分组记录汇总依次计算平均值（MEAN）、最大值（MAX）、最小值（MIN）、合计（SUM）、不加权的记录行数（NU），并将各计算值赋予新设定的相应变量中。

* 第 20 行，列出结果。由于在第 13 行命令中规定汇总统计结果取代数据窗口中的原有数据（1 000 日以内的子样本），因此这里命令列出所有变量（VAR=ALL）。此次列表结果的前若干行在后面的输出结果 3 中列出。

表 14—12 是例 3 的输出结果。

表 14—12　　例 3 的输出结果

1. 累积生活天数（ACDURA）和居所变化次数（ORDER）

ID	ORDER	DURA	ACDURA
1	1.00	49.00	49.00
1	2.00	885.00	934.00
1	3.00	489.00	1423.00
1	4.00	333.00	1756.00
2	1.00	766.00	766.00
2	2.00	266.00	1032.00
3	1.00	275.00	275.00
4	1.00	406.00	406.00
4	2.00	1389.00	1795.00
5	1.00	304.00	304.00
5	2.00	61.00	365.00
5	3.00	1.00	366.00

（部分）

续前表

2. 所选 1 000 日以内的记录

ID	ORDER	DURA	ACDURA
1	1.00	49.00	49.00
1	2.00	885.00	934.00
2	1.00	766.00	766.00
3	1.00	275.00	275.00
4	1.00	406.00	406.00
5	1.00	304.00	304.00
5	2.00	61.00	365.00
5	3.00	1.00	366.00

（部分）

3. 以调查序号为统计口径的在 1 000 日以内的记录子样本的分组汇总统计结果

ID	AVGDURA	MAXDURA	MINDURA	TOTDURA	N
1	467.00	885.00	49.00	934.00	2
2	766.00	766.00	766.00	766.00	1
3	275.00	275.00	275.00	275.00	1
4	406.00	406.00	406.00	406.00	1
5	122.00	304.00	1.00	366.00	3

（部分）

三、隐含时间信息数据的处理

与明确时间信息格式的数据处理相比，对隐含时间信息格式数据进行改造显得更难一些。这是因为它只能通过变量或记录的所在位置来表示时间。在处理这种类型的数据时，研究人员也许需要多次地输入和输出数据，再将输出数据以不同形式合并在一起。

（一）例 4：对第二类数据的改造

表 14—13 是例 4 的输入数据格式。

表 14—13　例 4 的输入数据格式

```
001  1  34  3  5
010000001000000000001000000000100000010000100000000000001000
002  2  25  1  4
010000000000000001000000000000000100000000000000000000010000
003  2  40  2  3
000000000000000000000000000000000000000000000000000000000001
004  1  43  2  3
000000000000000000000000000000000000000000000000000000000000
```

注：本书附盘提供此 ASCII 数据，文件名为EX4. dat。

1. 例 4 数据结构及所需完成的改造工作

例 4 输入数据中每个案例包含两条记录。第一条记录中是一套关于背景情况的变量；第二条记录包括 60 个虚拟变量，用来代表 60 个月份，以 1 和 0 值分别表示在本月中事件是否发生。

那么，通过观察数据我们可以知道，第一个案例在其第 2 个月、第 9 个月、第 21 个月、第 31 个月、第 38 个月、第 43 个月、第 57 个月中有事件发生。要做的工作与前几个例子相同，就是要计算风险期的长度，并制作一套以每一风险期为分析单位（作为一条记录）的新的数据。

表 14—14 是例 4 的程序命令。

表 14—14　　例 4 的程序命令

```
DATA LIST NOTABLE FILE = 'C:\EHA_SPSS\ EX4.dat' RECORDS = 2 FIXED
  /2 D1 TO D60 (60F1.0).

FLIP VARIABLES = D1 TO D60.
DO REPEAT R = VAR001 TO VAR004 / D = CASE1 TO CASE4.
COMPUTE D = 0.
DO IF (R NE 0).
COMPUTE D = $CASENUM.
END IF.
END REPEAT.

FLIP VARIABLES = CASE1 TO CASE4.
COMPUTE ID = $CASENUM.
WRITE FORMATS ID (F2.0) / D1 TO D60 (F3.0).
WRITE OUTFILE = 'C:\EHA_SPSS\OUT1'
  /  ID 1 - 3 D1 TO D60 (T5 60F3.0).
EXECUTE.

INPUT PROGRAM.
DATA LIST NOTABLE FILE = 'C:\EHA_SPSS\OUT1'
  /  ID 1 - 3 #D1 TO #D60 (T5 60F3.0).

LEAVE ID.

COMPUTE #D61 = -99.
VECTOR V = #D1 TO #D61.
LOOP #I = 1 TO 61.
IF (V(#I) NE 0) TIME = V(#I).
END CASE.
END LOOP.

END INPUT PROGRAM.

SELECT IF NOT SYSMIS(TIME).

COMPUTE EVENT = 1.
IF (TIME = -99) EVENT = 0.

COMPUTE DURA = TIME.
IF (ID = LAG(ID,1) AND TIME NE -99) DURA = DURA - LAG(TIME,1).
IF (TIME = -99 AND ID = LAG(ID,1)) DURA = 61 - LAG(TIME,1).
IF (DURA = -99 AND ID NE LAG(ID,1)) DURA = 61.
```

续前表

```
43
44  SAVE OUTFILE = 'C:\EHA_SPSS\TEM1' /DROP = TIME.
45
46  DATA LIST NOTABLE FILE = 'C:\EHA_SPSS\ EX4.dat' RECORDS = 2
47    /1 ID 1 - 3 SEX 5 AGE 7 - 8 RACE 10 EDU 12
48    /2 D1 TO D60 (60F1.0).
49
50
51  COUNT #N = D1 TO D60 (1).
52  COMPUTE NUMSPELL = #N + 1.
53
54  SAVE OUTFILE = 'C:\EHA_SPSS\TEM2' /DROP = D1 TO D60.
55
56  GET FILE = 'C:\EHA_SPSS\TEM2'.
57  MATCH FILES TABLE = * /FILE = 'C:\EHA_SPSS\TEM1' /BY = ID.
58
59  LIST VAR = ALL.
```

注：本书附盘提供此程序，文件名为EX4.sps。

2. 例 4 程序命令的注释

＊第 1 行至第 2 行命令：打开文件，读入 60 个表示时间的变量。注意在 DATA LIST 命令之后，紧接了一个子命令 NOTABLE，功能是不要打印出变量定义总结表。此外，在文件名之后，还加入了一个 RECORDS＝2 的子命令，指示每个案例所占的记录行数。本数据一个案例有两行数据。在第 2 行中，“/” 符号后紧接 “2” 是表示这里定义的是每个案例的第二条记录中的数据格式。因为已注明记录的序号，因此表示第一行记录（或唯一行记录）的格式定义开始符号 “/” 就省略了。在这种情况下，其他未定义的记录行，或本行记录中未定义的数列将被跳过不读，不进入工作文件。因此，此命令只读每个案例的第 2 条记录中的 60 个时间虚拟变量，D1 至 D60。

＊第 4 行命令 FLIP 将读入记录行与 60 个时间变量列进行转置，即原来的行变成列，原来的列变成行。现在的中间工作文件变成了 60 行记录，每行中包括五个变量，包括 CASE_LBL（自动在转置中新生成的标签变量，变量值依次就是原变量名 D1 至 D60）和 VAR001 至 VAR004（因为我们原始文件中只有四个案例）。对于新的工作文件，我们可以用系统变量 $CASENUM 来表示事件发生月的序号。

＊第 5 行至第 10 行用 DO REPEAT-END REPEAT 套装命令连续对多个指定的变量进行相同的改造，这样可以大大减少使用命令的数量。第 5 行在 DO REPEAT 命令之后，定义了两个工具变量（stand-in variables）R 和 D。R 将依次为新工作变量 VAR001、VAR002、VAR003 和 VAR004；D 为每个新工作案例中的新变量 CASE1、CASE2、CASE3 和 CASE4。第 6 行将对所有的 CASE（*i*）变量赋值 0。第 7 行至第 9 行是条件操作语句，即如果某行的 VAR 变量其中一个值不等于 0 就进行一些操作。如第 2 行的 VAR001 不等于 0，实际上代表原案例 1 在第 2 个月发生了事件，所以就要将同一行的新变量 CASE1 的值改为系统变量 $CASENUM 值，即行号值 2。用 DO REPEAT 命令继续做完，就可以根据原来时间虚拟变量值完成对新变量赋予所在月份的序数值，将隐含时间改变为明确时间。

到现在为止，所产生的中间过程的部分工作数据格式见表 14—15（其中变量 CASE _ LBL 以及 VAR001 至 VAR004 略）。

表 14—15　　例 4 案例处理的中间结果一
（右栏上接左栏下）

CASE1	CASE2	CASE3	CASE4	CASE1	CASE2	CASE3	CASE4
.00	.00	.00	.00	31.00	.00	.00	.00
2.00	2.00	.00	.00	.00	.00	.00	.00
.00	.00	.00	.00	.00	.00	.00	.00
.00	.00	.00	.00	.00	34.00	.00	.00
.00	.00	.00	.00	.00	.00	.00	.00
.00	.00	.00	.00	.00	.00	.00	.00
.00	.00	.00	.00	.00	.00	.00	.00
.00	.00	.00	.00	38.00	.00	.00	.00
9.00	.00	.00	.00	.00	.00	.00	.00
.00	.00	.00	.00	.00	.00	.00	.00
.00	.00	.00	.00	.00	.00	.00	.00
.00	.00	.00	.00	.00	.00	.00	.00
.00	.00	.00	.00	43.00	.00	.00	.00
.00	.00	.00	.00	.00	.00	.00	.00
.00	.00	.00	.00	.00	.00	.00	.00
.00	.00	.00	.00	.00	.00	.00	.00
.00	.00	.00	.00	.00	.00	.00	.00
.00	18.00	.00	.00	.00	.00	.00	.00
.00	.00	.00	.00	.00	.00	.00	.00
.00	.00	.00	.00	.00	.00	.00	.00
21.00	.00	.00	.00	.00	.00	.00	.00
.00	.00	.00	.00	.00	.00	.00	.00
.00	.00	.00	.00	.00	.00	.00	.00
.00	.00	.00	.00	.00	.00	.00	.00
.00	.00	.00	.00	.00	.00	.00	.00
.00	.00	.00	.00	.00	56.00	.00	.00
.00	.00	.00	.00	57.00	.00	.00	.00
.00	.00	.00	.00	.00	.00	.00	.00
.00	.00	.00	.00	.00	.00	.00	.00
.00	.00	.00	.00	.00	.00	60.00	.00

* 第 12 行命令再次用命令 FLIP 将数据转置回来，因为只定义对变量 CASE1 至 CASE4 操作，因此中间过程产生的四个 VAR 变量被除去了，而刚才的标签变量 CASE _ LBL 值（D1 至 D60）在转置后再次成为变量名。再次转置的数据矩阵（4 行×61 列）还有一列由本次转置新加标签变量 CASE _ LBL，其在各记录中的值为 CASE1 至 CASE4。

* 第 13 行命令生成新变量 ID，并用系统变量 $CASENUM 值作为其值。

* 第 14 行命令为变量定义输出格式，如本例变量 ID 输出时采用 FORTRAN 格式（FORTRAN format，以 F 表示），占两列宽度，不要小数位。注意，当输出格式变化时需要用“/”

符号示意分别。输出格式命令中变量的顺序并不决定输出时变量的顺序。

＊第 15 和第 16 行中的命令 WRITE 是指令将工作数据按指定文件名写出的通用格式文件(ASCII)，此命令中“/”符号以后定义输出哪些变量及它们所占列的区间。比如，前面输出格式命令中虽然定义了 ID 为两位整数，而这里又说明它要占三列宽度，那么本例案例号都是一位数，所以数值前面会有两个空格。而（T5 60F3.0）则表示 60 个时间事件变量的输出是从第 5 列开始，每个变量依次占三列，没有小数位和小数点。因此，D1 所占列数区间为 5～7。注意，标签变量 CASE _ LBL 没有被要求输出。

＊第 17 行命令要求开始执行输出命令。

＊第 19 至 32 行重新读入刚刚存出的文件，并且使用了 INPUT PROGRAM-END INPUT PROGRAM 套装命令。

＊注意，第 21 行中的命令是通过在变量名前加“#”符号将 D1 至 D60 作为临时变量读入的。

＊第 23 行命令要求将变量 ID 留在新改造的工作文件中。

＊第 25 行命令是建立一个新的临时变量 #D61，并全部新赋值为 −99。这个临时变量在后面要用来计算最后一段时间的持续间隔及其表示事件是否发生的虚拟变量 EVENT 。这样在 INPUT PROGRAM 套装命令中要为每个 ID 建立 61 个临时性时间变量。

＊第 26 行命令定义上述临时变量为一个向量。

＊第 27 行至第 30 行为一个循环套装命令，依次根据向量中的每个临时变量的情况进行有条件的操作。即先当某个临时变量值不等于 0 时，将这个值存入了新建变量 TIME。当每个案例结束时，该案例中 TIME 变量是最后一次发生事件的月份的序数值。

＊第 32 行命令结束了自第 19 行开始的套装输入命令。这套输入命令实际是将每个案例的每个月又改变为一条记录了。现在每个案例有 61 个记录，每个记录包括两个变量，ID 和 TIME，而且每个案例最后一个记录的变量 TIME 的值均为 −99。

＊第 34 行命令是对现在的工作数据的记录进行选择，选取那些在变量 TIME 中为非系统缺失值的记录，而该变量出现系统缺失值的则删除这条记录，即选出那些没有发生事件的月份记录并清除掉，因为这些案例记录中的变量 TIME 从来没有赋值过。

＊第 36 行和第 37 行是对选择出的月份定义事件是否发生。在记录中加入新变量 EVENT，并先令其等于 1，表示这些月有事件发生。然后，如果这条记录的变量 TIME= −99，即最后一条记录，它不在 60 个月以内，仅仅是作为终点的工具记录，所以变量 EVENT 要赋值 0，表明事件没有发生。

＊第 39 行命令又加上一个新变量 DURA，并令其值等于本记录中变量 TIME 的值。

＊第 40 行命令是在本条记录与上条记录的 ID 相等（即都是同一个孩子的记录）和变量 TIME 不等于 −99（即不是孩子的最后一条记录）的两个条件都满足的情况下，用本记录的时间序数 DURA 减去上条记录中 TIME 表示的上次事件发生月份序数。计算后的 DURA 值已经是两次事件之间的间隔。

＊第 41 行命令是针对仍然是同一个孩子的记录但已经到了最后一条工具记录的情况，这时用 61 减去上一次事件的月份序数，得到的是最后一次事件距调查（删截）之间的间隔。比如上次事件发生于第 60 个月，显然下面就是工具记录了，那么工具记录的间隔等于 1。

＊第 42 行命令是针对另外一种可能情况，即本条记录与前一条记录不属于同一个孩子，并且这个孩子从未发生事件，换句话说，他仅有一条工具记录。那么他从研究期间至删截的间隔共有 61 个月。

＊第 44 行命令是在完成所有记录的加工以后，将工作数据存为 SPSS 临时系统数据文件 TEM1。注意本行是采用 SAVE 命令，而不是 WRITE 命令。存成 SPSS 系统数据文件是为了后面匹配合并文件时更方便。另外，子命令/DROP 是为了将后面不再使用的变量 TIME 清除掉，不存入文件。

下面我们来看一看程序执行到这一步时工作数据窗口中的数据（见表 14—16）。

表 14—16　　例 4 案例处理的中间结果二

ID	TIME	EVENT	DURA
1	2.00	1.00	2.00
1	9.00	1.00	7.00
1	21.00	1.00	12.00
1	31.00	1.00	10.00
1	38.00	1.00	7.00
1	43.00	1.00	5.00
1	57.00	1.00	14.00
1	−99.00	.00	4.00
2	2.00	1.00	2.00
2	18.00	1.00	16.00
2	34.00	1.00	16.00
2	56.00	1.00	22.00
2	−99.00	.00	5.00
3	60.00	1.00	60.00
3	−99.00	.00	1.00
4	−99.00	.00	61.00

而存出去的临时系统数据文件 TEM1 中除了没有变量 TIME，其他变量与工作窗口数据相同。

＊第 46 行至 48 行中的命令是重新将原始文件读入。但是此句命令与本程序中第 1 行、第 2 行的读入格式要求有所不同。这里要求将每个案例的两条记录全部读入。SPSS 读入数据时会将第二条自动接在第一条记录数据后面，使之在工作数据中成为一条记录。

＊第 51 行命令 COUNT 是在每个案例中用临时变量 ＃N 计算出 D1 至 D60 中总共有多少个 1。

＊第 52 行命令为每条记录加上一个新变量 NUMSPELL 用以注明本记录中事件间隔期的数据，并令它的值等于＃N 计数值加 1。由于 1 值代表事件发生，且事件发生是各个间隔期的分隔点，而间隔段落的数目应该比间隔点多一个。

＊第 54 行命令是将此次加工过的数据再次存入一个临时文件 2（TEM2）。注意通过此次

存文件已经将 D1 至 D60 这些原始时间事件虚拟变量清除掉了，只保留了变量 ID、那些时间固定的背景情况变量以及新创造的变量 NUMSPELL。

* 第 56 行命令再次将临时文件 2 打开。

* 第 57 行命令 MATCH FILES 要求将打开的工作文件（TABLE= * ）与第 44 行命令中存出的临时文件 1（/FILE= 'C：\EHA_SPSS\TEM1'）进行匹配合并。子命令 /BY=ID 是指示用两个文件按变量 ID 值来进行匹配合并。当 ID 值相同时，就将工作文件中的背景变量赋予各个事件间隔期记录。

* 第 59 行将匹配合并后的工作文件所有变量和记录列出。

注意：此时工作数据尚未存入文件。在实际应用此程序时，如果检查数据改造结果达到要求以后，切记要将其另起一个文件名存成 SPSS 的系统数据文件，以方便经常调用。

经过上述程序命令的加工处理，原始数据已经被改造为以每个事件间隔期为单位的记录。其中，形成了新变量 DURA 和 EVENT（随时间变化变量），并被附加到每个孩子的背景变量（时间固定变量）后面（见表 14—17）。

表 14—17　　例 4 数据改造结果

ID	SEX	AGE	RACE	EDU	NUMSPELL	EVENT	DURA
1	1	34	3	5	8.00	1.00	2.00
1	1	34	3	5	8.00	1.00	7.00
1	1	34	3	5	8.00	1.00	12.00
1	1	34	3	5	8.00	1.00	10.00
1	1	34	3	5	8.00	1.00	7.00
1	1	34	3	5	8.00	1.00	5.00
1	1	34	3	5	8.00	1.00	14.00
1	1	34	3	5	8.00	.00	4.00
2	2	25	1	4	5.00	1.00	2.00
2	2	25	1	4	5.00	1.00	16.00
2	2	25	1	4	5.00	1.00	16.00
2	2	25	1	4	5.00	1.00	22.00
2	2	25	1	4	5.00	.00	5.00
3	2	40	2	3	2.00	1.00	60.00
3	2	40	2	3	2.00	.00	1.00
4	1	43	2	3	1.00	.00	61.00

（二）例 5：将第二类数据改造为含动态变量的离散时间模型数据

例 5 将示范如何应用 SPSS 程序来为离散时间模型分析进行数据处理工作。离散时间模型分析需要将每个事件间隔期再分成离散的时间区间，比如年或月，然后对每个时间区间可观察到事件发生的概率进行估计。每个区间的风险集是一批在区间开始时尚未发生事件的案例。用 logistic 回归来估计这个概率，因此这一模型可以表达为：

$$\log\{P(t)/[(1-P(t))]\} = a + b_1x_1 + b_2x_2(t)$$

其中，x_1 为时间固定变量，$x_2(t)$ 为时间变化变量。

这个例子使用了有关文献中关于更换工作单位研究的模拟数据（参见 Long，Allison and Mc Ginnis，1979）。关于本模型的建立与设置，请参阅 Allison（1984）的有关著作 。

表 14—18 是例 5 的输入数据格式。

表 14—18　　例 5 的输入数据格式

```
001   34   3   5
010000001000000000001000000000100000010000100000000000001000
111111111222222222222222222222333333333333333333333334444444
002   25   1   4
010000000000000001000000000000000100000000000000000000010000
000000000000000001111111111111111112222222222222222222222222
003   30   2   3
000000000000000000000000000000000000000000000000000000000001
111111111111111111111111111111111111112222222222222222222222
004   33   2   3
000000000000000000000000000000000000000000000000000000000000
222222222222222222222222222333334444444444444444444444444444
```

注：本书附盘提供此 ASCII 数据，文件名为EX5. dat。

1. 例 5 的数据结构及工作任务

原始数据中每个案例包括三条记录。第一条记录中有四个变量：ID（案例序号）、AGE（调查对象被授予助理教授职位时的年龄）、FUNDS（政府分配给所在大学的资金）、PRES（所在大学的声誉地位）。

第二条记录中包含 60 个虚拟变量，每个都表示 1 个月中事件是否发生的情况。第一个变量表示第 1 个月，最后一个变量表示第 60 个月。如果事件发生即调查对象更换了工作单位，该月的变量值为 1，否则变量值为 0。比如，第一个人在五年（60 个月）当中的第 2、9、21、31、38、43、57 个月中调换了单位。

第三条记录包含了 60 个时间变化变量。每一个变量都是至本月之前发表论文的累积篇数。因此，第 1 个调查对象在一开始就有一篇论文发表，在第 10 个月又发表了第二篇，在第 32 个月发表了第 3 篇，在第 54 个月发表了第 4 篇。

我们的工作任务是利用原始输入数据产生一套以人年为分析单位的数据。模型分析还要求最终只包括那些属于风险集的人年数据。所研究的事件是在调查对象已经参加工作以后所发生的更换单位。然后，用 logistic 回归来进行估计，其因变量为调查对象是否更换了工作单位（仅考虑第一次更换）。自变量中包括三个时间固定变量，即 AGE、FUNDS、PRES，以及一个时间变化变量 PUB（发表论文累计），还有四个虚拟变量表示人年所对应的年份。因为共有五年，需要四个虚拟变量来表示所在年，另一没有定义的年份自然成为参照年。

表 14—19 是例 5 的程序命令。

表 14—19 例 5 的程序命令

```
DATA LIST NOTABLE FILE = 'C:\EHA_SPSS\EX5.dat' RECORDS = 3
  /2 D1 TO D60 (60F1.0).

FLIP VARIABLES = D1 TO D60.
DO REPEAT R = VAR001 TO VAR004 / D = CASE1 TO CASE4.
COMPUTE D = 0.
DO IF (R NE 0).
COMPUTE D = $CASENUM.
END IF.
IF (R = 0) D = 61.
END REPEAT.

FLIP VARIABLES = CASE1 TO CASE4.
COMPUTE ID = $CASENUM.
COMPUTE DURA = MIN(D1 TO D60).
SAVE OUTFILE = 'C:\EHA_SPSS\TEM1' /KEEP = ID DURA.

DATA LIST NOTABLE FILE = 'C:\EHA_SPSS\EX5.dat' RECORDS = 3
  /1 ID 1-3 AGE 5-6 FUNDS 8 PRES 10
  /3 #P1 TO #P60 (60F1.0).

COMPUTE PUB1 = #P7.
COMPUTE PUB2 = #P19.
COMPUTE PUB3 = #P31.
COMPUTE PUB4 = #P43.
COMPUTE PUB5 = #P55.

MATCH FILES FILE = * /FILE = 'C:\EHA_SPSS\TEM1' /BY = ID.
SAVE OUTFILE = 'C:\EHA_SPSS\TEM2'.

DO REPEAT A = AGE1 TO AGE5 /F = FUNDS1 TO FUNDS5
  /P = PRES1 TO PRES5 /C = CHANGE1 TO CHANGE5.
COMPUTE A = AGE.
COMPUTE F = FUNDS.
COMPUTE P = PRES.
COMPUTE C = 0.
```

续前表

```
END REPEAT.
EXECUTE.

IF (DURA GE 1 AND DURA LE 12) CHANGE1 = 1.
IF (DURA GT 12 AND DURA LE 24) CHANGE2 = 1.
IF (DURA GT 24 AND DURA LE 36) CHANGE3 = 1.
IF (DURA GT 36 AND DURA LE 48) CHANGE4 = 1.
IF (DURA GT 48 AND DURA LE 60) CHANGE5 = 1.

DO IF(CHANGE1 = 1).
DO REPEAT X = CHANGE2 TO CHANGE5.
COMPUTE X = -9.
END REPEAT.
ELSE IF (CHANGE2 = 1).
DO REPEAT X = CHANGE3 TO CHANGE5.
COMPUTE X = -9.
END REPEAT.
ELSE IF (CHANGE3 = 1).
DO REPEAT X = CHANGE4 TO CHANGE5.
COMPUTE X = -9.
END REPEAT.
ELSE IF (CHANGE4 = 1).
COMPUTE CHANGE5 = -9.
END IF.

COMPUTE ORDER1 = 1.
COMPUTE ORDER2 = 2.
COMPUTE ORDER3 = 3.
COMPUTE ORDER4 = 4.
COMPUTE ORDER5 = 5.

WRITE FORMATS ID (F4.0)
  /AGE1 TO AGE5 (F2.0)
  /FUNDS1 TO FUNDS5
    PRES1 TO PRES5
    CHANGE1 TO CHANGE5
    PUB1 TO PUB5
    ORDER1 TO ORDER5 (F2.0).
WRITE OUTFILE = 'C:\EHA_SPSS\OUT1' RECORDS = 5
  /1 ID AGE1 ORDER1 FUNDS1 PRES1 CHANGE1 PUB1
  /2 ID AGE2 ORDER2 FUNDS2 PRES2 CHANGE2 PUB2
  /3 ID AGE3 ORDER3 FUNDS3 PRES3 CHANGE3 PUB3
```

续前表

```
79      /4 ID AGE4 ORDER4 FUNDS4 PRES4 CHANGE4 PUB4
80      /5 ID AGE5 ORDER5 FUNDS5 PRES5 CHANGE5 PUB5.
81
82    EXECUTE.
83
84    DATA LIST NOTABLE FILE = 'C:\EHA_SPSS\OUT1'
85      /1 ID 1 - 4 AGE 5 - 6 ORDER FUNDS PRES CHANGE PUB (5F2.0).
86    SORT CASES BY ORDER.
87    SAVE OUTFILE = 'C:\EHA_SPSS\TEM3'.
88
89    MATRIX.
90    COMPUTE M = IDENT(5).
91    SAVE M /OUTFILE = 'C:\EHA_SPSS\TEM4'.
92    END MATRIX.
93    GET FILE = 'C:\EHA_SPSS\TEM4'.
94    COMPUTE ORDER = $ CASENUM.
95    RENAME VARIABLES (COL1 TO COL5 = YR1 TO YR5).
96    MATCH FILES TABLE = * /FILE = 'C:\EHA_SPSS\TEM3' /BY = ORDER.
97
98    SORT CASES BY ID.
99
100   SELECT IF NOT (CHANGE = - 9).
101
102   LIST VAR = ID CHANGE AGE FUNDS PRES PUB YR1 TO YR5.
103
104   LOGISTIC REGRESSION VARIABLES = CHANGE WITH AGE
105       FUNDS PRES PUB YR2 YR3 YR4 YR5
106     /EXTERNAL.
107   SAVE OUTFILE = 'C:\EHA_SPSS\FINAL.SAV'.
```

注：本书附盘提供此程序，文件名为EX5. sps。

2. 例 5 程序命令的注释

＊第 1 行和第 2 行中的命令是打开原始数据文件，读取每个案例的第二条记录中的 60 个时间事件变量。

＊第 4 行至第 11 行命令是先将工作数据矩阵转置，使内部变量 $CASENUM 能被用来表示月份的累计，对于每个 0 值的数据都将被改值为 61，以备后面第 15 行命令可以用取最小值的函数 MIN 方法找出第一次变换工作单位事件的时间，因为那时数据中已经没有 0 值了。本段中的命令与例 4 中命令的第 4 行至第 10 行中的命令几乎完全一样，只是多了在第 10 行的一句遇到 0 值则将数值改为 61 的命令语句。详细注释可参看对例 4 中相应段落的命令程序注释。

本段命令执行以后，得到作为中间结果的部分工作数据格式如表 14—20 所示（其中变量 CASE_LBL 以及 VAR001 至 VAR004 略）。

表 14—20　　例 5 案例处理的中间结果一

（右栏上接左栏下）

CASE1	CASE2	CASE3	CASE4	CASE1	CASE2	CASE3	CASE4
61	61	61	61	31	61	61	61
2	2	61	61	61	61	61	61
61	61	61	61	61	61	61	61
61	61	61	61	61	34	61	61
61	61	61	61	61	61	61	61
61	61	61	61	61	61	61	61
61	61	61	61	61	61	61	61
61	61	61	61	38	61	61	61
9	61	61	61	61	61	61	61
61	61	61	61	61	61	61	61
61	61	61	61	61	61	61	61
61	61	61	61	61	61	61	61
61	61	61	61	43	61	61	61
61	61	61	61	61	61	61	61
61	61	61	61	61	61	61	61
61	61	61	61	61	61	61	61
61	61	61	61	61	61	61	61
61	18	61	61	61	61	61	61
61	61	61	61	61	61	61	61
61	61	61	61	61	61	61	61
21	61	61	61	61	61	61	61
61	61	61	61	61	61	61	61
61	61	61	61	61	61	61	61
61	61	61	61	61	61	61	61
61	61	61	61	61	61	61	61
61	61	61	61	61	56	61	61
61	61	61	61	57	61	61	61
61	61	61	61	61	61	61	61
61	61	61	61	61	61	61	61
61	61	61	61	61	61	60	61

＊第 13 行至第 16 行命令完成的任务是：取变量 CASE1 至 CASE4 的数据转置；建立新变量 ID 并输入各条记录所在行的序数值；建立变量 DURA 并选择本条记录中 D1 至 D60 各变量值中最小者作为其数值（因为我们只关心第一次事件发生以前的情况，最小值即为第一次事件发生所在月的序号）；以上命令完成后将工作数据中的变量 ID 和 DURA 存入一个 SPSS 系统格式的第 1 号中间结果文件。

＊第 18 行至第 82 行之间的命令的主要任务是：利用原始数据中的信息产出以人年为口径的分析案例，就是说每个调查对象都要有五条记录，一条对应一个年份。

＊第 18 行至第 20 行间的命令是：先读入原始文件中每个案例的第一条记录（调查时的背景资料）和第三条记录（至各月时的发表论文篇累计），将它们合成一条记录。

＊第 22 行至第 26 条命令完成的任务是：选择每年的第 7 个月的发表篇数累计作为该年发表篇数，并将其记入相应的新变量 PUB（i）中。

＊第 28 行命令将现在的工作数据的记录与前面存出的第 1 号中间结果文件的记录按 ID 值

匹配合并。

*第 29 行命令将合并后的工作文件数据存入第 2 号中间结果文件中。

*第 31 行至第 38 行利用重复操作命令分别按各年份建立相应的变量：AGE（*i*）——年龄、FUNDS（*i*）——资金、PRES（*i*）——学校声誉、CHANGE（*i*）——变更单位。对各年份的年龄、资金、学校声誉三个变量是将调查时的相应数据值予以赋值；而对各年份的单位变更变量则先都赋值为 0。然后命令开始执行这些处理。

*第 40 行至第 44 行为条件判断操作命令，根据变量 DURA 值（即第一次变更单位的月份序号）所在区间来决定将对应年份的变更单位变量的值是否更改为 1。

*第 46 行至第 60 行为条件判断套装操作命令，即如果第一次发生变更单位所在年份［即变量 CHANGE（*i*）值是 1 的那个年份］是在前四年中的一年，则将代表这一年以后的其他年份的 CHANGE（*i*）值都改为－9。注意，如果变更单位的年份是在第五年，则什么都不变。因为第一次变更单位以后的人年记录已经不属于要分析的风险集，所以上述操作就意味着用 CHANGE（*i*）等于－9 为后面将要形成的人年记录中那些与分析无关的人年记录先做一个记号，以便能够最后从数据中删除这些人年记录。

*第 62 行至第 66 行新建分别表示五个年份序数的变量，其变量值等于对应年份的序数值。

*第 68 行至第 74 行为一个输出格式命令。因为采用固定格式，凡格式不同于排在前面的变量时，最好加“/”符号以示区别。

*第 75 行与第 80 行为一条输出命令，输出文件类型为 ASCII 文件。这条命令指令要将每条工作数据记录分成五条记录输出，并指定每条输出记录中的变量。每条输出记录中都保留原来所属 ID，并且按同样变量类型顺序，有关第几年的变量就在第几条中输出。

*第 82 行为要求执行上述输出命令。至此原工作数据被改造为以人年为分析单位的记录。其中，AGE、FUNDS 和 PRES 是时间固定变量，在每个调查对象的不同年份记录中是相同的。CHANGE 是一个虚拟变量，反映事件在某一年份是否发生。它将是 logistic 回归的因变量。变量 PUB 是一个时间变化变量，它是发表论文篇数累计在每年中期的观察值。

注意，这时工作文件仍然还是输出命令执行以前的，即以调查对象为口径的记录。

*第 84 行至第 85 行的命令是重新读入刚刚储存的 ASCII 文件。这时，取得的工作数据记录是以人年为口径的记录，并且各人年记录中的变量有了一致的变量名。尽管如此，我们仍然能够从变量 ID 值上知道它是哪个人的记录，也可以从变量 ORDER 值上知道各人年记录是属于哪一年份。

至此，数据改造的中间结果如表 14—21 所示。

表 14—21　　例 5 案例处理的中间结果二

ID	ORDER	CHANGE	AGE	FUNDS	PRES	PUB
1	1	1	34	3	5	1
1	2	−9	34	3	5	2
1	3	−9	−9	−9	−9	2
1	4	−9	−9	−9	−9	3
1	5	−9	−9	−9	−9	4

续前表

ID	ORDER	CHANGE	AGE	FUNDS	PRES	PUB
2	1	1	25	1	4	0
2	2	−9	25	1	4	1
2	3	−9	−9	−9	−9	1
2	4	−9	−9	−9	−9	2
2	5	−9	−9	−9		−9
3	1	0	30	2	3	1
3	2	0	30	2	3	1
3	3	0	30	2	3	1
3	4	0	30	2	3	2
3	5	1	30	2	3	2
4	1	0	33	2	3	2
4	2	0	33	2	3	2
4	3	0	33	2	3	3
4	4	0	33	2	3	4
4	5	0	33	2	3	4

注：为了看得清楚，不同人的人年记录之间加了空行。

＊第 86 行命令要求将工作数据按照变量 ORDER 的值进行重新排序。于是同一年份的人年记录被集中在一起。

＊第 87 行命令将现有工作数据存成第 3 号 SPSS 格式的中间文件。

＊第 89 行至第 92 行的命令，是通过 MATRIX-END MATRIX 套装命令调用 SPSS 矩阵处理功能，目的是利用 COMPUTE 和 IDENT 矩阵函数来产生一个 5 × 5 的单位矩阵（对角线上元素等于 1，其他元素等于 0）来作为代表各年份的虚拟变量。然后，将这个单位矩阵存为第 4 号中间文件。调用这个中间文件，再为它增加一个变量 ORDER，并用每行的序数为其赋值。然后，将原来自动生成的变量名改名为代表各个年份的名称 YR1 至 YR5。最后，用这个工作数据与第 3 号中间文件（即每个人的五个人年记录文件）匹配合并，匹配依据变量 ORDER 的值。于是，使属于各年份的人年记录都获得一套对应该年份的虚拟变量。

＊第 98 行命令是对合并后的工作文件按照变量 ID 的值重新排序。于是，又将每个调查对象的所有人年记录集中在一起。

＊第 100 行命令再将那些 CHANGE 变量值不等于 −9 的记录选出来保留在工作文件中，而将那些已经不属于风险集的记录清除掉。

＊第 102 行命令是将所有属于风险集的人年记录列出。

＊第 104 行至第 106 行中是进行 logistic 回归分析的命令，定义因变量为 CHANGE，自变量有 AGE、FUNDS、PUB 以及代表年份的虚拟变量。注意，代表第一年的虚拟变量没有列在自变量中，说明第一年为参照组。子命令 /EXTERNAL 是指示 SPSS 在进行 logistic 回归分析时利用外部暂存中间数据。这一般是在数据量很大时为了避免计算时内存不足而采取的方法。虽然本例中的分析案例很少，但离散时间的事件史分析往往会有非常大的数据量，因而需要使

用这种方式。用这种方式进行分析会使运算速度减慢一些。

＊第 107 行 SAVE 命令，将此工作文件存盘。

经过一系列的加工处理，我们在原始数据基础上先取得了以人年为记录的数据，又清除了那些不属于风险集的人年记录，终于得到了可供进行离散时间型的事件史分析的适当格式的数据。这套数据中有两个调查对象各提供了 1 个人年记录，有两个调查对象各提供了 5 个人年记录，因此共有 12 个人年案例可供分析。见表 14—22。

表 14—22　　例 5 的最终数据处理结果

ID	CHANGE	AGE	FUNDS	PRES	PUB	YR1	YR2	YR3	YR4	YR5
1	1	34	3	5	1	1.00	.00	.00	.00	.00
2	1	25	1	4	0	1.00	.00	.00	.00	.00
3	0	30	2	3	1	1.00	.00	.00	.00	.00
3	0	30	2	3	1	.00	1.00	.00	.00	.00
3	0	30	2	3	1	.00	.00	1.00	.00	.00
3	0	30	2	3	2	.00	.00	.00	1.00	.00
3	1	30	2	3	2	.00	.00	.00	.00	1.00
4	0	33	2	3	2	1.00	.00	.00	.00	.00
4	0	33	2	3	2	.00	1.00	.00	.00	.00
4	0	33	2	3	3	.00	.00	1.00	.00	.00
4	0	33	2	3	4	.00	.00	.00	1.00	.00
4	0	33	2	3	4	.00	.00	.00	.00	1.00

四、例 6：生育史人年数据改造

配合本书第七章中根据生育史人年数据进行泊松回归以取得年龄别生育率，本节将通过例 6 示范如何将实际生育史调查数据改造为泊松回归所用的人年数据格式。该程序原本为计算 2001 年全国生殖健康调查数据的生育率而设计。在示范数据中仅保留 8 个案例和 15 个变量，但大致保持原调查数据结构的基本格式。如表 14—23 所示，这是一种宽格式时间数据。

表 14—23　　例 6 所用原始数据格式

	code	q101_y	q101_m	q204_1_y	q204_1_m	q204_1_b	q204_2_y	q204_2_m	q204_2_b	q204_3_y	q204_3_m	q204_3_b	q204_4_y	q204_4_m	q204_4_b	ceb
1	566	1963	5	1987	6	1	0	0								1
2	567	1965	4	1988	10	1	1989	10	3	1990	10	2	0	0		2
3	569	1973	9	1998	7	2	2000	5	5							1
4	570	1959	5	1980	12	1	1986	11	2	1988	5	3	2000	6	2	3
5	500	1963	5													0
6	568	1971	3													0
7	580	1973	9													0
8	600	1986	3	2001	4	1										1

注：本书附盘中提供该原始数据，文件名为 Wide_data.sav。

该数据属于表14—1所示的第一种时间数据，其中变量code、q101_y、q101_m和ceb是固定变量，分别为妇女的调查编号、她本人的出生年和出生月，以及她在调查时的曾生子女数。而以“q204”起头的变量则是表达不同时间上的孕育史：其中第一下划线后的数字为孕育序数，为了简略这里只保留到第4次记录；第二下划线后接字母“y”或“m”的变量分别代表孕育过程结束的年份和月份，而后接字母“b”的变量则代表孕育结果，其变量值1和2分别表示活产的男婴和女婴，是完成的生育，而变量值为3及以上时代表怀孕结果为流产、死产、现孕等情况，与计算生育率无关。比如，第570号妇女出生于1959年5月，她已经在1980年、1986年和2000年生育了3个孩子。注意该妇女的第三次怀孕结果是人工流产，而不是生育，因此原始数据中有这样一个案例可以测试程序是否能正确处理这种情况。

根据每个妇女的出生年月和生育年月可以计算出她每次生育时的准确年龄，但形成的每一个人年记录中一定会有年龄变化，因此本程序忽略数据中的月份信息，简单用妇女在各年过生日时的年龄作为整个人年的名义年龄，如果妇女在该年有生育，也就同时作为该次生育的名义年龄。

实际生育情况和数据格式其实可能更为复杂，比如妇女生育的是双胞胎、多胞胎，甚至妇女在一年里有两次生育，所以妇女在一年中的生育子女数是一个计数变量。但这种情况极少，对生育率的影响极小，而且实际生育调查数据往往并不反映如此细致的信息。所以，以下数据处理并未考虑这些特殊情况。

表14—24提供了将例6生育史数据转换为人年数据的程序命令。鉴于前面各例已经对用SPSS程序处理数据的命令做过比较详细的介绍，这里不再对各条命令做一一解释，仅大体描述一下该程序在处理中的主要步骤。

第一步：程序的第1行至第36行，处理原始数据的生育信息。根据原始每名妇女宽格式数据形成每名妇女各次生育为一条记录的长格式数据。其中，一方面要筛除非生育的怀孕结果，另一方面，给从未生育的妇女建立一个虚拟生育记录，即假定她们在调查之后的2002年有生育，这只是为了将这些妇女保留在数据内，以使在最终形成的人年数据中她们的生育风险期（15～49岁）构成当年不生育的一部分。将所形成的妇女的长格式“生育”记录存盘待用。

第二步：程序的第38行至最后，形成最终人年数据。再次打开原始数据，将原来的孕育史变量删去（有用生育信息已在上一步另存文件）。先为每条妇女记录建立代表35年生育风险期的人年变量，附加到原有基本变量之后。然后，将每名妇女一条记录的人年变量数据转换为每名妇女有35条记录的长格式数据。再为妇女每条记录建立人年年份变量和该妇女在该人年时的年龄变量。这时的人年数据中有很多无用记录，因为年轻妇女所经历的生育风险期短于35年，所以要将人年年龄小于15岁的记录清除掉，只保留处于生育风险期的人年记录。接下来，我们要将第一步形成的长格式“生育”记录附加到当前工作数据中来，并且为这些新加入的记录建立人年年份和人年年龄变量。再对整个工作数据按妇女编号、人年年份和人年年龄排序后，那些合并进来的每名妇女生育信息的案例便会按生育年份排到该妇女相应人年记录之前。删去那些不含生育信息的多余人年记录和那些虚拟的2002年“生育”的人年案例后，就基本上形成了含有生育信息的人年数据。最后，我们依据数据中每一人年的生育信息建立起一套计数变量表达妇女在各人年是否生育、按孩次的是否生育（可用于泊松回归计算孩次别生育率）以及每名妇女在各人年末时的子女数。这时，为新建人年变量建立有关标签，删去那些仅用于处理过程的有关变量，我们就得到了转换好的生育史人年数据了。

表 14—24　　例 6：改造生育人年数据的程序命令

```
* ============ RH2001 调查:生育人年生成_宽格式数据转长格式数据 ============.

*** 注:本程序忽略月份,简单用调查对象在本年生日的年龄作为全人年年龄和本年的生育年龄.

GET  FILE = 'D:\BPYdata_SPSS\ Wide_data.sav'.

*** 注 1:该试验数据中含三例从未生育者(code = 500、568 和 580),并且未按 code 排序.

SORT CASES BY  code (A).                                /* 按妇女编码正排序.

VARSTOCASES                                             /*  共 4 段,各含 3 个变量
  /MAKE byear  FROM q204_1_y q204_2_y q204_3_y q204_4_y     /*  byear 为生育年
  /MAKE bmonth FROM q204_1_m q204_2_m q204_3_m q204_4_m     /*  bmonth 为生育月
  /MAKE result FROM q204_1_b q204_2_b q204_3_b q204_4_b     /*  result 为生育结果
  /INDEX = Index1(4)              /* 新增同案例号 1 - 4. 以下 code 为 id, 后接固定变量
  /KEEP = code q101_y q101_m ceb               /* 以下表示未指定变量将作为固定变量
  /NULL = KEEP.

*** 注 2:以下要在长数据中保留从未生育者,将其生育结果改活产(2).
***      将首次生育时间改为不可能值 2002(所用数据为 RH2001 调查).

DO IF (Index1 = 1 & sysmis(byear) = 1).
 + COMPUTE byear = 2002.
 + COMPUTE result = 2.
END IF.
EXE.

* ———————— 删除那些没有"生育年" 和怀孕结果不是活产男婴(1)或女婴(2)的案例.
FILTER OFF.
USE ALL.
SELECT IF(result = 1 | result = 2).
EXECUTE.

SORT CASES BY code (A) byear (A).                    /* 先按 id 和 byear 正排序.

SAVE OUTFILE = 'D:\BPYdata_SPSS\Long_data.sav'.      /* 将形成中间结果存盘待用.

* ============ 重新打开宽数据,通过循环来产生人年 ============.

GET  FILE = 'D:\BPYdata_SPSS\ Wide_data.sav'.

DELETE VARIABLES q204_1_y TO q204_4_b.                      /* 删去已无用的变量.

VECTOR year(35).       /* 先建生育期 35 年人年变量,再将人年变量转换为人年案例.
VARSTOCASES  /MAKE trans1 FROM
  year1 year2 year3 year4 year5 year6 year7 year8 year9 year10
  year11 year12 year13 year14 year15 year16 year17 year18 year19
```

续前表

```
    year20 year21 year22 year23 year24 year25 year26 year27 year28
    year29 year30 year31 year32 year33 year34 year35
    /INDEX = Index1(35)
    /KEEP =   code q101_y q101_m ceb
    /NULL = KEEP.

RENAME VARIABLES trans1 = fertyear.                    /* 重命名转换变量为人年年份.

LOOP #i = 1 TO 35.                                     /* 循环处理每名妇女的生育人年.
+   COMPUTE fertyear = 2002 - Index1.                  /* 计算人年的年份.
+   COMPUTE fertage = fertyear - q101_y.               /* 计算人年的年龄.
ENDLOOP.
EXECUTE.

FILTER OFF.                                            /* 选取 15 岁及以上的生育人年.
USE ALL.
SELECT IF(fertage >= 15).
EXECUTE.

SORT CASES BY  code (A) fertyear (A).                  /* 按妇女编码和人年年份重新排序.

ADD FILES /FILE = *                                    /* 将前存中间数据与当前工作数据合并.
/FILE = 'D:\BPYdata_SPSS\Long_data.sav'
/IN = source01.
VARIABLE LABELS source01.
EXECUTE.

DO IF source01 = 1.                       /* 给插入的数据记录计算人年的年份和年龄.
+   COMPUTE fertyear = byear.
+   COMPUTE fertage = fertyear - q101_y.
END IF.
EXE.

SORT CASES BY code (A) fertyear (A) source01 (D).  /* 按人年年份和来源重新排序.

* ———————————— 为多余人年记录做记号 ————————————.
COMPUTE index1 = (~(code = LAG(code)&fertyear = LAG(fertyear)&fertage = LAG(fertage))).
SELECT IF (index1 = 1 | $casenum = 1).                 /* 删去多余人年记录.
EXECUTE.

FILTER OFF.
USE ALL.
```

续前表

```
SELECT IF(fertyear < 2002).                    /* 删去 2002 年及以后的非法人年记录.
EXECUTE.

DO REPEAT b = bt b1 b2 b3 ceb_y.               /* 新建五个新的生育变量待用,均赋值 0.
 + COMPUTE b = 0.
END REPEAT.
EXE.

SORT CASES BY code (A) fertyear (A).            /* 按妇女编码和人年年份重新排序.

* ————————— 循环计算每名妇女各人年的生育变量值 —————————.
LOOP.
+   IF fertage>15 ceb_y = LAG(ceb_y).
+   DO IF result> = 1.
-     COMPUTE bt = 1.
-     COMPUTE ceb_y = LAG(ceb_y) + 1.
-     DO IF ceb_y = 1.
-       COMPUTE  b1 = 1.
-     ELSE IF ceb_y = 2.
-       COMPUTE  b2 = 1.
-     ELSE.
-       COMPUTE  b3 = 1.
-     END IF.
+   END IF.
END LOOP IF code~ = LAG(code).
EXE.

* ————————— 设置生育变量标签与格式 —————————.
VARIABLE LABELS fertyear '人年年份' /fertage '人年年龄'
  /bt '人年生育数' /b1 '一孩生育' /b2 '二孩生育' /b3 '3 + 孩生育'
  /ceb_y '人年 CEB'.
VALUE LABELS  bt b1 b2 b3   0 "未生 "  1 "活产".
FORMATS ALL (F5.0).

* ————————— 保存最终数据文件并删去无用变量 —————————.

SAVE OUTFILE = 'D:\BPYdata_SPSS\Final fertility person - year data.sav'
/DROP = Index1 byear bmonth result source01.
```

注:本书附盘中提供该程序,文件名为RH2011_生育人年转换—ceb_y.sps。该程序处理的最终人年数据结果为Final fertility person—year data.sav。

五、讨论

本章提供了若干例子用以示范如何应用 SPSS 软件来进行不同形式的事件史数据的加工处理。SPSS 是一种功能强大并具有相当灵活性的统计软件包，它能够在很大程度上满足处理事件史数据的多种要求。借助这个软件中提供的种种命令，研究人员几乎可以解决任何类型的数据处理问题。本章作为事件史分析之前数据准备的技术介绍，只是着重讲解了如何计算作为事件史分析的因变量风险期间隔长度以及如何将调查案例改造成以某种时间单位为口径的事件史分析案例。尽管本章中没有专门讨论如何从不同类型的输入数据中加工出时间变化协变量数据的程序命令，但读者可以从本章所提供的示范程序命令中得到启发，因为它们的处理过程与本章提供的范例是非常类似的。比如，BMDP 软件中的 P2L 需要对每一时间单位有一套变量（一般都为虚拟编码）来作为时间变化 Cox 模型的输入数据。如果这些关于协变量的时间信息是直接使用日期编码，那么现在就需要再做类似本章例 4 的数据改造处理，只不过是完全反过来做而已，即根据明确时间信息来产生一套隐含时间信息的虚拟变量。更为具体地说，所需要的这套虚拟变量必须具有以下格式，即每个样本案例有相同的变量数目，而其中每个变量所在的位置可以表示累积时间长度。显然，这类问题可以应用 SPSS 软件中的多种程序功能，使得数据处理工作变得较为容易。

基本概念

数据处理　分析单位　样本案例口径　时间单位口径　生存持续期　删截　用变量编排时间　固定变量　随时间变化的变量　个数相等的时间变量　用记录编排的时间　隐含的时间信息　明确的时间信息　人年

本章要点

1. 事件史分析涉及的纵贯数据的处理是一项比较困难的工作。本章主要讨论了如何应用 SPSS 程序命令计算生存持续期的方法和如何将以案例为单位的数据改变为以一定时间为单位的数据格式。

2. 本章介绍了四种通常采用的原始数据格式类型。

3. 本章以六个 SPSS 程序分别示范了如何进行明确时间信息数据和隐含时间信息数据的处理，其中包含如何将实际生育史调查数据改造为生育人年数据格式。

参考文献

Allison，P，(1984)．Event History Analysis. Sage University Paper series.

Babbie，E.（1955）．The Practice of Social Research，Seventh Edition，Wadsworth Publishing Company.

Lawless，J. F.（1982）．Statistical Models and Methods for Lifetime Data. John Wiley & Sons.

Long，J. S.，Allison，P. D.，and McGinnis，R.（1979）．Entrance into the Academic Career. American Sociological Review，44：816－830.

Tuma, N. , and Hannan, M. (1984). Social Dynamics: Models and Methods. Academic Press.

SPSS Inc. (1992). SPSS Base System Syntax Reference Guide. SPSS Inc.

Levesque, R. (2006). SPSS Programming and Data Management: A Guide for SPSS and SAS Users, Third Edition. SPSS Inc.

第十五章

对应分析

一、什么是对应分析

在社会科学研究中，一个经常会遇到的问题就是要对定性变量数据进行量化分析，因为研究中往往使用一些定性（nonmetric）变量，例如名义变量或序次变量来反映研究对象的行为、态度等，研究不同性别的顾客对不同品牌商品的喜好，不同职业的人在吸烟行为上的差异等都属于此类研究。以往在分析这样的定性变量时，往往需要使用非线性统计方法，例如 loglinear 等，但在每个变量都划分成许多类别的情况下，这些分析方法就很难直观地揭示出变量之间的联系以及变量类别之间的关系。在这种情况下，我们可以使用对应分析方法。

（一）对应分析的概念与基本形式

对应分析（correspondence analysis）方法是一种多元相依变量（interdependence）统计分析技术，它通过分析由定性变量构成的交互汇总表来揭示变量间的联系。当以变量的一系列类别以及这些类别的分布图来描述变量之间的联系时，使用这一分析技术可以直观地揭示同一变量的各个类别之间的差异以及不同变量各个类别之间的对应关系。

与其他相依变量分析技术不同，它既可以分析定性变量数据，同时还可以分析非线性关系。当我们分析的变量是名义变量或序次变量，变量之间存在非线性关系时，则可以用对应分析来揭示变量之间的联系。

对应分析的基本形式是对由两个定性或类型（category）变量构成的交互表进行分析，将定性变量数据转变成可度量的分值，减少维度并做出分值分布图。在减少维度方面，对应分析与因子分析（factor analysis）相似；在作分布图方面，对应分析与多维标度（multidimensional scaling）方法相似。对应分析的优点就在于可以同时做到这几方面，这是以往的统计方法所不能做的，因此，在定性变量数据分析方面，对应分析提供了一种新的多元相依变量的分析技术。

（二）多元对应分析

虽然对应分析的基本形式是对两个定性变量进行分析，实际上对于由三个或三个以上变量形成的交互表也可以进行对应分析，这样的对应分析称为多元对应分析（multiple correspondence analysis）。

多元对应分析可以采取两种方法，第一种方法与二元对应分析非常相似，只是需要对超过二元的变量进行转换，从而使各个变量的所有类别都表现在同一个多维空间里。这里以同时分析三个名义变量为例，假设我们想分析不同性别、分别居住在城市和农村的人对在过去一年取得的收入是否满意，如果要将这三个变量放在同一张交互表里，就要进行转换。我们可以将性别与城乡这两个变量合并成一个变量，原来性别分为两个类型（男、女），城乡也分为两种类型（城、乡），合并后的变量可以记为“性别城乡”，分为四个类型，即男 _ 城市、男 _ 农村、女 _ 城市、女 _ 农村，这样就又可以使用对应分析的基本形式（二维形式）对上述问题进行分析了。但是，从上述变量类型转换中也可以看出，当我们所要分析的变量超过三个时，用这种方法就会感到很不方便了，这时就要使用以下介绍的另一种方法。

多元对应分析的第二种方法是采用同质性分析（homogeneity analysis）技术，这是一种对多个名义变量进行主成分分析的技术，其优势是可以同时对多个定性变量进行对应分析。在SPSS软件的分析（Analyze）部分的 Optimal Scaling 里专门有一个 HOMALS 模块可以帮助我们进行分析，这里不多赘述。

从上述两种多元对应分析方法的比较看，当对两个变量进行分析时（可以看作是多元对应分析的特例），用两种方法得到的统计结果并不一致（但是用各自的解释方式得出的结论是一样的）。因此，在变量数为两个的情况下，建议使用对应分析的基本形式；在变量数为三个的情况下，建议使用上述多元对应分析的第一种方法，即将其中两个变量合并成一个后再进行分析；当变量数为四个或以上时，建议使用上述多元对应分析的第二种方法，即运用同质性分析方法。

（三）对应分析的基本思路

对应分析方法通过对两维交互表的频数分析来确定变量及其类别之间的关系。例如，在分析顾客对不同品牌商品的喜好时，可以将商品品牌与顾客的性别、收入水平、职业等进行交叉汇总，汇总表中的每一项数字都代表着某一类顾客喜欢某一品牌的人数，这一人数也就是这类顾客与这一品牌的“对应”点，代表着不同特点的顾客与品牌之间的联系。通过对应分析，可以把品牌、顾客特点以及他们之间的联系同时反映在一个二维或三维的分布图上，顾客认为比较相似的品牌在图上的分布便会彼此靠近在一起。根据顾客特点与每一品牌之间距离的远近，还可以区分顾客的哪些特点与喜好某种品牌的关系密切。

在对应分析中，每个变量的类别差异是通过直观图上的分值距离表现出来的，但这个距离并不是我们通常所说的距离，而是经过加权的距离，在加权过程中，以卡方值（Chi-square）的差异表现的。因此，对应分析的基础是将卡方值转变成可度量的距离①。卡方值分布是由累积交叉汇总表中每一交互组的实际频数与期望频数的差值得来的，如果差值的绝对值较大，就说明这一单元格中的实际发生频数低于期望频数。每一单元格（每个行变量类别与列变量类别在表中的交叉点）频数的期望值取决于它在行分布中所占的比例和列分布中所占的比例。如果某一单元格的差值是正值，而且数值很大，就说明这一单元格对应的行变量类别与列变量类别

① 差值是交叉分类表里单元格的期望值和实际值的差。对差值标准化，可以形成与原来交叉表具有相同结构的数据，$d_{ij}=1/\sqrt{n}\cdot(f_{ij}-e_{ij})/\sqrt{e_{ij}}$，差值的总和等于 x^2/n，差值构成指标矩阵（indicatrix matrix），这一矩阵具有和交叉分类表相同的结构和特点，反映了原数据的特点。指标矩阵包含了原始的数据信息，但是经过了标准化处理，具备更好的分析性质。对应分析很大程度上是对于指标矩阵的主成分分解，利用主成分的得分，来代表变量和变量取值的坐标值，最后形成对应分析的图形。

有很强的对应关系，这两个类别在图上的距离就会很近。如果是负值，则两个类别在图上的距离就会很远。

（四）对应分析方法的优点

对应分析方法的出现为我们分析定性变量提供了许多方便条件，这表现在以下几个方面。

1. 定性变量划分的类别越多，这种方法的优势越明显

利用简单的交叉汇总表就可以对定性变量进行分析，而且变量划分的类别越多，这种分析方法的优势越明显。

尽管其他统计方法也可以对交叉汇总表进行分析，但当变量是名义或序次变量而且变量的类别很多时，用这些方法就很难看出变量之间的关系。例如，当我们调查不同职业的顾客对不同品牌香烟的喜好时，职业变量可以分成 10 多个类别，而香烟品牌也可以有 10 个之多。这样通过一个由名义变量构成的庞大的交叉表就很难看出变量间的联系。对于这样的研究，对应分析的优势就表现得十分明显。对应分析可以将不同职业的顾客与他们选择的不同品牌香烟同时表现在一个二维直观图里，从而清楚地反映出哪些职业的顾客喜欢同样的香烟品牌，哪些香烟品牌在顾客的心目中比较相似等。

2. 揭示行变量类别间与列变量类别间的联系

对应分析不但可以表现行变量与列变量之间的联系，而且可以揭示行变量类别间与列变量类别间的联系。

在社会科学研究中，经常有许多用序次变量表示的变量。例如，在对不同受教育程度的人是否愿意做社区志愿服务人员的调查中，调查对象的意愿通常被划分为五类：非常愿意、愿意、一般、不愿意、很不愿意。在调查不同职业的人对在过去一年里收入的满意程度时，又往往会用编码非常满意、满意、一般、不满意、很不满意来表示。如果对上述变量直接进行分析，隐含的假定是不同意愿或满意程度类别之间的差距是等距的，而实际上很可能并不是这样。而在对应分析的分布图上，特征相似的类别会聚集到一起，差异很大的类别则相距很远，由此，我们可以区分变量的不同类别之间的差异情况，重新调整分类，使之更加符合实际情况。

3. 将类别联系直观地表现于图形中

对应分析最大的优势是可以将所有行变量类别和列变量类别的联系直观地表现在同一张分布图上，我们从中可以看出哪些行变量类别与列变量类别有密切的联系，从而能够清楚地解释统计分析结果。

4. 可以将名义变量或序次变量转变为间距变量

以对应分析方法为基础还可以将名义变量或序次变量转变为间距变量，从而可以应用更多的传统统计方法分析含有这样变量的调查数据。

然而，在看到对应分析方法的优点的同时，也不能忽略它的局限性。

（五）对应分析方法的局限性

1. 不能用于相关关系的假设检验

对应分析只是一种描述性的统计分析方法，它虽然可以揭示变量间的联系，但不能用于相关关系的假设检验。例如，它不能说明两个变量之间存在的联系是否显著。如果你所作分析的

主要目的是量化变量之间的联系，那么就要用 loglinear 等其他统计方法。

2. 维度要由研究者决定

对应分析是一种减少维度的方法。在分析过程中，到底用几维进行分析需要由研究者自己决定，没有硬性的规定。在分析过程中，研究者可以知道最大维度数是多少，但是减少到几维为好必须权衡分析结果是否可解释（interpretability）以及是否简约（parsimony）。对应分析的原则是用最少的维度来解释尽可能多的差异，但多少才算是多要由研究者决定。

3. 对极端值敏感

在分析过程中，极端值（outlier，或称异常值）对对应分析的结果影响很大。

二、对应分析的假设条件

运用分布图分析变量类别间的关系时可以采用两种方法：一种是分解法（decompositional method），例如，多维标度（multidimentional scaling）就属于分解法分析技术。使用多维标度技术分析顾客对不同品牌商品的喜好时，每个被调查者只需对不同品牌是否相似或喜欢什么品牌做出一个总体的评价，随后这些总体评价会被分解成若干维度，从而在分布图上将不同品牌的差异表现出来。

另一种方法是构成法（compositional method），对应分析就属于构成法技术。用构成法分析顾客对不同品牌商品的喜好时，每个被调查者先要对不同品牌商品的每个特征分别进行评价，然后再从这些评价中得出品牌相似或品牌喜好的总体评价。在多元统计方法中，因子分析和判别分析都是常用的构成法分析技术。

对应分析方法对于数据类型、变量之间的关系没有严格的限定。但是，调查对象必须有代表性，研究对象要有可比性，变量的类别应当涵盖所有可能出现的情况。比如在生活满意度调查中，有满意的，也会有不满意的，还会有回答一般的，表示既不是满意也不是不满意，也有不回答的可能，这些答案都应考虑在内。对于所分析的调查数据，对应分析还有以下一些假设条件。

（一）被调查者回答问题时并不都从同一角度（或称维度）做出判断

在意愿、满意度和商品品牌喜好等调查中，被调查者都通常会从两个维度进行评判。这两个维度一个是主观维度，一个是客观维度。主观维度是指人们主观的看法，比如认为某一商品很贵，某部电影很好看，某家生活很幸福等。之所以说这些判断是主观得出的，是因为换一个人可能就并不这样认为，一个人认为很好看的电影在另一个人眼里可能并不好看。客观维度是指从研究对象的有形特点进行判断，例如商品的体积、形状、颜色、重量等，一个重 10 公斤的物品在谁手里都是同样重量，不会因人而异。

一个基本的假设就是被调查者做出判断的标准因人而异。被调查者并不都是用同样的主观或客观维度及指标来作为判断的依据，虽然主要的指标很可能会一样，但不完全一样。举例来说，在调查人们生活的满意程度时，有的调查对象从收入的角度考虑得多一些，认为收入越高越满意，而另一些被调查者可能更注重家庭关系的和谐，还有的人注重有没有较好的工作、住房等；这样大家做出判断的角度就不一样了。在这里，收入可能是所有人都要考虑的指标之一，但如果所有调查者都以收入水平作为唯一的考虑角度，收入这样一个指标就反映了生活满意度，那么也就没有必要再进行对应分析了。

（二）所有被调查者对于某一维度重要性的评价不必一样

比如生活满意度的评价中，有的人认为收入水平最重要，但另一些人可能认为收入多少并不重要，家庭和谐才是生活满意度的最重要因素。

（三）被调查者的评判角度和看法可以改变

被调查者做出评判时所考虑的角度、对每个维度重要性的看法会随着时间推移而改变，不一定要保持同一看法。现在对收入和生活很满意的人过两年也可能会回答不满意。

在实际调查过程中，每个被调查者通常会从各自选择的角度来回答问题，对满意程度、喜好与否等做出评判。对应分析就是要找出被调查者的比较一致的看法，以及他们在回答问题时主要是从哪些角度考虑的。

在使用定性变量数据进行分析时，交叉汇总表中的数字可以代表线性关系，也可以代表非线性关系。

对应分析的基础是交叉汇总表，表中的每一个单元格（cell）都代表着被调查者选择某一答案的频数，也表示着行与列的对应关系。对应分析的一个重要前提条件是表中的每一单元格都不能是负数或零，如果有频数为零的单元格出现，应该对变量的分类进行合并，去掉有频数为零的单元格类别。例如，在分析有不同生活自理能力的老年人对自己健康状况的评价时，如果分成“极好、很好、好、一般、不好、很不好”，没有生活自理能力的老年人很可能就没有人回答健康“极好”这一类，这样就出现了一个频数为零的单元格，这时就要将极好与很好（假如有人回答“很好”）合并，去掉“极好”这一类别。此外，表中的行和列的设置并不是固定的，比如说，表示职业的变量既可以作为列变量也可以作为行变量，对分析结果没有影响。

三、使用 SPSS 软件进行对应分析

随着计算机的日益普及，可以进行对应分析的软件也越来越多。在各种软件中应用最广泛的软件是 SPSS 软件中的 ANACOR 程序和 HOMALS 程序，BMDP 软件中的 CA 程序，PC-MDS 软件中的 CORRAN 和 CORRESP 程序。本章主要以 SPSS 软件中的 ANACOR 程序为例，并介绍相应的上机操作技术。

ANACOR 是对应分析（analysis of correspondence）的缩写。在 SPSS for Windows 6. x 版本软件中尚没有现成的菜单命令可供选择，需要在 Syntax 窗口下编写并运行命令程序。但是，在此后的各个版本中都已经有现成的菜单命令可供选择。在较早 SPSS 版本里，打开数据文件后，通过点击 Analyze → Data Reduction → Correspondence Analysis 命令就可以进入对应分析主界面定义分析变量和有关设置。在更新的 SPSS 版本里，则是点击 Analyze → Dimension Reduction → Correspondence Analysis 。本章的例题示范使用 SPSS 19.0 来介绍对应分析方法。

虽然通过软件可以方便地得出一系列图表分析结果，但读者注意的重点是对话界面各个选项的功能和如何对图表结果进行解释。对应分析模块是由荷兰莱顿（Leiden）大学数据理论标

度体系（DTSS）研究组编制的，SPSS通过合同将此程序进行了套装，因此，在每次运行结果报告的开始都会首先显示这一机构的版权信息。

使用SPSS进行对应分析主要有如下四个步骤：

(1) 对定性变量数据的交叉汇总表进行定义，形成对应分析所要求的汇总表。需要特别注意，对应分析将要分别定义为行变量和列变量的两个分类变量所形成的交互频数表里不允许存在频数为零的单元格，如果有这样的情况则必须进行类别合并调整的数据处理，使之符合对应分析对汇总表的基本要求。

(2) 在Correspondence Analysis界面下，进行模型、统计方法与图形的设定并运行程序。

(3) 检查运行结果和各种统计图，必要时可以调整参数，重新运行程序，使直观图能够最好地表现变量之间的关系。

(4) 对分析结果加以合理的解释。

四、对应分析示例

为了更好地说明对应分析的应用过程及参数确定等一系列问题，本章以一个应用对应分析的例子来进行示范。例子中所用数据来自北京老年病医学研究中心1992—1994年在北京市进行的“北京老龄化多维纵向研究”。在这项研究中，先后在两年的时间里，研究人员对一批60岁以上的老年人进行纵向追踪调查，其中有2 703位老年人是在两次调查中都被调查到的，这里选择这些老年人在1992年基线调查中对“日常生活自理能力”和“自评健康状况”两个问题的回答进行分析。本书所附光盘提供了这个数据文件，文件名为Corresp _ 1. sav数据。该数据中定义了两个分类变量的编码，同时提供了这两个分类变量的交互划分时各单元的案例频数(freq)，必须用freq对数据进行加权后才能开展后面的例题分析。

该调查在“日常生活自理能力”问题中，自理程度的答案选项包括三类，即完全自理、部分自理和不能自理。关于健康自评的问题“您觉得您现在的身体好吗”，答案选项分为五类，即很好、好、一般、差、很差。

我们先对上述调查结果有个了解，即它的交叉汇总结果是什么样的。用SPSS打开本书所附的Corresp _ 1. sav数据，变量srh代表“自评健康状况”，注意它其实有6种结果，分别是很好、好、一般、差、很差、没回答。变量adl代表“生活自理能力”，有3种回答，分别是完全自理、部分自理和不能自理。点击 Analyze → Descriptives Statistics → Crosstabs ，对这两个变量进行交叉汇总，可以得到以下汇总表，见表15—1 。

表15—1　　老年人生活自理能力与自评健康状况汇总表

自评健康状况 \ 生活自理能力	完全自理	部分自理	不能自理	合计
很好	129	14	8	151
好	931	146	96	1 173
一般	660	116	74	850

续前表

自评健康状况＼生活自理能力	完全自理	部分自理	不能自理	合计
差	251	104	81	436
很差	11	7	23	41
没回答	15	13	24	52
合计	1 997	400	306	2 703

在汇总表中出现了“没回答”，这是因为在调查中一些老人没有对自己的健康状况进行评价，这在类似的社会调查中也是常见的现象，也就是说常有一些被调查者没有回答全部问题。如果确实认为这一类情况可以不考虑在内，那么可以把这一行去掉。但从本例考虑，我们很想知道什么样的老年人更不愿意对自己的健康状况进行评价，所以在以下的对应分析中保留了这一行频数。

从表中的频数分布看，没有频数为零的单元格，符合对应分析的基本要求。在回答健康状况好或一般的老年人中，生活能够完全自理的人最多，但仍有一部分人生活不能自理。在回答说自己健康状况很差的老年人中，生活不能自理的老年人占有很大比重。那么，自评健康状况与日常生活自理能力之间到底有怎样的关系呢？这是我们关心的主要问题。

以下是正式进行对应分析的步骤：

第一步是定义变量。按上述SPSS操作进入Correspondence Analysis主界面，将“自评健康状况”（srh）移送到“Row”框中作为行变量，将“生活自理能力”（adl）移送“Column”框中作为列变量。点开“Row”框下方的[Define Range]对话窗口，定义行变量分类的取值范围：最小值（Minimum value）和最大值（Maximum value）。在此例中，“自评健康状况”分类的最小值是1（很好）、最大值是6（没回答）。然后点击此栏右侧的[Update]按钮，便可以更新定义的取值范围。于是，该界面下半部分的“Category Constraints”框中将显示数字1至6，分别代表这一变量的6个分类。点击界面中的[Continue]按钮便返回上一级界面，这时可见行变量框中显示出“srh（1 6）”。再用同样的操作定义本例列变量的最小值为1，最大值为3，使对应分析主界面中列变量框中显示出adl（1 3）。

第二步，设定对应分析模型、统计方法和图形。本例分析基本上只需按默认选项便能完成，下面介绍只是为了帮助读者了解SPSS对应分析的有关选项，并选用其中一个非默认选项。

在Correspondence Analysis界面中有三个并列的选项按钮：[Model]（模型）、[Statistics]（统计）、[Plots]（图形）。

在模型选项界面中，首先要定义的是分析结果的维度（Dimensions in solution），通常最大维度数默认设定值是分析过程中所有变量里的最少分类数减1。对应分析中的最大维度数由变量的类别数决定，行变量的类别数是交互表中的行数，列变量的类别数是交互表中的列数，行数与列数中的最小值减1就是最大维度数。在本例题中，共有两个变量，“自评健康状况”变量的分类数是6，“生活自理能力”变量的分类数是3，变量分类的最小值是3，所以，最大维度数就是2（＝3－1），就是说在分析结果中使用2个维度。此例题中默认的维度数是2，即Dimensions in solution：2，其选择过程同上所述，一般我们使用时不必再自己计算维度数。如果实际分析的交互表中行变量和列变量的类别都超过了三项，就需要考虑是否要对维度数进行专门设定，而不再使用缺省值，但是维度数量并不是越多越好。

我们这里所说的维度就是指评判的角度。如前所述，通常我们都是从主观和客观两个方面特征评判一个研究对象，例如评价汽车，人们可以主观地认为喜欢或不喜欢哪种车，某种车的价格是贵还是便宜；但这些车的大小、颜色、重量是客观存在的，并不因人而异，这些是车的客观特征。通常从上述两方面特征（两个维度）就可以解释人们对这些车的评价的大部分差异，但当评价的类别划分得很多时，比如分成四、五类，而车的品牌也较多时，单从两方面特征（两个维度）分析就不能解释绝大多数的差异，就需要从第三，甚至第四维度进一步加以分析。例如评价汽车的人具有什么文化程度、从事什么职业、是否有过开车的经历、过去是否接触过这些车等。虽然维度数的增加可以增大解释差异的比例，但对分析结果也就越难解释，所以，不是维度越多越好，还要注意简单明了，易于理解。

其次，可在模型界面的“Distance Measure”框中选择距离测量方法。一种是 Chi square（卡方），另一种是 Euclidean（欧氏距离）。分类变量通常使用卡方，而欧氏距离更适合连续性变量。软件中默认的方法是卡方，在本例题中不用更改。

接下来，可在“Standardization Method”框中选择标准化方式。标准化的方式将决定绘制图形时是以行变量还是以列变量为主，或同时考虑行和列变量。对应分析过程中有五种标准化方式可以选择，通常只使用第一种方式，即如果分析的重点是行变量与列变量两个变量之间的联系，而不是每个变量各个类别之间的差异，就要选用典型标准化方法（第一个选项：Row and column means are removed），这也是对应分析过程的默认方式。如果分析的重点是行变量各个类别之间的差异，就选用以行变量为主的标准化方法（第二个选项：Row means are removed）。如果分析的重点是列变量各个类别之间的差异，就选用以列变量为主的标准化方法（第三个选项：Column means are removed）。

此外，还可在“Normalization Method”框中选择正态化方式。默认方式是 Symmetrical（对称方式），一般不用改变。

确认了以上选项后，按 Continue 键返回对应分析主界面，再点击 Statistics 打开统计对话框。其中包括以下选项：

Correspondence table：输出对应分析变量的交叉汇总表，形式与上面的表 15—1 相似。

Overview of row points：输出行变量取值的纵览表。

Overview of column points：输出列变量取值的纵览表。

Row profiles：在行变量的每个类别中，列变量各个类别的分布情况。

Column profiles：在列变量的每个类别中，行变量各个类别的分布情况。

Permutations of the correspondence table：根据行变量和列变量在第一维度中分值的大小进行升序排列，从而形成新的对应分析汇总表。可以在下面的选择窗口 Maximum dimensions for Permutations 中指定输出对应分析表的最大维度数。

SPSS 对应分析默认的输出为前三项，其他则需要用户专门指定才输出。

界面中 Confidence Statistics for 栏目是选择输出行变量各个点分值（Row points）或列变量各个点分值（Column points）的标准差及其相关系数。

本例其实不需要变更上述默认的输出选项，按 Continue 键返回对应分析主界面。再点击打开 Plots 对话框。Plots 是定义对应分析结果的图形表现方式。

Scatterplots 栏目是关于输出对应分析散点分布图的选项。

其中，Biplot 是默认的图形方式，这是将行变量分值与列变量两个变量的分值同时在一张图上表现出来，这样我们可以直观地看出两个变量之间的联系。

除了这种默认的输出图形，还可以选择另外的两种选项，但它们不能将行变量与列变量数值分布情况反映在一张图里，只是在需要专门了解行或列变量各自的分值分布情况时才使用。

Row points：要求将行变量分值单独在二维图形上表示出来，以便更清楚地了解行变量分值之间的联系。

Column points：要求将列变量分值单独在二维图形上表示出来，以便更清楚地了解列变量分值之间的联系。本例将设置输出这个图。实际上，这是本例示范分析中唯一增加的一种非默认的输出选项。

ID lable width for scatterplots：定义输出的图形中标签的长度。可根据需要更改，本例中采用默认的标签长度 20。

Line plots 栏目是输出对应分析中的变量在每个维度的分值分布图。

Plot Dimensions 栏目设置用于控制输出图形的维度数的选项。

其中，Display all dimensions in the solution 选项是在散点图中展示各个维度的结果，这是默认选项。

Restrict the number of dimensions 用于限定散点图中展示结果的维度数量。如果选择这一项就需要进一步限定输出图形的最小维度数和最大维度数。最小维度数的取值范围是 1 到结果维度数减 1 之间，最大维度数是 2 到结果维度数之间。

确认了上述选项后，按 Continue 键返回对应分析主界面，点击其中的 OK 键开始计算并输出结果。

在我们这个例子中，在输出窗口中将显示如下结果。我们将分段讨论主要统计结果。

表 15—2 是例 1 输出的统计结果第一部分。

表 15—2　　　　例 1 输出的统计结果第一部分

```
CORRESPONDENCE
  TABLE = srh(1 6)BY adl(1 3)
  /DIMENSIONS = 2
  /MEASURE = CHISQ
  /STANDARDIZE = RCMEAN
  /NORMALIZATION = SYMMETRICAL
  /PRINT = TABLE RPOINTS CPOINTS
  /PLOT = NDIM(1,MAX) BIPLOT(20) CPOINTS(20).
```

注释：第一部分输出的是对应分析程序的程序命令，也就是我们前面通过各个窗口的对话框所定义的变量取值范围和统计与图形方法选择的结果。如果我们需要调整分析过程中的选项，用其他的设定进行新的运算，则这部分记录可以帮助我们了解当时是如何定义或者各次程序设定的区别在哪里。否则在窗口选择了许多设定后可能自己也记不清楚当时每个对话框是如何定义的了，可以把这部分看作是全部设定的记录。

表 15—3 是例子输出的统计结果第二部分。

表 15—3　　例 1 输出的统计结果第二部分

Correspondence

[DataSet1] D:\数据\Corresp_1. sav

Credit

CORRESPONDENCE
Version 1. 1
by
Data Theory Scaling System Group(DTSS)
Faculty of Social and Behavioral Sciences
Leiden University, The Netherlands

Correspondence Table

自评健康状况	生活自理能力			
	完全自理	部分自理	不能自理	Active Margin
很好	129	14	8	151
好	931	146	96	1173
一般	660	116	74	850
差	251	104	81	436
很差	11	7	23	41
没回答	15	13	24	52
Active Margin	1997	400	306	2703

注释：第二部分输出的先是对应分析软件的版权页，接下来主体部分是对应分析程序根据我们在前面定义的数据还原成的交叉汇总表，与上面的表 15—1 内容完全一样。从此表可以检查数据输入有无错误，是否需要调整各个变量的分类等。

表 15—4 是例 1 输出的统计结果第三部分。

表 15—4　　例 1 输出的统计结果第三部分

Summary

Dimension	Singular Value	Inertia	Chi Square	Sig.	Proportion of Inertia		Confidence Singular Value	
					Accounted for	Cumulative	Standard Deviation	Correlation 2
1	.296	.088			.925	.925	.024	.257
2	.085	.007			.075	1.000	.024	
Total		.095	256.418	.000[a]	1.000	1.000		

a. 10 degrees of freedom

注释：第三部分输出结果的作用是检查每一维度行分值与列分值的相关关系，并且显示出每一维度对于类别差异能够解释多少。表中的 Dimension 代表维度，奇异值（Singular Value）代表行分值与列分值（分值见以下第四部分输出结果）的相关关系，相当于相关分析里的相关系数 r。此例中第一维度的奇异值为 0.296，就说明第一维度行分值与列分值的相关系数 r 为

0.296。Chi Square 是卡方值，Sig. 是显著性检验结果。

惯量（Inertia）实际上就是常说的特征值（eigenvalue），表示的是每个维度对变量各个类别之间差异的解释量。在惯量比例部分（Proportion of Inertia）中，左侧的解释比例（Accounted for）就是每一维度的特征值与特征值总和相除得到的比例，第一维度的解释比例为 0.925，说明第一维度可以解释所有类别差异的 92.5%，第二维度只能解释 7.5%。当我们分析的变量类别数都超过 3 项时，这一指标非常有用，它可以帮助我们确定用几维来表现变量类别的差异。例如，当两个变量的最小类别数为 6 时，对应分析的最大维度数是 5，上表中将会列出五个维度的特征值和解释比例，第四和第五维度的解释比例往往会很小，而且解释起来又很难。这时，如果你认为绝大多数差异用第一和第二维度就可以解释了（比如说已经解释了 90%），就不必用更多维度进行分析，用两个维度就足以代表了。

右面一列数值是累积解释比例（Cumulative），其和为 1，代表全部解释比例之和为 100%。

最右面两栏是标准差（Standard Deviation）与相关系数（Correlation）。

表 15—5 是例 1 输出的统计结果第四部分。

表 15—5　　例 1 输出的统计结果第四部分

Overview Row Points[a]

自评健康状况	Mass	Score in Dimension		Inertia	Contribution				
					Of Point to Inertia of Dimension		Of Dimension to Inertia of Point		
		1	2		1	2	1	2	Total
很好	.056	−.468	.264	.004	.041	.046	.917	.083	1.000
好	.434	−.231	.092	.007	.078	.043	.957	.043	1.000
一般	.314	−.173	.006	.003	.032	.000	1.000	.000	1.000
差	.161	.622	−.526	.022	.211	.527	.830	.170	1.000
很差	.015	2.538	1.405	.031	.330	.354	.919	.081	1.000
没回答	.019	2.179	.361	.027	.308	.030	.992	.008	1.000
Active Total	1.000			.095	1.000	1.000			

a. Symmetrical normalization

注释：第四部分输出的是行变量（自评健康状况）的每一类别在两个维度中的分值（Scores in Dimension），实际上就是每一类别在坐标图中的坐标。分值的大小（在坐标上的距离）受每一类别所占比重（Mass）的影响，是每一类别到重心点（centroid）的加权结果，各坐标点之间的距离是卡方距离。当标准化方式改变时，分值也会随之改变。

在 Contribution（贡献度）这一部分，左边一栏是各点对维度特征值的贡献（Of Point to Inertia of Dimension），其作用是检查行变量各个类别对每一维度特征值的影响，这有助于解释对应分析的结果。例如，在第一维度中，自评健康状况“很差”所占的比例最高，说明它对类别间差异的影响最大。

右边一栏是各维度对点的特征值的贡献（Of Dimension to Inertia of Point），其作用是检查每一维度对行变量各个类别特征值的影响。从表中看，每个类别特征值的分布都以第一维度为主，说明各类别间的差异绝大部分都反映在第一维度中，这与前面分析结果中每个维度对差异的解释比例是一致的。

表 15—6 是例 1 输出的统计结果第五部分。

表 15—6　　例 1 输出的统计结果第五部分

Overview Column Points[a]

自评健康状况	Mass	Score in Dimension		Inertia	Contribution				
					Of Point to Inertia of Dimension		Of Dimension to Inertia of Point		
		1	2		1	2	1	2	Total
完全自理	.739	—.292	.074	.019	.213	.048	.982	.018	1.000
部分自理	.148	.426	—.660	.013	.091	.761	.593	.407	1.000
不能自理	.113	1.350	.377	.062	.696	.190	.978	.022	1.000
Active Total	1.000			.095	1.000	1.000			

a. Symmetrical normalization

注释：第五部分输出结果是对列变量（生活自理能力）的分值、各类别和维度作用进行分析。形式与前面第四部分变量分析表一样，故不再另作解释。

图 15—1 是对应分析结果的图形展示，它直观地反映了生活自理能力与自评健康状况两个变量之间的联系，也体现了对应分析的优势所在。从图中可以看出，对健康状况自评很好、好和一般的老年人在日常生活上也基本上都能完全自理，自评健康状况为差的老年人通常是生活上时常需要帮助的老年人，他们的日常生活一般只能做到部分自理。而回答说健康状况很差或根本没回答问题的老年人在日常生活中则基本上完全依靠他人的照料，他们中的大多数在日常生活方面完全不能自理。

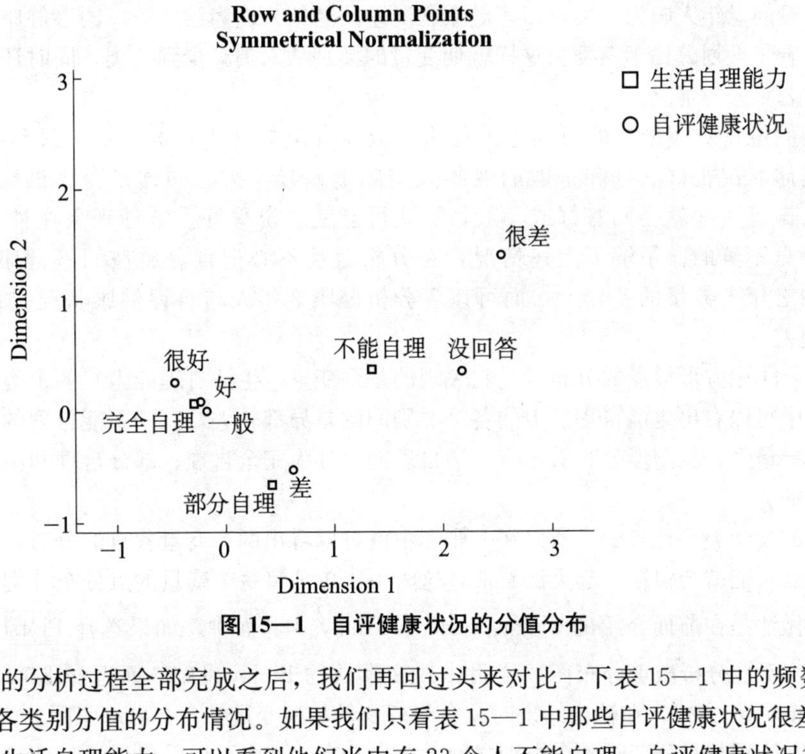

图 15—1　自评健康状况的分值分布

在本例的分析过程全部完成之后，我们再回过头来对比一下表 15—1 中的频数分布与图 15—1 中的各类别分值的分布情况。如果我们只看表 15—1 中那些自评健康状况很差的 41 位老年人的日常生活自理能力，可以看到他们当中有 23 个人不能自理，自评健康状况很差而生活又不能自理的老年人占全部自评健康状况很差老年人的比例很高。而如果从纵向列的分布看，这23个回答健康状况很差而不能自理的老年人在所有不能自理的老年人（306人）中所占的比例又很低，对应分析在分析健康状况很差而且不能自理的老年人时（实际上对每一单元格都如是），则是同时考虑它在横向比较中所占的比例和纵向比较中所占的比例。图15—1中两个变量之间的关系正是综合考虑了行比例与列比例的结果。

对应分析除了可以直观展示变量之间的联系之外，对于改进调查设计也可以发挥重要作用。例如，本章开始时我们提到，在社会科学研究中，经常有许多调查问卷用序次变量来表示，例如，在对不同受教育程度的人是否愿意做社区志愿服务人员的调查中，调查对象的意愿通常被划分为五类：非常愿意、愿意、一般、不愿意、很不愿意。那么这几类之间的差别是不是等距离的？换句话说，如果我们将上述答案选择减少到三类，比如说愿意、一般、不愿意，是否也可以达到分析的目的呢？要回答这个问题，我们可以利用对应分析方法来探索。在对应分析的分布图上，特征相似的类别会聚集到一起，差异很大的类别则相距很远，由此，我们可以区分变量的不同类别之间的差异情况，重新调整分类。

从本章的例子看，在图15—1中，圆形散点表现的是行变量（自评健康状况）各个类别之间的分值分布，从这些圆形散点中可以看出各个类别间的差异。由图可见，回答健康状况很好、好和一般的老年人之间的差异不大，大致可以归为一类。回答健康状况差的老年人可以划为第二类，第三类是回答“很差”的一类。有意思的是那些没有回答健康状况的老年人，从图上看他们更接近健康状况“很差”这一类，由此我们可以推测，那些没有回答自身健康状况的老年人很可能主要是健康状况很差的老年人。

从精简变量类别的角度出发，我们可以据此重新划分变量的类别，例如将回答健康状况很好、好和一般的老年人归为一类，回答健康状况差的老年人划为第二类，回答健康状况很差和没有回答的老年人划分为第三类。这样就使变量的类别从六类减少到三类，同时还明确了没有回答问题的老年人的情况。

即使我们进行对应分析的目的并不是为了减少变量的类别，通过这一过程我们也可以明白回答健康状况很好、好和一般的老年人实际上差异不大。同样是身体健康的老年人，有些老年人谦虚一些就会回答好或一般，有些可能就会说很好，这种现象在社会调查类似问题中是屡见不鲜的。了解了上述情况，在分析时就不必把重点放在回答健康状况很好、好和一般的老年人数量的差异上，而可以多分析健康老年人与自评健康状况差或很差的老年人之间的差异。

从图15—1中方形散点的分布看，它表现的是列变量（生活自理能力）各个类别之间的分值分布，从中可以看出生活自理能力的各个类别间的差异都较大，其中不能自理的老年人与其他两类的差异最大。从图形分布看，将生活自理能力分为完全自理、部分自理和不能自理三类是比较恰当的。

本例中的变量类型比较少，所以在一张图中就可以看出两个变量各自的分布，而如果分类很多，许多点可能就会混在一起无法看清，这时可以单独将每个变量的点分布分别打出图形来观察特点。做法是在前面介绍的Correspondence Analysis界面中，如果选择Plots对话框，在Scatterplots（对应分析散点分布图）栏目中改变默认的Biplot设定，而选择Row points或者Column points图形方式，在输出结果时就会将行变量与列变量各自打出一张图。

图15—2表现的是列变量各个类别之间的分值分布，从中可以看出生活自理能力的各个类

别间的差异都较大，其中不能自理的老年人与其他两类的差异最大。从图形分布能更清楚地看出，将生活自理能力分为完全自理、部分自理和不能自理三类是比较恰当的。

当然，对应分析最常用的功能放在两个变量之间的联系上，这就需要把行变量类别与列变量类别放在同一张图上才能表现出来，图 15—1 就是典型的方式。

从图 15—1 可以看出，第一维度（Dimension 1）可以将各类别之间的差异明显地表示出来，各个类别在第一维度的分布很宽，而在第二维度（Dimension 2）的分布很窄，说明绝大部分类别差异是由第一维度反映出来的。

在图形的上方标出了正态化方式（Symmetrical Normalization），在解释图形时一定要注意在程序中所选择的正态化方式。因为在不同的正态化方式下，各类别在图形上的分布不一样，这将影响我们对变量类别间关系的解释。

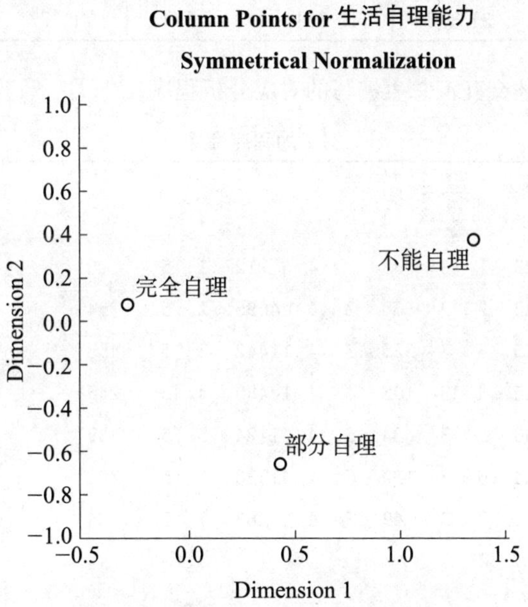

图 15—2　生活自理能力的分值分布

五、另一个示例：两个变量类别数都超过三类

为了增加对对应分析的了解，我们再举一个多类别分析的例子，从中可以看出在变量类别数都超过三类时，在分析过程中可能出现的情况。

例 2 中的数据是对老年人调查的结果，分析的目的是看老年人居住方式（HU）与老年人主要经济来源（RES）之间的关系。比如说，在经济上靠子女养老的老年人是否更可能与子女住在一起。老年人的主要经济来源分为五类：劳动收入、离退休金、社会救济、子女或其他亲属供养、其他。老年人的居住方式分为七类：集体户、一人户、夫妇户、二代户、隔代户、三代户、其他。频数分布见表 15—7。

表 15—7　　老年人居住方式与主要经济来源汇总表

居住方式 \ 主要经济来源	劳动收入	离退休金	社会救济	子女或其他亲属供养	其他	合计
集体户	36	23	33	12	8	112
一人户	1 693	1 143	860	4 895	254	8 845
夫妇户	7 147	5 655	325	11 442	453	25 022
二代户	10 566	4 015	103	12 485	246	27 415
隔代户	535	1 030	34	1 124	39	2 762
三代户	11 112	7 624	130	41 530	282	60 678
其他	283	171	49	289	24	816
合计	31 372	19 661	1 534	71 777	1 306	125 650

表 15—8 是根据上述交互汇总表编写的对应分析程序。

表 15—8　　例 2 的程序命令

```
DATA LIST FREE/HU RES FREQ.
BEGIN DATA
1  1    36  1  2    23  1  3   33  1  4    12  1  5    8
2  1  1693  2  2  1143  2  3  860  2  4  4895  2  5  254
3  1  7147  3  2  5655  3  3  325  3  4 11442  3  5  453
4  1 10566  4  2  4015  4  3  103  4  4 12485  4  5  246
5  1   535  5  2  1030  5  3   34  5  4  1124  5  5   39
6  1 11112  6  2  7624  6  3  130  6  4 41530  6  5  282
7  1   283  7  2   171  7  3   49  7  4   289  7  5   24
END DATA.
VARIABLE LABELS
HU'居住方式'/RES '主要经济来源' /FREQ '权数'.
VALUE LABELS
HU 1'集体户'2'一人户'3'夫妇户'4'二代户'
5'隔代户'6'三代户'7'其他'
/RES 1'劳动收入'2'离退休金'3'社会救济'4'子女亲属'5'其他'.

WEIGHT BY FREQ.

ANACOR TABLES = HU(1,7) BY RES(1,5)
/DIMENSION = 4
/PLOT JOINT.
```

注：本书附盘提供相应命令文件Corresp _ 2. sps。

在这个程序中，前面的命令是将分析数据写入工作数据表，包括定义两个分类变量的编码及相应标签，以及用频数变量来加权。以上程序中最后三行的命令，实际上将直接调用 SPSS 中一个老版对应分析程序模块来进行分析。可以看到，这个程序对行变量和列变量及它们的取值范围做了相应的定义，最大维度数也改变为 4，因为两个变量的最少类别数是 5，以此数减 1 就得到最大维度数 4。对于以前就很熟悉 SPSS 对应分析的用户，以这种方式进行分析更为简捷方便。其实，如果工作数据表中已经有相应数据（本书附盘提供相应数据Corresp _ 2. sav），那么只需选择并运行上述最后三行命令就可以完成同样的分析。当然，采用类似例 1 各步骤的操作的结果，将启动更新的对应分析模块，输出的内容更多，但基本内容相同，只是格式会有所不同。

在 SPSS 中点击 File → Open → Syntax 便可打开相应浏览器，然后在查找范围框中指定该命令文件所在文件夹，然后在其命令文件列表中选择 “Corresp _ 2. sps”，然后点击 Open 按钮即可启动 SPSS 命令编辑器中打开该命令文件，点击 Run → All 即开始运行全部程序，并得到表 15—9 中所示的文本输出结果。

表 15—9　　例 2 输出的统计结果

The table to be analyzed:

	1 劳动收入	2 离退休金	3 社会救济	4 子女亲属	5 其他	Margin
1 集体户	36	23	33	12	8	112
2 一人户	1693	1143	860	4895	254	8845
3 夫妇户	7147	5655	325	11442	453	25022
4 二代户	10566	4015	103	12485	246	27415
5 隔代户	535	1030	34	1124	39	2762
6 三代户	11112	7624	130	41530	282	60678
7 其他	283	171	49	289	24	816
Margin	31372	19661	1534	71777	1306	125650

Dimension	Singular Value	Inertia	Proportion Explained	Cumulative Proportion
1	.24823	.061 62	.491	.491
2	.22175	.04917	.392	.883
3	.11998	.01439	.115	.998
4	.01712	.00029	.002	1.000
Total		.12548	1.000	1.000

Row Scores:

HU	Marginal Profile	Dim 1	2	3	4
1 集体户	.001	−5.259	−1.318	−.573	−.977
2 一人户	.070	−1.374	−.873	−.213	−.011
3 夫妇户	.199	−.251	.384	.362	.177
4 二代户	.218	−.056	.607	−.422	−.081

续前表

HU	Marginal Profile	Dim 1	2	3	4
5 隔代户	.022	−.334	.449	1.532	−.619
6 三代户	.483	.370	−.327	.004	−.007
7 其他	.006	−1.171	.301	−.022	.140

Contribution of row points to the inertia of each dimension：

HU	Marginal Profile	Dim 1	2	3	4
1 集体户	.001	.099	.007	.002	.050
2 一人户	.070	.535	.242	.027	.001
3 夫妇户	.199	.051	.132	.217	.366
4 二代户	.218	.003	.363	.324	.083
5 隔代户	.022	.010	.020	.430	.492
6 三代户	.483	.266	.233	.000	.001
7 其他	.006	.036	.003	.000	.007
		1.000	1.000	1.000	1.000

Contribution of dimensions to the inertia of each row point：

HU	Marginal Profile	Dim 1	2	3	4	Total
1 集体户	.001	.940	.053	.005	.002	1.000
2 一人户	.070	.729	.263	.008	.000	1.000
3 夫妇户	.199	.243	.506	.243	.008	1.000
4 二代户	.218	.008	.786	.205	.001	1.000
5 隔代户	.022	.077	.124	.781	.018	1.000
6 三代户	.483	.588	.412	.000	.000	1.000
7 其他	.006	.943	.056	.000	.001	1.000

Column Scores：

RES	Marginal Profile	Dim 1	2	3	4
1 劳动收入	.250	−.167	.621	−.370	−.013
2 离退休金	.156	−.217	.367	.721	−.067
3 社会救济	.012	−3.843	−1.823	−.415	−.293
4 子女亲属	.571	.240	−.334	−.034	.008
5 其他	.010	−1.405	.080	.394	1.213

Contribution of column points to the inertia of each dimension：

RES	Marginal Profile	Dim 1	2	3	4
1 劳动收入	.250	.028	.434	.285	.003
2 离退休金	.156	.030	.095	.678	.041

续前表

Contribution of column points to the inertia of each dimension:

RES	Marginal Profile	Dim 1	2	3	4
3 社会救济	.012	.726	.183	.018	.061
4 子女亲属	.571	.133	.288	.005	.002
5 其他	.010	.083	.000	.013	.893
		1.000	1.000	1.000	1.000

Contribution of dimensions to the inertia of each column point:

RES	Marginal Profile	Dim 1	2	3	4	Total
1 劳动收入	.250	.064	.785	.151	.000	1.000
2 离退休金	.156	.113	.286	.600	.001	1.000
3 社会救济	.012	.829	.166	.005	.000	1.000
4 子女亲属	.571	.365	.631	.004	.000	1.000
5 其他	.010	.915	.003	.035	.047	1.000

从上述统计结果可以看出，行和列的分值都是按四个维度计算的。从分维度奇异值看，第一和第二维度分值的相关程度最高，但第三维度分值也有一定的相关关系。从解释比例看，第一和第二维度可以解释全部差异的 88.3%，如果增加到三维则只能多解释 11.5%，所以，我们仍用二维分布图来表现变量间的联系。但是这一解释比例（二维）比前一例题的 100%要低很多，说明有一些差异在二维空间里还不能充分表现出来。

从每一维度对行分值特征值作用统计表中可以看出，第三维度对隔代户行分值的影响作用最大。但是，由于隔代户的比例并不高，所以尽管第三维度对它的分值影响很大，但从总体上看，绝对作用还是很小的。

图 15—3 是运行程序得到的分值分布图。从中可以看出，住在集体户中的老年人与社会保险和救济之间存在较密切的联系。换句话说，许多住在集体户中的老年人是靠社会救济生活的。此外，三代户家庭与子女或亲属供养非常接近，说明靠子女或亲属供养的老年人往往会与子女共同生活在三代户家庭里。一人户的位置处于社会救济和子女或亲属供养之间，相对来说比较靠近子女亲属供养，表明一人户中靠子女亲属供养或社会救济的比例较高。

图 15—3 中右上角的类别相对来说集中在一起，说明这种居住方式和经济来源的关系比较相似，可以看出生活在夫妇户、二代户和隔代户的老年人中，主要的经济来源是依靠劳动收入和离退休金。但是很难再进一步将隔代户与二代户、夫妇户的差异区分出来。

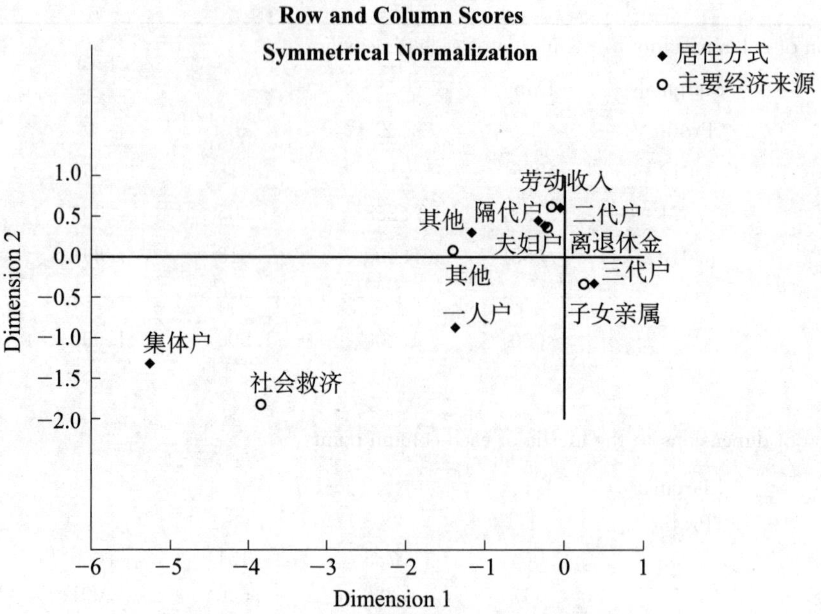

图 15—3　居住方式与主要经济来源的联系

基本概念

定性变量　多元相依　对应分析的基本形式　同质性分析　构成法　对应分析的优点　对应分析的局限性　结果的维度　距离测量方法　标准化方式　正态化方式　交叉汇总表　奇异值　惯量　行取值纵览表　列取值纵览表　行类别分布　列类别分布　类别的维度分值　重心点　加权比重　卡方距离　维度对惯量的贡献　双变量二维分值分布图　行变量二维分值分布图　列变量二维分值分布图

本章要点

1. 对应分析方法是一种多元相依变量统计分析技术，它通过分析由定性变量构成的交互汇总表来提示变量间的联系。

2. 它既可以分析定性变量数据，也可以分析非线性关系。

3. 对应分析方法对于数据类型、变量之间的关系没有严格的限定。但是，调查对象必须有代表性，研究对象要有可比性，变量的类别应当涵盖所有可能出现的情况。

4. 在运行对应分析程序时，要检查运行结果和各种统计图，必要时可以调整参数，重新运行程序，使直观图能够最好地表现变量之间的关系。

参考文献

Hair，J. F. Jr.，Anderson，R. E.，Tatham，R. L.，and Black，W. C.（1995）. Multivariate Data Analysis with Readings，Fourth Edition. Prentice-Hall International Inc.

SPSS Inc.（1990）. SPSS Categories. Chicago：SPSS Inc.

Rungie，C.，and Peng，D.（1995）. Aspects of the Determinants of Self Rated Health Adelaide：School of Mathematics，University of South Australia.

BMDP Statistical Software Inc.（1992）. BMDP Statistical Software Manual，Release 7，Vols. 1 and 2. Los Angeles：BMDP Statistical Software Inc.

Smith，S. M.（1989）. PC-MDS：A Multidimensional Statistical Package，Provo，Utah：Brigham Young University.

附录

关于用 Excel 软件取得统计检验临界值的方法

本书介绍的各种社会统计方法中绝大多数都可以用 SPSS 软件直接完成全部计算，也有少量统计检验需要手工完成。传统的方法是采取查统计表来取得统计量的相应概率或临界值。由于目前 Excel 电子表格软件已经十分流行，我们可以用该软件来直接计算出待检统计量的 α 值或者相应统计值临界值，因此本书不再提供有关统计表。

本书所附光盘中提供了常用统计表的 Excel 电子表格文件，文件名为：统计量及显著度计算 . xlsx。其中，包括正态分布（Z）表、t 分布表、卡方分布表和 F 分布表。实际上，Excel 软件可以方便地计算很多常用统计函数。上述电子表格中的统计表其实都是利用该软件的统计函数计算出来的。

具体操作方法如下：

(1) 打开 Excel 软件，选择一个空单元以备存放显著性概率（α 值）或统计量临界值的计算结果。

(2) 用光标点击输入栏左侧的 f_x 按钮，便可以打开各种函数备选窗口，在“选择类别”栏目里选择其中的“统计”，再从这一类中选择相应的统计量分布，比如卡方统计量（*chi-square*）选择“CHISQ. DIST. RT”一项，F 检验则选择“F. DIST. RT”，t 检验选择“T. DIST. RT”。这些选项中的“. RT”表示右尾检验临界值。

(3) 点击选择上述某一个统计分布函数后，点击该窗口下的 确定 按钮，便会弹出相应分布概率函数的计算界面。按其中各项提示在对应的输入框中输入相应统计量值和自由度值，参数输入框下面便显示出相应计算结果。

(4) 在确定函数选择和参数输入都无误后，再点击 确定 按钮，即可将计算出的相应统计量值的右尾概率（α 值）存入所指定的单元。比如：

计算卡方统计量的概率值，要输入卡方值及其自由度。

对于 F 统计量，则要输入 F 值及其第一自由度和第二自由度。

对于 t 统计量，则要输入 t 值及其自由度。

实际上 t 分布还可以通过 T. DIST. 2T 函数设置为双侧检验，可以提供 t 的绝对值大于 t 临界值的对应概率。

但是，Z 检验（正态分布）没有右尾检验选项，可以先选择“NORM. S. DIST”一项，其中的“. S”代表“标准”正态分布，即平均值为 0、标准差或方差为 1 的正态分布。输入 Z 临界值的操作方法与 t 统计量类似，但正态分布并不存在自由度，取而代之的是要在提示为“Cumulative”（代表是否为累积分布）的框中输入 1 或 0（分别代表 TRUE 或 FALSE)。输入 1 时便计算概率，输入 0 则计算概率密度。

(5) 如果有必要，我们还可以在已定义函数的基础上扩展计算。比如，上述示范的正态分布概率实际上计算的是 Z 值左侧的概率。只要在输入公式中的“＝”号和“NORM. S. DIST (…)”之间手工键入“1－”，就可以计算出 Z 值右侧的概率。

如果 Excel 表中已经输入了统计量值和自由度值，选择以上统计函数后，可以点击相应输入框，再直接点击相应参数值所在单元格，也可以完成参数输入。这时，输入框中只显示数值所在单元格地址。

如果需要对不同统计量值计算出对应不同自由度的交互概率表，可以先将各统计量值和自由度值分为行和列依次输入表格，然后选择此区域中左上角的空单元，按照以上步骤输入参数。但是这时在输入公式中需要通过按键盘上 F4 切换按钮将计算公式中的参数行和参数列做相对行和列的地址固定。这样，在计算完第一个统计量的 α 值以后，便可以用复制的方法得到其他的 α 值。

实际上，Excel 也可以根据指定显著性概率反算出对应的统计量临界值。这种反算函数选项的提示通常就是在上述相应函数提示后面多加了“. INV”（表示逆运算）。本书所附光盘提供的统计量及显著度计算 . xlsx 电子表格中也提供了相应示例，供读者参考。

图书在版编目（CIP）数据

社会统计分析方法：SPSS 软件应用/郭志刚主编．—2 版．—北京：中国人民大学出版社，2015.1
新编 21 世纪社会学系列教材
ISBN 978-7-300-20676-9

Ⅰ.①社…　Ⅱ.①郭…　Ⅲ.①社会统计-统计分析-软件包-高等学校-教材　Ⅳ.①C91-03

中国版本图书馆 CIP 数据核字（2015）第 018085 号

全国普通高等学校优秀教材
新编 21 世纪社会学系列教材
社会统计分析方法：SPSS 软件应用（第二版）
郭志刚　主编
Shehui Tongji Fenxi Fangfa

出版发行	中国人民大学出版社		
社　　址	北京中关村大街 31 号	邮政编码	100080
电　　话	010－62511242（总编室）		010－62511770（质管部）
	010－82501766（邮购部）		010－62514148（门市部）
	010－62515195（发行公司）		010－62515275（盗版举报）
网　　址	http://www.crup.com.cn		
经　　销	新华书店		
印　　刷	北京昌联印刷有限公司	版　　次	1999 年 12 月第 1 版
规　　格	185 mm×260 mm　16 开本		2015 年 2 月第 2 版
印　　张	31.25	印　　次	2025 年 9 月第 8 次印刷
字　　数	779 000	定　　价	69.00 元